ROLAND HUNTFORD

Scott und Amundsen

DRAMATISCHER KAMPF UM DEN SÜDPOL

Aus dem Englischen von
Arnold Loos

Die englischsprachige Ausgabe erschien 1979
unter dem Titel: SCOTT & AMUNDSEN
im Verlag HODDER AND STOUGHTON, LONDON SYDNEY AUCKLAND TORONTO

Lizenzausgabe 1990 für
Manfred Pawlak Verlagsgesellschaft mbH, Herrsching

Umschlaggestaltung: Bine Cordes, Weyarn
Umschlagmotiv: Bildarchiv preußischer Kulturbesitz
Printed in Germany
ISBN 3-88199-699-0

Meiner Frau

DANKSAGUNG

An erster Stelle möchte ich Dr. Gordon Robin, dem Direktor des Scott-Polarforschungsinstituts, für seine großzügige Gastfreundschaft danken. Er gab mir uneingeschränkt Zugang zu den Archiven seines Instituts, ließ mich unabhängig arbeiten und versuchte nach bester akademischer Tradition nicht, mich in irgendeiner Weise zu beeinflussen. Ferner danke ich Dr. Terence Armstrong, dem stellvertr. Direktor, für Rat und Hilfe; dem Bibliothekar H. G. R. King, dem Archivar Clive Holland und ihren Mitarbeitern für fortwährende Unterstützung und ihre Geduld mir gegenüber.

Sodann darf ich nicht den Direktor und die Mitarbeiter der norwegischen Universitätsbibliothek, Oslo, übergehen, insbesondere nicht Oddvar Vasstveit von der Handschriftenabteilung. Herr Vasstveit nahm mich unter seine Fittiche und schaffte es irgendwie, alle meine Fragen, selbst die ausgefallensten, zu beantworten; viele lagen gänzlich außerhalb seines Arbeitsbereichs. Er überwand jedes Hindernis, und ich bewundere noch heute seine unerschütterliche Hilfsbereitschaft und Gefälligkeit.

Mein besonderer Dank gilt den Herren Coutts & Co., meinen lange Zeit besorgten Bankiers. Ohne ihre Langmut hätte dieses Buch wohl kaum geschrieben werden können. Für ihr verständnisvolles Entgegenkommen kann ich nicht dankbar genug sein.

Besonders verpflichtet bin ich Alda Bittemor Amundsen, Oslo, dafür, daß sie mir die Familiendokumente der Amundsens zur Verfügung stellte; Sir Peter Scott für freien Zugang zu den Schriftstücken seiner Eltern; E. Ellison-Macartney und Jack Ellison-Macartney für ihre Erlaubnis, die in ihrem Besitz befindlichen Unterlagen der Familie Scott zu benutzen. Mein Dank gilt ferner Olav Bjaaland, Morgedal; er stellte mir das antarktische Tagebuch von Olav Bjaaland zur Verfügung; Marcus Clements für die Benutzung der Tagebücher von Sir Clements Markham; Liv Gjertsen, Oslo, für Zugang zu den Tagebüchern ihres Vaters, des Kapitäns F. H. Gjertsen; Dag Juul-Møller, Oslo, für Einsicht in den Briefwechsel Amundsen – J. Daugaard-Jensen; Fregattenkapitän Edward P. Stafford, Washington, D. C., für die Genehmigung, die Dokumente des Admirals R. E. Peary zu befragen; und Janet Vetter, Tequesta (Florida), für Überlassung der Unterlagen ihres Großvaters Dr. F. A. Cook.

Spezieller Dank gebührt Sue Limb für die Auszüge aus dem antarktischen Tagebuch des Rittmeisters L. E. G. Oates, die sie von seiner verstorbenen Schwester Violet Oates erhalten hatte. Seine Mutter Caroline Oates hatte die Vernichtung des Tagebuchs verfügt, doch Violet Oates hatte von bestimmten Eintragungen Abschriften angefertigt.

Major Tryggve Gran und Jørgen Stubberud, den letzten Überlebenden der

Südpolexpedition von Scott und Amundsen, danke ich dafür, daß sie zu Interviews bereit waren.

Da ich während meiner Arbeit vielen so vieles zumutete, bin ich besonders in der Schuld von N. O. Christensen vom Arktischen Institut, Kopenhagen. R. I. Christophersen von der Universität Oslo; Tim Greve, Herausgeber von *Verdens Gang*, Oslo; Prof. Daniel Haakonsen von der Universität Oslo; Johan Hambro, Generalsekretär des „Nordmannsforbundet", Oslo; D. Irving Bell und Ralph Jewell von der Universität Bergen; A. G. E. Jones und Reidar Lunde, früherer Herausgeber der Zeitung *Aftenposten*, Oslo; John Munck und Bertil Åkesson von Atlas Copco, Stockholm; Dr. Charles Swithinbank von der „British Antarctic Survey", Cambridge; Dr. Vigdis Ystad von der Universität Oslo. All die Genannten stellten mir ihre Spezialkenntnisse zur Verfügung und waren stets bereit, meine Fragen zu beantworten; das ging soweit, daß sie vorgaben, es gern zu tun, obwohl ich bisweilen vom Gegenteil überzeugt war.

Für Unterstützung in technischen Fragen bin ich folgenden Personen besonders verpflichtet: Andrew Bellairs, Physiologie von Schlittenhunden; Hugh Brody vom Scott-Polarforschungsinstitut, Kultur und Zivilisation der Eskimos; Dr. David Drewry vom gleichen Institut, allgemeine Gletscherforschung und Amundsens Route durch die Transantarktischen Gebirge; W. W. Herbert, Amundsens Weg auf den Axel-Heiberg-Gletscher; Alison Paul vom Dunn Ernährungsforschungsinstitut, Ermittlung der notwendigen Ernährungszusammensetzung; A/S Saetre Kjeksfabrik, Oslo, Amundsens Schlittenverpflegung; Prof. Kaare Rodahl, Oslo, Ernährung im Polargebiet; Jakob Vaage, Oslo, Entwicklung der Skiausrüstung; Prof. Ian Whitaker von der Simon Fraser Universität, Vancouver, B. C., Kultur und Zivilisation der Eskimos und Lappen.

Für freiwillige Unterstützung danke ich auch M. Allart-Charcot, Neuilly-sur-Seine; Inge Amundsen, Halden; Olav LeMaire Amundsen, Oslo; Roald Amundsen, Halden; Major der Luftwaffe J. E. Archibald, Royal Air Force; Janniche Arnesen, Petropolis, Brasilien; Donald Asherson, Kapstadt; Harald Astrup, Oslo; Dr. Marianne Beier, Stockholm; E. Blackburn; S. Blenkinsop; M. Bouman; G. Cunningham, Sekretär des „Dorneywood Trust"; Hamilton Delmege; Leslie Drew, Victoria, B. C., Dr. Marthe Emmanuel, Paris; Dr. David Footman; Carlota Frahm, Oslo; Baron de Gerlache de Gomery; Baron Gaston de Gerlache de Gomery, Mullem, Belgien; J. H. Grainger, National University von Australien, Canberra; Sally H. Hollins, Fort Lauderdale, Florida; Harald Horjen, Aschehougs Forlag, Oslo; Prof. W. Horn, Hamburg; Helge Ingstad, Oslo; Margit Johansen, Oslo; Julian Jeffs, Q. C.; David Kirkham; Klaus Marx, Leiter der Willington-Schule; Prof. John McConnell, Universität von Saskatchewan; Neil McPherson, Doktorand des Scott-Polarforschungsinstituts; L. Mølholm, Horten; Gräfin Moltke, Kopenhagen; Eline Noordheok, Birkerød, Dänemark; Paul Paget; Dr. L. R. Phillips; The Hon. Mrs. Pollen; Dr. R. Popperwell, norwegische Abteilung der Universität Cambridge; Dr. A. F. Rogers, Universität Bristol; Kapitän S. W. Roskill, Royal Navy; Churchill

College, Cambridge; Flottenadmiral A. J. Ross; Randi Schrader-Nielsen, Oslo; G. Scott; Tom Scott, Eagle, Alaska; Lord Shackleton; John Silverlight, *The Observer;* Prof. Sverre Steen, Universität Oslo; Dr. Michael Stevens, Universität Stockholm; Erik Unaas, Askim.

Dank gebührt Jean Salinger vom Scott-Polarforschungsinstitut für die Übersetzung von Materialien aus dem Russischen.

Einige der Genannten, die mir geholfen haben, sind leider inzwischen verstorben; Alf Arnesen, Olav Ditlev-Simonsen Jr., Dr. Brian Roberts, der Rev. George Seaver und Helen Cook Vetter.

Folgenden Institutionen schulde ich besonderen Dank: Borgarsyssel Museum, Sarpsborg; California Historical Society, San Francisco; Center for Polar Archives, Washington D. C., (Alison Wilson); *Fram* Museum, Oslo, (Thoralv Duus Lorentzen); Luther College Library, Decorah, Iowa; National Maritime Museum, Greenwich, (Ann Shirley, Dr. R. Knight, D. J. Pearsall); Norsk Filminstitutt, Oslo, (D. Stenklev, S. Pedersen); Norsk Folkemuseum, Oslo; Norsk Polar Institutt, Oslo, (Tore Gjelsvik, Direktor und Reidunn Lund, Bibliothekar); Norsk Sjøfartsmuseum, Oslo, (S. Molaug, Direktor, und Else Marie Thorstvedt, Bibliothekarin); dem norweg. Außenministerium, Oslo, (E.-W. Norman, Leiter der Archivabteilung); The Oakland Museum, Oakland, California; Provincial Archives, Victoria, B. C., (Frances Gundry); The Public Record Office, London; The Royal Geographical Society, (Christine Kelly, Archivarin); The Royal Society, (N. H. Robinson, Bibliothekar).

Dank gilt auch der Bibliothek des „Alpine Club"; Roald Amundsens Hjem, Svartskog; Biblioteca Nacional, Rio de Janeiro; The Britannia Magazine, Dartmouth; The British Library, Handschriftenabteilung, und Newspaper Library, Colindale; Canterbury Museum, Christchurch, N. Z.; Central Library, Plymouth; Churchill College, Cambridge, Archive; dem dän. Außenministerium, Kopenhagen; Dartmouth College Library, Hanover, N. H.; Den Kongelige Grønlandske Handel, Kopenhagen; Det Kongelige Bibliotek, Kopenhagen; Det Norske Geografiske Selskab, Oslo; Det Norske Meteorologiske Institutt, Oslo (T. W. Johannessen); *Ekstra Bladet,* Kopenhagen; Etnografiske Museum, Oslo, Foreign and Commonwealth Office, Library and Records Department; GEC – Marconi Electronics Ltd., Firmenhistoriker; Harvard University, Cambridge, Mass., Houghton Library; The Imperial War Museum; Kungliga Vetenskapsakademien, Stockholm; Library of Congress, Washington, D. C.; Lloyd's London; Mawson Institute for Antarctic Research, Adelaide, (Prof. Fred Jacka); Ministry of Defence, London, Army Records; Nationaal Scheepsvaart Museum, Antwerpen; Norsk Rikskringkasting, Oslo; Oslo By Museum; Oslo Sjømannskole; The Pacific Steam Navigation Co., Liverpool; Provincial Archives, Provinz von Manitoba, Hudsons's Bay Archives; Rigsarkivet, Kopenhagen; Riksarkivet, Oslo; The Royal Society of Medicine; Rutebok for Norge; The San Francisco Public Library; Ski Museum, Oslo; Skibsfartens Arbeidsgiverforening, Oslo; State Library of New South Wales; Mitchell Library; Stortingsbiblioteket, Oslo; The Tasmanian Historical Research Association;

Tasmanian State Archives, Hobart; Tromsø Museum; The United Services Institution; Universität von Alaska, Fairbanks, Library; Universität von Oslo, Quästur; The Zoological Society, London.

Für Gewährung eines Arbeitsplatzes danke ich der Universitätsbiliothek und der Fakultät für Moderne und Mittelalterliche Sprachen und Literatur der Universität Cambridge, dem Norsk Polarinstitutt, Norsk Sjøfartsmuseum und der Universitätsbibliothek in Oslo.

Den folgenden Zeitungen danke ich dafür, daß sie meine Bitten um Informationsmaterial abgedruckt haben: *Aftenposten*, Oslo; *The Daily Colonist*, Victoria, B. C.; *The Daily Telegraph*, London; und *The San Francisco Chronicle*, San Francisco. Ich bin all denen dankbar, die dem Aufruf gefolgt sind.

Verfasser und Verlag danken nachfolgenden Personen und Einrichtungen für ihre Abdruckgenehmigung: Alda Bittemor Amundsen für die Tagebücher und Aufzeichnungen von Roald Amundsen; M. L. Bernacchi für die Tagebücher von L. C. Bernacchi; Olav Bjåland für die antarktischen Tagebücher von Olav Bjaaland; Marcus Clements für die Tagebücher und Aufzeichnungen des Sir Clements Markham; Barbara Debenham für die Tagebücher von Frank Debenham; der Familie des O. Ditlev-Simonsen für *En Sjøgutt Ser Tilbake;* E. Ellison-Macartney and Jack Ellison-Macartney für die Papiere der Familie Scott, die in ihrem Privatbesitz sind; Minna Eyre für die Tagebücher des Vizeadmirals C. R. Royds; Evelyn Forbes für die Tagebücher von H. T. Ferrar; Major Tryggve Gran für die *En Hjelt, Fra Tjuagutt til Sydpolfarer, Hvor Sydlyset Flammer, Kampen om Sydpolen, Slik var Det;* Marion Gregory für den Briefwechsel von Prof. J. W. Gregory; Tim Greve für Unterlagen und Werke von Fridtjof Nansen und Liv Nansen Højer; Sir Geoffrey Harmsworth für einen Brief von Lord Northcliffe; E. Helland-Hansen für den Briefwechsel von Prof. Bjørn Helland-Hansen; Houghton Library, Harvard University, für den Briefwechsel zwischen Roald Amundsen und F. Herman Gade; Margaret Hubert für die Tagebücher und Aufzeichnungen von Sir Raymond Priestley; D. Irving-Bell für die Erlaubnis, aus ihrem Tagebuch zu zitieren; M. Johansen für die Briefe und Tagebücher von Hjalmar Johansen; Dag Juul-Møller für den Briefwechsel zwischen J. Daugaard-Jensen und Roald Amundsen; Sue Limb für *Soldier;* ihre unveröffentlichte Biographie über den Rittmeister L. E. G. Oates; Angus McMillan für die Briefe und Tagebücher des Oberleutnants H. R. Bowers; Angela Mathias für die antarktischen Tagebücher von A. Cherry-Garrard und *The Worst Journey in the World;* dem Kuratorium des National Maritime Museum, Greenwich, für die Tagebücher des Admirals Sir Barry Domville, *The Life of a Sailor,* von Flottenadmiral Sir Henry May, und die Tagebücher des Admirals Sir Herbert Richmond; Norsk Sjøfartsmuseum für die Tagebücher von Sverre Hassel und Kapitän Thv. Nilsen; dem Norwegischen Außenministerium für Depeschen über Don Pedro Christophersen; Oberstleutnant E. B. G. Oates für Aufzeichnungen des Rittmeisters L. E. G. Oates; Rigsarkivet, Kopenhagen, für J. Daugaard-Jensens Depeschen nach Grönland und die Marineunterlagen des Admirals Godfred Hansen; der Königlichen Geographischen Gesellschaft für den

Briefwechsel und die Aufzeichnungen des Majors Leonard Darwin, des Sir Clements Markham und John Scott Keltie; der Königlichen Gesellschaft für den Brief des Admirals Mostyn Field an Sir Archibald Geikie; Sir Peter Scott für die Tagebücher und Aufzeichnungen seiner Eltern; dem Scott-Polarforschungsinstitut für Archivmaterial; Lord Shackleton für Aufzeichnungen von Sir Ernest Shackleton; Dr. Oliver Simpson für die Tagebücher von Sir George Simpson; dem Kapitänleutnant W. F. Skelton, R. N., für die Tagebücher und Aufzeichnungen des Schiffsingenieurs und späteren Admirals R. W. Skelton, R. N.; Jakob Vaage für *Roald Amundsens første skiturer til Fjells,* veröffentlicht in *Snø og Ski,* 1954; Janet Vetter für die unveröffentlichten Memoiren von Dr. F. A. Cook; und E. P. Wilson für Tagebücher und Briefwechsel von Dr. E. A. Wilson.

Besonders dankbar bin ich folgenden Personen für Beschaffung von Bildmaterial: Alda Bittemor Amundsen; Olav Bjåland; Bjørn Finstad, dem Leiter des Bildarchivs der Zeitung *Aftenposten;* Reidar Lunde; Ellinor Ringstrøm, Gyldendal Norsk Forlag, Oslo.

Venetia Pollock bin ich zu Dank verpflichtet für wertvolle Kritik und Hilfe bei der Manuskripterstellung für den Druck.

Falls ich jemanden übersehen habe, dem ich hätte danken sollen, oder Copyright-Inhaber zu erwähnen vergessen habe, so werden sie es mir hoffentlich nachsehen.

Danksagung für gewährte Unterstützung darf nicht etwa verstanden werden als ein Ansinnen an jene Helfer, die hier vertretenen Auffassungen zu teilen; für diese trage ich allein die Verantwortung; ebenso müssen Irrtümer allein mir angelastet werden.

Zu guter Letzt möchte ich meiner Frau danken, der dieses Buch gewidmet ist; für ihre Geduld in den letzten vier Jahren und ihre Unterstützung in Augenblikken von Verzweiflung. Ich schulde ihr mehr, als ich je zurückzahlen kann.

VORBEMERKUNG

Oslo, die Hauptstadt Norwegens, hieß bis 1925 Christiania (auch Kristiania). Die ältere Form wird gebraucht, wenn der zeitgeschichtliche Abschnitt es erfordert.

Aus demselben Grund wird der Ross-Eisschild in der Antarktis mit der alten Bezeichnung Ross-Barriere oder Große Eisbarriere versehen.

Gemäß den originalen Logbüchern und Eintragungen ist die in diesem Buch für See- und Landreisen im Polargebiet gebrauchte Meile die nautische oder geographische Meile. In allen anderen Fällen handelt es sich um die gesetzlich festgelegte Meile. Die nautische Meile beträgt ein Sechzigstel oder eine Minute eines Breitengrades. Sie ist festgelegt auf 6080 Fuß und entspricht 1⅐ der gesetzlichen Meile oder 1,85 km.

Ein Nunatak ist eine Felsspitze, die aus dem Eis herausragt.

Der Wechselkurs der Norwegischen Krone schwankt in der Zeit von 1900 bis 1910 zwischen 18,40 und 18,60 Pfd. Sterling, bzw. 3,78 und 3,82 US-Dollar.

Die durchnumerierten Anmerkungen im Text beziehen sich ausschließlich auf Quellen und beeinflussen nicht die erzählerische Darstellung.

INHALTSVERZEICHNIS

ERSTER TEIL

ZWEITER TEIL

ILLUSTRATIONEN

Bildnachweise

1 U.S. National Oceanic and Atmospheric Administration
2 David J. Drewry
3 Borgarsyssel Museum, Sarpsborg
4 Kunnskapsforlaget, Oslo
5 Universitetsbiblioteket, Oslo
6 Norsk Polarinstitutt, Oslo
7 Jakob Vaage
8 *Aftenposten*
9 Norsk Sjøfartsmuseum, Oslo
10 Miss E. Ellison-Macartney
11 Mrs. Sally H. Hollins
12 Miss Janet Vetter
13 Dr. F. A. Cook
14 Det Norske Meteorologiske Institutt, Oslo
15 Olav Ditlev-Simonsen, jr.
16 Norsk Folkemuseum, Oslo
17 Tom Scott, Eagle, Alaska
18 Arktisk Institut, Kopenhagen
19 The Royal Society
20 Tim Greve, Oslo
21 Nordmanns Forbundet, Oslo
22 Provincial Archives, British Columbia
23 Herbert Ponting
24 Mrs. Alda Amundsen
25 Olav Bjaaland
26 Miss Margit Johansen
27 The British Library
28 Scott Polar Research Institute Picture Collection
29 Scott Polar Research Institute Archives
30 U.S. Navy

GEOGRAPHISCHE KARTEN

Erster Teil

Rivalen auf dem Weg zum P[illegible]

[illegible] November 1911 [illegible] den Abmarsch [illegible] in der einsamen [illegible] zum [illegible] Robert Falcon Scott.

[illegible]

[illegible]

1

Rivalen auf dem Weg zum Pol

Am Morgen des 1. November 1911 verließ eine kleine Kalvakade Kap Evans in der Antarktis, zog in loser Ordnung über das zugefrorene Meer und verschwand langsam in der einsamen Wüste. Es handelte sich um eine Gruppe britischer Forscher, die zum Geographischen Südpol aufbrach. Ihr Führer hieß Kapitän Robert Falcon Scott.

Am Abend zuvor hatte er in sein Tagebuch geschrieben: „Die Zukunft liegt im Schoß der Götter. Nach meiner Meinung haben wir nichts unterlassen, was den Erfolg verdient."

Zweihundert Meilen weiter war bereits ein anderer unterwegs auf der gleichen weißen Straße, die nach Süden führt, der Norweger Roald Amundsen. Durch einen für ihn nicht charakteristischen Fehler war er in ein nebelverhangenes Labyrinth von Eisspalten geraten und führte an jenem Tag seine Gefährten durch den Schatten des Todes. Er gab keinem die Schuld außer sich selbst, hatte weder Bedauern noch Tadel. „Alle", schrieb Amundsen in sein Tagebuch, „sind entschlossen durchzukommen, koste es, was es wolle".

So begann der Wettlauf zum Südpol. Für das Privileg, der erste zu sein, der seinen Fuß auf diese wertlose, doch so heiß begehrte Stelle der Erde setzte, waren beide Männer bereit, sich 1500 Meilen durch eine zugefrorene Wildnis zu kämpfen und das Äußerste an Entbehrungen und Gefahren auf sich zu nehmen. Jeder hatte die Flagge seines Landes im Gepäck; Patriotismus war mit im Spiel, ebenso wie ein halbes Jahrhundert später beim Wettlauf zum Mond. Aber hier ging es noch um etwas anderes. Die Pole der Erde waren für den westlichen Menschen geradezu eine Manie geworden. Gegen diese konnte man zwar argumentieren, sie dadurch aber nicht wegdiskutieren. Da die Besessenheit einmal vorhanden war, mußte man sie austreiben, je eher, desto besser.

2

Die Vorläufer

Es war das letzte Kapitel einer alten Geschichte.

Aus dem Dunst von Mythos und Tradition steigt die nebelhafte Gestalt des ersten bekannten Antarktisfahrers auf, eines polynesischen Häuptlings namens Ui-te-Rangiora, der um 650 v. Chr. das zugefrorene Meer erreichte. Nach der Geschichtsschreibung jedoch war der erste Polarforscher ein Grieche, Pytheas. Er stammte aus der griechischen Siedlung Massilia, dem heutigen Marseille. Geboren wurde er im 4. Jahrhundert v. Chr., als der ruhelos forschende griechische Geist des aristotelischen Zeitalters auf seinem Höhepunkt war. Um das Jahr 320 v. Chr. war Pytheas auf einer der großen Fahrten zur Entdeckung der Seewege unterwegs. Er umsegelte die Britischen Inseln, erreichte das arktische Packeis und wurde der erste zivilisierte Mensch, der den Arktischen Kreis überquerte und die Mitternachtssonne sah. Er weitete das Wissen von der Welt mehr als tausend Meilen nach Norden aus. Er brachte dem westlichen Menschen die Polarregionen ins Bewußtsein. Pytheas, mehr Philosoph und Intellektueller als kühner Seefahrer, war der erste, der astronomische Beobachtungen anwandte, um eine Position auf der Erdoberfläche festzulegen.

Nach Ablauf von tausend Jahren nahmen die norwegischen Wikinger das Werk des Pytheas im Norden auf. Während des Mittelalters durchstreiften sie die arktischen Gewässer. Sie segelten zum Weißen Meer, vielleicht nach Spitzbergen. Sie landeten in Amerika und erreichten Labrador. Sie besiedelten Grönland und zogen die Westküste hinauf, fast bis zum 76. Breitengrad, ein respektabler „am weitesten nördlich gelegener Punkt", über den man mehr als 250 Jahre lang nicht hinausgelangte.

Gewissenhaft waren sie bemüht, sich über ihre Motive Rechenschaft zu geben. Aus dem *Königsspiel*, einem literarischen Werk aus der Welt des Mittelalters, stammt folgende Begründung für die Verlockungen einer Polarfahrt:

> Sie haben ihren Ursprung in der dreifachen Natur des Menschen. Einmal ist da das Verlangen nach Kampf und Ruhm; denn es liegt in der Natur des Menschen, dahin zu gehen, wo er auf große Gefahren hoffen und durch ihre Bewältigung zu Ehre und Anerkennung gelangen kann. Sodann ist da das Streben nach Wissen; denn es liegt auch in der Natur des Menschen, den Dingen, von denen man ihm berichtet hat, auf den Grund zu gehen und festzustellen, ob sie so sind, wie berichtet wurde, oder nicht. Und schließlich ist da sein Streben nach Reichtum.[1]

Mit dem Ende des mittelalterlichen Nordreiches kam die arktische Forschung wieder zum Stillstand. Als sie im 16. Jahrhundert erneut aufgenommen wurde, machten die Engländer das Rennen. Spanien und Portugal hatten sich Südamerika und den Seeweg nach Osten um das Kap der Guten Hoffnung gesichert. Die aufsteigende Seemacht England richtete ihren Blick auf weniger befahrene Gewässer.

Ferdinand Magellan hatte mit seiner Weltumsegelung den alten Glauben gestärkt, daß die Erde rund sei. Zum ersten Mal schienen Erdkugel und Ozeane eins zu sein. Diese Feststellung war neu und faszinierte, und die Engländer suchten einen leichten Zugang zu den Schätzen des prächtigen Orients auf zwei kurzen Seewegen über die Spitze des Erdballs, auf der Nord-Ost-Passage entlang der sibirischen Küste und der Nord-West-Passage, vorbei an den oberen Regionen des nordamerikanischen Kontinents. Beide Wege waren große Wunschbilder. Sie trieben die Menschen auf der Suche nach einem mythischen, offenen Polarmeer trotz Rückschlägen und Mißgeschick in Eis und Kälte zurück; doch wurde so die Arktis erforscht.

Auch nach Süden blickten die Menschen voll Hoffnung. Dort lag nach der Vorstellung, die Sir Francis Drake und vielleicht schon vor ihm andere Seefahrer gefesselt hatte, um den Pol ein großer und fruchtbarer südlicher Kontinent, ein Eldorado. Es war ein Franzose, und noch dazu ein Zeitgenosse Voltaires, dem als erstem die schreckliche Wahrheit dämmerte.

1738 brach Kapitän Jean-François-Charles Bouvet de Lozier mit zwei Schiffen auf, der *Aigle* und der *Marie*, um Terra Australis – das Südland – zu annektieren. Am Neujahrstag 1739 sichtete er ein trübes, nebelverhangenes, eisbedecktes Vorland, von dem ein Teil heute Bouvet Insel heißt.

Es war wohl kaum das verheißene Land, doch gab es ihm einen Vorgeschmack von dem, was dahinter lag. Bouvet brachte die erste, nahezu vollständige Beschreibung der antarktischen Landschaft mit zurück, ihre tafelförmigen Eisberge

> zwei- oder dreihundert Fuß hoch . . . bis zu zehn Meilen lang, vielförmig gestaltet; Inseln, Festungen, Zinnen . . . wie schwimmende Riffs, und Pinguine, amphibische Tiere wie große Enten, doch mit Stumpen anstelle von Flügeln.[2]

Auch die Engländer richteten ihren Blick nach Süden. Im Jahre 1769 sollte der Planet Venus über die Scheibe der Sonne hinwegziehen, ein seltenes Ereignis, das Astronomen sich nicht entgehen lassen wollten. Die neu entdeckte Insel Tahiti war nach fachlichem Urteil für die Beobachtung der beste Standort. Die Königliche Gesellschaft in London forderte die Königliche Marine auf, die Expedition zu organisieren. Die Marine nahm den Auftrag an. Das sollte weitreichende und unvorhergesehene Folgen haben. Es führte dazu, daß bis in das erste Jahrzehnt dieses Jahrhunderts das Monopol für die britische Polarforschung bei Offizieren der Marine lag.

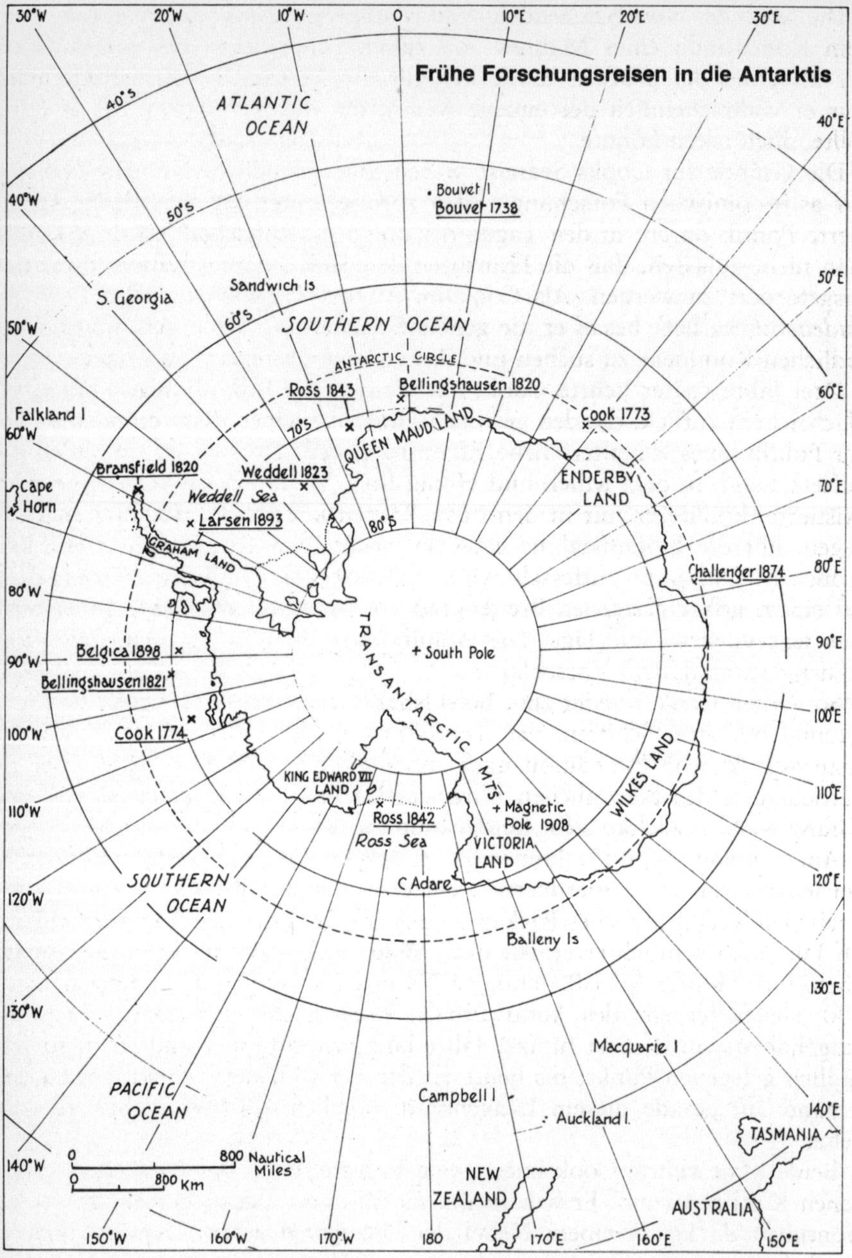
Frühe Forschungsreisen in die Antarktis
ATLANTIC OCEAN
Bouvet I
Bouvet 1738
S. Georgia
Sandwich Is
SOUTHERN OCEAN
ANTARCTIC CIRCLE
Ross 1843
Bellingshausen 1820
Falkland I
Cook 1773
QUEEN MAUD LAND
Bransfield 1820
Weddell 1823
Weddell Sea
ENDERBY LAND
Cape Horn
Larsen 1893
GRAHAM LAND
Challenger 1874
TRANSANTARCTIC MTS
South Pole
Belgica 1898
Bellingshausen 1821
Cook 1774
WILKES LAND
KING EDWARD VII LAND
Magnetic Pole 1908
Ross 1842
Ross Sea
VICTORIA LAND
SOUTHERN OCEAN
C Adare
Balleny Is
Macquarie I
PACIFIC OCEAN
Campbell I
Auckland I.
TASMANIA
0 800 Nautical Miles
0 800 Km
NEW ZEALAND
AUSTRALIA

Die von der vorbeiziehenden Venus angeregte Expedition stand unter dem Kommando eines Mannes von ruhiger Gemütsart, des James Cook, der als einer der größten Entdecker gilt. Im Bereich der Britischen Inseln war er wahrscheinlich der einzige Mann, der die Expedition, die er leiten sollte, auch leiten konnte.

Die Gründe für Cooks Seereise waren unterschiedlich. Nur ein Teil ging auf astronomischen Forschungswillen zurück; unter der Oberfläche schimmerte Politik durch. In den Tagen der anglo-französischen Rivalität konnte man nicht zulassen, daß die Franzosen den Süden durchstreiften, ohne herausgefordert zu werden. Als Cook im August 1768 England an Bord der *Endeavour* verließ, besaß er die geheime Anweisung, nach dem mysteriösen südlichen Kontinent zu suchen und ihn vor den Franzosen zu finden.

Drei Jahre später kehrte Cook, nachdem er die Erde umsegelt hatte, mit Nachrichten zurück, die den geistigen Horizont seiner Zeit veränderten und der Politik eines Zeitalters neue Richtung gaben. Dort unten im Süden gab es kein Land, in dem Milch und Honig floß. Wenn ein südlicher Kontinent existierte, konnte er nur in den öden Weiten jenseits des 40. Breitengrades liegen. Für die Inbesitznahme eines so wenig reizvollen Bodens sollte kein großer Machtkampf entfesselt werden. Cook aber schlug die Umsegelung bei einem höher gelegenen Breitengrad vor, nur um „die Frage zu klären", was jenseits der Linie läge. Die Admiralität – das ist ihr bleibendes Verdienst – stimmte dem Vorschlag zu.

So verließ Cook, wieder zum Befehlshaber ernannt, 1772 erneut England; diesmal mit zwei Schiffen, der *Resolution* und der *Adventure*. Es war die erste antarktische Expedition nach modernem Verständnis; denn über die Befriedigung des persönlichen Ehrgeizes hinaus hatte sie kein Motiv: Forschung war ein Ziel an sich, Entdeckung ihr Lohn.

Am Sonntag, dem 17. Januar 1773, segelte Cook, „zweifellos der erste, der jemals jene Linie überquerte", wie er es nannte, über den Antarktischen Kreis. Undurchdringliches Packeis zwang ihn am nächsten Tag zur Umkehr. Im Jahr darauf brach er erneut nach Süden auf, nachdem er in Neuseeland überwintert hatte. Am 30. Januar 1774 erreichte er 71° 10′ und war damit 300 Meilen jenseits des Antarktischen Kreises, ehe er wiederum vom Eis aufgehalten wurde. Fast fünfzig Jahre lang erreichte niemand einen so weit südlich gelegenen Punkt; bis heute ist das der südlichste Punkt, bis zu dem jemand auf gerade diesem Längengrad, nämlich 106° W, , überhaupt segelte.

Beide Male kehrte Cook knapp eine Tagesreise vor der Küste des verborgenen Kontinents um. Er bekam ihn niemals zu Gesicht, eingehüllt wie der Kontinent da lag in einem Nebel der Unzugänglichkeit. Dennoch glaubte Cook fest an dessen Existenz und war auch überzeugt, daß

> die Natur ihn zu ewiger Erstarrung verurteilt hatte . . ., deren furchterregenden und wilden Anblick zu beschreiben, mir die Worte fehlen; . . .

wer immer den Mut und die Ausdauer besitzt, diese Frage zu klären, weil er weiter vorgestoßen ist als ich, ich werde ihn um die Ehre der Entdeckung nicht beneiden; doch bin ich kühn genug zu behaupten, daß die Entdeckung der Welt keinen Gewinn bringen wird.[3]

Der Tod Cooks, der 1779 auf Hawai durch die Hand von Eingeborenen ums Leben kam, bedeutete das Ende einer Ära. Eine Generation lang blieb die Polarforschung im Grunde genommen unterbrochen, während die Französische Revolution und die Napoleonischen Kriege die Zeit beherrschten. Als die Schlacht von Waterloo geschlagen war, hatte man den antarktischen Kontinent immer noch nicht zu Gesicht bekommen.

1819 wurde ein englisches Handelsschiff, die *Williams*, auf der Fahrt um Kap Horn durch einen Sturm von seinem Kurs abgetrieben und entdeckte die südlichen Shetlandinseln. Als die *Williams* Valparaiso erreichte, kam Kapitän Shireff, einem Offizier der Königlichen Marine, der zu jener Zeit den Oberbefehl über das dort stationierte Schiff *Andromache* hatte, der Gedanke, das entdeckte Gebiet zu erforschen. Auf eigene Faust charterte er die *Williams*, übertrug seinem Navigationsoffizier Edward Bransfield das Kommando und schickte sie nach Süden.

Bransfield segelte über die südlichen Shetlandinseln hinaus. Am 30. Januar 1820 sichtete er die nördliche Spitze von Graham Land und ging kurz an Land. Es war die Entdeckung der Antarktis.

Drei Tage zuvor hatte Kapitän Thaddeus Bellingshausen, ein russischer Marineoffizier, den Zar Alexander in einem Ausbruch von Expansionsfieber auf Fahrt geschickt hatte, das gemeldet, was man als die Sichtung des antarktischen Eiskaps, dort wo es ans Meer stößt, deuten kann. Was Bellingshausen erblickte, erkannte er jedoch nicht als Land, wohl aber Bransfield. Dieser sah bei der Landung außerdem „den lang gesuchten südlichen Kontinent."

Die nächsten Entdecker der Antarktis waren amerikanische Robbenfänger – Kapitäne wie Nathaniel Palmer, der die Küste von Graham Land erforschte, und britische, wie James Weddell, der das Weddellmeer entdeckte.

Das neunzehnte Jahrhundert war das britische Jahrhundert. Es war das Zeitalter der Pax Britannica, als Britannien die Meere beherrschte und sein ausgedehntes Weltreich sicherte, in dem die Sonne nicht unterging. Das Britische Weltreich war ein geographisches Reich; seine populäre Bedeutung lag allein in seiner Ausdehnung. Mehr als in anderen Ländern wurde die Forschung zum nationalen Prestige.

Als die Erdoberfläche nicht mehr geheimnisvoll war, zog es die Menschen auf der Suche nach neuen Welten zum Ungewöhnlichen. So verfielen die Engländer zum Beispiel auf das Bergsteigen, jenen am wenigsten zweckgerichteten Zeitvertreib, dessen einziger Sinn darin besteht, zum Gipfel zu gelangen. Die Polarforschung nahm einen ähnliche Entwicklung.

Kapitän William Edward Parry, ein Offizier der Königlichen Marine, führte 1827 eine Expedition nach Spitzbergen mit dem ausdrücklichen Auftrag, den

Nordpol zu erreichen. Über das polare Packeis kam Parry bis 82° 45'; damit für ein halbes Jahrhundert zum nördlichsten Punkt. Das war der erste Fall, daß ein Forscher zum Pol der Erde als einzigem und höchstem Ziel aufgebrochen war.

Der Pol, ganz gleich ob Nord- oder Südpol, war schon immer ein Symbol für das Äußerste, Elementarste. Seitdem die Menschen wissen, daß die Erde eine Kugel ist, wollen sie den Punkt sehen, um den sich alles dreht. Parry hat als erster diesen Wunsch in die Tat umgesetzt. Er war der ursprüngliche Polsucher und seine Expedition der Beginn des Wettlaufs zu den Polen.

Zwei Jahre nach Parry brach ein anderer Offizier der Königlichen Marine, Oberleutnant z. See James Clark Ross auf, um den Magnetischen Nordpol zu erreichen. Am 31. Mai 1831 gelangte er ans Ziel. Acht Jahre später wurde der inzwischen zum Fregattenkapitän beförderte Ross von der Königlichen Marine beauftragt, eine magnetische Vermessung der südlichen Erdhälfte vorzunehmen mit dem Ziel, dabei auch an den Magnetischen Südpol zu gelangen. Als er im August 1840 mit seinen zwei Schiffen, der *Erebus* und der *Terror*, Hobart in Tasmanien erreichte, wurde er mit der Nachricht empfangen, daß eine französische und eine amerikanische Expedition getrennt in Richtung Süden ausgelaufen waren, um ihm zuvorzukommen.

Auf diese Einmischung, die nach seiner Meinung schlechter Stil war, reagierte Ross in einer für ihn kennzeichnenden Weise und gab der Geschichte der Antarktis einen anderen Verlauf.

> Durchdrungen von dem Bewußtsein – so schrieb er in sein Tagebuch – daß England auf dem Weg der Entdeckung stets vorangeschritten war, meinte ich, es paßte nicht zu seiner Vorrangstellung, wenn wir den Fußstapfen der Expedition einer anderen Nation folgten. Ich entschloß mich deshalb sogleich, jede Einmischung in ihre Entdeckungen zu vermeiden, und wählte einen weiter ostwärts gelegenen Meridian – 170° O – um auf diesem nach Süden vorzustoßen.[4]

Niemand hatte bis dahin diesen Kurs gewählt. Ross lief im November von Hobart aus und erreichte im Januar das Packeis. Er wagte sich weiter vor und setzte nach vier Tagen seine Fahrt in klarem Wasser fort, das sich bis zum Horizont erstreckte. Er hatte das offene Meer entdeckt, das heute seinen Namen trägt.

Darauf richtete er den Kurs seiner Schiffe südwestwärts zum Magnetischen Pol im Glauben, daß er nur weiterzusegeln brauchte. Doch eine unbekannte Kette von hochaufragenden, schneebedeckten Bergen versperrte ihm den Weg. Diese neue Küste nannte Ross zu Ehren der jungen Königin Südviktorialand.

Es folgte eine in den Annalen der Polarforschung höchst ungewöhnliche Kreuzfahrt. Im Laufe der nächsten sechs Wochen entdeckte Ross fünfhundert Meilen Küste und zeichnete sie in die Seekarten ein. In einer endlos scheinenden Kette taten sich nach Süden hin ein Berg und ein Gletscher nach dem anderen auf, folgte Eisfjord auf Eisfjord.

Am 27. Januar sichtete Ross eine Insel und auf ihr einen rauchenden Vulkan. Zu Ehren seines Schiffes nannte er ihn Mount Erebus. Ein in der Nähe liegender erloschener Krater wurde von ihm Mount Terror getauft. Für Generationen von Forschern sollten sie alltägliche Namen werden.

> Als wir uns, unter Lee-Segeln dahintreibend, dem Land näherten – schrieb Ross in sein Logbuch – bemerkten wir eine niedrige weiße Linie, die sich ... soweit das Auge reichte, nach Süden erstreckte. Es war ein ungewöhnlicher Anblick: Die Linie nahm, als wir näher kamen, langsam an Höhe zu und erwies sich schließlich als eine senkrechte Eisklippe, die hundertfünfzig bis zweihundertundfünfzig Fuß über dem Meeresspiegel lag.[5]

So lautet der Bericht von der Entdeckung eines völlig neuen Naturphänomens, des arktischen Eisriegels, oder, wie Ross ihn nannte, der „Großen Eisbarriere", denn, so schrieb er, „wir könnten mit ebensoviel Aussicht auf Erfolg durch die Klippen von Dover hindurch zu segeln versuchen wie durch eine solche Eismasse". Aus dieser Darstellung erhielt der arktische Eisriegel seinen ursprünglichen Namen *The Great Ice Barrier*.

Ross folgte den Klippen der „Eisbarriere" nach Osten, so weit es Eisberge und zunehmendes Packeis zuließen. An einer Stelle, wo die Klippen tiefer lagen als die Mastspitzen, sah er zum ersten Mal die Oberfläche der „Barriere" und erahnte ihre wahre Struktur. „Die Fläche", schrieb er, „schien ganz glatt zu sein und vermittelte den Eindruck einer unendlich weiten Ebene aus gefrorenem Silber."

Ross kehrte um und überwinterte im Pazifik. Als der nächste südliche Sommer kam, segelte er zum Rossmeer zurück und erreichte 78° 10′; diese Stelle blieb für mehr als ein halbes Jahrhundert der südlichste Punkt. In Richtung des ostwärtigen Endes der „Eisbarriere" entdeckte er eine Bucht, die bleibende Bedeutung bekam. Als berühmter und gefeierter Mann kehrte er im September 1843 nach England zurück. Er hatte mehr als irgendein anderer von der Antarktis entdeckt. Seine Entdeckungen in der Antarktis blieben bis zum Ende des Jahrhunderts die letzten.

Die beiden Schiffe von Ross, die *Erebus* und die *Terror*, wurden bei ihrer Rückkehr nach England in Stand gesetzt und liefen zwei Jahre später unter dem Kommando von Kapitän Sir John Franklin aus mit dem Auftrag, die Nord-West-Passage zu erkunden. Für die Handelsschiffahrt hatte man die Suche nach einem Seeweg zum Orient längst aufgegeben; jetzt war sie neu belebt worden aus einer Mischung von romantischer Erinnerung und dem hartnäckigen Verlangen, die nördlichste Grenze des Weltreichs entlang der arktischen Küste Kanadas weiter vorzuschieben.

Es war Franklins Expedition, die schließlich eine Nord-West-Passage fand, denn in der Tat gab es mehrere. Zwar hat Franklin selbst sie nicht von Anfang bis Ende durchsegelt, doch fanden seine Begleiter unter Nutzung früherer Vorstöße die gefrorenen Straßen und bewiesen, daß es einen Seeweg vom

Atlantik zum Pazifik gab. So brachten sie Märtyrertum und Kampf von zweidreiviertel Jahrhunderten zu einem ruhmreichen Abschluß.

Leider überlebte weder Franklin noch einer seiner 128 Männer, um berichten zu können. Sie alle kamen um durch Hunger, Erfrieren und Krankheit. Das war für das Land und die Zeit das eigentliche und vielleicht kennzeichnendste Verderben. Während Franklin und seine Leute Hungers starben, lebten Eskimos um sie herum in verhältnismäßigem Überfluß von dem, was das Land hergab. Doch Franklin war durch grotesk ungeeignete Methoden behindert – das Ergebnis starren Denkens und der Unfähigkeit, sich den Verhältnissen anzupassen. Zu dieser Zeit hatte man sein Schicksal der Vergessenheit entrissen. Der Krimkrieg war gekommen und gegangen, und die britische Öffentlichkeit hatte Geschmack an heroischem Mißgeschick gefunden. Franklin, der leidenschaftlich und in guter Absicht schwere Fehler beging, wurde zum vollkommenen viktorianischen Idol. Wie in berühmten Versen zu lesen ist:

> Denn Männer müssen fallen
> und ihr Blut auf dem Schlachtfeld vergießen,
> (mögen auch Frauen noch so sehr
> darüber jammern und klagen),
> damit Englands Name für immer
> an erster Stelle
> durch die Jahrhunderte getragen wird.

Franklin ließ die romantische Legende von der Polarforschung als moralischer Quelle des Leidens entstehen und die vom Polarforscher als elegischem Helden: eine Legende, die immer noch lebt.

Das war der Stand der Polarforschung, als Roald Amundsen und Robert Falcon Scott geboren wurden. Die Küste der Antarktis war auf einem Teil ihrer Länge bekannt. Ungeklärt noch, ob es sich um einen Kontinent oder um eine Inselgruppe handelte. Niemand hatte bis dahin dort überwintert. In der Arktis war die Nord-West-Passage noch nicht durchfahren worden. Man hatte bisher weder den Nordpol, noch den Südpol erreicht. Die letzten Grenzen warteten darauf, durchbrochen zu werden.

3

„Der letzte Wikinger“

Scott und Amundsen waren ideale Gegenspieler: in fast jeder Hinsicht grundverschieden. Scott entstammte einem reichen und mächtigen Weltreich, obwohl im Verfall begriffen; Amundsen einem kleinen, armen Land mit geringer, weit verstreuter Bevölkerung, einem Land, das bei seiner Geburt nicht einmal unabhängig war. Sie hatten etwas an sich von David und Goliath. Das ist vielleicht nicht die gängige englische Meinung, doch hätte ein zeitgenössischer Norweger es so gesehen.

Einer, der Amundsen als Kind kannte, erinnert sich, wie seine Mutter ehrfurchtsvoll sagte: „Er ist der letzte Wikinger.“ Mehr als sechs Fuß groß, mit durchdringenden blauen Augen und einer gewaltigen Adlernase erinnerte er in der Tat an sie.

Roald Engebreth Gravning Amundsen, wie sein voller Name lautete, wurde am 16. Juli 1872 in eine Familie von Seeleuten und Schiffseignern geboren. Die Amundsens kamen von Hvaler, einer der Mündung des Christiania-Fjords vorgelagerten Inselgruppe, die für Norwegen typisch ist. Seit eh und je ist diese Inselgruppe die Heimat von Fischern und Schiffern, deren Leben stets hart war und die mit Not und Elend fertigwerden mußten.

Der Familienname Amundsen erscheint erstmals im 18. Jahrhundert, vom Namen des Vaters Amund Olsen Utgård abgeleitet. Es war üblich, die Zweige einer Familie so zu kennzeichnen. Dieser Amund Olsen Utgård war der Urgroßvater des Forschers Amundsen. Zur Zeit, als dessen Sohn Ole Amundsen heranwuchs, hatten die männlichen Mitglieder der Familie sich bereits als Seeleute und Schiffseigentümer Ansehen erworben. Ole Amundsen hatte zwölf Kinder, unter ihnen fünf Söhne, die alle zur See gingen. Der vierte Sohn, Jens Engebreth Amundsen, war der Vater des Entdeckers.

Das frühe 19. Jahrhundert war für Norwegen, das damals wenig Industrie besaß und sich zur Eigenversorgung kaum auf andere Quellen als Holz und Fisch stützen konnte, eine Zeit des Mangels und der Armut. Ob die Lebensbedürfnisse befriedigt werden konnten, hing weitgehend davon ab, wie fähig seine Schiffseigentümer waren, Holz zu exportieren und den Verkehr mit dem Ausland aufrechtzuerhalten. So hatte es durch die Kontinentalsperre während der Napoleonischen Kriege erheblich zu leiden. Die Situation Norwegens verbesserte sich erst, als Britannien die Navigationsakte aufhob, die den Transport britischer Waren nur auf britischen Handelsschiffen erlaubt hatte. Jetzt nahmen norwegische Schiffseigentümer Aufträge an, welche andere Länder verachteten. Sie zeigten geschäftliche

Umsicht und vorbildliche Initiative und schufen sich eine Stellung, die in keinem Verhältnis stand zu ihrer Anzahl und der Größe ihres Landes.

Jens Engebreth war ein guter Vertreter seiner Art. 1854 kaufte er mit einem Teilhaber das Wrack eines ausgebrannten Robbenfängers zum Schrottwert. Der Teilhaber besaß eine kleine Werft. Dort stieg der Schiffsrumpf wie ein Phönix aus der Asche und wurde *Phönix* getauft.

Als der Krimkrieg ausbrach, segelte Jens Engebreth, Kapitän und Teilhaber der *Phönix*, zum Schwarzen Meer, nachdem ihm zu Ohren gekommen war, daß man dort aus dem Kampf der Briten und Franzosen gegen die Russen ungeheuren Gewinn ziehen konnte. Zunächst diente das Schiff vor Sebastopol britischen Offizieren als Winterquartier, dann beförderte es im Auftrag der Alliierten Viehfutter und Stroh. Mit dem Gewinn, Kriegsgewinn eines Neutralen, legte Jens Engebreth das Fundament zu seinem Wohlstand. Er war 42 Jahre alt, als er 1863 Hanna Henrikke Gustava Sahlquist, die Tochter eines beamteten Steuereinnehmers, heiratete.

Sie errichteten ihr Haus auf dem Festland, einem Grundstück in Hvidsten, das die Gebrüder Amundsen einige Jahre zuvor gekauft hatten. Es lag in der Nähe von Sarpsborg, einer der wichtigsten Hafenstädte Norwegens. Inzwischen hatte Jens Engebreth mit seinen Brüdern eine eigene Schiffahrtsgesellschaft gegründet. Sie war die größte in jenem Teil des Landes. Von 185 in Sarpsborg registrierten Schiffen gehörten 30 ihnen.

Drei Monate nach der Geburt von Roald Amundsen im Juli 1872 setzte Gustava bei ihrem Mann durch, daß die Familie, die jetzt vier Söhne hatte, nach Christiania übersiedelte, wie Oslo damals hieß.

Norwegen, das bei der nachnapoleonischen Gebietsregelung als erste Nation seine Selbständigkeit erlangte, hatte sich in weniger als hundert Jahren aus einem armen, rückständigen Land zu einem modernen Industriestaat entwikkelt. Drei Viertel des Landes besteht aus Gebirgen. Es ist ein Land, in dem die Menschen, sogar in den Städten, nie das Bewußtsein von der Macht der Natur verloren haben. Das hat den Nationalcharakter geprägt.

Die Amundsens lebten in Christiania am Ende der Stadt in einem Landhaus, einer typischen „wohlhabenden Residenz“ des norwegischen Bürgertums jener Zeit; man nannte es Klein-Uranienborg.

Der Umzug nach Christiania brachte keine Änderung in Jens Engebreths Leben; er war weiterhin mit seinen Schiffen unterwegs. Er war als Segelschiff-Skipper aufgewachsen und hatte sein Vermögen dadurch gemacht, daß er dort, wo Geschwindigkeit keine Rolle spielte, die Billigkeit des Segels gegenüber der Dampfkraft ausnutzte. Der Skipper eines Segelschiffes ist nicht mit dem Kapitän irgendeines anderen Schiffes vergleichbar. Da die schnelle Handhabung verwickelter Takelage über Leben und Tod entscheiden kann, erwartet er die sofortige Ausführung von Befehlen. Sein Wort ist Gesetz. Jens Engebreth scheint ein guter Skipper gewesen zu sein, und er hat sein Haus wie eines seiner Schiffe geführt; das ist zum Verständnis des Charakters von Roald Amundsen äußerst wichtig. Daneben gibt es noch etwas anderes: Jens Engebreth war ein geachtetes Mitglied der Gesellschaft, in der er lebte. Er war erfolgreich. Seine Söhne schauten zu ihm auf. Für den Vergleich mit Scott ist das von Bedeutung.

Wie jeder Junge in Norwegen verlebte Roald seine Kindheit mit lärmendem Spiel im Freien. Die Brüder Amundsen liebten den Kampf. Der Vater, der sich wohl an seine eigenen Faustkämpfe erinnerte, riet ein wenig doppeldeutig: „Ich möchte nicht, daß ihr euch in Kämpfe einlaßt. Wenn es aber sein muß, dann schlagt zuerst und sorgt dafür, daß es reicht."

Ihre Jugend fällt in die Zeit, als Mannschafts- und Wettkampfsport in Norwegen Einzug hielten. Roald wurde auf Skier gestellt, sobald er laufen konnte. Die Amundsen-Kinder lernten Skilaufen vor ihrer Haustür, als Übungshang benutzten sie die abfallende Straße hinter dem Gartenzaun.

Die Amundsen waren eine glückliche Familie. In Norwegen hatte die Familie zu jener Zeit Züge eines Klan. Vater und Söhne Amundsen waren einander sehr zugetan. Sie hielten fest zusammen.

Die Sommer- und Weihnachtsferien verbrachten sie regelmäßig in Hvidsten. Jens Engebreth hatte zwar sein Haus in Hvidsten verkauft, doch der Käufer war ein Neffe. So blieb Hvidsten eine Familiensiedlung, in der für die Vettern aus Christiania irgendwo immer Platz war. Ohne Hvidsten wäre Roald ganz anders großgeworden.

Hier wurde er in die Gemeinschaft seiner Vettern aufgenommen. Er lernte, innerhalb des Familienkreises Kameradschaft zu pflegen. Auch das war ein charakteristischer Zug der Norweger.

Hvidsten lag am schiffbaren unteren Arm des Glomma. Auf der gegenüberliegenden Seite des Flusses lag die Schiffswerft von Jens Engebreth. Hier lernte er Schiffsrümpfe einschätzen. Der Vorarbeiter, ein erfahrener Schiffsbauer, erteilte ihm die ersten Unterrichtsstunden im Bau von Schiffen. Die Leute erinnerten sich später an seine unaufhörlichen Fragen, seine Ernsthaftigkeit und den Spaß, den er daran hatte, beim Auftakeln gute Ratschläge zu geben.

Im Winter wurde Hvidsten so recht eine norwegische Landschaft. Der Fluß fror zu. Durch ein Fenster, von Eiskristallen eingerahmt, konnte Roald auf die Masten und das Takelwerk der festgemachten Schiffe blicken.

Wenn der Frost streng genug geworden war, liefen die Jungen auf Schlittschuhen meilenweit hinaus in Richtung auf die inneren Inseln der Inselgruppe von Hvaler. Es war eine für den Winter typische Wasserstraße Skandinaviens: unter den Füßen Eis, bis zum Horizont hartes Weiß, ein Grenzgebiet, wo Land und Meer, Eis und Wasser gleichsam zu einem eigenen Element zusammenfließen.

All dies nahm Roald tief in sich auf. Er machte sich die Welt des Skilaufens und Segelns zu eigen und wuchs heran zu einem Mann des Meeres und des Gebirges, des Wassers, des Eises, des Waldes und des Schnees; er wurde ein Mensch dieses Küstenstrichs, halb Seemann, halb Bergbewohner. Eine seltene Mischung, doch ist sie für Norwegen typisch. Sie liegt auf halbem Wege zur Polarwelt.

4

Der Geist Nansens

Die Norweger sind ein Küstenvolk, das Meer durchdringt ihr Leben. Ihre Städte liegen dicht beieinander an der langen, tiefzerklüfteten Küste. Die Gebirge schneiden Überlandverbindungen ab, so daß die See zur Flucht aus der Isolation geworden ist, das Fenster zur Welt, die Straße zum Überleben.

Wer mit der See zu tun hatte, besaß Würde und Achtung. Anders als in anderen maritimen Gesellschaften lag die Ehre nicht bei der Marine, sondern der Handelsschiffahrt. Man versteht das bei einem Land, das keine eigene militärische Tradition besaß, wo Kampf nicht Abenteuer im Ausland, sondern Elend in der Heimat bedeutete. Dagegen verkörperte die Handelsschiffahrt stets nationalen Wohlstand und nationales Ansehen. Erfolg auf dem Wasser bedeutete Achtung an Land. Zu einem Handelsschiffer schaute man auf; der Titel „Kapitän" bedeutete viel. Ein Schiffseigner stand im Ansehen höher als ein Kaufmann. Wer Kapitän *und* Schiffseigner war, stand innerhalb der gesellschaftlichen Ordnung in der Tat oben.

Handel war im Gegensatz zu England nie mit einem gesellschaftlichen Makel behaftet. Seeleute jeden Grades nahmen eine höhere gesellschaftliche Stellung ein als ihr englisches Gegenstück. So besaß Roald Amundsen alle Vorteile eines Mannes, der in die obere Schicht der Gesellschaft hineingeboren ist.

Seinem Vater fehlte jedoch das Gütezeichen der höchsten Achtbarkeit, die sogenannte „Studentenmütze", eine graue, spitze Mütze nach militärischer Art mit herabhängendem Troddel. Sie kennzeichnete jene, die das *artium Examen* bestanden hatten, die Zulassungsprüfung zur Universität. Jens Engebreth, der schon in jungen Jahren zur See gegangen war, besaß nur den Volksschulabschluß. Wie viele Self-made-Menschen empfand er deutlich den Mangel an formaler Bildung. Er wollte nicht, daß seine Söhne diesen Nachteil mit ihm teilten, und schickte sie auf eine Privatschule, damit sie die Studentenmütze mit Troddel erwürben. Gustav, der zweite Sohn, erwarb sie 1886; Tonni, der älteste, erreichte das Ziel nicht.

Jens Engebreth war zur Zeit des erfolgreichen Schulabschlusses seines Sohnes auf See. Auf der Heimfahrt wurde er krank und starb an Bord. Roald war damals vierzehn Jahre alt. Er schrieb an seine Kusine Karen Anna Amundsen:

> Es ist hart, einen solchen Vater zu verlieren; doch es war Gottes Wille, und Sein Wille muß erfüllt werden. Wir haben Gott für vieles zu danken . . .[1]

Sein Hinweis auf Gott ist aufrichtig und persönlich. Amundsen gehörte zu den Menschen, denen religiöse Empfindungen nicht fremd waren.

Nach dem Tode des Vaters verließen die drei ältesten Söhne schon bald das Haus, um ihren eigenen Weg zu gehen. Nur Roald blieb. Seine Mutter hatte eine medizinische Laufbahn für ihn im Sinn, er aber teilte ihren Ehrgeiz nicht.

Mit fünfzehn Jahren, so behauptete Amundsen später, kam der Wendepunkt in seinem Leben. Er stieß zufällig auf die Werke von Sir John Franklin und beschloß, Polarforscher zu werden. Es wirft ein trübes Licht auf die Zeit, daß jene Anregung ausgerechnet von einem Mann kommen mußte, der in den nüchternen Augen der Geschichte einer der großen Stümper der Polarforschung war. Und es mag auch seltsam erscheinen, daß das Schicksal eines norwegischen Jungen von einem englischen Helden bestimmt werden sollte. Doch norwegische Forschung gab es noch nicht; sie wurde erst geboren.

Eine mythische Gestalt, vielleicht *die* mythische Gestalt Norwegens ist Askeladden, eine Art männliches Aschenbrödel, ein armer Teufel mit verborgenen Kräften, der schließlich, wenn er sie gebraucht, zum Gewinner wird.

In dem Jahr, als Amundsen, nach seiner eigenen Darstellung, von Franklin inspiriert wurde, erschien in einem Jahrbuch für Kinder der Artikel „Durch Grönland?“ Darin hieß es:

> Ihr kennt gewiß alle die Geschichte von der Prinzessin, die auf dem Gipfel eines gläsernen Berges saß und in ihrem Schoß drei Äpfel hielt. Wer zu ihr hinaufritte und die Äpfel ergriffe, sollte, so hatte der König versprochen, ihre Hand und die Hälfte des Reiches zum Lohn haben. Von nah und fern kamen tapfere Ritter, doch sie konnten nicht zu ihr gelangen, der Berg war glatt wie ein Feuerstein. Doch eines schönen Tages kam Askeladden daher. Er ritt den Berg hinauf, nahm die Äpfel und gewann so die Prinzessin und die Hälfte des Königreiches. – So oder so ähnlich lautet die Geschichte. Was hat das alles mit Grönland zu tun? Nun, Grönland ist wie ein gewaltiger gläserner Berg, und viele haben ihn zu bezwingen versucht, doch Askeladden ist noch nicht erschienen . . ., Askeladden, der geradewegs durch Grönland ziehen wird von einem Ende zum anderen, ist noch nicht gekommen.
>
> Vielleicht habt ihr gehört, daß ich versuchen will, quer durch das Land zu ziehen, doch, ob ich es kann, ob ich mit der Prinzessin heimkomme, nun, dahinter müssen wir ein großes Fragezeichen setzen.[2]

Der Mann, der eine Sage heranzog, um eine Expedition zu beschreiben, war kein gewöhnlicher Sterblicher; es war Fridtjof Nansen, einer der großen Polarforscher. Sein Leben war auf seltsame Weise mit Amundsens Leben verflochten. Die Expedition, über die er schrieb, war nicht alltäglich, es war die erste Durchquerung Grönlands. Sie stürzte Norwegen in die Polarforschung.

Was Nansen gesagt hatte, stimmte: Viele hatten vergeblich versucht, das grönländische Eiskap zu bezwingen.

Mit fünf Begleitern, darunter zwei norwegischen Lappen, durchquerte Nansen im Sommer 1888 das Grönlandeis von Umivik nach Godthaab und so hatte ein unbekannter Bürger eines kleinen Landes die „Prinzessin" gewonnen. Nansen hatte schon gewußt, warum er sich gerade mit der Geschichte von Askeladden an seine jungen Leser wandte.

Er hatte der Polarforschung ein ganz neues Konzept vermittelt. Absichtlich hatte er sich alle Rückzugsmöglichkeiten abgeschnitten. Das war keine prahlerische Kühnheit, sondern kalkulierte Nutzbarmachung des Selbsterhaltungstriebs. Dieser trieb ihn voran; der Blick zurück konnte sich an nichts mehr festmachen.

In der Technik der Polarfahrten ging Nansen neue Wege. An Stelle der herkömmlichen schweren Schlitten benutzte er leichte, lenkbare, die auf Skiern liefen. Sie wurden der Prototyp des modernen Expeditionsschlittens. Nansen demonstrierte auch die Notwendigkeit, Spezialkleidung, -zelte und -kochausrüstung zu entwickeln. Er entwarf einen Topf, der Brennmaterial und Hitze speichern konnte, den „Nansen-Kocher". Als erster Polarforscher stellte er die Verpflegung nach wissenschaftlichen Prinzipien zusammen und wies unter Hinweis auf eigene bittere Erfahrung nach, daß die Verpflegung im Polargebiet Fett enthalten müsse.

Für eine kurze, fruchtbare Periode sollte die norwegische Schule der Polarforschung die britische ablösen und das Feld beherrschen. Kernstück dieser Schule – und das ist Nansens herausragende Leistung – war die Verwendung von Skiern auf Polarfahrten.

Obwohl Skier auf der Skandinavischen Halbinsel unter subarktischen Bedingungen erprobt worden waren, war nicht gewährleistet, daß sie sich in der Höhe und unter den Bedingungen des Grönlandeises bewähren würden. Nansen zeigte anschaulich, daß sie ihre Aufgabe erfüllen konnten. Dies war die erste größere Polarreise, die mit Skiern durchgeführt worden war.

Die Heimkehr des siegreichen Askeladden war mehr als ein persönlicher Triumph; es war eine nationale Demonstration von größter Bedeutung. Wie Ibsens Drama *Nora oder ein Puppenheim* und die folgenden Werke, so führte dieser Erfolg Norwegen aus Unscheinbarkeit und Abgeschiedenheit zu weltweitem Ruhm.

Bei seiner Ankunft am 30. Mai 1889 wurde Hansen wie ein Held empfangen. Unter den jubelnden Menschen stand ein Schüler, siebzehnjährig und beeindruckbar, Amundsen. Jahre danach schrieb er: Es war für manchen jungen Norweger ein Tag, der im Kalender, jedenfalls in meinem eigenen . . ., rot angestrichen werden mußte. Mit klopfendem Herzen ging ich an jenem Tag unter den Fahnen und Hochrufen herum, und alle meine Jungenträume erwachten zu stürmischem Leben. Zum ersten Mal hörte ich es in meinem geheimsten Innern deutlich und eindringlich flüstern: Wenn *du* doch die Nord-West-Passage schafftest![3]

Nansens Leistung war der Anlaß zu einem Leitartikel in einer Zeitung Christianias:

> Norwegen liegt näher an den Polargebieten als irgendein anderes Land ... Wenn eine norwegische Nordpolexpedition ausgerüstet werden sollte, könnten wir eine Elitemannschaft aus erfahrenen zähen Männern stellen, die mit Reisen in Eis und Schnee, auf Skiern oder Schneeschuhen vertraut sind. In jenem Bereich sollten wir Engländern, Holländern, Österreichern und Vertretern anderer Nationen wohl überlegen sein. Schon lange haben wir Männer, die für eine solche Expedition besonders geeignet sind. Was uns bisher fehlte, war ein Mann mit den Fähigkeiten, sie zu führen. Jetzt aber haben wir einen solchen Mann, den nämlich, der seine arktische Taufe in einem Unternehmen erhalten hat, das die Aufmerksamkeit der ganzen zivilisierten Welt erregte.

Der Verfasser des Artikels war der Apotheker Ludvig Schmelck, ein Freund Nansens, der bei der Vorbereitung der Grönlandfahrt mitgearbeitet hatte.

Mit der neuen Methode, die Nansen seiner Grönlanddurchquerung zugrunde gelegt hatte, könnte man, so meinte Schmelck, den Nordpol erreichen.

> Das Prinzip der neuen Methode liegt darin, die Anzahl der Teilnehmer auf eine kleine ausgewählte Gruppe von Männern zu beschränken, die alle ein Höchstmaß an körperlicher Ausdauer besitzen, und den Belastungen, die auf sie zukommen, gleichermaßen gewachsen sind.[4]

Das ist genau die norwegische Schule der Polarforschung, und ihre Beschreibung nimmt die Erklärung für ihre Erfolge vorweg.

Die erste Grönlanddurchquerung regte Amundsen und drei seiner Schulfreunde im Januar 1889 dazu an, ihre erste große Skitour zu unternehmen. Sie liefen über 50 Meilen durch wildes Gelände, mehr als 20 Stunden lang, ohne zu schlafen. Das beschäftigte Amundsen noch lange danach.

In der Schule hatte Roald durchweg schlechte Noten. Seine Leistungen waren so schwach, daß der Direktor ihm die Zulassung zur Reifeprüfung verweigerte aus Furcht, ein so wenig versprechender Schüler könnte ihm Schande machen. Amundsen wollte nicht unbedingt das Reifezeugnis erwerben; noch weniger aber wollte er sich sagen lassen, er könnte es nicht erlangen. Deshalb bereitete er sich hartnäckig privat auf die Prüfung vor. Im Juli 1890 bestand er sie, zwar nur gerade, doch er hatte sie bestanden. Er hatte sein Ziel erreicht.

Gegen seine eigene Neigung, weil seine Mutter es so wollte, wurde er, gerade 18 Jahre alt, Student der Medizinischen Fakultät der Universität Christiania. Er bezog eine behagliche Wohnung und nahm sein altes Kindermädchen Betty als Haushälterin mit.

Amundsens Verhältnis zu seiner Mutter war hauptsächlich von Mitleid bestimmt. Als Gegenleistung für Unabhängigkeit und finanzielle Unterstützung wollte er studieren, wie sie es forderte, doch würde er sich von dieser Verpflichtung befreit fühlen, wenn er erst volljährig wäre.

Aus seiner Universitätszeit ist keine Liebesgeschichte bekannt. Zwei Frauen spielten zwar eine gewisse Rolle: seine Base Karen Anna (in die er vielleicht heimlich verliebt war) und Betty, die ganz offensichtlich Mutterersatz war.

Sein besonderes Interesse galt ohnehin dem Leben in der Natur: im Winter lief er Ski, im Sommer unternahm er ausgedehnte Waldwanderungen. Seine Arbeit vernachlässigte er. Er hätte 1891 eigentlich sein erstes Universitätsexamen ablegen sollen, doch wartete er noch zwei Jahre. Im Februar 1893 – er war noch an der Universität eingeschrieben – hörte er in der Studenten-Union eine Vorlesung von Eivind Astrup.

Astrup war eine weitere Askeladden-Gestalt. Er war genauso alt wie Amundsen und auch von Nansens erster Grönlandbezwingung gepackt. Im Alter von 19 Jahren war er nach Amerika gegangen, um seine Ausbildung abzuschließen, doch durch einen glücklichen Zufall und ein bißchen Frechheit nahm er an Pearys zweiter Grönlandfahrt (1891–92) teil und wurde schließlich ein berühmter Forscher.

Über diese klassische Polarfahrt hielt Astrup vor Studenten Vorlesungen. Sein Thema war das Zukunftweisende an Pearys Reise: Er hatte gezeigt, daß Eskimohunde von Europäern für Polarfahrten erfolgreich eingesetzt werden konnten und wie er mit Polar-Eskimos Freundschaft schloß, um von ihnen zu lernen, wie man Iglus baut, wie man Kleidung anfertigt, die dem Klima angepaßt ist; kurz, wie man unter Polarverhältnissen lebt. Die Lehre daraus lautete, daß primitive Völker etwas zu lehren hatten und zivilisierte Menschen keineswegs allwissend waren.

Zu dieser Zeit beschäftigte sich Norwegen seit über einem Jahr mit Nansens Plänen für eine Expedition. Es ging dabei um nichts Geringeres als den Plan, ein Schiff im arktischen Packeis einfrieren zu lassen und Meeresströmungen auszunutzen, um durch das Polarbecken zu treiben. Das war ein ganz neues Konzept, dem die meisten Experten, vor allem die alten Offiziere der Britischen Marine einen Fehlschlag voraussagten. Der sehr selbstbewußte Nansen kümmerte sich nicht darum. Er konnte es sich leisten.

Nansen hatte einen revolutionären Schiffstyp in Auftrag gegeben: ein runder Kielraum sollte das Schiff, wenn es eingeklemmt würde, heben, um dem Druck des Packeises zu widerstehen. Nansens Ansehen war so groß, daß er hierfür die Unterstützung der Regierung in Anspruch nehmen konnte und von ihr Gelder zur Verfügung gestellt bekam. Über den Fortgang des Schiffsbaues wurde von der Presse freundlich berichtet. Nansens neue Expedition war Sache der ganzen Nation und wurde in ihrem Streben nach Unabhängigkeit bewußt genutzt. Der Stapellauf am 26. Oktober 1892 wurde ein nationales Ereignis. Nansens Frau taufte das Schiff auf den Namen *Fram*, „Vorwärts".

Der Bau der *Fram* steigerte Amundsens ehrgeizige Polarpläne, und Astrups Vorlesungen schürten das Feuer. Am Mittsommertag 1893 sah Amundsen, der im Juni durch das Examen gefallen war, voll Sehnsucht und Begeisterung, wie Nansen unter dem Jubel der Menge in See stach.

Bis dahin waren Amundsens Polarwünsche wenig mehr als Tagträume gewesen; nun trieb es ihn zu handeln. Innerhalb weniger Monate hatte er im Examen versagt, war seine Mutter gestorben, war Nansen ausgelaufen. Jetzt überschritt er die Schwelle zur Realität und machte den ersten Versuch, sich einer Polarexpedition anzuschließen.

Er schrieb an Martin Eckroll, der gerade eine Expedition nach Spitzbergen vorbereitete. Dessen Antwort war entmutigend.

Amundsens Brief an Eckroll ist in mancherlei Hinsicht aufschlußreich. Am interessantesten ist, daß er die Grundsätze der Polarforschung begriffen und als notwendig akzeptiert hatte: Vorbereitungstraining, Anpassung an die klimatischen Verhältnisse, Erfahrung mit Hunden.

So begann er mit dem Nächstliegenden: Skilaufen im Gebirge. Dieses – in Verbindung mit der Fähigkeit, Hunde zu führen – schien ihm die Grundvoraussetzung für die Eignung als Polarforscher. Das war nicht selbstverständlich. Fast gleichzeitig hatte Sir Clements Markham, der Vater der britischen Antarktisforschung, für Polarreisen die Regel aufgestellt: „Keine Skier, keine Hunde".[5]

5

Ein Seemann auf Skiern

Im letzten Jahrzehnt des 19. Jahrhunderts waren die großen Hochlandregionen Norwegens im Winter eigentlich noch terra incognita. Dann kamen die Männer aus der Mittelschicht der Städte, die das Gebirge im Winter eroberten. Amundsen wollte von diesen Pionieren lernen; es war jedoch nicht leicht, an sie heranzukommen. So bat er seinen älteren Bruder Gustav um Hilfe.

Gustavs Frau war mit einem dieser Gebirgsskiläufer, dem Journalisten Laurentius Urdahl, verwandt. Zwar hielt Gustav die Polarforschung kaum für einen gesicherten Beruf, doch schien es ihm im Augenblick das beste, seinen Bruder bei guter Laune zu halten. Er wandte sich an Urdahl und erhielt die Zusicherung, daß er Roald über Neujahr mit auf eine Skitour in die westlichen Berge nehmen würde.

Dieser Ausflug gab Roald Amundsen einen Vorgeschmack vom Skilauf im Gebirge. Die Gebirge Norwegens sind nicht hoch, doch wild. Die Westhänge sind dem Meer ausgesetzt und haben den Anprall der nordatlantischen Stürme zu tragen. Außer einer gelegentlichen Schutzhütte gibt es hier weit und breit keine Spur von Zivilisation. Mit Schneestürmen, beißender Kälte, Schnee in allen Formen, vom federleichten Pulverschnee bis zu stahlharten Harschkrusten, ist diese Landschaft den Polarregionen überzeugend ähnlich.

Urdahl schlug vor, Roald Amundsen mit auf eine Tour quer durch das Hardangervidda zu nehmen. Das Hardangervidda ist ein Hochplateau, in mancher Hinsicht ebenso gewaltig wie die Antarktis.

Bis 1893 war es im Winter kaum erforscht worden. Uhrdahl war bei einem früheren Versuch durch einen Schneesturm zur Umkehr gezwungen worden. Jetzt schlug er einen erneuten Versuch vor: Amundsen wurde ein Stück Pionierarbeit in Aussicht gestellt.

Am Weihnachtstag 1893 verließen sie Christiania mit der Eisenbahn, mußten von Krøderen aus mehr als vierzig Meilen im Hügelland auf Skiern zurücklegen, ehe sie das Hardangervidda erreichten und die eigentliche Tour begannen.

Kaum eine Plage, mit der man im Gebirge rechnen kann, blieb ihnen erspart. Föhn kam auf mit für die Jahreszeit ungewöhnlichem Tauwetter; der Schnee klebte an den Brettern, sie glitten nicht mehr; und als Schreck aller Schrecken, brach ein warmer Schneesturm los. Sie hatten inzwischen soviel Zeitverlust, daß Urdahl die Reise nicht fortsetzen konnte, weil er zu seiner Arbeit zurückkehren mußte. Nachdem sie in einer Woche nur klägliche 30 Meilen zurückgelegt hatten und nicht bis zum eigentlichen Hardangervidda gelangt waren, kehrten sie um und liefen den Hang zum Dorf Hevin hinunter. Von hier aus fuhr Urdahl nach Christiania, während Amundsen mit Holst einen erneuten Versuch unternahm. Ehe die eigentliche Überquerung des Hardangervidda beginnen konnte, waren sie gezwungen, bei minus 40 Grad im Freien zu übernachten. Der Schnee war so hart gefroren, daß sie sich nicht eingraben konnten. Sie mußten sich daher auf ihn legen, und trotz ihrer Renntierpelze froren sie entsetzlich. Einige Meilen weiter wurden sie von einem Schneesturm überrascht und mußten aufgeben. Wieder einmal war das Hardangervidda uneinnehmbar.

Sechs Wochen später befand Amundsen sich auf dem Weg in die Arktis. Er wollte sich, wie er Eckroll geschrieben hatte, „an die klimatischen Verhältnisse und die Schwierigkeiten gewöhnen, wie sie auf einer Expedition herrschen." Nach dem Skilauf im Gebirge war die Navigation im Polargebiet die konsequente Fortsetzung seiner Ausbildung.

Es steckte aber noch etwas anderes dahinter. Amundsen hatte seine medizinische Laufbahn aufgegeben. Seine Familie hielt das zwar nicht für eine Schande, meinte aber, er würde ohne formale Qualifikationen auf seinem weiteren Weg Schwierigkeiten haben. Er sollte daher einen anderen Beruf ergreifen. Was wäre für einen Mann mit seinem Hintergrund und seinen Neigungen natürlicher als die Offizierslaufbahn. Seine Familie würde ihm auf diesem Weg gern helfen, nachdem er sich qualifiziert hätte. Er sollte ein Kapitänspatent anstreben.

Amundsen nahm den Rat an. Er sagte sich, als Kapitän könnte er auf See und an Land das Kommando haben und auf seinen Expeditionen der unangefochtene Führer sein. Im März 1894 ließ er sich als Matrose auf dem Robbenfänger *Magdalena* für eine Fangzeit im Eis anheuern.

In der Vorstellung der Norweger nahm der Robbenfang, wie auch die Waljagd, einen hohen Rang ein. Er war wie der Krieg bei den Großmächten (und auch für einige kleineren Länder) ein Schauplatz der Gefahr, der Tapferkeit, des nationalen Prestiges. Er war, um einen norwegischen Historiker zu zitieren, „eine Achtung gebietende Übung, die mit den großen Forschungsleistungen Nansens in den Polarregionen zu vergleichen ist."[1]

Für einen Matrosen auf seiner ersten Fahrt war die *Magdalena* eine harte Schule. Das kleine wetterfeste Segelschiff aus Holz, wie eine Barke getakelt, mit unzureichendem Hilfsmotor, stampfte, schlingerte und keuchte vor Wind durch die wilden, launischen Gewässer. Nach seiner Rückkehr im August berichtete Roald seinem Bruder Gustav in einem Brief über die Fahrt. Er liest sich wie eine Seite aus dem Kollegheft eines Studenten:

> ... Was einen Robbenfänger kennzeichnet, ist seine kräftige Konstruktion. Eisen und Stahl eignen sich nicht, sie würden zerdrückt. Starkes Holz ist nötig, der Robbenfänger ist deshalb ganz aus Eiche. Das ist allerdings nicht ganz richtig, denn die Hülle des Rumpfes besteht aus einem leichteren Holz und ist außen mit dem sogenannten Eisschild überzogen. Der Eisschild wird aus einer Schicht Eichenholz hergestellt, das mehrere Fuß stark ist. Sie umgibt das innere Gerüst des Schiffsrumpfes und soll dem Druck des Eises, der oft ungeheuer stark sein kann, standhalten. Die *Magdalena* soll am Bug zwölf Fuß breit gewesen sein. Das besondere Kennzeichen eines Robbenfängers ist

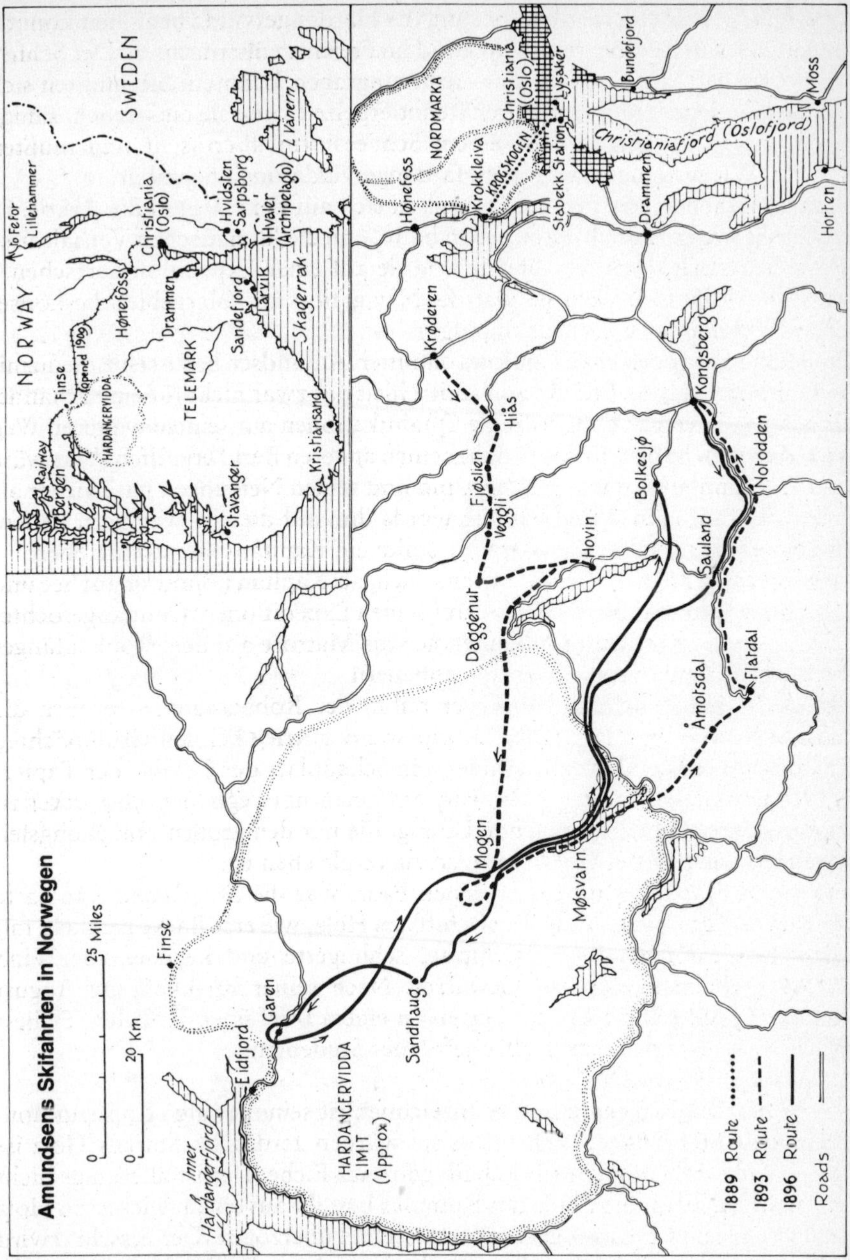
Amundsens Skifahrten in Norwegen
0 25 Miles
0 20 Km
Inner Hardangerfjord
Eidfjord
Finse
Garen
HARDANGERVIDDA LIMIT (Approx)
Sandhaug
Mogen
Møsvatn
Daggenut
Vaggli
Fjøslien
Hovin
Hås
Krøderen
Hønefoss
Krokkleiva
KROGSKOGEN
NORDMARKA
Christiania (Oslo)
Lysaker
Stabekk Station
Bundefjord
Drammen
Christianiafjord (Oslofjord)
Moss
Horten
Kongsberg
Bolkesjø
Notodden
Sauland
Flatdal
Åmotsdal
1889 Route
1893 Route
1896 Route
Roads
NORWAY
SWEDEN
To Fefor
Lillehammer
Christiania (Oslo)
Hvidsten
Sarpsborg
Hvaler (Archipelago)
L. Vänern
Hønefoss
Drammen
Sandefjord
Larvik
Skagerrak
TELEMARK
Finse
(opened 1909)
Railway
Bergen
HARDANGERVIDDA
Stavanger
Kristiansand

> das Krähennest. Es sitzt unter der Spitze des Hauptmastes. Hier hat der Kapitän im Wechsel mit dem ersten Maat seinen Platz, um nach Seehunden Ausschau zu halten und das Schiff durch das dicke und schwere Eis zu steuern.[2]

Über die Wirkung der blutigen Seehundjagd auf ihn schreibt Amundsen in seinem Brief nichts. Erst durch versteckte Hinweise aus späteren Jahren wird deutlich, wie das brutale Töten der Tiere ihn mitgenommen hat.

Nachdem Amundsen seine Heuer erhalten hatte, sagte er der *Magdalena* Lebewohl und unterschrieb für die nächste Seereise einen Vertrag mit der *Valborg*. Sie gehörte der Familie Amundsen. Im Mai 1895 bestand er das Steuermann-Examen. Jetzt brauchte er nur noch einige Monate auf See, um sich als Steuermann zu bewähren, doch zuvor mußte er seinen Wehrdienst ableisten. Was er später über die Musterung schrieb, ist bezeichnend für seine körperliche Verfassung. Seit seinem fünfzehnten Lebensjahr hatte er eifrig trainiert, um sich auf das Leben als Forscher vorzubereiten.

> Ein älterer Arzt, der zu meiner freudigen Überraschung den menschlichen Körper immer noch gründlich studierte, untersuchte mich sehr eingehend und rief plötzlich überschwenglich: „Wie kommen Sie eigentlich an solche Muskeln, junger Mann?“ Er hielt das, was er entdeckt hatte, für so ungewöhnlich, daß er einige Offiziere aus dem Nachbarzimmer herbeirief, sie sollten sich das Wunder ansehen.

Amundsen war kurzsichtig und von der krankhaften Furcht besessen, deshalb abgewiesen zu werden. Daher seine Freude:

> In seiner Begeisterung über meine körperliche Verfassung vergaß der alte Arzt, meine Augen zu untersuchen. Ich durchlief die Musterung, wie ich es besser nicht hätte wünschen können, und wurde für den Militärdienst für tauglich erklärt.[3]

Die militärische Ausbildung dauerte die gesetzlich vorgeschriebenen sieben Monate und fünf Tage. Amundsen hielt das für nicht ausreichend und setzte sie auf eigene Faust fort.

Ende Januar 1896 erschien in den Zeitungen von Christiania auf der ersten Seite die Schlagzeile SKILÄUFER VERMISST.

In den ersten Tagen des neuen Jahres war Amundsen mit seinem Bruder Leon von Christiania aufgebrochen, um auf Skiern über das Hardangervidda nach Westnorwegen zu gelangen. Sie hätten die Strecke in einer Woche zurücklegen sollen, doch seit mehr als vierzehn Tagen fehlte von ihnen jede Nachricht. Alarm wurde gegeben, ein Suchtrupp in Marsch gesetzt. Nach drei Wochen – man hatte sie schon aufgegeben – waren sie wieder da, aus eigener Kraft, einfach so.

Es war für Amundsen bezeichnend, daß er als Training für das Polargebiet das Hardangervidda, das ihm zwei Jahre zuvor eine Niederlage bereitet hatte, jetzt im Winter durchquerte. Diese Tour sollte keine reine Wiederholung werden, sondern er wollte sich darin üben, Erfahrungen anzuwenden. Seine Skier waren leichter, die Bindungen gaben mehr Halt; Nahrung, Kleidung und Ausrüstung waren verändert. Auf Anregung von Urdahl, der inzwischen Chefredakteur einer Provinzzeitung geworden war, schrieb er über die Erlebnisse eine Artikelserie unter dem Titel „Die abenteuerliche Fahrt der Gebrüder Amundsen über das Hardangervidda."

> ... Die vierte Nacht im Freien verbrachten wir auf einem steilen Berghang. Da reichlich Schnee lag, gruben wir uns tief ein, um gegen Wind und Schneetreiben geschützt zu sein. Ich schlief ungewöhnlich gut. Beim Aufwachen stellte ich fest, daß ich eingeschneit war. Ich dachte, ich könnte kräftig mit den Schultern stoßen und so die Schneedecke aufbrechen, irrte mich aber. Offenbar war der Schnee, der während des Schlafes gefallen war, naß gewesen und um mich herum fest gefroren. Mein Bruder war klüger gewesen. Er war mehrmals in der Nacht aufgestanden, erzählte er mir später, und hatte den Schnee über mir fortgefegt. Im Morgengrauen hatte er nach dem Wetter geschaut und entdeckt, daß ich eingeschneit war. Nur meine Füße waren noch zu sehen; sie zeigten, wo ich lag. Über eine Stunde mußte er angestrengt schaufeln, bis er mich befreit hatte ...[4]

Amundsen war in weit größerer Gefahr gewesen, als seine Schilderung vermuten ließ. Er wäre im Schnee fast erstickt. Ihm drohte auch die Amputation einiger erfrorener Finger. Hardangervidda hatte ihn vielerlei gelehrt. Für ihn war es die Polarkinderstube, die ihm gestattete, Anfängerfehler rechtzeitig zu machen.

Da er noch einige Monate zur See fahren mußte, ehe er als Steuermann Dienst tun konnte, ging er mit dem Robbenfänger *Jason* auf eine zweite Fahrt in die Arktis.

6

In die antarktische Nacht

Amundsens alter Spielgefährte Carsten Borchgrevink hatte sich verleiten lassen, die Stelle des Ladungsaufsehers auf dem Walfänger *Antarctic* anzunehmen, der die Berichte von Sir James Clark Ross über die wirtschaftliche Nutzung von Walen auf seiner Fahrt auf ihre Richtigkeit hin untersuchen sollte. Es war die erste Reise in das Roß-Meer nach dessen Entdeckung. Die geeigneten Wale wurden zwar nicht ausgemacht, doch ließ Leonard Kristensen, der Kapitän der *Antarctic*, am Kap Adare ein Boot zu Wasser und ging mit Borchgrevink an Land. Sie waren die ersten, die Südviktorialand betraten. Diese Landung am 24. Januar 1895 war der erste Schritt auf dem Weg zum Pol.

Im Juli des gleichen Jahres tagte in London der Sechste Internationale Geographenkongreß. Borchgrevink reiste auf eigene Kosten um die halbe Welt, um mit seiner Neuigkeit dort hineinzuplatzen. Er bot sich als Leiter einer Expedition zum Kap Adare an, die als erste auf dem antarktischen Kontinent überwintern sollte. Seine plumpe Art und seine ungeschliffene Rede brachten einen Hauch rauhe Wirklichkeit in die akademischen Erörterungen.[1] Der Kongreß faßte folgenden Beschluß:

> Die Erforschung der antarktischen Gebiete ist die größte Aufgabe für die geographische Forschung . . . sie sollte vor Ende des Jahrhunderts in Angriff genommen werden.

Das Interesse an der Antarktis wurde jetzt neu belebt, nachdem es jahrzehntelang vernachlässigt worden war. Erste Früchte zeigten sich in Belgien, wo der Marineoffizier Adrien de Gerlache eine Expedition vorbereitete. Das Land war damals von der schwierigen Aufgabe, den Kongo zu kolonisieren, ganz in Anspruch genommmen. König Leopold blickte ungnädig auf alles, was davon ablenkte. Er billigte den Plan de Gerlachs nicht. Es wurde ständig schwieriger, für die Erforschung der Antarktis Geldquellen zu erschließen. De Gerlache fand dennoch Geldgeber und kaufte sein Expeditionsschiff. Nach bester Tradition in der Polarforschung war es ein Robbenfänger und ausgerechnet die norwegische *Patria*, der Amundsen begegnet war. Umgetauft auf den Namen *Belgica* fuhr sie am 4. Juli 1896 in den Hafen Sandefjord ein, um überholt zu werden.

In den gleichen Hafen segelte die *Jason*, mit Amundsen an Bord, auf dem Rückweg von der Arktis. Das war die Gelegenheit, auf die Amundsen gewartet hatte. Er schrieb de Gerlache am 29. Juli und bot sich an, ihn zu begleiten. Dieser zeigte den Brief dem belgischen Konsul Johan Bryde, einem Schiffseigner aus Sandefjord, der an den Rand schrieb: „Nimm ihn, Freund!“[2]

Amundsen wurde angenommen. Er bot an, ohne Heuer zu arbeiten, was zweifellos für ihn sprach. Andererseits war de Gerlache darauf aus, qualifizierte Polarfahrer zu gewinnen, wo immer er sie fand, und in Amundsen hatte er einen „Seemann und Ski-Läufer" vor sich, wie er sagte. Beeinflußt hatte ihn auch, daß Amundsen ein Landsmann von Nansen war.

Nansen war am 13. August in Vardø in Nordnorwegen gelandet. Es war das erste Lebenszeichen von ihm, seitdem er vor 3 Jahren in das arktische Eis gezogen und verschwunden war. Er kam an Land wie einer, der von den Toten auferstanden war.

Mit einem einzigen Gefährten, Hjalmar Johansen, hatte er die *Fram* mit Schlitten, Hunden und Skiern verlassen, um zum Pol vorzustoßen. Zwar hatte er ihn nicht erreicht; doch sie waren bis 86° 14′ gelangt und damit zum nördlichsten Punkt, den je ein Mensch zuvor betreten hatte, d. h. 170 Meilen weiter als irgendeiner vor ihnen. Keinem Pol der Erde war jemand so nahe gekommen. Das allein genügte, um sie zu Helden des Tages zu machen. Aber was danach geschehen war, fesselte die Phantasie der Öffentlichkeit noch mehr: 500 Meilen voller Schwierigkeiten, doch ohne Verzweiflung, endeten mit einem Robinson-Crusoe-Winter, allein in einer Nothütte auf einer einsamen Insel der Arktis, und schließlich in der unglaublichen Begenung mit der Jackson-Harmsworth-Expedition. Die *Windward,* ein Schiff, das diese Expedition zusätzlich mit sich führte, brachte Nansen und Johannsen zurück in die Zivilisation. Die *Fram* kehrte eine Woche später nach Norwegen zurück. Sie hatte, wie Nansen vorausgesehen hatte, das Polarbecken treibend durchquert, und die schwere Prüfung im Eis fast ohne einen Kratzer am Spant überstanden. Im Gegensatz zu fast jeder Arktisexpedition war kein einziges Menschenleben zu beklagen. Nansen hatte alle Experten und Autoritäten der Arktisforschung, die Unheil prophezeit hatten, geschlagen. Einige verziehen ihm das natürlich nie. Doch das Herz des Volkes hatte er gewonnen.

Erik Werenskiold, ein bekannter Künstler, nahm Nansen als Modell für Sankt Olaf bei den Illustrationen zu einer Volkssage der Nordischen Sagas. So hielt Nansen in Gestalt eines nordischen Helden und Schutzpatrons der Norweger Einzug in Tausende norwegischer Familien.

Seine Wirkung im Ausland war jetzt weit größer als nach seiner ersten Fahrt durch Grönland. Das lag nicht nur daran, daß seine jetzige Leistung höher einzuschätzen war, sondern daß ein anderes Medium seine Darstellung übernommen hatte. Während Nansen sich damals in einem Buch selbst dargestellt hatte, übernahm diese Aufgabe jetzt die Volkspresse. Seine Persönlichkeit sprach die Journalisten an; sie ließ sich vereinfachen und leicht verständlich machen. Sien Bild mit dem schwarzen Matadorhut, der bis zum Hals geknöpften Jacke, dem Langen nordischen Gesicht mir einer ausgeprägten Melancholie, die auch Züge von Ungestüm trug, erschien häufig in den Zeitungen in aller Welt. Nansen wurde zum Thema der Schlagzeilen, zu einer öffentlichen Persönlichkeit der Zeit. In diesem Sinn war Nansen als der erste volkstümliche Polarheld unserer Zeit eine Schöpfung der Presse. Er stand am Anfang einer

Epoche, die man, wenig präzise, das heroische Zeitalter der Polarforschung genannt hat. Daß Amundsen von einem Abglanz dieses Ruhmes profitierte, lag nah.

Amundsen hatte seine Dienstzeit als Matrose abgeleistet und war auf der *Belgica* zum Zweiten Steuermann befördert worden. Seit er vor 18 Monaten seine Prüfung abgelegt hatte, war er durch vertraute Gewässer gefahren, wo man „auf gut Glück und mit Gott" segelte. Bei seiner Beförderung hatte man ihm zur Auflage gemacht, sich in der Navigation weiterzubilden. Er sollte auch etwas Französisch und Flämisch lernen, um belgischen Matrosen Befehle geben zu können. Um beiden Forderungen gerecht zu werden, nahm er Anfang des Jahres 1897 Unterricht bei einem Antwerpener Navigationslehrer.

De Gerlache verbrachte inzwischen den Winter in Norwegen, um Skilaufen und Norwegisch zu lernen. Sprachen waren auf der *Belgica* sehr gefragt. Offiziere und Mannschaften würden aus Belgiern und Norwegern bestehen. Der wissenschaftliche Stab würde sich um den polnischen Geologen Henryk Arktowski und den rumänischen Zoologen Emile-G. Racovitza bilden. Sie waren die einzigen geeigneten Freiwilligen, die man finden konnte. De Gerlache machte aus der Not eine Tugend, als er in seiner polyglott zusammengesetzten Truppe den Versuch unternahm, die Verständigung zwischen den Völkern zu fördern. In einer Zeit, da man dem Nationalismus huldigte, war das in jedem Fall ein ungewöhnliches Ideal.

Die *Belgica* hatte fast ein Jahr zum Überholen und Ausrüsten in Sandefjord gelegen, bis sie am 26. Juni 1897 mit einer Kernbesatzung nach Antwerpen auslief. Dort stieß Amundsen dazu. Nansen kam aus Christiania, um sie zu verabschieden.

De Gerlache wollte wie Borchgrevink auf Kap Andare landen und als erster in der Antarktis überwintern. Unterwegs schlug er vor, Graham Land und die umgebenden Gewässer zu erforschen, d. h. einen noch unbekannten Kontinent halb zu umschiffen.

Diese Aufgabe hätte für drei Expeditionen gereicht. Bei der Ausfahrt aus Sandefjord stand der *Belgica* nicht einmal genügend Geld für *eine* Expedition zur Verfügung. Dennoch schaffte De Gerlache es in letzter Minute vor dem Aufbruch nach Süden, das notwendige Geld aufzutreiben. Es war eine lächerlich geringe Summe für die erste moderne Expedition zum antarktischen Kontinent.

Zahlreiche Hindernisse verzögerten die Ausfahrt. Im letzten Augenblick sagte der Schiffsarzt ab. In der buntschillernden Flut erfolgloser Bewerber war ein gewisser Dr. Cook aus Brooklyn gewesen, der 1892 an der Expedition mit Peary nach Nordgrönland teilgenommen hatte. De Gerlache schickte ihm ein Telegramm und bot ihm die Stelle an. Cook sagte umgehend zu. Er sollte die *Belgica* in Rio de Janeiro erwarten.

In Ostende kam unaufgefordert ein junger Mann an Bord, er hatte einen Anzug zum Wechseln, etwas Wäsche – und viel Energie und bat, sich der Expedition anschließen zu dürfen. Es stellte sich heraus, daß er über eine gründliche wissenschaftliche Ausbildung verfügte. Er wurde auf der Stelle als Hilfsmeteorologe angeheuert. Es war der Pole Antoine Dobrowolski.

Am 23. August lief die *Belgica* nach Süden aus und erreichte am 22. Oktober Rio de Janeiro. Dort kam Dr. Cook an Bord. Er war ein erfahrener Polarforscher, und Amundsen interessierte sich von Anfang an sehr für ihn, vor allem, weil er zu den vorhandenen drei norwegischen noch zwei Peary-Schlitten mitgebracht hatte.

Die *Belgica* hatte Glück, in der sprichwörtlich stürmischen See um Kap Horn war gutes Wetter. Am 19. Januar tauchte der erste Eisberg auf, seine Spitze war abgeflacht, und am Tage darauf kamen die Südshetlandinseln in Sicht. Mehrmals entging die *Belgica* knapp einem Zusammenstoß; einmal stieß sie doch gegen ein Riff, kam aber unbeschädigt wieder frei. Die vorhandenen Seekarten waren nur unvollständige Skizzen, die Steuerung des Schiffes deshalb auf Vermutungen angewiesen.

Blind segelnd passierte sie die Meerenge zwischen der Schnee- und der Smithinsel. Sie hatte den Rand des Unbekannten erreicht. Fast unmittelbar darauf brach ein Sturm los, der den norwegischen Matrosen Wiencke über Bord spülte. Er ertrank.

Die Männer wurden unruhig. Schon jetzt ein Toter. War das ein böses Omen? Wieviele Opfer würde es noch geben? Würde überhaupt einer die Heimat wiedersehen? Wer war der nächste?

Das Tagebuch Amundsens gibt darüber keinen Aufschluß. Er hatte die Wache, als das Unglück geschah, und machte sich Vorwürfe. Daß Wiencke unvorsichtig gewesen, daß er, Amundsen, ganz in Anspruch genommen war, das Schiff an einem Eisberg vorbeizusteuern, waren für ihn keine Entschuldigungen. Für Amundsen gab es hier überhaupt keine Entschuldigung.

Bei aufklarendem Wetter traf die *Belgica* mit Flaggen auf Halbmast vor der Küste der Antarktis ein. Die Mannschaft war durch den Tod eines Kameraden tief bedrückt und Furcht überkam sie beim Anblick einer fremden neuen Welt, eines trostlosen, unbewohnten Landes mit spitzen dunklen Felszinnen und endlosen Schneefeldern, die sich bis an die Ufer eines düsteren Meeres ausdehnten.

Die *Belgica*, die sich auf der Höhe der Westküste von Graham Land befand, fuhr in eine auf der Seekarte nicht eingezeichnete Meerenge ein. De Gerlache hoffte, sie würde ihn in das Weddellmeer führen. Was er aber fand, war eine Meerenge zwischen dem Festland und der vorgelagerten Inselgruppe. Er nannte die Straße nach seinem Schiff; heute trägt sie seinen Namen. Sie war die große Entdeckung der Fahrt.

De Gerlache und sein erster Offizier Georges Lecointe wollten die Fahrt des Schiffes beschleunigen, vielleicht spürten sie, daß die günstige Jahreszeit sich ihrem Ende zuneigte.

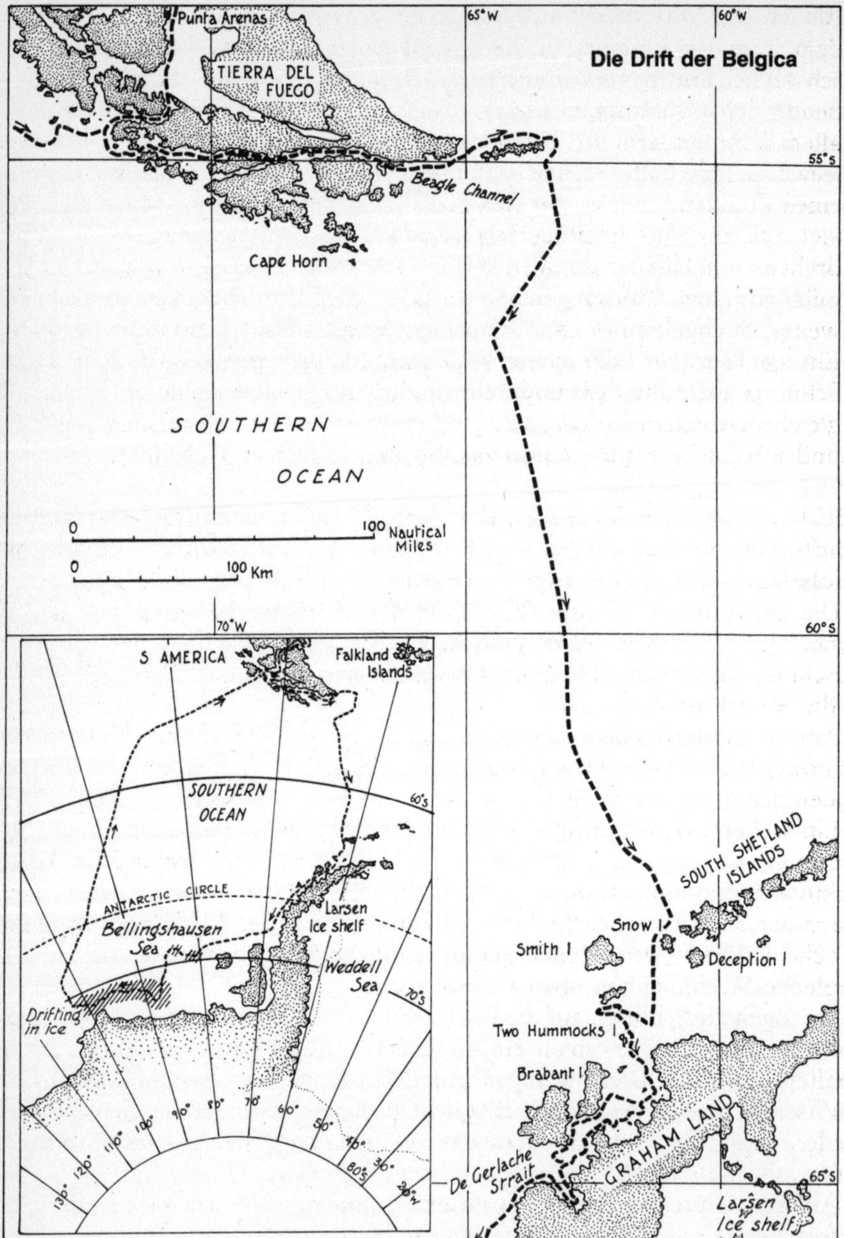
Die Drift der Belgica
Punta Arenas
TIERRA DEL FUEGO
65° W
60° W
55° S
Beagle Channel
Cape Horn
SOUTHERN OCEAN
0
100 Nautical Miles
0
100 Km
70° W
60° S
S AMERICA
Falkland Islands
SOUTHERN OCEAN
60°S
ANTARCTIC CIRCLE
Bellingshausen Sea
Larsen Ice shelf
Weddell Sea
70°S
Drifting in ice
130°
120°
110°
100°
90°
80°
70°
60°
50°
40°
30°
20°W
80°S
SOUTH SHETLAND ISLANDS
Snow I
Smith I
Deception I
Two Hummocks I
Brabant I
GRAHAM LAND
De Gerlache Strait
65°S
Larsen Ice shelf

> Als ich um Mitternacht an Deck kam, (schrieb Amundsen am 29. Januar, dem Tag der Einfahrt in die Meerenge, in sein Tagebuch), hatten wir schwachen Sturm, schweren, nassen Schnee und dichten Nebel. Der Wachhabende, den ich ablöste, meldete, daß das Schiff nach seiner Meinung weit von allem Land entfernt sei. Dennoch hielt ich scharf Ausschau nach vorn und leewärts. Eine halbe Stunde nach Mitternacht erblicke ich leewärts vom Bug einen dunklen Streifen, der sich nicht zu bewegen scheint. Mir bleibt nicht viel Zeit zur Entscheidung. Ich werfe die Ruderpinne leewärts; das Schiff dreht ab und läßt den dunklen Streifen achteraus. Es klart so weit auf, daß ich mich von dem, was ich gesehen zu haben meinte, überzeugen kann. Es war weites, hochgelegenes Land, und nicht weit entfernt, dessen bin ich sicher. Ein wenig früher oder später wäre es unmöglich gewesen, in dem starken Schneetreiben und dem undurchdringlichen Nebel etwas zu erkennen. Das gleiche hat sich mehrmals ereignet. Das bist Du, Gott, Du steuerst das Schiff und wachst über alles; daran zweifle ich nicht einen Augenblick.[3]

Rückblickend hatte Amundsen das Gefühl, daß er durch Gottes Hand vor Schiffbruch bewahrt worden war. Er hatte jenes Maß an Glück, auf das große Feldherren und Forscher angewiesen sind.

Die Expedition blieb drei Wochen in der Meerenge und ging mehrfach an Land. Die Luft hallte wider vom Klopfen des Geologenhammers und vom Geschrei aufgebrachter Pinguine. Es war der erste Einfall von Wissenschaftlern in die Antarktis.

Am 26. Januar landete Amundsen auf der Insel Two Hummocks, um seine Skier auszuprobieren. Er war wahrscheinlich der erste Mensch, der auf dem Boden der Antarktis Ski lief.

Ein weiterer denkwürdiger Tag war der 31. Januar. Die erste antarktische Schlittenreise begann. Teilnehmer waren De Gerlache, Amundsen, Cook, Arktowski und Emile Danco, ein belgischer Armeeoffizier, der für die Teilnahme an der Expedition bezahlt hatte. Mit zwei Schlitten und Verpflegung für eine Woche landeten sie auf der gerade entdeckten Brabantinsel, um die De-Gerlache-Meerenge von oben zu vermessen.

Sie zogen die Schlitten auf die Eisfläche, die sich über die Insel erstreckte. Sie mußten sich mühsam einen steilen Eishang hinaufkämpfen und tückische Spalten umgehen. Diese wenigen Stunden brannten sich in Amundsens Bewußtsein ein; eins zeigte sich deutlich: das Ziehen mit Menschenkraft war weder ruhmvoll noch heroisch; es war vielmehr unangenehm, schweißtreibend, mühevoll und stupide.

Auf dem Gipfel des Berges wurde am 31. Januar 1898 das erste Lager in der Erforschung der Antarktis aufgeschlagen. Über dieses historische Ereignis steht in Amundsens Tagebuch:

> Der Schnee war sehr locker. Wir mußten deshalb den Standort für das Zelt ausgraben. Drei von uns beschäftigen sich damit, die beiden anderen bereiten im Windschatten des Schlittens das Essen. Die erste Aufgabe braucht die

> meiste Zeit. Dann streckt unser kleines Zelt seine Spitze gegen Schnee und Wind. Unser Bedarf für die Nacht – Schlafsäcke und trockene Strümpfe – werden ins Zelt getragen. Die übrigen Sachen bleiben, wohl geschützt unter Decken, auf dem Schlitten. Als die heiße Erbsensuppe vor uns steht, sind Wind und Schnee vergessen. In einem Königspalast könnte man nicht glücklicher sein.[4]

Mit dem Gipfel hatten sie ihr Ziel erreicht und konnten die Meerenge fast in ihrer ganzen Ausdehnung überblicken. Amundsen war jedoch mehr an der technischen Seite der Polarfahrt interessiert. Am 4. Februar überließ er den anderen den Theodolit und den Meßtisch und machte sich mit Cook auf den Weg zu einem Eishang, den sie nicht hatten bezwingen können. Das war Amundsens Einstieg in die Auseinandersetzung mit dem Eis.

Nach acht Stunden ständigen Kampfes mit dem Eis und stets in Gefahr, kehrten sie zum Lager zurück. Dazu Amundsens Kommentar: „Diese Exkursionen sind herrlich; ich hoffe, ich habe noch häufig Gelegenheit dazu."[5]

Am 6. Februar kehrte er aufs Schiff zurück. Noch am gleichen Abend faßte er seine Erfahrungen zusammen, ehe die Eindrücke verblaßten. Er übergeht die historische Bedeutung dessen, wozu er seinen Beitrag geleistet hatte. Er spricht nicht überschwenglich von dem herrlichen Gefühl, unberührten Boden betreten zu haben. Nüchtern und ausschließlich beschäftigt er sich mit dem, was er gelernt hat.

Er erkennt, daß das Zelt mit den traditionellen Seitenwänden ungeeignet ist, weil es

> dem Wind eine zu große Angriffsfläche bietet. Es ist aus geölter Seidenhaut hergestellt ... das ist unpraktisch und schwerer als unbehandeltes Material ... die konische Zeltform ist ohne Zweifel am praktischsten, sie bietet dem Wind weniger Widerstand und läßt sich leichter aufbauen ... Der Doktor trug die Robbenfellkleidung der Eskimos; sie erwies sich als praktisch, sie trocknet leicht ... Man kleide sich leicht. Überall Wolle. Wasserdichte Behälter für Streichhölzer. Schneebrillen sind unerläßlich. Das ganze Land ist ein einziger Gletscher ... allein zu gehen, ist reiner Wahnsinn. Stets müssen zwei aneinandergeseilt sein.[6]

Amundsen lernte die Grundbegriffe und Cook, der Schüler Pearys und einer der Großen der Polarfahrt, war sein Lehrer. Für Amundsen war das der Gewinn seiner Fahrt auf der *Belgica*.

In respektvoller Entfernung von der Küste von Graham Land durchquerte die *Belgica* den Antarktischen Kreis und gelangte ins Packeis. Bis zum Horizont eine einzige glitzernde Kruste aus Eisschollen, die sich träge gegen und übereinanderschieben mit einem Geräusch, das ein französischer Forscher mit „dem fernen Gemurmel einer großen Stadt unten im Tal“[7] verglichen hat.

Die *Belgica* wich aus und segelte am Rande des Packeises dahin. Es war Ende Februar und der Winter rückte näher. Um diese Zeit denken die meisten Kapitäne an Heimkehr. Doch De Gerlache war weit davon entfernt, das Eis zu verlassen. Sein ursprünglicher Plan war fehlgeschlagen. Es war jetzt klar, daß er das Weddellmeer nicht vermessen und dann weitersegeln konnte, um in Südviktorialand Anker zu werfen. Doch wollte er seine ehrgeizige Absicht nicht aufgeben, als erster in der Antarktis zu überwintern. Er setzte die Fahrt fort und wollte wie Nansen das Schiff absichtlich einfrieren lassen und so mit dem Packeis treibend, möglichst weit nach Süden vordringen.

De Gerlache wollte das nicht offen zugeben, weil er wußte, daß die meisten seiner Gefährten dagegen waren. Seine Versuche, die Ränder des Packeises zu sondieren, hatten jedoch ihren Verdacht erregt. Am 23. Februar schrieb Amundsen nach einer dieser Sondierungen:

> Leider zeigen die Wissenschaftler offen ihre Furcht. Sie sträuben sich, weiter in das Eis vorzudringen. Weshalb, so frage ich, sind wir hierher gekommen? Wollten wir nicht die unbekannten Regionen erforschen? Das kann man nicht, wenn man außerhalb des Eises liegen bleibt.[8]

Am 28. Februar erhob sich ein Nordoststurm. Das Eis vor der *Belgica* brach auf. Für De Gerlache war das ein Zeichen des Himmels. Wer konnte schon mit dem Wind streiten? Er trat an Lecointe heran, der die Wache hatte, er war der gleichen Meinung. Mit einem feierlichen Handschlag drehten sie das Schiff nach Süden in die wogenden, krachenden Eisschollen. Das Schiff segelte mit dem Sturm, und als dieser sich am 2. März ausgetobt hatte, war es vom Eis umgeben und mit ziemlicher Sicherheit für die Dauer des Winters eingeschlossen.

Die *Belgica* hatte den 71. Breitengrad überquert und trieb immer noch mit dem Packeis weiter nach Süden. Aber De Gerlache konnte der Schiffsbesatzung die Wahrheit nicht zumuten. Er fälschte seine Beobachtungen, um eine nördliche Richtung vorzutäuschen und hielt die fiktive Hoffnung auf unmittelbar bevorstehende Befreiung vom Eis aufrecht. Nur Amundsen und Lecointe waren in das Geheimnis eingeweiht.

Als der Eisgang geringer wurde, tat De Gerlache so, als wollte er sich vom Eis befreien. Die Bemühung schlug fehl, wie beabsichtigt. Da die Mannschaft seinen Versuch miterlebt hatte, ergab sie sich in ihr Schicksal.

In der bunt und zufällig zusammengewürfelten Mannschaft waren nur wenige geistig und körperlich den Belastungen der Polarforschung gewachsen. Noch weniger konnten sie sich mit der schwierigen inneren Lage abfinden: dem Gefühl der Vereinsamung, dem ausschließlichen Zusammensein mit wenigen Gefährten, der Begegnung mit den gleichen Gesichtern tagaus, tagein, Monat für Monat, der Bedrohung durch eine feindliche Außenwelt; dazu kamen Wind,

Kälte und vor allem die Dunkelheit des Polarwinters, wenn die Sonne monatelang nicht aufgeht. Die Männer auf der *Belgica* waren die ersten, die das alles im Süden durchmachen mußten. Es war für sie kein Trost, daß man das alles schon aus dem Norden kannte. Sie wußten nicht, ob sie jemals dem Eis entrinnen könnten. Ungewißheit und Furcht bedrängten sie. Zwei Matrosen verloren den Verstand. Irgendwann befand sich jeder mal am Rand des Irreseins.

Für einen Winter im Eis war die *Belgica* schlecht vorbereitet. Die Winterkleidung an Bord reichte nur für vier Personen, die Nahrung höchstens für ein Jahr. Skorbut kam auf sie zu wie eine Seuche.

Skorbut entsteht durch akuten Mangel an Vitamin C. Man weiß, dieses Vitamin ist lebenswichtig, obwohl man seine eigentliche Wirkung noch nicht voll erkannt hat. Der Mensch ist wie Meerschweinchen und Affen unfähig, es in sich herzustellen, und muß es seiner Nahrung entnehmen. Vitamin C ist jedoch nicht beständig; es wird durch die herkömmlichen Methoden der Vorratshaltung zerstört und findet sich nur in frischer Nahrung.

Skorbut war die historische Plage von Menschen, die von frischer Zufuhr abgeschnitten und gezwungen waren, längere Zeit von konservierten Nahrungsmitteln zu leben. Diese Krankheit überfiel Schiffe auf See. In vergangenen Zeiten kamen durch sie mehr Menschen ums Leben als durch das Schwert.

Wird Skorbut nicht behandelt, führt er zum Tod. Als die *Belgica* nach Süden fuhr, waren die Vitamine noch nicht entdeckt. Die Ursache der Mangelkrankheit war daher unbekannt. Frische Nahrung war ein erprobtes Heilmittel, obwohl die herkömmliche Medizin dieses Wissen mit neu entwickelten und unanwendbaren Theorien verdunkelte. Nach seiner arktischen Erfahrung kümmerte Dr. Cook sich nicht um die Theorien, sondern vertraute auf frisches, nicht gar gekochtes Robbenfleisch. Er war den Medizinern seiner Zeit weit voraus. Das Eis um die *Belgica* wimmelte von Robben und Pinguinen und es wurde ein Vorrat von Fellen angelegt für Kleidung und von Tran zur Ergänzung des Brennmaterials. Cook wollte das Fleisch als Hauptnahrungsmittel einführen, um den Skorbut zu verhindern. De Gerlache sah darin aber eine Kritik an der Wahl seiner Lebensmittel und fühlte sich beleidigt. Als Kompromiß ließ er zu, daß diejenigen, die wollten, gelegentlich Robben- oder Pinguinfleisch bekamen. Da die meisten dieses Fleisch ablehnten, lebte die Expedition weiterhin von Konserven. Das Ergebnis war Skorbut: geschwollene Glieder, blutendes Zahnfleisch, lockere Zähne, Depressionen und geistige Verwirrung. Danco starb an Skorbut. Er hatte eine gefühlsmäßige Abneigung gegen Robben und Pinguine und sagte, er würde lieber sterben, als dieses Fleisch essen.

Am 20. Juni, dem Vorabend von Mittwinter, ist die Sonne seit einem Monat nicht aufgegangen. Krankheit, Dunkelheit, Niedergeschlagenheit und geistige Umnachtung herrschen um Amundsen. Er schreibt:

> Die Sonne beendet morgen ihren Weg nach Norden und beginnt ihre Rückwanderung. Ich freue mich natürlich darauf, sie wiederzusehen, doch habe ich sie nicht einen Augenblick vermißt. Im Gegenteil, ich habe es ja so

gewollt . . . Ich hoffe, ich habe die Gesundheit und die Kraft, das begonnene Werk fortzusetzen.[9]

Amundsen betrachtete seine Umgebung als Schule der Polarforschung, in der er lernen wollte. Während die Menschen um ihn herum durch ihre private Hölle gehen, schreibt er leidenschaftslos auf, was er erkennt. Er steht abseits und blickt auf das Ganze mit dem tiefen Vertrauen auf einen guten Ausgang. Anfang Juli, in der Mitte der Winternacht, als alle mehr oder weniger vom Skorbut befallen sind, als sogar Cook sich mürrisch und entmutigt zeigt, in diesem wohl dunkelsten Augenblick der ganzen Expedition, beschäftigt Amundsen sich mit den Mängeln seiner Wolfsfellkleidung. Er hat die phänomenale Einsicht, daß die Momente geistiger Verwirrung, die er an sich beobachtet, eine Folge des Skorbuts sind.

Lecointe war überzeugt, daß er sterben würde. De Gerlache war mißmutig und mied jede Begegnung. Die Matrosen wurden apathisch. Da rettete Cook die Expedition. Er brachte seine Patienten dazu, Pinguinfleisch, das sie als Nahrung abgelehnt hatten, nun als Medizin zu nehmen. De Gerlache war am schwersten zu überzeugen. Er wollte nichts von Antiskorbutmitteln wissen, sondern nur von Limonadensaft, weil der in der Britischen Marine getrunken wurde. „Was für die Britische Marine gut ist, ist auch gut für mich", sagte er. Schließlich gab auch er nach und sein Zustand besserte sich schnell.

Am 23. Juli schien die Sonne wieder. Sie schien auf bleiche Haut, ungepflegtes Haar, eingefallene Wangen und Gesichter, die in Monaten um Jahre gealtert waren. Amundsens Haar war grau geworden. Persönlichkeiten hatten sich verändert. Die erste von Menschen erlebte antarktische Nacht hatte ihren Tribut gefordert.

Cook und Amundsen hatten die schwere Zeit am besten überstanden. Beider Interesse galt der Polarausrüstung. Während des ganzen Winters arbeiteten sie an der Verbesserung dessen, was sie besaßen. Das führte sie näher zusammen und trug wahrscheinlich dazu bei, daß sie ihr seelisches Gleichgewicht behielten.

Ihr *Meisterwerk* war ein nach dem Entwurf von Cook aerodynamisch gebautes Zelt, das der Zeit weit voraus war. Ende Juli erprobten Cook und Amundsen die neue Ausrüstung, als sie mit dem Schlitten zu einem am Horizont sichtbaren Eisberg fuhren. Das war, wie Amundsen stolz in sein Tagebuch schrieb, „die erste Schlittenfahrt auf antarktischem Packeis."

In einer späteren Analyse beschäftigt Amundsen sich kritisch mit Nahrung, Schlafsäcken, Zelt, Schlitten, Kleidung und Schuhen und kommt darin zu dem Ergebnis, daß Skier auf Packeis das beste Fortbewegungsmittel sind. Sie sind schneller als Schneeschuhe, und da sie das Gewicht verteilen, kann man mit ihnen auch über dünnes Eis fahren, ohne einzubrechen.

Als die Sonne höher stieg und Hoffnung wieder aufkam, erörterte De Gerlache in langen Ausschußsitzungen Pläne für den kommenden Sommer. In einer solchen Sitzung kam Amundsen dahinter, daß De Gerlache der Belgischen

Geographischen Gesellschaft in einem vertraulichen Abkommen zugesagt hatte, belgischen Offizieren in der Übertragung des Kommandos den Vorrang vor anderen zu geben, unabhängig vom Dienstgrad. Das bedeutete, daß der Dritte Steuermann Melaerts, obwohl er hinter Amundsen rangierte, vor ihm das Kommando übernehmen würde. Amundsen sah darin eine beleidigende Herabsetzung und geriet darüber mit De Gerlache in einen heftigen Streit.

> Ich habe mich Ihnen ohne Soldforderung angeschlossen. Es war eine Frage der Ehre, nicht des Geldes. Diese Ehre haben Sie beleidigt, indem Sie mir mein Recht verweigern ... Eine belgische Antarktisexpedition existiert für mich nicht mehr. Ich sehe in der *Belgica* nur noch ein gewöhnliches Schiff, das im Eis festsitzt. Es ist meine Pflicht, den Männern an Bord beizustehen. Deshalb, Kapitän, setze ich meine Arbeit fort, als sei nichts geschehen.[10/11]

Seit neun Monaten waren sie nun im Packeis gefangen. Das Eis hielt die *Belgica* fest im Griff und ließ nicht erkennen, daß es das Schiff freigeben würde. Die Vorstellung von einem weiteren Winter in der Antarktis war zu schrecklich, als daß sie überhaupt daran denken mochten. Die Stimmung war natürlich schlecht. Drei Matrosen waren nicht mehr bei Sinnen. Apathie und Resignation machten sich breit.

Ein zweites Mal rettete Cook die Expedition. Etwa eine Meile vom Schiff entfernt war eine Wasserrinne, die den ganzen Winter offen geblieben war. Cook schlug vor, man sollte einen Kanal dahin graben, so daß das Schiff in die Rinne gelangen und, wenn das Packeis sich demnächst wieder in Bewegung setzte, eventuell freikommen könnte. Das war der zündende Funke, der die Lethargie der Gefährten beendete. Jetzt konnten sie etwas tun, anstatt passiv ihr Schicksal hinzunehmen.

Am 11. Januar begannen sie das Eis zu zersägen und zu sprengen. Es war nicht leicht; Rückschläge und Enttäuschungen blieben ihnen nicht erspart. An einem Punkt verzweifelten sie fast und trugen sich mit dem Gedanken, das Schiff im Stich zu lassen und mit den Schlitten über das Eis an Land zu fahren.

Und dann, am 15. Februar 1899 um zwei Uhr in der Frühe, geschah das Unglaubliche, der Kanal, der sich durch den Druck des Eises geschlossen hatte, öffnete sich. Die *Belgica* dröhnte vom Lärm ihrer Maschinen. Jetzt war sie wieder ein lebendiges Schiff. Sie arbeitete sich in die Wasserrinne, blieb aber noch einen Monat darin gefangen, vor sich das offene Meer. Endlich, am 14. März, begann sie, sich zu heben. Doch bis zuletzt spielte das Eis mit ihr Katz und Maus. Die Rettung schon vor Augen, wurde die *Belgica* gegen einen Eisberg geworfen. Diese Szene hielt Amundsen so fest:

> Wir kommen nicht weiter voran, wir sind unrettbar verloren ... Der Maschinist kommt an Deck. Er sieht die Lage mit eigenen Augen. Wir brauchen ihn nicht aufzufordern, mehr Dampf zu geben. Im Nu ist er wieder unter Deck, und die Maschine arbeitet, wie sie nie gearbeitet hat und nie wieder

> arbeiten wird. Wir kämpfen uns vorwärts, Zoll für Zoll, Fuß für Fuß, Meter für Meter. Wir sind gerettet. Im kritischen Augenblick hat das Eis nachgegeben. So endete die erste Überwinterung in der Antarktis.[12]

Am 27. März läuft die *Belgica*, die man schon lange für verloren gehalten hatte, in Punta Arenas ein. Während ihrer Fahrt hatte sich der Spanisch-Amerikanische Konflikt entzündet, war der Burenkrieg ausgebrochen; die *Turbinia*, das erste Turbinenschiff, hatte die 40 Knotengrenze durchstoßen: man hatte Luft verflüssigt; Marconi hatte seine ersten Radioübertragungen gemacht.

In Punta Arenas ging die Expedition zu Ende. Man hatte weder das Geld noch den Willen zu der Fortsetzung, die man im Packeis so optimistisch erörtert hatte. De Gerlache und Lecointe fuhren die *Belgica* zurück. Amundsen, der immer noch über De Gerlache verärgert war, zog es vor, mit dem Postschiff heimzureisen.

Fünfzig Jahre später faßte Dobrowolski, der in Ostende an Bord gekommen war, voller Begeisterung zusammen, was De Gerlache vollbracht hatte. Seine Expedition kehrte heim mit

> dem ersten vollständigen meteorologischen Jahresbericht . . . der ersten Grundlage einer antarktischen Klimatologie, dem ersten Nachweis eines Niederdruckringes um die Antizyklone des Antarktischen Kontinents und auch mit der ersten Sammlung ozeanischer Organismen der Antarktis eines Jahreskreises . . . Und schließlich war unsere Seereise die erste Schule jenes ungewöhnlichen Forschers, des Napoleon der Polargebiete: Amundsens.[13]

7

Amundsens erstes Kommando

Es blieb der Nachwelt vorbehalten, die Leistungen der *Belgica* zu würdigen. Der zeitgenössische Ruhm blieb ihr versagt. Amundsen kehrte Ende Mai 1899 in aller Stille und ohne jedes Aufsehen nach Norwegen zurück.

De Gerlache, Cook und Lecointe, sie alle schrieben Bücher über die Reise der *Belgica*. Kennzeichnend für Amundsen ist, daß er nicht ein Wort veröffentlichte. Die erste antarktische Nacht war für ihn eine private Erfahrung, eine Stufe in seiner Berufsausbildung. So schnell er konnte, wollte er die zweite Stufe erreichen. So schrieb er an Nansen:

> Nachdem ich gerade von der Belgischen Antarktisexpedition zurückgekehrt bin, gestatte ich mir, anzufragen, ob Sie, Herr Professor, interessiert wären, etwas über die Reise zu hören. In diesem Fall würde ich Ihnen gern zur Verfügung stehen.[1]

Nansen war damals das unwidersprochene Orakel in Polarfragen. In seiner Heimat übte er jene autokratische Herrschaft aus, die man nur in kleinen Ländern findet. Wer in der Öffentlichkeit gehört werden wollte, brauchte seinen Segen. Danach strebte Amundsen. Es war der erste Schritt auf dem Weg zu einer eigenen Expedition.

Nansen war seit der ersten Durchquerung Grönlands überzeugt, daß der Südpol darauf wartete, auf norwegischen Skiern erobert zu werden. Er nährte den Gedanken, selbst eine Expedition zu führen. Jeder, der aus der Antarktis zurückkehrte, mußte ihm daher willkommen sein. So fiel Amundsens Vorschlag auf fruchtbaren Boden.

Amundsen hatte sein Ziel erreicht und sich das allgemeine Wohlwollen Nansens gesichert. Ehe er praktisch Nutzen daraus ziehen konnte, mußte er anderen Verpflichtungen nachkommen. Da war zunächst der Militärdienst. Er war sofort von Punta Arenas zurückgekehrt, um an einem vorgeschriebenen Fortbildungslehrgang teilzunehmen.

Gleich nach Ableistung der militärischen Übung ging er wieder zur See, um so schnell wie möglich die Zeit abzudienen, die für die Erlangung des Kapitänspatent vorgeschrieben war. Diesen Dienst sollte er auf der *Oscar* ableisten, auf der er bereits gefahren war. Sie war in Familienbesitz. Die *Oscar* lag im spanischen Hafen Cartagena. Um sich körperlich zu trainieren, beschloß er, den größten Teil des Weges dorthin mit dem Rad zu fahren. Radfahren über so lange Strecken war damals noch ungewöhnlich. Mit seinem Bruder Leon, der für eine Weinschifferfirma in Cognac arbeitete, verließ er Christiania am 9. September, um durch Westeuropa zu radeln.

Die *Oscar* hatte Fracht für Pensacola, den Holzhafen Floridas, geladen. Die Segelfahrt dauerte zwei volle Monate. Das besondere Ereignis für Amundsen bestand darin, daß rohes Delphinfleisch gegessen wurde, um nachzuweisen, daß es eßbar war.

In Pensacola kaufte Amundsen eine Ladung Hickory. Das ist ein hartes, zähes und zugleich elastisches Holz, das in Norwegen seit den achtziger Jahren zur Herstellung von Skiern verwendet wurde. Er dachte, es würde ihm eines Tages zur Anfertigung von Schlitten und für eine Expedition nützen können. Er ließ es nach Christiania zu seinem Bruder Gustav verschiffen.

Im April 1900 kehrte er nach Norwegen zurück, nachdem er seine Ausbildung als Seemann abgeschlossen hatte. Er hatte seine Lehre als Polarforscher hinter sich und fühlte sich – fast – in der Lage, die erste eigene Expedition durchzuführen.

Die Nord-West-Passage war sein Ehrgeiz seit seiner Jugend. Seit Franklin sie vor einem halben Jahrhundert entdeckt hatte, war noch niemand auf dem gleichen Schiff von einem Ende zum anderen gefahren. Amundsen wollte der erste sein und damit eines der historischen Ziele der Forschung erreichen.

Obwohl er an dieser ehrgeizigen Schülerabsicht festhielt, benahm er sich inzwischen nicht mehr wie ein Schüler. Er war nicht von dem Wunsch belastet, ein Märtyrer oder Held zu werden. Etwaige Neigungen in dieser Richtung hatte die *Belgica* restlos zerstört. Rational ging er die Ziele an; er wollte den Sieg, doch nicht um jeden Preis. Kein Punkt der Erde war es wert, daß ein einziges Menschenleben dafür geopfert würde. Er wollte die schweren Unfälle seiner Vorgänger vermeiden. Wenn er Fehler machte, sollten sie zu seinen Lasten gehen.

Ein Ziel, das die *Belgica* nicht erreicht hatte, war die Feststellung der genauen Lage des Magnetischen Südpols gewesen. An Bord hatte man oft über den Erdmagnetismus im allgemeinen und den Magnetischen Nordpol im besonderen gesprochen. 1831 hatte Sir James Clark Ross ihn erreicht. Einige Wissenschaftler der *Belgica* behaupteten, er befände sich noch an der gleichen Stelle; andere vertraten die Meinung, er habe sich verlagert. Der gelehrte Streit über die Frage, ob die magnetischen Pole wanderten oder festlägen, konnte nur dadurch beendet werden, daß man den Magnetischen Nordpol aufsuchte und seine Lage mit der, die Ross festgestellt hatte, verglich.

Zweifellos würde es sich lohnen, derjenige zu sein, der nachwies, ob die magnetischen Pole wanderten oder festlagen. Doch das hielt Amundsen nicht für seine Aufgabe. Er war Forscher, nicht Wissenschaftler. Er wollte als erster den Weg weisen, nicht in die Fußstapfen eines anderen treten.

Eins hatte er allerdings von De Gerlache, mehr noch von Nansen gelernt: die Forschung mußte sich heute wissenschaftlich geben. Für die Nord-West-Passage allein, das wußte er, würde er keine besondere Aufmerksamkeit wecken können. Um Ansehen zu gewinnen, brauchte er einen wissenschaftlichen Vorwand. Der Magnetische Nordpol könnte ihn bieten. Er lag irgendwo an den Straßen zur Nord-West-Passage. Beide Ziele konnten zusammen angegangen werden.

Amundsen ging methodisch vor. Er verschaffte sich alle erreichbare Literatur. Er gab nicht auf, bis er auch den Bericht von Sir James Clark Ross über dessen Auffindung des Magnetischen Nordpols aufgetan hatte. Nachdem er sich durch die historische Literatur gelesen hatte, bemühte er sich um zeitgenössische Meinungen. Zunächst wandte er sich an Dr. Axel Steen, den stellvertretenden Direktor des Meteorologischen Instituts in Christiania. Dieser war von dem Plan, den Magnetischen Pol auszumachen, begeistert, wies jedoch darauf hin, daß für die notwendigen Messungen eine Ausbildung erforderlich sei. Der Direktor der Deutschen Seewarte Hamburg, Professor Georg Neumayer, eine Autorität auf dem Gebiet des Erdmagnetismus, könnte sie ihm vermitteln.

Mit einem Empfehlungsschreiben von Steen ging Amundsen Ende 1900 zu ihm. Neumayer nahm ihn unter seine Fittiche und sorgte dafür, daß man ihm gründlich beibrachte, wie man magnetische Messungen durchführt und die notwendigen Berechnungen vornimmt. Nach 40 Tagen Ausbildung glaubte Amundsen, eine brauchbare technische Grundlage zu besitzen. Doch solange er nicht die Zustimmung Nansens besaß, waren alle Pläne nichts als Hirngespinste. Nansen war zu einem Gespräch bereit.

Er war sehr würdevoll und reserviert. Obwohl er auf Franz-Josef-Land sich schon mit Hjalmar Johansen den Schlafsack geteilt hatte, hielt er an der förmlichen Anrede fest. Erst nach sechs Monaten willigte er in das vertraulichere „Du“ ein, bestand aber auf dem Zunamen. Niemand wagte Nansen Fridtjof zu nennen. Daß Amundsen sich vor der Begegnung mit Nansen unsicher fühlte, braucht daher nicht zu wundern. Er hätte sich keine Sorge zu machen brauchen. Nansen war sofort gefesselt von dem Gedanken einer Expedition zum Magnetischen Nordpol und gab seine Zustimmung.

Trotz sehr sorgfältiger Vorbereitung fühlte Amundsen sich für die Aufgabe noch nicht genug vorbereitet. Er sagte Nansen, daß er vor Beginn des Unternehmens noch weitere Erfahrung in der Navigation kleiner Schiffe im arktischen Eis sammeln müsse. Nach jenem schicksalhaften Gespräch fuhr Amundsen gleich nach Tromsø.

Jenseits des arktischen Kreises, am Rande des Polarmeeres, lag Tromsø, der alte Wal- und Robbenhafen des nördlichen Norwegen. Hier trafen sich die nordnorwegischen Robbenfänger, Menschen besonderer Art, unabhängig, wetterhart, ohne Scheu vor schweren Anstrengungen; sie konnten mit Schiffen und Eisfahrzeugen meisterhaft umgehen und waren Jäger auf See. Hier war das eigentliche Polarmilieu. In diesen arktischen Unterricht zog nun Amundsen, und mit der ihm eigenen Zielstrebigkeit machte er sich an die Arbeit.

Die Nordnorweger bilden einen Klan für sich. Ihren eigenen Landsleuten unterhalb des arktischen Kreises begegnen sie mit einer guten Portion Mißtrauen. Der Mann aus dem Süden ist von vornherein ein Fremder. In diese

Gesellschaft versuchte Amundsen nun einzudringen. Daß er einer der ersten gewesen war, die einen antarktischen Winter überstanden hatten, beeindruckte die Männer nicht, sie ließen sich von berufswegen schon nicht beeindrucken. Amundsen machte ihnen klar, daß er zum Lernen gekommen war und ihre Erfahrung und ihr Alter zu schätzen wußte. Mit den meisten der arktischen Skipper in Tromsø wurde er bald vertraut.

Ursprünglich hatte er vorgehabt, als Fahrgast auf einem Segelschiff zur Ostküste Grönlands zu reisen, wo die Eisbedingungen besonders schwierig und deshalb besonders lehrreich sind. Aber auf diesen Schiffen waren die Kabinen knapp und sehr teuer. „Da ich einsehe, daß ich im nächsten Jahr sowieso ein Schiff haben muß", schrieb er an seinen Bruder Gustav, kurz nach seiner Ankunft in Tromsø, „halte ich es für vernünftig, daß ich eins kaufe. Ich stehe bereits in Verhandlungen."[2]

Amundsen war absolut bereit, sein väterliches Erbe für ein Schiff auszugeben. Sein Geld lag fest in Aktien und Grundbesitz. Die Verwaltung hatte sein Bruder Gustav. Er bat ihn, das Geld so schnell wie möglich flüssig zu machen, damit er kaufen könnte, sobald er ein geeignetes Objekt gefunden habe. Gustav zweifelte zwar daran, daß die Transaktion vernünftig sei, doch hatte er schon früher den Versuch aufgegeben, seinen Bruder Roald zur Vernunft zu bringen ... Er schickte ihm das verlangte Geld, und Roald kaufte das Schiff.

Es trug den Namen *Gjøa* nach der Frau eines früheren Besitzers. Amundsen behielt den Namen bei. Das Schiff war neunundzwanzig Jahre alt, genau so alt wie er. Es war eine Schaluppe, ein starkes, seefähiges Holzschiff mit breitem Heck, wie man es in den rauhen Gewässern längs der Küste häufig antrifft. Man konnte erkennen, daß es im Heringsfang eingesetzt worden war.

Es hatte lächerliche siebenundvierzig Tonnen und war angeblich bei weitem zu klein, um gegen das Polarpackeis anzutreten.

Doch Amundsen hatte sein Fach studiert und vertraute auf ein kleines Schiff. Er mußte sich auf enge Durchfahrten und tückische Sandbänke gefaßt machen. Die Sicherheit lag in einem flinken Schiff mit wenig Tiefgang. Andere waren gescheitert, weil sie versucht hatten, mit Gewalt das Eis zu durchstoßen. Er wollte sich seinen Weg zwischen den einzelnen Eisschollen bahnen. „Was mit großen Fahrzeugen und starker Kraft nicht möglich war", sagte er, „will ich mit einem kleinen Schiff und Geduld versuchen."

Amundsen war klar, daß die Arktis voller Gefahren war.[3] Hätte Franklin acht statt einhundertachtundzwanzig Gefährten gehabt, würden sie wahrscheinlich alle überlebt haben. In jenen Breiten konnte das Land nicht soviele Menschen ernähren, und Amundsen wollte von den Produkten des Landes leben. Er hatte vor, wie die Eskimos zu leben und notfalls in Iglus zu schlafen.

Das Schiff war da, der Plan gefaßt! Amundsen wollte die Nord-West-Passage nehmen und nach Jahrhunderten voller Unglück und Mißerfolg den Triumph feiern. Zunächst aber hielt er eine Probefahrt, auf der er soviel wie möglich lernen konnte, für erforderlich. Als Steuermann heuerte er den letzten Besitzer der *Gjøa* an, einen erfahrenen Robbenfänger, der als einer der besten Seeleute

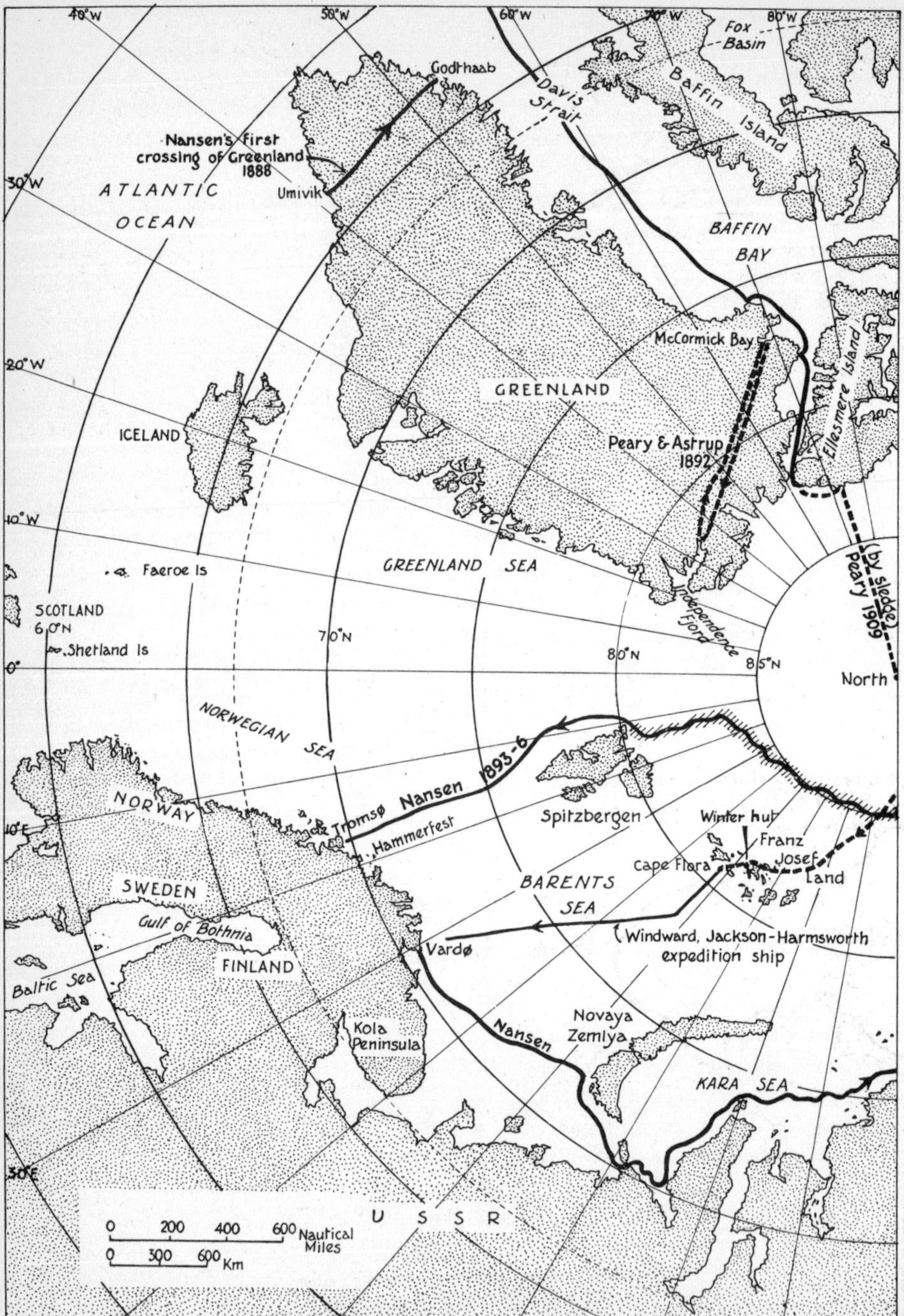
Nansen's first crossing of Greenland 1888
Godthaab
Umivik
ATLANTIC OCEAN
Davis Strait
Fox Basin
Baffin Island
BAFFIN BAY
McCormick Bay
Ellesmere Island
GREENLAND
ICELAND
Peary & Astrup 1892
Peary 1909 (by sledge)
North
GREENLAND SEA
Independence Fjord
Faeroe Is
SCOTLAND
Shetland Is
NORWEGIAN SEA
Nansen 1893-6
Spitzbergen
Winter hut
Franz Josef Land
Cape Flora
Tromsø
Hammerfest
NORWAY
SWEDEN
Gulf of Bothnia
BARENTS SEA
Windward, Jackson-Harmsworth expedition ship
Vardø
FINLAND
Baltic Sea
Kola Peninsula
Nansen
Novaya Zemlya
KARA SEA
U S S R
0 200 400 600 Nautical Miles
0 300 600 Km
ARCTIC
40°W
50°W
60°W
70°W
80°W
30°W
20°W
10°W
0°
10°E
30°E
40°E
50°E
60°E
70°E
80°E
90°E
60°N
70°N
80°N
85°N

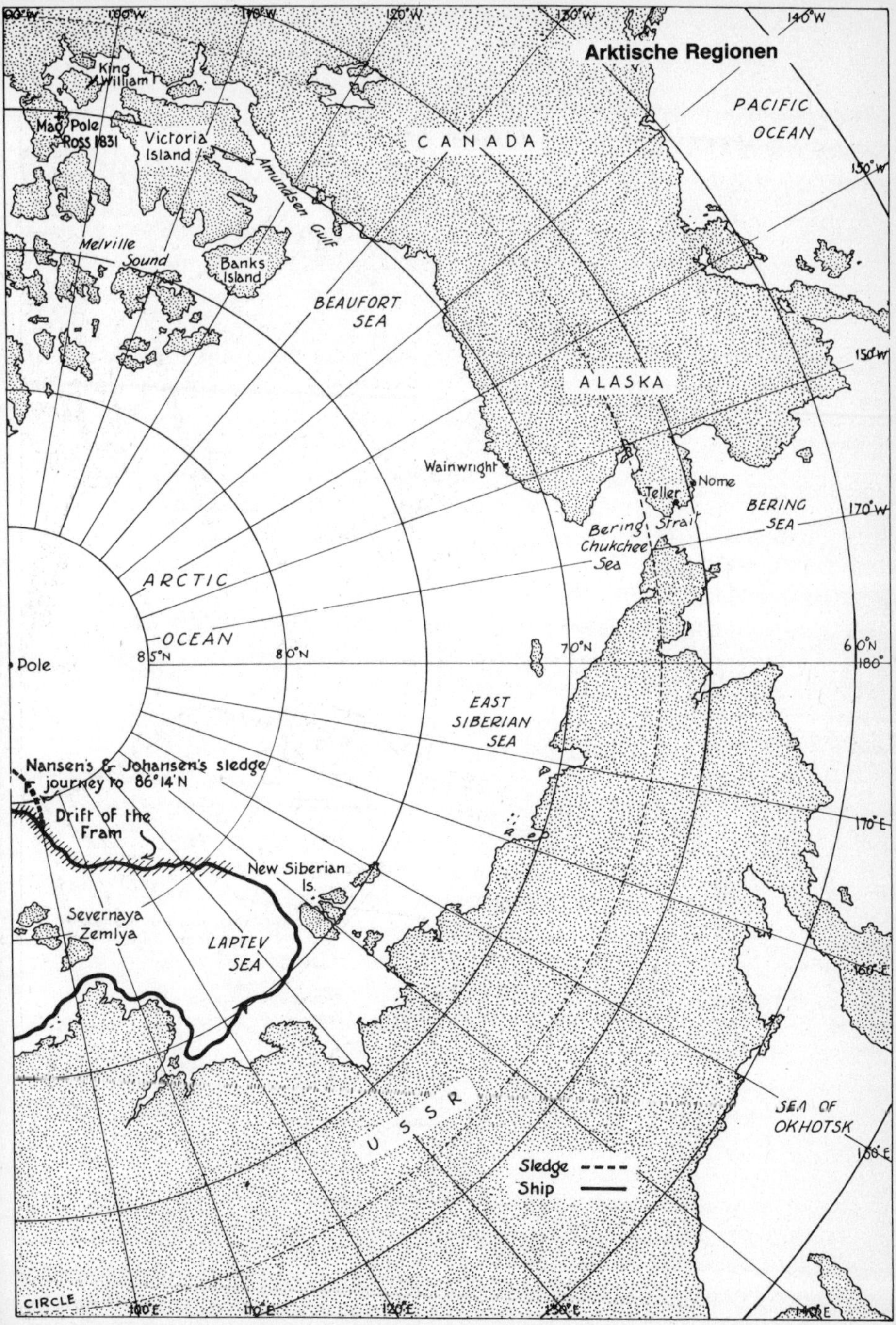
Arktische Regionen
90°W
100°W
110°W
120°W
130°W
140°W
150°W
160°W
170°W
180°
170°E
160°E
150°E
140°E
130°E
120°E
110°E
100°E
King William
Mag. Pole Ross 1831
Victoria Island
Amundsen Gulf
Melville Sound
Banks Island
CANADA
PACIFIC OCEAN
BEAUFORT SEA
ALASKA
Wainwright
Nome
Teller
Bering Strait
BERING SEA
Chukchee Sea
ARCTIC OCEAN
85°N
80°N
70°N
60°N
Pole
EAST SIBERIAN SEA
Nansen's & Johansen's sledge journey to 86°14'N
Drift of the Fram
New Siberian Is.
Severnaya Zemlya
LAPTEV SEA
USSR
SEA OF OKHOTSK
Sledge
Ship
CIRCLE

der Arktis galt; und die Mannschaft bestand aus Robbenjägern; sie jagten Seehunde, um die Unkosten der Fahrt zu decken. Er nahm auch Peder Ristvedt mit, seinen Unteroffizier aus der Militärdienstzeit. Ihn faßte er schon für die eigentliche Fahrt ins Auge; er stand auf jeder Expedition an der Spitze seiner Mannschaftsliste.

Am 15. April 1901 verließ die *Gjøa* den Hafen von Tromsø. Ziel war die Barents-See zwischen Spitzbergen, Franz-Josef-Land und Nowaja Semlja. Die Arktis warf ihm alles nur mögliche in den Weg: die Robbenjagd war schlecht, das Wetter noch schlechter, das Eis am allerschlimmsten und Amundsen lernte, genau wie er gewollt hatte, mit aller Gründlichkeit, die *Gjøa* unter schwierigen Bedingungen zu manövrieren.

Außerdem kam er zu der Überzeugung, daß man in nördlichen Gewässern hauptsächlich Seehundfleisch essen sollte, daß seine Zubereitung aber besondere Sachkenntnis erforderte. Auf der *Belgica* hatte er erlebt, in welches Elend eine schlechte Küche die Besatzung bringen konnte, und glaubte deshalb jetzt, daß das wichtigste Einzelmitglied einer Expedition wohl der Schiffskoch sei.

Nach fast fünfmonatiger Kreuzfahrt durch das Eis kehrte die *Gjøa* am 4. September nach Tromsø zurück. Bei der Auszahlung der Besatzung verzeichnete Amundsen eine Ausbeute von 1200 Seehunden, 2 Walrossen, 2 Polarbären und 1 Narwal im Gesamtwert von 4800 Kronen, ferner 1 Faß Tran im Wert von 21,5 Kronen. Das war damals und besonders zu dieser Jahreszeit ein beachtliches Ergebnis. Nach altem Brauch wurde die Summe zu gleichen Teilen unter die dreizehn Mann Besatzung aufgeteilt. Amundsen als Kapitän hatte Anspruch auf einen zusätzlichen Teil. Er hatte damit die Unkosten der Erprobungsfahrt gedeckt, jedoch keinen eigentlichen Gewinn gemacht.

Die *Gjøa* hatte schwerwiegende Mängel gezeigt. Sie fuhr nur mit Segelkraft und erwies sich im Eis als schwach. Amundsen gab gleich nach der Rückkehr aus der Arktis eine vollständige Überholung des Schiffes in Auftrag und ließ am Rumpf einen neuen Beschlag gegen das Eis anbringen. Er ließ die *Gjøa* auch mit einem Paraffinmotor ausstatten; damit war sie eines der ersten durch Motorkraft angetriebenen Schiffe. Der vorsichtige Hinweis, daß Nansen sein Gönner sei, verhalf ihm zu dem notwendigen Kredit; denn über Geld verfügte er nicht mehr. Er brauchte mindestens 70000 Kronen, ehe er wieder auslaufen konnte. Diese Summe ging weit über seine Mittel. Wenn ihn jemand fragte, wie er die Summe aufbringen wollte – auch Nansen war unter den Fragestellern – antwortete er immer: „Ich verlasse mich eben auf meinen Kredit und mein Glück." Das war kein leerer Optimismus. Amundsen hatte das Gefühl, daß ein gütiges Schicksal die Hand über ihn hielt. Er besaß einen fast heidnischen Glauben an das ihm bestimmte Los, und darauf vertraute er.

Genau im richtigen Moment lernte er den Apotheker Fritz Zapffe kennen, der in Tromsø nebenberuflich Korrespondent der in Christiania erscheinenden Zeitung *Morgenbladet* war. Zapffe roch eine „Story" und stellte Nachforschungen an, konnte aber trotz seiner Beziehungen wenig herausbringen. Niemand schien zu wissen, welche Pläne die *Gjøa* hatte.

Zapffe suchte Amundsen einfach in seiner Unterkunft auf. Zunächst stieß er mit seinen Fragen gegen eine Wand von Ausflüchten. Als Amundsen schließlich doch antwortete, klang das ein wenig naiv:

> „Ich möchte nichts sagen, ehe ich etwas geleistet habe", sagte er. „Ich möchte ohne viel Aufsehen auslaufen. Ich will etwas geschafft haben, ehe ich etwas in die Presse bringe."[4]

Zapffe entlockte ihm das Eingeständnis seiner schwierigen finanziellen Lage und deutete dann geschickt an, daß Werbung interessierte Menschenfreunde dazu bringen könnte, ihm zu helfen. Dieser Gedanke war Amundsen nie gekommen. Zapffe drängte weiter. Die Zeiten waren schlecht; Geld war in Norwegen knapp, Amundsen gab nach und redete.

Es wurde ein Bericht auf der ersten Seite der Zeitung. Daraufhin erhielt Gustav, der für seinen Bruder auf die Suche nach Geld gegangen war, von zwei wohlhabenden Schiffseignern 15 000 Kronen; Amundsen hatte ein für allemal den Nutzen von Öffentlichkeit erkannt.

Es entwickelte sich eine enge, dauerhafte Freundschaft zwischen Amundsen und Zapffe. Zapffe war weit mehr als nur Apotheker und Journalist. Er war Skiläufer und Bergsteiger. Er hatte die örtlichen Beziehungen, die Amundsen fehlten. Wie Amundsen schwor er auf gute Ausrüstung. Befreundete Lappen aus dem Hinterland versorgten ihn mit guten Rentierfellen, Schlafsäcken, Kleidung, und *finnesko*, das sind weiche Rentierstiefel; jedes Stück war bestes Handwerk und von einer Qualität, die Expeditionen, die sich auf gewöhnliche Agenten verließen, nicht zugänglich war.

Nordnorwegen ist ein subarktisches Gebiet, in das sich die Norweger und die Lappen, die Ureinwohner der Skandinavischen Halbinsel, teilen. Die Lappen, die vom Rentier, das sich der Arktis angepaßt hat, leben, sind selber in hohem Maß kaltem Klima angepaßt. In vorgeschichtlichen Zeiten brachten sie die Skier nach Norwegen, und die Nordnorweger lernten von ihnen, in der arktischen Umgebung zurechtzukommen.

Dieser nützliche Austausch mit einer primitiven Kultur schulte die Norweger darin, von eingeborenen Völkern zu lernen, zumindest in der Erforschung der Pole. So nahm Nansen beispielsweise zwei Lappen mit auf die erste Fahrt durch Grönland, um gegebenenfalls von ihrer Geschicklichkeit zu profitieren. Amundsen setzte damit eine lange Tradition fort.

Zapffe erwarb von den Lappen auch Sennegras, ein nordnorwegisches Gras, das Feuchtigkeit aufsog und gut isolierte. Damit fütterte man die *finnesko*, um die Füße trocken und warm zu halten. Man konnte es trocknen und wieder benutzen, mußte es aber irgendwann durch neues ersetzen. Amundsen brauchte eine große Lieferung; Geduld und gute Beziehungen waren notwendig, um die beste Qualität zu bekommen, denn es wurde auf weitentlegenen Heidegebieten gesammelt, und die Lappen behielten das beste gern für sich.

Ende Mai 1902 hatte Amundsen seine Arbeit in Tromsø beendet und segelte mit der *Gjøa* nach Christiania hinunter. Dort galt seine Aufmerksamkeit dem Pemmikan, der althergebrachten Verpflegung auf Polarschlittenfahrten. Die nordamerikanischen Chree-Indianer stellten ihn als erste her; er besteht aus getrocknetem Fleisch, das mit geschmolzenem Fett gemischt wird. Ehe es die durch Wasserentzug hergestellte Trockennahrung gab, war Pemmikan die konzentrierteste Nahrung, die man erhalten konnte.

Amundsen mißtraute dem kommerziell hergestellten Pemmikan. Er beauftragte Ristvedt damit, in einer stillgelegten Bäckerei die nötige Menge Pemmikan zu backen. Professor Sophus Torup, Inhaber des Lehrstuhls für Chemie an der Universität Christiania und ein Freund Amundsens, überwachte die Zubereitung.

Inzwischen arbeitete Amundsen an magnetischen Beobachtungen. Im Sommer 1902 begleitete er Axel Steen auf einer Fahrt zur magnetischen Vermessung von Nordnorwegen, kehrte später im Jahr zur Deutschen Seewarte zurück und ging danach zum Magnetischen Observatorium Potsdam, um sich von den Wissenschaftlern, die seine Instrumente entwarfen, ausbilden zu lassen. Im Oktober erhielt er das Kapitänspatent. Es berechtigte ihn zur Führung eines unter norwegischer Flagge ins Ausland fahrenden Schiffes. Bisher durfte er nur ein Schiff in heimatlichen Gewässern befehligen. Jetzt konnte er die *Gjøa* über die Weltmeere steuern.

Nicht lange nach der Ankunft der *Gjøa* in Christiania kehrte Otto Sverdrup auf der *Fram* nach vierjährigem Aufenthalt in der kanadischen Arktis nach Norwegen zurück. Er hatte Nansen auf der ersten Fahrt durch Grönland begleitet und war auch dabei gewesen, als die *Fram* durch das Polareis trieb. Man hatte ihm das Kommando über die *Fram* kurz nach ihrer Rückkehr nach Norwegen für eine weitere Expedition anvertraut, auf der er 300 000 Quadratkilometer Neuland entdeckt und in die Karten eingezeichnet hatte. Er hatte damit für nur einen Teil der Kosten soviel erreicht wie alle Expeditionen der vorausgegangenen sechzig Jahre zusammen.

Sverdrups große Leistung hatte darin bestanden, die Technik der Polarfahrt zu verbessern. Er hatte die von Nansen eingeführten Methoden weiterentwikkelt und erarbeitet, wie Menschen auf Skiern Hunde führen können.

Sverdrup und seine Männer erlebten keine Abenteuer; sie waren nicht auf Heldentaten aus. Mit Gelassenheit, wenn auch nicht ohne Anstrengung, legten sie die Strecken in den gleichen Landstrichen zurück, die für die Männer vor ihnen Schrecken und Unheil bedeutet hatten. Für die, die lernen wollten, wie zum Beispiel Amundsen, war das ein interessantes Lehrstück. Sverdrup bewies, daß seine Skier unter den meisten Schneeverhältnissen und auf Meereseis benutzt werden konnten. Vor allem aber zeigte er, wie man Skier einsetzte, um mit den Hunden Schritt zu halten, statt sich von Schlitten ziehen zu lassen. So gewann man Transportraum für wichtige Lasten. Er wies nach, daß Europäer lernen konnten, Hunde ebenso gut zu führen wie Eskimos. Seine Erfahrung auf der ersten Fahrt der *Fram* zeigte, daß Eskimohunde aus Grönland den Hunden sibirischer Rasse überlegen waren. Auch über die Psychologie im Umgang mit

Hunden konnte man von ihm lernen. Er machte klar, daß der Eskimohund nur einem ihm sympathischen Menschen gehorcht, daß das Verhältnis zwischen Hund und Hundeführer das zwischen Gleichen ist: ein Hund ist kein Pferd, er ist Partner, nicht Lasttier.

Auch über die Rolle des Expeditionsleiters war Sverdrup informiert:

> Hier in der Polarnacht haben sich so schreckliche Dinge ereignet, daß man nur mit Grausen daran denkt. Franklin kam hierher mit 138 (sic) Mann . . . nicht einer kehrte zurück . . . solche Dinge dürfen und sollen sich nicht wiederholen; wenn sie geschehen, ist es die Schuld des Expeditionsleiters; er wird die Verantwortung auf sich nehmen müssen.[5]

Es war ein Glück für Amundsen, daß Sverdrup zur gleichen Zeit wie er heimgekehrt war; denn er konnte Amundsen all sein Wissen über Hunde weitergeben. Amundsen machte sich klar, daß er mit Hunden den Magnetischen Pol am besten würde erreichen können, aber dafür fehlte ihm noch jede Erfahrung.

Von Sverdrup erfuhr er jedenfalls alles, was stellvertretende Erfahrung vermitteln konnte, und noch mehr: Sverdrup gab ihm sein eigenes Hundegespann und versprach ihm, für die *Gjøa* den Koch und Matrosen der *Fram* Adolf Henrik Lindstrøm.

Doch Amundsen litt auch unter dem, was Sverdrup geleistet hatte. Die Norweger glaubten, daß der nationalen Ehre mit zwei Fahrten der *Fram* innerhalb von neun Jahren Genüge getan und eine weitere Expedition überflüssig sei. Die Zeiten waren schlecht und es war praktisch unmöglich, Geld aufzutreiben.

Amundsen setzte dennoch seine Vorbereitungen gelassen fort in der Überzeugung, daß er irgendwie in der Mitte des Jahres 1903 ausfahren könnte. Im Spätherbst 1902 beschloß er England zu besuchen und mit Leuten zu sprechen, die das Gebiet kannten, in das er fahren wollte. Als nützlich erwies sich die Bekanntschaft mit Sir Clements Markham, dem Präsidenten der Königlichen Geographischen Gesellschaft, dem er durch Nansen vorgestellt worden war, als Sir Clements im Herbst zu einem Kuraufenthalt in Südnorwegen war. Amundsen erläuterte ihm seine Pläne und machte mit ihm eine Fahrt auf der *Gjøa* durch den Christiania-Fjord.

Mit mehreren Empfehlungsschreiben von Sir Clements fuhr Amundsen im November nach London und machte auf dem Wege dahin in Dundee mit Kapitänen von Walfängern aus, daß sie für ihn Proviant mitnehmen sollten bis Dalrymple Rock in Nordwestgrönland. Die *Gjøa* war zu klein, um die ganze Ladung aufzunehmen und sicher durch die gefahrvollen Gewässer der Melville Bucht zu bringen.

In London besuchte Amundsen zwei Veteranen der Arktis, Admiral Sir Leopold MacClintock, den Mann, der nahezu ein halbes Jahrhundert zuvor das Schicksal Franklins aufgedeckt hatte, und Sir Allen Young, einen alten Kapitän der Handelsmarine, der 1876 seine Yacht *Pandora* die Franklin Meerenge weit hinuntergesegelt hatte bis in das Gebiet zwischen Prince-of-Wales-Land und Boothia Felix, der wahrscheinlich besten Zufahrt zur Nord-West-Passage. Sir Allen konnte ihm viel Nützliches berichten.

Mit einem Empfehlungsschreiben von Sir Clements besuchte Amundsen die Admiralität und bat um Kartenmaterial. Dann fuhr er sofort nach Potsdam, um weitere Informationen über den Erdmagnetismus zu bekommen.

Als er Ende Dezember wieder in Christiania eintraf, war seine finanzielle Lage schwierig geworden. Er hatte weiter Schulden gemacht in dem kindlichen Glauben, daß sein Kredit unbegrenzt sei, weil seine Pläne groß und seine Absichten ehrlich waren. Kreditgeber sind empfindlich, sie hatten Lunte gerochen und fürchteten Zahlungsunfähigkeit. Sie wollten Bargeld, und zwar schnell.

Nansen kam ihm zu Hilfe. Er war vielleicht der einzige Mensch in Norwegen, der dazu in der Lage war. Er wandte sich mit einem Hilfsappell an Oskar II., den regierenden König von Schweden-Norwegen.

> Amundsen, schrieb er, flößt Vertrauen ein ... er besitzt ungewöhnlich gute Fähigkeiten, sowohl als Organisator wie auch als Leiter einer arktischen Expedition ... Sollten Eure Majestät das Unternehmen durch eine Schenkung freundlich unterstützen, wäre damit, so glaube ich, Amundsen doppelt geholfen; denn neben der finanziellen Unterstützung selbst ... würde das Beispiel Eurer Majestät es verhältnismäßig leicht machen, von wohlhabenden Männern Geld zu bekommen.[6]

Daß Oskar umgehend mit einer Spende von 10000 Kronen auf den Appell antwortete, spricht für seine Großherzigkeit (oder seinen politischen Instinkt). Er war schließlich ein schwedischer König, und die Kampagne für die Unabhängigkeit Norwegens von Schweden ging ihrem Höhepunkt entgegen, und Nansen war einer ihrer Führer.

Diese Kampagne war zu einem Teil der Grund dafür, daß Nansen Amundsen so nachdrücklich unterstützte. Durch seine arktischen Erfolge hatte Nansen sich ein Ansehen erworben, daß weit über die Grenzen von Norwegen und den Bereich der Polarforschung hinausging. Er war seinen skandinavischen Zeitgenossen weit überlegen, der einzige lebende Norweger von internationalem Rang, und wurde Sprecher der norwegischen Sache im Ausland. Er war eine Waffe, der Schweden nichts Gleichwertiges entgegenstellen konnte. Er warf sein ganzes Ansehen in die Waagschale, um für Norwegen ein Klima internationalen Wohlwollens zu schaffen. Was man gemeinhin als „Kultur" bezeichnet, nutzte er als einer der ersten zu politischen Zwecken. Er wollte die Unabhängigkeit Norwegens, doch ohne Krieg, den die militanten Schweden und die radikalen Norweger anzustreben schienen.

Im Vergleich zu den politischen Bemühungen gingen die Vorbereitungen für die Expedition ohne Mühe und zügig weiter. Die Ausrüstung – ob bezahlt oder nicht – wurde entworfen und geliefert. Die Besatzung wurde zusammengestellt.

Mit Hilfe seines Bruders Leon stellte Amundsen trotz seiner finanziellen Schwierigkeiten sicher, daß er seinen Leuten die Heuer während der voraussichtlich vier Jahre dauernden Expedition zahlen konnte. Er wollte die besten Männer, und er bezahlte gut.

Mit Ristvedt als erstem Maschinisten und Lindstrøm als Koch hatte er einen guten Mannschaftskern. Zapffe vermittelte ihm zwei erfahrene arktische Navigatoren aus Nordnorwegen, Anton Lund, der als Skipper und Harpunier das Packeis kannte, und Helmer Hanssen, der für fast zwei Jahrzehnte sein treuer Gefährte werden sollte.

Helmer Hanssen stammte von den Vesteraalen Inseln am Rande der Arktis. Seit seinem zwölften Lebensjahr war er mit seiner Familie auf den schwankenden kleinen Fischerbooten, ähnlich den Wikingerschiffen, gefahren, und hatte ein Gefühl für die arktischen Wellen bekommen. Er hatte die Prüfung als Steuermann abgelegt und Henry Pearson auf einer privaten Expediton nach Nowaja Semlja begleitet. Später hatte er geheiratet und sich in Tromsø niedergelassen.

Als Zapffe ihm mitteilte, daß es auf der *Gjøa* eine freie Stelle gebe, hatte er ohne Zögern zugesagt, trotz Frau und Kind. Nicht nur der Reiz, der alltäglichen Routine zu entfliehen, bestimmte ihn dazu; Amundsen zahlte doppelt soviel, wie Hanssen verdient hatte. Der Wert dieses Mannes lag darin, daß er mit dem arktischen Meer vertraut war und ein Schiff durch das Eis lotsen konnte.

Schwierig war für Amundsen die Suche nach einem ersten Offizier, der ihn im Kommando ablöste. Er wollte einen Seeoffizier wegen der theoretischen Ausbildung, doch kein Norweger meldete sich. Einziger Bewerber war ein dänischer Leutnant z. See Godfred Hansen. Er war in isländischen Gewässern gefahren und besaß den echten Kopenhagener Humor. Amundsen heuerte ihn an. Auf Antrag beurlaubte ihn die Marine für vier Jahre. Als letzter wurde ein zweiter Maschinist in die Mannschaft aufgenommen, ein Kanonier der norwegischen Marine, Gustav Juel Wiik. Sechs Mann gelten normalerweise als sehr kleine Expeditionsmannschaft.

Im Februar fand Amundsen Zeit zu einem letzten Besuch in Potsdam. Er wollte sichergehen, daß er die Instrumente, von denen die Bestimmung des magnetischen Pols abhing, richtig handhabte.

Es blieb fraglich, wie er die letzten 20000 Kronen auftreiben würde, doch ging er davon aus, daß seine Gläubiger ihm dank der Schirmherrschaft Nansens und des Königs bis zum Abschluß der Expedition vertrauen würden. Seine naiven Vorstellungen wurden schnell zerstört. Die Gläubiger waren unerbittlich und bestanden darauf, daß er seine Schulden vor dem Auslaufen bezahlte. Der lästigste drohte sogar damit, die *Gjøa* beschlagnahmen zu lassen, wenn seine Forderungen nicht beglichen würden.

In dieser verzweifelten Lage trat die Familie für Amundsen ein. Ein Vetter zweiten Grades, Olav Ditlev-Simonsen, besann sich auf die verwandtschaftliche Beziehung und streckte die restlichen Tausender vor.

Am 16. Juni war alles geregelt, und Amundsen konnte auslaufen. Um Mitternacht lichtete er die Anker. Niemand stand an der Mole, um ihm Lebewohl zu sagen. Still, fast heimlich, glitt die *Gjøa* den Fjord hinunter zur offenen See.

So begann Amundsens erstes Kommando. Es ist bezeichnend für seine Führungsstärke, daß seine Leute sich sofort mit ihm identifizierten, obwohl er sich auf nichts als seine persönlichen Qualitäten stützen konnte. Sie alle fühlten sich erst richtig wohl, nachdem sie die territorialen Gewässer verlassen hatten.

Als die norwegische Küste außer Sicht war, erschien Amundsen mit einer Flasche Rum auf Deck, schenkte die Gläser voll und sagte: „Nun, Jungs, sind wir die Gläubiger los. Jetzt kommt es nur darauf an, daß jeder seine Pflicht tut. Das ist leicht. Prost und gute Fahrt!“[7]

8

Arktische Lehrjahre

Amundsen machte jetzt die beglückende Entdeckung, daß er „ein glückliches Schiff führen" konnte, wie Seeleute sagen. Es ist eine besondere persönliche Begabung, ein unbeschreibliches Geschenk. Man kann es nicht erwerben, und es ist auch keine selbstverständliche Beigabe zur Befehlsgewalt. Amundsen war einfach damit gesegnet.

Es ist stets gebunden an straffe, doch nicht pedantische Disziplin. Amundsen versuchte nicht zu verschleiern, daß er eine selbstherrliche Natur war. Er war in der Tat ein altmodischer Segelschiffer. Er wollte nur Berufsseeleute unter seinem Kommando haben. Seit der Fahrt auf der *Belgica* hatte er eine Abneigung gegen den idealistischen Kreuzfahrer als psychologisches Risiko und Gefahr für die Disziplin. Doch war Amundsen kein strenger Vorgesetzter. Seine eigenen Worte bezeugen es:

> Wir haben auf der *Gjøa* eine kleine Republik errichtet . . . Aufgrund meiner eigenen Erfahrung entschied ich mich dafür, an Bord so weit wie möglich in einem freiheitlichen System zu leben. Jeder soll das Gefühl haben, innerhalb seines eigenen Bereichs unabhängig zu sein. So entsteht unter sensiblen Menschen eine spontane und freiwillige Disziplin, die höher zu werten ist als Zwang. Dadurch gewinnt jeder das Bewußtsein, daß er ein Mensch ist; er wird als Vernunftwesen behandelt, nicht als Maschine . . . Der Wille, etwas zu leisten, ist um ein Vielfaches größer, und dadurch auch der Arbeitseinsatz. Wir arbeiten alle an einem gemeinsamen Ziel und teilten uns froh in die Arbeit.[1]

Nicht dem Rang, sondern dem Mann wurde Achtung gezollt; die Überlegenheit der Person galt.

Wenn Hunde auf Deck frei umherlaufen, gibt es immer viel sauberzumachen. Amundsen gab dazu niemals Anweisung. Er tat diese Arbeit genau so wie wir anderen.[2]

Helmer Hanssen schrieb: „Ich kam nicht zu einem strengen Kapitän, nicht zu einem Chef; es war vielmehr so, als begegnete mir eine Art Vater."[3]

Nicht jeder, der Amundsen begegnete, dachte so; doch Amundsen suchte die, die es taten. Andrerseits ließ er sich sein Urteilsvermögen nicht durch ein Gefühl vernebeln. Es wird berichtet, daß er einem Anwärter für die *Gjøa* den Auftrag gab, Stockfisch (als Nahrung für die Hunde) im hinteren Laderaum zu verstauen. „Das geht nicht", war die Antwort, „da ist kein Platz."

„Für Sie ist auf diesem Schiff auch kein Platz", sagte Amundsen und Zorn stieg ihm ins Gesicht. „Packen Sie Ihre Sachen und gehen Sie!"

Amundsen wollte keine Tagelöhner; er verlangte uneingeschränkten Einsatz. Auf der *Belgica* hatte er die wichtige Erkenntnis gewonnen, daß mangelnde Einsatzbereitschaft unter Streßbedingungen zu Apathie führte. Er erfand kleine Tests, wie das Verstauen von Stockfisch, um schwache Leute auszusondern, ehe es zu spät war.

Obwohl das Unternehmen zum Teil wissenschaftlichen Charakter hatte, gab es bei ihm keine Wissenschaftler. Amundsen mißtraute Akademikern auf einer Expedition. Er war, bewußt oder unbewußt, der Meinung, daß sie ihr überlegenes Wissen zur Schau stellten und dadurch die Autorität des Leiters untergruben. Er war überzeugt, daß er ohne sie auskommen könnte. Die notwendigen Messungen wiederholten sich und waren Routinearbeit. Ein intelligenter Laie konnte angelernt werden. Amundsen vermied so die Belastung durch einander feindlich gesonnene Cliquen, die dadurch entstanden, daß Wissenschaftler an Bord eine Sonderstellung einnahmen. So wenigstens interpretierte er seine Beobachtungen auf der *Belgica*. Die *Belgica* war für ihn die grundlegende Schule gewesen.

Ebenso war absichtlich kein Schiffsarzt dabei. Amundsen hatte ein merkwürdiges Vorurteil gegen einen Arzt auf einer Expedition. Er glaubte, daß ein Arzt Krankheiten provozieren würde; ein Arzt bedeutete außerdem auf Grund seiner seelsorgerähnlichen Rolle geteilte Befehlsgewalt. Gern hätte er einen Apotheker gehabt, wenn er einen hätte bekommen können. Zapffe hatte aus familiären Rücksichten abgelehnt. Amundsen wollte auskommen mit gesundem Menschenverstand, medizinischen Enzyklopädien, seiner Ausbildung in erster Hilfe und den Nachwirkungen seines längst vergangenen Medizinstudiums.

So also sah die winzig kleine Gesellschaft aus, die sich in den Spuren Franklins und seiner unglücklichen Gefährten auf den Weg machte.

Am 25. Juli fuhr die *Gjøa* in Godhavn in Nordwestgrönland ein. Dort nahm sie zehn weitere Eskimohunde mit vollständigem Geschirr an Bord, außerdem Schlitten und Kajaks, die von den dänischen Behörden in Kopenhagen bestellt worden waren. Amundsen fand Zeit für einen ersten Versuch, Hunde auf steinigem Boden hinter dem Schlitten zu führen. Dann fuhr die *Gjøa* zwölf Tage durch die Melville Bucht, durch Eis und rauhen arktischen Eisnebel. Am dreizehnten Tag schrieb Amundsen in sein Tagebuch:

> Das Schiff schoß aus der Nebelwand heraus. Sie lag hinter uns, dunkel und schwarz; doch direkt vor uns ein prächtiges Bild: Kap York mit den York-Bergen ringsum ... Wie auf Gottes Geheiß tat sich das Eis auf, und ohne Hindernis fuhren wir schnell in Richtung Land ... Die Melville-Bucht – jene gefürchtete Bucht – war ohne die geringste Schwierigkeit passiert. Inniger Dank sei Dir, Gott, der Du uns hindurchgeleitet hast.[4]

Was Amundsen für den schlimmsten Abschnitt der Nord-West-Passage hielt, zumindest für ein kleines Schiff, lag hinter ihm. Jetzt fuhr die *Gjøa* nach Dalrymple Rock, um den Nachschub einzuladen, den die schottischen Walfängerkapitäne Milne und Adams dorthin transportiert hatten. Als sie sich dem Land näherte, schoß hinter dem Eisberg eine Flotte von Eskimo-Kajaks hervor. Es stellte sich heraus, daß zwei der Kajakfahrer Dänen waren, Knud Rasmussen und Mylius-Erichsen. Sie gehörten der dänischen Grönlandexpedition an, die gerade die Kultur der Polareskimos aufzeichnete, ehe sie von der Zivilisationswelle überschwemmt wurde.

Die beiden Dänen vergaßen die Begegnung mit Amundsen nie. Sie hatten ihre Bücher verloren und standen nun vor einem Winter ohne jeden Lesestoff. Amundsen schenkte ihnen eine Ausgabe von Goethes Werken, die er doppelt hatte. Die Freude über dieses unerwartete Geschenk in der Dunkelheit der Polarnacht behielten sie ihr Leben lang in schönster Erinnerung.

Mit Unterstützung der Dänen und ihrer Eskimo-Gefährten wurde die Ladung neu verstaut und neue Verpflegung an Bord genommen. Als Abschiedsgeschenk übergab Mylius-Erichsen Amundsen vier seiner besten Hunde.

Die *Gjøa* glich jetzt einem bis zum Rand im Wasser liegenden Möbelwagen. Hundertfünf Packkisten standen dicht gestaut bis zum Hauptholm an Deck. Und oben drauf hockten siebzehn rauhe kampflustige Eskimohunde. Das Wasser reichte bis dicht an den Schiffsrand. In diesem Zustand konnte das Schiff der Dünung, den Stürmen und den treibenden Eisbergen der Baffin-Bai nicht trotzen.

Dieses Meer ist berüchtigt wegen seiner unberechenbaren Stürme, doch Amundsen hatte für seine Durchfahrt eine fast beunruhigend glatte See. Wo andere so oft gelitten hatten, glitt er ungehindert und ungestört hindurch. Der Gegensatz war vollkommen. Es war fast so, als ob Fortuna jetzt schon zeigte, wem sie wohlgesonnen sein wollte. Amundsen hatte wieder einmal Grund, sich seines Schicksals sicher zu sein. Die *Gjøa* segelte durch den Lancaster Sund und landete in der Erebus-Bucht auf der Beechey-Insel zum erstenmal in der Neuen Welt. Das war die letzte als gesichert geltende Station der Franklinschen Winterstationen. Für Amundsen war das heiliger Boden. In einer für ihn charakteristischen Würdigung schrieb er:

Franklin und seine Männer gaben ihr Leben im Kampf um die Nord-West-Passage. Wir wollen ihnen ein Denkmal setzen, dauerhafter als Stein, wir wollen anerkennen, daß *sie* als erste die Nord-West-Passage entdeckt haben.

Mehrere Nord-West-Passagen waren schon entdeckt worden, doch nicht eine erwies sich als völlig schiffbar. Die *Gjøa* konnte jetzt entweder westlichen Kurs nehmen durch die Barrow Straße, oder südwestlichen durch den Peel-Sund und die Franklin-Meerenge. Sein Wissen oder seine Erfahrung gaben Amundsen keinen rationalen Hinweis, doch seine Intuition riet: nach Südwesten. In dieser Situation verzichtete dieser Mann der Tat, der normalerweise nicht in Zweifel oder Unentschlossenheit verfiel, auf den Gebrauch des freien Willens. Er hatte das Gefühl, an einem Wendepunkt seines Lebens zu stehen. Er besaß eine tödliche Furcht vor geistigem Hochmut und spürte, daß es Augenblicke gab, da das Festhalten an menschlichen Urteilen die schwerste aller Todsünden war. Wie ein Held der klassischen Antike suchte er nach einem Zeichen. Er ließ die magnetische Nadel entscheiden.

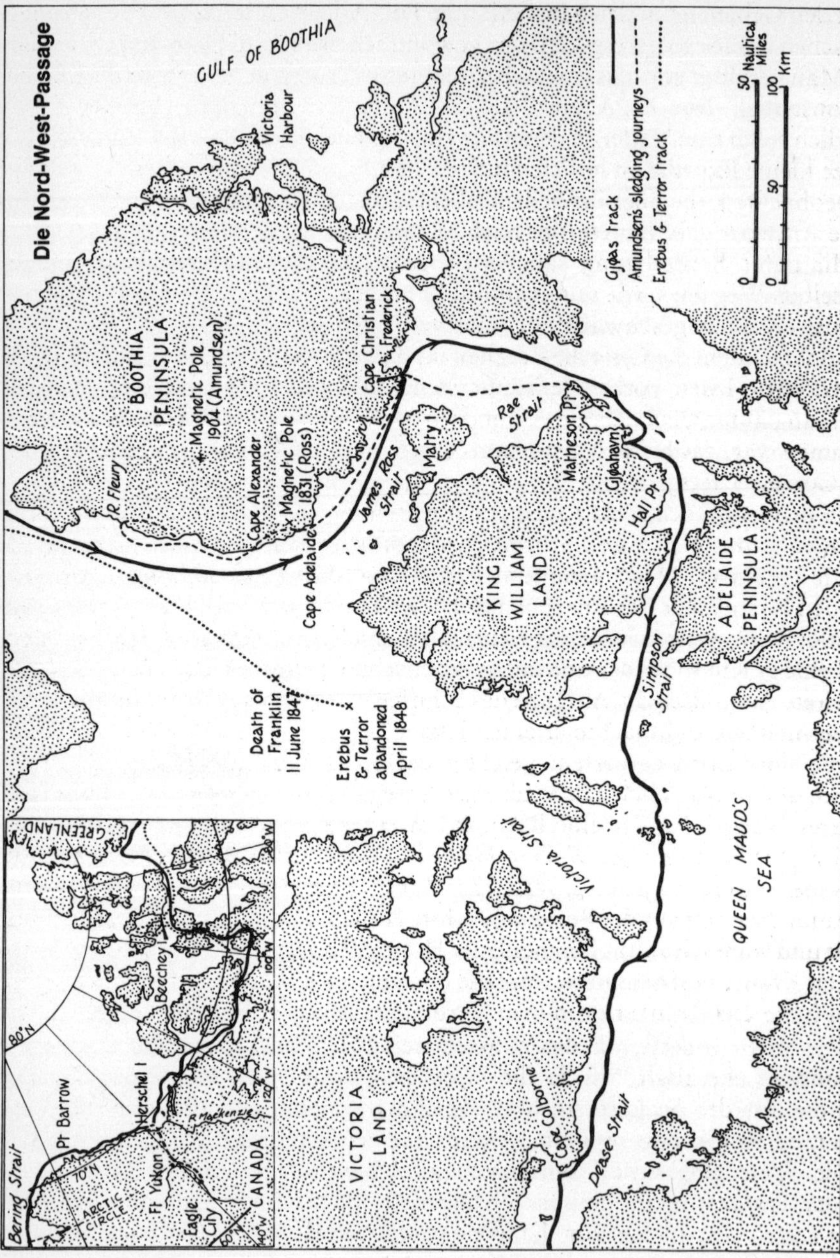
Die Nord-West-Passage
GULF OF BOOTHIA
Victoria Harbour
BOOTHIA PENINSULA
Magnetic Pole 1904 (Amundsen)
Magnetic Pole 1831 (Ross)
R. Fleury
Cape Alexander
Cape Adelaide
Cape Christian Frederick
James Ross Strait
Rae Strait
Matty I
Matheson Pt
Gjøahavn
Hall Pt
KING WILLIAM LAND
ADELAIDE PENINSULA
Simpson Strait
Death of Franklin 11 June 1847
Erebus & Terror abandoned April 1848
Victoria Strait
QUEEN MAUD'S SEA
VICTORIA LAND
Cape Colborne
Dease Strait
Gjøas Track
Amundsen's sledging journeys
Erebus & Terror Track
0 50 Nautical Miles
0 50 100 Km
GREENLAND
Beechey
80°N
Pt Barrow
Herschel I
R. Mackenzie
Bering Strait
70°N
ARCTIC CIRCLE
Ft Yukon
Eagle City
CANADA
140°W
120°W
100°W
80°W

In den Gebieten um den Magnetischen Pol ist die Ausschlagkraft des erdmagnetischen Feldes so gering, daß der gewöhnliche Kompaß nicht zu gebrauchen ist. Man benötigt stattdessen ein besonderes Instrument, die sogenannte Deklinationsnadel. Am 23. August stellten Amundsen und sein Assistent Wiik feierlich solch eine Nadel an dem Ufer auf, das auch Franklin betreten hatte! Die ganze kleine Expedition hockte im Kreis herum, um die schwachen Ausschläge zu beobachten, die über ihr Schicksal entscheiden würden. Als das Instrument seine Antwort gab, lautete sie: nach Südwesten.

Mit tiefer Befriedigung sah Amundsen, daß die „unpersönliche" Nadel denselben Weg wies, wie sein Instinkt. Er hatte ein Zeichen gebraucht, und nun konnte er mit ungeschwächtem Selbstvertrauen segeln.

Bald nachdem die *Gjøa* die Beechey Inseln verlassen hatte, fuhr sie an den De La Roquette-Inseln vorbei, dem äußersten Punkt, den je ein Schiff erreicht hatte. Halb ungläubig beobachtete Amundsen, daß, wo zuvor nie jemand weitergekommen war, das Eis sich gehorsam öffnete und ihm den Weg in die unberührten Gewässer freigab.

An den folgenden zehn Tagen geriet er in äußerste Bedrängnis. Statt mit Eis, hatte er es mit Nebel und Stürmen zu tun. Mitten in einem schweren Sturm brach in einem Maschinenraum Feuer aus, das glücklicherweise gelöscht werden konnte, ehe Schaden entstand. Zweimal in vier Tagen lief die *Gjøa* auf Grund. Beim zweiten Mal ging es beinahe schief. Nachdem die *Gjøa* zwei Tage und eine Nacht in wilder und sturmgepeitschter See von Riffen nicht frei kam, bereitete Amundsen die Aufgabe des Schiffes vor. Doch auf Drängen des Ersten Steuermanns Lund machte er einen letzten Rettungsversuch. Die Deckladung wurde über Bord geworfen. Leichter geworden und unterstützt von einem Wind, der günstig nach achteraus drehte, segelte die *Gjøa* sich frei und kam in tieferes Wasser. Es war eine Rettung um Haaresbreite. Splitter vom falschen Kiel wirbelten durch die Wellen. Hätte der Wind gedreht oder die *Gjøa* zwei Fuß mehr Tiefgang gehabt, wäre die Mannschaft nicht am Leben geblieben.

Amundsen zog aus der Befreiung sofort Lehren für die Zukunft. Das Riff war breit und wäre schon aus bescheidener Höhe gut auszumachen gewesen. Hätten sie das Krähennest bemannt, wäre die *Gjøa* niemals auf das Riff gelaufen. Doch man hatte das Krähennest nur in Verbindung mit Treibeis für nötig gehalten und es nicht besetzt, da das Wasser frei war. Von nun an, so bestimmte Amundsen energisch, würde die *Gjøa* sich nicht einen Fuß durch Gewässer, die auf der Seekarte nicht verzeichnet waren, bewegen, ohne daß ein Mann im Krähennest und ein weiterer auf der Kette saßen.

Die Fahrt ging weiter durch ruhige See. Am 9. September sichteten sie an der Einfahrt in die Simpson-Meerenge, an der Südküste von King William-Land, eine kleine von Land eingeschlossene Bucht. Die enge, kurvenreiche Einfahrt war wie geschaffen, das Eis fernzuhalten. Eine Hügelkette bot Schutz gegen die vorherrschenden Nordwinde. In der Nähe war reichlich Frischwasser. Die *Gjøa* konnte ein bis zwei Yards vom Ufer bequem ankern. „Würde man in der Heimat einen Winterhafen suchen", sagte Amundsen, „man könnte sich keinen besseren vorstellen."[5]

Vor ihnen lag die Simpson-Meerenge eisfrei, und die Art der Wellenbewegung unter ihnen deutete darauf hin, daß das Meer nach Westen offen war. Doch Westen bedeutete weg vom Magnetischen Pol, der irgendwo auf der Halbinsel Boothia Felix lag. In diesem Zwiespalt zwischen der offenen See und einem so günstigen Hafen, siegte der Hafen. Amundsen machte die *Gjøa* im Hafen fest und nannte ihn Gjøahavn – Gjøa-Hafen.

Als das erste Karibu (amerikanisches Rentier) auftauchte, befahl Amundsen seinen Leuten, alles liegen und stehen zu lassen und auf Jagd zu gehen. Nach der qualvollen Zeit auf der *Belgica* nahm er die Skorbutgefahr sehr ernst.

Die Erforschung der Ursachen dieser Krankheit hatte seit der Fahrt der *Belgica* keine nennenswerten Fortschritte gemacht. Amundsen blieb bei den Erfahrungen von damals und vertraute auf frisches Fleisch als Vorbeugungsmittel. Er hatte außerdem arktische Torfbeeren (Rubus Chameomorus L.) mitgebracht, die bereits den Wikingern als wirksames Mittel gegen Skorbut bekannt waren. (Heute wissen wir, daß diese Beere reich an Vitamin C ist; sie enthält bei 100 g 80 mg Vitamin C, Apfelsinen und Zitronen nur 50 mg.)

Gjøahavn lag im Durchzugsgebiet der Karibus. Eine Herde nach der anderen zog über das Land, doch es war nicht leicht, sie zu jagen, denn Karibus sind scheu und die öde Tundra von King William-Land bot keinen Sichtschutz. Als passionierten Jägern machte Amundsens Leuten die Jagd riesigen Spaß. Amundsen selber begnügte sich damit, die erlegten Tiere zum Schiff zu transportieren. Auf Grund seiner Kurzsichtigkeit war er ein schlechter Schütze; eine Brille wollte er nicht tragen. Er jagte auch nicht gern und als der erste Schnee fiel, begann er, mit den Hunden zu arbeiten. Er wurde auf dem Schlitten hin und her geworfen und mußte Spott hinnehmen wie jeder, der seine ersten Versuche mit den ungestümen, widerspenstigen, doch liebenswerten Eskimohunden macht. Inzwischen häuften sich die erlegten Karibus an Deck der *Gjøa*. Innerhalb einer Woche hatten sie mehr als genug Fleisch; im arktischen Herbstfrost tiefgefroren, reichte es für den Winter aus.

Am 29. Oktober kam Amundsen, wie üblich, um 8 Uhr 30 auf Deck: „Am Rand der nördlichen Hügel entdeckte ich eine Gruppe von – wie ich zunächst annahm – Rentieren. Bei sorgfältigerem Hinsehen zeigte sich, daß es Menschen waren, unsere ersten Eskimos."[6]

Ihm war nicht ganz wohl bei dieser Entdeckung. Aus Büchern wußte er, daß Eskimos, obwohl sie in der Regel freundlich waren, gelegentlich unangenehm sein konnten und daß bei der Begegnung mit ihnen Vorsicht geboten war.

> Eilig machte ich mich fertig und wies Lund und Hansen an, mir mit Gewehren zu folgen. Ich ging voran, die beiden folgten mir mit etwa 10 Schritten Abstand. Die Eskimos hatten bereits das Meereis erreicht. Ohne eine Spur von Furcht kamen sie näher. Etwa hundert Meter vom Schiff entfernt trafen wir zusammen.[7]

Es stellte sich heraus, daß die strategische Vorsicht überflüssig gewesen war – oder besonders wirksam?

> Es war eine Begegnung wie zwischen alten Freunden. Sie begrüßten uns freundschaftlich, indem sie uns die Brust rieben und im Chor riefen: „*Minaktumi*". Wir machten es ihnen nach und unsere Freundschaft war besiegelt.[8]

Auf eine solche Begegnung hatte Amundsen gehofft. Diese fremdartigen braunhäutigen Menschen mit Schlitzaugen, geflochtenem schwarzen Haar bis auf die Schultern und in dicke, borstige, gefleckte Karibufelle gekleidet, so daß sie selbst wie Pelztiere aussahen, waren Netsiliks, sehr wenig bekannte und stark isoliert lebende kanadische Eskimos. Einige ihrer Vorfahren hatten die Forscher des vorigen Jahrhunderts gesehen. Doch diese hier waren nie einem weißen Mann begegnet. Für einen Volkskundler war das ein Paradies.

Amundsen hatte Wörterbücher der Eskimosprache bei sich, damit brachte er das Gespräch mit den Ankömmlingen in Gang. Der Laderaum der *Gjøa* wurde zur Nacht für sie hergerichtet, und am nächsten Tag gingen sie wieder zurück. Die Besuche wurden bald wiederholt, und beim dritten Mal begleitete Amundsen sie zu ihrem Lager.

Nach sechs oder sieben Stunden erreichten sie im Tal am Ufer eines gefrorenen Sees eine Gruppe Iglus, die wie Maulwurfshügel im Schnee in die Höhe ragten. Die Bewohner purzelten förmlich heraus, um den *kabluna* – den weißen Mann – zu begrüßen.

Amundsen war allein und ohne Waffen gekommen. Obwohl seine rauhen Gastgeber nach Art der Nomaden spontan ihre Gastfreundschaft zeigten, war es mutig von ihm, hinzugehen. Er hatte sich demonstrativ in ihre Gewalt begeben. Nur so konnte er ihr Vertrauen gewinnen.

Die Nacht verbrachte er in einem Iglu als Gast der zwei Familien, die ihn bewohnten. In Begleitung von drei Eskimos kehrte er am nächsten Tag zur *Gjøa* zurück.

So wurde Amundsen in das Eskimoleben eingeführt. Er fand bestätigt, was er schon lange angenommen hatte: wie die Eskimos zu leben, war der beste Weg, mit der Arktis fertigzuwerden. Er hatte die Behaglichkeit und alle übrigen Vorteile eines Iglus gegenüber einem Zelt mit niedrigerer Temperatur kennengelernt.

Amundsens Besuch sicherte die Freundschaft, die er gesucht hatte. Ströme von Besuchern kamen von nun an zur *Gjøa*. Der Wunsch nach Handel trieb sie, und in Amundsen fanden sie einen begeisterten Partner.

Die Netsiliks lebten noch wie im Steinzeitalter. Ihre Waffen waren Pfeil und Bogen, ihre Kochgeräte aus Speckstein. Feuer konnten sie nur schlagen, indem sie zwei Holzstücke aneinander rieben. Aber von ihnen konnte man viel lernen. Sie gehörten zu den Eskimostämmen, die um den Pol lebten, und mit den Polarregionen am besten zurechtkamen. Ihre hochentwickelte Technologie, von der Zivilisation noch unberührt, war intakt. Das erkannte Amundsen. Die

Kunst, in grimmiger Kälte zu leben, wollte er von ihnen lernen. Trotz zehnjähriger Vorbereitung war seine Technik, das wußte er genau, noch voller Mängel.

Amundsen betrachtete die Lebensweise der Eskimos zunächst nur unter dem Aspekt eigener Nutzanwendung, doch später zeichnete er Kultur und Lebensweise dieser Eskimos auf. Er war ein scharfer Beobachter und hatte ein ungewöhnliches Einfühlungsvermögen. Seine Aufzeichnungen und Sammlungen sind Musterbeispiele ihrer Art. Er zeichnete als erster die Kultur der Netsiliks auf und legte eine Sammlung ihres Kunstschaffens an. Erst eine spätere Generation wußte ihren Wert zu würdigen.

Am Weihnachtstag erschien einer von den Netsiliks auf der *Gjøa* und berichtete, daß treulose Stammesgenossen ihn verlassen hätten. Wenn ihm nicht über die tote Jahreszeit geholfen würde, bis die ersten Seehunde im Februar oder März an Land auftauchten, müßten er, seine Frau und sein Kind verhungern.

Amundsen sah hier eine Gelegenheit, sich in der Sprache der Eskimos zu üben und ihr Leben in Muße zu studieren. Teraiu, so hieß der Mann, wurde aufgefordert, seine Winterwohnung dicht beim Schiff einzurichten und wurde mit Nahrungsmitteln und Brennmaterial versorgt. Er und seine Frau übernahmen auf der *Gjøa* leichtere Hausarbeit.

Der größte Wert dieses Mannes bestand nicht darin, daß er Hausdiener, Sprachlehrer oder ethnographisches Versuchskaninchen war. Er war ein hervorragender Iglu-Bauer. Er lehrte Amundsen als erster die höchste aller Überlebenskünste, nämlich wie man mit den Mitteln des Landes baut. Jeden Morgen nach dem Frühstück erschienen Amundsen, Hansen, Ristvedt und Helmer Hanssen vor Teraius Iglu zum Bauunterricht.

Die Norweger sahen Teraiu zunächst bei der Arbeit zu. Dann faßten sie bei der Arbeit mit an, und schließlich bauten sie selbständig unter Teraius mehr oder weniger spöttelnder Aufsicht. Sie benutzten dabei nur Eskimo-Werkzeug; ein Spezialgerät, um die Festigkeit des Schnees zu prüfen, und ein grausig aussehendes Messer zum Blöckeschneiden.

> Am Vormittag bauten wir Iglus (lautet eine typische Eintragung in Amundsens Tagebuch). Innerhalb von drei Stunden hatten wir jeweils zu zweit zwei prächtige Iglus fertig. Uns fehlt die Übung. Wir werden sie uns später aneignen. Das Bauen selbst ist nicht schwierig.[9]

Das alles spielte sich noch bei schönem Wetter ab. Die eigentliche Prüfung war der 22. Februar, als ein kalter Nordwind aufkam und die Temperatur auf −42° Celsius sank. Amundsen ging hinaus und baute einen kleinen Iglu innerhalb von eineinhalb Stunden. Wichtiger ist noch, daß er dabei weder unter dem Wind noch der Kälte litt. Er kleidete sich jetzt vollständig wie ein Eskimo.

Amundsen war darauf aus, bescheiden und offen von allen zu lernen, von denen es etwas zu lernen gab. Die Eskimos mochten schmutzig sein, in der Nase bohren und sonderbare Gewohnheiten haben, doch in Bezug auf das Leben am Pol zeigten sie eine Klugheit, die der zivilisierten Welt offenkundig fehlte.

Er begriff schnell das Prinzip der Kaltwetterkleidung. Der Mensch paßt sich besser extremer Kälte als extremer Hitze an; denn der menschliche Körper ist ein Ofen, der nur Isolierung braucht, um eine angemessene Temperatur zu halten; ihn abzukühlen ist viel schwieriger. Die Isolierung geschieht durch Luftschichten, denn Luft ist ein schlechter Wärmeleiter. Kleidungsstücke mußten locker sitzen, damit sie diese Lufttaschen bilden konnten; sie mußten außerdem die Luft zirkulieren lassen, um Schweißbildung zu verhindern. Schweiß ist gefährlich, denn er verbraucht Körperwärme, läßt die Schutzkleidung gefrieren und zerstört die Isolation.

Dieses Prinzip wird von allen Eskimos der Polargebiete beachtet. Ihre Grundkleidung ist der Anorak oder Parka aus arktischem Tierfell. Er ist eine lange Jacke mit angesetzter Kapuze, die das Gesicht gegen Wind und Kälte schützt.

Die Netsiliks benutzten für ihn weiches und leichtes Rentierfell. Ihre Kleidung war zur schnellen Fortbewegung gedacht und entsprach den Bedürfnissen der Menschen auf Skiern.

Das beste natürliche Material zum Isolieren ist das Rentier- oder Karibufell. Die einzelnen Haare sind hohl, so daß der Pelz ein Gehäuse aus Luftkammern bildet und außerordentlich leicht ist. Die Netsiliks trugen als Unterkleidung Karibufelle, die besonders behandelt wurden, damit sie weich blieben. Darüber zogen sie einen Anorak, der hinten einen langen Ansatz hatte, um die lebenswichtigen Organe zu schützen und die Isolation und die Luftzirkulation zu verbessern. Amundsen übernahm die Kleidung dieser Steinzeitkultur und beherrschte damit eines der wichtigsten Kapitel in der polaren Technik. Er hatte die seltene Fähigkeit, von einer fremden Kultur zu lernen.

Den Winter nutzten sie zur Vorbereitung der Fahrt zum Magnetischen Nordpol. Der Bau von Iglus wurde systematisch geübt, natürlich auch die Führung von Hunden, denn gerade diese konnte man von Eskimos lernen.

Im arktischen Gebiet lebt ein kräftiger wolfsähnlicher Hund. Er ist unempfindlich, gegen Kälte und Polarbedingungen angepaßt. Möglicherweise ist er der nächste lebende Verwandte der ersten domestizierten Hunde. Mutig, stark und gedrungen gebaut, ist er in jeder Hinsicht zum Lastenziehen wie geschaffen. Es gibt ihn in verschiedenen Rassen.

Der Hund ist dem Menschen in die Zivilisation gefolgt, jedoch zeichnet sich der Eskimohund dadurch aus, daß er mit einem Bein fest in der Wildnis blieb. Das erklärt seinen faszinierenden Charakter. Er arbeitet unter Bedingungen, unter denen kein anderes Lasttier überleben würde. In einer eisigen und feindlichen Umgebung wäre das Leben ohne ihn unendlich viel schwerer. Wie die meisten Polarschlittenhunde ist er kämpferisch und gesellig und akzeptiert Rangordnung und Kampf um die Führungsrolle innerhalb des Rudels oder der Schlittengemeinschaft. Wie beim Menschen ist ein guter Führer unbezahlbar. Gegenüber seinem Herrn ist er kein unterwürfiges Tier, sondern ein Vertragspartner, der als Gegenleistung für Nahrung und Schutz gewisse Pflichten übernimmt. Das Geheimnis der Führung des Eskimohundes liegt im Verständnis für die Feinheiten des Vertrags.

Solch einen Hund also lernte Helmer Hanssen vor einem Schlitten zu führen. Hanssen war ein geborener Hundeführer mit Gespür für die Beziehung zwischen Mensch und Tier.

Wiik und Godfred Hansen machten unterdessen magnetische Messungen; Ristvedt schmiedete eiserne Pfeilspitzen und Messer, damit sie Ware für den Handel mit den Eskimos hatten. Schließlich fühlte Amundsen sich für die Fahrt zum Pol gerüstet, und am 1. März 1904 brach er mit Godred Hansen, Ristvedt und Helmer Hanssen dahin auf.

Der Magnetische Pol lag nur ca. neunzig Meilen entfernt, doch für den Aufbruch war es bei der Jahreszeit zu früh. In der zweiten Nacht fiel die Außentemperatur auf −61,7° C. Bei einer solchen Temperatur gefriert das Quecksilber (man braucht ein Alkoholthermometer), Petroleum brennt nicht mehr, und selbst ein Eskimohund kann nicht lange arbeiten. Ein Hund, der arbeitet, atmet durch die Schnauze, er keucht, und wenn die Luft zu kalt ist, bringt die Lunge nicht ihre volle Leistung. Für den Hund liegt die Grenze bei −50° C. Amundsen, Ristvedt und Hansen spannten sich vor einen Schlitten und zogen die Last selbst. Bei so extremer Kälte klebte der Schnee wie Leim an den Skiern und den Schliffenkufen, und schwere Lasten zu ziehen war eine Qual.

Am dritten Tag entschied Amundsen sich zur Umkehr, um besseres Wetter abzuwarten. Sie luden die Last ab und kehrten zur *Gjøa* zurück. In vier Stunden legten sie die sechs Meilen zurück, für die sie zweieinhalb Tage benötigt hatten. Die erste Schlittenfahrt unter Amundsens Kommando war ein ruhmloses Fiasko, doch, so hielt er in seinem Tagebuch fest, „wir machten unsere Erfahrung".

Zwei Lehren zog er daraus für die Zukunft: ein jahreszeitlich zu früher Aufbruch brachte Risiken mit sich; Schlitten mit Menschenkraft zu ziehen, lohnte sich nicht.

Von jetzt ab wollte Amundsen nur Hunde verwenden. Das bedeutete, daß die Mannschaft auf der Fahrt zum Magnetischen Pol verringert werden mußte auf die Anzahl, die die Hunde verkraften konnten.

Amundsen lernte schnell. Zehn Tage später war er wieder auf dem Weg, diesmal nur von Helmer Hanssen begleitet. Er hatte gewartet, bis die Temperatur gestiegen war.

Sie nahmen ihr Gepäck dort auf, wo sie es vorher abgesetzt hatten. Die Hunde hatten jetzt die doppelte Last zu ziehen. Nach zwei Tagen erreichten sie die Matty-Insel in der James Ross-Meerenge. Auf dem Eis stießen sie auf eine Gruppe Netsiliks und stellten erfreut fest, daß McClintok 1859 fast an der gleichen Stelle Eskimos desselben Stammes begegnet war. Amundsen wollte unbedingt noch mehr über die Eskimos erfahren, änderte das Ziel und suchte ihr Lager auf. Einer von ihnen gab ihm ein neues Karibufell als Unterzeug. Die Höflichkeit gebot, daß er es, noch warm, sofort anzog. Er tat es mit dem stillen Wunsch, daß keine Läuse darin sein möchten; die meisten Eskimos hatten Läuse. Das Risiko war ihm bekannt.

Er blieb bei den Netsiliks, bis sie zu ihrer Frühjahrswanderung zu den

Seehundgründen aufbrachen. Er wollte unbedingt sehen, wie sie ihre Hunde führten.

Am 25. März traf Amundsen wieder bei der *Gjøa* ein. Am 6. April startete er zu seiner dritten Fahrt. Der Frühling kündigte sich an. Jetzt war es Zeit, zum Pol aufzubrechen. An Stelle von Helmer Hanssen nahm er Ristvedt mit. Hanssen war der bessere Hundeführer, doch der Zweck der Fahrt waren magnetische Messungen. Dabei konnte Ristvedt ihn unterstützen.

Ihr alter Freund Teraiu begleitete sie am Tage des Aufbruchs. Am zweiten Tag kehrte er um. Er wollte zu seinem Stamm in die Sommerjagdgründe. Die beiden Norweger zogen allein weiter. „Es war jetzt außerordentlich schwer vorwärtszukommen, da niemand vor uns herging", notierte Amundsen.[10]

Er durchschaute jetzt, was er bei der Wanderung der Netsiliks beobachtet hatte. Einer lief immer vor den Hunden her und ermunterte sie zum Laufen. Offenbar, weil selbst ein ausgebildeter Hund nicht gern ins Leere läuft. Amundsen übernahm schnell, was er beobachtet hatte. Er lief voraus; die Hunde folgten ihm auf den Fersen.

Nachdem sie in Matheson-Point an der Ostküste von King William-Land die Vorräte aus dem Hauptlager aufgeladen hatten, mußten die Hunde 500 kg ziehen. Jeder Hund zog also 55 kg. Das ist mehr als sein Eigengewicht und bedeutet selbst unter günstigen Bedingungen eine enorme Leistung. Auch war der Schnee sehr weich. Aber Schwierigkeiten sind dazu da, daß man aus ihnen lernt, notierte Amundsen in seinem Tagebuch und studierte die Situation. Er erkannte: Technik muß auf ihr Maß beschränkt werden; sie muß untergeordnet bleiben. Mit Anpassungsfähigkeit und geistiger Beweglichkeit legte Amundsen in wenigen Wochen die Grundlagen für sein Lebenswerk.

Er richtete die Fahrt so ein, daß die Anstrengungen innerhalb der Grenzen der Leistungsfähigkeit blieben. Von den Eskimos hatte er gelernt, das Marschtempo nicht zu forcieren.

Eskimos haben es immer abgelehnt, sich auf Befehl zu beeilen. Europäer deuteten das gewöhnlich als Trägheit. Amundsen sah das anders. Die Eskimos beeilten sich nicht, um nicht zu schwitzen. Ihre ganze Natur wehrte sich dagegen, Kräfte zu überziehen. Das hängt damit zusammen, daß Völker, die die enge Verbindung mit der Natur noch nicht verloren haben, sich nicht überanstrengen wollen auf Kosten der körperlichen und geistigen Kräfte. Sie haben ein eigenes Arbeitstempo, und das muß akzeptiert werden.

Amundsen lernte so eine Grundregel für Polarreisen: nicht über das hinausgehen, was Körper und Gemüt von Mensch und Hund ohne Schaden aushalten konnten.

Am Kap Christian Frederick an der Küste von Boothia Felix zerbrach Amundsen das Glas eines Taschenchronometers. Ristvedt kehrte zur *Gjøa* zurück, um ein Ersatzglas zu holen. Mit nur einem Schlitten und allen Hunden legte er die Strecke von 54 Seemeilen ohne Unterbrechung in vierundzwanzig Stunden zurück. Nach eintägiger Rast an Bord des Schiffes traf er am 20. April wieder bei Amundsen ein, der „wirklich froh war, R. wieder bei sich zu haben."[11]

Gemeinsam setzten sie ihre Fahrt fort. Die Hunde zogen gut; die Reise war ein Vergnügen.

Am 26. April erreichten sie die Stelle des Magnetischen Nordpols, die James Clark Ross auf Boothia Felix bei Kap Adelaide gefunden hatte. Sie stellten fest, daß der Magnetische Pol sich nach Norden verlagert hatte. Amundsen wies so als erster nach, daß der Magnetische Pol tatsächlich wanderte.

Auf dem Eis in Höhe der Matty-Insel stieß er auf Eskimos, die Seehunde jagten. Von ihnen erwarb er frisches Seehundfleisch und –speck und ließ seine Hunde ausgiebig fressen. Die Wirkung war erstaunlich. Sie waren mit Pemmikan gefüttert worden und verloren zunehmend an Kondition. Mit dem frischen Fleisch gewannen sie schnell neue Kräfte und zogen so gut wie früher. Auch das war für Amundsen eine wertvolle Lektion.

Vom „Ross-Pol" zog Amundsen nordwärts, um den neuen Pol zu finden.

> Wir wanderten und maßen, wanderten und maßen und (der Pol) wanderte. Am Abend würden wir am Pol sein, glaubten wir, doch am nächsten Morgen schlug die Nadel weit aus.[12]

Das ist ein anschauliches, wenn auch nicht streng wissenschaftliches Bild von den schwer durchschaubaren Schwankungen, die in der Nähe der Magnetischen Pole der Erde auftreten. Drei Wochen lang zogen Amundsen und Ristvedt auf der Suche nach dem Pol an der Küste von Boothia Felix hin und her, eine monotone Beschäftigung. Am 11. Mai trafen sie wieder am Pol von Ross ein.

Ihr Lager am Kap Christian Frederick war geplündert worden. Die Eskimos hatten ihnen gerade soviel Vorräte übriggelassen, daß sie damit bis zum Schiff kamen. Nach einer Abwesenheit von sieben Wochen trafen sie am 27. Mai wieder auf der *Gjøa* ein.

Abschließende Berechnungen ergaben, daß Amundsen den neuen Magnetischen Pol um dreißig Meilen verfehlt hatte. Was immer auch der Grund dafür gewesen sein mag, Amundsen hatte eines seiner Ziele nicht erreicht. Bis zu seinem Lebensende blieb das für ihn eine Quelle bitterer Vorwürfe.

Obwohl die Fahrt kurz war, hatte sie ihn viel gelehrt. Die drei Versuche zusammen umfaßten weniger als 500 Meilen, doch er hatte gelernt, wie man sich über Packeis und Schnee fortbewegt, wie man eine kleine Gesellschaft auf dem Marsch führt. Er hatte Rückschläge erlitten unter Bedingungen, unter denen sie eher lehrreich als gefährlich waren. Vor allem aber hatte er gelernt, mit Hunden umzugehen. Er hatte täglich unter den verschiedensten Gegebenheiten eine Strecke zwischen zehn und vierundzwanzig Meilen zurückgelegt, eine beachtliche Leistung. Er war, gewissermaßen, graduierter Polarfahrer geworden, und hierin bestand das eigentliche Ergebnis der Fahrt zum Magnetischen Nordpol.

Zehn Tage nach seiner Rückkehr zur *Gjøa* nahm Amundsen seine magnetischen Messungen im Freien wieder auf. Da er einen zweiten Winter in der Nähe des Pols plante, wollte er die Zwischenzeit nutzen.

Zwar hatte er mittlerweile viel gelernt, doch glaubte er, daß seine Erfahrung mit Hunden und Skiern noch nicht ausreichte. Es wurde früh Winter, Ende September, als das Eis fest wurde, zogen einige Eskimos in die Nähe der *Gjøa*. Amundsen sammelte weiterhin Kunstgegenstände von ihnen und studierte ihr Verhalten.

Sein Verhältnis zu den Netsiliks war mehr als das eines Ethnographen. Er schloß Freundschaft, vor allem mit zweien von ihnen, mit Ugpik, den er „Die Eule" nannte, und mit Talurnakto. „Die Eule" war ein geborener Aristokrat; Talurnakto dagegen wurde von seinen Stammesgenossen für einen Narren gehalten, doch war er der tüchtigste von ihnen. Er lachte und spielte ständig den Hanswurst, kümmerte sich um nichts in der Welt, war aber ein ausgezeichneter Arbeiter. Er wurde Amundsen immer sympathischer.

Anfang Februar zog er mit Talurnakto als Lehrer mit Schlitten und Hunden hinaus. Die Temperatur lag bei −42° C. Ihm lag daran, sich eine besondere Technik der Eskimos zu eigen zu machen. Eskimos konnten bei jeder Temperatur umherziehen, weil sie ihre Schlitten über jede Art von Schnee gleiten lassen konnten. Sie legten eine Eisschicht auf die Kufen. Das erfordert großen Sachverstand, denn das Eis muß in dünnen Schichten so angebracht werden, daß es geschmeidig bleibt und nicht abblättert. Es gibt verschiedene Methoden. Talurnakto hatte seine eigene. Ein Gemisch von Moos und Wasser wird auf die Kufen gelegt, gefriert und bildet die Unterschicht. Dann wird Wasser im Mund angewärmt und auf einen Streifen Bärenfell gespritzt, den man dann mit ein paar schnellen Streichbewegungen auf die präparierten Kufen drückt. Er bildet die Oberfläche und gleitet mühelos über den feinsten Treibschnee, der wie Wüstensand an allen Erfindungen zivilisierter Technik haftet.

Amundsen ließ einen norwegischen Schlitten von Talurnakto herrichten, um festzustellen, ob diese Methode bei den breiteren Kufen ebenso erfolgreich angewandt werden konnte wie bei den schmaleren der Eskimo-Schlitten. Sie ließ sich anwenden. Ehe Amundsen wieder aufbrach, stellte er bei Übungsfahrten um die *Gjøa* fest, „wenn die Temperatur unter −30° C liegt, halte ich die eisbeschichteten Kufen für weit besser als alle anderen."[13]

Er hatte gewissenhaft ein Stück Forschung betrieben und ein interessantes Ergebnis erhalten: das zwanzigste Jahrhundert konnte vom Menschen des Steinzeitalters noch lernen.

Im neuen Jahr stellte Amundsen an einem magnetischen Meßinstrument einen Schaden fest, durch den sein Versagen im vorausgegangenen Sommer vielleicht zu erklären war. Er entschloß sich zu einem erneuten Versuch, den Pol zu suchen. Doch verschiedene Krankheiten hatten die Hunde arg mitgenommen, und als es Frühling wurde, reichte ihre Anzahl nur für eine Gruppe aus.

Leutnant Godfred Hansen hatte eine Fahrt zum Viktoria-Land geplant und Amundsen hielt es für unfair, seinen eigenen Anspruch durchzusetzen. Er verzichtete auf seine Fahrt, damit Hansen reisen konnte. Er blieb in Gjøahavn, führte eine Reihe von magnetischen Messungen durch und behob Schäden, so weit er konnte.

Zusammen mit Ristvedt war Hansen vom 2. April bis 25. Juni unterwegs. Sie legten 800 Meilen zurück und zeichneten 150 Meilen von Viktoria-Land in die Karten ein. Es war einer der letzten unerforschten Landstriche an der Küste des nordamerikanischen Kontinents.

Die Arbeit war getan. Im Spätsommer schmolz das Eis, das Meer öffnete sich nach Westen. Am 13. August 1905 um drei Uhr morgens verließ die *Gjøa* Gjøahavn und fuhr in die Simpson-Meerenge nach Hall Point, wo zwei Gefährten Franklins begraben lagen.

Kein Schiff war bisher durch die Simpson-Meerenge gefahren. Sie war ein Labyrinth von Untiefen und Engpässen; es gab Treibeis und trügerische Strömungen, die in die Seekarten nicht eingetragen waren. Nur eine Fahrt von Leutnant Hansen im vorhergehenden Sommer hatte einen Weg hindurch aufgezeigt. Mit Hilfe ihres Ölmotors konnte die *Gjøa* sich durch das Labyrith winden und einem Unheil entgehen. Das Lot wurde ständig heruntergelassen, das Ruder entsprechend herumgeworfen; die Männer standen und hielten unentwegt Ausschau, und das Schiff fuhr Zoll um Zoll seinen Kurs. Nach vier Tagen erreichte es Kap Colborne an der Einfahrt zur Viktoria-Meerenge. Bis hierher war Collinson vor 50 Jahren auf seiner Fahrt vom Pazifik gekommen. Die *Gjøa* hatte die letzte Strecke der Nord-West-Passage geschafft, die bisher von keinem Schiffskiel bezwungen worden war, und dabei nichts weiter als eine Gaffel gebrochen.

Noch waren die äußerst heiklen, nur unvollständig eingezeichneten Engen der Dease-Straße und des Krönungsgolfs zu überwinden. Schließlich, am 21. August, lief die *Gjøa* in die Delphin- und Union-Meerenge ein. „Ich bin unbeschreiblich erleichtert, daß wir so die letzte schreckliche Strecke der Nord-West-Passage hinter uns gebracht haben“, schrieb Amundsen.

Am 26. August um 8 Uhr morgens beendete Amundsen seine Wache und ging unter Deck in seine Koje.

> Nachdem ich einige Zeit geschlafen hatte, wurde ich durch ein wildes Hin und Her an Deck geweckt. Irgendetwas war los, und ich ärgerte mich, daß sie um einen Bären oder Seehund soviel Aufhebens machten. Derartiges mußte es sein. Doch dann stürzte Leutnant Hansen in die Kabine und schrie die unvergeßlichen Worte: *„Schiff in Sicht!“*
> Die Nord-West-Passage war gelungen. Mein Jugendtraum – er hatte sich in diesem Augenblick erfüllt. Ein sonderbares Gefühl stieg in mir auf, Tränen traten mir in die Augen. *Schiff in Sicht . . . Schiff in Sicht.*

Ich zog mich schnell an und blieb einen Augenblick vor dem Bild Nansens an der Wand stehen. Es war so, als käme Leben in das Bild. Nansen zwinkerte mir zu und nickte: „Ich hab es gewußt." Ich nickte zurück – lächelnd und glücklich – und ging an Deck.[14]

Nach wochenlangem Nebel und schlechtem Wetter war es plötzlich klar. Vor dem Hintergrund schneebedeckter Gipfel, die in der arktischen Sonne glitzerten, kam ein Schoner aus Westen näher, alle Segel gesetzt. Es war wie eine Inszenierung, die zu dem triumphierenden Askeladden paßte, und zu *Gjøa*, dem Aschenbrödel, das gesiegt hatte, wo alle Armadas, Kapitäne und teure Legionen von Seeleuten versagten.

Das Schiff, das auf die *Gjøa* zufuhr, zeigte das Sternenbanner; es war der Walfänger *Charles Hansson* aus San Francisco mit Kapitän James McKenna. „Sind Sie Kapitän Amundsen?", waren seine ersten Worte. Amundsen hatte nicht erwartet, daß man ihn in dieser fernen Ecke der Welt erkannte.

Die Nord-West-Passage war geschafft. Drei Jahrhunderte menschlicher Bemühungen und eine ganze Leidensgeschichte hatten ihr Ende gefunden.

Solange die Neuigkeit nicht bekanntgegeben war, blieb die Nord-West-Passage nur zur Hälfte gelungen. In großer Eile segelte die *Gjøa* zu den Telegraphenstationen des Pazifiks. Doch tausend Meilen vor dem Bering-Meer, bei King Point am kanadischen Ufer des Yukon, wurde sie vom Eis festgehalten und für einen dritten Winter eingefroren.

An der Herschel-Insel, etwas westlich von ihnen, hatte eine amerikanische Walfängerflotte Winterquartiere bezogen. Ein Schiff hatte für Amundsen zu dessen „freudiger Überraschung" Post. Sein Bruder Leon hatte durch Henry Lund, den norwegischen Konsul in San Francisco, die Nachricht von der Expedition verbreiten lassen. Leon hatte das mit Hilfe eines Briefes von Nansen erreicht. Die amerikanische Regierung und die Walfänger-Gesellschaften hatten darauf Anweisung gegeben, daß der *Gjøa* jede mögliche Unterstützung gegeben werden sollte.

Die Zivilisation lag also in Reichweite, man konnte Nachrichten durchgeben. Sie konnten aber auch mit falschem Namen verbreitet werden, deshalb mußte Amundsen selbst mit seiner Geschichte der erste sein. Am 24. Oktober verließen zwei Eskimos mit Post von der Walfänger-Flotte die Herschel-Insel. Ihnen schloß sich William Mogg, der Kapitän der *Bonanza*, an, dessen Walfänger bei King Point Schiffbruch erlitten hatte. Amundsen, der die nächste Telegraphenstation in Eagle City auf Alaska erreichen wollte, begleitete die Gruppe.

Die Reise bis dahin war in sich schon eine Leistung. Die 500 Meilen nach Eagle City mußten ausnahmslos mit Hunden zurückgelegt werden über eine Route, die wohl selten so früh in der Jahreszeit versucht worden war. Über losem Schnee, an Flüssen entlang, die durch halbgefrorenes Eis liefen, überquerten sie die Bergketten der Küstengebirge, über die der Wind fegte. Woche für

Woche folgten sie den gefrorenen Wasserläufen, den Karawanenstraßen des Nordens.

Amundsen ging auf Skiern; die Eskimos gingen zu Fuß oder auf Schneeschuhen, nur Mogg fuhr Schlitten. Es war seine erste Schlittenfahrt. Er wollte über Land nach San Francisco, um für die nächste Fangzeit ein anderes Schiff zu finden. Für einen Seemann von etwa 60 Jahren war die Fahrt eine sportliche Leistung. Er finanzierte das Unternehmen. Amundsen, der Bezwinger der Nord-West-Passage, hatte keinen Penny mehr. Er war als Moggs Gast mitgekommen.

Anfänglich stellte Amundsen die Überlegenheit der Technik fest, die er von den Netsiliks gelernt hatte, doch als sie über das Gebirge gingen, die Baumgrenze erreichten und durch den tiefen, lockeren Schnee der nordamerikanischen Wälder stapften, konnte er wieder etwas lernen. Er traf die ersten und einzigen Schneeverhältnisse an, die den Gebrauch von Skiern verboten, wo der Schneeschuh überlegen war. Dieser Schnee machte auch Schlitten unbrauchbar. Ihre Kufen, die für die harte Schneedecke entworfen waren, sanken bis zu den Griffen ein, als wenn sie in Treibsand gefallen wären. Die Schlitten wurden gegen indianische Toboggans ausgetauscht, Schlitten mit flachen Böden, die auf dem Schnee gleiten wie flache Kähne auf dem Wasser. Das war die eine Lehre für die Zukunft, die zweite war die Art, wie man in Alaska Hunde führte. Die Hunde wurden paarweise in gerader Linie an einen mittleren Strang geschirrt. Im Gegensatz dazu läßt man im üblichen Eskimo-System die Hunde an Einzelleinen, die von einem einzigen Punkt ausgehen, fächerförmig laufen. Jedes System hatte seine Nachteile. Amundsen zeichnete alles sorgfältig in sein Tagebuch.

Am 5. Dezember gegen Mittag kamen sie in Eagle City an, einer Goldgräberstadt an den Ufern des Yukon. Die Temperatur betrug −52° C. Amundsen ging sofort in das Fort Egbert, einen militärischen Außenposten der Vereinigten Staaten und Endpunkt der Telegraphenlinie nach den Vereinigten Staaten. Dort schickte er Nansen das Telegramm, für das er so hart gekämpft hatte, kurz darauf wurde die Leitung durch Frost unterbrochen. Als sie nach zwei Tagen wieder in Betrieb genommen werden konnte, war Amundsen ein berühmter Mann. Aber er war auch ein Forscher in finanziellen Schwierigkeiten. Er hatte das Telegramm an Nansen: 1000 Worte – 755,28 Dollar (nach heutiger Währung ca. 5200 Dollar) nicht bezahlen können und es notgedrungen auf Kosten des Empfängers geschickt.

Doch das Verfahren „Gebühr trägt der Empfänger“ war vorher nicht vereinbart worden. In Fort Egbert vertraute man Amundsen, nicht aber ein Stück weiter leitungabwärts. Sein Telegramm wurde unterwegs in Valdez angehalten und dem Leiter des Telegraphenamts der US-Nachrichtentruppe in Alaska, Major W. A. Glassford in Seattle, inhaltlich durchgegeben.

Major Glassford übergab die Nachricht sofort der Presse, die sie gleich in aller Welt verbreitete. Leider enthielt das Telegramm das, was Nansen der Londoner *The Times* und anderen Zeitungen zur Veröffentlichung zugesagt hatte.

Der Major argumentierte verständlicherweise damit, daß die Telegrammgebühren vor Übermittlung der Botschaft hätten bezahlt werden müssen und daß die Einschaltung der Presse der schnellste Weg gewesen wäre, sie Nansen zukommen zu lassen. Hintergrund der Sache war wahrscheinlich ein Geschäft mit einer aktiven Zeitung, die bereit war, für eine Sensationsmeldung zu zahlen.

Als Brigadegeneral Adolphus Greely, Kommandeur der US-Nachrichtentruppe, von der Sache hörte, befahl er Glassford, an niemand irgendeine Mitteilung weiterzugeben. Greely wandte sich dann an die norwegische Gesellschaft in Washington, die die Zahlung der Kosten zusicherte. Das Telegramm wurde drei Tage später an Nansen geschickt, war aber als marktfähige Nachricht praktisch wertlos. Ein pikantes Detail der Sache ist, daß Greely, selbst ein bekannter Arktikforscher, ein Feind Nansens war. Die Zeitungen, mit denen Nansen Vereinbarungen getroffen hatte, weigerten sich zu zahlen, da die Geschichte nicht mehr exklusiv war; Nansen lehnte die Bezahlung des Telegramms ab, weil Major Glassford „Vertrauensbruch" begangen hatte.

Für Amundsen war der finanzielle Verlust erheblich, doch er jammerte nicht. Er nahm die Sache (hin) als (eine) Lehre im Umgang mit Nachrichten.

Der Fall des gestohlenen Telegramms war einer der ersten strittigen Punkte, die der neugeschaffene diplomatische Dienst Norwegens in den Vereinigten Staaten zu behandeln hatte. Während Amundsen sich in der Wildnis aufhielt, hatte Norwegen die Selbständigkeit erlangt. Die Nachricht erreichte ihn in Eagle City, knapp sechs Monate nach dem Ereignis vom 7. Juni 1905. Beim Auslaufen hatte er dem schwedischen König Oskar II. Treue geschuldet; jetzt schuldete er sie einem norwegischen Monarchen, dem dänischen Prinzen Karl, der den Namen Haakon VII. angenommen hatte. Das war in der Tat eine Nachricht, die er nach King Point mitnehmen mußte.

Amundsen hatte Nansen gebeten, den Angehörigen seiner Männer mitzuteilen, daß Briefe, die gleich aufgegeben würden, ihn so rechtzeitig erreichten, daß er sie zur *Gjøa* mitnehmen könnte. Er blieb zwei Monate, um die Antworten abzuwarten.

Die Lebenshaltungskosten in Eagle City waren sehr hoch. Zum Glück war Amundsen mit Frank N. Smith, dem Leiter der örtlichen Nördlichen Handelsgesellschaft, befreundet.

Am 3. Februar 1906 stellte Amundsen sich hinter einem Hundeschlitten auf seine Skier und zog von Eagle City nordwärts, zurück zur *Gjøa*. Der Schnee war besser, und die Reise leichter als auf dem Hinweg. Am 12. März traf er, mit der Post aus Norwegen, wieder auf der *Gjøa* ein. Fünf Monate war er fortgewesen und hatte mehr als 1000 Meilen zurückgelegt. Den Tag nach seiner Ankunft erklärten seine Gefährten zum Feiertag.

Alle Flaggen wehen. Es ist für uns die erste Gelegenheit, unseren neuen König zu ehren. Gott schütze ihn![15]

Während Amundsens Abwesenheit hatte Helmer Hanssen Jagdausflüge über Hunderte von Meilen unternommen. Im Mackenzie-Delta war er bei geringem und schwergängigem Schnee der perfekte Hundeführer geworden. Insgesamt hatte er etwa ein Dreivierteljahr dazu gebraucht. Hanssen hatte feines Gespür für seine Hunde, das zeigt eine Geschichte über seinen Leithund, eine Hündin, die er nach dem Schiff Gjøa getauft hatte. Die Hündin hatte eine phänomenale Witterung. Als sie eines Tages von einer Jagd nach King Point zurückkehrten, weigerte sie sich, in der befohlenen Richtung weiterzulaufen. Gewöhnlich, sagte Hanssen

> gehorchte sie aufs Wort, doch jetzt lief sie, wohin sie wollte. Ich schlug sie, es half nichts. Da gab ich den Kampf auf und ließ sie das Kommando übernehmen. Schließlich blieb sie stehen und fing an, im Schnee zu scharren ... Ich sah zu meiner großen Überraschung, daß sie meinen Fausthandschuh ausgrub, den ich auf dem Hinweg verloren hatte. Jetzt tat es mir leid, daß ich sie geschlagen hatte. Ich mußte es wieder gutmachen. Das tat ich sofort. Ich warf jedem Hund einen halben Hasen hin ...[16]

Am 10. Juli verließ die *Gjøa* King Point und wand sich durch Eis und Untiefen an der Spitze des nordamerikanischen Kontinents. Sie passierte Point Barrow am 30. August, fuhr durch das Bering-Meer und segelte, vom Sturm gepeitscht, hinaus aus der Arktis.

> Ich hatte unsere Durchfahrt durch das Bering-Meer feiern wollen. Es war kein Gedanke daran, eine Flagge aufzuziehen. In Eile konnten wir auf Deck gerade ein Glas Whisky trinken. Glücklich lehrten wir unsere Gläser, denn, was auch immer jetzt geschehen mochte, wir hatten die norwegische Flagge auf einem Schiff durch die Nord-West-Passage gebracht.[17]

Jetzt war der öffentliche Applaus noch durchzustehen. Die *Gjøa* erreichte San Francisco am 19. Oktober, und einen Monat später waren Amundsen und seine Gefährten wieder in Norwegen. Amundsen erhielt am 11. Februar 1907 in London sozusagen den Ritterschlag, als er vor der Königlichen Geographischen Gesellschaft über seine Expedition einen Vortrag hielt. Nansen, jetzt erster Botschafter des unabhängigen Norwegen in London, war erschienen. Nach dem Vortrag sagte er:

> Wie Kapitän Amundsen bereits hervorgehoben hat, ist es der Vorarbeit britischer Seeleute zu verdanken, daß er diese große Tat vollbringen konnte ... Doch ein Norweger wurde der Glückliche, der die Suche nach der Nord-West-Passage abschloß ... Ich glaube, wir dürfen sagen, wir gehören der gleichen Rasse an, und ... über diese tapferen Taten dürfen wir mit Tennyson sagen:
>
> Wir haben alle das gleiche tapfere Herz.
> Zeit und Schicksal können es schwächen,
> aber stark ist sein Wille
> zu streben, zu suchen, zu finden
> und niemals aufzugeben.[18]

9

Robert Falcon Scott

Nansen hatte wieder einmal das Märchen von Askeladden und Aschenbrödel beschworen. Auf die liebenswerteste Art feierte er den Sieg des kleinen Norwegen über eine große, wenn auch befreundete Macht. Er machte deutlich, was einige Zuhörer mit Unbehagen hörten. Britannien, das so lange vorn gewesen war, hatte gezaudert und „die Prinzessin" verfehlt. Was hier angesprochen war, betraf nicht nur die Polarforschung. Kipling hatte den Gedanken in einem Gedicht zum Ausdruck gebracht, das er zehn Jahre zuvor zum Diamantenen Jubiläum der Königin Viktoria geschrieben hatte:

Von ferne gerufen, sinken unsere Flotten dahin,
auf Dünen und Vorland verlöscht das Feuer.
Ach, all unser Glanz von gestern
gleicht dem von Ninive und Tyrus.
Richter der Völker, verschon' uns doch,
damit wir nicht im Vergessen enden.

Dieses Gefühl von Untergang scheint in Robert Falcon Scott seltsam personifiziert zu sein. Er wurde am 6. Juni 1868 geboren, an einem Wendepunkt englischen Lebens.

1870 starb Dickens. Darwins letztes großes Werk, *Die Abstammung des Menschen*, erschien 1871. Die Generation der Großen, die die frühe Regierungszeit Königin Viktorias mit Glanz umgeben hatten, stand vor dem Aussterben.

1870 brach auch der preußisch-französische Krieg aus. Er war das Vorspiel zu Armageddon, das Deutschlands Aufstieg in Europa ermöglichte, das moderne Zeitalter der gewaltigen, technologischen Kriegsführung einleitete, Britanniens relative Ohnmacht gegenüber den Geschehnissen auf dem Kontinent offenbarte, und den Verfall seines Ansehens im Ausland ankündigte.

So, wie häufig in der Geschichte, ging ein großes Zeitalter seinem Ende entgegen. Das Gebäude imperialer Größe begann zu verfallen. In fast allen Bereichen war es das gleiche. In den Jahren seit Waterloo wurde der Friede nur gelegentlich unterbrochen und die Streitkräfte hatten das Kämpfen verlernt. Sie taten sich schwer unter einer starren und unfruchtbaren Disziplin, die das Denken erstickte und für eine moderne Kriegführung ungeeignet war. Die Industrie verlor durch die Fehler der Vergangenheit ihren Schwung. Der Export ging zurück, vor allem zu Gunsten Deutschlands und der Vereinigten Staaten. Die meisten bedeutenden Erfindungen kamen jetzt aus dem Ausland. Britannien vergaß, nachdem es über Generationen hin „Werkstatt der Welt" gewesen war, zu denken, zu konkurrieren und sich anzupassen.

Die Zeit um 1870 darf man als deutlichen Beginn des Zusammenbruchs der britischen Macht ansehen. Wenn man die Geburt Scotts als Symbol dafür gewählt hätte, konnte man sie zeitlich kaum besser angesetzt haben.

Robert Falcon Scott wurde in der Nähe von Plymouth als Sohn einer Familie aus Devonshire geboren. Mit vier Schwestern, einem jüngeren Bruder, einer unverheirateten Tante und einem Stab von Dienern wuchs er bei seinen Eltern in einem Haus auf, das zwar auf eigenem Grund und Boden stand, aber ein wenig verfallen und für seine Bewohner zu klein war.

Das Scottsche Besitztum „Outlands" lag in Devonport, wo auch die Marinewerft von Plymouth liegt. Geld und Stellung verdankten die Scotts der Marine. Scotts Mutter Hannah war die Schwester eines Marinekapitäns und die Nichte eines Vizeadmirals. Sein Vater, John Edward Scott, war der Sohn eines Marinezahlmeisters, von ihm stammte das Vermögen.

Robert, der Vater von John Edward, kam zu seinem Vermögen durch Prisengelder aus den Napoleonischen Kriegen, vor allem aber durch Nebeneinkünfte in der Zahlmeisterabteilung der Marine. Mit seinem Bruder, der ebenfalls Zahlmeister war, nahm er seinen Abschied und erwarb „Outlands" und eine kleine Brauerei in Plymouth. Nach mehreren Streitigkeiten ging der Besitz ganz an Robert über.

Was dann folgte, wirft ein bezeichnendes Licht auf jene Zeit. Die drei ältesten Söhne Roberts traten in die Indische Armee ein. John Edward Scott, der Sohn, der die Geschäfte daheim weiterführen sollte, war der schwächste und für die ihm übertragene Aufgabe am wenigsten geeignet. Er erbte schließlich „Outlands" und die Brauerei, verkaufte aber das Erbe und lebte mit allen siebzehn Mitgliedern seines Haushalts von dem Erlös. Er beschäftigte sich mit Gartenbau.

Hinter dem pater familias, der in einer für die englische Mittelklasse typischen Art zum Zeitvertreib den Landedelmann spielte, verbarg sich ein stiller, mürrischer, ängstlicher Mensch, der unter dem Bewußtsein seiner Unzulänglichkeit litt und zu heftigen Temperamentsausbrüchen neigte. Seine Frau hatte es schwer, mit den vorhandenen Mitteln den Haushalt zu führen und dabei Gleichmut zu bewahren. Abgesehen davon, daß sie ihrem Mann gesellschaftlich überlegen war, war sie in jedem Fall auch die stärkere. Sie hatte die viktorianische Art, sich ständig um das Seelenheil anderer zu kümmern, was dem Glauben nachhaltiger geschadet hat als der militanteste Atheismus. Sie hatte den spezifisch englischen mütterlichen „Charme" bürgerlicher Frauen, deren verdeckter Herrschaftsanspruch die Umgebung unselbständig machte. Scott hat sich davon nie freimachen können.

„Con", wie man Robert Falcon in der Familie nannte, hatte eine behütete Jugend. Er litt an einer rätselhaften, möglicherweise psychosomatisch bedingten Kränklichkeit, wie so manches viktorianische Kind, das später als Erwachsener dann ausgesprochen robust wurde. Bis zum achten Lebensjahr wurde Con von einer Gouvernante erzogen und dann auf eine Tagesschule geschickt.

John Edward Scott wählte den Dienst in den Streitkräften als Beruf für seine Söhne. Das war Familientradition und gesellschaftsfähig. John Edward beschloß, seinen ältesten Sohn zur Marine, den nachfolgenden zur Armee zu schicken.

Damit Con die Aufnahmeprüfung mit Sicherheit bestand, wurde er von der Schule genommen und in ein überfülltes Institut gegeben, das seine Schüler auf die Prüfung vorbereitete. 1881, im Alter von dreizehn Jahren, wurde Con als Kadett in die Königliche Marineschule in Dartmouth aufgenommen.

Obwohl die Königliche Marine der letzten zwei Jahrzehnte des neunzehnten Jahrhunderts mit ihren Zahlen imponierte, war sie rückständig und hatte keine Schlagkraft. In den achtziger Jahren, als jüngere Flotten sich bereits auf Hinterlader umgestellt hatten, wurden die Geschütze der britischen Kriegsschiffe immer noch wie zu Zeiten Nelsons von der Mündung aus geladen. Die Schiffe Ihrer Majestät sahen eher wie Yachten denn Kriegsschiffe aus.

Schießübungen wurden gern vermieden, weil sie dem Aussehen der Geschütze schadeten. Admirale beurteilten ein Schiff – und auch seinen Kommandanten – nach dem Zustand des Farbanstrichs. Da die Admiralität mit Farbe knauserig war, kauften Kapitäne ihre Farbe häufig aus eigenen Mitteln. „Beförderung nach Farbe“ war eine nüchterne Tatsachenfeststellung.

Das war die eine Seite der Marine, in die Scott eingetreten war. Die andere war das System blinden Gehorsams und starrer Führung von oben, das eher der Hierarchie zugute kam als der Funktionsfähigkeit. Sogar unbedeutende Dinge wurden bis ins kleinste von oben geregelt. So wurden Offiziere, sogar Kapitäne, zu Automaten, die erst durch Befehle eines Vorgesetzten lebendig wurden.

In Dartmouth begann die Marineerziehung, die in den Tagen von Scott nach dem Muster der kleineren viktorianischen Public School angelegt war. Sie ist zutreffend beschrieben von Vizeadmiral K. G. B. Dewar, einem ungewöhnlich kritischen Offizier aus dem kleinen Kreis der Marinereformer zu Anfang unseres Jahrhunderts:

> ... die Atmosphäre des Zwangs beeinträchtigte jede Initiative und das Selbstvertrauen ... Der Unterrichtsplan war fast ganz angelegt auf Navigation, Mathematik und seemännisches Verhalten. Navigation wurde von Lehrern erteilt, die in der Navigation eines Schiffes keine eigene Erfahrung besaßen ... Studium und Gebrauch der englischen Sprache waren im Plan nicht vorgesehen ...
>
> Obwohl die Unterrichtsmethoden nicht geeignet waren, Interesse oder Begeisterung bei den Kadetten zu wecken, arbeiteten sie zumeist hart, weil ihre zukünftige Laufbahn vom Prädikat der Abschlußprüfung abhängig gemacht wurde.
>
> Nicht Intelligenz, Charakter, Fähigkeit und Eignung zum Kommando oder Berufsehrgeiz waren Grundlagen für die Offizierslaufbahn, sondern Unter-

richtsgegenstände wie Algebra, der Binomische Lehrsatz oder trigonometrische Gleichungen.[1]

Diese Beschreibung paßt ziemlich genau auf Scotts Jahre in Dartmouth. Im Juli 1883 schloß er die Ausbildung als siebenter von sechsundzwanzig Kandidaten ab und wurde am 14. August zum Fähnrich ernannt. Seine Laufbahn nahm den üblichen Gang. Nach vier Jahren auf See wurde er automatisch zum Leutnant z. See befördert und verbrachte ein Jahr auf der Königlichen Marineschule in Greenwich, um in zusätzlichem theoretischem Unterricht die Eignung zum Oberleutnant zu erwerben. Von fünf Prüfungen bestand er vier mit Auszeichnung und lag damit fast an der Spitze seiner Klasse.

Er wurde danach zum Dienst auf dem Kreuzer *Amphion* einberufen, der nach Esquimalt auslaufen sollte. Esquimalt war der kanadische Marinesützpunkt in Victoria, B. C. am Pazifik. Am 14. April 1889 wurde er in Octavia Bay, Kolumbien, zum Dienst auf der Korvette *Caroline* abgestellt, da dort Offiziere fehlten; er verließ sie am 1. August in Peru. Zwei Wochen später erhielt er laufbahnmäßig seine Beförderung zum Oberleutnant z. See. Danach erscheint sein Name für einige Zeit nicht mehr im Marineregister.

Nach dem Abschied von der *Caroline* taucht er in Guatemala auf, wo er Addison Mizner, den Sohn des amerikanischen Botschafters, kennenlernte. Er wurde dessen Schwester Mary Ysabel, Minnie genannt, vorgestellt, die mit einem reichen Geschäftsmann aus Chicago verheiratet war. Seine Beziehungen zu ihr waren so innig, daß sie ihm ins Gästebuch schrieb:

Die Nacht hat tausend Augen
aber der Tag nur eines,
und mit Sonnenuntergang
verlöscht das Licht der hellen Welt.

Der Geist hat tausend Augen,
aber das Herz nur eines,
und mit dem Ende einer Liebe
verlöscht das Licht eines ganzen Lebens.[2]

Doch was damals wirklich geschah, bleibt im Dunkel. Die Akten der Admiralität sind unvollständig. Unbestritten ist, daß Minnies Verse, die auf das Ende des Verhältnisses hindeuten, das Datum vom 20. März 1890 tragen und daß das Logbuch der *Amphion* unter dem 24. März in Esquimalt die Rückkehr Scotts an Bord verzeichnet.

In Esquimalt tat Scott den Dienst, den ein Offizier auf einem Marinestützpunkt in den Kolonien gewöhnlich zu leisten hat: Exerzieren, Routinearbeit, Flaggenhissen und Teilnahme an Empfängen der örtlichen Honoratioren. Einer von diesen war Richter Peter O'Reilly in Viktoria.

Mit dessen Tochter flirtete Scott im Rahmen des gesellschaftlich Üblichen, doch dabei blieb es auch. Sie bildete sich wahrscheinlich ein, daß er ernster an ihr interessiert war. Doch wie bei vielen jungen Offizieren galt sein Interesse in erster Linie den Eltern. Sie luden höhere Marineoffiziere zum Essen ein und boten damit den jüngeren eine Gelegenheit, ihnen vorgestellt zu werden. Scott sorgte sich um seine Zukunft und brauchte mehr als andere die Einführung in jene Kreise.

Ein Weg zur Beförderung schien die Spezialisierung zu sein. Das Torpedo war eine neue Waffe in der Marine. Die Anzahl der Fachkräfte war verhältnismäßig gering. Wenn man zu diesen zählte, würden die Beförderungsaussichten steigen. Scott bewarb sich um Aufnahme in einen Ausbildungskursus. Als die *Amphion* in Malta lag, wurde er telegrafisch zu einem Torpedo-Lehrgang für Oktober 1891 einberufen.

Im Fachbereich Torpedo hatte man es nicht nur mit Torpedos, sondern mit allen elektrischen Anlagen und der mechanischen Ausrüstung eines Kriegsschiffes zu tun; das schien Scott zu liegen. Bei der Ausbildung auf der *Vernon* zeigte er gute technische Veranlagung und schloß im August 1893 den Lehrgang als Oberleutnant der Torpedowaffe mit Auszeichnung ab. Kurz zuvor hatte er ein Torpedoboot, das er bei Manövern kommandieren sollte, auf Grund gesetzt. Die Admiralität sprach ihm maßvoll einen Tadel aus: „Hat anscheinend die notwendige Sorgfalt außer acht gelassen ... soll in Zukunft aufmerksamer sein."[3]

Das passiert selten, wenn jemand zum erstenmal das Kommando hat, und es drängt sich der Eindruck auf, daß Beherrschung der Theorie und Schwächen in der Praxis dicht beinander lagen. Es ist der erste Hinweis auf einen glücklosen Offizier.

An diesem Punkt seiner Laufbahn gab es in der Familie Scott eine umwälzende Veränderung. Der Vater hatte sein Vermögen aufgezehrt und fand nur mühsam eine Stelle als Leiter einer Brauerei. „Outlands" wurde aufgegeben. Die beiden älteren Töchter nutzten die Gelegenheit, sich auf eigene Füße zu stellen. Ettie ging zur Bühne, Rosie als Pflegerin nach Nigeria. Als 1897 der Vater starb, mußten die bei der Mutter gebliebenen Töchter sich ihren Lebensunterhalt verdienen. Sie zogen mit ihr nach London. Der einzige Lichtblick am Horizont war, daß Ettie sich gut verheiratet hatte. Ihr Mann, William Ellison-Macartney, Abgeordneter der Unionspartei, war Parlamentarischer Staatssekretär der Admiralität.

Scott war jetzt Oberleutnant der Torpedowaffe auf der *Majestic*, dem Flaggschiff eines Geschwaders im Ärmelkanal. Den gleichen Rang hatte er nacheinander auf Kreuzern und Schlachtschiffen innegehabt, nachdem er vor 5 Jahren die *Vernon* verlassen hatte. Seine Aussichten waren nicht schlecht. Die Königliche Marine wurde ausgebaut. Offiziere von Scotts Rang und Alter würden gefragt sein. Doch er war als Torpedospezialist ausgewiesen. Kapitän auf der Kommandobrücke eines Schlachtschiffes oder Admiral und Befehlshaber einer Flotte war ein unerreichbares Ziel. Die alte Furcht, die ihn zur Spezialisierung getrieben hatte, lebte wieder in ihm auf.

Scott hatte die Kapitäne, unter denen er Dienst getan hatte, nicht beeindruckt. Im Hintergrund blieb ihr Mißtrauen wach, daß er zur Führung von Menschen und Schiffen nicht geeignet sei. Vetternwirtschaft und Intrigen, bewährte Mittel auf dem Weg nach oben, verstand er nicht zu nutzen. Er war weder von guter Herkunft, noch hatte er gute Verbindungen. Er kannte (bis Ettie heiratete) keine einflußreichen Mitglieder der Admiralität. In einer Berufsgruppe, die reich war an Persönlichkeiten, um nicht zu sagen an Sonderlingen, fiel er nicht auf. Es war unwahrscheinlich, daß er kraft seiner Persönlichkeit aufsteigen würde. Doch „Hunger und Durst", wie der große Marinereformer Admiral Fisher sagte, „sind Wege zum Himmel." Scott suchte einen anderen Weg nach oben.

Einem Offizier der Britischen Marine im neunzehnten Jahrhundert konnte kaum entgehen, daß Teilnahme an einer Polarexpedition häufig Beförderung über die Köpfe gleichaltriger Kameraden hinweg bedeutete. Das Marineverzeichnis vom Ministerium abwärts gibt davon beredt Zeugnis.

Nach den Napoleonischen Kriegen war die Königliche Marine als Streitmacht wenig gefragt. Man sah in Polarexpeditionen eine Möglichkeit, Offiziere und Mannschaften sinnvoll zu verwenden. Der Präzedenzfall, den Kapitän James Cook geschaffen hatte, war Tradition geworden. Die Britische Polarforschung wurde ein Reservat der Marine. Wer teilnahm, tat es freiwillig. Man wollte so der Monotonie des Dienstes in Friedenszeiten entgehen und außerdem befördert werden. In den mittleren Jahren der Pax Britannica wurde die Polarforschung ein Ersatz für aktiven Dienst. So sagte beispielsweise Oberleutnant William May, der spätere Flottenadmiral Sir William, als er an einer Arktisexpedition teilnehmen sollte:

> Da damals in der Marine praktisch nichts los war, sagte ich zu . . . Um acht freie Plätze bewarben sich zweihundert Oberleutnants . . . eine solche Erfahrung wollte ich nicht ausschlagen.[4]

So entstand ein besonderer britischer Typus, dessen berühmtester Vertreter Scott wurde, der Marineoffizier, den Polarforschung als Teil seiner üblichen Laufbahn in Anspruch nahm.

Der beharrlichste Anwalt dieses Polardienstes war Sir Clements Markham, der Präsident der Königlichen Geographischen Gesellschaft. Er war in Scotts Leben der *deus ex machina*.

Mit seinem feierlichen Bischofsgesicht, das wie in einer frühen Daguerreotypie aus dem Rahmen eines Backenbartes blickte, war er der Inbegriff des mächtigen Viktorianers. Die große Leidenschaft seiner späteren Jahre war ein langer, einsamer Kampf für die Wiederbelebung der britischen Arktisforschung. Dort war, seit Sir James Clark Ross 1840 Kurs nach Süden genommen hatte, nichts mehr geschehen.

Weil Nelson als junger Fähnrich an einer Arktisexpedition teilgenommen hatte, nannte Sir Clements die Polarforschung

„die Kinderstube unserer Seeleute, die Schule unserer künftigen Nelsons, und für junge Marineoffiziere die beste Gelegenheit, sich in Friedenszeiten auszuzeichnen."[5]

Die Antarktisexpedition, für die er sich einsetzte, sollte eine Marineexpedition werden.

Sir Clements war selbst bei der Marine gewesen. Im Alter von 14 Jahren war er als Kadett in die Königliche Marine eingetreten, hatte sie aber sieben Jahre später unter ungeklärten Umständen vorzeitig verlassen. Sein letzter Dienst in der Marine war die Teilnahme an der zweiten Suchaktion nach Franklin unter Kapitän Horatio Austin (1850–1851) in der Arktis. Hierher stammte seine Begeisterung für die Polarforschung und sein leidenschaftliches Interesse für die Marine, oder genauer gesagt, für junge Marineoffiziere.

Es war damals üblich, wenn man Freunde und Verwandte in der Marine hatte, als deren Gast auf den Schiffen Ihrer Majestät an Kreuzfahrten teilzunehmen. Er besuchte häufig die Königliche Marineschule Greenwich. Sir Clements war viel mit jungen Leutnants und Fähnrichen zusammen und wen er besonders gern mochte, lud er zu sich in seine Londoner Wohnung ein.

Obwohl verheiratet und Vater einer Tochter, war er homosexuell. Gelegentlich fuhr er in südliche Länder, um seiner Neigung ohne Gefahr strafrechtlicher Verfolgung nachzugehen. Seine Vorliebe galt sinnlichen sizilianischen Knaben. Zu Haus wahrte er den vorgeschriebenen Anstand oder war zumindest diskret in seinen Affären.

Die Geographie betrachtete er im weitesten Sinn als seinen Bereich. Im Alter von dreißig Jahren hatte er erfolgreich eine Expedition nach Südamerika geleitet, um Schößlinge des Chinarindenbaums zu sammeln, aus dem Chinin hergestellt wird, das einzige bekannte Mittel gegen Malaria. Er pflanzte diesen Baum in Indien an. Er hatte erfolgreich über die Geschichte der Forschung geschrieben und kannte ein halbes Dutzend Sprachen.

Die Glorifizierung des Leidens war ein Ideal, das Sir Clements zu Höhenflügen der Redekunst trieb. Er sah in der Polarforschung eine Übung heroischen Verhaltens als Selbstzweck. Damit entsprach er dem Geist der Zeit.

In Britannien begriff man damals Kampf als einen Zweck an sich. Im Hintergrund lauterte das quälende Gefühl von bevorstehendem Untergang, stand der Wunsch nach nationaler Erneuerung. Die Darwinsche Lehre und imperialistisches Denken spielten dabei eine Rolle. Darwins Entwicklungstheorie wurde von der Natur auf menschliche Einrichtungen übertragen. Das Überleben der Stärksten war ein Dogma, das dem Empire gemäß war. Es rechtfertigte beispielsweise den Krieg als Charakterschule. General Lord Wolseley, der Oberbefehlshaber der Britischen Armee, war der Meinung, daß

> Krieg trotz all seiner Übel . . . die höchsten und besten Kräfte des Menschen weckt, daß er ein Gegengift ist gegen die Verschwendung und Verweichlichung, die Völker und Einzelwesen gleichermaßen vernichten.[6]

Selbstaufopferung wurde als höchste menschliche Tugend gepriesen, sogar von der Anglikanischen Kirche. Sie hatte ihre genaue Entsprechung in der Polarforschung:

> Wie großartig gaben jene tapferen Seeleute ihr Letztes . . ., die ausgeschickt wurden, über Schnee und Eis zu wandern, jeder mit 200 Pfund Zuglast . . . Keiner schreckte vor Anstrengung zurück; einige der tapferen Burschen starben buchstäblich am Zugseil . . . doch kein Murren erhob sich . . . wenn die Schwachen ausfielen . . . stets standen genügend Freiwillige bereit, ihren Platz zu übernehmen.[7]

Solche Heldentaten waren zu kostspielig für die Marine. Nachdem McClure gerettet werden mußte, war es mit der offiziellen britischen Polarforschung vorerst zu Ende. Sie lebte erst 1873 mit der Kreuzfahrt der *Challenge* wieder auf. Es war ein Vermessungsschiff der Marine, das als erstes Schiff mit Motorantrieb in arktische Gewässer fahren durfte. Der Befehlshaber dieses Schiffes, Kapitän Sir George Nares von der Königlichen Marine, leitete 1875–76 eine Marineexpedition, die den Nordpol über den Smith Sund erreichen wollte, eine Meerenge zwischen Amerika und Grönland. Sein nördlichster Punkt war 83° 20′. Doch die Expedition war ein teurer Reinfall. Ihre Methoden waren völlig überholt. Die Menschen starben an Skorbut nur so dahin. Nach seiner Rückkehr wurde ein Verfahren gegen Nares eingeleitet, das einem Kriegsgerichtsverfahren gleichkam. Das offizielle Interesse an Polarforschung war erneut dahin.

1893 wurde Sir Clements Markham zum Präsidenten der Königlichen Geographischen Gesellschaft gewählt. Die gleiche internationale Spannung, die die Beförderungsaussichten für Scott erhöhte, behinderte Sir Clements in seinem Kreuzzug. Da Krieg in der Luft lag, wollte die Admiralität keine Nebenschauplätze an den Polen. Da Sir Clements das ehrgeizige Ziel einer großen Marine-Expedition versagt war, gab er sich schließlich mit der zweitbesten Lösung zufrieden: einer privaten Expedition mit einer Marine-Mannschaft.

Sir Clements machte sich jetzt daran, Geldgeber zu finden. Er überredete die Königliche Gesellschaft dazu, sich mit der Königlichen Geographischen Gesellschaft zusammenzutun. Doch selbst mit Unterstützung der Königlichen Gesellschaft hatte er bis Ende 1898 von den benötigten 50000 Pfd. nur 12000 gesammelt, und davon waren 5000 allein von der Königlichen Geographischen Gesellschaft aufgetrieben worden. Das war demütigend. Die Arktis-Expedition zum Franz-Josef-Land, die Major Frederick Jackson mit einem Kostenaufwand von 20000 Pfd. organisierte, hatte Alfred

Harmsworth, der spätere Lord Northcliffe, ganz allein finanziert. Doch was Markham die Galle hochtrieb, war der Erfolg von Amundsens Jugendfreund Carsten Borchgrevink.

Borchgrevink, der für seinen Plan, als erster auf dem antarktischen Kontinent zu überwintern, in Norwegen keine Unterstützung gefunden hatte, versuchte sein Glück in London. Sir George Newnes, ein anderer Zeitungsbaron der frühen Jahre, gab ihm 35 000 Pfd. Borchgrevink erhielt das benötigte Geld, ehe noch Sir Clements seine Maschinerie hatte in Bewegung setzen können. Borchgrevink, ein Privatmann, ein Außenseiter, ein Eindringling, ein Abenteurer und noch dazu ein Ausländer, hatte da Erfolg gehabt, wo Sir Clements trotz seiner Stellung und Autorität nichts erreicht hatte. Das konnte Sir Clements Borchgrevink nicht verzeihen.

Weshalb hatte Newnes diesen Mann von der Straße unterstützt und von den gekonnten Schmeicheleien Sir Clements keine Notiz genommen? Nun, das lag zu einem Teil an Sir Clements selbst. Ihm mißtraute man weithin, einmal, weil er der Homosexualität verdächtigt wurde, zum anderen, weil er mit Schwindelaktien der Eisenbahn von Angola Geschäfte getrieben hatte. Man glaubte auch, daß er nach einem Adelstitel strebte, das heißt, zu offenkundig danach strebte. Doch schließlich muß man die Erklärung in der Königlichen Geographischen Gesellschaft selbst suchen.

Sie war eine Clique, die ständig um sich selbst kreiste. Ihre Polarexperten waren alte „arktische“ Admiräle, die seit zwanzig oder mehr Jahren kein Eis gesehen hatten. Die wirklich fähigen Männer wurden von der Clique ausgeschlossen und vermieden sorgfältig den Kontakt mit der Königlichen Geographischen Gesellschaft. Mit anderen Worten, die K.G.G. war ein brüchiges Bollwerk institutionalisierter Mittelmäßigkeit. In dieses Unternehmen steckte ein kluger Mann kein Geld. Dagegen flößte Borchgrevink insgesamt Vertrauen ein. Er mochte etwas frech sein und nicht gerade von der feinen Art, aber er hatte wenigstens Schwung und war erst kürzlich in der Antarktis gewesen.

Newnes stellte nur die eine Bedingung, daß die Expedition unter britischer Flagge lief. Borchgrevink kaufte einen norwegischen Robbenfänger, die *Pollux*, taufte sie um auf *Kreuz des Südens* und ließ sie in London ins Schiffsregister eintragen. Außer dem Namen nach war es eine norwegische Expedition. Offiziere und Mannschaften waren in der Mehrzahl Robben- und Walfischjäger aus Norwegen. Die Ausrüstung richtete sich nach dem Nansenschen Muster und basierte auf Skiern, Hunden, geringem Gewicht und Beweglichkeit.

Als Konzession an Sir George nahm Borchgrevink drei Briten mit auf die Expedition: William Colbeck, einen Offizier der Handelsmarine, Hugh Blackwell Evans, einen Naturforscher, und Louis Bernacchi, einen australischen Physiker.

Als Markham einsah, daß er die Expedition Borchgrevinks nicht aufhalten konnte, sorgte er dafür, daß die Königliche Geographische Gesellschaft ihm die kalte Schulter zeigte.

Als Borchgrevink am 22. August 1898 aus dem Londoner Hafen auslief, wurde über die „offizielle“ Expedition – das ist geschichtlich gesichert – noch beraten und auf die Verwirklichung konnte man nur hoffen. Die moderne britische Antarktisforschung begann zwar unter britischer Flagge, aber als ganz privates Unternehmen und von einem Ausländer geführt.

Das *Kreuz des Südens* segelte zum anderen Ende der Welt. Am 17. Februar sichtete Borchgrevink wieder die Küsten des Antarktischen Kontinents, wo, wie er es formulierte, „kein menschliches Wesen vor uns gelebt hat. Hier wollten wir unter Bedingungen, die für die Welt noch völlig unbekannt waren, leben oder sterben.“[8] Er landete auf Kap Adare, schlug eine Hütte auf und bereitete sich mit neun Gefährten auf den ersten Winter vor, den Menschen auf dem Antarktischen Kontinent verbringen sollten.

Währenddessen plagte Sir Clements sich vergeblich weiter auf der Suche nach Geld.

Er sah seine Aussichten deutlich schwinden. Da traf am 15. März 1899 zufällig genau an dem Tag, da das *Kreuz des Südens* auf der Rückfahrt von Kap Adare Neuseeland sichtete, wie durch höhere Fügung ein Hilfsangebot ein. Es kam von Llewellyn Longstaff, einem wohlhabenden Londoner Geschäftsmann, der durch die Presse auf das Projekt aufmerksam geworden war. Er versprach Sir Clements 25 000 Pfd.

Ende März gab Sir Clements diese „großherzige Spende“ triumphierend bekannt. Jetzt hatte er ca. 40 000 Pfd. Das war die Wende. Am 10. April wünschte Königin Viktoria der Expedition guten Erfolg. Der Prinz von Wales übernahm die Schirmherrschaft. Zwei Monate später gab A. J. Balfour, der Erste Lord des Schatzamtes, der offiziellen Politik der letzten zwanzig Jahre einen anderen Kurs und stellte einen Zuschuß des Parlaments in Aussicht.

Dazu trieb ihn weder persönliche Freigebigkeit, noch die Hartnäckigkeit von Sir Clements, auch nicht die Königliche Unterstützung, sondern vielmehr die ausländische Konkurrenz. Der Reichstag in Berlin war aufgefordert worden, 50 000 Pfund für eine deutsche Antarktis-Expedition zu genehmigen. In allen Bereichen – Ausbau der Marine, Außenhandelspolitik, militärische Stärke – war Deutschland die drohende Gefahr. Man konnte ihm in der Polarforschung das Feld nicht überlassen. Die Politik hatte Sir Clements so lange im Weg gestanden, jetzt kam sie ihm zugute.

Die Regierung stellte 45 000 Pfd. bereit mit der typischen Klausel, daß die gleiche Summe „von anderer Seite“ aufgebracht werden müßte. Sir Clements veranlaßte die Königliche Geographische Gesellschaft, 5000 Pfd. bereitzustellen, damit die Bedingung erfüllt würde. Endlich konnte er handeln.

Es gehört zu der Legende über Scott, daß Sir Clements ihn Jahre zuvor, als er noch Fähnrich war, für die Leitung der späteren Expedition bereits ausgewählt haben sollte. Sir Clements berichtete das selbst. In Wirklichkeit verklärte er damit nur die Vergangenheit.

Sir Clements war sich stets darüber im klaren gewesen, daß Jahre vergehen würden, ehe die Expedition gestartet werden konnte. Daher hatte er sich zweifellos lange im voraus unter den jüngeren Marineoffizieren nach einem geeigneten Führer umgesehen. Er war sehr am familiären Hintergrund interessiert; denn er glaubte an Vererbung und daß man zum Polarforscher geboren sein müsse.

1887 nahm Clements Markham, der damals Sekretär der Königlichen Geographischen Gesellschaft war und dem Adel noch nicht angehörte, an einer Kreuzfahrt nach Westindien teil. Er war Gast seines Vetters Albert Markham, der das Übungsgeschwader befehligte. Bei einem Essen traf er mit dem Fähnrich Scott zusammen, der auf der *Rover* Dienst tat, „darunter der junge Scott von der Rover . . . ein charmanter Junge.“[9]

Markham kannte jedoch viele „charmante Jungen“. In seinen ausführlichen Tagebüchern finden wir peinlich genaue Aufzeichnungen von Hunderten von Marineoffizieren, denen er begegnete.

Die Führung der Antarktis-Expedition war in jedem Fall für Tom Smyth, einen Fähnrich der *Active*, reserviert. Smyth, nicht Scott, war der Star in Markhams Tagebüchern. Er war der Sohn von General Smyth, einem Urenkel der Herzogin von Grafton und obendrein ein Walpole; er hatte den Charakter, die Familie und den Stammbaum, den Markham suchte.

Markhams und Scotts Wege kreuzten sich später wieder. Zunächst zufällig und kurz 1891 im Londoner Zoo; danach 1897 bei einem Essen auf der *Empress of India*, auf der Scott als Oberleutnant der Torpedowaffe Dienst tat, und zwei Jahre später, am 5. Juni 1899, kurz nachdem die Antarktis-Expedition angekündigt worden war. An diesem Tage kam Scott unerwartet in Markhams Wohnung am Eccleston Square und bot sich als Leiter der Expedition an. Eine Woche später erschien er wieder und wünschte erneut, wie der inzwischen wegen seiner Verdienste um die Geographie in den Adel erhobene Sir Clements festhielt, „das Kommando über die Antarktis-Expedition“.[10]

10

Unklare Ziele

Auf den ersten Blick schien das sehr abwegig. Bisher hatte Scott nicht zu erkennen gegeben, daß er an Eis und Schnee interessiert war. Er sagte selbst, daß er keine besondere Neigung zur Polarforschung habe.

Seit zehn Jahren war er Oberleutnant. Er stand vor dem Sprung zum Kapitänleutnant, der schwierigen Stufe, die jeder Marineoffizier überwinden mußte. Die automatische Beförderung auf Grund des Dienstalters lag hinter ihm; Aufstieg war jetzt nur noch durch Leistung oder zumindest durch Protektion möglich.

Sein erster Besuch am Eccleston Square hatte am Vorabend seines einunddreißigsten Geburtstags stattgefunden. Er hatte die dunkle Ahnung, daß die Zeit dahin ging, ohne daß er sein Ziel erreichte: nicht weil er zu den Rebellen und Reformern gehörte, die Vorgesetzten mit unbeliebten Meinungen entgegentraten. Er war ein konservativer Offizier; niemand hatte von seinen Vorstellungen etwas zu fürchten. Seine Sorge kam aus dem Gefühl, daß er unfähig war und daß man in der Marine nicht viel von ihm hielt. Der Weg nach oben schien ihm versperrt.

Seitdem die Expedition praktisch möglich geworden war, hatte Sir Clements ernsthaft über die Wahl eines Leiters nachgedacht. Unter den Kandidaten, die er näher ins Auge faßte, war John M. de Robeck, der im Weltkrieg bei Gallipoli eine bedeutende Rolle spielen sollte und schließlich seine Laufbahn als Flottenadmiral beendete. Flottenadmiral ist der höchste Rang in der Marine. Zur Teilnahme an der Expedition bat de Robeck die Admiralität um Urlaub, erhielt aber, wie Sir Clements es formulierte, „eine unfreundliche Antwort".

Dies war, kurz gesagt, Sir Clements Dilemma: zwar hatte er jetzt das Geld, war aber nicht sicher, ob er seine Offiziere bekommen würde, zumindest die, die er haben wollte. Deutschland war dabei, seine Kriegsflotte auszubauen; der Ausbruch des Burenkrieges war in Sicht; die Pax Britannica ging ihrem Ende entgegen. Erstklassige Offiziere dachten nicht daran, sich zwei oder drei Jahre in der Polarregion zu vergraben, und die Marine war nicht bereit, ihre besten Leute ziehen zu lassen.

All das erkannte Scott sehr klar, und darin sah er seine Chance. Als er an jenem Junitag 1899 die Halle des Hauses am Eccleston Square betrat, war Sir Clements in gereizter Stimmung. Die gewünschten Offiziere waren nicht verfügbar. Tommy Smyth hatte sich (hauptsächlich durch Alkohol) in Ungnade gestürzt und war aus dem Rennen. Der Posten des Expeditionsleiters mußte besetzt werden.

Scott war kaum ein geeigneter Kandidat. Sir Clements verlangte von seinen

Günstlingen, daß sie zur höchsten Gesellschaft gehörten und berufliches Ansehen besaßen. Ein unbekannter Oberleutnant der Torpedowaffe mit mittelmäßigen Beförderungsaussichten, der nur der Sohn eines Brauers aus der Provinz war und obendrein nur von seinem Sold leben mußte, war nicht, was er suchte. Der unangemeldete Besuch von Scott verblüffte ihn jedoch.

Ein Kamerad hatte einmal von Scott gesagt, er kenne niemanden, der wie er „so für sich einnehmen könnte, wenn er wollte".[1] Er verstand es auch, auf ältere Leute einzugehen – Sir Clements ging auf die Siebzig zu – und fand Gnade in seinen Augen. In dieser Situation erkannte jeder, daß er den anderen gebrauchen konnte. Scott sicherte sich die leidenschaftliche Unterstützung seiner Absichten.

Im Grunde war das ganze unnötig. Nach seinem ersten Besuch am Eccleston Square war Scott plötzlich zur Beförderung vorgeschlagen worden. Innerhalb von drei oder vier Jahren würde er Fregattenkapitän sein. Er hatte das Nadelöhr passiert. Aber Scott wollte mehr, viel mehr. Ihm genügte es nicht, daß er seine Altersgenossen eingeholt hatte; er wollte sie hinter sich lassen. Er schaute über die erste bescheidene Stufe zum Fregattenkapitän hinaus auf die vier Streifen eines Kapitäns z. See und die breiteren goldenen Rangabzeichen eines Admirals. Er wollte schnell befördert werden.

„Sie müssen Geduld haben!", ermahnte ihn Sir Clements, der bei ihm den fatalen Hang erkannte, zur unrechten Zeit zu drängen. „Wenn Sie in einem Jahr befördert sind, ist es gut. Sie machen einen schweren Fehler, wenn Sie bei der Admiralität vorstellig werden, ehe man Ihnen ein Zeichen gibt." Er riet Scott, „bis Oktober nichts zu unternehmen, außer Kontakt mit den Marineoffizieren des „Gemischten Ausschusses" aufzunehmen.[2]

Die Königliche Geographische Gesellschaft hatte sich mit der Königlichen Gesellschaft zusammengetan, nicht nur, um Geld zu sammeln, sondern auch, um die Expedition durchzuführen. Der Gemischte Ausschuß setzte sich aus achtundzwanzig Mitgliedern zusammen; jede Gesellschaft stellte vierzehn. Ein Unterausschuß von zehn Marineoffizieren würde den Leiter der Expedition wählen; daher der Rat von Sir Clements, Scott solle „Kontakt aufnehmen".

Sir Clements, der nach vierzig Jahren Umgang mit den führenden Kreisen der Königlichen Geographischen Gesellschaft wußte, wie geschoben und Wahlschwindel getrieben wurde, wollte nicht, daß man sah, daß er seine Hand im Spiel hatte. Er riet Scott so zu tun, als handle er auf eigene Faust, und zu versuchen, Admiral Sir Lepold McClintock auf seine Seite zu bringen: „Ihre Schwester, Frau Macartney, kennt ihn".[3]

Zu diesem Zeitpunkt war völlig unsicher, ob man überhaupt Marineoffiziere bekommen würde. Einige Monate später brach der Burenkrieg aus; am internationalen Himmel standen dunkle Wolken und die Admiralität erklärte, daß jeder verfügbare Mann auf seinem Posten gebraucht würde. Genauer gesagt, die Regierung wollte nicht in die Expedition hineingezogen werden. Im April 1900 gab der Erste Lord der Admiralität dem beständigen

Drängen von Sir Clements insoweit nach, als er ihm zwei Offiziere zusagte, weil er zweifellos erkannte, daß er Sir Clements auf diese Weise am besten loswerden konnte.

Inzwischen hatte Sir Clements den Ersten Seelord, Lord Walter Kerr, und den Zweiten Seelord, Admiral Douglas, durch vorsichtige Mittelsmänner bestochen; diese zwei Mitglieder der Admiralität würden letzten Endes die Offiziere bestimmen. Außerdem schaltete Sir Clements Scotts Schwager Macartney ein.

Macartney nutzte seine Stellung als Parlamentarischer Staatssekretär der Amiralität aus und wurde bei Douglas und Lord Walter vorstellig. Lord Walter war bereit, Scott zum Leiter der Expedition zu ernennen und ihm Oberleutnant Charles Rawson Royds, den Sir Clements ebenfalls ausgesucht hatte, als rechte Hand mitzugeben.

Die Marineoffiziere des Gemischten Ausschusses hatten geglaubt, daß sie berufen worden waren, um den Leiter zu wählen. Sie erkannten jetzt, daß sie nur herangezogen worden waren, um die Vorschläge von Sir Clements mit dem Genehmigungsstempel zu versehen.

Es entstand ein starker, bisweilen heftiger Widerstand gegen die Berufung und mehr als der übliche Ärger, wenn man feststellte, daß jemandes Günstling eine Stelle bekam. Dabei spielten Scotts offensichtliche Mängel eine Rolle. Einige von den Marineoffizieren des Gemischten Ausschusses waren gegen Scott. Admiral Sir William Wharton, der Inspekteur der Marine, traute Scotts Fähigkeiten nicht, und er verstand etwas von Polarforschung.

Doch die Admirale und Kapitäne, ganz zu schweigen von den Wissenschaftlern der Königlichen Gesellschaft, waren für Sir Clements keine Gegner. Er setzte seinen Willen durch. Am 25. Mai 1900 „bestätigte" der gesamte Gemischte Ausschuß, wie Sir Clements sich ausdrückte, „einmütig eine vorweggetroffene Entscheidung", und Scott wurde zum Befehlshaber der Nationalen Antarktis-Expedition ernannt.

Es blieb das unbehagliche Gefühl, daß man den besten Mann vielleicht nicht gefunden hatte. Sir Clements gab bisweilen zu erkennen, daß er im stillen selbst so dachte. In seine Tagebuchaufzeichnungen schlich sich ein gezwungener Ton, wenn er über Scott schrieb, so als sähe er zu spät ein, daß er sich zu einem verhängnisvollen Fehler hatte verleiten lassen, den er nicht sich und noch weniger der Weltöffentlichkeit eingestehen konnte.

Am 30. Juni erfolgte Scotts offizielle Ernennung zum Fregattenkapitän der Expedition. Früher als erwartet, hatte er den begehrten dritten Streifen Goldborte an seinem Ärmel. Immerhin war Polarforschung ein Weg zu „doppeltem Sold und Beförderung".

Ein Jahr nach seiner Bewerbung um die Leitung der Polarexpedition war er in diesem Bereich noch erstaunlich unwissend. Er hatte kaum Fachliteratur gelesen und war völlig auf Sir Clements Markham angewiesen.

Sir Clements hielt an längst überholten Methoden fest. Er verachtete Amundsens Vorbild Dr. John Rae und Sir Martin Conway, der ein Verfechter der kleinen Privatexpedition war und außerdem gute Erfahrung als Bergsteiger und im Umgang mit Eis besaß. Er wäre für das nationale Unternehmen ein Gewinn gewesen, doch wurde er nicht einmal zur Teilnahme aufgefordert.

Die 90 000 Pfd., die Sir Clements zusammengetragen hatte – in heutiger Währung ca. 3.000.000 Dollar – waren die größte Summe, die bis dahin für eine Polarexpedition gesammelt worden war und das Siebenfache der gesamten Expeditionskosten der *Belgica*. Sie hätte für den Bau eines Spezialschiffes ausgereicht.

Man brauchte ein Holzschiff; doch in Britannien konnte kaum noch jemand große Holzschiffe bauen. Nur einige schottische Werften, die sich auf Walfänger spezialisiert hatten, stellten noch Schiffe für den Eisgang her. Doch statt sich solcher Erfahrung anzuvertrauen, bestellte Sir Clements ein Schiff bei einer Werft in Dundee. Der Mann, der es entwarf, war ein Marinearchitekt der Admiralität. Das Schiff hatte schwere Mängel, eine seltsame Parallele zu den britischen Schiffskonstruktionen der damaligen Kriegsflotte.

In seinem verknöcherten Inseldenken setzte Sir Clements die Fortschritte des Auslandes herab. Den leistungsfähigen Methoden anderer Nationen zog er das vertraute, veraltete Verfahren vor. Es war fast selbstverständlich, daß er eine starke und rational nicht zu begründende Abneigung gegen Hunde als Zugtiere hatte. Außer bei einer kurzen Schlittenfahrt auf der Suche nach Franklin hatte Sir Clements nie Hunde geführt, und das lag fünfzig Jahre zurück. Er besaß überhaupt keine praktische Polarerfahrung. In einem Gespräch äußerte er einmal: „Hunde sind richtig für Grönland-Eskimos und Bewohner Sibiriens“[4] und wollte damit sagen, daß sie für Engländer irgendwie entwürdigend waren. Er trat stattdessen für das geradezu grotesk veraltete System ein, Schlitten von Menschen ziehen zu lassen.

Im August 1899 schickte Sir Clemens Scott einen Vortrag, den er im September auf dem 7. Internationalen Geographenkongreß in Berlin halten sollte. Darin hieß es:

> In jüngster Zeit hat man für Reisen in die Arktis häufig auf Hunde zurückgegriffen. Jedoch nichts, was man damit erreicht hat, ist zu vergleichen mit dem, was Menschen ohne Hunde vollbracht haben. In der Tat ist nur eine einzige Reise über eine größere Strecke im arktischen Gebiet mit Hunden durchgeführt worden, Pearys Fahrt über das grönländische Inlandeis. Doch wäre Peary ohne die Hilfsquellen des Landes umgekommen; bis auf einen starben seine Hunde an Überanstrengung oder wurden als Futter für die anderen getötet. Das ist ein sehr grausames System.[5]

Auf dem Kongreß meldete Nansen sich zu Wort und entgegnete:

> Ich habe den Versuch mit Hunden und ohne Hunde gemacht. In Grönland hatte ich keine Hunde, in der Arktis ja. Ich finde, mit Hunden geht es leichter ...[6]

Sir Clements ging darüber hinweg. „Die Diskussion nach meinem Vortrag war belanglos" sagte er.[7]

Er wußte nicht, welche Erfahrungen eine frühere Generation britischer Forscher gemacht hatte. In den zwanziger Jahren des neunzehnten Jahrhunderts hatte Sir Edward Parry von den Eskimos gelernt, wie man Hunde einsetzt, und damit einen Weg für die Zukunft gewiesen. In der Tat war Parry der Vater der modernen Schlittenreise. Im Ausland lernte man von ihm. Nansen, beispielsweise, gab freimütig zu, was er ihm schuldete. Aber in England blieb es – wie nur allzu oft – auch in der offiziellen Polarforschung bei Stagnation und Rückschritt.

Für Sir Clements war verschwenderischer Einsatz menschlicher Arbeitskraft ein Ideal. Es galt als Tugend, immer den schwersten Weg zu nehmen. Hunde paßten nicht in diese Vorstellung. Sie machten die Sache zu leicht.

Das spielte auch eine Rolle in Sir Clements' Vorurteil gegen Skier. Nichts, so äußerte er, könnte den Vergleich aushalten mit britischen Matrosen, die auf ihren zwei Beinen durch den Schnee stapfen. Er hatte nie gesehen, wie man auf Skiern läuft.

In der Frage der Skier wurde er von D. M. Crichton-Somerville, einem Engländer, der in Norwegen lebte, beraten. In der Arktis wurden sie,

> nach seiner Meinung, als Transportmittel überbewertet. Höchstens für leichte Arbeit auf weichem Schnee würden sie zu gebrauchen sein ... Ich laufe seit 1877 Ski, käme aber niemals auf den Gedanken, auf Skiern etwas hinter mir herzuziehen – das wäre auch schier unmöglich – oder sie auf gefrorenem Schnee anzuziehen. Sie sind dafür nicht geeignet.[8]

Dies widersprach jeder Erfahrung; doch Sir Clements wollte das so glauben – eine Quelle weiterer Fehlplanung.

Im September 1900 begann Scott mit der Arbeit für die Expedition. Sir Clements, der zur Kur in Norwegen war, schrieb ihm, er solle mit ihm zusammen Nansen in Christiania besuchen.

Nach Knud Rasmussen, dem großen dänischen Polarforscher, war Nansen eine Art „Johannes der Täufer" geworden. „Sein Segen bedeutete für eine Expedition soviel wie Taufe, Weihe, Ritterschlag."[9] Für angehende Polarforscher war ein Besuch bei ihm geradezu Pflicht. Praktisch hatte Nansen Christiania zu einem Zentrum der Herstellung und Lieferung von Schlitten, Skiern,

Schlafsäcken und allen möglichen Ausrüstungsgegenständen für eine Polarfahrt gemacht. All das war in England im Grunde genommen nicht zu haben.

Scott traf, wie gefordert, am 8. Oktober in Christiania ein. Wenige Menschen, die Nansen besuchten, waren so unwissend und schlecht beraten wie Scott. Aus reiner Freundlichkeit widmete Nansen ihm etwas Zeit, um ihn über die Grundlagen von Schneewanderungen zu unterrichten. Scott, der nie Schnee gesehen hatte, mußte mit dem Problem rein theoretisch fertig werden. Nansen gab sich alle Mühe, Scott von seinen überholten Vorstellungen abzubringen, und bewegte ihn schließlich dazu, wenigstens ein paar Hunde und Skier mitzunehmen.

Obwohl Skiläufer sich gerade auf die moderne Methode mit zwei Stöcken umstellten, hielt Nansen leider an dem überholten Stil mit einem Skistock fest. Da Scott nie einen Skiläufer gesehen hatte, übernahm er, was Nansen sagte.

In Gesprächen mit Fachleuten wollte Scott in ein bis zwei Wochen theoretisch lernen, was Amundsen sich ein Jahrzehnt lang praktisch angeeignet hatte. Er notierte:

> Worauf ich vor allem aufmerksam gemacht wurde und was ernstlich geprüft werden muß: Nach Meinung von Ausländern ist die Mannschaft geradezu lächerlich groß. *Sie muß wesentlich verkleinert werden.*[10]

Über Borchgrevink schrieb Scott nur, daß Nansen ihn einen „Betrüger“ nannte. Dennoch hatte Borchgrevink die Erforschung der Antarktis eingeleitet und als erster auf dem antarktischen Kontinent überwintert. Er war als erster auf der Eisbarriere gelandet, die Ross sechzig Jahre zuvor entdeckt hatte, und hatte mit dem südlichsten Punkt dort, 78° 40′, einen Rekord aufgestellt. Diesen Rekord hatte er mit Hunden und auf Skiern erreicht und damit bewiesen, daß beide im Süden ebenso benutzt werden konnten wie im Norden. Er zeigte, daß die Eisbarriere keine Sperre war, sondern eine Hochstraße zum Süden. Das war seine historische Leistung. Als Pioniertat war das nicht zu verachten, doch Scott beeindruckte das nicht im geringsten.

Ebensowenig Eindruck machte auf ihn Colin Archer, der Architekt der *Fram* und vielleicht die größte zeitgenössische Autorität im Bau von Polarfahrzeugen. Sein Urteil nach einem von Nansen vermittelten Besuch lautete nur: „Ziemlich vergeudete Zeit“.

Man gewinnt den Eindruck, daß Scott im Grunde nichts lernen wollte, so als lebte er nach dem inoffiziellen Motto der Königlichen Marine „Es gibt nichts, was die Marine nicht kann“. Wie die meisten seiner Offizierskameraden verschmähte er sorgfältige Vorbereitung, weil er im Grunde nur an gesunden Menschenverstand und zu gegebener Zeit an Improvisation glaubte.

Scott mußte Zeit finden für die verschiedensten gesellschaftlichen Verpflichtungen. Nansen machte ihn mit dem Komponisten Grieg bekannt. Als Offizier der Königlichen Marine wurde Scott sehr hofiert, was für einen Anfänger, der lernen sollte, vielleicht ein Hindernis war.

Nach einem zehntägigen Aufenthalt in Christiania fuhr er nach Kopenhagen, um mit Beauvais, das war Nansens Lieferant von Pemmikan, zu sprechen. Von dort ging er nach Berlin, um Erkundigungen einzuziehen über die deutsche Antarktis-Expedition unter Leitung von Erich Drygalski – einem Professor der Geographie an der Berliner Universität – die etwa um die gleiche Zeit wie die britische starten sollte. Drygalski wollte die Gebiete vor dem Indischen Ozean aufsuchen, während Scotts Ziel das Rossmeer war.

Im Zug nach Berlin las er den gerade erschienenen Bericht von Dr. Frederick A. Cook über die Expedition der *Belgica: Durch die erste antarktische Nacht.* Sein einziger Kommentar war: „Das muß ein armseliger Haufen gewesen sein".[11]

In Berlin verging Scott die Selbstzufriedenheit. Die Deutschen waren in der Vorbereitung der Expedition weit voraus und besser organisiert. Ernstlich beunruhigt kehrte er nach London zurück und suchte Sir Clements gleich in der Königlichen Geographischen Gesellschaft auf, „beeindruckt von unserer Rückständigkeit".

Aber nicht nur die Deutschen rüsteten sich für einen Wettlauf mit ihm; auch die Schweden bereiteten eine Expedition unter der Leitung von Otto Nordenskjöld vor. Nach Lage der Dinge würden beide Expeditionen vor der britischen starten.

Der Rückstand der britischen Vorbereitungen lag – wenn auch nicht ausschließlich – an einem großen Apparat von Unterausschüssen. Daß Drygalski „sich von jeder Kontrolle freigemacht hatte und es ablehnte, irgendwelchen Weisungen zu folgen", hatte Scott in Berlin imponiert.[12] Wenn ein preußischer Professor das konnte, weshalb dann nicht ein Fregattenkapitän der Königlichen Marine? Das Beispiel Drygalskis brachte ihn darauf, das Kommando über die ganze Expedition an sich zu reißen. Um die Vorbereitungen vorwärtszutreiben, verlangte er und erhielt, was einer vollständigen und unabhängigen Befehlsgewalt gleichkam. Er hatte jetzt nur noch Sir Clements über sich.

Seitdem Scott der Expedition aufgezwungen worden war, lagen sich Sir Clements Markham und die Königliche Gesellschaft in den Haaren. Sie war davon ausgegangen, daß Scott lediglich das Schiff kommandieren sollte, gewissermaßen als technischer Berater die Expedition in die Arktis und zurück bringen sollte. Da das Unternehmen wissenschaftliche Aufgaben durchzuführen hatte, sollte nach Auffassung der Königlichen Gesellschaft ein Wissenschaftler die eigentliche Leitung innehaben. Professor J. W. Gregory wurde dafür ernannt. Er sollte die Landungsmannschaft leiten.

Gregory, damals sechsunddreißig Jahre alt, in London geboren, war kürzlich auf den Lehrstuhl für Geologie der Universität Melbourne berufen worden. Er war Bergsteiger, Forscher und als Geologe anerkannt. Er hatte Bergbesteigungen in den Alpen durchgeführt und sich auf Eishängen und Gletschern geübt. Er hatte an der ersten Bezwingung von Grönland unter Sir Martin Conway teilgenommen. Die Grundregeln von Polarreisen waren ihm vertraut. Hunde, so schrieb er in seinem Expeditionsplan, seien wichtig, weil

> jedes zusätzliche Pfund Nahrung, das wir mitnehmen können, uns vier Meilen weiter südlich bringt. Wir können auch nicht erwarten, daß Menschen, die vor schwere Schlitten gespannt werden, geistig beweglich genug bleiben, um die sich ihnen stellenden Aufgaben zu bewältigen.[13]

Scott gegenüber hatte er böse Vorahnungen; er hielt ihn für „einen schlechten Organisator und einen Mann, der versuchte, den ganzen Ruhm für sich in Anspruch zu nehmen“, und glaubte, daß „seine lässige Art uns in große Verlegenheit bringen wird“.[14] Gregory wollte keinen Marineoffizier als Kapitän. Er wollte einen Walfänger-Skipper und als Matrosen Männer aus Neufundland und Norwegen, weil sie mit dem Packeis vertraut waren. Die Landungsmannschaft sollte „so klein wie möglich sein“ und für die Gletscher- und Bergbesteigungen über Schweizer Bergführer verfügen. Sein Ziel war, schnell und mit vielen Hunden zu fahren. Die Landungsmannschaft sollte vor der Abfahrt in der Schweiz im Umgang mit Eis und im Skilaufen trainiert werden. Im Vergleich zu den wortreichen und allgemeinen Vorschlägen von anderer Seite war der Plan ein Musterbeispiel an Aufgeklärtheit und praktischer Vernunft. So hätten die Briten als erste zum Südpol gelangen können. Im Grunde unterschieden die Methoden sich nicht wesentlich von denen des schließlichen Siegers.

Sir Clements konnte nicht schlucken, daß jemand, der nicht Marineoffizier war, überhaupt jemals mit dem Kommando beauftragt werden könnte. Er brachte Gregory dazu, zurückzutreten und raubte der Expedition so den einzigen hochbegabten Mann.

Wäre Gregory zum Zuge gekommen, hätten Wissenschaftler und Vertreter von Zivilberufen die Oberhand bekommen und frischen Wind in die Sache gebracht. So aber behauptete Sir Clements die Vorherrschaft der Marine und sicherte reglementierter Mittelmäßigkeit den Vorrang.

Er kam jedoch nicht ganz ungeschoren davon. Alfred Harmsworth, (der spätere Lord Northcliffe), hatte der Expedition 5000 Pfd. zur Verfügung gestellt unter der Bedingung, daß zwei seiner Kandidaten als Teilnehmer berufen würden. Er nannte Albert Armitage und Dr. Reginald Koettlitz, die drei Jahre mit der Jackson-Harmsworth-Expedition in der Arktis gewesen waren.

Armitage war Offizier der Handelsmarine bei der P. & O. Schiffahrtsgesellschaft. Er hatte nicht nur arktische Erfahrung, sondern war auch ein guter Navigationsoffizier und mit Schiffen erfahren.

Scott wehrte sich gegen Armitage und Koettlitz, obwohl sie Erfahrung mitbrachten. Er versuchte auch, Charles Royds loszuwerden. Er nahm es übel, daß ihm einfach Leute zugeteilt wurden, und fühlte sich berechtigt, sie selber auszusuchen, da er ja schließlich mit der Leitung beauftragt war. Die Organisatoren betrachteten ihn jedoch immer noch als ihren bezahlten Diener und konnten ihren Willen durchsetzen. Scott wurde gezwungen, einen jungen Offizier der Handelsmarine namens Ernst Shackleton von der Union Castle Schiffahrtslinie zu übernehmen.

Obwohl so viele Berufungen gegen seinen Willen ausgesprochen worden waren, ging Scott, wo immer er konnte, eigene Wege. Er benutzte medizinische Kunstfertigkeit, um Dr. George Simpson, einen Meteorologen, den er persönlich nicht mochte, loszuwerden. Umgekehrt nahm er von dem medizinischen Gutachten über Dr. Edward Wilson, das diesen wegen Tuberkulosenarben auf der Lunge für untauglich erklärte, überhaupt keine Notiz. Wilson hatte kein ausgesprochenes Interesse an der Polarforschung, wollte aber auch nicht als Arzt tätig sein. Scott stellte eine geistige Verwandtschaft des Mannes mit sich selber fest und nahm ihn, entgegen dem Gutachten der Ärzte.

Ein junger Cambridge-Absolvent, Hartley Ferrar, wurde als Geologe übernommen; Thomas Vere Hodgson, Leiter des Museums in Plymouth, als Meeresbiologe. Sir Clements bestimmte als Physiker Louis Bernacchi, der an der Borchgrevink-Expedition teilgenommen hatte. Er dehnte seine Rachegefühle gegen Borchgrevink nicht auf dessen Begleiter aus.

Scotts Hauptsorge war jetzt, Marineoffiziere und Mannschaften zu bekommen. Die Admiralität hatte ursprünglich das Marinekontingent auf Scott und Royds beschränkt. Sir Clements nötigte ihr weitere Zugeständnisse ab. So konnte Scott zwei frühere Kameraden von der *Majestic*, Oberleutnant Michael Barne und Maschineningenieur Oberleutnant Reginald Skelton, übernehmen. Ihm wurden auch zwanzig Bootsmänner und Matrosen zugestanden.

Neben den Deutschen und den Schweden bereiteten sich zwei weitere Nationen auf eine Expedition in die Antarktis vor. William Spiers Bruce, ein Naturforscher aus Edinburg, organisierte eine schottische Nationalexpedition in das Weddell-Meer. In Frankreich plante Dr. Jean Charcot eine Fahrt zur Westküste von Graham-Land. Seiner Meinung nach sollte sein Land in dem Rennen zur Antarktis auch vertreten sein. Scott hatte also Konkurrenz genug.

Die Expedition stellte einen hauptamtlichen Sekretär ein, Longhurst, der später ein ausgezeichneter höherer Staatsbeamter wurde. Scott traute Longhurst nicht, nicht nur weil er auch von Sir Clements vorgeschlagen worden war, sondern, weil er zu dessen homosexuellen Freunden gehörte. Er hielt es deshalb für gerechtfertigt, wenn er möglichst immer in der Nähe des Expeditionsbüros blieb. Als es beim Bau des Schiffes Ärger gab, bemerkte der Werftleiter scharf: „Das hätte vermieden werden können, wenn Kapitän Scott mir nur eine halbe Stunde Zeit geschenkt hätte, als ich ausdrücklich darum gebeten hatte.“[15]

In einen der fortwährenden Kämpfe zwischen Sir Clements und der Königlichen Gesellschaft wurde Scott hineingezogen. Sir Clements (und Scott) wollten das Schiff im Eis überwintern lassen, aus dem einfachen Grund, weil es heroisch war und weil man es unter den schwierigen Bedingungen im Norden immer so gemacht hatte. Königliche Gesellschaft und Admiralität waren entschieden dagegen. Ein für ozeanographische Forschungen ausgerüstetes Schiff im Eis stillzulegen, hielten sie für enorme Geldverschwendung.

Sir Clements erregte jetzt ernstlich Mißtrauen, und einflußreiche Mitglieder seiner eigenen Königlich Geographischen Gesellschaft traten an die Königliche Gesellschaft heran mit der Forderung: „Stoppt Markham". Sir William Huggins, der Präsident dieser Gesellschaft, forderte von der Regierung, die Zuwendungen sollten rückgängig gemacht werden, um die Überwinterung zu verhindern. Doch Sir Clements siegte über sie alle.

Wegen des Durcheinanders und der Verzögerung mußten die Vorbereitungen nun beschleunigt werden. Die Beschaffung von Hunden war bis zuletzt hinausgeschoben worden. Armitage rettete die Lage. Auf der Jackson-Harmsworth-Expedition hatte er D. W. Wilton kennengelernt, einen begeisterten schottischen Polarforscher. Er lebte in Rußland, kannte Sibirien und war ein erfahrener Skiläufer und Hundeführer. Armitage bat ihn, ein paar Hunde zu besorgen. Wilton wußte, daß Trontheim, ein Russe norwegischer Abstammung, der Nansens Hunde erworben hatte, circa einhundert Hunde für eine amerikanische Expedition sammelte. Er überredete Trontheim, seinen Auftrag auf Lieferung von nur fünfundzwanzig Hunden zusätzlich anzunehmen, das ganze Rudel nach Archangelsk zu bringen und ihm die erste Wahl zu lassen. Wilton bot sich außerdem an, Scott als Hundeführer zu begleiten, erhielt aber eine Absage. So kaufte Scott Hunde, hatte aber niemanden, der mit Hunden umgehen konnte.

Die Hunde wurden getrennt nach Australien geschickt, dort sollte Scott sie aufnehmen. In London wurden sie umgeladen und für die ersten zehn Tage im Zoo untergebracht. Scott nahm sich nicht einmal die Zeit, sie im Zoo anzusehen. Ein weiterer sonderbarer Einfall: Er bestand darauf, Butter in Dänemark einzukaufen und sie durch die Tropen zu transportieren, obwohl er sie auch in Australien oder Neuseeland hätte bekommen können – wahrscheinlich, weil Nansen auch dänische Butter mit in die Arktis genommen hatte.

Am 21. März wurde das Expeditionsschiff von Frau Clements Markham beim Stapellauf auf den Namen *Discovery* getauft, als sechstes Schiff dieses Namens seit dem 16. Jahrhundert. Sir Clements hatte diesen Namen nach sorgfältiger Überlegung gewählt. Anfang August fuhr das Schiff zur Insel Wight, von dort sollte es auslaufen. In Cowes fand gerade die Segelwoche statt, ein königliches Ereignis, eines der ersten unter dem neuen Herrscher. Königin Viktoria war im Januar gestorben, und jetzt saß Edward VII. auf dem Thron. Die *Discovery*, schwarz, gedrungen und nüchtern, lang inmitten einer glitzernden Flotte schlanker, weißer, goldener und mahagonifarbener Yachten vor Anker. Admirale und Leute der Gesellschaft waren gekommen, um Scott zu verabschieden. Der König erschien an Bord, um das Schiff zu besichtigen, und überreichte Scott das Abzeichen des Viktoria-Ordens.

Sir Clements beobachtete die Szene mit berechtigtem Stolz. So waren nun die

Anstrengungen von dreißig Jahren mit Erfolg gekrönt. Was ihm allerdings noch mißfiel, war der blaue Wimpel am Heck. Aber Scott war Mitglied des Yachtklubs Harwich, und das gab ihm die Berechtigung dazu. Sir Clements hätte dort lieber die weiße Flagge der Königlichen Marine gesehen. Die Admiralität hatte sich jedoch auf den Standpunkt gestellt, daß die *Discovery* kein Kriegsschiff sei und die Bitte entschieden abgelehnt. Sie hätte eine Ausnahme machen können, sah aber jetzt eine günstige Gelegenheit, Sir Clements wegen seiner Intrigen einmal eins auszuwischen.

Am 26. August, kurz vor Mittag, verließ die *Discovery* Cowes und fuhr den Solent hinunter und in den Ärmelkanal. In einem Abschiedsbrief an Scott schrieb Nansen:

> Sie leiten jetzt eine neue Periode der Antarktischen Forschung ein. Ich bin sicher, daß Sie große Landentdeckungen machen werden, hoffe aber auch, daß Sie Zeit und Gelegenheit finden, große Entdeckungen in den südlichen Gewässern zu machen, denn jede Tiefenmessung . . . und jede Wasserprobe ist erobertes Neuland für die Wissenschaft . . . Ich kann Ihnen keinen besseren Wunsch mit auf den Weg geben als den der Eskimos: „Mögen Sie immer in offenen Gewässern segeln!“[16]

Scott stand an Deck der *Discovery* nicht wie Amundsen, der zahlungsunfähige „Seeräuber“, sondern als Marine-Offizier am Ruder eines nationalen Unternehmens, im Schmuck des neuen Goldtstreifens. Alles verdankte er Sir Clements. Zehn Tage später, nach der Ausfahrt aus Madeira, befahl er, die Fotografie von Sir Clements in der Offiziersmesse von der Wand zu nehmen. Er wollte nicht länger an seinen Wohltäter erinnert werden.

11

Ein Winter in der Antarktis

„Die Fahrt nach Neuseeland", schrieb Frank Wild, einer der Matrosen der *Discovery*, in einem Brief nach Hause, „war weder ereignisreich noch glücklich."[1] Unzufriedenheit beherrschte die Unterhaltung an Bord. Befehlsgewalt ist ein unbarmherziger Prüfstein. Erst wenn ein Offizier allein die volle Verantwortung getragen hat, kennt er die Wahrheit über sich.

Als technischer Offizier war Scott in den zehn Jahren als Oberleutnant an der Last der Verantwortung für die Befehlsausführung vorbeigekommen. Jetzt zeigte sich beim ihm die Anstrengung. Seinen Untergebenen fiel auf, daß er ungeduldig und hitzig wurde. Sie hatten Achtung vor seiner Stellung, setzten jedoch kein Vertrauen in seine Person.

Mit seinen Offizieren hatte Scott allerdings Glück. Armitage zeigte eine glückliche Hand mit den Leuten. Royds war ein loyaler und fähiger Erster Offizier, der seinen Kapitän vor den schwersten Irrtümern bewahrte. Koettlitz war ein ausgebildeter Expeditionsarzt, der auf der Jackson-Harmworth-Expedition unter anderem das pyramidenförmige Zelt erfunden hatte, das sich, leichter als andere Zelte, aufschlagen läßt und dem Wind geringeren Widerstand bietet.

Aber Scott ging nach dem Äußeren, und da Koettlitz eine ungeschickte Art hatte, tat er ihn als „gutmütigen Dummkopf" ab. Auf Royds reagierte er mit Tadel und kleinen Schikanen, denn „er ist", wie er Armitage sagte, „darauf aus, aus der ganzen Arbeit für seine Beförderung Kapital zu schlagen."[2] Dahinter steckte Eifersucht. George Murray, der wissenschaftliche Leiter, verließ nach einem Streit mit Scott die Expedition am Kap.

Obendrein stellte sich heraus, daß die *Discovery* ein lahmes Schiff war. Sie war ohne vorherige Probefahrten ausgelaufen, um das andere Ende der Welt zu erreichen, und es zeigte sich jetzt, daß ihre Maschinen eigentlich zu schwach dafür waren und zuviel Kohle verbrauchten. Mitten auf dem Atlantik dämmerte es Scott: das bedeutete zusätzliche drei Wochen für die Fahrt nach Neuseeland und eine entsprechende Verzögerung für die Ankunft im Eis. Auf Royds' Vorschlag beschloß Scott, auf die geplante Unterbrechung in Melbourne zu verzichten und von Kapstadt geradewegs nach Lyttelton auf Neuseeland zu fahren. Das hieß, viele Tonnen Ausrüstung und Verpflegung mußten mitgeschleppt und die Hunde, die man getrennt vorausgeschickt hatte, umgeleitet werden.

Doch das war noch geringer Ärger im Vergleich zu den Lecks der *Discovery*. Die meisten Holzschiffe ziehen Wasser, vor allem, wenn sie neu sind. Hier lag die Sache aber anders. Nach dem Auslaufen aus Madeira wurde Scott durch die

Meldung aufgeschreckt, daß die Laderäume unter Wasser standen. „Ehrlich gesagt", schrieb Royds, „freue ich mich, denn schon als das Schiff nach London gebracht wurde, habe ich in meinen Berichten von den Lecks gesprochen und bin ausgelacht worden."[3] Als das Schiff in Lyttelton ins Trockendock kam, zeigte sich, daß die Arbeit unterhalb der Wasserlinie geradezu gewissenlos ausgeführt worden war. Die Nahtstellen waren schlecht geschlossen. Das Wasser drang durch die Löcher im Kiel, weil sie für die Befestigungsbolzen zu groß gebohrt waren. Statt die Stellen durch Pfropfen abzudichten, hatte man sie durch Zwischenscheiben, die das Wasser durchließen, verdeckt.

Die *Discovery* verließ Lyttelton am 21. Dezember, nachdem sie drei Wochen zur Reparatur im Dock gelegen und neue Ladung aufgenommen hatte. Nach Hodgsons Beschreibung war das Schiff

> vom Oberlicht der Offiziersmesse nach achtern mit Kohlensäcken gepflastert, mittschiff lagen 25 Hunde und achteraus 50 Schafe. Der Weg von einem Ende des Schiffes zum anderen war ein prächtiger Hindernislauf . . .[4]

Als das Schiff aus dem Hafen fuhr, kam ein Matrose um, als er betrunken auf den Hauptmast kletterte. In einem Abschiedsbrief an Nansen schrieb Scott:

> Die Expedition verfügt über eine Mannschaft, die wenig Wissen und keine Erfahrung hat, außer in Bezug auf das Meer und seine Launen . . . Darüber hinaus bin ich mir klar bewußt, daß mir ein Plan fehlt. Ich habe nur ein paar nebelhafte Vorstellungen . . . und rechne sehr wohl damit, daß Pläne schnell und möglicherweise schlecht an Ort und Stelle gefaßt werden müssen . . .[5]

Aus seinen Worten sprechen nicht der feurige Mut und die Härte einer großen Führernatur, vielmehr ist herauszuhören, daß er sich fast etwas darauf zugute hält, bei Gelegenheit zu improvisieren.

Am 18. Januar 1902 sah Scott die Antarktis zum erstenmal. In einer Entfernung von circa 100 Meilen glitzerten in der klaren Luft hoher Breiten die eisbedeckten Gipfel des Mount Sabine und des Admiralty Range in der Mitternachtssonne wie eine Gruppe Bergkristalle. Aber erst am 26. Januar fuhr die *Discovery* in unberührte Gewässer ein, nachdem sie am Kap Adare kurz Anker geworfen hatte und auf den Spuren von Borchgrevink bis zu der Meerenge gelangt war, wo er auf der Rossbarriere an Land gegangen war. Unter dem 30. Januar steht im Logbuch der *Discovery*:

> 4.30 h nachm. Einfahrt in eine Bucht. Im Inland Hügel klar zu erkennen. 5.50 h. Land über Eisgipfel gesehen. 6.45 h. Nackten Felsen entdeckt, der zwischen schneebedeckten Hügeln aufragt.

Das war die Entdeckung von King Edward VII-Land (heute: King Edward VII-Halbinsel). Sie stellt das östliche Ende der Rossbarriere dar und wurde die erste antarktische Entdeckung des 20. Jahrhunderts. „Ein einzigartiges Gefühl, auf Land zu schauen, das nie zuvor ein Mensch erblickt hat", wie Shackleton schrieb.[6] Die Antarktis war auf der Karte ein weißer Fleck. Ihr Inneres war völlig unbekannt.

Leicht berauscht von dem Gefühl, Land entdeckt zu haben, trieb Scott weiter nach Osten, um der Karte neue Meilen hinzuzufügen. Er stürzte sich unbesonnen in eine der gefährlichsten Gegenden des Ross Meeres, in trügerisches Packeis, das sich in Strudeln drehte.

Früh am 1. Februar kam Royds an Deck und traf Shackleton, „der den Kapitän darauf aufmerksam machte, daß wir uns im Kreise drehten".[7] Sie waren von Eisschollen, die von einem Kranz nicht zu unterscheidender Eisberge umgeben waren, eingeschlossen. Nicht zum ersten Mal hatte Scott mit seiner Unerfahrenheit in Bezug auf Eis das Schiff in Schwierigkeiten gebracht. Er geriet an den Rand einer Panik, aber Royds konnte ihn davon überzeugen, daß Shackleton recht hatte, und rettete die *Discovery* aus der Gefahr. Überstürzt drehte Scott um und nahm wieder Kurs nach Westen. Am gleichen Tage bemerkte A. B. Thomas Williamson:

> dieses monotone Deckschrubben jeden Morgen in der Antarktis bei Temperaturen, die weit unter dem Gefrierpunkt liegen, ist geradezu schrecklich. Es scheint, als könnte man den Marinebefehl nicht vergessen (du darfst nicht unterlassen, die Decks zu schrubben, ganz gleich, welche Bedingungen herrschen).[8]

Die Matrosen waren durch die sinnlose Routinearbeit nicht nur niedergeschlagen, sie wußten auch nicht, worum es ging und wurden nervös. Niemand hatte ihnen gesagt, wohin die Reise führen und wie lange sie dauern sollte. Erst jetzt gab Scott den Offizieren seine Absichten bekannt, wortreich und unklar. Kern seiner Worte war, daß die *Discovery* in der Antarktis überwintern sollte und jetzt auf der Suche nach einem geeigneten Ankerplatz westwärts fuhr.

Auf dem Wege dahin ging Scott dort an Land, wo Borchgrevink Halt gemacht hatte, und ließ seinen Fesselballon zu dem ersten Flug in der Antarktis aufsteigen. Von oben sah man, wie sich die Eisbarriere in endlosen Wellen bis zum fernen Horizont hinzog. Sie war, wie Borchgrevink gesagt hatte, die Höhenstraße zum Süden. Ihre Oberfläche war hart. Wind hatte den Schnee zusammengeschoben, an einigen Stellen lag Treibschnee. Skelton schrieb:

> Ich stelle mir vor, daß man ein Auto konstruieren könnte, das auf der Eisbarriere sehr gut funktionieren würde. Natürlich müßte es sich von den üblichen Autos wesentlich unterscheiden, vor allem, was die Räder betrifft. Das Fahrzeug müßte wie ein Gepäckwagen gebaut werden, damit man für den Fall einer Panne Schlitten mitnehmen könnte. Es könnte einen großen

Vorrat an Benzin transportieren, und wenn man in Abständen Vorratslager anlegte, könnte man auf jeder Fahrt 500 bis 600 Meilen zurücklegen . . . und so den Pol erreichen.[9]

Dieses ist nachgewiesenermaßen der erste Vorschlag, in der Antarktis Motorfahrzeuge zu verwenden, ein halbes Jahrhundert bevor 1958 Dr. Vivian Fuchs und Edmund Hillary auf einer Schneekatze zum Südpol gelangten . . .[10]

Wie Schüler auf einem Ausflug schwärmten Offiziere und Mannschaft durch die Gegend; es war für viele ihre erste Begegnung mit dem Schnee. Williamson und Ferrar machten sich auf den Weg, um Land auszumachen und „legten in vier Stunden etwa 10 Meilen zurück, für den ersten Versuch auf Skiern kein schlechtes Ergebnis".[11] Zwei Tage später, am 4. Februar, verließ die Expedition die Bucht, die später offiziell Ballonbucht genannt wurde, und fuhr auf der Suche nach einem Winterquartier weiter nach Westen.

Sir Clements hatte als Winterquartier die Robertson-Bai an der Südküste von Viktoria-Land verfügt. Aber Scott hatte auch Hugh Robert Mill, einen bekannten Geographen befragt, der früher Bibliothekar der Königlich Geographischen Gesellschaft gewesen war. Er wollte den besten Ausgangspunkt für den Zugang zum Inneren des Antarktischen Kontinents wissen. Mill riet ihm, an der Spitze der McMurdo-Bucht an Land zu gehen.

Scott schlug die Anordnung von Sir Clements in den Wind, hörte auf Mill und fuhr in Richtung McMurdo-Bucht. McMurdo war keine Bucht, sondern ein Sund. An der Spitze des Sundes, wo das offene Meer mit seinen Wellen unterhalb des Erebus gegen das Eis schlug, fand er seinen Winterhafen, eine seichte Stelle, nahezu von allen Seiten gegen Eisdruck geschützt. Sie lag in der Nähe der Eisbarriere.

„Wir sind nun also dazu verdammt, hier mindestens zwölf Monate oder vielleicht noch länger zu bleiben"[12], sagte Williamson. Der erste bemerkenswerte Vorfall im Winterquartier war, daß der Koch wegen Ungehorsam in Ketten gelegt wurde. Wo es um Disziplin ging, war mit Scott nicht zu spaßen. Nachdem der Sünder seiner Strafe zweimal entgangen war, wurde er an das Bratspill gekettet, wo er, wie Scott sagte, „nach acht Stunden zu Verstand kam".[13]

Als nächstes wurde eine Hütte aufgestellt. Sie war in Australien bestellt worden, weil ursprünglich eine Landungsgruppe zurückbleiben sollte, während das Schiff für den Winter in die Zivilisation zurückkehrte. Es war ein Bungalow mit Sonnenveranda auf Pfählen, dic tief in den Boden gerammt werden sollten. Für Australien wäre sie gut geeignet gewesen, weniger für die Antarktis, wo der Boden das ganze Jahr hindurch festgefroren und steinhart ist. In solchen kleinen Dingen zeigte sich die allgemeine Ignoranz der Expedition.

Es ist sowohl für die Expedition wie für die Königliche Marine bezeichnend, daß man für die Ausrüstung viel Geld ausgegeben, aber nichts getan hatte, um die Besatzung mit dem Gebrauch vertraut zu machen. Scott, großgeworden im Glauben an die Vorzüge der Improvisation, fand das ganz in Ordnung. Er hatte jetzt vor, durch ein bis zwei Wochen noch nicht mal fachmännisch angeleiteten Trainings aus den Männern Polarfahrer zu machen.

Nach ein paar Tagen auf Skiern erklärte er mit aller Bestimmtheit, daß Skier „bei Fahrten auf ebenem Boden oder leichten Hängen sicherlich von großem Vorteil sind; doch zum Ziehen sind sie wenig nützlich; man müßte für den Winter einen leichten Schneeschuh entwickeln."[14] Er schien vergessen zu haben, was Nansen ihm mitgeteilt hatte, und ihm war dessen Buch *Die erste Durchquerung Grönlands,* damals wie heute eines der klassischen Werke über Skilauf und Polarforschung, offenbar nicht bekannt, obwohl es seit einem Jahrzehnt in England in Umlauf war.

> Für den, der damit umzugehen versteht, erweisen Skier sich überlegen, selbst zum Ziehen. 19 Tage lang waren wir von morgens bis spät abends auf Skiern . . . und legten eine Strecke von 350 Meilen zurück.[15]

Nun sollte eine Mitteilung über den Standort der *Discovery* zu einem vorher festgelegten Treffpunkt gebracht werden. Ohne das würde ein Rettungsschiff die *Discovery* wahrscheinlich nicht finden, denn niemand wußte bis jetzt, wo sie lag.

Kap Crozier, der Treffpunkt, war die östliche Spitze der Ross-Insel und lag nur 40 Meilen entfernt. Für Scott war die Fahrt dahin ein größeres Unternehmen. Royds wurden wahllos ein paar Hunde gegeben, er sollte unterwegs üben, wie man sie führt. Barne, Koettlitz, Skelton und acht Matrosen, die ihm zugeteilt wurden, erhielten mehr oder weniger die gleiche Anweisung. Bis auf Koettlitz waren alle völlige Anfänger.

Die Hunde weigerten sich, zu ziehen; so mußten sich die Männer vor die Schlitten spannen. Da jedem überlassen gewesen war, ob er Skilaufen lernen wollte oder nicht, durfte er wählen, ob er die Reise mit oder ohne Skier machen wollte. Als die Gruppe dann wie die Verdammten in Dantes Inferno, knietief durch den Schnee stolperte, gab es eine scharfe Auseinandersetzung. Die Gruppe der Skigegner war in der Mehrheit; nur Royds, Koettlitz und Skelton waren auf Skiern. Wie ein Matrose sagte,

> kamen sie viel besser vorwärts als zu Fuß . . . Wir bereuten sehr, daß wir nicht alle Skier mitgenommen hatten. Wir konnten nur einige hundert Yards ziehen, und sobald die Führer „Ablösung" riefen, sanken wir keuchend und schwitzend in den Schnee, obwohl die Temperatur unter dem Gefrierpunkt lag.[16]

Schließlich schickte Royds Barne, die Matrosen und die Hunde, also alle bis auf die Skiläufer, zum Schiff zurück, weil er ihren Einsatz für nutzlos hielt. Vorher aber mußten sie noch klären, ob ein Mensch auf Skiern tatsächlich einen

Schlitten ziehen konnte. Deshalb blieben sie für einen Tag im Lager. Skelton war, wie er sich ausdrückte,

> sehr überrascht, mit welcher Leichtigkeit wir den Schlitten zogen. Skier scheinen sich ausgezeichnet zum Ziehen zu eignen.[17]

Sie brachen wieder auf und kamen auch vorwärts. Aber schließlich mußten sie doch aufgeben. Die Barriere bewegte sich in Nordrichtung auf das Meer zu und drückte mit zerrissenen Formationen, die aussahen wie im Sturm gefrorene Brecher, auf Kap Crozier. Da Royds keine Ahnung hatte, wie man mit Eis umgeht, wußte er schon vor diesem einfachen Hindernis nicht weiter. Im Angesicht des Ufers mußte er umkehren.

Durch die gleiche Unerfahrenheit kam in Barnes Gruppe auf dem Rückweg der Matrose Vince zu Tode. In einem Schneestrum fiel er eine Eisklippe hinunter. Ein halbes Dutzend anderer konnte wegen Erfrierungen nicht arbeiten. Ein Hund war verloren gegangen. „Die ganze Verantwortung“, schrieb Scott in sein Tagebuch, „trägt der beauftragte Offizier (Barne).“ Scott kam nicht auf den Gedanken, daß er das Unglück durch geeignetes Training hätte verhindern können. Er neigte dazu, vor der eigenen Verantwortung die Augen zu verschließen und die Schuld auf andere zu schieben.

Seitdem die Expedition an Land gegangen war, war Scott in unmittelbarer Nähe des Schiffes geblieben und hatte seine Untergebenen hinausgeschickt, erste Erfahrungen mit Schlitten zu machen. Nach der Rückkehr von Royds unternahm er schließlich seinen ersten eigenen Versuch. Auf einer Fahrt zur Eisbarriere wollte er ein Vorratslager für die Arbeit in der folgenden Jahreszeit anlegen. Scott nahm Royds, Koettlitz und Skelton nicht mit, obwohl sie inzwischen die größte Erfahrung in der Antarktis hatten. Er ging ohne Skier und zog den Schlitten Seite an Seite mit den Hunden. Die Fehler von Kap Crozier wurden wiederholt: die Hunde weigerten sich zu ziehen, die Menschen sanken erschöpft in den Schnee. Um das Maß vollzumachen, fiel das Thermometer unter – 50 Grad. Als Scott trotz aller Anstrengungen in drei Tagen nicht einmal zehn Meilen zurückgelegt hatte, sah er ein, daß das Spiel verloren war. Er lud seine Ladung ab, machte kehrt und traf am 3. April wieder beim Schiff ein. Das war das Ergebnis von Scotts optimistischer Hoffnung, in ein oder zwei Wochen Polarfahrer auszubilden.

Ende März war die *Discovery* eingefroren. Am 23. April verschwand die Sonne für mehr als hundert Tage. Scott traf Vorbereitungen, mit dem dritten Winter, den der Mensch in der Antarktis erlebte, fertigzuwerden. Am 78. Grad südlicher Breite war sein Winterlager circa 500 Meilen näher am Pol als die von Borchgrevink und de Gerlache. Er war weiter nach Süden vorgestoßen als jede andere Expedition. Die Deutschen saßen in Gauß am Kaiser Wilhelm II.-Land; die Schweden unter Nordenskjöld auf der Schneeberg-Insel im Weddell-Meer.

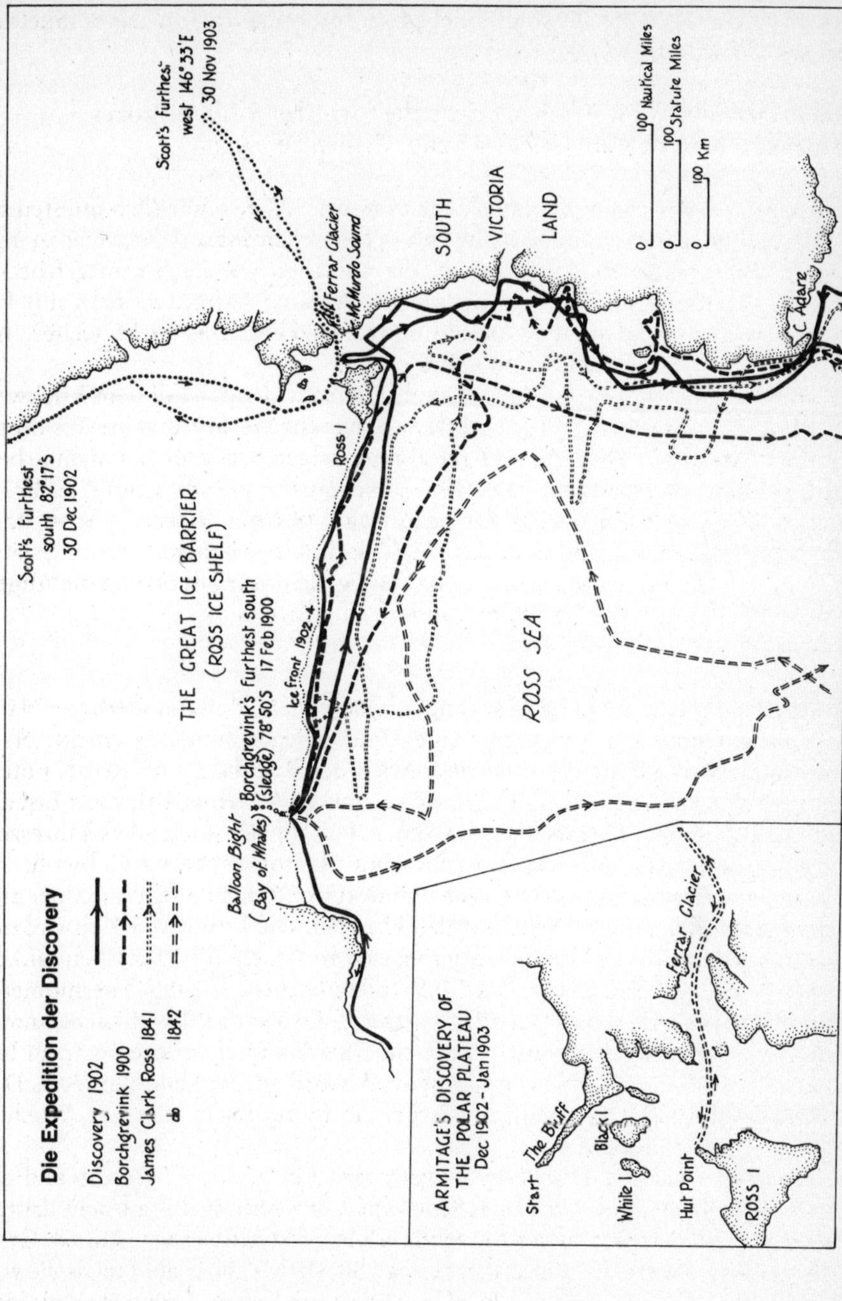
Die Expedition der Discovery
Discovery 1902
Borchgrevink 1900
James Clark Ross 1841
do 1842
Balloon Bight
(Bay of Whales)
Borchgrevink's furthest south
(sledge) 78°50'S 17 Feb 1900
Ice Front 1902-4
THE GREAT ICE BARRIER
(ROSS ICE SHELF)
Scott's furthest
south 82°17'S
30 Dec 1902
Ross I
Scott's furthest
west 146°33'E
30 Nov 1903
Ferrar Glacier
McMurdo Sound
SOUTH
VICTORIA
LAND
ROSS SEA
C. Adare
0 100 Nautical Miles
0 100 Statute Miles
0 100 Km
ARMITAGE'S DISCOVERY OF
THE POLAR PLATEAU
Dec 1902 - Jan 1903
Start
The Bluff
Black I
White I
Hut Point
ROSS I
Ferrar Glacier

Scott hatte von allen die längste antarktische Winternacht vor sich und damit seine Bewährung als Expeditionsleiter.

Obwohl die *Discovery* ein Handelsschiff war, führte Scott sie nach Marinegesetzen mit strenger Trennung zwischen Offizieren und Mannschaften. Welch ein Unterschied zu Amundsens „kleiner Republik" auf der *Gjøa* ohne alle förmliche Rangordnung! Angesichts der militärischen Zucht in der viktorianischen Marine und dem großen Unterschied zwischen Offiziersmesse und Mannschaftsdeck war es selbstverständlich, daß das auch im Schnee so gehalten wurde.

In jedem System gibt es gute und schlechte Vertreter. Auch andere britische Offiziere hatten in der Wildnis mit Marinegewohnheiten operiert. Doch wie sehr sie auch als Forscher versagten, sie waren doch oft gute Menschenführer. Sir James Clark Ross konnte prächtig die Admiralität verspotten; Parry, der erste Polsucher, hielt seine Gefährten stets bei guter Laune; Franklin, obwohl er ein tragischer Pfuscher war, wurde von Offizieren und Mannschaften gleichermaßen geliebt. Wenn man Scott mit seinesgleichen verglich, ging ihm etwas ab. Auf Grund seiner persönlichen Schwächen verlief diese Expedition nicht glücklich.

Er war schwer einzuordnen und neigte stark zu irrationalem Verhalten; das ist für jeden, der Menschen führen soll, ein großer Nachteil. Und für jemanden, der in der gespannten Atmosphäre einer kleinen abgeschnittenen Gruppe leben soll, wo Niedergeschlagenheit, Zankereien, übertriebene Empfindlichkeit und Haarspaltereien an der Tagesordnung sind, können diese Mängel ernsthaft gefährlich werden.

Gewöhnlich suchen Expeditionsmannschaften wie die meisten auf engem Raum zusammenlebenden Gruppen sich einen natürlichen oder psychologischen Führer. Das führt zu einem Streit, den man mit dem Kampf um die Leitrolle in einem Wolfsrudel oder einem Hundegespann vergleichen kann, und ist eine mehr oder weniger offene Herausforderung an den eingesetzten, offiziellen Führer. Mit der Bedrohung seiner Autorität fertig zu werden, ist ein Prüfstein; kaum jemand, der führen will, kann ihn umgehen. Das Ergebnis entscheidet über den Zusammenhalt der Gruppe. Auf Grund seiner moralischen Stärke und der Kraft seiner Persönlichkeit hatte Amundsen sowohl die psychologische wie auch die offizielle Führung auf der *Gjøa* inne. Das war bei Scott auf der *Discovery* nicht so. Shackleton wurde der psychologische Führer der Expedition.

Stark, anpassungsfähig und von großer Ausstrahlung – so stellte er Scott in den Schatten. Obwohl sie in Polarfragen gleich unerfahren waren, gewann er bei Offizieren und Mannschaften zunehmend an moralischer Überlegenheit. Sogar Scott schien sich Shackleton zu beugen. Doch angesichts der Spannung unter der Oberfläche war das gefährlich. Scott fehlte die Charakterstärke, den Konflikt zu klären. Nach Armitages Aussage besaß er nicht „jene magnetische Kraft, die mich dazu hätte bringen können, ihm in allem zu folgen".[18] Es ist bezeichnend, daß Scott die strenge Rangordnung der Marine brauchte, um seine Autorität zu behaupten.

Doch sein Hang sich abzusondern, war vielleicht seine unglücklichste Schwäche. Er war offenbar unfähig, die seelischen „Unterströmungen" zu spüren, die das menschliche Verhalten bestimmen, und deren Kenntnis und Nutzung erst zur Führung befähigt. Es war für ihn besonders schwer, Menschen zu verstehen, die nicht aus seinem Milieu stammten. Er hatte so wenig Einblick, daß er doch tatsächlich sagte, es gäbe „keinen einzigen, der sich mit seinen Kameraden nicht glänzend versteht", während Ferrar umgekehrt feststellte, es herrsche „ein Gefühl des ‚Jeder für sich allein'".[19]

Royds war der unbesungene Held der *Discovery*, „ein Muster an Geduld", ein Mensch, der „jede Menge Tadel von seinem Vorgesetzten einfach hinnimmt".[20] Er begriff, daß Scotts Vereinsamung die Wurzel des Übels war, und versuchte, dagegen anzuarbeiten. Während Scott niemals, außer bei offiziellen Appellen, mit Matrosen sprach, pflegte Royds regelmäßig mit ihnen etwas zu erzählen. Er überbrückte die Kluft zwischen Offiziermesse und Mannschaftsdeck. Jung wie er war, verstand er, wie man taktvoll einen schwachen und unbeliebten Vorgesetzten unterstützt und ihm etwas von der fehlenden Führungsstärke vermittelt. Ihm war es hauptsächlich zu verdanken, daß die Stimmung auf der *Discovery* noch so war, wie sie war. Royds tat viel mehr für Scott, als dieser ihm jemals dankte.

Die technischen Mängel der Expedition spiegelten sich im Schiff wider. Man hatte überhaupt nicht versucht, bisherige Erfahrungen zu nutzen und das Schiff für die bevorstehende schwere Prüfung zu rüsten. Auf der *Fram*, dem ersten Schiff, das speziell für einen Winter in der Polarregion konstruiert worden war, hatte man das bisher ungelöste Problem der Isolierung und Belüftung bei starker Kälte gelöst. Die erste Fahrt der *Fram* im Treibeis lag drei Jahre zurück, und Literatur darüber war leicht zu haben. Doch die Planer der *Discovery* wollten davon lieber nicht Kenntnis nehmen, weil sie aus dem Ausland kam. Die Belüftung war schlecht; es gab entweder Durchzug oder stickige Luft. Die Öfen qualmten. Die Aufenthaltsräume waren von den ungeheizten Räumen darunter nur durch eine dünne Plankendecke getrennt. In den Schlafräumen gefror das Wasser. Das Bettzeug war durch die Verdunstung feucht. „Hinter der Kommode unter meiner Koje hängen Eiszapfen"[21], schrieb Wilson.

Der lange Winter zog dahin, ohne daß man ernsthaft versuchte, die fehlende Übung, die sich im Herbst bei der unrühmlichen Schlittenfahrt offenbart hatte, nachzuholen. Im letzten Moment fing Scott an, einen Plan für die vor ihm liegende Fahrt zu machen, blieb dabei aber im Bereich der Theorie und verzichtete auf praktische Vorbereitungen. Skilaufen und Führen von Hundegespannen wurden vernachlässigt, obwohl in der Mittagszeit der Mond dafür genügend Licht gegeben hätte. Es wäre so nützlich gewesen, sich jetzt die Grundkenntnisse in Polarfahrten anzuzeigen, aber die Zeit wurde vertan mit Fußballspielen, akademischen Diskussionen und Laienspiel. Man hatte tatsächlich eine vollständige Bühnenausstattung mitgebracht.

Scott war in diesen Monaten voller Schneestürme und Kälte zum Südpolsucher geworden. Er hielt es jetzt für das wichtigste, auf der Fahrt nach Süden einen Rekord aufzustellen. Er selbst wollte die Leitung übernehmen und hegte sogar verschwommen die optimistische Hoffnung, den Südpol zu erreichen. Lange hielt er seine Absicht geheim; er wurde verschwiegen und zog sich zurück. Am 12. Juni rief er Wilson zu sich, enthüllte ihm den Plan forderte ihn auf, ihn zu begleiten.

Wilson war überrascht, wohl auch zu Recht. Scott hatte sich an einen Zivilisten und Neuling gewandt, obwohl er ein Schiff voller Marineleute, darunter sogar drei mehr oder weniger erfahrene Polarfahrer, zur Verfügung hatte.

Wer regiert, ob demokratisch, autoritär, freundlich oder distanziert, ist einsam. Scott, vom Oberleutnant der Torpedowaffe zum Kapitän seines Schiffes katapultiert, war entwurzelt. Seine Härte und Unausgeglichenheit deuteten verborgene Unsicherheit an. Er brauchte eine Stütze, und Wilson füllte die Lücke.

Wilson war wie geschaffen, im Schatten anderer zu leben. Daß er nicht der Marine angehörte, war für Scott das eigentliche Plus. Scott mißbrauchte Offizierskameraden. Wilson stellte in beruflicher Hinsicht keine Gefahr für ihn dar. Er würde nicht herumgehen und schwatzen. Scott hatte ihn bereits so weit akzeptiert, daß er sich gelegentlich seinem Rat beugte. Dabei grenzte es für ihn normalerweise an Meuterei, wenn ihm jemand Ratschläge gab.

So hatte beispielsweise Bernacchi, als er sah, daß die Boote für den Winter auf das Meereis gelegt wurden, Scott eindringlich darauf aufmerksam gemacht, daß sie festfrieren könnten. Er erhielt „unmißverständlich“ die Antwort, „sich um seine eigenen Angelegenheiten zu kümmern“,[22] und Berge von Eis überfroren die Boote.

Wilson ergänzte Scott. Scott war Agnostiker, Wilson ein gläubiger Mensch. Scott wurde von namenlosen Ängsten verfolgt; Wilson betete Franz von Assisi an und war von einem ausgesprochenen Leidensdurst erfüllt; eine viktorianische Perversion des franziskanischen Ideals.

Wo Scott reizbar war, blieb Wilson beherrscht. Wilson vermittelte die Ruhe, die Geduld, vielleicht sogar den Kontakt mit der Wirklichkeit, den Scott so notwendig brauchte. Am Ende erschien Scott ohne Wilson genauso unvollständig wie Don Quixote ohne Sancho Panza.

Mit dem Plan, den er Wilson anvertraut hatte, ging Scott von Sir Clements Markhams Vorstellungen zu Nansens Ratschlägen über. Mit allen Hunden wollte er so weit nach Süden fahren, wie er konnte.

Ursprünglich hatte er vor, nur einen einzigen Gefährten mitzunehmen, aber Wilson plädierte erfolgreich für zwei. Scott wählte darauf Shackleton, weil er wußte, daß er Wilsons besonderer Freund war. Wilson war sowohl Shackletons als auch Scotts Vertrauter geworden. Im einen sah er den psychologischen Führer, im anderen den offiziellen Leiter der Expedition.

Scott gegenüber war Wilson auf der Hut. Gegenüber Shackleton übte er keinerlei Zurückhaltung, mit ihm unterhielt er sich gern. Er fühlte sich von seiner Art angesprochen.

Shackleton war „überglücklich“, als er erfuhr, daß er an der Fahrt zum Süden teilnehmen sollte. Er wollte auf der Stelle seine rastlose Energie für das Projekt einsetzen, doch Scott mit seiner krankhaften Heimlichkeit befahl ihm, nicht mit den anderen über die Fahrt zum Süden zu sprechen, da alle Pläne noch „privat“ seien und erst in einem Monat bekanntgegeben werden sollten.

Der größte Teil des Winters war mit nutzlosen Zerstreuungen vertan worden; jetzt machte man sich eilig daran, rechtzeitig mit den Vorbereitungen fertig zu werden. Die Schuld lag keineswegs nur bei Scott; seine Gefährten teilten seinen unüberwindlichen Glauben an vornehme Improvisation. In der Marine hatte man das Stadium von Strategie und Taktik fast für unanständig gehalten, vor allem, weil man irrtümlich glaubte, daß Nelson seinen Sieg bei Trafalgar ohne Schlachtplan errungen hatte.

Im letzten Moment mußte Scott Literatur über die Polarforschung lesen. Während er sich auf die Expedition vorbereitete, hatte er über ein Jahr in unmittelbarer Nähe der Königlichen Geographischen Gesellschaft gearbeitet, deren unvergleichliche Bibliothek englische Übersetzungen der neuesten Bücher von Peary, Nansen und den übrigen Begründern der modernen Polarforschung enthielt. Irgendwie hatte er keine Zeit gefunden, diese und andere nützliche Werke zu lesen. An Bord hatte er keine große Auswahl. Diejenigen, die die Bibliothek der *Discovery* zusammengestellt hatten, wollten sichergehen, daß er durch jüngste Erfahrungen nicht verunsichert würde. Die Bibliothek enthielt zwar die Berichte der britischen Marine-Expeditionen der letzten fünfzig Jahre, nicht aber Nansens Buch *Furthest North* („So weit wie möglich in Richtung Norden“) und andere moderne Werke.

Scott plagte sich ab mit der Anfertigung von Anweisungen für den äußersten Ernstfall. Neben seiner eigenen Fahrt sollten ein Dutzend andere durchgeführt werden. Anstatt jedem Gruppenführer innerhalb allgemeiner Richtlinien Entscheidungen zu überlassen, entwarf er, nach Art der Marine, umfangreiche und ins einzelne gehende Befehle, die, wie er unmißverständlich klar machte, unbedingt und buchstäblich befolgt werden müßten. Es war ein Verhalten, das ihn schließlich teuer zu stehen kam.

Erst im August wurde ernsthaft erörtert, ob sie Schlittenhunde mitnehmen wollten. Kämpfe und verschiedenes Mißgeschick hatten die ursprünglich fünfundzwanzig Hunde auf neunzehn reduziert. Schlecht gefüttert und schlecht gepflegt, waren sie im Winter in ihren Hütten matt geworden wie Schoßhündchen. Jetzt wurden sie Shackleton anvertraut, und er erhielt Anweisung, die Führung eines Hundegespanns zu erlernen. Scott glaubte, daß ein britischer Seemann alles könne und daß ein paar Wochen hastiger Improvisation ausreichten, das Handwerk zu erlernen.

Im Normalfall braucht ein Hundeführer mindestens ein Jahr harter praktischer Arbeit, ehe er mit einem Gespann umzugehen versteht. Erfahrene Hundeführer lassen niemals zu, daß ein Anfänger ein trainiertes Gespann übernimmt. Er würde es mit Sicherheit verderben.

Scott, Wilson und Shackleton ging jedes Verständnis für Hunde ab. Scott konnte nie sagen, ob sie „die Peitsche oder ein ermunterndes Wort“[23] brauchten. Er nannte sie häufig „Biester“ und sprach nur mitleidig oder verächtlich von ihnen, was zeigt, wie fremd ihm Tiere waren. Er erwartete, daß Hunde wie menschliche Wesen handelten, statt zu versuchen, sie als Tiere zu verstehen.

Amundsen, Peary und alle, die Hunde führen konnten, lernten ihre Technik im Umgang mit Polarvölkern aus der Erkenntnis, daß jahrhundertelange Entwicklung und offenkundig erfolgreiche Anpassung Vorbildliches hervorbringt. Wer von eingeborenen Kulturen lernen will, braucht eine besondere Geisteshaltung, die Scott fremd war. Er kam aus einer Tradition, die davon ausging, daß der zivilisierte Mensch stets alles am besten wußte.

Obwohl Scott nie in der Arktis gewesen war und noch nie Hunde bei der Arbeit gesehen hatte, glaubte er, daß er an den sibirischen Geschirren, die ihm geliefert worden waren, Verbesserungen vornehmen könnte. Statt zu studieren, wie sie im Gespann funktionierten, entwarf er rein theoretisch ein neues Hundegeschirr. Als er es mit Hunden ausprobierte, wurde sein Versuch ein lächerliches Fiasko, und schnell wurde den Hunden das ursprüngliche Geschirr wieder angelegt

Nachdem die Sonne am 22. August wieder schien, schickte er vor der für den Sommer geplanten Forschungsreise mehrere Gruppen zu einer Reihe von Trainingsfahrten los. Er selbst unternahm in letzter Minute eine Übungsfahrt mit den Hunden. Sie war kein Erfolg. Er wurde ungeduldig und hatte kein Verständnis für die Tierseele, konnte daher die Hunde nur mit Mühe zum Ziehen bewegen. Auf dieser Übungsfahrt wollte er in erster Linie seine Theorie erproben, daß Hunde am besten in kleinen Gespannen auf viele Schlitten verteilt werden. Er stellte aber dabei fest, daß dieses Verfahren die Gelegenheit zu Kämpfen nur vervielfachte, weil jedes Gespann sich wie ein Rudel verhielt und das benachbarte angriff.

Doch nicht Hunde, sondern Menschen brachten die wirkliche Überraschung. Nach etwa zwei Wochen brach in den Schlittengruppen Skorbut aus.

Für vorbeugende Maßnahmen gegen Skorbut fand Scott bei der herkömmlichen Ernährungswissenschaft ebenso wenig Unterstützung wie Amundsen auf der *Gjøa*. In den Polargebieten war Skorbut die häufigste Krankheit der Königlichen Marine. Im 18. Jahrhundert hatte der schottische Marinearzt James Lind ein bemerkenswertes klinisches Experiment durchgeführt, das Skorbut als Mangelkrankheit nachwies. Kapitän James Cook wandte die Ergebnisse dieses Experiments auf seinen Seereisen an und bahnte den Weg für die Verwendung frischer Nahrung zusammen mit Zitrusfrüchten als wirksames Mittel gegen Skorbut. Er brachte es so zu dem unerhörten Ergebnis, daß er nicht einen einzigen Mann durch Skorbut verlor. Zu Beginn des neunzehnten Jahrhunderts kam Skorbut in der Marine praktisch nicht mehr vor, und die Verabreichung von Zitronensaft wurde Vorschrift.

Aber aus Gründen der Wirtschaftlichkeit und Bequemlichkeit ging die Admiralität zu konservierter Nahrung in Dosen über, und so fehlte der Schiffsverpflegung Vitamin C. Es war jetzt nur noch in der täglichen Ration Zitronensaft enthalten. Ebenfalls aus Sparsamkeitsgründen ersetzte die Marine die europäischen Zitronen durch westindische Limonen, die nur halb soviel Vitamin C enthalten. Erneutes Auftreten von Skorbut war die Folge.

Scott besaß in seiner Besatzung eine erfahrene Autorität in Ernährungsfragen, Koettlitz.

Er hatte die Jackson-Harmsworth-Expedition mit Frischfleisch gesund erhalten und wollte für Scott das gleiche tun. Er machte den Vorschlag, von den Scharen der Seehunde auf dem Eis so viele zu schlachten, daß jeder den Winter hindurch täglich seine Portion Frischfleisch bekäme. Scott lehnte ab, weil im Unterschied zum Töten weniger Robben zu wissenschaftlichen Zwecken das Töten vieler Tiere für die Ernährung „grausam" sei. In Wahrheit war Scott empfindlich; er konnte kein Blut sehen.

Obwohl Koettlitz, wie sich gezeigt hatte, mit seinem Festhalten an Frischfleisch auf dem richtigen Weg war, blieb Scott bei dem, was üblich war. Koettlitz änderte seine Meinung nicht, war aber nicht geschaffen, sich durchzusetzen. Nach einigem Hin und Her willigte Scott widerstrebend ein, daß einige Robben, aber nicht genug, getötet wurden – ein typischer offizieller Kompromiß –, doch ansonsten kehrte man zur bekannten Marineverpflegung aus Büchsenfleisch zurück. Das Ergebnis war, daß sich gegen Mitte des Winters Mangel an Vitamin C zeigte. Der erste Matrose erkrankte an Skorbut, und es dauerte nicht lange, bis die Schlittenverpflegung – Pemmikan und die übliche Vitamin-C-lose Nahrung – in großem Umfang zu Skorbuterkrankungen führte.

Scott mußte doppelt dafür zahlen, daß er sich in seinem Urteil von Emotionen hatte leiten lassen. Auch die Hunde wurden statt mit frischem Fleisch mit Zwieback gefüttert, was unter anderem zu Vitamin B-Mangel führte. Sie wurden nervös und waren schwer zu führen.

Scott war unterwegs, als Armitage mit skorbutkranken Männern von einer Tour zurückkehrte. Als stellvertretender Kommandant nahm Armitage sein Recht wahr. Er setzte die Büchsenverpflegung ab, ließ Robben töten und ordnete an, daß ihr Fleisch täglich auf den Tisch kam. Brett, derselbe Koch, über den man den ganzen Winter wegen seiner Unfähigkeit geflucht hatte, bereitete plötzlich die schmackhaftes Essen.

Scott war bei seiner Rückkehr überrascht über die verbesserte Lage. In jedem Fall war ihm der Beweis über Frischfleisch und Skorbut geliefert worden. Fürs erste billigte er die Koettlitz-Armitage Kost, und der Oktober wurde für Genesung und Stärkung der Kräfte genutzt.

Die Fahrt zum Süden begann am 2. November. Es war ein feierlicher Abschied. Scott, Wilson und Shackleton wurden mit ihren Schlittenfahnen fotografiert. Um 10 Uhr gab Scott das Zeichen zur Abfahrt. Unter lebhaften Beifallsrufen zog die kleine Truppe davon.

12

Scott unterwegs zum südlichsten Punkt

Als Scott aufbrach, ging an der anderen Seite des Kontinents die erste größere Schlittenfahrt in der Geschichte der Antarktis-Forschung ihrem Ende entgegen, die Durchquerung der Larsen-Eisbank durch Otto Nordenskjöld, den Leiter der schwedischen Expedition. Scott unternahm den ersten eigentlichen Vorstoß ins Innere.

Auf dieser historischen Fahrt offenbarte Scott viele persönliche Schwächen. Wenn man Wege geht, die nie zuvor ein Mensch gegangen ist, besonders in der tückischen Polarwelt, braucht man Originalität, Vorstellungsvermögen, Anpassungsfähigkeit, vielleicht sogar einen Zug künstlerischer Begabung; Eigenschaften, von denen Scott nicht eine besaß. Er war wankelmütig und stumpf. In seiner Marineausbildung hatte er Förmlichkeit, Routine, Zucht und Gehorsam gelernt, das selbständige Denken aber erstickt. Ihm fehlte die Fähigkeit, aus der Erfahrung zu lernen. Er hatte einen erschreckenden Mangel an Urteilsfähigkeit. Ein interessantes Beispiel dafür ist, wie er seine Gefährten verpflegte. Das hätte er mit und ohne Polarerfahrung richtig machen können.

Allerdings hatte Scott moderne Ansichten doch insoweit übernommen, daß er Hunde und Skier mit auf die Reise nahm. Aber er besaß weder die Voraussicht noch die Entschlußkraft, sich so vorzubereiten, daß er das eine oder andere Gebiet auch wirklich beherrschte. Nachdem er unerfahren in die Antarktis gezogen war, machte er sich nur oberflächlich mit Skilauf und Hundeführung vertraut und verzichtete darauf, sich durch systematisches und geduldiges Training eine eigene Technik zu erarbeiten. Das wäre möglich gewesen.

So zog Scott hinaus ins Unbekannte, einmalig schlecht vorbereitet. Er hatte zwar eine nebelhafte Hoffnung, aber keinen Plan, wie er den Südpol erreichen wollte. Über seine technische Unzulänglichkeit ging er nur vornehm hinweg, er glaubte, mit britischen Mut allein durchzukommen. Er bildete sich ein, Schnee und Eis mit bloßer Kraft bezwingen zu können. Im Geist von Balaclava brach er zum Süden auf.

Alle neunzehn Hunde waren an einem einzigen Zugseil vor fünf ungeschickt beladene Schlitten gespannt – das war das Ergebnis von Scotts theoretischen Überlegungen. Erreicht wurde ein Minimum an Zugkraft und ein Maximum an Reibungswiderstand. In losem Schnee stolperten die Männer mühsam vorwärts, auf hartem Schnee rutschten sie aus; sie hatten Mühe, zu Fuß mit den Hunden Schritt zu halten. Ihre Skier lagen auf einem Schlitten. An Stelle von Eskimo-Anoraks oder Parkas trugen sie Segeltuchjacken, die an den falschen Stellen eng saßen, die Blutzirkulation beeinträchtigten und gegen Kälte unzureichend schützten.

Nach wenigen Stunden holten sie Barne ein, der drei Tage zuvor mit zwölf Mann aufgebrochen war, um Vorrat für sie vorauszubringen. Sie zogen ihre Schlitten mühsam durch den Schnee, und ohne Skier sanken sie bei jedem Schritt bis zu den Knöcheln ein. Scott befahl ihnen jetzt, Skier anzuschnallen. Er hatte sich in letzter Minute doch entschlossen, sie auf seinen Schlitten mitzunehmen.

Er folgte schließlich selbst dem Rat, den er Barne gegeben hatte, und versuchte, sich auf Skiern fortzubewegen. Doch er blieb ein Anfänger in dem Bemühen, den Geheimnissen der Antarktis auf die Spur zu kommen. Es ging nur mühsam vorwärts. In seiner Unkenntnis von Skiern war er auf die verschiedenen Formen von Schnee nicht vorbereitet. So überraschte ihn beispielsweise, daß kalter Treibschnee den Lauf bremste.

Auch mit seiner Ausrüstung kam er nicht zurecht. Obwohl Skilaufen damals sehr schnell technisch weiterentwickelt wurde, benutzte er den überholten Einzelstock, Bindungen, die wenig mehr waren als Zehenbänder, und *finnesko*, die weichen slipperartigen Lappenschuhe aus Rentierfell, die die Kontrolle über die Skier erschwerten und eine gekonnte Technik erforderten. Nansen hatte sie ihm empfohlen. Scott hatte die irrige Meinung übernommen, daß Skier nur auf einem bestimmten Schnee zu gebrauchen waren. Wenn er auf Schnee in anderer Form stieß, legte er sie ab und stapfte mühsam zu Fuß weiter. Er geriet oft in Bedrängnis, wenn die Skier nach hinten wegrutschten, während er sich nach vorn schob. „Man muß ein Mittel gegen das Wegrutschen erfinden",[1] verkündete er. Wie jeder Skiläufer wußte, gab es ein solches Mittel in Form von Fellen, die man an den Gleitflächen der Skier befestigte; das war den prähistorischen Stammesgenossen schon bekannt und Nansen hatte es in seinem Buch *Die erste Durchquerung Grönlands* erwähnt. Unfähig, Arme, Körper und Beine aufeinander abgestimmt zu bewegen – dieses Zusammenspiel ist die Hauptsache beim Langstreckenlauf – kämpfte er sich ungelenk nach Süden vor und verschwendete Kraft bei jedem Schritt. Das Innere der Ross-Eisbarriere, das nie zuvor ein Mensch erblickt hatte, war kaum der geeignete Übungshang.

Wenig besser erging es Scott mit seinen Hunden. Er bemerkte, daß die Hunde bereitwillig liefen, so lange Barne vor ihnen her lief, konnte aber nicht verstehen, daß sie sich weigerten, nachdem Barne am 15. November den Rückweg angetreten hatte. Es kam ihm nicht der Gedanke, jemanden vorausgehen zu lassen, um die gleichen Bedingungen für die Hunde wiederherzustellen. Er war der Gefangene der vorgefaßten Meinung, daß ein Lasttier ausschließlich von hinten angetrieben wird.

Scott verstand die Hundementalität nicht; und Wilson und Shackleton verstanden sie nicht viel besser. Sie waren alle unfähige Hundeführer, weil sie sich, wenn nichts mehr half, auf rohe Gewalt verließen. Doch der Hund kann nicht angetrieben werden wie ein Pferd oder ein Ochse. Er dient nur einem Herrn, den er anerkennt.

Die Tiere begannen ihre Arbeit unterernährt und in schlechter Verfassung. Den ganzen Winter hatten sie von Zwiebackrationen leben müssen, die eher für einen Schoßhund als für einen Arbeitshund zugeschnitten waren. Um allem die Krone aufzusetzen, wurden die Hunde, als die Fahrt losging, statt mit Zwieback mit Stockfisch gefüttert, was einen plötzlichen Futterwechsel bedeutete. Hinzu kam, daß der Stockfisch, seit der Lieferung vor achtzehn Monaten, im Laderaum der *Discovery* gelegen hatte. Niemand hatte sich darum gekümmert. Nach dem Transport durch die Tropen, wo er durch Hitze, Feuchtigkeit und schlechte Lagerung gelitten hatte, wurde er jetzt in den ursprünglichen Packungen auf die Schlitten verladen. Es war nicht verwunderlich, daß er verdorben war. Die Hunde bekamen Durchfall und magerten ab.

Zu all ihrem Elend versuchte Scott, ihnen einen Arbeitsrhythmus aufzuzwingen, der seinem fordernden Temperament entsprach. Aber Hunde arbeiten in einzelnen, intensiven Phasen und brauchen dazwischen häufig eine Ruhepause. Sie können nicht Stunde um Stunde angestrengt ziehen. Scott hatte kein Gefühl für die Hunde in diesen unbekannten Schneefeldern; er besaß kein Einfühlungsvermögen, kein Gespür für ihre Bedürfnisse. Er hatte der Natur den Krieg erklärt; und die Natur, wie er noch lernen sollte, siegt immer.

Alles in allem, die Hunde waren hungrig, müde, unlustig und überlastet. Da sie falsch behandelt wurden, mußten sie mit der Peitsche angetrieben werden, Meter für Meter. Es dauerte nicht lange, und die Männer mußten selber ins Geschirr gehen und ziehen.

Die Fahrt wurde eine jammervolle Geschichte aus Kampf und Rückschlägen. Dreißig Tage lang machten sie Staffelfahrten, d. h. sie fuhren die eine Hälfte der Ladung ein Stück des Wegs und kehrten dann um, um die andere zu holen. In dieser Zeit kamen sie lächerliche 109 Meilen weiter nach Süden, legten aber für diese Strecke 327 Meilen zurück, und verausgabten sich neun bis zehn Stunden am Tage.

Der klagende, selbstmitleidige Ton in Scotts Tagebuch schwillt an zu einem Crescendo, als die Schlitten stecken bleiben und die Hunde das Ziehen verweigern. Die Natur, so scheint es, war ihm nicht gewogen. Dabei hatte Scott mit dem Wetter ungewöhnliches Glück, keine Schneestürme, leichter Wind, mäßige Temperaturen, und das Gelände, das er beschreibt – „eine weite, weiße Fläche" – ist geradezu geschaffen für Skier, Schlitten und Hunde.

Am 10. Dezember stirbt Snatcher, der erste Hund, an Erschöpfung. Scott muß mit der Möglichkeit rechnen, alle Hunde zu verlieren.

Scott war wenig geeignet, die Strapazen einer Polarreise, noch weniger die Last enttäuschter Hoffnungen auszuhalten. Die Einsamkeit und eine Umgebung, auf die er sich nicht einstellen konnte, hatten seine Nerven schon bald überstrapaziert. Am wenigsten konnte er mit den Spannungen, dic aus den gegensätzlichen Charakteren erwuchsen, fertigwerden.

Kurz nach dem Aufbruch hatte Shackleton beim Kochen ein Loch in den Zeltboden gebrannt. Scott schäumte vor Wut. Die beiden Männer paßten überhaupt nicht zueinander. Die Strapazen der Fahrt steigerten ihre Empfindlichkeit, und die geringste Kleinigkeit konnte zwischen ihnen zum Funken werden, der eine Explosion auslöste.

Daß Scott Shackleton zur Teilnahme aufgefordert hatte, zeigte, in welch hohem Maße ihm das richtige Gespür abging. Scott und Shackleton hätten nicht in der gleichen Expedition sein dürfen, erst recht nicht im gleichen Zelt. Ihr unterdrückter Streit mußte irgendwann zum Ausbruch kommen.

Eines Morgens, als Wilson und Shackleton die Schlitten beluden, brüllte Scott zu ihnen hinüber: „Kommt her, Ihr blöden Kerle!“ Sie gingen zu ihm, und Wilson fragte ruhig: „Sprachen Sie mit mir?“

„Nein“, antwortete Scott.

„Dann haben Sie mich wohl gemeint“, sagte Shackleton.

Scott blieb stumm.

„Schön“, sagte Shackleton, „aber der blödeste Kerl in diesem ganzen Haufen sind Sie. Und das sage ich Ihnen, jedes Mal, wenn Sie so mit mir sprechen, bekommen Sie es genau zurück.“[2]

Das war der fast unvermeidliche Moment der Meuterei. Wäre es nach Scott (oder Shackleton) gegangen, so wäre die Fahrt an dieser Stelle sofort abgebrochen worden. Mit allgemeiner Zustimmung übernahm Wilson die moralische Führung. Er brachte die beiden dazu, ihren Streit zu begraben, und überredete sie, weiterzumachen. Zwar lag auch ihm nichts an der Fortsetzung des Unternehmens, doch sagte er sich, so früh aus einem solchen Grund aufzugeben sei eine Schande, unter der die ganze Expedition leiden würde.

Unter extremen Bedingungen hängt das Überleben von Urteilsvermögen und Intuition ab. Streit, ob unterdrückt oder nicht, beeinträchtigt beide. Er fordert das Verderben geradezu heraus.

Gegenüber den Spannungen innerhalb der Gruppe und den Schwächen der Persönlichkeit Scotts verblaßten die Gefahren des Polargebiets. Die Menschen selber sind, wie Amundsen gern sagte, der unbekannte Faktor in der Antarktis.

Scott hatte Glück mit Sonnenschein und ungewöhnlich gutem Wetter. Er hielt das für normal und glaubte fast, einen Anspruch darauf zu haben. Nach verworrenen und wechselnden Plänen improvisierte er von einem zum anderen Tag; er ging davon aus, daß die denkbar besten Bedingungen weiterhin bestehen würden, und versäumte einen Sicherheitsspielraum einzuplanen. Hier zeigte sich, wie leichtfertig er war, und daß er unter Streß überhaupt nicht zu urteilen vermochte. Scott hatte nichts mehr im Blick, außer im Süden erster zu sein. Das Leben der drei hing jetzt davon ab, ob Wilson es schaffen würde, Scott zur Rückkehr zu bewegen, ehe es dafür zu spät war; das hieß, er mußte einen starrsinnigen,obendrein unberechenbaren Menschen, in bestimmte Bahnen lenken. Das war eine schwere Aufgabe für Wilson. Daneben mußte er noch zwischen Scott und Shackleton den Frieden erhalten.

Als Snatcher verendete, wurde er versuchsweise den anderen Hunden als Futter gegeben; als Scott sah, daß Hunde Hunde fressen, beschloß er, einen Teil seiner Ladung zurückzulassen und einen weiteren Vorstoß nach Süden zu unternehmen:

> Mit Proviant für einen Monat und ohne Futter für die Hunde, die sich gegenseitig als Futter dienen können ... Ich habe eine gewisse Hoffnung, daß es ihnen besser geht, wenn sie voneinander leben. ...[3]

„Hunde sollten gut behandelt werden"[4] seit seiner ersten Schlittentour vor sieben Monaten hatte Scott Fortschritte gemacht, wie Ferrar ironisch anmerkte. Die Staffelfahrten wurden eingestellt. Scott, der die Hunde mehr oder weniger nach Plan töten ließ, setzte unter großen Anstrengungen den Weg nach Süden fort und schaffte täglich sieben Meilen. Das war zwar nicht viel, doch brauchte wenigstens die gleiche Strecke nicht dreimal zurückgelegt zu werden.

Scott hatte ursprünglich zehn Wochen unterwegs sein wollen. Um für den Weg nach Süden eine weitere Woche zu gewinnen, erhöhte er sie auf zwölf und kürzte die Rationen, damit der Vorrat reichte. Leider plante er schlecht und verhielt sich unbesonnen. Sie hungerten buchstäblich und aßen weniger, als Polarforscher seit der ersten arktischen Expedition unter Sir Edward Parry im Jahre 1820 je gegessen hatten, worauf Scott absurderweise auch noch stolz war.

Am Heiligen Abend stellte Wilson fest, daß Scott und Shackleton Skorbut hatten; geschwollenes und entzündetes Zahnfleisch, das klassische Symptom. Seit zwei Wochen hatten sie keine frische Kost gehabt, nur Pemmikan, Schinkenspeck und die neue, konzentrierte Nahrung, völlig ohne Vitamin C.

Wilson hatte erkannt, daß die Vorräte schnell zu Ende gingen. Sie hätten eigentlich viel früher zurückkehren müssen, doch war Scott nicht zu überzeugen gewesen. Jetzt kam die Erkrankung, gegen die es kein Argument gab. Wilson drängte auf sofortige Umkehr. Doch Scott war jetzt emotional so engagiert und so besessen von der Idee, auf dem Weg nach Süden den Rekord aufzustellen, daß er für Vernunftgründe völlig unzugänglich war. Nach einigem Hin und Her kamen sie zu etwa dem folgenden Ergebnis:

> Bis zum 28. weiterzuziehen – wir würden dann wohl den 82. Breitengrad überschritten haben – dann zur Küste zu gehen, um, wenn möglich, die höchst interessante Klippen- und Felsformation zu untersuchen, die jetzt vor uns auf der Höhe liegt ...[5]

Es war ein Kompromiß, den Wilson widerstrebend annehmen mußte. Am 28. Dezember überschritten sie den 82. Breitengrad und schlugen am Tage darauf ihr Zelt bei 82° 15′ südlicher Breite auf. Dort, wo sich die Eisbarriere gegen das Land türmte, machte ein riesiger Bergschrund jeden Gedanken an eine geologische Untersuchung zunichte. Scott und Wilson setzten ihren Lauf auf Skiern noch etwa zwei Meilen fort. Shackleton wurde mit den Hunden zurückgelassen. Er wurde nicht eingeladen, dabei zu sein, wenn der am weitesten südlich gelegene Punkt erreicht würde. Es war eine unbedachte Kränkung, die er aber nie vergaß.

Am 31. Dezember gab Scott schließlich – und wahrhaftig nicht zu früh – den Befehl der Rückkehr zum Schiff. Er hatte aus Ehrgeiz das Leben seiner Gefährten aufs Spiel gesetzt. Er war sogar bereit gewesen, noch größere Risiken einzugehen, als er zugab. Einer sehr persönlichen Tagebucheintragung zufolge hatte er geplant, noch weitere zwei Wochen auf dem Marsch zu bleiben und am 14. Februar zum ersten Vorratslager hinter dem Schiff zurückzukehren. Laut Berechnung sollte die Verpflegung genau bis zum Abend dieses Tages reichen, und nicht länger. Scott war leichtfertig.

Als sich das Wetter gleich nach der Umkehr änderte, war er völlig überrascht. Das Gehen wurde schwierig. Der wechselnde Zustand des Schnees, an einem Tag führig, am nächsten klebrig, traf ihn unvorbereitet, obwohl die Natur ihm ihren Wechsel im Lauf des Jahres hinreichend demonstriert hatte. All das gehörte zu seiner seltsamen Armut an Voraussicht und Anpassungsfähigkeit. Auf dem Rückmarsch liefen sie um ihr Leben. Die Gruppe litt unter der Belastung ihrer Uneinigkeit.

Ihr Leben hing davon ab, daß sie, in hundert Meilen Entfernung, die Vorräte für den Rückgang zum Schiff fanden. Wie auch in anderen Dingen war hier kein Sicherheitsspielraum gelassen.

Das Vorratslager war durch eine einzige Fahne dürftig gekennzeichnet, ein Stecknadelkopf in der Einöde. Sie war durch Kreuzbänder ungenügend befestigt. Weil an dem Tag, als Scott den Platz aussuchte, außergewöhnlich gute Sicht war, erwartete er sie auch für die Rückkehr. Er war kindlich erstaunt und leicht verärgert, als er feststellte, daß stattdessen Nebel herrschte. Es erscheint in der Tat erstaunlich, daß er nach zwanzig Jahren Marinedient, in denen er Wind und Wetter mit all ihren Launen kennengelernt hatte, noch über Nebel jammerte.

Im kritischen Augenblick hob sich der Nebel, das Vorratslager wurde sichtbar, ein kleiner Fleck in weiter Ferne an einer unerwarteten Stelle. Wäre das Wetter nur wenig schlechter gewesen, wäre die Sache böse ausgegangen. Ein Schneesturm hätte sie höchstwahrscheinlich alle umgebracht. Sie hatten keine Reserven, und ihre Verpflegung war fast aufgezehrt.

Inzwischen litten alle, auch Wilson, an Skorbut; ihre Glieder waren geschwollen, die Gelenke schmerzten. Sie zogen jetzt den Schlitten selber. Die wenigen überlebenden Hunde, die längst jeden Respekt vor ihren Herren verloren hatten, weigerten sich zu ziehen; sie durften neben dem Schlitten herlaufen; man hoffte, daß sie später wieder ziehen würden.

Nachdem Scott selbst zwei Tage den Schlitten mit dem Hundefutter gezogen hatte, sah er die Sinnlosigkeit ein. Er befahl Wilson (der gewöhnlich die Metzgerarbeit übernahm, ohne Gewehr ein grausames Geschäft), Nigger und Jim, die letzten Überlebenden, zu töten.

Der Rückmarsch vom Vorratslager zum Schiff war nichts anderes als eine hastige Flucht vor der Katastrophe. Scott, Wilson und Shackleton wurden durch Skorbut und Hunger immer schwächer.

Um sich zu entlasten, warf Scott seine Skier weg, denen er seine Schmerzen zuschrieb; in Wirklichkeit konnte er immer noch nicht mit ihnen umgehen.

Am 18. Januar, etwa 100 Meilen vom Schiff entfernt, brach Shackleton mit Schmerzen in der Brust zusammen. Seit sie Skorbut hatten, war er von ihnen der schwächste. Mit Skorbut allein waren Schwindel, Atemnot und Blutspukken nicht zu erklären. Er hatte ein schwaches Herz, wahrscheinlich durch Rheuma in der Kindheit. Unter normalen Umständen braucht das nicht zu Beschwerden zu führen, wohl aber unter starker Belastung. Zum Teil hatte Überanstrengung zum Zusammenbruch geführt. Beim Schlittenziehen hatte er jeden Muskel und jeden Nerv angespannt. Er schonte sich nie. Er besaß jene unmäßige Energie, die für zwei arbeitet, wollte Scott aber auch zeigen, was er wert war.

Mit reiner Willenskraft zwang er sich, weiterzumachen. Manchmal half er beim Ziehen, meistens aber nicht. Die Anweisung Scotts, sich nicht zu überanstrengen, deutete er nicht als wohlgemeinten Rat, sondern als bewußten Versuch, ihn zu demütigen.

Der Konflikt zwischen Scott und Shackleton dauerte an. Zu oft verlor Scott die Geduld mit Shackleton, und Wilson mußte den Waffenstillstand wiederherstellen. Scott hatte sie in offenkundige Gefahr gebracht. Es war durchaus möglich, daß ihnen vor dem nächsten Lager die Vorräte ausgingen. Nebel und einige Stürme als warnende Zeichen verringerten ihre Marschleistung, so daß sie stark zweifelten, ob sie durchkommen würden. In dieser kritischen Lage wurde Scott wieder unversehens in unverwartete Schneeverhältnisse gestürzt, diesmal in brüchigen Harschschnee. Sie brachen durch die Schneedecke, und bei jedem Schritt schmerzten die wunden, entzündeten und durch Skorbut geschwollenen Gelenke. Nach Stunden mühsamsten Marsches schrieb Wilson trocken: „Wir bedauern, daß wir unsere Skier fortgeworfen haben".[6] Er hatte Scott wenigstens dazu überreden können, ein Paar zu behalten, für den Fall, daß einer von ihnen krank würde.

Diesen Skiern verdankte Shackleton sein Leben. Er legte sie an und brach nicht durch die brüchige Schneedecke wie die anderen. So blieb ihm die Erschöpfung erspart, die sein schwacher Körper nicht mehr hätte verkraften können.

Es war nicht ohne leise Ironie, daß ausgerechnet Shackleton das Verpflegungslager als erster erblickte. Geringe Sicht und schlechte Kennzeichnung hatten sie erneut in die Gefahr gebracht, es überhaupt nicht zu finden. Ihr Mundvorrat war aufgezehrt. Drei Stunden später ging der erste richtige Schneesturm über sie hinweg.

Im Verpflegungslager bekam Shackleton seinen schwersten Anfall. Wilson glaubte nicht, daß er ihn überleben würde. Doch Shackleton erholte sich, und als die Gruppe am 3. Februar das Schiff erreichte, marschierte er wieder ohne fremde Hilfe. Er war die Verkörperung des Wahlspruchs seiner Familie – *fortitudine vincimus* – „Durch Ausdauer siegen wir".

Als sie an Bord stiegen, wurden sie ausgiebig fotografiert. Wilsons Meinung dazu war:

> Wir mußten wohl würdige Objekte gewesen sein. Mir wurde erst klar, *wie* verdreckt wir waren – langes, schmutziges Haar, schwarze, fettige Anzüge ... Nasen, von denen die Haut abging, wunde Lippen, alles entweder von der Sonne verbrannt oder gebleicht ...[7]

Wilson war innig dankbar, daß er heil und gesund durchgekommen war – sowohl körperlich wie geistig. Der Kampf gegen Eis und Schnee, Hunger und Kälte, Hunde und Schneeblindheit war nichts gewesen im Vergleich zu der Anstrengung, Scott im Gleichgewicht zu halten und einen Zusammenstoß zwischen Scott und Shackleton zu verhindern.

13

Die Rückkehr der *Discovery*

In der Zeitspanne zwischen der Erfindung des Unterseekabels und der Verbreitung von Radios wurde es dem westlichen Menschen zur Gewohnheit, schnell Verbindungen in alle Welt herzustellen. Wenn er aber weit weg von einer Telegrafenstation war, fand er sich wie in alten Zeiten abgeschnitten.

Als Scott zur *Discovery* zurückkehrte, hatte er nicht nur um Haaresbreite den rettenden Hafen erreicht, er fand auch die Verbindung zur Außenwelt wiederhergestellt. Ein zusätzliches Schiff war eingetroffen.

Es handelte sich um kein anderes Schiff als die *Morgenen,* den Robbenfänger, dem Amundsen zehn Jahre zuvor auf seiner ersten Arktisreise begegnet war. Sir Clements Markham war auf der Suche nach einem geeigneten Schiff nach Norwegen gefahren, hatte die *Morgenen* in London überholen lassen und William Colbeck das Kommando übertragen. Er war ein listiger alter Fuchs.

Colbeck, der mit Borchgrevink auf dem *Kreuz des Südens* gefahren war, gehörte zu den wenigen, die das Ross-Meer kannten. Sieben Wochen nach dem Aufbruch von Neuseeland machte er die *Discovery* auf einer schwachen Nachrichtenfährte über fünfhundert Meilen ausfindig – wie auf einer Schnitzeljagd.

Scott hatte erwartet, daß er die *Discovery* schwimmend antreffen würde. Stattdessen fand er sie eingefroren und auf fünf Meilen festes Eis zwischen ihr und der *Morning,* wie die *Morgenen* jetzt hieß. Die *Morning* schaukelte sanft auf den Wellen des offenen Meeres.

Scott wurde langsam klar, daß er in diesem Jahr nicht mehr freikommen würde. Er war darüber nicht sonderlich betrübt. Hier wurde ihm ein legitimer Vorwand geliefert, die offizielle Anweisung, die die *Morning* gebracht hatte, zu mißachten und die geheime Anweisung von Sir Clements zu befolgen, nämlich zu bleiben.

Es war nicht besonders eindrucksvoll, daß er 82° 17′ südlicher Breite erreicht hatte. Man hatte das Gefühl, daß die Fahrt in die südlichen Breiten schlecht geleitet worden war. Nach Hodgsons Worten war sie als „einigermaßen befriedigend" zu bewerten . . . Sie scheinen mehr durchgemacht zu haben, als sie zunächst zugaben."[1] Daheim würde das Ergebnis, wenn man mit Nansen Vergleiche anstellte, weniger Eindruck machen und, vor allem, in keinem Verhältnis zu den Kosten stehen.

„Wir scheinen auf keinem Gebiet viel erreicht zu haben", schrieb Scott an Scott Keltie. Doch das war nicht ganz fair. Immerhin hatte Armitage, als Scott im Süden war, ein kleines Unternehmen in die Westberge geleitet und als erster Mensch das Antarktische Eiskap erreicht. Er darf als sein Entdecker gelten. Sein

Ergebnis war bedeutsamer als das Scotts und wurde auch gleich anerkannt. Bernacchi verzeichnete Armitages Leistung in seinem Tagebuch so:

> Einem typischen (Antarktis) Gletscher bis zum Ursprung gefolgt . . . Strecke, etwa 240 Meilen . . . mit Schlitten über ein gebirgiges Gletschergebiet bei 78° südlicher Breite, eine Höhe von circa 14500 Fuß erreicht mit . . . Menschen, die wenig oder keine Erfahrung mit Gletscherfahrten mitbringen.

Armitages Leistung war beachtlicher, als es scheint. Er erwies sich im Vergleich zu Scott auch als der bessere und ausgeglichenere Führer. Er verließ sich nicht auf Glück. Erfolgreich kämpfte er mit Eisspalten und Höhenkrankheit. Koettlitz, als klinischer Diagnostiker Wilson überlegen, konnte auf beginnenden Skorbut aufmerksam machen, und Armitage kehrte um, so lange er noch Reserven an Verpflegung, Energie und Gesundheit hatte, obwohl das Hochplateau sich verführerisch glatt bis zum Horizont erstreckte. Er kam nicht so weit, wie er gern gekommen wäre, doch brachte er seine Leute ohne Unfälle heil zurück. Sein Rückweg zur *Discovery* ähnelte in keiner Weise Scotts katastrophalem Durcheinander. Leider gab er nicht eine ebenso gute Story ab. „Abenteuer sind", wie der amerikanische Forscher Vilhjalmur Stefansson zu sagen pflegte, „ein Zeichen von Unfähigkeit".[2]

Mitte Februar fing Scott mit den Vorbereitungen für einen zweiten Winter im Eis an. Er beschloß, die meisten Matrosen der Handelsmarine heimzuschicken, weil, wie er Admiral Markham schrieb, „es ein Irrtum war, Leute der Handelsmarine mit Teilen der Kriegsmarine zusammenzulegen . . . sie haben nie gut zusammen gerudert."

Natürlich gehörte der mit Strafen belegte Koch zum Heimkehrerkontingent, und zweifellos waren auch ein paar untaugliche Seeleute dabei. Doch Scotts ganze Bitterkeit galt Shackleton.

Scott, der nach Entschuldigungen suchte, gab Shackletons Zusammenbruch die Schuld daran, daß er mit dem erreichten südlichen Breitengrad nur eine mittlere Leistung erzielt hatte, vergaß aber dabei, daß Shackleton erst *auf dem Rückweg* zusammengebrochen war. Kranke verachtete er. Er entließ ihn, und Shackleton fühlte sich schwer verletzt. Er hatte sich schneller erholt als Wilson, der wochenlang bettlägerig war und doch bleiben durfte.

Scott hatte Shackletons aufsässiges Verhalten während der Fahrt nicht vergessen. Er wollte sich aber auch nicht länger mit der Herausforderung auseinandersetzen, die von der starken Persönlichkeit Shackletons ausging. Kein Führer kann einen Rivalen dulden. Für Shackleton und Scott war auf der *Discovery* nicht gleichzeitig Platz. Shackleton mußte gehen.

Als Shackleton die *Discovery* verließ und auf die *Morning* ging, wurde er von der Mannschaft spontan mit Hochrufen verabschiedet. Das sah nach Umsturz aus und wurde von den Offizieren auch so verstanden. Am 2.März segelte die *Morning* heim; Scott und einige seiner Gefährten winkten zum Abschied.

In gewisser Weise war das Leben jetzt leichter als vorher. Der Wind war nicht mehr so stark; auf dem Mannschaftsdeck gab es keine Auseinandersetzungen mehr, und da die Skorbuterkrankungen Scotts Abneigung gegen Seehundfleisch beseitigt hatten, war jetzt reichlich Frischfleisch vorhanden und der Gesundheitszustand allgemein besser.

Doch ohne Shackleton war die Offiziersmesse freudloser geworden; Oberleutnant George Mulcock, ein Marineoffizier der *Morning,* der an Shackletons Stelle getreten war, konnte die Lücke nicht füllen.

Scott kapselte sich ab; seine Vereinsamung verstärkte sich, und seine eingeborene Freudlosigkeit und Niedergeschlagenheit wurde durch die winterliche Dunkelheit noch gesteigert. Selbst Wilson zog sich zurück. Ihre Meinungen gingen weit auseinander.

Beim Lesen des Berichts der Sverdrup-Expedition, den die *Morning* mitgebracht hatte, „fiel Scott auf, daß Sverdrup sich sehr häufig der Schlittengespanne bedient hatte ... sein Bericht unterstreicht den großen Wert von Hunden als Zugkräften.“[3] Scott kam jedoch dabei nicht der Gedanke, daß das Versagen der Hunde auf der Fahrt nach Süden ihm selber zuzuschreiben war. Er entwickelte einen geradezu neurotischen Haß gegen die ganze Rasse, weil sie ihn, sozusagen, im Stich gelassen hatte. Dieser Haß ging so weit, daß er, als einige Hündinnen, die nicht an der Fahrt teilgenommen hatten, Junge bekamen, den ganzen Wurf töten ließ.[4]

Seit Shackleton fort war, verlagerte sich die Bereitschaft zum Streit auf Scott und Armitage. Scott hatte Armitage angedeutet, daß er mit Rücksicht auf seine Familie lieber mit nach England zurückkehren sollte. Es ist bezeichnend für die Stimmung an Bord der *Discovery*, daß Armitage die Andeutung nicht als freundlichen Rat auffaßte, sondern als versteckten Versuch, ihn loszuwerden, obwohl Scott durch vertrauliche Nachricht über Armitages Frau wohl Anlaß hatte, ihm den Rat zu geben. Armitage glaubte, daß Scott auf ihn eifersüchtig war und fürchtete, daß er ihm etwas von seinem Ruhm stehlen könnte. Bis auf zwei waren alle Matrosen der Handelsmarine heimgeschickt worden, und von den Offizieren dieser Kategorie war er allein noch da.

Armitage konnte nicht, wie die übrigen, zurückgeschickt werden; er hatte sich im Vertrag dagegen abgesichert. Er wehrte sich, weil er sich, und wohl mit Recht, sagte, daß es seinem Ruf schaden würde, wenn er die Expedition vor ihrem Abschluß verließe. Im Grunde seiner Seele grollte er, weil Scott sich geweigert hatte, ihn im nächsten Sommer an der Fahrt nach Süden teilnehmen zu lassen; aus Furcht, wie Armitage glaubte, daß er Scotts Rekord brechen würde.

Armitage erfuhr auch, daß Scott ihm den Erfolg, bis zum Eiskap vorgestoßen zu sein, nicht gönnte; in dem Bericht, den er mit der *Morning* an die Presse geschickt hatte, war sein Name nicht erwähnt.

Der lange Winter zog sich dahin; in seinen wichtigsten Phasen eine Wiederholung des ersten. Scott unternahm nichts, um die Schwächen, die sich bei der Schlittenfahrt gezeigt hatten, abzustellen. Als der erfinderische

Skelton ihn um Aufgaben bat, konnte Scott ihm keine nennen. Der Winter machte deutlich, daß Scott, verglichen mit Amundsen, gedankenarm und phantasielos war.

Das zweite Frühjahr rückte näher und damit die Jahreszeit für Schlittenunternehmen. Das größte sollte Scotts Reise auf den Spuren von Armitage sein. Armitage war immer noch gekränkt über den Befehl, beim Schiff zu bleiben, während Scott sich aufmachte, einen neuen Rekord beim Vorstoß nach Westen aufzustellen.

Dieses Mal wurden wieder Menschen zum Ziehen eingesetzt. Die meisten fügten sich darein wie Galeerensklaven. Scott, der nach rein körperlicher Anstrengung geradezu hungerte, genoß das Ziehen wie ein erstrebenswertes Ziel. Er hatte das wilde Bedürfnis, sich seine Kraft zu beweisen.

Von Anfang an trug die Fahrt den schon bekannten Stempel. Der Aufbruch mißlang, weil die schlecht gepflegten Schlitten unter der falsch verteilten Last zusammenbrachen. Als man schließlich am 26. Oktober aufbrechen konnte, stellte Scott fest, daß er die *einzige* Navigationstabelle, die die Gruppe besaß, verloren hatte.

Auf der Route zum Ferrar-Gletscher, die Armitage zuvor genommen hatte, erstieg Scott das Hochplateau. Da Wilson zum Kap Crozier aufgebrochen war, war niemand da, der Scott dazu bewegen konnte, etwas Maß zu halten. In seiner unverblümten Art schrieb Skelton in sein Tagebuch:

> Unter Mißachtung der Grundregeln des Bergsteigens zog Scott gleich zu Anfang in einem Tempo los, als wollte er Armitage schon allein durch Geschwindigkeit ausschalten. Er ließ sich nur durch Stürme abhalten, die ihn zu einem Aufenthalt im Zelt zwangen.

„Durch diese Verzögerungen wird der Kapitän höchst ungeduldig.“[5] Scott strapazierte sich und seine Leute bis zum Äußersten; jeder von ihnen zog neun bis zehn Stunden am Tag 240 Pfund Last den Berg hinauf. Und nach der dritten Woche schrieb Skelton:

> Das geht wirklich zu weit. Ich bin dagegen, daß man Menschen zu einer solchen Arbeit zwingt; ununterbrochen steht jeder unter höchster Anspannung, und gerade das mag ich nicht – das kann fatal ausgehen.[6]

Am 20. November brach der Matrose Handsley in etwa 9000 Fuß Höhe zusammen, Höhenkrankheit. Auch der Bootsmaat Feather erkrankte, doch hatte er nicht den Mut, es zu sagen.[7]

Noch zwei Tage mußte Skelton die Arbeit, die „knochenbrecherische Schinderei“, wie er sich ausdrückte, fortsetzen, um mit Scott Schritt zu halten. Dann hatten sie das Plateau erreicht. Nachdem Skelton Scott den Weg nach oben beschrieben hatte, wurde ihm befohlen, mit Handsley und Feather zurückzukehren. Enttäuscht entgegnete Skelton: „Es ist wirklich hart, ein zweites Mal hier heraufzukommen und dann nicht weiter zum Westen mitziehen zu dürfen“; worauf Scott nur erwiderte, „ja, dann ist es eben hart“.[8] Und Skelton kehrte um und brachte seine Leute heil zum Schiff zurück.

Scott selbst setzte den Marsch nach Westen fort in Begleitung von Maat Edgar Evans und Oberheizer William Lashley; sie waren zweifellos die fähigsten Matrosen.

Das war nun die zweite Reise nach Süden, allerdings mit einigen Abweichungen; es gab keine ernsten Fälle von Skorbut, und die Hunde sollten nicht schlecht behandelt werden. Statt in der tief gelegenen Eisbarriere, spielte sich die Szene dieses Mal im trostlosen Eiskap ab. Sonst jedoch war es eine bizarre Wiederholung der alten schweren Fehler. Wieder litten Scott und seine Gefährten unter Kälte und Hunger, weil Nahrung und Kleidung nicht ausreichten; wieder wurden die Skier auf die Schlitten verladen, weil man sie nicht richtig zu gebrauchen verstand; wieder ging Scott von bestmöglichen Wetterverhältnissen aus und war erstaunt, wenn sie sich verschlechterten; wieder war er unbesonnen, wo Vorsicht geboten war, und überzog die Verpflegungsrationen. Als er am 1. Dezember den Rückmarsch antrat, wurde es wieder ein Rennen auf Leben und Tod, weil Verpflegung und Brennmaterial zur Neige gingen und nur Glück sie retten konnte. Wieder blieb Scott das Glück treu, und die Gruppe kehrte am Heiligen Abend zum Schiff zurück. Sie hatte unter gräßlichen Strapazen in zwei Monaten 600 Meilen zurückgelegt. Scott hatte als einziger einen doppelten Sieg errungen: er war am weitesten nach Süden *und* nach Westen vorgestoßen.

> Die Bedingungen waren so hart (schrieb er an Hugh Robert Mill), daß ich in der Geschichte der Polarforschung nichts finden kann, was ihnen vergleichbar wäre . . . Ich bin auf meine Reise ziemlich stolz, obwohl ich in meinem ganzen Leben nicht noch einmal den Gipfel von Viktoria-Land besteigen möchte. Die Anforderungen waren so hart, daß drei meiner Männer ihnen nicht gewachsen waren und zurückgeschickt werden mußten.[9]

Das waren prahlerische Worte, besonders wenn man bedenkt, wieviel er dem Glück zu verdanken hatte.

Später hielt Scott diese für die beste seiner Fahrten. Sicherlich war sie die glücklichste. Es war das einzige Unternehmen, das er ausschließlich mit langgedienten Marineleuten durchgeführt hatte, die durch die gleiche Schule gegangen waren wie er. Er fühlte sich sicher in einer vertrauten Hierarchie und gestützt durch die uneingeschränkte Achtung vor seinem Rang, von dem seine Autorität abhing.

Nachdem alle Gruppen wieder am McMurdo-Sund eingetroffen waren, konnten sie nur noch geduldig darauf warten, daß das Eis zurückging. Doch noch bevor das geschah, wurden am 5. Januar 1904 „zwei Schiffe gesichtet. Was für eine unsägliche Freude! Außer uns vor Glück rannten wir auf dem Schiff hin und her.“[10]

Scott war nicht so erfreut. Diese Ersatzschiffe – die *Morning* und die *Terra Nova*, ein Walfänger aus Dundee, brachten den klaren Befehl der Admiralität:

> Wenn die *Discovery* sich nicht vom Eis befreien kann, werden Sie sie aufgeben und Ihre Leute in den Entsatzschiffen zurückbringen, . . . denn unter den gegebenen Umständen können meine Lords nicht zulassen, daß Offiziere und Mannschaften der Königlichen Marine weiter in der Antarktis beschäftigt werden.[11]

Als Scott die Nachricht aus der Heimat verkraftet und begriffen hatte, weshalb zwei Entsatzschiffe statt des einen, mit dem er nur halb gerechnet hatte, geschickt worden waren, wuchs seine Niedergeschlagenheit.

Durch das Einfrierenlassen der *Discovery* in zwei aufeinander folgenden Wintern hatte er einen richtigen Krawall ausgelöst. In einer geradezu apokalyptischen Rede hatte Sir Clements Markham zu einer zweiten Hilfsexpedition aufgerufen. Nordenskjölds Schicksal, dessen Schiff *Antarktis* vom Eis zerdrückt worden war, kam ihm zu Hilfe. In Eile wurde eine Suchaktion organisiert. Antarktisches Unheil hing in der Luft. Den Organisatoren der *Discovery*-Expedition wurden Extravaganzen und schlechte Geschäftsführung vorgeworfen, und die Feinde von Sir Clements sahen eine günstige Gelegenheit, ihm eines auszuwischen. Die Königliche Gesellschaft distanzierte sich von der Sache; die Königlich Geographische Gesellschaft machte in einer Resolution Sir Clements für die Lage verantwortlich. Der Sekretär der Gesellschaft, Major Leonard Darwin, intrigierte gegen ihn.

Ende der Angelegenheit war, daß die Regierung, nachdem sie zweimal Hilfe abgelehnt und die Königliche Gesellschaft wie auch die Königlich Geographische Gesellschaft des Vertrauensbruchs beschuldigt hatte, sich einverstanden erklärte, die Rettungsaktion zu übernehmen. Sie bestand auf alleiniger Zuständigkeit, und die Admiralität, der die Ausführung übertragen wurde, forderte, daß ihr die *Morning* übergeben würde. Die Königlich Geographische Gesellschaft war froh, so billig davon zu kommen. Doch Sir Clements war außer sich. Er weigerte sich, die *Morning* zu übergeben, und bestand darauf, daß er zu bestimmen habe, da er das Schiff auf seinen Namen gekauft hatte. Die Königlich Geographische Gesellschaft mußte ihm mit gerichtlichen Schritten drohen, ehe er nachgab.

Da es sich um Marineoffiziere und -mannschaften handelte, konnte die Admiralität sich einen Fehlschlag nicht leisten. Sie bestand auf zwei Entsatzschiffen, kaufte die *Terra Nova* und ließ sie ohne Rücksicht auf Kosten in Eile überholen. Shackleton, der wieder gesund und gerade in England war, wurde aufgefordert, als Erster Offizier mitzufahren. Das wäre ein schöner Racheakt an Scott geworden, doch Shackleton war klug genug, abzulehnen.

Die Admiralität ließ deutlich durchblicken, daß sie über die Sache keineswegs erfreut war, und tadelte Scott, weil er die *Discovery* hatte einfrieren lassen. Ihr Ärger wurde noch dadurch erhöht, daß die *Terra Nova* von Kreuzern der Königlichen Marine im Staffellaufverfahren bis in den Arabischen Golf geschleppt werden mußte, damit sie rechtzeitig mit der *Morning* zusammentreffen konnte. Die Kosten wurden dadurch erheblich erhöht. Treffpunkt der beiden Schiffe war Hobart in Tasmanien.

Scott beruhigte sich und wartete bis zum letzten Augenblick in der Hoffnung, das Eis würde aufbrechen. Hodgson erlitt in der Zwischenzeit einen Schlaganfall und Whitfield, einer der Heizer der *Discovery*, wurde geisteskrank. Die Stimmung war düster.

Am 14. Februar, als die Hoffnungen schon schwanden, begann das Eis aus unerklärlichem Grund plötzlich aufzubrechen. Wie eine Flotte, die den Hafen verläßt, zogen die Eisschollen hinaus zum Meer. Am 16. war die *Discovery* schließlich eisfrei und schwamm nach zwei Jahren Unbeweglichkeit wieder auf den Wellen. Als wenn die Antarktis zögerte, sie freizugeben, erhob sich im letzten Augenblick ein schwerer Sturm und trieb sie auf ein Riff; doch sie kam wieder frei, mehr oder weniger unbeschädigt. Ehe sie tatsächlich auslief, stieß sie mit einer Eisscholle zusammen, ihr Steuerruder brach, die Pumpen verstopften sich. Scott war, nach den Worten von Royds, „in ständiger Panik, wie immer, und erwartete, daß alles Nötige auf der Stelle getan wurde, und wetterte, wenn es nicht geschah.“[12]

Schließlich fuhr die *Discovery* am 19. Februar aus dem McMurdo-Sund in das Ross-Meer, eskortiert von den Entsatzschiffen, und nahm Kurs auf Neuseeland. Am 5. März passierte sie den Antarktischen Kreis. „Ich hoffe“, schrieb Royds, „daß ich ihn niemals wieder überqueren werde.“[13]

Am 1. April traf Scott in Lyttelton, Neuseeland, ein. Dort erreichte ihn ein Telegramm, es lautete recht kühl: „Die Admiralität gratuliert Ihnen zur glücklichen Rückkehr.“[14] Daß er die *Discovery* hatte einfrieren lassen, hatte ihm mit Sicherheit Minuspunkte eingebracht. Ihm kamen Zweifel an seiner Beförderung. Seine Leistung allein reichte ihm nicht als Lohn, nur wenn die Antarktis ihm zum Goldstreifen verhalf, waren die vergangenen zwei Jahre nicht verloren.

Er würde wahrscheinlich bis 1907 durch „laufbahnmäßige Beförderung“ Kapitän werden. Aber er verlangte mehr. In Bezug auf die Marine war er wenigstens Realist und wußte, daß manches gegen ihn sprach. Eine Beförderung über die Köpfe seiner Altersgenossen hinweg, nur auf Grund der Leitung der *Discovery*-Expedition, würde im Marinedienst nicht auf Gegenliebe stoßen. Er hatte Feinde in der Admiralität, zu denen vor allem Kapitän Mostyn Field gehörte, der sich seinerzeit gegen seine Ernennung zum Leiter der Expedition ausgesprochen hatte. Die alten Zweifel an seiner beruflichen Eignung würden verstärkt aufleben, wenn erst Einzelheiten über sein Verhalten, vor allem seine Panik bei der Schiffsführung in Augenblicken der Not, durchsickerten.

Doch Scott hatte Freunde, die für ihn arbeiteten. Seinen offiziellen Bericht über die Expedition ließ Sir Clements Markham dem König zugehen mit dem dezenten Hinweis, daß ein Anerkennungstelegramm freundlich aufgenommen würde. Der König tat ihm den Gefallen: „Ich gratuliere Ihnen und Ihrer tapferen Besatzung zu dem großartigen Erfolg und hoffe, Sie alle bei Ihrer Rückkehr nach England zu sehen.“[15]

Als das Telegramm, wie Sir Clements beabsichtigt hatte, in der Presse veröffentlicht wurde, sagte er frohlockend, daß Scotts Feinde „es nicht wagen würden, sich an seiner Person zu vergreifen ... Er steht jetzt zu hoch“.[16] Eduard VII. war der letzte Monarch, unter dem königliche Gunstbezeugungen noch zählten. Und Scotts Mutter versicherte ihrem Sohn in einem Brief, daß sein Schwager Sir William Ellison Macartney, inzwischen geadelt und zum stellvertretenden Präsidenten der Königlichen Münze ernannt, seinen ganzen Einfluß geltend machen würde.

> Willie ... hat Lord Walter Kerr (den Ersten Seelord) aufgesucht, ... der ihm versicherte, daß kein Grund zur Beunruhigung bestehe ... Ich *weiß*, daß Willie alles tun wird, und mir ist die Sache so ungeheuer wichtig, daß ich nicht zulasse, daß man sie beiseiteschiebt ... Bei all dem wirst Du verstehen, wie dankbar wir dem König sind, daß er das Telegramm geschickt hat ...[17]

Doch als Scott am 8. Juni auf der *Discovery* die Heimfahrt um Kap Horn antrat, war er immer noch Fregattenkapitän. Das beunruhigte ihn. Sein Platz auf der Kapitänsliste würde darüber entscheiden, ob und wenn je – wann er ein Kommando bekäme; mit welchem Rang er seine Laufbahn abschließen würde, als Konteradmiral, als Admiral oder sogar – wer konnte das sagen – als Erster Seelord?

Doch, wie Scott befürchtet hatte, kam die Beförderung erst, nachdem er in England eingetroffen war. Sie war genau datiert auf den 10. September, also auf den Tag, als die *Discovery* in Portsmouth festgemacht hatte. Für alle, die zwischen den Zeilen lesen konnten, war das ein Hinweis, daß man ihn wegen der Antarktis und nicht wegen seiner Verdienste als Marineoffizier befördert hatte.

Die Beförderung war zur rechten Zeit ausgesprochen worden. Ein paar Monate später wurde Lord Walter Kerr als Erster Seelord von Admiral Sir John Fisher abgelöst.

Damit begann die stürmische Herrschaft des großen, gehaßten und zugleich charmanten „Jackie“ Fisher, der wie ein Tornado über die Königliche Marine brauste, sie in sechs Jahren aus der Lethargie des Friedens aufstörte und in eine Streitmacht verwandelte.

Sir John war es zu verdanken, daß die Marine 1914 für den Krieg gerüstet war. So lange er dort herrschte, war es in der Marine alles andere als bequem.

Die alten Gewohnheiten wurden über Bord gefegt. Vor allem wetterte Sir John gegen den Polardienst als Schule für Kriegsoffiziere. Nach seiner Meinung hatte die Marine „an den Ergebnissen der Antarktisforschung kaum direktes Interesse“.[18]

Seine Gegnerschaft wurde vor allem durch die Expedition der *Discovery* entfacht, weil, wie er später sagte, „für das Geld, das sie gekostet hat, besser ein neues Schlachtschiff gekauft worden wäre. Das ist schlimmer als ein Verbrechen, das ist eine unverzeihliche Dummheit“. Scott war in Ungnade gefallen, trotz seiner Beförderung.

Scott war nicht der Mann, der, wie Sir John sagte, „Unvergängliches leisten“ konnte. Daß er den am weitesten südlich gelegenen Punkt erreicht hatte, war zwar eine nationale Leistung, nach der die Briten im letzten Licht des Empires und angesichts des bitteren Nachgeschmacks des Burenkrieges hungerten. Doch 82° 17′ südlicher Breite war keine Sensation; außerdem stand das erreichte Ziel in keinem Verhältnis zu den Kosten. Es war nicht mehr als das Rohmaterial, aus dem man Erfolg machen konnte. Doch dazu wäre die geniale Hand eines Stanley – des Impresarios im dunkelsten Afrika – oder eines Nansen notwendig gewesen. Scott besaß sie nicht.

Kurz nach der Rückkehr Scotts in die Zivilisation erschien in der *Times* die Rezension von *New Land* („Neues Land“), Otto Sverdrups Bericht über die zweite Expedition der *Fram*. In ihrer gemessenen Art schrieb die *Times:* Die Erfolge sprechen für

> das norwegische Unternehmen, die Tüchtigkeit, Entschlossenheit und den Eifer von Kapitän Sverdrup und seiner fünfzehn Gefährten. Sie alle waren in ihren Bereichen mehr oder weniger Sachkenner, und die meisten von ihnen auch gebildet. Von keinem kann man sagen, daß er nur ein gewöhnlicher Seemann war. Die vier Jahre Expedition kosteten insgesamt nur 12000 Pfd. Das steht im deutlichen Gegensatz zu den viel höheren Ausgaben auf entsprechenden britischen Expeditionen.[19]

Ein Vergleich lag nahe: Sverdrup hatte mit offensichtlichem Erfolg 100000 Quadratmeilen Neuland entdeckt; Scott dagegen hatte mit einer sechsmal so großen Mannschaft, achtfachen Kosten und sehr viel mehr Pannen nicht so viel erreicht.

Die Expeditionen, die wie Scott in der Antarktis gewesen waren, boten weitere Vergleichsmöglichkeiten: Bruce hatte Coats-Land entdeckt und zur Erforschung der Küste des Antarktischen Kontinents mehr beigetragen als die *Discovery*; Charcots Landvermessung im Bellinghausen-Meer lag nach Umfang und Genauigkeit weit über Scotts schlampiger Vermessung. Nordenskjöld war ein vorbildlicher wissenschaftlicher Expeditionsleiter, ebenso Drygalski.

Das veranlaßte Sir Clements Markham zu seiner Klage:

> Die Leute begreifen einfach nicht die Größe von Scotts Leistung. Schlittenunternehmen *ohne Hunde* sind mit nichts zu vergleichen. Wenn Peary, Nansen oder Sverdrup ihre Sachen von Hunden ziehen lassen, während sie daneben hergehen, ist das viel leichter.[20]

Das ist ein klassisches Beispiel für einen englischen Kunstgriff, und er ist keineswegs ausgestorben. Eine entscheidende Unterlegenheit wird dadurch aus der Welt geschaffen, daß man ein künstliches Ideal aufstellt. Das gehörte zu dem moralistischen Zug, der sich im öffentlichen Leben Englands so negativ auswirkte. Doch wenigstens in der Polarforschung war das Land nur an tatsächlichen Ergebnissen interessiert. Scott mußte sich rechtfertigen.

Als Leiter der Expedition war er berufen, ein Buch darüber zu schreiben; man erwartete es sogar. Dazu brauchte er eine Beurlaubung vom Marinedienst. Die Admiralität war nur zu gern bereit, seinem Antrag zu entsprechen. Scott war für sie ein Problemfall.

Schon vier Jahre hatte er keinen Flottendienst gemacht; das ist für einen Offizier eine lange Zeit, vor allem in einer Epoche schneller technischer Entwicklung. Er war, in der Tat, vom Oberleutnant der Torpedowaffe zum Fregattenkapitän hochgezogen worden. Ein Offizier seines Ranges mußte ein Kriegsschiff kommandieren können, doch fehlten Scott nach den Maßstäben der Marine dazu die Erfahrung und die persönlichen Qualitäten. Da er sich jedoch königlicher Gunst erfreute (ein Besuch in Schloß Balmoral beweist das), konnte man ihn nicht in Vergessenheit geraten lassen. Wenn er also jetzt den Dienst verließ, um ein Buch zu schreiben, konnten die Lords der Admiralität eine Entscheidung über seine Zukunft erst einmal hinausschieben.

Sir Clements Markham stellte Scott in seinem Haus ein Zimmer zur Verfügung, damit er schreiben konnte. Das Ergebnis war *The Voyage of the Discovery* – Die Reise der *Discovery* – und erschien 1905.

Das Buch war ein kleines Meisterwerk literarischer Verteidigung. Es legte den Keim zu einer Legende. Ebenso wie *Die sieben Säulen der Weisheit* Lawrence von Arabien schufen, machte *Die Reise der Discovery* aus Scott den Scott der Antarktis. (Sein Buch hat mit dem Werk von Lawrence sehr viel Ähnlichkeit.) Scotts Rettung war seine literarische Begabung.

Rechtfertigung war Scotts Thema. Er machte geschickt aus einem Fehler eine Tugend. Er stellte seine Unerfahrenheit zur Schau, um für seine Offenheit gelobt zu werden. Er machte aus der Geschichte seines Starrsinns, seiner Stümperei und der drohenden Katastrophen eine aufregende Erzählung vom heldenhaften Kampf gegen übermächtiges Geschick.

Die Reise der Discovery baut auf Texten auf, die man als unveränderte Auszüge aus den Tagebüchern des Verfassers ansehen muß. Mit dieser Methode gewinnt man ein Maß an Unmittelbarkeit und Authentizität, das mit keiner anderen literarischen Form zu erreichen ist.

Kernstück des Buches ist die große Südfahrt. Eine der berühmten Passagen ist die Beschreibung des Marsches am letzten Tag vor Erreichen des südlichsten Punktes. In *Die Reise der Discovery* hat der Bericht folgenden Wortlaut:

> *27. Dezember* ... Da enthüllte sich eine der herrlichsten Gebirgsszenen, die wir je gesehen hatten ... Pelion setzte sein Bergmassiv auf Ossa, und man kann sich vorstellen, daß wir unsere Schritte beschleunigten, um zu sehen, was danach käme, bis der herrlich klare Doppelgipfel auftauchte, den kleine Zirruswolken krönten ... Wir waren uns einig, daß wir endlich gefunden hatten, was verdient, den Namen dessen zu tragen, den zu ehren stets unsere größte Freude sein wird, und „Mount Markham" soll er heißen zum Gedenken an den Vater der Expedition.[21]

Tagebuch liest sich das so:

> Wir hatten einen höchst interessanten Tag in Bezug auf spektakuläre Ausblikke ... Da tauchte ... ein prächtiger Berggipfel auf, umgeben von anderen beachtlichen Gipfeln. Bei so viel Neuland und so viel neuem Gesprächsstoff glaubten wir allmählich, daß unsere Exkursion in der Geschichte der Polarforschung tatsächlich einen Platz behaupten wird. Das wäre der Lohn für unsere harte Arbeit und die großen Entbehrungen.[22]

Diese Art der Ausschmückung ist durchaus legitim, so lange sie nicht vorgibt, ein wörtliches Zitat aus dem Originaldokument zu sein. Doch beim Stand der Sache ist das Fälschung mit dem Ziel, Scott selbst zu verherrlichen.

Ein weiteres Beispiel: Bei der Beschreibung eines Zwischenfalls, der das Bild von Scott entscheidend mitprägte, zitiert er wieder nur scheinbar aus seinem Tagebuch:

> Die Hunde haben wenig getan, sind aber alle mitgelaufen bis auf Stripes, der sich ein Bein brach und auf dem Schlitten mitgenommen werden mußte. Er war ganz schwach, als ich ihn aufhob. Sein dickes Fell verbarg dürftig, daß er nur Haut und Knochen war.[23]

Das veranlaßte einen amerikanischen Kritiker zu folgendem: „Diese überlasteten Menschen ... die nicht wußten, ob sie sich den Weg zurück zum Schiff erkämpfen könnten, ... luden die geschwächten Tiere auf Schlitten, in der Hoffnung, sie zu retten. Ich glaube, soviel Menschlichkeit hatte es in den Annalen der Polarforschung noch nie gegeben."[24]

Sie wäre gewiß einmalig gewesen. Im echten Tagebuch allerdings heißt es dazu:

> Die Hunde waren im allgemeinen heute besser dran, mit Ausnahme von Stripes, der am Nachmittag aufgab und auf den Schlitten getragen werden mußte. Ich fürchte, er muß als nächster daran glauben – Brownie hält bis übermorgen oder noch einen Tag länger durch und die anderen, hoffe ich, noch länger, weil die Anzahl der zu fütternden Hunde geringer wird.[25]

Die wichtigste Eintragung am 10. Dezember: „Wir werden einen Vorstoß nach Süden machen ... mit Proviant für einen Monat und ohne Hundefutter, sie sollen sich von einander ernähren ...,“[26] wurde im Buch völlig unterschlagen. So sollte vorgetäuscht werden, daß Stripes aus spontaner Menschlichkeit mitgeschleppt wurde, während es in Wirklichkeit geplanter Kannibalismus war; der Hund war Futter für seine Artgenossen.

Wenn Scott über seinen Rekord schreibt, treibt er reine Effekthascherei. Bescheidenheit, selbst falsche, war gefordert. Tierliebe wurde erwartet.

Scotts Bemerkung im Buch, daß „der Schwindel“ mit den Schlitten „dringend aufgedeckt werden muß“, ist ungewollt zweideutig. Sein Buch verschleiert ständig das wirkliche Geschehen. Das vielleicht subtilste und letztlich schwerwiegendste Beispiel ist die Darstellung von Shackleton auf dem Marsch nach Süden. In dem Buch, das vorgibt, das Tagebuch zu zitieren, heißt es:

> 21. Januar (1903) ... wir hatten frischen Südwind und kamen mit voller Kraft in gutem Tempo vorwärts. Eine Zeitlang wurde Shackleton auf dem Schlitten gezogen ...[27]

Das Tagebuch selbst lautet:

> Anfangs zog Shackleton mit, doch nach einer Stunde setzten wir ihn auf einen Schlitten, um das Tempo zu verringern, als es zu schnell zu werden drohte,[28]

was wohl etwas anderes ist. Und eine spätere Eintragung, die festhält, daß Shackleton „auf Skiern vorauslief mit dem Kompaß in der Hand, um die Richtung zu zeigen,[29] ist im Buch ganz entfallen. Ausgelassen wurden auch alle Hinweise darauf, daß Shackleton bis zum Ende durchhielt. *Die Reise der Discovery* wurde so geschrieben, daß dem Leser suggeriert wird, Shackleton wäre völlig zusammengebrochen, dadurch nur „Passagier“ gewesen und auf dem Rückmarsch mitgeschleppt worden.

Wenn Scott einen Gefährten so darstellt, braucht man ihm nicht böse Absichten zu unterstellen. Man darf nicht vergessen, daß er sich rechtfertigte. Shackleton wird nur herangezogen, um neben dem Versagen der Hunde und den Problemen mit dem Schnee eine weitere Entschuldigung für den Rückschlag zu liefern.

Ob der Scott der Tagebücher der echte Scott ist, läßt sich schwerlich sagen. In jedem Fall aber ist er ein anderer als der des Buches. Der Scott der Tagebücher ist mal ungestüm, mal reuig, mal ängstlich, mal gefährlich unbesonnen; er offenbart Mangel an Urteilsfähigkeit, ist unsicher, unentschlossen, in Notlagen konfus, dabei unfähig, aus Erfahrungen zu lernen; es mangelt ihm an Voraussicht, er verläßt sich auf Glück. Dagegen ist der Scott des Buches ein Gentleman und leicht arroganter Amateur, der Unerfahrenheit zur Tugend erklärt, und dabei durchblicken läßt, daß er Effizienz und Vermeidung unnötiger Gefahren für irgendwie unmännlich hält. Beiden Versionen ist eines gemeinsam:

Das Urteil ist durch Emotionen getrübt; es liegt im Grenzgebiet zwischen Illusion und Realität.

Der Expedition war hauptsächlich zweierlei mißlungen: der Umgang mit Skiern und mit Hunden. Da andere Forscher mit beiden Erfolg gehabt hatten, lag der logische Schluß nahe, daß das Versagen bei den Menschen zu suchen war. Doch Scott hatte den unseligen, selbstzerstörerischen Hang, sich nie seine Fehler einzugestehen, ein fataler Zug. Er hing zusammen mit Schwäche, Eitelkeit und Starrsinn, die zu seinem Charakter gehörten.

Wenn Scott in *Die Reise der Discovery* über Skier diskutiert, unterschlägt er die im Tagebuch festgehaltenen positiven Erfahrungen und lehnt Skier ab. Er formuliert das in einer ihn kennzeichnenden und an Sir Clements Markham erinnernden Weise, „daß in antarktischen Regionen nichts über den ehrlichen und üblichen Gebrauch der Beine geht".[30] Und über Schlittenhunde kommt er zu dem abschließenden Urteil:

> Es wäre absurd zu sagen, daß sie den Aktionsradius nicht wesentlich erweitern; aber zu behaupten, daß sie zu diesem Zweck ohne Anstrengung, Leid und Tod gebraucht werden können, ist gleichermaßen unzutreffend; die Frage ist, ob die Risiken durch den Erfolg gerechtfertigt werden können. Ich glaube, daß man das, logischerweise, kann; doch wenn man diese unguten unabänderlichen Bedingungen akzeptiert, muß und wird das dem Reisen mit Schlitten viel von seinem Glanz rauben. Nach meiner Überzeugung kann keine Fahrt, die mit Hunden unternommen wird, jemals heranreichen an jene erhabene Vorstellung, die sich verwirklicht, wenn eine Gruppe Männer sich aufmacht, Mühsal, Gefahren und Schwierigkeiten aus eigener Kraft und ohne Hilfe zu trotzen, und es nach Tagen und Wochen harter körperlicher Arbeit schafft, offene Fragen an eine unbekannte Welt zu beantworten. Sicherlich ist in diesem Fall der Sieg würdiger und glänzender erkämpft.[31]

Das ist Scotts Bekenntnis zum heroischen Wahn, die letzte Rechtfertigung für Menschen als Zugkräfte vor Schlitten. Es ist eine Lobeshymne auf Widrigkeiten und Rückschläge als moralisch erstrebenswert; es ist wieder die Verkörperung des Ideals persönlicher Tapferkeit als Selbstzweck. So blumenreich die Sprache des Buches auch sein mag, es bleibt doch erstaunlich uninteressant. Neben dem Anflug romantischer Gedankenspiele macht das Buch keinen Versuch, Erfahrung rational auszuwerten, und es weiß nichts zu sagen über die Kunst der Menschenführung. Vieles ist Unsinn, doch ist es, immerhin, gebildeter Unsinn. Es ist in sich geschlossen, hat Stil, Atmosphäre, gibt Überzeugung wieder. *Die Reise der Disvovery* war eine beachtliche literarische Leistung. Mit ihr hat Scott sich gerechtfertigt, sein Versagen bemäntelt. Er hat seine Leser getäuscht. Wie so viele, die sich vornehmen, andere zu betrügen, hat er sich letzten Endes selber betrogen. Er hat sich in eine Rolle hineingeschrieben. Aus seinen Fehlschlägen hat er die Fäden einer heroischen Legende gesponnen.

Die Reise der Discovery war ein Erfolg. Die Kritiken waren fast ausnahmslos freundlich. Und doch, unter dem Lobesschwall liegt eine leise Reserve versteckt, als ob das Buch irgendwie nagende Zweifel zurückgelassen hätte. Der Artikel von Hugh Robert Mill in *The Saturday Review* war ein besonders deutliches Beispiel.

In einer Lobeshymne, in der es hieß, „dieses Buch ist fast so vollkommen, wie man es von einem Reisebuch überhaupt erwarten kann“, und in der er Scott mit James Clark Ross verglich, macht er folgende Einschränkung:

> Man muß aber auch zugeben, daß die Expedition außerordentliches Glück hatte . . . Mehr als einmal bei der Suche nach einem Depot, als die Verpflegung nahezu aufgezehrt war, hätte ein Wetterumschlag den Tod einer Schlittengruppe bedeuten können. Es ist nahezu ein Wunder, daß nur ein einziger Mann in einem Schneesturm umkam . . .[32]

Als dieser Artikel erschien, war Amundsen, der die Nord-West-Passage hinter sich hatte, auf dem Yukon in Alaska. Auch er hatte ein Buch zu schreiben, doch da er noch ein Jahr in der Wildnis vor sich hatte, konnte es erst 1907 erscheinen, zwei Jahre später als das Buch Scotts. Als es 1908 in der englischen Übersetzung unter dem Titel *The North-West-Passage* erschien, nannte die *Times* es „einen würdigen Bericht über eine denkwürdige Leistung“. Nach Meinung von *The Athenaeum*, das war damals die Zeitschrift des literarischen Establishments in England, hatte Amundsen „mit seemännischer Schlichtheit und . . . voll faszinierendem Enthusiasmus geschrieben“.

> Man spürt die Erregung (schrieb *The New York Times)* und ist berührt von der emotionalen Einfachheit des Wikingers, der sein Ziel endlich erreicht hat . . . Die Faszination des Buches liegt gerade in dieser unverhüllten Schlichtheit, in der Aufrichtigkeit, die mit großen Taten einhergeht.

All dies trifft genau zu, doch als literarisches Werk kann *Die Nord-West-Passage* keinen Vergleich mit *Die Reise der Discovery* aushalten. Es ist ein holpriger Bericht, das Logbuch eines Kapitäns. Amundsen war kein Schriftsteller; Scott war es mit Sicherheit, mochte er auch sonst seine Schwächen haben. Amundsen wollte weder einen Fall berichten, noch sich in einer bestimmten Rolle darstellen; er wollte nur seine Geschichte erzählen.

Wenn er aus seinen Tagebüchern zitiert, tut er es ehrlich. Er wählt zwar aus – das gestohlene Telegramm von Eagle City, ein Streit mit Wiik sind zwei Beispiele für Auslassungen. Aber in dem, was er berichtet, gibt es keine Verfälschung. Eine bestechende Einfachheit schimmert durch und entwaffnet die Kritiker. „Schlichtheit“ und „Aufrichtigkeit“ kehren in Besprechungen des Buches immer wieder, Worte, die auf *Die Reise der Discovery* kaum anzuwenden sind.

Amundsen war Individualist, Freibeuter, wenn auch Patriot; er war nicht, wie Scott, ein Staatsdiener mit Sinn für Teams. Dennoch ist *Die Nord-West-Passage* das Buch, das viel weniger um die eigene Person kreist. Das liegt zum Teil daran, daß er seine Männer selbst erzählen ließ, wenn sie eigene Geschichten zu erzählen hatten. Auch in seinem eigenen Text läßt Amundsen seine Männer ihre eigene Rolle spielen, statt ihre Taten mit seinen Worten zu würdigen. Und, wie *The Times Literary Supplement* feststellt:

> Amundsen bekennt freimütig, wieviel Dank er seinen Vorgängern schuldet. Die Ehre, die Nord-West-Passage entdeckt zu haben, überläßt er mit gleicher Bescheidenheit und Gerechtigkeit Franklin und seiner Besatzung, die „das letzte Glied der Kette mit ihrem Leben schmiedeten".

Zu all dem steht *Die Reise der Discovery* in kläglichem Gegensatz. Scott erkennt nicht an, was er seinen Vorgängern schuldet. Er ignoriert sie, wo er kann. Er malt ein „Selbstportrait", wie Lawrence of Arabia die *Sieben Säulen der Weisheit* ungeniert nennt. Scott gestattet seinen Gefährten nicht, ihre eigene Geschichte zu erzählen; er erzählt sie selbst und zwar so, daß er subtil ihre Leistungen herabsetzt, um seinen eigene aufzuwerten.

Zu den Entdeckungen der Expedition zählen auch die zwei kleinen Inseln, die Colbeck auf der ersten Seereise der *Morning* fand. Colbeck war an Land gegangen und hatte Vermessungen durchgeführt, was an den wilden Küsten der Antarktis und im stürmischen Meer ein seemännisches Meisterstück war. Scott war nur mit einem einzigen Satz darauf eingegangen:

> Am 25. Dezember fuhr er (Colbeck) über den Antarktis-Kreis und entdeckte ein wenig weiter südlich zu seiner Überraschung zwei kleine Inseln, die er, mir zu Ehren, die Scott-Inseln nannte.[33]

Colbeck benannte sie allerdings nach Sir Clements Markham. Es ist ungeklärt, wer den Namenwechsel vornahm. Dies ist nur ein kleiner, wenn auch bezeichnender Vorfall; Scott versuchte, ein Bild von sich als Führer zu zeichnen, der sich spontan die Achtung und Zuneigung aller erwarb, die in sein Umfeld traten.

Armitage wurde diese Ehre nicht zuteil, sie hätte ihm für die Entdeckung des antarktischen Eiskaps gebührt, ebensowenig Royds für seine recht wichtige Forschungsarbeit.

In der zweiten Phase der Unternehmungen führte Royds eine Gruppe über den Eisschild. „Es war ein kurzes Unternehmen", bemerkt Scott beiläufig, „da es nur 30 Tage dauerte."[34] In diesen dreißig Tagen brachte Royds es fertig, einen 157 Meilen vom Schiff entfernten Punkt zu erreichen und damit gut die Hälfte des Weges zurückzulegen, den Scott auf seinem ganzen Marsch nach Süden geschafft hatte, und zwar in nur einem Drittel der Zeit und mit weit geringerer Anstrengung, wenn auch hier Menschen die Zugtiere ersetzten. Außerdem war die Stimmung in Royds' Gruppe besser. Er konnte begeistern und führen, er brauchte seine Männer nicht anzutreiben. Und schließlich war es das erste Unternehmen, das zu der Erkenntnis führte, daß die Ross-Barriere ein einziger, langer und zusammenhängender Eisschild war. Scott begrub die Erkenntnis in vier gönnerhaften Abschnitten seines Buches und verhehlte ihre wahre Bedeutung. Er begrub sie so gut, daß Wissenschaftler, die später auf diesem Gebiet arbeiteten, sie sechzig Jahre lang nicht entdeckten. Scott war ein eifersüchtiger Mensch, der noch dazu intellektuell unredlich war.

In *Die Reise der Discovery* verschleierte er das Auftreten von Skorbut. Er unterschlug, daß Koettlitz Frischfleisch für ein Vorbeugungsmittel hielt und stellte den Fall irreführend, wenn nicht sogar falsch dar, um Zweifel an seinem Verantwortungsbewußtsein gar nicht erst aufkommen zu lassen.

General Adolphus Greeley war gewiß urteilsfähig, er traf den Kern der Sache mit der Feststellung, daß Amundsens Ergebnisse

> von nur neun Männern und ohne unzumutbare Entbehrungen erzielt worden waren . . . Das Ergebnis kennzeichnet Amundsen als einen Mann, der in hohem Maße mit Verwaltungsgeschick, Urteilskraft und Findigkeit ausgestattet ist.[35]

Im Gegensatz dazu sind Scotts Leiden Maßstab seiner Inkompetenz. Er selbst ist sich dessen nicht ganz unbewußt, verbirgt sie aber instinktiv, indem er die Schwierigkeiten hochspielt, wo Amundsen sie herunterspielt. Der Unterschied besteht darin, daß Scott sich als Helden darstellen will, der gegen die Mächte des Schicksals ankämpft; Amundsen dagegen zeigt sich als Mann, der sie beherrscht. *Die Reise der Discovery* ist romantisch, theatralisch und, letzten Endes, eine Illusion. *Die Nord-West-Passage* ist erdgebunden, bis hin zur Entblößung, hat dabei aber Züge von Humor, die dem Buch Scotts völlig abgehen. Scott entwickelt eine heroische Vision; Amundsen bewahrt sich ein Gefühl für Proportionen und bleibt in enger Berührung mit der Wirklichkeit. Er hat schließlich die Polarverhältnisse gemeistert; Scott ist, trotz seiner unbestrittenen Leistungen, ihnen erlegen. Das war das Bild, das man von den beiden hatte, nachdem jeder von ihnen eine Expedition gleitet hatte.

14

„Sie sollen die *Fram* haben"

Im Oktober 1906, als Amundsen nach gelungener Nordwest-Durchfahrt zum ersten Mal das Golden Gate erblickte und nach San Francisco kam, war Norwegen wenig mehr als ein Jahr unabhängig. Amundsen war der erste Norweger, der spektakulären Erfolg hatte, seitdem sein Land sich von Schweden getrennt und ein souveräner Staat geworden war.

Aus diesem Grund zog es ihn schnell in die Heimat. Nansen, jetzt schwedischer Botschafter in London, hatte als erster damit angefangen, unpolitische Berühmtheiten für politische Zwecke einzusetzen. Er sah in dem Bezwinger der Nord-West-Passage eine nützliche, diplomatische Waffe. Norwegens Fortbestehen als unabhängiges Land hing von der Gunst der Großmächte ab. Mit der Persönlichkeit Amundsens konnte man bei diesen Regierungen Wohlwollen wecken und dadurch die Arbeit der norwegischen Führung unterstützen. Um die größtmögliche Wirkung zu erzielen, wollte Nansen Amundsen so schnell wie möglich in Europa sehen. Also fuhr Amundsen sofort nachhaus, obwohl seine Wünsche in eine ganz andere Richtung gingen. Er hätte gern ohne Verzögerung eine Vortragsreise durch Amerika anlaufen lassen, um „das Eisen zu schmieden, solange es heiß war". Doch war er Patriot genug, um Nansens Ruf zu folgen. Nansen hatte den norwegischen Behörden nahegelegt, „Amundsen zu unterstützen und dafür zu sorgen, daß er, in angemessener Form nach Hause gebracht wird, denn er wird bei seiner Ankunft ohne Mittel dastehen".[1]

Am 18. November trafen Amundsen und seine Besatzung auf dem Postschiff in Norwegen ein und gingen in Kristiansand an Land. Sie wurden, ob sie wollten oder nicht, auf Anordnung der Regierung auf ein Kriegsschiff gebracht, um feierlich nach Christiania zu fahren. Dort empfing sie die gleiche Menschenmasse, die gleiche jubelnde Menge, die Nansen gefeiert hatte, und Böllerschüsse entboten den Gruß des Königs. Schnee fiel, als Amundsen und seine Männer an Land kamen und auf den roten Teppich traten, der auf dem Empfangskai ausgelegt war. In Pferdekutschen fuhren sie in feierlicher Prozession durch die Straßen.

„Roald Amundsen sitzt ernst im ersten Wagen", schrieb eine Zeitung. „Er ist offensichtlich ein wenig verlegen beim Jubel, der zur Ovation wird, wenn er vorbeifährt".[2]

Nach dem Umzug wurden Amundsen und seine Besatzung auf den Balkon des Grand Hotels geführt – der übliche Platz für berühmte Persönlichkeiten – um die Huldigung der Menge entgegenzunehmen. „Was", fuhr die gleiche Zeitung nachdenklich fort, „mag in Amundsens Kopf vorgehen ...

jetzt da er sein Ziel erreicht hat? Vielleicht denkt er, wie Zeit und Menschen sich doch ändern.“

In der Tat war alles anders als in der düsteren Sommernacht vor drei Jahren, als Amundsen sich wie ein Flüchtling aus dem Fjord geschlichen hatte. Jetzt war er auserwählt, am 17. Mai, dem norwegischen Nationalfeiertag, vor dem mittelalterlichen Schloß Akershus in Christiania „als Mann des Tages“ die Ansprache zu halten.

Am 17. Mai kündigt sich gewöhnlich schon der Frühling an. Diesmal war es kalt und bedeckt und, wie der französische Botschafter, der im diplomatischen Korps dabei war, sagte,

> begann Schnee zu fallen, als der Erforscher der Polargebiete sprach . . . was weithin Beachtung fand . . . bisweilen kam etwas Lyrisches in seine Ausführungen, doch nur kurz; seine Gefühle waren verhalten, was die Wirkung seiner Worte vielleicht noch verstärkte.[3]

Amundsens Ansprache war über lange Strecken konventionell, ein Zeugnis norwegischer Vaterlandstreue mit dem Hang zu Naturverehrung und Liebe zum heimatlichen Boden. Aber Amundsen hatte darüber hinaus auch etwas Persönliches zu sagen:

> Niemand, ob Mann oder Frau, ist so gering, daß er nicht etwas für das Vaterland tun könnte; darin sind wir alle gleich. Das Ziel ist das gleiche, wenn auch die Mittel nach Begabung, Bestimmung und Lebensauffassung verschieden sein müssen.[4]

Anders als ein großes Land hat ein kleines normalerweise nur einen Helden – oder ein Opfer – gleichzeitig. Die Emotionen in einem kleinen Land sind intensiver, weil man dichter beieinander ist; die festgefügte Familie gegen die heulende Menge. Die Geschlossenheit des kleinen Kreises war bewußt gewollt, aber Amundsen war stark genug, dem daraus erwachsenden Druck standzuhalten. Begabte Skandinavier haben oft unter dieser Last gelitten oder sind häufig sogar daran zerbrochen. Ein großer Hecht in einem kleinen Teich – das kann zur finsteren Komödie werden.

Auf der Rückfahrt von der Expedition war Amundsen im großen Amerika schon kurz dem Ruhm begegnet. In Chicago mußte er ein riesiges Bankett über sich ergehen lassen, das ein dort ansässiger Norweger veranstaltete. Ein alter Freund, F. Herman Gade, der vor Jahren ausgewandert war und jetzt sein Heimatland als Konsul vertrat, ehrte ihn mit einer blumigen Rede.

> Seine Tat hat . . . die Aufmerksamkeit der ganzen Welt auf unser kleines Land gelenkt . . . dessen Bevölkerung nicht größer ist als die Chicagos (sagte Gade). Roald Amundsen hat der Welt gezeigt, daß, wenn eine große Tat vollbracht werden soll, ein Norweger sie vollbringen muß.[5]

Wieder in Norwegen und von allen Seiten gefeiert, erfuhr Amundsen, daß man ihn in Amerika wegen unbezahlter Rechnungen gerichtlich belangen wollte, weil die Organisatoren eines Empfangs die Rechnung schuldig geblieben waren. Und da schien es am aussichtsreichsten, ihn, den Ehrengast auf Zahlung zu verklagen. Es war schon eine komische Wiederholung: Er kehrte zurück, wie er ausgezogen war – mit Schulden. Er mußte nun bezahlen, was er schuldete, die „Kleinigkeit" von 60000 Kronen (nach heutiger Währung etwa 103000 Dollar). Aber er hatte Freunde, die sich, ungebeten, daran machten, ihm zu helfen. Unter diesen war Axel Heiberg, der einer seiner treuesten Helfer werden sollte.

Heiberg war wohlhabend und menschenfreundlich, ein Mäzen der Naturwissenschaft und der Forschung. Durch Heirat war er mit den Gebrüdern Ringnes, den Brauern in Christiania, verwandt, mit denen er Otto Sverdrups zweite *Fram*-Expedition finanziert hatte. Ehe Amundsen in die Heimat fuhr, richtete er an seine Landsleute einen Hilfsappell:

> Mit seinem ergänzenden Erfolg bei der Suche nach der Nordwest-Durchfahrt hat Amundsen eine Aufgabe zum Abschluß gebracht, die 400 Jahre hindurch für eine Reihe von Expeditionen ersehntes Ziel war . . . Seine Fahrt auf der kleinen *Gjøa* ist eine würdige Parallele zu den kühnen Fahrten der alten Norweger, die in ihren kleinen Schiffen über das Meer nach Grönland und Vinland segelten; sie liefert der Welt den sichtbaren Beweis, daß die Entschlossenheit, die einen Leif Erikson bei der ersten Überquerung des Atlantiks in der Geschichte beseelte, in den Norwegern unserer Tage noch lebendig ist . . . Es wäre eine Schande, wenn wir, seine Landsleute, nicht alles tun, was in unserer Macht steht, um ihm die Kosten abzunehmen und ihm ein wenig unsere Dankbarkeit zu zeigen für das, was er zur Ehre Norwegens getan hat.[6]

Doch ach, der Patriotismus, er bringt die Menschen zum Jubeln, aber zum Zahlen bewegt er sie nicht. Heibergs Appell verhallte ungehört, und Amundsen setzte seine Hoffnung auf Vortragsreisen. Er brach zu einer Europareise auf, die zu einem triumphalen Erfolg wurde. Eine Flut von Medaillen und Anerkennungen der größeren Geographischen Gesellschaften ging auf ihn nieder.

Amundsen trug dies alles gelassen. Zwar war er rastlos, getrieben, ein Mann der Tat, doch er genoß auch den Erfolg, wenn die Gelegenheit sich bot. Er war jetzt 34 Jahre alt und schien zu spüren, daß die Gelegenheit nicht wiederkehren könnte. Ehe es zu spät war, hatte er Ekklesiastes verstanden: „Jedes Ding hat seine Zeit und alles unter der Sonne seine Stunde."

In dieser Zeit hielten zwei Leute ihre Eindrücke nach einer persönlichen Begegnung mit Amundsen fest. Der eine war der französische Botschafter. Nach seinem Essen mit Amundsen schrieb er:

> Dieser Mann, dessen Energie und Bescheidenheit ich oft bewundern durfte, hinterließ bei mir nie zuvor einen solchen Eindruck von Kraft . . . Er vermei-

det es, zu glänzen, obwohl er Gelegenheit dazu hätte; er bleibt zurückhaltend, lächelt nur wenig und spricht nie von sich selbst.[7]

Der andere war Hugh Robert Mill, der die meisten Polarforscher persönlich kannte; er kennzeichnet ihn folgendermaßen:

Ein zurückhaltender und sehr empfindsamer Mensch. Obwohl er tapfer, wagemutig und voll Selbstvertrauen war, fürchtete er Kritik. Ich glaube, er war der erfolgreichste und zugleich unglücklichste aller Polarforscher, denen ich begegnet bin.[8]

Das war richtig beobachtet, obwohl Mill vielleicht nicht wußte, daß das Wesen der Norweger, wie die Musik Griegs, in Moll gestimmt ist, und bei ihnen Freude etwas ganz Privates und nach innen gerichtet ist.

Amundsen war zweifellos scheu, doch auch nicht frei von Eitelkeit. Wenn er an einem Spiegel vorbeikam, warf er verstohlen einen Blick auf sein Bild. Er kleidete sich gut oder, genauer gesagt, so wie es ihm gut stand. Der Eskimopelz paßte ebenso gut zu ihm wie der Frack. Kleidung war für ihn Erweiterung der Persönlichkeit, nicht Fassade, hinter der er sich versteckte. Er verschenkte gern Fotografien von sich mit Unterschrift. Vielleicht lag in seinem Wesen ein Anflug von Narzismus, dennoch war er ganz und gar bescheiden.

Trotz einer hohen Stimme, die nicht zu seiner riesigen Gestalt paßte, und seines starken Akzents machte er Eindruck, wenn er redete. Seine Persönlichkeit konnte über die Sprachbarriere hinweg gleichgestimmte Zuhörer ansprechen, erst recht, wenn sie über eigene Erfahrung in der Polarforschung verfügten. Mit seinem Vortrag vor der Königlich Geographischen Gesellschaft in London am 11. Februar 1907 beeindruckte er die alten „Arktis“-Admiräle. In der anschließenden Diskussion sagte Admiral Sir Vesey Hamilton:

Ich glaube nicht, daß eine Arktis-Expedition jemals so viel mit so geringen Mitteln erreicht hat. Einer der Gründe für den Erfolg der Expedition liegt für mich darin, daß jeder einzelne mit ganzem Herzen bei der Sache war. Wir dürfen daher sagen, daß die Besatzung nicht aus sieben, sondern aus vierzehn oder einundzwanzig Mann bestand. Ich habe in drei arktischen Wintern und fünf arktischen Sommern Erfahrungen gesammelt und kann sagen, daß nichts, von dem mir berichtet wurde, die Leistung von Kapitän Amundsen übertrifft. Auf alle Fälle gilt: „Es steht nicht in unserer Macht, Erfolg zu erzwingen, aber wir werden ihn uns verdienen.“ Und Amundsen hat sich seinen Erfolg redlich verdient ...[9]

Da Vesey Hamilton bei der Wahl Scotts einer der „Gefolgsleute“ von Sir Clements Markham gewesen war und die Geschichte der *Discovery*-Expedition genau kannte, war sein Lob genug. Amundsens Vortragsreise durch Europa war ein nationaler Erfolg. Er hatte viel Wohlwollen für sein Land geweckt, wie

Nansen es gewünscht hatte. Er hatte für sein Land bedeutendes Terrain gewonnen, als er den Kaiser für sich einnahm, denn Deutschland unterstützte Schweden und hätte es gern gesehen, wenn Norwegen wieder unter schwedische Herrschaft gekommen wäre. Und in England, dem wichtigsten Freund Norwegens unter den Großmächten, hatte er das „good will"-Feuer geschürt.

Für Amundsen selbst war der Auftritt in London eine Stunde persönlichen Genugtuung. Zwar hatte er genug von dem offiziellen Rummel, der ewigen Verleihung von Orden und Ehrenzeichen, aber der Vortrag vor der Königlich Geographischen Gesellschaft bedeutete Anerkennung. Askeladden hatte erneut gewonnen. Der Traum des Jungen von Uranienborgveien hatte sich erfüllt.

In *Die Sieben Säulen der Weisheit* sagt T. E. Lawrence:

> Alle Menschen träumen, doch nicht alle träumen gleich. Die nachts in den verborgenen Winkeln ihres Herzens träumen, erwachen bei Tage und erkennen, daß es Schäume waren; die Tagträumer aber sind gefährlich, denn sie erleben ihren Traum mit offenen Augen und setzen ihn in die Tat um.[10]

Wenn man Scott zu der ersteren Gruppe zählen könnte, dann Amundsen, mit Sicherheit, zur zweiten. Mit *Belgica* und der ersten antarktischen Nacht, mit *Gjøa* und der Nordwest-Durchfahrt war für Amundsen nicht alles getan. Er wollte mehr. Als er nach der Heimkehr von der Nordwest-Durchfahrt in London zum ersten Mal mit Nansen zusammentraf, fragte er ihn, ob er die *Fram* haben könnte.

Amundsen wollte den noch unentdeckten Geographischen Nordpol erreichen. Robert Edwin Peary war nach einem weiteren Fehlschlag auf dem langen Marsch über das Packeis von den Ufern des Eismeeres heimgekehrt. Seine Route war nach Amundsens Meinung kein Weg, der zum Ziel führte. Er beschloß bei sich, eine andere zu wählen. Ihm schwebte die Richtung vor, die Nansen mit der *Fram* eingeschlagen hatte; er wollte jedoch erst weiter östlich auf das Packeis gehen, um unter Ausnutzung des Windes und der Meeresströmung einen höheren Breitengrad zu erreichen, vielleicht sogar über den Pol hinauszugelangen, jedenfalls so nahe heranzukommen, daß er ihn in einem kurzen Anlauf auf Skiern mit Schlitten und Hunden erreichen könnte.

Nansen konnte ihm auf seine Frage keine Antwort geben. Noch war er norwegischer Botschafter in London. Seine Heimkehr von der Fahrt auf der *Fram* lag zwanzig Jahre zurück. Politik, naturwissenschaftliche Studien und diplomatische Arbeit nahmen ihn ganz in Anspruch; hinzu kam der Konflikt zwischen Ehefrau und Geliebter. Er litt darunter, daß die Zeit dahinflog. Ihn drängte es nach Taten. Er klammerte sich an den Gedanken, selbst noch eine Expedition zu unternehmen, und dafür würde er sein altes Schiff brauchen. Sein Wunsch – vielleicht sein Wahn: Was Ibsen die „Lebenslüge" nennt, war für ihn das Verlangen, seine Laufbahn mit der Eroberung des Südpols zu krönen.

Seitdem er von der ersten Grönlanddurchquerung heimgekehrt war, hatte er mit diesem Gedanken gespielt. Die Expedition bestärkte ihn in dem Glauben, daß ein Polar-Eiskap für erfahrene Skiläufer keine unüberwindliche Hürde, sondern eine regelrechte Straße wäre. Zwanzig Jahre ehe der Beweis erbracht wurde, entschloß er sich zu der Meinung, daß der Südpol auf einem Eiskap läge und deshalb darauf wartete, schnell und elegant von einer kleinen Gruppe norwegischer Skiläufer erobert zu werden.

Das war kein eitler Wahn, sondern nüchterne Überlegung. Den Südpol zu erreichen, würde für Nansen nur eine Skitour sein – zwar eine lange und gefahrenvolle, die sorgfältige Organisation verlangte – aber im wesentlichen doch eine Skitour, die sich in nichts unterschied von einer Skitour über die vertrauten Berge seiner Heimat, wie die Durchquerung Grönlands gezeigt hatte. Nichts in den dazwischenliegenden Jahre änderte seine Meinung, ganz gewiß nicht diese Karrikatur einer Schneereise, wie Scott sie in *Die Reise der Discovery* dargestellt hatte. Wenn Scott überhaupt etwas nahe legte, dann dies; das Forschungsfeld wartete darauf, daß Fachleute die inkompetenten, wenn auch heroischen Amateure ablösten.

Doch die Jahre gingen dahin, die Pläne lagen brach. Die norwegische Unabhängigkeit kam, und Nansen wurde in die Politik und die Londoner Botschaft gezogen. Und über allem lag das Bewußtsein, daß die Zeit auf der *Fram* etwas in ihm getötet hatte. „Keiner von uns“, schrieb er seiner Frau Eva, „geht ungestraft durch drei solche Jahre“.[11] Doch der Gedanke an die Fahrt lebte in ihm weiter, und als Amundsen damals in London nach der *Fram* fragte, antwortete Nansen mit seinen eigenen Antarktis-Plänen. Doch Amundsen, hinter dessen hellblauen, kühl blickenden Augen sich eine wache, fast weibliche Intuition verbarg, erkannte das Wunschdenken in Nansens Worten und dahinter die Selbsttäuschung. Vor Ablauf von drei Monaten schrieb er an Nansen:

> Verzeihen Sie, daß ich schon jetzt mit einer Frage an Sie herantrete. Es mag Ihnen aufdringlich erscheinen, doch Sie werden die Frage entschuldigen, da Sie wissen, wie sehr mich die Sache interessiert.
>
> Haben Sie bereits eine Entscheidung getroffen bezüglich der Fahrt, über die wir sprachen, als ich im Februar in London war? Ich würde mich Ihnen lieber anschließen und könnte Ihnen nützlich sein; doch wenn Sie Ihre Pläne nicht in die Tat umsetzen können, würde ich sehr gern an meinem Plan festhalten, genauer gesagt, an Ihrem ursprünglichen Plan, nämlich vor Herbst durch die Bering-Straße und über den Pol zu fahren.[12]

Die erstaunliche Selbstsicherheit in diesem Brief hatte auch einen handfesten praktischen Grund: Nansen hatte seit langem die norwegische Regierung gedrängt, Amundsens Schulden zu begleichen, und seine Bemühungen hatten gerade zum Erfolg geführt. Am 20. April bewilligte der Storting (das norwegische Parlament) Amundsen die Summe von 40 000 Kronen (in heutiger Währung etwa 71 000 Dollar).

Die Schenkung war an die Bedingung geknüpft, daß Amundsen die ethnographische Sammlung, die er auf der *Gjøa* über die Netsilik-Eskimos zusammengetragen hatte, dem norwegischen Staat übereignete. Es war ein gutes Geschäft, doch nicht mehr notwendig, da Amundsen die Schenkung bereits selber angeboten hatte. Doch falls der Forscher durch diese kleinliche Art verletzt war, so ließ er es sich nicht anmerken. Die Schenkung hatte seine finanziellen Schwierigkeiten beseitigt. Die bevorstehende Vortragsreise durch Amerika würde jetzt nicht mehr unter dem Zwang stehen, Schulden abzudecken, sie könnte den Start zu einer neuen Expedition bilden.

Nansen hatte seine Entscheidung über die *Fram* für den Zeitpunkt seiner Rückkehr nach Norwegen versprochen. So ging Amundsen eines Tages, Anfang September 1907, zu ihm, um sein Schicksal zu erfahren.

Er war elf jahre jünger als der Mann, zu dem er ging. Er beanspruchte den Thron und war auf dem Weg zum alten König, um ihn um die Übergabe des Szepters zu bitten. Er hatte einen Gang vor sich, der den kühnsten Norweger geschreckt hätte, und dabei war Amundsen ein zurückhaltender und schüchterner Mensch.

Ein Freund von Nansen beschreibt, wie sie einst über den Sinn des Lebens diskutierten:

> Nansen sagte: „Das Leben hat keinen Sinn. Es gibt in der Natur nichts, was man ‚Sinn' nennen könnte. ‚Sinn' ist eine rein menschliche Vorstellung, die wir in die Existenz einführen."
>
> Das war wie ein frostiger Wind aus einer anderen geistigen Welt.[13]

Nansens Haus trug den Namen Polhøgda, „Die Polarhöhen", Symbol und zugleich Ausweitung seiner Persönlichkeit. Er hatte es selbst entworfen. Es war ein hohes, abweisendes Herrenhaus, wie eine Burg in einem nordischen Volksmärchen, die sich auf einem Hügel über dem Wald erhebt. An der einen Ecke ein Turm mit einem Arbeitszimmer, von dem Nansen in „grandioser Einsamkeit" auf ein Meer aus schwarzen Baumwipfeln und die glitzernden Wasser des Fjords hinabschauen konnte.

Amundsen klopfte an die schwere Eingangstür und wurde in die hohe ungastliche Halle geführt. Vor sich hatte er die Gallerie und das Mittelstück, die Treppe, auf deren oberem Absatz Nansen zu erscheinen pflegte. So empfing er Besucher, ein sorgfältig arrangierter Auftritt.

In den Mauern von Polhøgda spielte sich noch ein Drama ab, das wiederum mit Amundsen verknüpft war. Nansens Ehe war in einer Krise. Eva war ihrem Mann nicht nach London gefolgt. Sie hatten sich auseinandergelebt; hatten Affären, liebten einander aber noch. Eva sprach wenig; konnte aber den Gedanken, daß ihr Mann sich für eine neue Expedition von ihr trennte, nicht ertragen. Ihre Tochter Liv hat niedergeschrieben, was sich abspielte.

> Mit der Zeit wurde (Vater) immer unentschlossener. Schließlich konnte er sein Hin- und Hergerissensein nicht mehr ertragen und offenbarte sich Eva. Ohne auf sich Rücksicht zu nehmen, ging sie mit einem solchen Verständnis

auf seine Gedanken ein, daß er überwältigt war. Dennoch konnte er keinen Entschluß fassen, und als der Tag kam und Amundsen in der Halle stand, konnte auch Eva ihren Schmerz nicht verbergen. Sie stand im Schlafzimmer und hörte Fridtjofs langsame Schritte im Zimmer über sich. Fragend schaute sie ihn an, als er hereintrat. „Ich weiß, was geschehen wird,“ war alles, was sie sagte. Wortlos ging Fridtjof hinaus und die Treppe hinunter in die Halle. Dort blickte er wieder in ein fragendes Gesicht. „Sie sollen die *Fram* haben“, sagte Vater.[14]

Jahre danach erzählte Nansen Amundsen, was er empfunden hatte. Selbst wenn man einräumt, daß die Rückschau etwas vergolden kann, enthüllen seine Worte viel:

> Wenn ich zunächst meine Expedition durchgeführt und Ihnen danach die *Fram* überlassen hätte, wäre, wie ich Ihnen damals sagte, Ihre Fahrt zu lange hinausgeschoben worden. Und dann, dachte ich letzten Endes, würde Ihre Fahrt über das Nördliche Polarmeer von größerer wissenschaftlicher Bedeutung sein als meine Entdeckung des Südpols und als die Vermessungen, die ich dort hätte durchführen können, und die genauso gut jemand anders würde machen können. Und so gab ich blutenden Herzens den Plan auf, den ich so lange gehegt hatte und der mein Lebenswerk gekrönt hatte. Ich tat das zu Gunsten Ihrer Fahrt, das schien mir richtiger zu sein und Norwegen größeren Gewinn zu bringen. Sie waren jünger und hatten ein großes Lebenswerk noch vor sich . . . während ich mir auch andere Aufgaben suchen konnte. Ja, so war es; doch was es mich kostete, mich von meinen langgehegten Plänen, die in mir Wurzeln geschlagen hatten, loszureißen, habe ich später erst gemerkt, obwohl ich Sie das, wie ich hoffe, niemals habe spüren lassen.[15]

Nansens Zusage, die *Fram* abzugeben, war eigentlich kein Geschenk, sondern er akzeptierte damit einen Anspruch. Die *Fram* war Staatseigentum, und jetzt hatte Amundsen ein Anrecht darauf. Sie lag im Marinehafen von Horten am Oslo Fjord, und mußte ganz überholt werden. Doch immerhin hatte Amundsen nun ein Schiff, mit dem er rechnen konnte. Jetzt brauchte er nur noch die restlichen Schulden aus der Zeit der *Gjøa* zu bezahlen und Geld aufzutreiben für die dritte Fahrt der *Fram* (die beiden ersten hatten Nansen und Sverdrup durchgeführt). Im Herbst 1907 fuhr er zu einer Vortragsreise nach Amerika, dem damaligen Eldorado, und hoffte, aus der *Nord-West-Passage* Kapital zu schlagen.

Der Eröffnungsvortrag in New York war eine kalte Dusche. Nur 200 bis 300 Personen saßen in der Carnegie Hall, dabei hätten mehrere Tausend Platz gehabt“.[16] Das schmerzte ihn, weil er versprochen hatte, Ristvedt zu unterstützen.

Ristvedt, sein Begleiter auf der Fahrt zum Magnetischen Nordpol, gehörte zu denen, die Anspruch auf seinen Dank hatten. Amundsen blieb seinerseits denen unverbrüchlich treu, die ihm treu gedient hatten. Sein fast väterliches Verantwortungsbewußtsein hatte nichts mit Moral zu tun, es gehörte zu seiner Führungsphilosophie. Nur so konnte er das notwendige gegenseitige Vertrauen zwischen Führendem und Geführten herstellen. Allerdings konnte er die Verpflichtungen gegenüber Ristvedt doch bald erfüllen.

Nach New York wurde Amerika aufgeschlossener, und von Philadelphia aus konnte Amundsen seinem alten Schulfreund F. Herman Gade schreiben: „Ich hatte ein volles Haus ...“[17]

Im ungemütlichen Nomadenleben einer Berühmtheit, die kein Geld hat, müssen oftmals Postkarten Ersatz für Geselligkeit bieten. Das war bei Amundsen anders. Gade und seine Frau boten dem noch immer einsamen Junggesellen die häusliche Atmosphäre, die ihm fehlte.

Die Vorträge liefen gut, und drei Wochen nach Beginn der Vortragsreise konnte Amundsen Gade, nicht ohne Stolz, 1000 Dollar schicken. Gade war sein amerikanischer Finanzmanager.

In jene Zeit, Amundsen war damals 35, fallen auch seine ersten, von ihm erwähnten sexuellen Abenteuer. Die zentrale Figur ist eine geheimnisvolle Dame „Carrey“, offenbar eine Kupplerin und mit Gade gut bekannt. Amundsen schrieb Gade im April gegen Ende seiner Vortragsreise von Butte, Montana:

> Ich würde gern am Sonntag mal bei Dir und Deiner Familie hereinschauen, doch was mache ich mit dem Samstagabend? Meine alte Freundin Carrey weiß vielleicht einen Rat. Frag sie, ob die kleine Französin, *die hübsche, saubere,* frei ist, und bitte sie, Samstagabend um 9 in ihrem Haus ein Treffen zu arrangieren.[18]

Im Mai kehrte Amundsen enttäuscht heim. Obwohl die Vortragsreise Geld gebracht hatte, war sie doch nicht, wie er gehofft hatte, eine finanzielle Sensation geworden. Die *Nord-West-Passage* hatte seine Kritiker entwaffnet, aber der stille Traum eines jeden Autors: einen Bestseller geschrieben zu haben, hatte sich nicht erfüllt. Die *Gjøa*-Schulden hatte er decken können; viel mehr war aber nicht herausgekommen. Geld für die nächste Expedition war nicht in Sicht, und die arme *Fram* lag matt im Brackwasser und setzte Muscheln an.

Eine Zeitlang dachte Amundsen aber an all das nicht mehr und richtete sich ein Haus ein; denn ein Heim hatte der Bezwinger der Nordwest-Durchfahrt nicht. Er war einsam, ohne Aussicht auf Heirat, doch er kaufte sich ein Haus. Es war ein großes, zweistöckiges Haus und, wie ein Schweizer Chalet, aus Holz. Er holte sich Betty, sein früheres Kindermädchen, als Haushälterin.

Das Haus wurde wie ein Schiffssalon eingerichtet; es war solide, bequem, ein wenig dunkel. Auf einer Glastür zwischen der Diele und dem Wohnzimmer brachte Amundsen eine transparente Fotografie an. Es war sein alter Freund

Ugpik, „Die Eule“, aus Gjøahavn, mit Pfeil und Bogen. Auf einzelne Oberlichter klebte er ebenfalls transparente Bilder mit Szenen von der Nord-West-Passage, und ins Wohnzimmer hängte er, vielleicht als ironische Trophäe, einen Druck des Gemäldes von Sir John Millais *Die Nord-West-Passage* mit dem Text „Sie kann und wird geschafft werden, und zwar von England“. Schlafzimmer und Ankleideraum stattete er wie Schiffskabinen aus; er konnte sich wie auf einem Schiff fühlen.

Auf Nansens Anregung ging Amundsen nach Bergen, um an einem Lehrgang über Ozeanographie teilzunehmen. Leiter des Lehrgangs war Professor Bjørn Helland-Hansen, einer der führenden Ozeanographen. In Helland-Hansen fand er einen treuen und verständlichen Freund.

Noch war die Expedition eine private Absicht, von der nur wenige wußten. Nach Abschluß des ozeanographischen Lehrgangs enthüllte Amundsen am 10. Novemer auf der großen Soiree der Geographischen Gesellschaft in Christiania seine Pläne.

Es wurde ein Ereignis, oder, wie die führende norwegische Volkszeitung *Aftenposten* es ausdrückte:

> Die Vorahnung großer Ereignisse rauschte über die erlauchte Versammlung . . . Der König war anwesend, das Diplomatische Korps zahlreich vertreten. Die Geographische Gesellschaft wird lange an diesen Tag denken, an den Tag, da Amundsen die Pläne für seine Polarreise in einen unbekannten Teil der Welt darlegte.[19]

Amundsen war in erster Linie auf der Suche nach dem Pol. Wie er seine Pläne für die Nordwest-Durchfahrt mit der Suche nach dem Magnetischen Nordpol getarnt hatte, so verhüllte er jetzt seine Nordpolpläne mit einer Entschuldigung:

> Es ist eine weitverbreitete Meinung, daß eine Polar-Expedition unnötig Geld und Menschenleben vergeudet. Mit der Vorstellung einer Polar-Expedition verbindet man allgemein den Gedanken an Rekord: den Nordpol oder wenigstens soweit wie möglich nach Norden vorzudringen. Und in diesem Punkt bin ich der gleichen Meinung. Aber, ich möchte ganz eindeutig sagen, die Eroberung des Pols wird nicht das Ziel meiner Expedition sein; Hauptziel ist die wissenschaftliche Erforschung des Polarmeeres.[20]

Danach erläuterte er seinen Plan:

Ich möchte Anfang 1910 mit der *Fram* auslaufen, und zwar ausgerüstet für 7 Jahre und mit einer guten Mannschaft. Ich werde Kurs um Kap Horn nach San Francisco nehmen, dort Kohle und Proviant einlagern. Von da geht es nach Point Barrow, der nördlichsten Gebirgsspitze Amerikas, von wo wir die letzten Nachrichten in die Heimat schicken, ehe wir zur eigentlichen Reise auslaufen. Ich will Point Barrow mit einer möglichst kleinen Mannschaft verlassen. Wir werden Kurs halten in Richtung Nord-Nordwest und den günstigsten Ausgangspunkt für einen Vorstoß nach Norden suchen. Wenn wir den gefunden haben, werden wir versuchen, so weit wie möglich zu kommen, und uns auf eine 4 bis 5 Jahre lange Fahrt im eingefrorenen Schiff über das Polarmeer einrichten ... sobald das Schiff im Eis festliegt, beginnen die Forschungen, die einige bis jetzt unerforschte Geheimnisse aufklären sollen.

Mit großem Beifall wurde Amundsens Rede aufgenommen. Der Berichterstatter von *Aftenposten* schrieb, der lang anhaltende Beifall „zeigte deutlich, wieviel Vertrauen man in den kühnen Seefahrer und Wissenschaftler setzte, der gerade seinen wagemutigen Plan vorgestellt hatte".

Später ergriff Nansen das Wort, um Amundsen sozusagen seinen Segen zu geben und seine Pläne zu unterschreiben. Er drückte bündig die norwegische Einschätzung von Polarforschung aus und legte ein Glaubensbekenntnis ab, das für Polarforscher aller Zeiten und aller westlichen Länder gültig ist. Was Menschen in die Polargebiete trieb, war

> die Macht des Unbekannten über den menschlichen Geist. Wie Vorstellungen sich im Laufe der Zeiten geklärt haben, so hat diese Macht ihre Herrschaft ausgedehnt und den Menschen, ob er wollte oder nicht, auf dem Weg des Fortschritts weitergetrieben. Sie treibt uns zu den verborgenen Kräften und Geheimnissen der Natur, hinab in die unermeßlich kleine mikroskopische Welt und desgleichen hinaus in die unerforschten Weiten des Universums. ... Sie läßt uns keine Ruhe, bis wir den Planeten, auf dem wir leben, von den tiefsten Tiefen des Ozeans bis zu den höchsten Schichten der Atmosphäre kennen. Diese Macht läuft wie ein roter Faden durch die ganze Geschichte der Polarforschung. Trotz aller Erklärungen über den möglichen Nutzen für dieses oder jenes Gebiet hat diese Nacht in unserem Innern uns immer wieder zu sich selbst zurückgeführt, ungeachtet aller Rückschläge und Leiden.[21]

Am Tag darauf trugen König Haakon und Königin Helene sich als erste mit 20000 Kronen in die Spendenliste für die dritte *Fram*-Expedition ein. „Es ist einfach rührend", schrieb Amundsen in einem Brief an Gade, „wie die Leute ihre Begeisterung ‚für das große nationale Unternehmen' zeigen."[22]

Doch das war reiner Zweckoptimismus. Als Gade sich in einem Brief anbot, in Amerika Geld aufzutreiben, antwortete Amundsen:

> Lieber Freund, wenn Du es mit Deinen Beziehungen schaffst, in der Richtung etwas zu tun, erweist Du mir einen größeren Dienst, als ich Dir beschreiben kann. Man denkt hier sehr mittelmäßig und engstirnig, und unverhältnismäßig harte Arbeit ist nötig, um die notwendigen Mittel zusammenzutrommeln.[23]

Das ist einer der ersten deutlichen Anflüge von Bitterkeit. Nach seiner Rückkehr von der Nordwest-Durchfahrt hatte Amundsen sich irgendwie verändert. Er fing an, unter der ungesunden Enge des kleinen Landes zu leiden. Er war zu groß für seine Umwelt, und Amerika war, trotz aller Fehler, doch mehr nach seinem Geschmack. „Wenn Du Armour triffst, schrieb er an Gade, „sag ihm, daß seine Chancen, seine Produkte zum Pol zu schicken, größer sind als je zuvor.“[24]

Armour war einer der bekannten Magnaten der fleischverarbeitenden Industrie. Amundsen hoffte, er könnte von ihm als Gegenleistung für freie Werbung die nötigen Mengen Pemmikan und Büchsenfleisch umsonst bekommen.

> Also gut, wir werden für Armour Reklame machen. Die Verhältnisse sind gegenwärtig so, daß ich mir meine oft erwähnte Bescheidenheit nicht mehr leisten kann. Für eine solche Firma bedeuten ein paar Kisten mehr oder weniger so gut wie nichts.[25]

Anfang 1909 versiegten die Spenden. Kaum ein Viertel der benötigten Summe stand zur Verfügung. Die Familie Amundsen konnte nicht, wie damals bei der *Gjøa*, einspringen. Die Expedition war zu groß. Amundsen wandte sich an den Staat.

Bis jetzt war ihm die *Fram* offiziell noch nicht mit Sicherheit zugesagt. Er beantragte formell beim Storting die Überlassung der *Fram* und außerdem 75000 Kronen für ihre Instandsetzung.

Ein kleiner Ausschuß wurde eingesetzt; den Vorsitz hatte Nansen, und eines der Mitglieder war Axel Heiberg. Im Januar 1909 richtete der Ausschuß einen Appell an die Öffentlichkeit, in dem es hieß, Amundsens Expedition sei

> für Norwegen von so großer Bedeutung, daß keine Mühe gescheut werden darf, sie durchzuführen. Es ist klar, daß es gerade für ein kleines Volk wichtig ist, sich zusammenzutun, um, wo sich eine Gelegenheit dazu bietet, kulturelle Aufgaben zu lösen, vor allem auf Gebieten, auf denen es besonders begabt ist. Hier stehen die kleinen Völker auf einer Stufe mit den großen. Wenn sie auf den Gebieten der Forschung, der Kunst oder Naturwissenschaft große Anstrengungen unternehmen, bekunden sie ihr Recht als unabhängige Nation und ihre Bedeutung für die Weltkultur. Jeder Versuch dieser Art, ob klein oder groß, ist ein Beitrag zur Stärkung des Selbstvertrauens im Inland und zur Anerkennung im Ausland.[26]

Das zielte auf die öffentlichen Finanzen und auf Abstimmung im Storting. Die Debatte im Storting stand bevor. Um seine Chancen zu verbessern, schrieb Amundsen an Scott Keltie, den Sekretär der Königlichen Geographischen Gesellschaft in London.

> Ich wäre der Königlich Geographischen Gesellschaft sehr zu Dank verpflichtet, wenn sie mich über ihre Meinungen und Ansichten zu meiner geplanten

Arktis-Expedition informierte. Meinen Vortrag darüber habe ich Ihnen zugesandt.

Mein Antrag an das norwegische Parlament um Überlassung der *Fram* wird in den ersten Tagen des Monats Januar diskutiert, und es wäre sehr wichtig und interessant, vorher eine Stellungnahme in Händen zu haben.[27]

Dieses Schreiben ist atemberaubend direkt. Es offenbart – und nutzt gleichzeitig – was vielen kleinen Ländern gemeinsam ist, den Respekt, um nicht zu sagen, die Verehrung gegenüber dem Stärkeren.

Ehe Scott Keltie antwortete, konsultierte er Albert Markham und Sir Lewis Beaumont, zwei der alten „Arktis"-Admirale. Beide äußerten sich ablehnend.

Scott Keltie war nicht nur Sekretär der Königlich Geographischen Gesellschaft, er schrieb auch für die *Times* über Forschung. Im Grunde seines Herzens war er in erster Linie Journalist. Er wollte eine gute Story auf keinen Fall kaputt machen. Seine Antwort an Amundsen war ein Paradestück an diskreter Ermutigung und vermiedener Verantwortung.

Ihr Plan ... ist mehreren Arktis-Experten zugeleitet worden, und nach gründlicher Erwägung ihrer Ansichten ... hat der Präsident mich befugt zu sagen, daß das Consilium der Gesellschaft es für sehr wünschenswert hält, daß im Interesse der Wissenschaft eine gründliche Erforschung der Arktis durchgeführt wird ...

Wenn Sie Ihre geplante Expedition mit der gleichen Gründlichkeit durchführen, wie die uns zugegangenen Unterlagen vermuten lassen, ist nicht zu bezweifeln, daß es sehr lange dauern wird, bis alle noch ungelösten Probleme gelöst sind ...[28]

Am 25. Januar 1909 fuhr Amundsen nach London, um der Versammlung der Königlich Geographischen Gesellschaft seinen Plan zu unterbreiten.

Ich begrüße den Entschluß meines Freundes Amundsen, in den Fußstapfen Nansens weiter zu gehen, (sagte Sir Clements Markham in der anschließenden Diskussion). Daß es ein sehr gefahrvolles Unternehmen werden wird, ist nicht zu verhehlen. Doch die Führung eines wirklich befähigten Mannes verringert die Gefahr beträchtlich. Wie das Unternehmen Nansens ist dies hier ein großartiger Plan und des Mannes würdig, der als erster die Nord-West-Passage fuhr.[29]

Sir Lewis Beaumont regte an, Funkgeräte mitzunehmen, die inzwischen als Verbindung zwischen Schiff und Küste regelmäßig gebraucht wurden. Amundsens Antwort war bezeichnend:

Ich habe mir vorgenommen, kein Funkgerät mitzunehmen. Und weshalb? Stellen Sie sich vor, daß wir bereits 2 Jahre im Packeis treiben und noch

> 3 Jahre vor uns haben. Stellen Sie sich weiter vor, daß wir plötzlich einen Funkspruch aufnehmen, einer unserer Angehörigen sei schwer erkrankt ... Was wird dann passieren? Niemand vermag das zu sagen, doch es kann schlimm ausgehen.

Nach dem Vortrag wurde Amundsen von König Eduard VII. empfangen. „Es lief sehr gut“, schrieb er an Scott Keltie, „der König war überaus interessiert und stellte viele Fragen.“ Mit so vielfacher Anerkennung kehrte er von England heim, um sich dem Urteil des Parlaments in seinem eigenen Land zu stellen.

Im allgemeinen gilt, je kleiner das Land, desto leidenschaftlicher die Politik. Als der Storting am 6. Februar die Debatte einleitete, ob man Amundsen die *Fram* überlassen und für ihre Instandsetzung 75 000 Kronen bewilligen sollte, war mit einer dramatischen Auseinandersetzung zu rechnen. Es wurde mit Argumenten operiert, die man bei manch kühnem Unternehmen gehört hatte, von der ersten Weltumseglung des Kolumbus bis zur ersten Mondlandung. Der konservative Abgeordnete Professor Brøgger, ein Anhänger Amundsens, rief aus:

> Sollen wir wirklich zulassen, daß die Königlich Geographische Gesellschaft da drüben über uns sagen kann, ... Großer Gott, ist das norwegische Volk so arm, daß es für ein solches Unternehmen nicht einmal 75 000 Kronen bereitstellen kann?

Gegen die Bewilligung sprachen „kleine Geister, die nur um Brot und Butter kreisten“, so Amundsen. Dazu gehörten alle zehn sozialdemokratischen Abgeordneten (Norwegen war damals noch nicht die sozialistische Hochburg, die es heute ist), darunter Alfred Eriksen, der sagte:

> Wenn in Europa bekannt würde, daß wir für Amundsens Polar-Expedition 75 000 Kronen bewilligt haben, während gleichzeitig bekannt ist, daß wir unsere Volksschullehrer hungern lassen, würde das kaum für uns sprechen.

Die meisten Radikalen kamen mit ähnlichen Argumenten. Eine harte Debatte zog sich über drei Stunden hin. Am Ende stimmten 87 für, 34 gegen den Antrag, und Amundsen bekam die *Fram* und 75 000 Kronen. Das Ansehen der englischen Königlich Geographischen Gesellschaft hatte Amundsen zweifellos zum Sieg verholfen.

15

Südpol – ja oder nein?

Amundsens neue Expedition begann nicht anders als die alte. Um Geld aufzutreiben, benutzte er Nansens Namen neben seinem eigenen Ansehen und ging zuversichtlich an die Vorbereitungen. Es lag ihm daran, erstklassige Arbeit zu leisten, zumindest aber eine Wiederholung früherer Fehler zu vermeiden. So hatte er beispielsweise auf der Nordwest-Durchfahrt Probleme mit Rentierfellen gehabt, weil sie von minderwertigen Tieren stammten, die man nicht zum richtigen Zeitpunkt getötet hatte. Schlafsäcke, die daraus gemacht waren, wurden steif, feucht und kalt. Er brauchte Felle von einjährigen Kälbern einer bestimmten Rasse, die man im Herbst schlachtete. Um sie zu bekommen, wandte er sich an seinen Freund Zapffe in Tromsø, der ihm schon bei der Ausrüstung der *Gjøa* geholfen hatte.

Ebenso genau war er mit den Instandsetzungsarbeiten an der *Fram*. Er ließ die *Fram* als Schoner auftakeln, weil ihre beiden in Längsrichtung gesetzten Segel leichter zu bedienen sind als quergestellte Segel; außerdem braucht man bei dieser Takelung weniger Besatzung. Mit dem romantischen „Hoch oben in den Rahen" aus alten Windjammer-Erzählungen war es endgültig vorbei. Sechs Mann konnten eine so getakelte *Fram* handhaben.

Außerdem ließ Amundsen die *Fram* von Dampf- auf Dieselantrieb umrüsten, weil das bei der Navigation im Eis Vorteile bietet; denn beim Steuern im Eis muß jede günstige Gelegenheit wahrgenommen werden, jeder zufällige Rückgang der Eisschollen, jedes überraschende Aufbrechen des Eises; und anders als bei der Dampfmaschine kann man mit dem Dieselmotor sofort volle Kraft geben, ohne im Ruhezustand Brennstoff zu vergeuden.

Dieselschiffe waren noch neu und nicht erprobt. Als die *Fram* instandgesetzt wurde, konnte man Schiffe mit Motorantrieb an den Fingern einer Hand abzählen. Der Motor mit Rückwärtsgang, auf den es beim Schiffsantrieb ankam, war erst fünf Jahre zuvor, 1904, von einem schwedischen Ingenieur, Jonas Hesselmann, erfunden worden. Erst 1907 wurde er von der Firma Diesel Motor Co., Stockholm, hergestellt. Die Maschine der *Fram* war die vierte, die in Betrieb genommen wurde. Die *Fram* war das erste Polarschiff mit Dieselantrieb, eine echtes Pionierstück.

Anders als Scott, organisierte Amundsen nicht vom Schreibtisch aus. Das hatte er seiner Familie zu verdanken. Sein Bruder Leon richtete sich als Sekretär der Expedition in Christiania ein kleines Büro ein und erledigte alle Schreibarbeiten. So brauchte Roald sich überhaupt nicht darum zu kümmern und konnte sich ganz der eigentlichen Vorbereitung widmen.

Es gab viel zu tun. Die zahllosen Einzelstücke der Polar-Ausrüstung mußten getestet, durchdacht und häufig geändert werden. Regelmäßig fuhr Amundsen den Fjord hinunter zum Marinehafen in Horten, wo die *Fram* zur Instandsetzung lag, um die Arbeiten zu überwachen.

Mit 37 Jahren verliebte Amundsen sich, vermutlich zum ersten Mal in seinem Leben, und zwar in eine verheiratete Frau, Sigrid Castberg, Gattin eines Juristen aus angesehener Familie. In der festgefügten kleinen Gesellschaft einer Kleinstadt (Christiania hatte damals 24000 Einwohner) war es nicht leicht, solche Affären geheim zu halten, und Amundsen scheute einen Skandal. Er wollte, daß Sigrid sich scheiden ließ, und ihn nach der Scheidung sofort heiratete. Natürlich zögerte sie.

Doch in den Monaten vor seiner Ausfahrt genoß er die Wärme dieser Beziehung. Amundsens Familie glaubte, daß Roald sich für Frauen nicht interessierte. Aber in Sigrid hatte er sich nun doch verliebt; sie war hübsch, amüsant und ganz und gar fraulich, das, was Amundsen brauchte. Eine Postkarte, die sie zusammen um Mitternacht im Grand Hotel schrieben – sozusagen das „Ritz" in Christiania – klingt übermütig und glücklich. Es war ein befreiender Schritt, den er wahrscheinlich auch brauchte.

Inzwischen versuchte Peary, in der Arktis vergraben, erneut den Nordpol zu erreichen.

Für die *Gjøa* hatte Amundsen nach einer Mannschaft suchen müssen, jetzt wurde er mit Angeboten überhäuft. Als stellvertretenden Kommandanten nahm er Fregattenkapitän Ole Engelstad, einen norwegischen Marineoffizier. Aber beim Testen eines Fesselballons, den die *Fram* für Beobachtungen aus der Luft mitnehmen sollte, wurde Engelstad vom Blitz erschlagen.

Amundsen wandte sich telegrafisch an den Marineoffizier Thorvald Nilsen, der sich vergeblich beworben hatte. Dieser nahm an und wurde zum Stellvertreter Amundsens ernannt.

Auf seinem Weg nach London mußte Amundsen in Lübeck umsteigen – es war Ende Januar 1909 – und traf dort zufällig eine norwegische Skimannschaft, die nach Chamonix reiste. Während sie gemeinsam auf den Anschlußzug warteten, kam das Gespräch auf Expeditionen. Einer aus der Gruppe sagte zu Amundsen: „Wissen Sie, ich hätte Lust, mit Ihnen zum Nordpol zu reisen." Dieser Mann war zufällig einer der besten Skiläufer überhaupt und hieß Olav Bjaaland. „So?", antwortete Amundsen, „wenn das Ihr Ernst ist, ließe sich das schon arrangieren. Besuchen Sie mich auf der Rückseite von Chamonix in Christiania. Doch, überlegen Sie es sich gut; es wird kein reiner Spaß."

Bjaaland hat die Geschichte später so erzählt. Amundsen und Bjaaland hatten sich vorher nie gesehen, obwohl sie durch Zeitungsberichte voneinander wußten. Bjaaland, der jetzt 36 war, hatte 1902 die Nordische Kombination – Skispringen und Langlauf – bei den jährlichen Wettkämpfen in Nordmarka gewonnen, und beim 50 km-Langlauf 1908 wurde er dort Zweiter.

Er stammte aus Morgedal in Telemark, der Wiege des modernen Skilaufs. Skilaufen war seit der Steinzeit in Skandinavien die übliche Fortbewegungsart gewesen. Die Männer von Morgedal machten es zu dem Sport, den wir heute kennen. Sie erfanden das Skispringen und den Abfahrtslauf. Aus ihrem Dialekt stammt das Wort Slalom, wörtlich heißt das „der Lauf die Wiese hinunter". Sie erfanden die beiden Bremsschwünge „Telemark" – nach ihrer Heimat – und Christiania – nach ihrer Hauptstadt. Sie legten die Grundlagen zur modernen Skitechnik.

Bjaaland gehörte der Pioniergeneration an. Er war Bauer und Bergsteiger. Er spielte Geige und wäre gern Berufsmusiker geworden, glaubte aber, dazu nicht begabt genug zu sein. Er war gelernter Schreiner, machte Geigen und Skier und stellte auch schmiedeeiserne Gegenstände her. Er hatte etwas von einem Künstler, einem Dichter, einem Kind und einem Spaßmacher. In seinem Auftreten lag in sehr hohem Maße die natürliche Würde und Feierlichkeit, die man traditionell mit seiner Heimat Telemark in Verbindung bringt. Er war ein geborener Aristokrat. Amundsen erkannte diese Eigenschaften, und als Bjaaland im Februar nach Morgedal zurückkehrte, gehörte er schon zur Expedition.

Die Vorbereitungen machten gute Fortschritte. Geld war immer noch das große Problem; doch Amundsen glaubte weiter, daß er, wie ursprünglich beabsichtigt, im Januar 1910 die Reise antreten könnte. Am 1. September 1909 schlug er die Abendzeitung auf und las:

NORDPOL ERREICHT

. . . Dr. Cook erreichte den Nordpol am 21. April 1908 und traf im Mai 1909, von Kap York kommend, in Upernavik (Grönland) ein.[1]

Cook war auf der Rückreise von Grönland nach Kopenhagen. Amundsen telegrafierte: „Herzlichste Glückwünsche zur glänzenden Tat. Bedauere, daß ich nicht zu Ihnen nach Kopenhagen kommen kann. Hoffe, Sie in den Staaten zu sehen." Das war am 3. September. Vier Tage später brachte Amundsens Zeitung neue Schlagzeilen: „Hat auch Peary das Sternenbanner am Nordpol gehißt?"[2]

Die *New York Times* bezweifelte das nicht:

Nach acht Versuchen in 23 Jahren entdeckt Peary den Nordpol . . . Ich habe den D.O.P., kabelt Peary seiner Frau. Das heißt, erläutert die glückliche Frau des Forschers, The Damned Old Pole.

Peary behauptete, den Pol am 6. April 1909 erreicht zu haben, ein Jahr nach Cook. Amundsen wurde um Stellungnahme gebeten. In einem Interview mit der *New York Times* erklärte er:

> Es ist müßig, darüber zu spekulieren, an welchen Punkten die beiden Forscher angekommen sind. Es ist unwichtig, ob der genaue mathematische Pol erreicht wurde oder nicht; wichtig ist aber, daß an jener Stelle die geographischen Verhältnisse erforscht wurden. Wahrscheinlich muß doch weiter geforscht werden und damit werden wir alle vollauf beschäftigt sein.[3]

Das war zweifellos richtig, doch klang es für Amundsen selbst nicht ganz überzeugend. Die Nachricht über Peary drängte ihn, den nächsten Zug nach

Kopenhagen zu nehmen. Er kam am Mittwoch in der Frühe an und suchte Cook sogleich in seinem Hotel auf. Über diese Begegnung schrieb Cook aus der Rückschau 25 Jahre später:

> Amundsen berichtete mir ... daß er die Vorbereitungen fast so weit abgeschlossen habe, daß er einen Vorstoß mit der *Fram* starten könnte. Er fragte mich nach den Meeresströmungen, nach den Wetterverhältnissen und was ich von den Plänen hielte. Ich riet ihm von dem Unternehmen ab, weil ich glaubte, er könnte bestenfalls die Fahrt nach Nansen und Sverdrup wiederholen. Weiter sagte ich, der Nordpol sei nicht mehr gefragt. Weshalb nicht den Südpol versuchen!?
>
> Der Gedanke verschlug Amundsen den Atem. Er saß eine Weile versunken da, wie es seine Gewohnheit war, wenn ihm plötzlich neue Gedanken kamen, und sagte dann: „Die *Fram* ist für die schwierigen Südmeere kein gutes Schiff. Doch eigentlich müßte man dorthin. Ich will es mir überlegen.[4]

Die von Amundsen veröffentlichte Darstellung lautet anders. Als die Nachricht über Peary eintraf, schrieb er:

> Mir war klar, daß der ursprüngliche Plan der dritten *Fram*-Expedition – die Erforschung des Nördlichen Polarbeckens – in Gefahr war. Wenn die Expedition gerettet werden sollte, mußte ich schnell und ohne Zögern handeln. Ich beschloß, einen Frontwechsel vorzunehmen – kehrtzumachen und Südkurs zu nehmen ... der Nordpol, die zweitletzte Frage von öffentlichem Interesse in der Polarforschung, war geklärt. Wenn ich für mein Unternehmen ernsthaft Interesse wecken sollte, blieb mir nichts anderes übrig, als die letzte große Frage zu klären – den Südpol.[5]

Mit anderen Worten, um Geldgeber für seine Fahrt durch die Arktis zu gewinnen, mußte etwas Sensationelles her, und das mußte der Südpol sein.

Ob Cook oder Peary als erster zum Nordpol gelangt waren, wurde bald zum Kampf in den Schlagzeilen. Schließlich wurde Cooks Anspruch offiziell zurückgewiesen und Pearys bestätigt. Doch bis heute schwelt der Disput weiter. Hat Cook den Pol erreicht? Oder Peary? Einer von ihnen? Überhaupt einer? Beide? Für Amundsen war die Entscheidung von Anfang an belanglos. Daß er jetzt gleich nach neuen Regionen Ausschau hielt, die er erobern konnte, nachdem man ihm die alten weggeschnappt hatte, paßte ganz zu seinem Charakter.

Amundsen wollte als erster am Südpol sein, und das von dem Geld, das er gerade für seine Fahrt durch die Arktis zusammentrug. Mit napoleonischer Verwegenheit wollte er von einem Pol zum anderen wechseln, und diese Verwegenheit würde weder von der Öffentlichkeit, noch von seinen Förderern verstanden werden. Deshalb beschloß er, mit dem Geld, das man ihm für die Fahrt zum Norden bewilligt hatte, die Fahrt nach Süden zu finanzieren. Wenn er das schaffen wollte, mußte er es heimlich tun, das stand für ihn von Anfang an fest. Er tat so, als gelte eine plötzliche Reise nach Dänemark einer Zusammenkunft mit Dr. Cook, von dem er Informationen für seine Fahrt im arktischen Meer haben wollte. In Wirklichkeit sollte die Reise die Vorbereitungen für die Antarktis-Expedition einleiten.

Kopenhagen war der geeignete Ausgangspunkt für die Fahrt zum Südpol. Dort mußten die Schlittenhunde bestellt werden. Von den Hunden hing der Erfolg ab. Die besten kamen aus Grönland, der dänischen Kolonie, und nach geltendem Recht hatte der Staat das Monopol für den Handel mit Hunden in der dänischen Hauptstadt.

Es traf sich gut, daß Jens Daugaard-Jensen, der Inspekteur für Nordgrönland (der höchste Verwaltungsbeamte), auf dem gleichen Schiff gefahren war wie Cook und jetzt in Kopenhagen lebte. Amundsen wollte Polarhunde aus Nordgrönland; sie sind die widerstandsfähigsten und mit den Verhältnissen in der Arktis am besten vertraut. Seine Reise nach Kopenhagen galt mehr Daugaard-Jensen als Cook.

Amundsen suchte Daugaard-Jensen auf, und in einem Schreiben vom 9. September dankte er ihm für seine

> freundliche Bereitschaft, Schlittenhunde, Eskimo-Ausrüstung etc. aus den dänischen Kolonien in Grönland zu beschaffen. Ich erlaube mir, was ich brauche, hier aufzulisten:
> 50 Hunde
> 14 komplette Eskimo-Anzüge aus Seehundfell
> 20 präparierte Seehundfelle zum Flicken der Anzüge
> 20 Hundepeitschen ... Riemen aus Seehundfell ...
> Bei den Hunden ist es sehr wichtig, daß ich die bestmöglichen bekomme ...[6]

Dieses Dokument ist in vielfacher Hinsicht interessant. Es ist unter anderem das erste Beweisstück dafür, daß er seinen Plan geändert hat. Ursprünglich hatte er seine Hunde für die Nordfahrt in Alaska kaufen wollen. Kopenhagen beweist, daß er sich jetzt für die Antarktis entschieden hatte. Die Absichtsänderung ist also spätestens für den 9. September anzusetzen. Der Brief an Daugaard-Jensen ist auf Cooks Papier geschrieben.

Man kann sich die Szene so vorstellen: Amundsen hat Daugaard-Jensen aufgesucht, er kann von ihm bekommen, was er braucht. Er geht zurück zu seinem Hotel, in dem auch Cook wohnt. Er berichtet seinem Freund, leiht sich von ihm Briefpapier, eilt in sein eigenes Zimmer und schreibt den Brief, der eine Wende in der Geschichte der Forschung einleitet.

Gleich nachdem Amundsen am 10. September aus Kopenhagen abgereist war, machte Daugaard-Jensen sich an die Erledigung des Auftrags. Er tat mehr, als er nach trockenen Beamtenbestimmungen tun mußte; er unterstützte Amundsen nach besten Kräften, um ihm einen persönlichen Dienst zu erweisen. Daß ein höherer Staatsbeamter seine dienstlichen Aufgaben vernachlässigte, um sich für einen Bittsteller einzusetzen, wirft ein bezeichnendes Licht auf

Amundsens Ausstrahlungskraft. Daugaard-Jensen hielt den Schlüssel zur Expedition in Händen. Amundsen hatte sich den wichtigsten Verbündeten gesichert. Der Besuch in Kopenhagen hatte sich gelohnt.

Am 11. September brachte die *New York Times* auf der ersten Seite den Abdruck eines Telegramms, das Peary aus Battle Harbour in Labrador gekabelt hatte, Cook „war weder am 21. April 1908, noch zu irgendeiner anderen Zeit am Pol. Er hat der Öffentlichkeit einen Bären aufgebunden."[7]

Pearys erste Verunglimpfung seines Rivalen leitete den berühmten Streit der beiden ein. Natürlich wurde Amundsen interviewt, ob er Dr. Cook Glauben schenke.

> „Ohne Einschränkung", antwortete er. „Wie erklären Sie sich die Sache mit Peary?" „Nun", antwortete Amundsen, „Peary hat sich in den Kopf gesetzt, daß er da oben im Norden für alles das Monopol besitzt."[8]

Man war gegenüber Cook sehr skeptisch geworden, weil er keine Original-Navigationsaufzeichnungen vorgelegt hatte und besonders, weil er das Fehlen damit erklärte, daß sie in Grönland geblieben seien. Amundsen stand seinem alten Freund Cook öffentlich zur Seite, ob dieser nun im Recht war oder nicht; das war eben seine Auffassung von Freundschaft.

Am 12. September bat Amundsen Daugaard-Jensen telegrafisch, ihm statt der bestellten fünfzig Hunde einhundert zu liefern. Vielleicht hatte er noch einmal über seine Erfahrung auf der *Gjøa* nachgedacht und die Sicherheitsmarge erweitern wollen.

Am Tag darauf meldete die Londoner *Times:* „Kapitän Scott teilt uns mit, daß man unverzüglich eine weitere Expedition vorbereiten sollte . . . Sie wird, wie zu hoffen ist, August nächsten Jahres starten."
Damit war Scotts nächste Expedition angekündigt, und Amundsen hatte den ersten Hinweis auf einen Rivalen. Aus einer Expedition wurde ein Wettlauf zum Pol.

Am Tag nach Scotts Ankündigung ließ Amundsen mitteilen, daß seine eigene Expediton um sechs Monate, bis 1. Juli 1910, hinausgeschoben werden müßte. Als Begründung gab er an, daß sich durch einen Generalstreik in Schweden die Lieferung des Dieselmotors für die *Fram* verzögern würde. Das war natürlich ein Vorwand. Er suchte nach einem überzeugenden Argument, das ihm, ohne Verdacht zu erregen, Zeit ließ, die durch den geänderten Plan notwendig gewordenen Sonderarbeiten durchführen zu lassen und den richtigen Zeitpunkt für die Abfahrt in den südlichen Sommer zu wählen.

Jetzt, da Scott auf den Plan getreten war, schien absolute Verschwiegenheit erst recht geboten. Amundsen wußte nur zu gut, daß das Rossmeer, das er zum Ausgangspunkt für den Vorstoß zum Südpol bestimmt hatte, von den Briten – zumindest jedoch von Sir Clements Markham und Scott – lautstark als ihr Terrain beansprucht wurde. Er hatte bereits gegen Scott eine Abneigung, einmal wohl, weil dieser Vorrechte beanspruchte, zum anderen aber auch, weil ihm in dem Buch *Die Reise der Discovery* die Mischung von Ignoranz und Selbstgefälligkeit mißfiel. Wenn er einem reichen und mächtigen Empire unversehens den Rang ablaufen könnte – umso besser! Das würde beweisen, daß Gott nicht immer auf Seiten der großen Bataillone steht.

Für strenge Geheimhaltung gab es noch viel zwingendere Gründe. Die norwegische Regierung war damals darauf bedacht, die pro-norwegische Stimmung in Großbritannien mit allen Mitteln zu pflegen; denn von der britischen Unterstützung hing die Aufrechterhaltung der norwegischen Unabhängigkeit und Neutralität ab. Politische Klugheit verbot, sich dieses Land zum Feind machen. Das verstand Amundsen nur zu gut. Wenn die norwegische Regierung nur die leiseste Ahnung von seinen Plänen hätte, würde sie ihn hindern und die Expedition dem Moloch der nationalen Interessen opfern.

Klugheit war daher geboten. Etwa um die gleiche Zeit bereitete Wilhelm Filchner, ein Oberleutnant des deutschen Heeres, ebenfalls eine Antarktis-Expedition vor. Die Briten, schrieb Filchner,

> warfen mir unfairen Wettbewerb vor. Es sei unfair, so konnte man (in der Presse) lesen, daß ich eine Antarktis-Expedition vorbereitete zu der gleichen Zeit, da Scott zu einer lange geplanten Expedition aufbrechen wollte. Der britischen Expedition gebühre hier der Vorrang, und damit basta . . . Ich hielt es für richtig, den Stier bei den Hörnern zu fassen, und fuhr nach London. Kapitän Scott empfing mich in seinem Büro. Wir führten ein freimütiges Gespräch und wurden uns vollkommen einig.
>
> Da Scott vom Rossmeer aus in das Innere vorstoßen wollte, ich jedoch vom Weddell-Meer, waren unsere jeweiligen Betätigungsfelder naturgemäß weit voneinander getrennt . . . auf dieser Grundlage vereinbarten wir eine „Zusammenarbeit in der Forschung der britischen und der deutschen Antarktis-Expedition!" Wir besiegelten unseren Pakt mit Handschlag, und Scott sorgte sofort dafür, daß die britische Presse ihren Lesern das völlige Einvernehmen zwischen Scott und Filchner in freundlichem Licht schilderte.[9]

Wenn der Bürger eines so mächtigen Staates – zweifellos auf Drängen offizieller Stellen – es für richtig hielt, so vorsichtig zu handeln, ist es leicht einzusehen, daß der Bürger eines kleinen Landes sich erst recht veranlaßt sah, mit der allergrößten Umsicht vorzugehen.

Auch in der näheren Umgebung war Geheimhaltung angebracht. Amundsen fürchtete Nansen. Die Umstände, die Nansen 1907 noch zurückgehalten hatten, waren nicht mehr gegeben. Er war nicht mehr Botschafter in London. Eva, seine Frau, war gestorben. Er unternahm nichts, was auf eine Expedition schließen ließ. Er ließ auch nicht erkennen, daß er auf seinen Verzicht auf die *Fram* zu sprechen kommen wollte. Ein schrecklicher Lebensüberdruß war über ihn gekommen. Doch Amundsen hatte Angst, daß er unberechenbar reagieren, daß er das Unternehmen verhindern könnte. Das Risiko konnte man nicht einfach ignorieren. Nansen mußte daher wie alle anderen getäuscht werden.

Amundsen war auch – und zu Recht – überzeugt, daß der Storting und die privaten Geldgeber die Expedition sonst aus diesem oder jenem Grund einfach nicht zustande kommen lassen würden. Es gab auch noch einen taktischen Grund für das Schweigen.

Ein offener Rivale wäre für Scott geradezu ein Himmelsgeschenk gewesen. Angesichts eines ausländischen Konkurrenten hätten sich alle britischen Geldquellen geöffnet. Scott hätte Geld und Ausrüstung bekommen, soviel er gewollt hätte. Ohne diese Bedrohung würde Selbstzufriedenheit ihre Wirkung tun.

Drei Wochen nach der Ankündigung der britischen Expedition schrieb Amundsen an Daugaard-Jensen: „Wenn Sie weitere Bestellungen für Hunde bekommen, werden Sie, so hoffe ich, daran denken, daß ich der erste war".[10] Damit wollte er etwaigen Kaufwünschen Scotts zuvorkommen. Die Sorge war überflüssig. Das dänische Innenministerium erließ eine Bestimmung, „ehe Hunde abgegeben werden, ist sicherzustellen, daß ein ausreichender Bestand an Hunden in Grönland erhalten bleibt",[11] so daß keiner mehr die Genehmigung erhalten hätte, Hunde zu erwerben. Amundsen wollte sich jeden nur möglichen Vorteil sichern, und wenn man seinem Gegner die besten Hunde vorenthielt, bedeutete das, ihn in der ersten Runde zu schlagen.

16

In Territorialgewässern

Als Ernest Shackleton 1903 aus der Antarktis heimkehrte, schien er die Auseinandersetzungen auf der *Discovery* längst vergessen zu haben. Er war zu warmherzig und zu sprunghaft, um lange Groll zu hegen und kaltblütig seine Schritte zu planen. Er und Scott begegneten sich als Männer, die Vergangenheit Vergangenheit sein lassen wollten.

Die Veröffentlichung des Buches *Die Reise der Discovery* änderte das mit einem Schlage. Sie entfachte Shackletons Rachedurst. Von diesem Augenblick an versuchte er, eine neue Expedition zustandezubringen. Ihr Ziel war der Südpol.

Shackleton erkannte die Verfälschung der Wahrheit in Scotts Buch. Er war verärgert und fühlte sich gedemütigt, als Schwächling und Versager dargestellt. Er erhob Protest. Scott veröffentlichte eine Richtigstellung, aber so, daß sein Kollaps weiter ein „Versagen" blieb. Die Berichtigung trug überhaupt nicht dazu bei, die Verdrehung der Tatsachen aus der Welt zu schaffen. Shackleton gab es auf, in der Öffentlichkeit für Wiedergutmachungen zu kämpfen, doch in ihm kochte der Zorn über das Unrecht. *Die Reise der Discovery* erweckte in Shackleton eine tiefe Abneigung gegen seinen alten Kommandanten und führte zu einer lebenslangen Entzweiung der beiden. Scott hatte das Schicksal herausgefordert: das Gerechtigkeitsgefühl verträgt von allen menschlichen Empfindungen am wenigsten, daß man mit ihm Schindluder treibt.

Shackleton hatte den Marinedienst quittiert, um sein Glück an Land zu versuchen. Nach verschiedenen Stationen ging er nach Glasgow zu William Beardmore (dem späteren Lord Invernairn), einem Industriellen am Clyde, der wie er ehemaliger Dulwich Schüler war. Mit Hilfe dieses ungewöhnlich verständnisvollen Unternehmers hatte er Anfang 1907 das Geld für seine Antarktis-Pläne zusammen. Am 11. Februar kündigte er seine Expedition an. Sie sollte vom alten *Discovery*-Stützpunkt im McMurdo Sund den Vorstoß zum Südpol unternehmen.

Ich bin überrascht (schrieb Scott an Scott Keltie, als ihn die Nachricht erreichte). Ich weiß nicht genau, aus welchem Grund Shackleton das tut – vielleicht ist es Zufall, doch sieht es so aus, als habe er eine Ahnung von meinen Plänen und beeile sich so, um vor mir im Eis zu sein.[1]

Scott hatte sich in eine Polar-Manie gesteigert. Für ihn stand zu diesem Zeitpunkt fest, daß er noch einmal in die Antarktis fahren würde; er wußte nicht, wie oder wann, nur, daß er es tun würde.

Shackleton (schrieb er weiter), verdankt mir alles . . . Ich habe ihn in die

Expedition gebracht – ich ließ ihn in die Heimat bringen, damit er gesund würde ... Ich tat viel für ihn.

Das war Selbstbetrug. Shackleton war wohl kaum durch Scott auf die *Discovery* gekommen, sondern durch Llewellyn Longstaffs Fürsprache. Aus dem nächsten Satz spricht seine eigentliche Verbitterung:

Ich glaube, daß jeder Forscher gewisse Gebiete als seine eigenen betrachtet. Peary tut es, und ich glaube, es gibt auch afrikanische Präzedenzfälle.[2]

Scott erhob Anspruch auf das Winterlager der *Discovery* im McMurdo Sund. Im Brief an Scott Keltie sagte er dazu:

Ich halte an der Meinung fest, daß die Spielregeln verletzt, wer eine Expedition in den McMurdo Sund ins Auge faßt, es sei denn, er hat vorher festgestellt, daß ich die Absicht dahinzugehen, aufgegeben habe; und ich glaube, daß mir ein noch schärferes Urteil zusteht, wenn es jemand aus dem eigenen Volk ist, der so handelt, ohne mich zu verständigen.[3]

Hinter dieser Klage verbirgt sich die Angst, daß Shackleton ihm keinen Pol zur Entdeckung übrig lassen würde. Scott bombardierte Scott Keltie mit heftigen Forderungen: Die Königlich Geographische Gesellschaft sollte Shackleton stoppen, seine, Scotts Ansprüche, bekanntmachen, die Amerikaner abschrekken und Ausländer fernhalten.

1907 konnte man Shackleton kaum zu Recht beschuldigen, daß er in fremden Revieren wilderte, denn er hatte von Scotts Antarktis-Plänen keine Ahnung, sie wurden erst 1909 öffentlich bekannt. Scott hatte nur einige wenige Vertraute in seine Pläne eingeweiht.

Scott Keltie gehörte zu den wenigen, die er in sein Vertrauen zog. Er stand sehr gern im Mittelpunkt der Ereignisse, als Empfänger geflüsterter Vertraulichkeiten und gezielter Indiskretionen. Als Sekretär der Königlich Geographischen Gesellschaft hörte er auch als erster von Shackleton. Scott machte ihm bittere Vorwürfe, daß er Shackleton nicht zurückpfiff, da er doch seine, Scotts, Pläne, kannte. Scott Keltie wies freundlich darauf hin, daß vertraulich nun einmal vertraulich sei, und schlug Scott mit seinen eigenen Worten.

Tatsächlich war Scott Keltie in die Sache weitgehender verwickelt, als er zugeben mochte. Wie üblich nutzte er seine Doppelrolle als Sekretär der Königlich Geographischen Gesellschaft und Sonderkorrespondent der *Times*. Ihm allein wurden die Berichte über innere Vorkommnisse überlassen, und welcher Journalist kann da widerstehen? Sich einen Forscherstreit entgehen zu lassen, wäre ein Jammer gewesen. Höchstwahrscheinlich war Scott Keltie auch der Verfasser des Originalartikels der *Times* über Shackletons Expeditionsankündigung, durch den Scott davon erfuhr, einschließlich des gegen ihn erhobenen Vorwurfs, „daß das Schlittenunternehmen der *Discovery* über das südliche

Eis bis zu einem viel höher gelegenen Breitengrad gelangt wäre, wenn die Mannschaft hinreichend ausgerüstet gewesen wäre."[4]

Scott kochte vor Wut und versuchte sofort, Shackleton von seinem Plan abzubringen; er tat es fast so, als habe er einen jüngeren Offizier zu rügen. Shackleton verbarg seinen Ärger, lehnte es aber ab, auf die Forderung einzugehen.

Scott bat Wilson um Unterstützung. Wilson besaß Shackletons Achtung und Zuneigung und konnte so seinen Vorstellungen bei ihm mehr Nachdruck verleihen, als er selbst. Wilson ließ keinen Zweifel daran, daß Shackleton „die ganze Sache aufgeben" sollte. Shackleton war aber nicht geneigt, sich diesem Ratschlag zu unterwerfen, nicht einmal, wenn er von Wilson kam. Dann solle er wenigstens von Scotts alter Basis fernbleiben, riet Wilson.

> Wenn Sie zum McMurdo Sund fahren und sogar den Pol dadurch erreichen, wird, so glaube ich, die Leistung nicht gewürdigt werden, weil sehr viele sich nicht von dem Gedanken freimachen können, daß Sie Scott, der auf die Benutzung dieser Basis einen älteren Anspruch hatte, abgedrängt hätten.[5]

Wilsons Auffassung von Rechtschaffenheit siegte schließlich. Da Shackleton wußte, daß er in einem öffentlichen Streit mit einem Marineoffizier nur den kürzeren ziehen konnte, gab er widerstrebend nach. Im März diktierte Wilson ihm die Bedingungen, wonach er sich östlich des 170. Meridians westlicher Länge halten und Scott den ganzen Bereich westlich davon überlassen mußte. Shackleton verzichtete damit auf die einzige bekannte Route zum Süden. Er telegrafierte Scott, daß er den McMurdo Sund aufgebe. „Damit", schrieb er Scott Keltie, „vermindere ich für eine so lange Reise die Erfolgsaussichten beträchtlich." Und genau das wollte Scott. Er beharrte darauf, daß Shackleton ihm ihre Übereinkunft schriftlich mitteilte. Da Sie, schrieb Shackleton, die Basis im McMurdo Sund

> entdeckten . . . und meine Pläne Ihre eigenen durchkreuzen, baten Sie mich, meine Basis zu ändern. Ich stimmte zu . . . Ich überlasse Ihnen die Basis im McMurdo Sund und werde entweder an einer Stelle der Einfahrt zur Eisbarriere an Land gehen oder bei King Edward VII.-Land, je nachdem, was am günstigsten ist; wenn ich an einer dieser beiden Stellen an Land gehe, werde ich westlich des 170. Meridians W. nicht tätig werden und auch keine Schlittenfahrten westlich dieses Meridians durchführen, es sei denn, daß ich auf Grund der physikalischen Gegebenheiten des Landes beim Vorstoß nach Süden mich nicht ostwärts des genannten Meridians halten kann . . .[6]

Dieses Dokument ist ohne Beispiel. Scott hatte Shackleton abgeschlagen, der nun noch mehr Anlaß zu Ressentiments gegen Scott hatte.

Shackleton lief am 7. August mit der *Nimrod* aus, einem kleinen und viel zu schwachen, neufundländischen Robbenfänger. Es war das einzige Schiff, das er sich leisten konnte. Die Königlich Geographische Gesellschaft hatte ihn praktisch fallen lassen, sich aber ein Schlupfloch offen gehalten, um sich in seinem Ruhmesglanz baden zu können, falls er erfolgreich sein sollte. König Eduard VII., der vielleicht mehr über die Hintergründe wußte, als er zugab, besuchte in letzter Minute das Schiff in Cowes. So segelte Shackleton mit königlicher Zustimmung gen Süden.

Scott, dem die Admiralität zweimal Urlaub gegeben hatte, damit er Vorträge halten und sein Buch schreiben konnte, war im Herbst 1905 noch immer ohne Kommando. Er hatte mehr als fünf Jahre keinen Dienst in der Marine getan, war aber in der Zwischenzeit von einem verhältnismäßig alten Oberleutnant zu einem sehr jungen Kapitän avanciert. Beziehungen hatten ihn dahin gebracht.

Ein Schiff und seine gesamte Besatzung sind ganz in der Hand des Kapitäns, sie sind bloße Werkzeuge seines Willens. Scott flößte für die Übertragung eines so verantwortungsvollen Postens nicht das notwendige Vertrauen ein. In einundzwanzig Jahren Marinedienst hatte er nie als Erster Offizier die Verantwortung für die Ausführung der Befehle des Kapitäns getragen. Diese Funktion wird in der Regel als unerläßliche Voraussetzung für die Ernennung zum Kapitän angesehen. Unter anderem lernt der zukünftige Kapitän auf diesem Posten, was es bedeutet, Befehle in Handlung umzusetzen. Die Schwierigkeiten auf der *Discovery* werden damit weitgehend erklärt.

Die Admiralität zögerte noch, Scott ein modernes Kriegsschiff aus zehn- bis zwanzigtausend Tonnen teuren Stahls anzuvertrauen. Sie versetzte ihn schließlich zu einer Marinedienststelle, nachdem er an einem kurzen Kriegslehrgang teilgenommen und einen Posten an Land innegehabt hatte. Ende 1905 wurde er Assistent des Leiters der Marine-Abwehrabteilung, Konteradmiral Sir Charles Ottley. Auf diesem Posten blieb er bis August 1906.

Von der Abwehrabteilung wurde Scott zum Flottendienst auf S. M. S. *Victorious* kommandiert, um erste Erfahrungen als Kapitän eines Kriegsschiffes zu sammeln. Sein letzter Marinedienst auf See lag sechs Jahre zurück. Damals war er Torpedo-Oberleutnant auf S. M. S. *Majestic.*

Scott hatte seit geraumer Zeit mit dem Gedanken gespielt, wieder in die Antarktis zu gehen, schien sich aber im Sommer 1906 ernsthaft dazu entschlossen zu haben, kurz bevor ihm das Kommando über die *Victorious* übertragen wurde. Es war fast so, als ob die Aussicht auf ein Schiffskommando den Gedanken an Flucht in ihm ausgelöst hätte.

Im Laufe des Jahres hatte Scott zwei Kommandos inne, jeweils unter seltsam unbefriedigenden Umständen; zunächst auf S. M. S. *Victorios* und danach auf S. M. S. *Albermarle*; beide waren Kriegsschiffe der Atlantikflotte.

Konteradmiral George Le Clerc Egerton, der alte „Arktis"-Offizier, der als Kapitän auf S. M. S. *Majestic* das Dienstleistungszeugnis für Scott bei dessen Bewerbung um die Leitung der *Discovery* geschrieben hatte, forderte Scott als Flagg-Kapitän, d. h. als Kapitän seines Flaggschiffes an. Auf diesem Weg erhielt

Scott nacheinander die beiden Kommandos auf den Kriegsschiffen. Im Februar 1907, kurz nachdem Scott die *Albemarle* übernommen hatte, rammte dieses Schiff die *Commonwealth,* ein anderes Kriegsschiff, bei Nachtmanövern vor der Küste Spaniens. Es waren keine Menschenleben zu beklagen, auch sank keines der Schiffe, doch Scott war in die Sache verwickelt.

Man flüsterte etwas von einem glücklosen Offizier. Sechzehn Jahre zuvor war das Torpedoboot Nr. 87, sein erstes Kommando, dort auf Grund gelaufen, wo zum Auflaufen schon ungewöhnliches Pech gehörte. Im Dienst auf See ist Glück eine ganz reale persönliche „Eigenschaft".

Der Unfall warf darüber hinaus ein ungünstiges Licht auf Scotts Persönlichkeit: zur Zeit des Zusammenstoßes war er nicht auf der Kommandobrücke.

Die anderen Kapitäne waren sich der Gefahr offenbar bewußt. Der Flottenverband lief in dichter Formation in Viertelkolonne, d. h. gestaffelt; das ist eine heikle Situation, der kleinste Fehler in Kurs oder Geschwindigkeit kann schon Unheil bedeuten. Für den Verband wurde Geschwindigkeitsänderung befohlen. Das ist immer ein kritisches Manöver, in dunkler Nacht bei schwerem Seegang aber doppelt kritisch. Genau in diesem Augenblick verließ Scott die Kommandobrücke. Er wollte einen Funkspruch holen, den er dann selbst dechiffrierte und Egerton persönlich in die Admiralskabine brachte. Das sind unwichtige Aufgaben, die man in der Regel Untergebene tun läßt. Scott machte Botengänge und scharwenzelte um einen Vorgesetzten herum, genau als er sich um die Sicherheit seines Schiffes hätte kümmern müssen, was für jeden Kapitän und zu jeder Zeit die entscheidende Aufgabe ist.

King Edward VII, das Flaggschiff, das an der Spitze der Formation lief und den Befehl zur Geschwindigkeitserhöhung gegeben hatte, war der Order aber selber nicht nachgekommen. Um einen Zusammenstoß mit ihm zu vermeiden, drehte das achteraus fahrende Schiff ab auf Steuerbord, das folgende Schiff notgedrungen auch und so fort die Reihe entlang, bis die *Commonwealth,* achteraus von *Albemarle,* den Augenblick verpaßte, zu spät abdrehte und auflief. Schuld an dem Zusammenstoß trug *Albemarle,* weil sie nicht, wie die anderen, Sirenensignal gegeben hatte. Für Scott war der Kernpunkt der Sache, daß er nicht auf der Kommandobrücke geblieben war, bis die Geschwindigkeitsänderung des Flottenverbandes abgeschlossen war. Es war einer der kritischen Augenblicke des Kommandos, und jeder Kapitän müßte den Instinkt haben, dann auf seinem Posten zu bleiben – jeder andere Kapitän des Verbandes hatte ihn auch besessen. Scott allein hatte den Posten verlassen.

Das hätte seine Marinelaufbahn in ernste Gefahr bringen können, doch im Augenblick war er sicher. Die Formation des Flottenverbandes und die Signale, die den Ablauf regelten, waren wenigstens zum Teil schuld an dem Zusammenstoß. Die letzte Verantwortung lag bei Admiral Sir William May, der den Verband kommandierte. Er schlug Scott vor, die ganze Sache zu vertuschen. May tat es, und niemand wurde getadelt – offiziell getadelt.

Seit 1905 war ein weiterer, früherer Offizier der *Discovery*, Michael Barne, dabei, eine Antarktis-Expedition zu organisieren. Scott nahm daran keinen Anstoß, weil Barne zum Weddell-Meer wollte und also nicht in seinem Revier wildern würde. Doch Barne mußte feststellen, daß er das nötige Geld nicht auftreiben konnte. Die Königlich Geographische Gesellschaft lehnte eine Unterstützung kategorisch ab. Trotz Familienbeziehungen und Interesse des Königs erreichte er bei der Admiralität nichts.

Scott hörte davon und machte sich klar, daß es seine Laufbahn gefährden könnte, wenn er seine Polarabsichten zu früh bekannt gäbe. Er mußte warten, bis seine Zeit gekommen war, und diskret arbeiten. Ende September 1906 schrieb er an Barne einen Brief und forderte ihn auf, als sein Stellvertreter an der Expedition teilzunehmen, bis dahin aber für ihn als seine rechte Hand tätig zu sein. Barne nahm seinen Abschied, ließ sich auf halben Sold setzen und arbeitete für Scott.

Gerade zu dieser Zeit erhielt Scott von Oberleutnant E. R. Evans, der auf der *Morning* dabei gewesen war, einen Brief: Ich bin sehr enttäuscht, daß ich nicht (Barnes) Navigationsoffizier werde. Wollen Sie mich nicht nehmen? . . .[7]

Das war die erste Bewerbung um Teilnahme an Scotts nächster Expedition und ist als solche von historischem Interesse. Doch Scott hatte noch einen langen und komplizierten Weg vor sich, ehe er daran denken konnte, Freiwillige anzunehmen.

Die Rückschläge auf der *Discovery* hatten Scott in gewisser Hinsicht die Augen geöffnet. Um potentielle Förderer für eine neue Expedition zu interessieren, verfaßte er eine Denkschrift mit dem suggestiven Titel: *Das Schlittenproblem in der Antarktis, Menschen gegen Motoren.*

> Um zum Südpol und wieder zurück zum Winterquartier der *Discovery* zu kommen, muß eine Strecke von 1466 Meilen zurückgelegt werden. Ist das möglich?[8]

Die Antwort war eindeutig: „Ein Blick auf die Zahlen . . . zeigt, daß man das mit Menschen als Zugkräften nicht schaffen kann." Auch Hunde, meinte Scott, sind keine Antwort auf die Frage. „Erst wenn man die Möglichkeit motorisierter Zugmaschinen in Erwägung zieht, kann man das Problem angehen." Seinen Plan für eine weitere Expedition kündete Scott so an:

> Nach meiner Vorstellung könnte man einen beträchtlich höher gelegenen südlichen Breitengrad und möglicherweise sogar den Südpol selbst erreichen, wenn man Fahrzeuge mit mechanischem Antrieb auf der Großen Eisbarriere im Südmeer in geeigneter Weise verwendet.

Das ist – in etwas anderen Worten – genau der Vorschlag, den Skelton als erster 1902 auf der *Discovery* in seinem Tagebuch gemacht hatte.

Als Ergebnis seiner Antarktis-Erfahrung ist der Mensch als Zugkraft für Scott vernünftigerweise abgetan. Weniger vernünftig beharrt er auf seiner Meinung, daß Hunde nicht zu gebrauchen sind, und das trotz weiterer Gegenbeweise seit seiner Heimkehr, die Sverdrup, Godfred Hansen, Amundsen und, in der Antarktis selbst, Nordenskjöld geliefert hatten.

Doch Scott nahm die Lektionen dieser erfolgreichen Zeitgenossen einfach nicht zur Kenntnis und vertraute auf ein technisches Wundermittel. Darin folgte er seiner Zeit und seiner Ausbildung. Die Königliche Marine war in den Händen von Männern, die an Material glaubten, und außerdem Anhänger jener Schule, die allein schon im Besitz von größeren und technisch besseren Geräten eine Gewähr für Überlegenheit und Erfolg sah.

Man sieht, der technisch orientierte Autor der Schrift *Das Schlittenproblem in der Antarktis* war nicht mehr der romantische Idealist von *Die Reise der Discovery*. Scott schien viel gelernt zu haben.

Ein Motorschlitten war für Scott der neue Schlüssel für den Weg zum Südpol. Doch abgesehen von einigen Versuchsfahrzeugen in Kanada und Schweden waren keine auf dem Markt. Es mußte erst einmal ein Modell für diesen Zweck entwickelt werden, und Barnes vordringlichste Aufgabe war es, dafür einen Sponsor zu finden. Er fand ihn schließlich in Lord Howard de Walden, einem Pionier des Automobilwesens.

Die Schwierigkeiten waren groß. Das Automobilwesen steckte noch in den Kinderschuhen, der Benzinmotor war noch nicht zuverlässig. Scott brauchte fachliche Unterstützung. Er wandte sich über Barne an Skelton. Nachdem Barne das Eis gebrochen hatte, schrieb Scott ihm:

> Zugkraft ist die Hauptsache, und man denkt natürlich an einen Motor. Es spielt dabei keine Rolle, wer diesen Gedanken zuerst hatte, denn er liegt so nahe, daß er jedem kommen kann.[9]

Und weiter:

> Ich habe Ihnen bis jetzt noch nichts gesagt, weil mir der Augenblick dafür noch nicht gekommen schien ... Jetzt ist es soweit – Es gibt nur einen Menschen, der die Bedingungen im Süden kennt und dazu technischen Sachverstand hat, und der sind Sie.
>
> Ich würde mich freuen, wenn Sie, falls ich nach Süden fahre, dabei wären. Was ich jetzt brauche, ist nicht eine Zusage, daß Sie, wenn alles klappt, mitkommen, sondern ich brauche Ihr technisches Wissen als Ingenieur und Ihren Sachverstand für den Entwurf eines Motors und dessen weitere Entwicklung. Lord Howard wird die Fertigung übernehmen ... Ich will erst nach Süden ziehen, wenn ich des Erfolgs ziemlich sicher sein kann, und ich glaube, Erfolg kann man nur haben, wenn man geduldig genug auf die Maschine wartet, die man braucht ...

Die Dringlichkeit wird am Ende des Schreibens ganz deutlich:

> Sie sehen, wie ich dran bin, und wie aussichtslos es für mich ist, die Sache auf eigene Faust vorwärtszutreiben. – Deshalb verlasse ich mich darauf, daß Sie sie in die Hand nehmen.

Skelton antwortete auf das Schreiben mit einem Telegramm, und vor Ablauf einer Woche machte er sich an Scotts Motor.

Inzwischen arbeitete auch Shackleton – von Skelton zweifellos angeregt – an dem Problem des Motortransportmittels in der Antarktis. Kurz vor dem Abschluß seiner Vorbereitungen für die Expedition mit der *Nimrod* kaufte er ein umgebautes Automodell, das die Firma Arroll-Johnstone & Co., die auch Brennstoff undMotoröle testete, angefertigt hatte. „Wir müssen an die Ergebnisse herankommen",[10] sagte Scott. Shackleton war in die Doppelrolle des Gegners und Schrittmachers geraten.

Scotts Schlitten beruhte auf Raupenkettenantrieb. Es war die erste Zugmaschine, die speziell für Schneeverhältnisse entworfen wurde, wenn auch nicht die erste Zugmaschine überhaupt, diese war eine amerikanische Erfindung. Der Gedanke, eine Zugmaschine mit Raupenketten zu verwenden, stammte von Skelton und B. T. Hamilton, einem Ingenieur von Lord Howard de Walden. Skelton beschäftigte sich mit den technischen Einzelheiten und kam auch auf die Idee, auf dem Zugband Stollen anzubringen, damit sie im Schnee faßten.

Dieses Fahrzeug war seiner Zeit weit voraus. Für jede Einzelheit waren sorgfältige Entwürfe und Erprobungen notwendig. Weil schon einige Autos bei Kälte in Kanada und Rußland gestartet waren, riet Scott Skelton, mit Probefahrten „in Eiskellern keine Zeit zu vergeuden."[11] Wieder einmal zeigte Scott dort typische Ungeduld, wo Sorgfalt am Platz war.

Da Scott jetzt einen Förderer und vertrauenswürdige Helfer besaß, die seine Projekte weiterführten, konnte er sich seinem Beruf und seinen persönlichen Angelegenheiten widmen.

17

Eine Hochzeit im Stil der Edward-Epoche

Die Gesellschaft im Zeitalter Edwards, extravagant, vielleicht auch gelegentlich ungebildet, war wild auf berühmte Persönlichkeiten. Forscher waren sehr gefragt. Raymond Priestley, einer der Gefährten Shackletons, schreibt, daß er und seine Freunde nach der Heimkehr aus dem südlichen Eismeer die Helden der Saison in den Londoner Salons waren.[1]

In diese Welt stürzte Scott sich nach Rückkehr aus der Antarktis. Als Polarforscher hatte er gesellschaftliches Ansehen gewonnen, Türen, die ihm sonst verschlossen waren, taten sich für ihn auf, und er erlebte die Londoner Saison. Er war arriviert.

Die Reise der Discovery war seine Eintrittskarte. J. M. Barrie, der Schöpfer von Peter Pan, fühlte sich gedrängt, Scott zu schreiben, daß ihm das Buch „großes Vergnügen" bereitet habe; damit begann eine Freundschaft.

Scott genoß den Erfolg. Er konnte sich jetzt etwas leisten, denn er erhielt Kapitänsbezüge und Gewinnanteile aus dem Verkauf seines Buches. Außerdem konnte er endlich, ohne eigene finanzielle Sorgen, seiner Mutter einen Zuschuß zum Lebensunterhalt zahlen. Sie war in ein neues Haus in Chelsea gezogen, und er wohnte immer noch bei ihr.

Durch seine Schwester Ettie Ellison-Macartney wurde Scott in die leichtlebige Welt von Künstlern, Schriftstellern und Schauspielern eingeführt. Als sie noch beim Theater war, war Ettie mit Mabel Beardsley, der Schwester des fin-de-siècle-Künstlers Aubrey Beardsley, auf Tournee gegangen. Jetzt war Mabel verheiratet, gut versorgt und eine entschiedene Verehrerin berühmter Leute. Durch Etties Vermittlung erreichte sie, daß Scott regelmäßig zu ihrem „Donnerstagnachmittag-Tee" nach Pimlico kam. Dort in einer Ambiance von welkendem Ästhetizismus und gepflegter Dekadenz traf er Max Beerbohm, Freunde von Oscar Wilde und andere Größen der neunziger Jahre. Er hatte einen Flirt mit Mabel, der zu einer Korrespondenz mit ihr führte.

Bei einem Essen, das Mabel im März 1906 gab, lernte er Kathleen Bruce kennen. Sie war, was Max Beerbohm „eine ziemlich begabte Bildhauerin" nannte.[2] Ihre Großmutter mütterlicherseits war Griechin, ansonsten war sie rein schottischer Abstammung, das jüngste von elf Kindern eines Pfarrers. Sie sollte Lehrerin werden, entschied sich aber für die Bildhauerei und studierte an der Slade-Schule in London. Sie lebte eine Zeitlang in Paris, wo sie Picasso, Rodin und andere Künstler kennenlernte. Sie scheint zu jenen Menschen gehört zu haben, die man häufig im Umkreis berühmter Persönlichkeiten antrifft. Sie hatte eine leidenschaftliche Schwäche für die Tänzerin Isadora Duncan, führte ein bewußt bohèmehaftes Leben und war leicht bisexuell. Gertrude Stein, die amerikanische Schriftstellerin der Avantgarde und bekannte Lesbierin fand, daß sie „ein sehr schönes und sportliches englisches Mädchen" war.[3] Kathleen hat von Scott nach einer ihrer ersten Begegnungen mit ihm bei Mabel ein anschauliches Bild entworfen.

> ... Er stand über mir, war mittelgroß, breitschultrig und hatte sehr schmale Hüften, sein stumpfes Haar begann sich zu lichten, er hatte ein seltenes Lächeln, dazu Augen von ganz ungewöhnlich dunklem Blau, fast purpurn ... Er bot sich an, mich nach Hause zu begleiten.[4]

Scott hielt damals – unbewußt oder bewußt – Ausschau nach einer Frau, und in diesem kritischen Augenblick schenkte ihm die Admiralität in ihrer unergründlichen Weisheit die Muße, persönliche Neigungen zu pflegen. Am 25. August gab er das Kommando über S. M. S. *Albermarle* ab und bezog fünf Monate lang halben Sold.

Seine Familie nannte ihn einen „Frauenheld". Dennoch war seine Kenntnis von Frauen äußerst oberflächlich. Einer Frau wie Kathleen Bruce mit ihrem extravaganten Bohème-Leben, ihren Reisen auf dem Kontinent und ihrer kurzen Tätigkeit als Krankenschwester in einem der Balkankriege, war ihm noch nicht begegnet. Sie war auf Männerfang aus. Da sie auf die dreißig zuging, war sie in Gefahr, sitzenzubleiben. Scott herumzukriegen, war für sie ein Kinderspiel.

Scott bewunderte kluge Frauen; Kathleens Hang zum Künstlerischen und ihre Fähigkeit zu unterhalten, zogen ihn an. Monatelang waren sie fast ständig zusammen. Schon bald war er völlig von ihr hingerissen, sie aber überlegte noch. Sie schrieben sich Liebesbriefe, aber sie waren seltsamerweise nicht leidenschaftlich. Scotts Werbung hatte nichts von einem feurigen Liebhaber an sich.

> Meine Persönlichkeit ist neben der Deinen nur unbedeutend; sie kann andere weder begeistern noch befriedigen, vermag aber durch ihre Beharrlichkeit die Oberhand zu gewinnen.[5]

Im Januar 1908 sah es nach Hochzeit aus. Scott hatte auch wieder ein Schiffskommando. Gegen Ende des Monats wurde ihm, auf Abruf, die Befehlsgewalt über S. M. S. *Essex* übertragen. Die *Essex* war ein Kreuzer, also eine Klasse niedriger als die Schlachtschiffe, die er kommandiert hatte. Wenn man in Betracht zog, daß er lange Zeit auf halben Sold gesetzt worden war, konnte man die Abordnung als einen versteckten Tadel für die Kollision der *Albemarle* interpretieren.

Anfang März war sein Motorschlitten fertig. Dr. J. B. Charcot, der französische Forscher, der gleichzeitig mit ihm in der Antarktis gewesen war und jetzt auch an einem Motorschlitten arbeitete, lud Scott ein, mit ihm Probefahrten in den französischen Alpen zu machen. Anstatt einen anderen mit der Aufgabe zu betrauen, beschloß Scott, selbst dahin zu reisen, obwohl er damit das Risiko einging, daß die Admiralität vorzeitig von seinen Plänen erfuhr. Außerdem verstieß er damit gegen die Dienstvorschriften, denn obwohl er noch Urlaub hatte, war er verpflichtet, jederzeit innerhalb von zwölf Stunden nach Erhalt des Befehls sein Schiff in Portsmouth zu übernehmen. Er ließ seine Mutter, nachdem er abgereist war, die Admiralität um Verlängerung der Abruffrist auf sechsunddreißig Stunden bitten. In Paris las er in der *Continental Daily Mail*, daß die *Nimrod* nach Neuseeland zurückgekehrt und Shackleton doch in „seinem" Revier im McMurdo Sund an Land gegangen war.

Shackleton, dem der McMurdo Sund eigentlich durch sein – wie er es ausdrückte – „unter Druck gegebenes persönliches Ehrenwort" versperrt war, hatte tatsächlich zunächst versucht, bei Balloon Bight auf der Eisbarriere an Land zu gehen. Als der Versuch scheiterte, brach er zum King Edward VII.-Land auf, mußte aber auch dort vor dem Eis kapitulieren. Dann, und wirklich erst dann, warf er das Steuerruder herum und fuhr zu der verbotenen Basis. Scott, und ganz gewiß Wilson, hatten erwartet, daß er sein Wort halten würde, koste es, was es wolle, selbst wenn er sein eigenes Leben und das aller seiner Männer dadurch aufs Spiel setzte.

Scott zerbrach sich über die moralische Seite der Angelegenheit den Kopf. Er schickte Kathleen den Text der Abmachung zwischen Shackleton und ihm und schrieb dazu:

> Mich schockiert diese furchtbare Gemeinheit, die Shackleton in die Arbeit an diesem südlichen Bereich getragen hat bisher ist es dabei so sauber und anständig zugegangen.[6]

Im tiefsten Innern fürchtete er allerdings, daß Shackleton den Sieg davontragen könnte. Kathleen ihrerseits, war fest überzeugt, daß Shackleton nicht gewinnen würde. Sie wurde jetzt die treibende Kraft:

> Du *mußt* zum Südpol (ermahnte sie ihn, so als müßte sie seinen Entschluß unterstützen). Mein Gott, was nützt Dir alle Energie und Tatkraft, wenn Du noch nicht einmal das schaffst. Es *muß* zu schaffen sein. Also, beeil Dich und laß nichts unversucht.[7]

Nach langem Hin und Her beschlossen sie zu heiraten. Es besteht kein Zweifel, daß Scott Kathleen glühend liebte; ob aber auch Kathleen ihn liebte, ist die Frage. Ihr Verhältnis war wie in Shaws *Pygmalion: Pygmalion* im Luxus und *Pygmalion* umgekehrt; Kathleen spielte dabei die Rolle des Professor Higgins.

Scott war sich durchaus bewußt, was ihm nach der Marineausbildung an eigentlicher Bildung noch fehlte, und er gestattete Kathleen gern, seine Bildungslücken zu beheben. Sie machte ihn mit Büchern, Theaterstücken und philosophischen Strömungen bekannt, die sie wiederum durch ihre intellektuellen Freunde kennengelernt hatte. In gewisser Weise kam Scott mit Bildung erst in Berührung, als er Kathleen kennenlernte. Sie wollte ihn nach ihrem Bild des idealen Mannes, des vollkommenen Helden formen.

Der konventionellen Jagd nach dem Ehemann hatte sie noch eine ungewöhnliche, persönliche Note gegeben. Sie hatte sich vorgenommen, eines Tages einen Helden als Sohn zur Welt zu bringen, den zu zeugen nur ein Held würdig wäre. Das war eine wagnerianische Idee, über die man sich in ihrem Freundeskreis lustig machte, obwohl sie selbst diese letzten Endes sehr ernst nahm. Im Grunde drückte sie nur aus, was jede Frau empfindet, und dramatisierte es nur mehr als die meisten. Scott war als Polarforscher die Art von heroischer Gestalt, die sie schätzte, obwohl er nach ihrer Meinung deutlich Züge von Unvollkommenheit trug, aber die müßte sie eben beseitigen.

Von Scott darf man wohl sagen, was man von Don Quixote gesagt hat, daß er „ein fahrender Ritter war, der wenig Vertrauen zu seinen eigenen Fähigkeiten hatte ...“[8] „Die innere Unsicherheit“ gewann immer mehr die Oberhand.

Die Ehe mit einer Frau, die körperlich und geistig anspruchsvoll war, stand ihm bevor. Shackleton griff, der Himmel wußte wo, nach dem Südpol. In diesem Wirrwarr der Gefühle sah Scott sich den gefährlichen Intrigen in der Marine ausgesetzt, die das Ende der stürmischen Herrschaft Admiral Fishers signalisierten. Sie konnten eine vielversprechende Karriere gefährden.

Scott war verschlossen und gehemmt. In Kathleen fand er einen Menschen, bei dem er seine Sorgen abladen konnte. „Ich brauche jemand, an dem ich mich festhalte“, schrieb er ihr in einem Brief. „Du bist so ungewöhnlich und ich so herkömmlich. Was hat das alles zu bedeuten?“[9]

Dieser Satz kehrte immer wieder: „Was hat das alles zu bedeuten?“, so als könnte er seinem Leben keinen Sinn abgewinnen.

In letzter Minute hatte Kathleen Zweifel, ob sie Scott heiraten sollte, nicht zuletzt, weil sie erkannte, daß Scott sehr von seiner Mutter abhängig war und deshalb nicht ganz der Mann war, den sie brauchte. Sie hatte eine Abneigung gegen Mrs. Scott, auch gegen Wilson, den anderen Menschen, der Scott beherrschte.

Mrs. Scott ihrerseits mißbilligte die Verbindung. Sie erwartete, daß ihr Sohn Geld oder wenigstens nach Stand heiratete. Bei dem Gedanken an eine herrschsüchtige Schwiegertochter überkam sie die Panik. Scott dagegen hatte nach einem oder zwei vorsichtigen Anläufen seine Position auf dem Heiratsmarkt genau erkannt und gab seiner Mutter zu verstehen, daß Kathleen die beste war, die er haben konnte. Kathleen überwand ihre Zweifel, und sie heirateten am 2. September 1908. Max Beerbohm hatte selbst einmal kurz erwogen, Kathleen zu heiraten. Er schrieb in seiner unnachahmlichen Art „eine sehr beglückwünschenswerte Sache für Dich, nicht weniger als für *ihn*!“

Scott vergaß, Anzeigen zu verschicken, so daß Leute, die Anspruch darauf erheben konnten, vorher persönlich verständigt zu werden, ebenso wie die Öffentlichkeit von der Hochzeit erst durch die Zeitung erfuhren. Das war damals ein unverzeihlicher Formfehler und Kathleen war verärgert, weil sie den Eindruck gewann, daß ihr Mann „glücklos“ war, und mit Glücklosen hielt sie es wie das spanische Sprichwort, „man sollte sie am besten meiden“.

Die Trauung fand in der Königlichen Kapelle in Hampton Court statt. Das war ein Privileg, das nur ganz wenigen vorbehalten blieb. Kathleens Tante Zoe, Witwe eines Erzbischofs von York, hatte ihre Hand im Spiel. Die Hochzeit gehörte zu den Ereignissen des Jahres, über das in der Presse ausführlich berichtet wurde.

Nach einer einwöchigen Hochzeitsreise, die das Paar in Etretat, in der Nähe von Le Havre, verbrachte, kehrte es nach London zurück und blieb einige Tage in der neuen Wohnung, Buckingham Palace Road 174, die ganz in der Nähe der Admiralität lag. Danach nahm Scott seinen Dienst als Kapitän auf dem Schlachtschiff S. M. S. *Bulwark* auf.

Gleich zu Anfang der Ehe hatte die Expedition der *Discovery* für Scott ein ungünstiges Nachspiel. Die gerade erschienenen Berichte über die wissenschaftlichen Ergebnisse veranlaßten den Präsidenten der Physikalischen Gesellschaft von London, Dr. Chree, bei einer Ansprache zu sagen:

> Wenn über ein nationales Unternehmen Großbritanniens gesprochen wird, etwa über eine kriegerische oder wissenschaftliche Expedition, ist es langsam selbstverständlich, Entschuldigungen über das anfängliche mehr oder weniger große Durcheinander zu hören.[10]

Er deutete an, daß Scott „zu denen gehört, deren physikalische Kenntnisse sehr beschränkt sind“, und daß „ein wissenschaftliches Kriegsgericht“ sehr wohl am Platz sei. Die Meteorologie kam besonders schlecht weg. Man habe den Grundfehler gemacht, echte und magnetische Peilung zu verwechseln und dadurch die Windmessungen weitgehend wertlos gemacht. *The Times Literary Supplement* schlachtete die Vorwürfe aus und schrieb:

> Anstatt die meteorologischen Beobachtungen von Fachleuten durchführen zu lassen, wurden sie Offizieren anvertraut, die darin nicht ausgebildet waren und noch nicht einmal ausreichend angeleitet wurden . . . Wie lange müssen wir in England noch darauf warten, daß Männer, denen nationale Aufgaben anvertraut sind, Forderungen wissenschaftlicher Forschung ein klein bißchen ernster nehmen? Vielleicht so lange, bis die ständigen Pannen und Verluste, die uns durch Ignoranz widerfahren, durch eine oder mehrere spekatuläre Katastrophen noch offenkundiger werden.[11]

Scott antwortete darauf mit einer Flut heftiger und nicht ganz sachlicher Proteste. Die Kritik oder – wie er in einem Schreiben an den Sekretär der Königlichen Gesellschaft, Sir Archibald Geikie, sagte – der Angriff, sei „so grundlos und so völlig ungerechtfertigt, dazu, in Bezug auf die Verbreitung, so unpatriotisch ..."[12] Bezeichnenderweise setzte Scott alle Kritik mit persönlicher Verunglimpfung gleich. Er verlangte eine öffentliche Untersuchung, damit „diese unverantwortliche Kritik durch *verantwortliche* Personen" aufhöre.[13] Als das Mostyn Field zu Ohren kam, der jetzt Konteradmiral und für die Hydrographie zuständiger Inspekteur der Marine war, schrieb er an Geikie:

> Überempfindlichkeit, die keine Kritik annehmen kann, ist immer unglückselig ... Ich fürchte, Kapitän Scott wird bei seiner Meinung bleiben, was man auch sagen wird. Wenn er aber auf eine Untersuchung drängt, wird er sich nach meiner Einschätzung, viel Ärger einhandeln ... und bewirken, daß auf dem Kontinent sehr ungünstige Schlüsse gezogen werden.[14]

Scott verstand den Wink und zog die Forderung zurück. Skelton hatte die Berichte studiert und eine Inkompetenz nachgewiesen, die, wäre sie veröffentlicht worden, für seine Feinde ein gefundenes Fressen gewesen wäre.

Inzwischen arbeitete Kathleen fleißig an Scotts weiterer Laufbahn. Sie hatte es abgelehnt, mit ihm nach Devonport zu ziehen; sie wollte lieber ganz in der Nähe der Männer bleiben, die im Gebäude der Admiralität am Eingang der Mall in der Marine das Sagen hatten. Sie verstand es meisterhaft, einen Menschen tatkräftig zu stützen und ihn größer erscheinen zu lassen, als er war. Ihr echtes Metier war Öffentlichkeitsarbeit. Sie hofierte die hohen Offiziere der Marine eifrig und brachte sie dazu, Scott mit ihren, Kathleens Augen zu betrachten und Züge zu entdecken, die sie mit eigenen Augen nicht gesehen hatten. Sie baute Scott auf. Allein die Tatsache, daß sie seine Frau war, ließ vermuten, daß er verborgene Qualitäten hatte. Letzten Endes erkennt man einen Mann an seiner Frau. Sie war stattlich, war voller Ausstrahlung, hatte blaue Augen zu olivfarbener Haut. Sie pflegte die Beziehung vor allem zu zwei einflußreichen Offizieren der Admiralität, zu Kapitän Mark Kerr und Kapitän Henry Campbell, der mit Scott auf einem Schiff gewesen war. Auf beide machte sie den ganzen Einfluß ihrer starken und faszinierenden Persönlichkeit geltend. Gegen Ende des Jahres hatte sie erreicht, daß die Admiralität Scotts Ernennung zum Marine-Assistenten des Zweiten Seelords, Admiral Sir Francis Bridgeman, aussprach. Er konnte sich erst nicht entscheiden. Kathleen, jedoch, war

> von dem Gedanken entzückt, denn ... es gibt keine ernsthaften Gründe dagegen. Um die Expedition zu betreiben, ist es wichtig, daß Du an Ort und Stelle bist.[15]

Scott nahm die Berufung an.

In einem Landhaus konnte sie bei einer Wochenendeinladung Sir Edgar Speyer, einen Bankier der Londoner City, dazu bewegen, die Expedition, falls sie zustande kommen sollte, zu unterstützten. Sie war so lebhaft daran interessiert, daß man meinen konnte, sie hätte Scott nicht geheiratet, wenn er nicht ziemlich sicher gewesen wäre, daß er sie durchführen würde.

Zwischendurch ging es ihr um das Baby, das schließlich Kathleens Hauptgrund für die Eheschließung gewesen war. Wenn im Menstruationszyklus der richtige Zeitpunkt gekommen war, rief sie Scott nach London, ertrug dagegen seine Abwesenheit zu anderen Zeiten offenbar gut, so daß seine Funktion in fast grotesker Weise deutlich wurde. Das ging sogar so weit, daß sie erklärte, wie sehr sie die Herrschaft des Mannes abzuschaffen wünschte. Sie gehörte zur Avantgarde der Feministinnen. „Der Kampf der Geschlechter", gerade damals ein modisches Schlagwort, war für sie ernst. Sie wollte den Spieß umdrehen und den Mann beherrschen, statt von ihm beherrscht zu werden. Nach eigener Aussage war sie Jungfrau, als sie Scott heiratete, und tat sich darauf viel zugute.

„Wirf Deine Mütze in die Luft, rufe, singe, triumphiere!" schrieb sie ihm Anfang des neuen Jahres überschwenglicher als gewöhnlich, als sie einige Tage überfällig war, „mich dünkt, wir sind auf dem besten Wege, mein Ziel zu erreichen". Das „mein" statt „unser" war ein Ausrutscher, der für Scott vielleicht ein wenig zu deutlich war. Er widersprach leise.

Kathleen war in der Tat schwanger geworden und hatte schon Namen ausgesucht, Peter, wenn es ein Junge, Griselda, wenn es ein Mädchen werden sollte.

Ende 1908 war das zweite Modell des Motorschlittens für Scott fertig und konnte getestet werden. Anstatt Nansens Vorschlag anzunehmen, der „einen der großen Gletscher"[16] empfohlen hatte, entschied Scott sich für Lillehammer in Ostnorwegen, weil der Ort leichter zu erreichen war. Skelton hatte die Versuche durchgeführt und kehrte mit dem zuversichtlichen Bericht zurück, daß nur „sehr geringe Veränderungen vorgenommen werden müßten, um sie nutzbringend in der Antarktis" einsetzen zu können.[17]

Dann, am 24. März 1909, genau an dem Tag, an dem er seine neue Stelle in der Admiralität antrat, erfuhr Scott, daß Shackleton mit einer beachtlichen Erfolgsmedlung in Neuseeland angekommen war. Shackleton war bis auf 97 Meilen an den Südpol herangekommen und damit 360 Meilen über den bisher erreichten südlichsten Punkt. Das war der größte Einzelvorstoß, der jemals zu einem der beiden Pole der Erde gemacht worden war oder gemacht werden würde. Doch trotzdem war der Südpol noch für Scott – und Amundsen – da.

Am 14. Juni kehrte Shackleton nach London zurück. Ein stürmischer Empfang wurde ihm bereitet. Amundsen gratulierte der Königlich Geographischen Gesellschaft spontan:

Ich muß . . . Ihnen zu der großartigen Leistung meinen Glückwunsch aussprechen . . . Das englische Volk hat mit Shackleton in der Antarktis-Forschung einen Sieg errungen (sic), der niemals übertroffen werden kann. Was Nansen im Norden ist, ist Shackleton im Süden . . .[18]

Shackleton hatte haltgemacht, obwohl das eigentliche Ziel in greifbarer Nähe lag; das war einer der mutigsten Entschlüsse in der Erforschung der Polargebie-Als seine Frau ihn fragte, wie er es nur über sich gebracht habe, umzukehren, antwortete er: „Ich dachte, Dir wäre ein lebender Esel lieber als ein toter Löwe."

Shackleton hatte mehr zu verbuchen als nur den am weitesten südlich gelegenen Punkt. Unter Professor Edgeworth David waren mehrere Mitglieder seiner Mannschaft als erste zum Magnetischen Südpol gelangt; andere hatten Mount Erebus erstiegen und damit die erste Bergbesteigung in der Antarktis durchgeführt; und das alles in einer einzigen Saison. England lag Shackleton zu Füßen, nicht so sehr wegen der Tat selbst als vielmehr wegen der Art, wie er sie vollbracht hatte. Das Land suchte einen Helden, und Shackleton erfüllte alle diesbezüglichen Ansprüche.

Während Großbritannien äußerlich immer noch die größte Macht der Erde zu sein schien, nagte unter der Oberfläche schon ein Unbehagen. Das kaiserliche Deutschland war voller unverbrauchter, aggressiver Energie eines aufsteigenden, ehrgeizigen Staates und brauchte sich nicht mit den Fragen moralischer Erneuerung, wie sie an der Substanz der Briten zehrten, herumzuquälen. Es war zu einer wachsenden Bedrohung geworden. Noch schlimmer als das war der innere Verfall, der sich in der Königlichen Marine so deutlich abzeichnete; nach Anzahl der Schiffe stand sie zwar an der Spitze der Nationen, doch ihre technische Qualität „für überlegen oder auch nur für der deutschen ebenbürtig zu halten" war, wie einer ihrer eigenen Admirale sagte, „höchst gefährlich".[19]

Streiks und soziale Unruhen waren Anzeichen einer Umwälzung. In diese Stimmung von Unsicherheit und Zweifel hinein platzte Shackleton, genial, selbstsicher, lebendig, genau die Gestalt, die ein beunruhigtes Volk beruhigen konnte.

König Edward VII., ein kluger Monarch, hatte das begriffen, als er Shackleton adelte, während Scott nur mit dem C.V.O., Kommandeur des Viktoria-Ordens, ausgezeichnet worden war. Shackleton war ein Tonic, ein Anregungsmittel. Niemand hatte seine Fahne so dicht an den Pol herangebracht wie er den Union Jack, und sein glorreicher Beinahe-Erfolg war obendrein auch viel höher zu werten, als ein voller Erfolg bei geringerem Einsatz. Er hatte einen heroischen Kampf gegen übermächtige Widrigkeiten gekämpft und hatte es durch bloße Tüchtigkeit zum Sieg gebracht.

Darüber hinaus war Shackleton aus dem Holz, aus dem man Helden schnitzt. Er strahlte eine schlichte, natürliche Vaterlandsliebe aus. „Ich stehe stellvertretend für 400 Millionen britischer Untertanen", hatte er seiner Frau geschrieben. Er war ein moderner ‚Midshipman Easy'.[20] Die Publizisten, die für Stimmungen im Volk ein Gespür hatten, malten das Bild weiter aus. „In unserer Zeit, die von dem leeren Geschwätz über die Dekadenz unserer Rasse beherrscht wird", schrieb der Leitartikler des *Daily Telegraph,* „hat er dem alten Ruhm unserer Art neuen Glanz verliehen."[21] Solange Engländer solche Taten vollbringen, kommentierte die *Sphere,* „brauchen wir bei Nacht nicht wachzuliegen ... aus Furcht vor einem feindlichen Vorstoß der ‚Jungs der Dachshunderasse'".[22]

Shackleton brachte den Südpol in das Bewußtsein der britischen Öffentlichkeit, mehr noch, er machte ihn zum allgemeinen und leicht verständlichen Ziel seiner Tage, vergleichbar dem Wettlauf zum Mond in unserer Zeit. Für die Medien war er das „richtige Fressen". Für das Fernsehen wäre er ein Himmelsgeschenk gewesen, denn er war ansehnlich, hatte Charisma und die Gabe des Schauspielers, sich selbst vereinfacht und begreifbar darzustellen. Scott hingegen machte auf Journalisten keinen Eindruck, folglich war er zu jener Zeit bei weitem nicht so beliebt wie Shackleton. Es sieht nach Ironie aus, daß Shackleton, der zu seiner Zeit so erfolgreich war, heute halb vergessen ist.

Scott mußte nun erleben, wie Shackleton das Land eroberte, die Schlagzeilen füllte, bei seinen Vorträgen volle Häuser hatte, und das erfüllte ihn mit Neid und kaltem Groll gegen seinen ehemaligen Gefährten. In der Öffentlichkeit verbargen die beiden ihre Feindschaft hinter einer Fassade gegenseitiger Wertschätzung. Doch Shackleton konnte sich nicht Scott zu einem privaten Gespräch anvertrauen, denn er war tief verletzt durch bösartige und unbegründete Gerüchte, er habe mit den erreichten Breiten Schwindel getrieben. Wahrscheinlich machte er Scott dafür verantwortlich, obwohl fast sicher war, daß Sir Clements Markham dahintersteckte.

Scott mißtraute nach seinen eigenen Worten Shackleton in allem. Das hielt ihn aber nicht davon ab, den Vorsitz bei einem Essen zu Ehren Shackletons im Savage Club London zu übernehmen. Nach diesem Essen am 19. Juni hielt Scott eine Rede und sagte (unter lautem Beifall), daß der Südpol von einem Engländer entdeckt werden müßte, und daß er sich anschikke, „auf die Suche zu gehen", und er schloß seine Rede mit den Worten: „Was mir jetzt zu tun bleibt, ist, Mr. Shackleton dafür zu danken, daß er so nobel den Weg gewiesen hat."[23] Das hatte Shackleton allerdings getan. Er hatte einwandfrei bewiesen, daß der Südpol hoch oben auf einem Eiskap lag, und er hatte auch den Zugang zu den Höhen gezeigt, einen mehr als hundert Meilen langen Gletscher, den er zu Ehren seines Wohltäters „Beardmore" genannt hatte.

Scotts Ansprache im Savage Club war in Wirklichkeit seine Absichtserklärung für die Organisation einer neuen Expedition. Er fing jetzt an, die Königlich Geographische Gesellschaft unaufhörlich zu drängen, von Shackleton eine genaue Erklärung über seine zukünftigen Unternehmen zu fordern, denn Shackleton hatte zu verstehen gegeben, daß er noch einmal Kurs nach Süden nehmen wollte.

Ich will nur so frei sein, schrieb er dem Sekretär der Königlich Geogra-

> phischen Gesellschaft, Major Leonard Darwin, daß ich etwas ankündigen kann, ohne Gefahr zu laufen, daß ich Shackletons Pläne durchkreuze; ... wenn er weiterhin seine eigenen Absichten so verschleiert, kann ich nicht handeln, ohne seinen Verdacht zu erregen.[24]

Die Königlich Geographische Gesellschaft hatte keine Lust, wieder in einen Zank verwickelt zu werden. Sie hatte Shackleton akzeptiert und sonnte sich im Abglanz seines Ruhms. Admiral Sir Lewis Beaumont schrieb an Major Darwin:

> Scott würde einen großen Fehler machen ..., wenn er versuchte, mit Shackleton auf einer Suchexpedition in Wettstreit zu treten ... Der Rat der Königlich Geographischen Gesellschaft ist der Meinung, die Gesellschaft sollte nicht nur neutral bleiben, sondern sich dagegen aussprechen ...
>
> Wenn Scott unbedingt eine weitere Antarktis-Expedition leiten will, soll er das tun, aber diese Expedition sollte wissenschaftlichen Charakter haben ...
>
> Ich schreibe das alles nur, um Sie zu bewegen, Scott vor einem Fehler zu bewahren ..., das heißt, mit Shackleton zu konkurrieren und eine Expedition zu organisieren, die wieder den alten Weg geht, bloß, um jene 97 Meilen zu schaffen ...[25]

Kathleen Scott hatte in Sir Lewis einen neuen Verehrer gefunden, einen alten „Arktis"-Admiral. Sein Rat war, wie sich zeigte, vernünftig. Leonard Darwin fühlte sich gedrängt, an Shackleton zu schreiben:

> Ich bin der Meinung, daß jeder Forscher in Zukunft die Freiheit haben sollte, genau dahin zu gehen, wohin er gehen will, in jedem Fall ohne Gefahr zu laufen, daß ihm Vertrauensbruch vorgeworfen wird.[26]

Schließlich versuchte Scott, Shackleton selber anzusprechen, um zum Ziel zu kommen:

> Ich möchte eine Expedition zum Rossmeer organisieren ... Meine Absicht, auf King-Edward-Land einen Stützpunkt zu errichten ... Ich würde mich freuen, wenn Sie versicherten, daß ich damit Ihre Pläne nicht störe.[27]

Eine Woche darauf antwortete Shackleton, wohl unter dem Einfluß von Darwin, daß Scotts Expedition nicht

> mit irgendeinem meiner Pläne zusammenstößt, ... Ich wünsche Ihnen guten Erfolg bei Ihrem Vorhaben, durch das Eis vorzustoßen und auf King Edward-Land an Land zu gehen.[28]

Im Schatten eines Feindes machte Scott sich auf den Rückweg in die Antarktis.

Scott unternahm jetzt die ersten Schritte zur Vorbereitung der neuen Expedition. Er versuchte, ein Schiff zu bekommen. Die *Discovery* war nach ihrer Rückkehr aus der Antarktis an die Hudson Bay Company verkauft worden. Der Vorstand der Gesellschaft war nicht bereit, sie wieder abzugeben. Scott trat darauf in Verhandlungen wegen der *Terra Nova*, des zweiten Entsatzschiffes.

Als Scott Mitte September eine neue Expedition ankündigte, kam das völlig unerwartet. Die Königlich Geographische Gesellschaft war überrascht. Nach kurzer Vorankündigung wurden in Victoria Street Büroräume gemietet. Die Entscheidung trug alle Anzeichen von Hast. Irgendetwas mußte diese Eile verursacht haben. Eine Erklärung liegt nahe: die Sensationsmeldung von Cook und Peary in den ersten Septembertagen, die Amundsen zur Änderung seiner Pläne veranlaßte.

Die Behauptung, daß der Nordpol erreicht worden sei, machte Scott die Gefahr für den Südpol klar. Es gab Gerüchte über eine amerikanische Expedition. Auch die Japaner und die Deutschen bereiteten Expeditionen vor. Nachdem die Polsuche im Norden aufhörte, würde der Druck im Süden umso stärker werden. Shackleton hatte, wie Amundsen es bezeichnete, „ein kleines Fleckchen" übrig gelassen. Die Zeit drängte. Wenn Scott den Südpol erreichen wollte, wenn er sich an Shackleton rächen wollte – das war jetzt sein Ziel – wenn er die letzte Karte ausspielen wollte, um sich die Admiralsflagge in dem allgemein erwarteten Krieg zu sichern, würde er schnell handeln müssen. Die Admiralität stand einer Polar-Expedition (dank Shackletons überwältigendem Erfolg) nicht mehr ablehnend gegenüber.

Am 11. September trug Kathleen in ihr Tagebuch ein: „Büro in Victoria Street 36 übernommen. Habe es besichtigt."[29] Und am 13.: „Nach dem Arzt und der Krankenschwester geschickt. Ankündigung der Expedition in der *Times* und der *Daily Mail*". Am Tage darauf brachte sie ihr einziges Kind zur Welt, das auf den Namen Peter Markham getauft wurde, nach Peter Pan und Sir Clements Markham.

Die Schlacht war im Gang; der Wettlauf hatte begonnen. In einem Brief an Admiral Sir Arthur Moore schrieb Scott kurz und bündig: „Ich bin der Meinung, daß nur ein Engländer zum Südpol gelangen sollte."[30]

Bei solchen Gedanken besteht die Gefahr, daß „sollte" unversehens in „kann" übergeht. Scott hatte vor, im nächsten Jahr aufzubrechen, etwa um die gleiche Zeit wie Amundsen. Der Unterschied bestand nur darin, daß Amundsen sich seit 1907 darauf vorbereitete; Scott hatte, außer der Entwicklung des Motorschlittens, nichts getan. Die Jahre, die er zum Training hätte benutzen können, waren vertan. Er war immer noch so inkompetent wie Ende 1903, als er das Eiskap hinabstolperte. Aber auch in den tieferen Schichten, denen Antrieb und Verhalten entspringen, war der Unterschied zwischen den beiden Rivalen deutlich.

Negative Impulse trieben Scott. An der Spitze stand Furcht vor beruflichem

Versagen, vor allem aber vor Langeweile. Amundsen hatte den Vorteil der positiven Kraft ungeschwächten Ehrgeizes. Er strebte nach Erfüllung statt nach Vermeidung dessen, was schlimmer sein konnte; der eine sah ein Ziel, das er erreichen, der andere eine Situation, die er umgehen wollte.

Es war mehr als ein Wettlauf zwischen zwei Menschen, es war der Zusammenprall zweier Lebensanschauungen. Auf der einen Seite standen die aussterbenden britischen Tugenden Notbehelf und Improvisation, auf der anderen Seite die fremden Tugenden Sorgfalt und Vorbedacht.

Zweiter Teil

18

Kehrtwendung

Amundsen kehrte im September 1909 von Kopenhagen zurück in sein Haus am Bundefjord, wo Betty, sein früheres Kindermädchen, als Haushälterin herrschte. Als die Birken anfingen, sich rot zu färben, saß er in seinem Studierzimmer und arbeitete seinen Schlachtplan aus.

Er war sowohl strategisch wie taktisch im Vorteil. Scott hatte inzwischen seine Absichten bekanntgegeben, während er seine Karten noch nicht aufgedeckt hatte. Amundsen wußte, daß er einen Rivalen hatte, Scott war im Ungewissen.

Auch psychologisch hatte Amundsen alle Trümpfe in der Hand. Der Schock, daß Cook und Peary ihm (vielleicht) zuvorgekommen waren, traf ihn nicht persönlich. Er ging schnell vorüber und hinderte ihn nicht, weiter nachzudenken und leidenschaftslos zu handeln. Scott hingegen war durch den persönlichen Streit mit Shackleton aufgewühlt und von widerstreitenden Gefühlen beherrscht.

Kernstück der Pläne Scotts war, wie die *Times* am 13. September mitgeteilt hatte, die Errichtung von zwei Stützpunkten; der eine sollte im McMurdo Sund, der andere auf King Edward VII-Land angelegt werden, und „der Vorstoß zum Pol (sollte) . . . je nach den Umständen von dem einen oder dem anderen aus erfolgen.“[1]

Amundsen erkannte, daß dies eine Kopie der *Nimrod*-Expedition war. Er folgerte daraus, daß Scott, weil er konventionell dachte, sich wahrscheinlich an die bekannten Wege halten und vom McMurdo Sund aus über die Shackleton-Route zum Pol vordringen würde.

Er selber beschloß, auf der Eisbarriere im Ross-Meer zu landen. Das war ein tollkühnes Unterfangen, denn bisher hatte niemand gewagt, sein Winterlager auf einem Eisschild aufzuschlagen aus Furcht, es könnte auf einem Eisberg, wenn er kalbte, auf das Meer hinausgetrieben werden. Vor dieser Herausforderung hatte sogar Shackleton sich gescheut.

Als Shackleton auf der *Nimrod* am 24. Januar 1908 die Position Balloon Bight erreicht hatte, war die Bucht, noch sechs Jahre zuvor von der *Discovery* aus gesichtet, verschwunden. Der Eisschild war über viele Meilen abgebrochen, auf das Meer hinausgetragen worden und hatte dort eine weite Bucht entstehen lassen, wo Hunderte von Walen jetzt ihre Wasserfontänen hochspritzten. Shackleton nannte sie „Bucht der Wale“. Eisberge und Packeis, die aus nördlicher Richtung auf die Bucht drückten, taten ihre Wirkung und er schrieb:

> Der Gedanke an das, was hätte geschehen können, brachte mich an Ort und Stelle zu dem Entschluß, unter keinen Umständen auf der Eisbarriere zu überwintern und, wo immer wir schließlich landen würden, sicherzustellen, daß unser Winterquartier auf festem Felsgrund errichtet würde.[2]

Amundsen wählte trotzdem die „Bucht der Wale" als seinen Stützpunkt, und er war bei der Wahl nicht unvorsichtig.

> Ich hatte diese Formation auf der Eisbarriere sehr sorgfältig studiert (schrieb er) und war zu dem Schluß gekommen, daß das, was als „Bucht der Wale" bekannt ist, nichts anderes ist als die gleiche Bucht, die schon James Clark Ross gesichtet hatte, wenn sich inzwischen auch starke Veränderungen ergeben hatten. Seit 70 Jahren war diese Formation an der gleichen Stelle. Ich sagte mir also, daß es kein Zufall sein könnte. Was ... diesen gigantischen Eisstrom genau an dieser Stelle zum Stillstand gebracht und in der Eisfront, die sich normalerweise langsam bewegt, eine bleibende Bucht hatte entstehen lassen, war nicht irgendeine Laune der Natur, sondern ... terra firma.[3]

Amundsen hatte das richtig erkannt, wenn seine Begründung auch nicht zutrifft. Die „Bucht der Wale" ist eine Dauererscheinung, wenn auch, wie man heute weiß, ihr Boden nicht aus Fels besteht. Wie der übrige Teil der Eisbarriere ist sie nicht fest, sondern treibt. Aber sie liegt im Windschatten der Roosevelt-Insel, die den Eisstrom verlangsamt und, wie ein Strudel in einem Bach, den Fluß irritiert.

Amundsen hatte jedenfalls die Zusammenhänge studiert. Sir James Clark Ross, Borchgrevink, Scott auf der *Discovery,* Shackleton, sie alle hatten von einer Dauererscheinung im Eis berichtet. Amundsen zog als erster die richtige Schlußfolgerung, weil er als erster auch die Quellen studiert hatte. Er war, wie Nansen, ein intellektueller Polarforscher und fähig, Beweisstücke zu prüfen und logische Folgerungen zu ziehen.

Wenn man die Risiken gegeneinander abwog, sprach alles für die „Bucht der Wale". Sie lag einen ganzen Breitengrad – sechzig Meilen also – näher am Pol als der McMurdo Sund, was bedeutete, daß auf der ganzen Strecke von 1346 Meilen (Luftlinie) 120 Meilen – oder 9½% – Weg gespart wurden. Wo jede Meile und jede Minute zählten, war das ein sehr wertvoller Vorteil, der auch die Gefahr überwog, daß die Eisbarriere gerade an der Stelle, wo das Winterquartier stand, kalben könnte. Da Amundsen zu einem Wettlauf angetreten war, „mußte er als erster durch das Ziel, und demgegenüber hatte alles andere zurückzustehen", wie er bemerkte.[4] Aus eben dem gleichen Grunde nahm er sich vor, den kürzesten Weg von der „Bucht der Wale" zum Pol an einem Längenmeridian entlangzunehmen und einen eigenen Zugang zum Polar-Plateau zu suchen. Das hieß, eine neue Route durch unbekanntes Territorium zu erkunden.

Amundsen erblickte in der „Bucht der Wale" eine Reihe von Vorteilen. Sie lag auf der Eisbarriere selbst; die Straße nach Süden würde also „vor der Haustür" beginnen. Shackleton hatte gezeigt, daß der McMurdo Sund in dieser Hinsicht riskant war: Eine Landbasis konnte, wenn das Eis zum Meer abzog, von der Eisbarriere abgeschnitten werden. Außerdem konnte ein Schiff bis dicht an den äußeren Rand der Eisbarriere herankommen, während das im McMurdo Sund, wie die *Discovery* anschaulich demonstriert hatte, nicht unbedingt so sein mußte. Es gab genug Seehunde, um Menschen und Hunde zu versorgen. Amundsen sagte sich auch, daß das Wetter besser und das Eis ruhiger sein müßten, weil die „Bucht der Wale" weiter als der McMurdo Sund von den Bergen des Südviktoria-Lands entfernt lag. Heute wissen wir, daß er von falschen Voraussetzungen ausging, daß seine Überlegungen aber richtig waren angesichts der Fakten, die man damals kannte. Amundsen wollte unbedingt die Entfernung abkürzen, die Entfernung und die Zeit, nicht nur, um Scott zu schlagen, sondern auch um der Hunde willen.

Seine Route war moralisch gerechtfertigt, weil sie eine norwegische Straße war. Borchgrevink, ein Norweger, wenn er auch unter britischer Flagge segelte, war als erster auf der Eisbarriere fast an der gleichen Stelle gelandet und hatte nachgewiesen, daß sie eine Straße zum Süden war. Und wenn irgend jemand auf das Ross-Meer Anspruch erhob, dann waren doch wohl die Norweger dazu genauso berechtigt wie alle anderen; denn schließlich waren sie es, die 1895 mit der *Antarctic* als erste auf Südviktoria-Land landeten.

Nachdem Stützpunkt und Route festlagen, machte Amundsen sich daran, Shackletons Fahrt zu analysieren, um aus dessen Fehlern zu lernen. Shackleton hatte Risiken unerhörten Ausmaßes auf sich genommen. Er hatte seine Tagesrationen drastisch gekürzt. Die Vorratslager waren zu klein, nicht zahlreich genug, zu undeutlich gekennzeichnet. Sie rechtzeitig zu erreichen, war oft ein Rennen auf Leben und Tod gewesen. Amundsen hatte daraus gründlich gelernt, daß eine hinreichend große Sicherheitsmarge lebensnotwendig war.

Aus Shackletons Erfahrungen hatte er abgeleitet, daß der Wettlauf zum Südpol mit Sicherheit ein Ski-Rennen werden würde. In Bezug auf den Transport hatte Shackleton ein Beispiel gegeben, das man lieber nicht wiederholen sollte. Er hatte die Benutzung von Skiern gescheut und Menschen zum Ziehen der Schlitten eingesetzt. Zwar hatte er auch Hunde mitgenommen; sie wurden aber falsch eingeschätzt und schlecht behandelt. Je länger Amundsen sich mit Shackleton beschäftigte, desto fester war er überzeugt, daß er selbst auf dem richtigen Weg war.

Geld blieb das eigentliche Problem. Er fürchete mit Recht, daß Cook und Peary ihm die Chancen, die notwendigen Mittel aufzutreiben, zerstören könnten. „Der Pol war erreicht . . . und alle Geldquellen versiegten."[5] Geldgeber forderten ihre Zuschüsse zurück; Fabrikanten widerriefen die Zusagen auf kostenlose Lieferungen. Lord Northcliffe, der sich für ein Angebot von 5000 Pfd. die Rechte auf die Berichterstattung über die Polfahrt gesichert hatte, war nicht bereit, überhaupt etwas zu zahlen, weil er natürlich glaubte, daß es um den Nordpol ging. Amundsen wurde im Stich gelassen.

Er bat die Regierung um 25 000 Kronen zusätzlich, um weitere acht Mann für weitere sechzehn Monate bezahlen zu können. Sie sollten die Gruppe bilden, die an der Küste blieb. Er tarnte ihre Aufgaben mit einer besonderen wissenschaftlichen Arbeit. Der Storting lehnte Amundsens Antrag ab. So sah er sich einem Defizit von 150000 Kronen gegenüber (nach heutiger Währung ca. 263000 Dollar).

Amundsen hatte es längst aufgegeben, sich um die Feinheiten eines ausgeglichenen Haushaltsplanes Sorgen zu machen. Sein Ziel war, die Gläubiger außer Reichweite des Schiffes zu haben. Wenn er den Pol erreichte, würde alles vergeben sein. Nur ein Versagen wäre unverzeihlich.

Er nahm Kredite auf, wo er sie bekommen konnte. Sein Haus belastete er mit einer Hypothek und zahlte so wenigstens 25 000 Kronen in die Expeditionskasse. Seinem Bruder Leon übertrug er die Geschäftsführung der gesamten Expedition. So konnte er sich, frei von allen Geldangelegenheiten, ausschließlich den wesentlichen Dingen widmen, vor allem der Ausrüstung.

Unermüdlich arbeitete er jedes Detail durch. Er verwarf die üblichen Schneebrillen und ließ sich nach dem Muster von Dr. Frederick Cook eigene anfertigen. Skier als entscheidendes Werkzeug des Unternehmens mußten ihrer besonderen Bestimmung angepaßt werden. Er bestellte ein Modell, das zwischen einem Sprungski und einem Langlaufski lag. Es war mit etwa sechs Fuß ungewöhnlich lang, im Verhältnis zur Länge aber schmal. Die Länge sollte gewährleisten, daß auch die breitesten Eisspalten überquert werden konnten. Die große Tragfläche verhinderte, daß man in Schneewehen, auf dünnen Harschflächen und losem Schnee einsank. Ein solcher Ski, robuster gebaut als das Langlaufmodell, läuft leicht, weil der Reibungswiderstand verringert ist. Durch seine stabile Bauweise hält er geraden Kurs und belastet bei der Führung die Beine weit weniger. Als Material wählte er Hickoryholz. Es ist zwar schwer, aber stark, elastisch, engfaserig, wasserabweisend, hält das Skiwachs und ist bei niedrigen Temperaturen besonders geeignet. Da er das Holz bereits vor neun Jahren in Pensacola hatte kaufen lassen, war er von der guten Qualität überzeugt.

Wie jeder Skiläufer kümmerte er sich besonders um Schuhe und Bindungen. Er entschied sich für die Fersen-Spannbindung, die damals gerade auf den Markt kam, weil sie Halt gab und Kraft sparte. Ein Schuh mußte entworfen werden, der in seinem Längsteil fest genug war, damit die Bindung hielt, dabei aber so flexibel, daß man die Ferse anheben konnte, um Blutstauungen und Erfrierungen bei niedrigen Temperaturen zu vermeiden. Außerdem mußte man für vereiste Hänge Stollen anbringen können. Die Versuche mit Bindungen nahmen zwei Jahre in Anspruch. Schließlich entschied Amundsen sich für die Huitfeld-Bindung.

Seine weitere Sorge galt der Verpflegung. Er dachte an Pemmikan. Das norwegische Heer hatte Versuche mit Pemmikan gemacht, dem Erbsen zugesetzt waren, um die eiserne Ration verdaulicher zu machen. Nach eigenen Versuchen bestellte Amundsen Pemmikan, das mit Erbsen und Haferflocken angereichert war. Das war eine der Kleinigkeiten, die unter Umständen alles bedeuten konnten. In Ausnahmesituationen kann die einfachste Gewohnheit zu mühsamer Anstrengung werden. Blase und Verdauung können zu einer Obsession werden. Ein überlasteter Magen bedeutet träges Arbeiten, Kräfteverschwendung und schlechte Laune. Durchfall bei Schneesturm und drohenden Erfrierungen ist kein Spaß und Verstopfung noch schlimmer, vorausgesetzt, es geht überhaupt noch schlimmer. Nach Amundsens Meinung mußte das alles in der Zeit vor dem Start ausgeschaltet werden

Auch auf die Bekleidung verwandte er viel Sorgfalt. Über Daugaard-Jensen hatte er bereits die Seehundfellanzüge der Grönland-Eskimos bestellt, dazu Material für Ausbesserungen. Jetzt ließ er noch nach demselben Schnitt Anzüge aus Rentier- und Wolfsfell, wetterfestem Burberry-Material, strapazierfähigem norwegischen Baumwollgabardine und sogar aus Militärfilzdecken arbeiten. Die Anzüge aus dem Militärmaterial sollten bei grober Arbeit an Bord und am Landeplatz getragen werden.

Er überließ kein einziges Detail dem Zufall. Sogar für die Schlittenkästen machte er eigene Entwürfe. Anstelle von Sperrholz nahm er Eschenholz, das er wegen der Qualität von einer dänischen Firma kommen ließ. Für die Kästen ließ er runde Pressdeckel herstellen, wie man sie auf Teekannen verwendet. Dadurch konnte das Eindringen von Schnee verhindert werden, und außerdem entfiel das Fest- und Losbinden der Deckel, was Zeit und Kraft sparte. Die Deckel waren seine eigene Erfindung. Damit sie leicht waren und nicht rosteten, ließ er sie aus Aluminium herstellen.

Mit der gleichen kritischen Sorgfalt wählte er seine Mannschaft aus. „Was sagen Ihre Eltern dazu?" war immer eine der ersten Fragen, beziehungsweise „was sagt Ihre Frau dazu?" Eine harmlos klingende Frage, aber die Antwort sagte viel aus. Er wollte keine mißratenen Söhne, gescheiterte Existenzen oder Abenteurer. Ein falscher Mann war weit gefährlicher als der schlimmste Schneesturm. Er war einer der ersten Forscher, der die Bedeutung geistiger und körperlicher Gesundheit voll einzuschätzen wußte. Er suchte Menschen, die mit ihrer Umwelt in Frieden lebten, die in ihrem Arbeitsbereich, der mit Polarfahrt zu tun haben mußte, erfolgreich waren, wenn auch in bescheidenem Rahmen, und die besondere Neugier und Tatkraft aus einem sonst geordneten Leben heraustrieb. Er sah in seinen Leuten Mittel zum Zweck, ihre Hauptqualifikation war ihre Eignung für diese Arbeit. Gefühle schaltete er bei seiner Wahl völlig aus.

Amundsen wußte, daß er im Hundeführen kein Meister war. Zwar war er kompetent, aber Kompetenz war ihm nicht genug. Er wollte den besten Mann. Helmer Hanssen, sein alter Gefährte auf der Nordwest-Durchfahrt, sagte nach anfänglichem Zögern zu. Mit ihm und Bjaaland hatte er den Kern seiner Mannschaft. Er zahlte Hanssen doppelt soviel wie Gjertsen, dem zweiten Steuermann. Aber Hundeführer waren rar, und im Polargebiet ist der Hundeführer König. Um einen guten Koch zu haben, sicherte er sich Adolf Lindstrøm, der mit ihm auf der *Gjøa* gefahren war und jetzt an der Westküste von Alaska Fischfang betrieb.

Im Sommer 1909 lernte Amundsen bei einem seiner regelmäßigen Besuche auf der Marinewerft Horten Oscar Wisting kennen. Er war Marinekanonier und arbeitete auf der *Fram*. Wisting hatte einige Zeit im Gebiet von Island Walfang betrieben und war schließlich bei der Marine Kanonier geworden. Er hatte die Prüfung als Steuermann abgelegt und wußte mit kleinen Fahrzeugen gut umzugehen. Nach norwegischen Maßstäben war er nur ein mäßiger Skiläufer und im Hundeführen völlig unerfahren. Aber er erwies sich als anpassungsfähig, lernbereit und sehr praktisch veranlagt. Oberleutnant Kristian, der mit Amundsen auf Fahrt gehen wollte, hatte ihn empfohlen. Amundsen heuerte ihn noch aus einem anderen Grunde an. Er brauchte Leute, die sich – wie Wisting – gern und uneingeschränkt seiner persönlichen Autorität unterwarfen. Eine Klausel des Vertrags, den jeder Expeditionsteilnehmer unterschreiben mußte, lautete: „Ich versichere bei meiner Ehre, daß ich dem Führer der Expedition jederzeit in allem gehorchen werde und verspreche, mich unermüdlich und entschlossen für einen erfolgreichen Ausgang einzusetzen."

Entgegen den Gutachten, die ihm vorlagen, wollte Amundsen unbedingt einen Eislotsen mitnehmen. Solch ein Spezialist konnte auf der Fahrt durch das Packeis, wenn jede Stunde im Wettlauf um den Pol zählte, Wochen sparen. Amundsen bat seinen alten Freund Zapffe in Tromsø, einen zu suchen. Und Zapffe entschied sich schließlich für Andreas Beck, der auf einem Seehundfänger in der Arktis arbeitete: „einen großen, gutmütigen Bären, der nicht viel Worte machte."

Obwohl Gustaf Wiik auf der *Gjøa* an einer Krankheit gestorben war, lehnte Amundsen es auch diesmal ab, einen Arzt mitzunehmen. Da Zapffe nicht teilnehmen konnte, schickte er Gjertsen und Wisting zu Kurzlehrgängen in die zahnheilkundliche und chirurgische Abteilung mehrerer Krankenhäuser.

Ein dunkler Augenblick kam für ihn, als er eine ihm aufgezwungene Wahl annehmen mußte. Im Herbst 1908 erhielt er ein Bewerbungsschreiben von Hjalmar Johansen, der mit Nansen im Norden gewesen war. Er war ein guter Hundeführer und verfügte über ungewöhnliche Erfahrung in Polarfahrten. Er war Sportler und erfolgreicher Wettkämpfer im Skilauf. Also eigentlich der richtige Mann für die Expedition. Doch hatte er eine persönliche Schwäche, die ihn zu einem ernsten Risikofaktor machte.

Als Johansen 1896 nach der sagenhaften Fahrt mit Nansen über das arktische Eis nach Norwegen zurückgekehrt war, zählte er zu den Helden des Tages. Aber nachdem der Jubel vorbei war, begann wieder der Alltag; dabei hatte er geglaubt, sein Glück sei gemacht; ein Schock, den er nicht überwand. Er wurde Trinker. Er war nicht der einzige, der in der Arbeit im Polargebiet einen Ausweg aus der Öde des alltäglichen Lebens sah. Nansen half ihm immer wieder dabei. Durch seine Vermittlung begleitete Johansen einige Zeit ausländische Expeditionen nach Spitzbergen. Doch als er heimkehrte, verfiel er, wie Nansen vorausgesehen hatte, wieder in seine alte Gewohnheit.

Als Amundsen seine Expedition ankündigte mit der Aussicht auf fünf Jahre

Fahrt durch das arktische Eis, schien das die Gelegenheit zu sein, auf die Johansen gewartet hatte.

Johansen hatte Nansen in der Arktis das Leben gerettet, und Nansen fühlte sich ihm deshalb verpflichtet. Er bedrängte Amundsen, Johansen zu nehmen.

Das war das letzte, was Amundsen wollte. Ein schwerer Trinker bedeutete für ihn, daß der Mann unter Belastung zu einer Gefahr wurde. Und was noch schwerer wog: er fürchtete, daß Johansen seine Autorität bedrohen könnte, denn er war älter, gleichermaßen erfahren, ein besserer Skiläufer, und vor allem: sein Ehrgeiz hatte unter Nansens Ruhm sehr gelitten. Aber Amundsen war mehr oder weniger in Nansens Hand und sah sich gezwungen, Johansen für die *Fram* zu übernehmen.

Wie ein General, der einen Überraschungsangriff vorbereitet, mußte Amundsen immer auf der Hut sein. Mit Bjørn Helland-Hansen hatte er ein Sonderprogramm für ozeanographische Forschungen im Atlantik vorbereitet, das der Expedition zusätzliche wissenschaftliche Bedeutung geben sollte und ihm nebenbei einen überzeugenden Vorwand bot, selbst mit der *Fram* auszulaufen, statt, wie er früher hatte verlauten lassen, erst in San Francisco an Bord zu gehen. Er benutzte die Presse, um den Eindruck zu verstärken, daß er Nordkurs nehmen wollte. Es bereitete ihm ein ungeheures Vergnügen, sein Geheimnis zu wahren, denn er glaubte an Ibsens Worte im „Volksfeind": „am stärksten in der Welt ist, wer allein steht."[6]

Amundsen mußte jeden einzelnen Schritt genau bedenken und jedes Wort auf die Goldwaage legen. Er verließ und betrat sein Haus unregelmäßig. Er hielt sich versteckt und niemand wußte, wo. Vor allem mußte Nansen im ungewissen gelassen werden, denn wenn er die Wahrheit erführe, würde er, wie Amundsen befürchtete, das Unternehmen als erster stoppen.

Aber nicht nur vor Außenstehenden hatte Amundsen auf der Hut zu sein; er mußte auch seine Leute in dem Glauben lassen, daß sie in den Norden fuhren, wenigstens zunächst. Die einzige unvermeidliche Ausnahme war Oberleutnant Thorvald Nilsen, sein Stellvertreter beim Kommando. Er wurde über die wahren Absichten unterrichtet. Nilsen sollte Schiffsmeister der *Fram* werden und mußte für seine Vorbereitungen wissen, wohin die Fahrt ging.

Nach dem Auslaufen aus Madeira sollten bis zur „Bucht der Wale", also über 14 000 Meilen, keine Zwischenhäfen angelaufen werden, höchstens eine abgelegene Insel zur Aufnahme von Frischwasser. Amundsen wollte Telegrafenstationen, Konsulaten, Journalisten und Anwälten weit aus dem Wege gehen.

Auch Nilsen mußte auf Umwegen arbeiten. Er konnte beispielsweise antarktische Meereskarten nicht offen anfordern, wenigstens nicht durch örtliche Stellen. Das wäre sofort im Rundfunk bekanntgegeben worden. Er ließ sie sich stattdessen unter einem besonderen Vorwand von der norwegischen Botschaft in London kommen. Das erregte keinen Verdacht.

Die stärkste Bedrohung für Amundsens Geheimplan war die Winterhütte. Er ließ sie von dem Schreiner Jørgen Stubberud anfertigen, der auch sein Haus instand gesetzt und sich zur Teilnahme an der Expedition verpflichtet hatte. Es ist besonders erstaunlich, daß Stubberud keinen Verdacht schöpfte. Amundsen ließ die Presse wissen, daß es sich um eine „Beobachtungshütte" für das arktische Packeis handle. Die „Hütte" war jedoch ein großes Gebäude, aus schwerem Holz, mit separater, volleingerichteter Küche, elf Kojen und Linoleumboden. Sie paßte kaum zu einer Expedition, die auf dem Schiff leben sollte.

Amundsen mußte darauf gefaßt sein, daß sein Geheimnis von einem Tag zum anderen entdeckt würde.

An einem Morgen im März klingelte das Telefon. Am Apparat war der Pförtner eines Hotels in Christiania und wollte ihn mit Kapitän Scott verbinden. Einen solchen Anruf hatte Amundsen befürchtet. Scott hatte ihm geschrieben, daß er kommen würde, um über eine wissenschaftliche Zusammenarbeit zwischen ihm im Süden und Amundsen im Norden zu sprechen. Amundsen konnte unmöglich mit Scott zusammenkommen und ihm ins Gesicht lügen. Er schickte ihm die übliche Mitteilung, daß er verhindert sei. Damit begann das nervenaufreibende Suchen nach Ausflüchten, um eine Begegnung mit ihm zu vermeiden.

19

Auf der *Terra Nova*

Scott war für die letzten Motorschlittentests nach Norwegen gekommen. Die Hersteller hatten sich mit der Lieferung Zeit gelassen, und jetzt wurden die Probefahrten übereilt und schlecht geplant durchgeführt. Er fuhr nach Fefor, einem Ski-Ort nördlich von Christiania. Finse, am Rand von Hardangervidda, wo Amundsen seine Polartests gemacht hatte, wäre viel geeigneter gewesen. Er hätte seinen Schlitten über die kürzlich eröffnete Eisenbahnlinie zwischen Christiania und Bergen bis an den Fuß des Gletschers bringen lassen können, aber in Fefor hatte man Scott freie Unterkunft angeboten, und der Ort lag in einem ihm vertrauten Gelände in der Nähe von Lillehammer, wo er seine früheren Versuche unternommen hatte.

Wie gewöhnlich lief alles unter Zeitdruck, und die Einzelheiten waren stümperhaft vorbereitet, denn Scott hatte sich für die Vorbereitung der Expedition nur neun Monate Zeit genommen, während die meisten Polarforscher zwei Jahre für erforderlich hielten.

Ein großer Teil seiner Ausrüstung wurde über den Ladentisch gekauft oder nach den überholten Mustern aus der Zeit der *Discovery* oder davor angefertigt. Scott blieb in ausgefahrenen Gleisen und „mied sorgfältig die Auseinandersetzung mit der Erfahrung seiner arktischen Vorgänger.“[1]

Während Amundsens *Fram* von Grund auf modernisiert wurde, überholte man die *Terra Nova,* die Scott schließlich bekommen hatte, nur oberflächlich und teilweise in Hast. Mit Geldmangel war das nur halb zu erklären; denn während man die altmodischen Handpumpen nicht auswechselte, deren Mängel die Sicherheit des Schiffes und der ganzen Mannschaft gefährdeten, baute man eine teure Kühlkammer ein, um, völlig überflüssig, Hammelfleisch mit in die Antarktis zu nehmen, obwohl es dort einen unerschöpflichen Vorrat an Seehundfleisch gab.

Die Berichte von Peary und Astrup, ganz zu schweigen von Sverdrups *New Land*- und Amundsens *Nord-West-Passage* mit ihren überzeugenden Darstellungen der Vorteile von Schlittenhunden, konnten inzwischen von jedermann studiert werden. Es gibt keinen Hinweis darauf, daß Scott sie gelesen hatte, und wenn er sie kannte, nahm er ihre Aussagen nicht zur Kenntnis. Er blieb bei seinem Mißtrauen gegen Hunde. Als er sich 1909 um die Jahresmitte dann klarmachte, daß er mit Motorschlitten den ganzen Weg bis zum Pol wahrscheinlich nicht bewältigen konnte, entschied er sich, da wohl Zugtiere erforderlich waren, stattdessen für Ponys – weil Shackleton Ponys benutzt hatte.

Scott sah nur, daß Shackleton den Pol fast erreicht hatte, übersah aber, daß dessen letztes Pony weit vor dem Polar-Plateau in einer Eisspalte verendet war.

Gegen Ponys sprach vor allem, daß in der Antarktis kein Futter für sie wuchs. Jede Hand voll Futter würde also auf dem Schiff mitgenommen werden müssen. Die Antarktis mit ihrem Überfluß an Robben und Pinguinen war für Fleischfresser dagegen wie geschaffen. Pferde konnten von dem, was das Land hergab, nicht leben, wohl aber Hunde.

Scott kopierte nicht nur Shackletons Methoden, er wollte auch dessen Leute. Er bemühte sich um Douglas Mawson, einen australischen Geologen, der in der von Professor Edgeworth David geleiteten Forschungsmannschaft den Magnetischen Südpol erreicht hatte. Mawson lehnte ab. Er fürchtete unter anderem, daß Scott ihm seine Ideen stehlen wollte. Stattdessen entschied er sich dafür, eine eigene Antarktis-Expedition zu organisieren, was Scott überraschte und verärgerte.

Auf einem Empfang in London traf Scott Frank Wild und versuchte, ihn für eine Teilnahme an seiner Expedition zu gewinnen. Wild, der Teilnehmer der Gruppe gewesen war, mit der Shackleton den südlichsten Punkt erreicht hatte, hätte den Weg fast bis zum Pol genau gekannt. Scott bot Geld, versprach Beförderung in der Marine, doch Wild blieb hart und lehnte kategorisch ab. Er war ganz und gar Shackleton ergeben.

Wilson war der Mann, den Scott am dringendsten brauchte, seinen Führer, Ratgeber, Lebensretter und den Friedensstifter auf der *Discovery*. Und Wilson kam. In den vergangenen zwei Jahren hatte Scott immer wieder deutlich gemacht, wie sehr er seinen alten Gefährten brauchte, und als dann die Aufforderung (per Telegramm) eintraf, ging Wilson darauf ein. „Scott ist ein Mann, für den es sich lohnt zu arbeiten ...“, schrieb er an seinen Vater.

Wilson nahm den Meteorologen Dr. George Simpson auf, den Scott seinerzeit aus persönlicher Abneigung von der *Discovery*-Liste gestrichen hatte. Simpson war inzwischen ein angesehenes Mitglied des Indischen Wetterdienstes. Er war Absolvent der viktorianischen Universität Manchester, während die anderen Wissenschaftler überwiegend aus Cambridge kamen, so die Geologen Debenham und Griffith Taylor, die Biologen Lillie und Nelson wie auch Wilson.

Es gab inzwischen eine neue Welle öffentlichen Interesses an antarktischer Forschung. Das war weitgehend Shackleton zu verdanken. Die Folge war, daß das intellektuelle Kaliber derer, die sich um Teilnahme an der Expedition bewarben, wesentlich höher war als das der Bewerber für die *Discovery*. Es gab eine Flut von Bewerbern aus allen Klassen und Lebensbereichen; insgesamt zählte man nahezu 8000.

Von der Admiralität konnte Scott an Offizieren und Mannschaften haben, was er wollte. Er war jetzt Kapitän z. See und sein Vorgesetzter, Admiral Sir Francis Bridgeman, Leiter der Personalabteilung der Marine. Finanzielle Unterstützung aber stand außer Frage.

Obwohl die britische Expedition sich von der norwegischen ganz wesentlich unterschied, zeigten sich doch gewisse Parallelen. So wie man Amundsen Johansen aufgenötigt hatte, sah auch Scott sich durch die Macht der Umstände gezwungen, jemanden aufzunehmen.

Oberleutnant E. R. Evans, des Wartens auf die zweite Expedition Scotts überdrüssig, hatte sich inzwischen entschieden, eine eigene Expedition durchzuführen. Er plante, das King Edward VII-Land zu erforschen, die heutige King Edward VII-Halbinsel auf Marie Byrd Land. Seit Mai 1909 verhandelte er darüber mit Sir Clements Markham.

Für Scott erschien Sir Clements als ehrgeiziger Impresario und Evans als unangenehmer Rivale. Evans Plan war gut und versprach neue Entdeckungen in der noch sehr oberflächlich bekannten Antarktis. Er gefiel Sir Clements, der das, was er „die Rennerei nach dem Pol" nannte, mißbilligte. Er gefiel ihm sogar besser als Scotts Plan, der sich, nur um Shackleton zu übertreffen, in alten Bahnen bewegte.

Er informierte Scott diskret über Evans Vorhaben, und als Evans am 8. Juli zu Sir Clements kam, um seine Pläne im einzelnen darzulegen, mußte er feststellen, daß Scott sie als seine eigenen übernommen hatte. Er wurde als Störenfried angesehen und war kurz davor, die ehemalige Rolle von Shackleton zu spielen. Sir Clements schlug vor, er solle zu Scott gehen „und ganz offen mit ihm reden".[2] Wie Sir Clements beabsichtigt hatte, taten die beiden sich schon am nächsten Tag zusammen, und Scott machte Evans zu seinem Stellvertreter im Kommando. In Sir Clements Tagebüchern kann man zwischen den Zeilen lesen, daß er an Scotts Fähigkeiten zweifelte und in Evans eine willkommene Stütze für ihn sah.

Als es dann darum ging, Gelder aufzutreiben, zeigte sich, daß „Teddy" Evans für Scott von unschätzbarem Wert war. Er konnte den Landratten den „Seebären" vorspielen und wußte, wie man den Leuten Geld abschwatzte. Im Frühjahr 1910 hatten Scott und Evans die ersten 10000 Pfd. zusammen. Die (liberale) Regierung, bis dahin unverbindlich, bewilligte 20000 Pfd; das war das Fünffache von dem, was der Storting Amundsen gegeben hatte.

In der Auswahl ihrer Leute gingen Amundsen und Scott ganz verschiedene Wege: Amundsen organisierte einen Überfall, Scott eine Generaloffensive. Amundsen setzte auf Flinkheit und Beweglichkeit; Scott baute auf die größere Anzahl. Amundsens ganze Landgruppe würde unter zehn bleiben; Scott dachte an zwanzig bis dreißig.

Amundsen konnte sich keine Passagiere leisten. Er wählte seine Leute gezielt für ihre Aufgaben aus, so wie ein Handwerker sein Werkzeug. Neben Polarerfahrung und spezifischer Ausbildung in Skilauf und Hundeführung verlangte er, daß sie allgemein an Einsamkeit und harte Arbeit im Freien bei kaltem Wetter gewöhnt waren.

Scott arbeitete nicht nach einem erkennbaren Plan, außer daß er den Marineleuten das Übergewicht gab. Da stand auf der einen Seite der kleine Kern von ehemaligen *Discovery*-Leuten: Wilson und die Matrosen Crean, Lashly, Edgar

Evans und Williamson; auf der anderen die heterogene Masse ohne Polar- oder auch nur Kaltwettererfahrung.

Da war zum Beispiel Henry Robertson Bowers, ein zäher, kleiner, rothaariger Schotte vom Clyde, der um Kap Horn gesegelt war, seine Lehrzeit auf See hinter sich hatte und jetzt in der Königlich-Indischen Marine Oberleutnant z. See war. Er war sechsundzwanzig und hatte sich schon früh für das Polargebiet interessiert. Von Eis und Schnee wußte er nichts, außer vielleicht vom Hörensagen oder aus Büchern.

Wie „Teddy" Evans kam er von der *Worcester*, dem Ausbildungsschiff der Handelsmarine auf der Themse. Er wurde durch alte Beziehungen unbesehen für die Expedition angenommen.

Andere stießen zur Expedition, weil sie Geld einbrachten.

Wie Shackleton sah Scott in zahlenden Freiwilligen ein Mittel, Geld in die Expeditionskasse zu holen. Gegen eine Gebühr von 1000 Pfd. wurden zwei Leute für die *Terra Nova* angenommen. Der eine war Apsley Cherry-Garrard, ein besonderer Freund von Wilson und Neffe von Scotts Verleger Reginald John Smith. Er hatte gerade in Oxford Examen gemacht. Scott hätte wahrscheinlich gern Cherry-Garrards Geld ohne Cherry-Garrard genommen, aber Wilson und Smith dachten offensichtlich mehr an das, was die Expedition für Cherry-Garrard tun könnte als an die Expedition selbst. Der junge Mann litt an den Folgen einer ihn unselbständig haltenden Erziehung, die ihn zwischen einen tyrannischen Vater und eine sich mit Sanftmut durchsetzende Mutter und zwei Schwestern gestellt hatte. Er war in gewisser Weise Kind geblieben und man glaubte, daß die Antarktis ihm durch körperliche und geistige Kräftigung gut tun würde.

Der andere eingeschriebene Freiwillige war ein Rittmeister der Kavallerie, Lawrence Edward Grace Oates. Er war ehemaliger Eton-Schüler und kam, wie Cherry-Garrard, aus dem Landadel. Er verfügte über Privateinkünfte, lebte aber stets ein wenig über seine Verhältnisse. Als Offizier des 6. Inniskilling Dragonerregiments spielte er Polo, ging auf die Jagd, hielt sich eine Yacht und zwei Reitpferde und genoß die Freizeitvergnügen, wie sie Herkunft und Regimentszugehörigkeit nahelegten. Jenseits der Konvention war er einer der ersten Engländer, die ein Motorrad fuhren, und auch sonst in manchem seiner Zeit voraus. Er war ruhig, selbstbeherrscht und trotz gelegentlicher Freude an lautem Spaß alles andere als ein Ruhestörer.

Heuchelei war ihm fremd. Von Kind an haßte er vornehmes Getue und übertriebene Liebenswürdigkeit. Zufällig lernte er den Herzog von Connaught kennen, der ihn fragte, ob er in Eton seinen Sohn kenne. „Nein", antwortete Oates, „ich kann schließlich nicht *jeden* kennen."

Oates hatte im Burenkrieg gekämpft und von da eine schwere Schenkelverletzung. Er war in Indien, als er sich um Teilnahme an der Expedition bewarb. Der Routinedienst in Friedenszeiten langweilte ihn:

... Wenn du zufällig einen oder zwei der Schreiberlinge im Kriegsministerium kennst, oder, noch besser, ihre Frauen, kann das Soldatspielen ganz lustig sein; wenn aber nicht, dann bleibst du besser zu Hause.[3]

Der Pol war für ihn ein Abenteuer. Er brauchte schwere Arbeit und etwas Neues. Scott suchte jemand, der sich um die Pferde kümmerte, und so kam ihm Oates Angebot wie gerufen. Wie Bowers wurde er unbesehen angenommen. Scott bat das Kriegsministerium um Freistellung. Es willigte schließlich unter der Bedingung ein, daß Oates die Kosten für die Heimfahrt und auch die Fahrt für den Ersatzmann in Indien trüge. Oates nahm die Bedingung mit Freuden an, denn zusammen mit der Teilnahmegebühr von 1000 Pfd. war das immer noch billiger als zwei Jahre Leben in der Armee. Anfang Mai stellte er sich auf der *Terra Nova* vor, die in London in den West India Docks hergerichtet wurde.

Im März, als Scott zur Erprobung der Motorschlitten nach Norwegen fuhr, nahm er gleich die Gelegenheit wahr, Pelze und Schlitten zu kaufen. In Christiania traf er Nansen und entwickelte ihm die britische Strategie.

Nansen mochte Scott nicht unbedingt, obwohl er Kathleen, die ihren Mann begleitete, ganz entschieden mochte – aber im Sinne der Griechen war er ein Mann der Nächstenliebe, der nicht ungerührt dabeistehen und zusehen konnte, wenn ein Mitmensch offensichtlich dabei war, sich selbst zugrundezurichten. Er hatte das Gefühl, daß er Scott vor sich selbst retten mußte; gleichzeitig brauchte ein norwegischer Polarlehrling unauffällig Hilfe.

Es ging um Tryggve Gran, der mit gerade zwanzig Jahren eine eigene Antarktis-Expedition organisierte. Sein Interesse für das Polargebiet war durch Kapitän Victor Baumann geweckt worden, der Sverdrup auf der zweiten *Fram*-Expedition begleitet hatte. Zum Handeln selbst aber hatte Shackleton ihn angeregt. Gran hatte Shackleton im Oktober 1909 in Christiania bei dessen Vortrag über die Fahrt fast bis in Sichtweite des Pols gehört. Er hatte den Forscher interviewt:

> Ich fragte ihn geradeheraus, ob er mir raten könnte, jung wie ich war und ohne andere Erfahrung als die auf See und die als Skiläufer im Gebirge, auf eigene Faust eine Fahrt zum Süden zu unternehmen. „Hören Sie, junger Freund“, sagte er, „ich will ihnen nicht geradewegs zuraten, aber frei meine Meinung sagen. Falls Sie genügend erfahrene Männer bekommen können, die Ihr Schiff zum Ross-Meer bringen, ist Ihre Jugend alles andere als ein Hindernis.“ Und Shackleton fuhr fort: „Eine englische Expedition unter Kapitän Scott ist in Vorbereitung und wird voraussichtlich im nächsten Sommer starten. Es muß schnell gehandelt werden. Sie können mit einem Scheck von mir rechnen!“[4]

Ganz gegen seine Gewohnheit handelte Shackleton sehr unüberlegt, als er einen völligen Neuling so offenkundig ermutigte, mit Scott in einen Wettbewerb zu treten. Er offenbarte seine Ressentiments gegenüber seinem Rivalen Außenstehenden nicht so oft. Gran, ein empfänglicher junger Mann und von der Begegnung mit Shackleton angefeuert, bestellte sogleich ein Schiff. Er war wohlhabend genug, sich seine Launen leisten zu können. Im Januar 1910 besuchte er Nansen, um mit ihm seine Pläne zu erörtern.

Was Nansen hörte, machte ihn besorgt. Grans Schiff war ungefähr so groß wie eine Fischerschaluppe, geradezu lächerlich klein für die Antarktis. Und mit zwanzig Jahren war Gran viel zu jung, um an die Leitung einer Expedition überhaupt zu denken.

Aber nicht nur die mangelnde Erfahrung und die Jugend beunruhigten Nansen. Er kannte seine Landsleute, und in Gran erkannte er etwas von Ibsens Peer Gynt, jene Personifizierung, eigentlich sogar Karikatur, von etwas im Kern Norwegischem: den Mann der großen Geste, der Tagträume mit Realität verwechselte, den Mann, der vor großen Ereignissen nur allzu oft sich auf fatale Weise irrational verhält.

Nansen verstand das alles. Die Frage war, wie man Gran davon abbringen könnte, sein Unternehmen fortzuführen. Nansen versuchte es auf Umwegen und bot Gran an, ihn mit Scott bekanntzumachen. Gran war entzückt: mit einem Schlage wurde er sozusagen in die Gesellschaft anerkannter Forscher erhoben.

Nansen arrangierte die Zusammenkunft in dem großen Fachgeschäft Hagen, wo Scott seine Schlitten kaufen wollte. Dafür hatte Nansen einen besonderen Grund. Hagen war Hersteller von Ski- und sonstiger Sportausrüstung und als Ausstatter von Expeditionen international bekannt, und er hoffte, daß die verführerische Umgebung von Ski-Ausrüstungen in solcher Menge, unterstützt von sachkundiger Reklame, Scotts unvernünftige Abneigung gegen Skier überwinden würde. Im gegebenen Augenblick drehte sich Nansen, wie Tryggve Gran sich in späteren Jahren erinnerte, zu Scott und sagte:

> Diesmal nehmen Sie ja Skier mit. Shackleton war ja ohne Skier unterwegs und erzählte mir, als er kürzlich zum Lunch bei mir war, wenn er gewußt hätte, wie man Skier richtig einsetzt, hätte er den Pol erreicht. Und das glaube ich auch.[5]

Nansen spürte, daß Scott auf Shackleton fixiert war. Oder hatte Kathleen es ihm etwa gesagt?

> Aber vergessen Sie eins nicht: es ist sinnlos, Skier mitzunehmen, wenn man nicht weiß, wie sie richtig benutzt werden. Sie sollten es sich von einem Norweger zeigen lassen. Schön, sagte Scott, wenn Sie mir einen nennen könnten, wäre ich Ihnen sehr dankbar. Da klopfte Nansen mir auf die Schulter und sagte: Gran, könnten Sie das nicht machen? Und ich antwortete: Mit dem größten Vergnügen.[6]

Am nächsten Morgen fuhren Gran und Scott mit dem Zug nach Fefor. Vom Bahnhof Vinstra ging es mit Pferd und Schlitten nach Fefor hinauf. Als sie den ersten Hang erreichten, sprang Gran vom Schlitten, legte die Skier an und hielt den ganzen Weg bis zur Höhe Schritt mit dem Schlitten. „Ich merkte, daß Scott beeindruckt war".[7]

Tags darauf wurde der Motorschlitten, der vorausgeschickt worden war, auf dem zugefrorenen See vor dem Hotel in den einzelnen Gängen ausprobiert. An den Schalthebeln saß Bernard Day, Shackletons Automechaniker, der erste Fahrer in der Antarktis. Leute von der Wolseley-Motorgesellschaft, die die Maschine geliefert hatte, waren da, um den Versuch zu beobachten. Ebenso Skelton, jetzt Fregattenkapitän und als Ingenieur mit der Anwendung der ersten Dieselmotoren für britische Unterseeboote beauftragt. Auf Bitten von Scott hatte er sich freigemacht, um auch beim Test dabeizusein, nachdem er schon die Herstellung des Motors überwacht hatte.

Die stille Gebirgswelt wurde durch das Zischen und Knattern eines frühen Benzinmotors erschüttert; unter dem Jubel der Feriengäste kroch das Ungeheur über den Schnee. Einige kletterten auf den angehängten Schlitten oder ließen sich auf Skiern mitziehen. Das Wunder dauerte genau eine Viertelstunde. Plötzlich gab es einen lauten Krach, der Schlitten stand, und wie der Reiter eines Pferdes, das vor der Hürde verweigert, flog Day kopfüber in den Schnee. Eine Achse war gebrochen. Das war die Gelegenheit für Gran zu zeigen, was Skier können. Die Zeit war knapp, Scott mußte nach London zurück. Die Reparatur konnte nur in einer Werkstatt im Tal ausgeführt werden. Mit den Teilen auf dem Rücken sauste Gran in bestem Wettkampfstil die Hänge hinunter. „Scott traute seinen Augen nicht",[8] als Gran nach fünf Stunden wieder zurück war. Er hatte in der Zeit, die geschweißte, fünfundzwanzig Pfund schwere Achse auf dem Rücken, zehn Meilen auf Skiern zurückgelegt und dabei einen Höhenunterschied von 1000 Fuß überwunden.

Die Achse wurde eingesetzt, und den ganzen Nachmittag knatterte der Schlitten erfolgreich hin und her und zog 3 ½ Tonnen Gewicht bei einer Geschwindigkeit von 4 ½ Meilen die Stunde. Bei dieser Leistung würde der Schlitten vom McMurdo Sund aus in 55 Stunden die Eisbarriere erreichen. Scott war in glänzender Stimmung.

Gran erinnerte sich, wie sie auf Skiern über den See liefen und Scott plötzlich stehenblieb und mich fragte, ob ich nicht meine eigenen Antarktis-Pläne zurückstellen und mit ihm zum Südpol gehen wollte. Ich glaubte zunächst, daß ich ihn nicht richtig verstanden hätte, bis er mir erklärte, daß er jetzt erst begriffen habe, was Skilaufen, wenn man es richtig beherrscht, für ihn und seine Expedition bedeuten könnte . . .[9]

Es ist ganz charakteristisch für Scott, daß er erst, nachdem er sich bereits zehn Jahre mit Polararbeit beschäftigt hatte, an die Quelle ging und sich Skilaufen im Ursprungsland ansah. Mit Gran hatte er den ersten richtigen Skiläufer in Aktion gesehen.

Gran demonstrierte Scott, was man auf Skiern mit zwei Stöcken leisten konnte, wie die Stöcke das Gleiten mühelos und das Steigen fast zum Vergnügen machten. Diese Entdeckung bekehrte ihn.

Grans dramatische Vorführung hatte genau im richtigen Moment stattgefunden. Die Schlittenpanne hatte Scott zutiefst entmutigt; die Freude und die Erleichterung nach der gelungenen Reparatur gaben all den Unsicherheitsfaktoren, auf die er jetzt aufmerksam gemacht wurde, nur noch mehr Gewicht. Skeltons abschließender Bericht zählte mehr als sechzig technische Fehler auf, von denen jeder einzelne zu einer Panne führen konnte. Skier erschienen jetzt wie eine von der Vorsehung geschickte Sicherung: sie waren das zusätzliche Transportmittel, das Motorschlitten und Tiere ergänzte und ihn zum Südpol bringen mußte.

Scott schwebte vor, daß Gran aus seinen Leuten, von denen einige vollkommene Anfänger waren, perfekte Skiläufer machen würde. Das sollte zwischen der Landung in der Antarktis und dem Aufbruch zum Pol geschehen. Gran sollte also in nur wenigen Monaten schaffen, was normalerweise Jahre dauert. Gran erbat sich für seine Entscheidung Bedenkzeit.

Die Lage hatte sich im Grunde für Gran günstig entwickelt. Er war reich, aber doch nicht reich genug. Er hatte sich in die Vorbereitung der Expedition gestürzt, ohne die Kosten zu bedenken. Scott bot sich an, die Skier und Schlitten, die Gran gekauft hatte, zu übernehmen. Für Gran bedeutete das Angebot, daß er ohne Blamage seine eigenen Pläne aufgeben und auch aus der finanziellen Bedrängnis herauskommen konnte. Am nächsten Morgen teilte er Scott mit, daß er teilnehmen werde. Kathleen, die neben ihrem Mann stand, war begeistert:

„Wie froh bin ich, und wie beruhigt! Skier können Wunder wirken.“[10]

Kathleen war an Scotts Sinnesänderung gegenüber Skiern und an seinem Entschluß, Gran mitzunehmen, sicherlich nicht unbeteiligt.

Als Amundsen auch weiterhin für Scott unerreichbar blieb, versuchte Gran, eine Zusammenkunft zustandezubringen. Er kam nicht auf den Gedanken, daß Amundsen etwas zu verbergen, noch weniger, daß er seine Pläne geändert hatte und nun zum Südpol wollte. Aber auch seine Bemühungen brachten keinen Erfolg. Scott kehrte nach London zurück, ohne Amundsen gesprochen zu haben, hatte aber nicht das geringste Mißtrauen gegenüber seinem ausweichenden Verhalten. Die beiden Männer hatten sich nie gegenüber gestanden; und es würde sich jetzt auch nie mehr eine Gelegenheit ergeben.

Skelton, der so lange an dem Motorschlitten gearbeitet und in Fefor miterlebt hatte, daß dieser gut funktionierte, war tief enttäuscht, als Scott ihm mitteilte, daß er ihn nicht auf die Fahrt mitnehmen könnte. Evans hatte erklärt, als einfacher *Oberleutnant* könnte er wohl kaum *Fregattenkapitän* Skelton als

Maschineningenieur unter sich haben. Skelton dachte an Scotts Worte: „Es würde mich freuen, wenn Sie, falls ich wieder nach Süden fahre, mitkommen würden“, und seine Bitterkeit war nur zu verständlich. Er hatte das Gefühl, er sei benutzt und dann beiseitegeschoben worden, und das war ihm kaum übel zu nehmen.

Scott hatte einen alten Freund zugunsten eines neuen abgewiesen und damit den einzigen, der den Motorschlitten in- und auswendig kannte, und genau den Mann, dem er in erster Linie zutraute, die Expedition zum Südpol und heil wieder zurück zu bringen.

Bei der Übergabe der *Terra Nova* am 8. November 1909 war das Auslaufen auf den 1. August 1910 festgesetzt worden. Während der Überholungsarbeiten hatte Scott den Termin mit Rücksicht auf den Sommer im südlichen Eis umgestoßen und auf den 1. Juni vorverlegt. Als Tryggve Gran am 17. Mai auf die *Terra Nova* kam, erlebte er „eine Hast und Eile . . . fast wie im Verkehr auf Großstadtstraßen“ . . .[11]

In der Offiziersmesse traf er Oberleutnant Victor Campbell, einen alten Bekannten, den er beim Skilaufen in Norwegen kennengelernt hatte. Campbell, früherer Eton-Schüler, hatte in der Handelsmarine seine Seemannslaufbahn begonnen, war dann in die Königliche Marine eingetreten und 1902 als Oberleutnant z. See ausgeschieden. Skilaufen hatte er in den Bergen Norwegens gelernt, was ihn veranlaßte, sich für die Expedition zu melden. Er war das einzige Expeditionsmitglied, das Skilaufen von Grund auf beherrschte, und gehörte zu den wenigen, die etwas von Schneefahrzeugen verstanden. Auf dem Schiff war er jetzt als Erster Steuermann verantwortlich für die Ausführung der Befehle des Kapitäns. (Die *Terra Nova* war, wie die *Discovery,* als Handelsschiff eingetragen, hatte als Besatzung aber Mitglieder der Marine und stellte so eine Anomalität dar. Die Offiziere wurden offiziell mit den Bezeichnungen der Handelsmarine eingesetzt. Daher war Evans Schiffsmeister, Campbell Erster Steuermann).

Campbell konnte sich Autorität verschaffen und Menschen zum Einsatz ihrer letzten Kräfte anfeuern. Daß die *Terra Nova* rechtzeitig zum Auslaufen fertig war, ging zum größten Teil auf sein Konto.

Die *Terra Nova,* ein alter 700 t.Walfänger aus Dundee, der 1884 in Dienst gestellt worden war, sah zwar für eine Barke nicht glänzend aus, war aber noch stabil und leistungsfähig. Davies, der Schiffszimmermann, kümmerte sich zunächst um die Unterkünfte für den Stützpunkt. Er stellte fest, daß die East End Firma bei den Wandplanken mit Holz gespart hatte, was in der Antarktis, 2000 Meilen vom nächsten Baum entfernt, einigen Ärger machen konnte. Scott mußte mit harten Maßnahmen drohen, ehe die Firma die Mängel beseitigte.

Genau an dem Tag, als Gran in London ankam, zog die Erde durch den Schweif des Halley-Kometen, was nach sensationellen Voraussagen das Ende der Welt bedeutete. Zehn Tage zuvor, also am 6. Mai, war König Eduard VII.

gestorben, und wer sich für Fälle interessiert, bei denen historische Ereignisse zusammenfallen, wird wissen, daß das Auslaufen der *Discovery* ebenfalls durch den Tod eines Monarchen gekennzeichnet war; damals der Königin Viktoria.

Scotts Expedition wurde zum Symbol nationaler Lebenskraft hochgespielt; sie war eine lebendige Absage an die Prophezeihungen nationalen Niedergangs.

Peary, trotz allem ein hervorragender Polarfahrer und Scott weit überlegen, sah die Risse hinter der glänzenden Fassade der britischen Expedition. Er war gerade in London, um die Medaille der Königlich Geographischen Gesellschaft (teilweise) dafür, daß er als erster am Nordpol war, entgegenzunehmen und besuchte Scott zwei Wochen vor dem Auslaufen der *Terra Nova*. Wie Nansen glaubte er, daß er Scott vor sich selber retten müßte. „. . . Ich redete und redete, doch ohne jeden Erfolg.“[12]

Am 31. Mai, einen Tag vor Fertigstellung der Arbeiten an der *Terra Nova*, gab die Königlich Geographische Gesellschaft zu Ehren von Scott ein Essen. Ihr Präsident Major Leonard Darwin sagte in einer Tischrede, Scott

> beweist aufs neue, daß Mannhaftigkeit in unserem Volk nicht tot ist, daß die Tugenden unserer Vorfahren, die dieses große Weltreich schufen, weiter in uns leben.[13]

Scotts Antwort war seltsam zurückhaltend; kein strahlendes Selbstbewußtsein eines Wikingers, keine elisabethanische Kühnheit; stattdessen klang untergründig mit, daß irgend etwas nicht in Ordnung war. Kapitän „Bob“ Bartlett war anwesend, der mit Peary im Norden gewesen war, und seine Person machte einen entschiedenen Mangel deutlich:

> Wir haben die Männer, die für den Erfolg einer Polar-Expedition notwendig sind. Doch, wie vollkommen die Auswahl der Besatzung auch sein mag, wir müssen uns darüber im Klaren sein, daß es in diesem großen Empire – und vergessen Sie nicht, daß ich mich bemüht habe, aus dieser Expedition eine Expedition des Empires zu machen – sehr viele andere gibt, die unser Werk hätten tatkräftig unterstützen können . . . Wir wissen zum Beispiel, daß es in Kanada harte Männer gibt, die einen ständigen Lebenskampf in Grenzsituationen führen und die auf einer solchen Expedition von unschätzbarem Wert wären. Wir kennen die kühnen Seeleute – und wir haben einen ihrer Vertreter unter uns, Kapitän Bartlett, der mir gegenüber sitzt –, die Neufundland hervorbringt . . . Aber es gibt Grenzen, die eine Expedition nicht überschreiten kann. Neben der begrenzten Anzahl ist es wünschenswert, daß die Menschen, die so zusammenkommen, die gleichen Grundauffassungen teilen und, in einem gewissen Maß, die gleiche Erziehung genossen haben, und abgesehen davon ist es einfach zu schwierig, Menschen über eine so große geographische Entfernung hinweg auszuwählen.[14]

Barletts Reaktion auf die Rede ist nicht verzeichnet, aber seine Eindrücke von der Verabschiedung der *Terra Nova* am nächsten Tag, zu der er ausdrücklich eingeladen war, liegen vor:

Zwei Dinge fielen mir besonders auf, die Einstellung des Landes und die Art der Ausrüstung; ... die Goldtressen, Dreispitze und Würdenträger hätten ausgereicht, eine ganze Marine auszustatten. Was für ein Unterschied zu der etwas dümmlichen, fast spöttischen Haltung der amerikanischen Öffentlichkeit gegenüber Pearys mutigen Anstrengungen ...

Grundlage der ganzen Arbeit Pearys war die Übernahme von Eskimo-Methoden ... Im Gegensatz dazu entwickelten die Briten ihre eigenen Theorien und bewiesen auf dem Papier, daß es sich nicht lohnt, Hunde einzusetzen ...

Daran mußte ich denken, als ich die feinen Wollstoffe sah und all die speziell für diese Expedition (in England) hergestellten Geräte. Nichts ähnelte der Eskimo-Ausrüstung, die wir kannten.[15]

Sir Clements Markham, ehrwürdig, weißhaarig, ein Monument schon fast versunkener, viktorianischer Selbstsicherheit, war auch zur Verabschiedung gekommen. Er sah, wie die Gattin des Zweiten Seelords, Lady Bridgeman, die weiße Flagge am Hauptmast hißte. Die Admiralität hatte ihren Hochmut aus den Tagen der *Discovery* abgelegt und der *Terra Nova* gestattet, die Marineflagge zu führen, obwohl sie kein Kriegsschiff war. Endlich, nach dreißig Jahren, sah Sir Clements seinen Ehrgeiz gestillt: eine britische Antarktis-Expedition segelte unter dem Weißen Emblem.

Lady Markham enthüllte denWimpel des Königlichen Yacht-Klubs, in dessen exklusiven Kreis Scott als Mitglied auf Zeit aufgenommen worden war.

Themseabwärts in Greenhithe ging Scott mit seiner Frau von Bord. Sie wollten an der nächsten Anlegestelle in Portland wieder zusteigen. Bis dorthin wurde das Schiff von einem Kreuzer der Marine feierlich geschleppt.

Gran war sehr beeindruckbar. Ihm stellte sich die Szene so dar:

Zu der Zeit lag der in England stationierte Teil der Flotte – der mächtigsten Kriegsflotte der Welt – in Portland Harbour. Die kleine *Terra Nova* – von oben bis unten mit Flaggen dekoriert – fuhr durch ein unübersehbares Spalier aus Kriegsschiffen und -kreuzern. An Deck der bewaffneten Kolosse waren die Mannschaften die Reling entlang angetreten, und die Luft an diesem heißen Sommernachmittag erbebte von ihren tausendfachen Jubelrufen.

Nachdem die *Terra Nova* in Cardiff Kohle gebunkert hatte, verließ sie die englische Küste am 15. Juni. Gran schilderte die Begeisterung der Massen:

Die Luft bebte. Niemals vorher oder nachher habe ich in Friedenszeiten einen solchen Lärm gehört wie den, als die *Terra Nova* durch die Docks glitt. Zu Tausenden schrien die Menschen, als wenn sie von Sinnen wären. Man ließ

Güterwagen über eine Strecke von Knallkörpern laufen, und in diesen Lärm mischten sich die Sirenen und Pfeifen von hunderten von Schiffen. Beim letzten Schleusentor wartete ein kleines Geschwader beflaggter Boote auf uns, und unter diesem Geleit dampften wir hinaus auf das offene Meer.[16]

Scott verließ sein Schiff auf dem Lotsenboot. Er wollte noch kurze Zeit bei Frau und Kind bleiben und später mit dem Postschiff nachfahren, um auf Neuseeland zu der Expedition zu stoßen. Bis dahin stand das Schiff unter dem Kommando von Evans.

Scott ging wieder an Land. Hier in Cardiff sprach die echte Stimme des Volkes. Es waren Stimmen laut geworden, daß seine Expedition reine Geldverschwendung sei, solange Arbeitslosigkeit und soziale Ungleichheit herrschten. Aber die gleichen Stimmen schrien jetzt nach Ruhm, nicht nach Brot. Wie ein Stierkämpfer empfand Scott die Tyrannei der Massen. Er war ihr Held und deshalb auch ihr Opfer. Jetzt konnte er nicht mehr zurück.

Kaum jemand blieb von dieser Atmosphäre unbeeindruckt. Ein paar Seeleute spielten sich als furchtlose Forscher in der Eiswüste auf – man konnte ihnen deswegen kaum einen Vorwurf machen.

Am 17. Juli fuhr Scott von Waterloo Station mit dem Fährzug nach Southhampton, um auf dem Königlichen Postdamper nach Kapstadt zu fahren. Kathleen hatte sich in letzer Minute entschlossen, ihn bis Neuseeland zu begleiten. Sie ließ ihr Kind in der Obhut einer Kinderschwester zurück. Auch die Frauen von Wilson und Teddy Evans reisten mit nach Neuseeland, um ihre Männer zu verabschieden.

20

Das Geheimnis gelüftet

Die Presse, als Spiegel der öffentlichen Meinung, berichtete, die beiden Expeditionen seien in ihrem Geist grundverschieden. Der *Sheffield Daily Telegraph* zitierte Scott: „Es ist gut, sich darzustellen, . . . die Forschertradition unseres Volkes fortzuführen und zu beweisen, daß der alte Unternehmungsgeist in uns weiterlebt." Und der Leitartikler: „. . . vielleicht sind wir ein degeneriertes Volk, ein kraftloses Zeitalter. Doch die da an Bord der *Terra Nova* auslaufen, sind nicht degeneriert. Diese Männer sind die geistigen Söhne der großen Elisabethaner; . . . wo ein Shackleton ruhmvoll scheitert, findet ein Scott sich bereit, . . . einen neuen Versuch zu machen. Solange England solche beispielhaften Männer hat, können wir Gott danken und Mut fassen . . . Hier haben wir ein Beispiel, wo Scheitern – wenn Scheitern ihnen bestimmt sein sollte – nur etwas weniger ruhmvoll wäre als Erfolg."[1]

In einer ganz anderen Atmosphäre lichtete die *Fram* ihre Anker. Die Norweger hatten mit Heroismus nichts im Sinn. Selbst wenn Amundsen den Helden hätte spielen wollen, hätte das dem Volk nicht gefallen. Manch einer würde sagen, sie waren übertrieben selbstbewußt. Im Bereich der Polarforschung, kombiniert mit Skilaufen und Walfang, betrachteten sie sich als überlegene Könner und verhielten sich kühl und professionell. Die norwegische Presse beschränkte sich auf technische Einzelheiten. So erläuterte die Zeitung *Social Demokraten* beispielsweise, wie

> Einzelkabinen für die Mannschaft hergerichtet worden waren; (für jeden) ein winzig kleiner Raum, der immer künstlich beleuchtet werden muß; im Innern eine Koje und ein Spind, und wenn der Bewohner im Raum ist, ist der freie Platz ausgefüllt.[2]

In aller Ruhe war die *Fram* fertiggestellt worden. Als ihre Ausstattung abgeschlossen war, hißte sie am 25. April 1910 ihren schwalbenschwanzförmigen Seidenwimpel – das blaue Sankt Olafs Kreuz mit weißer Umrandung auf rotem Grund –, verließ die Werft in Horten und fuhr den Fjord hinauf nach Christiania. Dort machte sie unterhalb der mittelalterlichen Mauern der Burg Akershus fest. Mit dem Verstauen der Ladung ging der ganze Mai dahin; die *Terra Nova* konnte – und würde – in Kapstadt, Melbourne und Lyttelton, Neuseeland, neue Ladung aufnehmen, doch die *Fram* mußte gleich endgültig beladen werden. Vor der „Buch der Wale" würde es keine zweite Gelegenheit mehr geben.

Am 3. Juni segelte die *Fram* fjordabwärts und ankerte vor Amundsens Haus am Bundefjord. Hier wurde die Hütte, die am Rand des Wassers auf dem Rasen stand, zerlegt und für den Wiederaufbau in ihren Einzelteilen sorgfältig numeriert, aufgeladen und an Bord verstaut. Ein kritischer Punkt war damit glücklich überwunden. Die Welt war noch in dem Glauben, daß Amundsen zu einer Fahrt durch die Arktis auslief.

Spät am Abend des 6. Juni trat Amundsen aus seinem Haus, schloß die Tür hinter sich, als käme er in einigen Stunden zurück, schritt rasch durch den Baumgarten und ging an Bord. Ketten rasselten, der Anker wurde gelichtet, und langsam glitt die *Fram* hinaus in den Fjord.

„Um Mitternacht ausgelaufen", lautete die erste Eintragung in Amundsens Tagebuch. Mit einem gewissen Sinn für Inszenierung und weil er einen stillen Abschied wollte, hatte er wieder diese Uhrzeit gewählt. Bewußt hatte Amundsen als Tag der Abfahrt, gewissermaßen als patriotisches Symbol, den 7. Juni ausgesucht, den norwegischen Unabhängigkeitstag.

Auf der anderen Seite des Fjords saß Nansen im Turm von Polhøgda, einsam und schlaflos, und beobachtete, wie die *Fram* die Landspitze verstohlen umfuhr und wie ein Geisterschiff im Zwielicht der Sommernacht verschwamm. Noch war die Sehnsucht nach dem Südpol in ihm nicht tot. Seine Frau war gestorben, und die *Fram* ein Symbol dessen, was hätte werden können. Im tiefsten Innern aber wußte er, daß er zu alt, daß seine Zeit vorbei war. Aber als er die *Fram* dort fahren sah, mußte er daran denken, wie er sie dem Jüngeren übergeben hatte, und ihn überkam die Melancholie dessen, der zurückbleibt. Jahre später erzählte er seinem Sohn, daß es der „bitterste Moment in meinem Leben" war.

Amundsen fühlte sich noch nicht wirklich auf Fahrt, bevor er das offene Meer erreicht hatte. Diesen Augenblick hielt er im Tagebuch fest:

> Still und gelassen fahren wir aus dem Christiania-Fjord. Bald wird das Land außer Sicht sein, und die Fram ihre dritte Reise angetreten haben. Gott gebe, daß sie uns zur Ehre gereicht![3]

Amundsen legte Wert darauf, daß diese Reise die *dritte* Fahrt der *Fram* genannt wurde; sich selbst betrachtete er als Erben Nansens auf der ersten und Sverdrups auf der zweiten Kreuzfahrt desselben Schiffs. Auch hierin steht er im Gegensatz zu Scott, der als Anhänger von Tradition paradoxerweise blind war für die Vergangenheit und seine Vorgänger ignorierte.

So trat die *Fram* ihre dritte Reise an. Einen Monat lang kreuzte sie vorweg durch den Nordatlantik, angeblich, um ozeanographische Studien für Nansen zu betreiben, in Wirklichkeit aber, um sie in ihrem neuen Zustand zu erproben, vor allem den Motor und die Mannschaft. Amundsen wäre es niemals eingefallen, wie die Engländer fröhlich zum anderen Ende der Welt aufzubrechen, ohne Menschen und Material vorher zu prüfen.

Amundsen rechnete damit, daß die *Fram* langsam war; deshalb ermutigte es ihn, als sie bei Sturm unter Segel und mit Motorkraft fast zehn Knoten fuhr. Über der Wasserlinie hatte sich aber ein Leck gebildet. Das mußte mit anderen Schäden, die sich gezeigt hatten, vor der eigentlichen Fahrt zum Süden beseitigt werden.

Am Ende ihrer Kreuzfahrt lief die *Fram* am 10. Juli Bergen an. Der Dieselmotor hatte Ärger gemacht; er hatte ausgesetzt, und der Vergaser mußte ständig gereinigt werden. Der Treibstoff war zu dickflüssig und der Mechaniker nicht erfahren genug. Amundsen bestellte dünneres Öl und forderte die Atlas-Diesel-Werke in Stockholm telegrafisch auf, „so schnell wie möglich qualifizierte Hilfe" zu schicken.[4] Dann fuhr er zur Erledigung dringender Geschäfte nach Christiania. Der Motor war seine geringste Sorge; die technische Kleinigkeit konnte er getrost den Herstellern überlassen, die die Zukunft ihrer Erfindung nicht aufs Spiel setzen würden. Geld war ein sehr viel dringlicheres Problem.

Ihm fehlten immer noch 150000 Kronen, und er hatte nicht die geringste Aussicht, sie in dem Monat bis zum endgültigen Auslaufen in das südliche Eismeer aufzutreiben. Unter allen Umständen mußte er sich die Gläubiger vom Halse halten, bis die *Fram* für sie nicht mehr zu erreichen war.

Dazu gehörten ein kühler Kopf und ein vertrauenerweckendes Gesicht; sein Bruder Leon, der seine Geschäfte führte, verfügte glücklicherweise über beides. Nach dem Stand der Dinge fehlte das Geld für die Überholung, den Brennstoff und die Verproviantierung, nachdem die Landungsgruppe in der „Bucht der Wale" abgesetzt worden war; mit anderen Worten, es fehlten die Mittel für ein Entsatzkommando, denn die Möglichkeit, daß sie irgendwo in der Antarktis liegen blieben, war keine rein akademische Frage. In einem gut aufgebauten Drama sollte an dieser Stelle auf der Bühne der *deus ex machina* erscheinen. Und wahrhaftig genau das geschah.

Zehn Tage vor der Ausfahrt erhielt Amundsen, der in Christiania auf die Verladung der Schlittenhunde wartete, ein Telegramm des norwegischen Außenministeriums:

> Der norwegische Gesandte Christophersen in Buenos Aires schreibt: Der Grundbesitzer Peter Christophersen, hier ansässig, hat mir gegenüber seine Bereitschaft erklärt, die Expedition auf seine Kosten mit Kohle und anderen Versorgungsgütern zu versehen unter der Bedingung, daß die *Fram* Montevideo anläuft, um dort Kohle zu bunkern. Im Namen der Expedition habe ich das freundliche und selbstlose Angebot des Herrn Christophersen angenommen und bitte das Außenministerium freundlichst, dies Herrn Roald Amundsen zu übermitteln. Ich bitte mir eine Antwort zu übersenden, um sie an den Herrn Gesandten Christophersen weiterzuleiten.[5]

Amundsen durfte mit Recht, wie er Nansen schon gesagt hatte, auf seinen „guten Stern" vertrauen. Buchstäblich in letzter Minute war ein völlig unbekannter Mensch unerwartet und ungebeten erschienen, um ihn aus finanzieller

Not zu befreien und sicherzustellen, daß er, nachdem er den Südpol erreicht hatte, ohne Verzögerung in die Zivilisation zurückkehren konnte.

Der Norweger Peter Christophersen war 1871 nach Argentinien ausgewandert und hatte dort sein Glück gemacht. Man nannte ihn „Don Pedro", es war die Bezeichnung für einen großen Großgrundbesitzer, einen Mann mit Vermögen. Als „Don Pedro" ging er in die Geschichte ein.

Don Pedro wollte etwas für seine alte Heimat tun und der *Fram* zu helfen, schien ihm dazu ein Weg zu sein. Über Amundsens Finanzlage war er vermutlich informiert durch seinen Bruder, der bis vor kurzem norwegischer Außenminister gewesen war und Nansen kannte. Ein weiterer Bruder war der „Gesandte Christophersen" des Telegramms, norwegischer Gesandter in Buenos Aires.

Don Pedro glaubte natürlich, daß er eine Expedition in den Norden unterstützte. Amundsen tat nichts, um die Auffassung zu berichtigen, weil ein unvorsichtiges Wort den Ruin bedeuten konnte. Über das Auswärtige Amt wies er jedoch darauf hin, daß er Öl und nicht Kohle brauchte, und daß die *Fram* auf der Fahrt nach Buenos Aires sei. Innerhalb von 48 Stunden erhielt er die tröstliche Nachricht, daß Don Pedro „Dieselöl und Proviant in Montevideo oder Buenos Aires anbot".[6]

Amundsen konnte sich nun ganz der Verladung der Hunde widmen, nachdem seine Finanzen für die nächsten achtzehn Monate einigermaßen gesichert waren.

Daugaard-Jensen hatte sich unendlich viel Mühe gemacht, um gute Hunde zu beschaffen. Unmittelbar nach Amundsens Besuch in Kopenhagen hatte er eine Anzeige nach zwei- bis dreijährigen Hunden aufgegeben und sich im Winter in Egedsminde, Godhavn und Jakobshavn, den Handelsbasen in Nordgrönland, auf die Suche gemacht. Er wollte die Hunde dann selbst auswählen, wenn er im Frühling dahin fuhr. Er pflegte auf seinen offiziellen Inspektionsreisen Hundeschlitten zu benutzen, und er war inzwischen ein guter Hundeführer geworden, der von der grönländischen Rasse etwas verstand. Amundsen konnte sich darauf verlassen, daß er die besten nordgrönländischen Hunde bekam, sozusagen die crème de la crème.

Die dänischen Behörden bewiesen, wie hoch sie Amundsen einschätzten und transportierten alle 101 Hunde in Begleitung von zwei Eskimos auf ihre Kosten nach Christiania.

Neunundneunzig wurden lebend und gesund auf einer kleinen Insel, die Amundsen gemietet hatte, ausgeladen. Sie wurden von Adolf Lindstrøm, dem Koch auf der *Gjøa,* der von Alaska zu seinem alten Chef gereist war, und dem Hundeführer Sverre Hassel betreut.

Hassel war mit Otto Sverdrup auf der zweiten Fahrt der *Fram* gewesen. Amundsen hatte sich sehr bemüht, ihn für die Expedition zu gewinnen, aber Hassel, der inzwischen einen angenehmen Posten beim Zoll hatte, war nicht bereit gewesen, zu kommen. Im Juli hatte Amundsen ihn, oder besser die Zollbehörde, überredet, ihn zu schicken, damit er sich in Kristiansand um die Hunde und auch um die 24 Tonnen Stockfisch kümmerte, die zu ihrer Verpflegung mitgenommen werden sollten.

Amundsen spielte seinen ganzen Charme und seinen persönlichen Einfluß aus, um Hassel zur Teilnahme zu bewegen. Schließlich stimmte Hassel, bis auf einen Punkt, zu. Durch Amundsen gegen Gehaltseinbußen und durch die Zollbehörde gegen Verlust der Aufstiegsmöglichkeiten abgesichert, versprach er, zur Betreuung der Hunde bis San Francisco mitzukommen. Mehr wollte Amundsen nicht.

Als nächstes mußte Amundsen sich um die Offiziere kümmern. Am Abend vor dem Auslaufen teilte er den Oberleutnants Gjertsen und Prestrud unter dem Siegel der Verschwiegenheit mit, daß die Fahrt nach Süden ging. Beide waren begeistert. Amundsen konnte nun gelassen in die Zukunft sehen.

Mit den Offizieren auf seiner Seite hatte er gute Aussichten, die Mannschaft hinter sich zu bringen, wenn er ihr zu gegebener Zeit reinen Wein einschenkte.

Jetzt waren sieben Mitglieder der Expedition in das Geheimnis eingeweiht: Amundsen, sein Bruder Leon, Nilsen, Gjertsen, Prestrud, Herman Gade und Bjørn Helland-Hansen.

Helland-Hansen war der Ozeanograph, unter dem Amundsen in Bergen die Grundlagen der Ozeanographie studiert hatte. Er kannte Nansen gut, und Amundsen hatte ihm das wahre Ziel genannt, damit er Nansen im richtigen Moment benachrichtigen konnte. Helland-Hansen hatte die Bombenüberraschung gelassen aufgenommen; jedenfalls hatte er ihm keine Moralpredigt gehalten und versprochen zu tun, um was er gebeten wurde.

Im dem Gefühl, diese Schwierigkeiten loszusein, konnte Amundsen sich jetzt den letzten Vorbereitungen widmen. Der Motor arbeitete normal, das Dieselöl war ausgewechselt, die Fabrik in Stockholm hatte einen besseren Mechaniker geschickt. Er hieß Knut Sundbeck und hatte an der Herstellung des Motors mitgearbeitet. Sundbeck erinnerte sich später an Amundsen als

> lakonisch und bestimmt; bei unserer ersten Begegnung wurden nicht viel Worte gewechselt.
> ‚Ich tue, was ich kann,‘ sagte ich. ‚Sehr gut‘, antwortete er, ‚mehr kann niemand tun.‘
> Und damit war der Vertrag zwischen uns geschlossen.

Die Hunde, oder wie Amundsen sie jetzt nannte, die „neuen Schiffsarbeiter“ wurden am 9. August nach drei Wochen Ruhe und Erholung auf der Insel auf das Schiff verfrachtet. Innerhalb von drei Stunden waren sie alle – siebenundneunzig an der Zahl – von der Insel gebracht. Es war ein Riesenspaß, sie staffelweise mit einem Rettungsboot von der Insel zum Schiff zu bringen und dann mit einem Nackengriff auf Deck zu hieven.

Um halb neun abends, als der letzte Hund an Bord gebracht worden war, wurden die Anker gelichtet. Fast unbemerkt glitt die *Fram* durch die Felseninseln in Richtung auf die offene See, oder,wie Bjaaland es formulierte, „nahm Kurs auf den Pol, auf das Gelobte Land“.[7]

Von Anfang an war die Stimmung an Bord nicht in Ordnung. Amundsens Gefährten fühlten sich nicht wohl. Sie witterten eine Irreführung. Grund genug hatten sie. Wenn man wirklich nach Norden fuhr, weshalb dann jetzt die Hunde; man konnte sie viel einfacher in Alaska kaufen und brauchte sie nicht um Kap Horn und zweimal durch die Tropen zu schleppen. Die *Fram* sollte doch, wie sie annahmen, um die beiden Amerika und die Bering-Straße in die Arktis fahren. Ursprünglich hatte Amundsen das Schiff erst in San Francisco treffen wollen. Die plötzlich geänderte Absicht hatte er damit begründet, daß er die ozeanographischen Beobachtungen im Südatlantik selbst überwachen wollte.

Die Mannschaft rätselte nicht nur über die Hunde, mehr noch über die „Observationshütte“. Ein paar Dinge wie diese und dazu ausweichende Äußerungen der Offiziere gegenüber der Mannschaft genügten, um Argwohn und schlechte Stimmung zu erzeugen. Zumal in einer Gruppe, wo Gehorsam zwar absolut, aber nicht blind geübt wurde, sondern auf gegenseitigem Vertrauen und offener Darlegung aller Absichten gegründet war. Heftiger Gegenwind in der Straße von Dover drückte die Stimmung noch mehr.

Es gab bereits Spannungen zwischen Amundsen und Johansen; der eine fühlte sich nicht wohl mit dem Untergebenen, der ihm aufgezwungen worden war; der andere verglich den neuen Chef mit dem alten zu Ungunsten des neuen. Der Schatten Nansens war lang.

Die *Fram,* rund wie eine Wanne, arbeitete sich vorwärts wie ein Taschenkrebs. Sie kroch im Sturm nur langsam dahin und brauchte zehn Tage, um durch den Kanal zu kommen. Am 22. August drehte der Wind schließlich auf Nord und ließ sie wieder frei segeln. Sie konnte endlich in die offenen Gewässer des Atlantiks laufen und die Meerengen hinter sich lassen.

Damit war eine Etappe erledigt; Amundsen atmete freier, er hatte dasGefühl, entkommen zu sein. In der gleichen Nacht ging er an die Aufgabe, vor der er sich seit langem fürchtete, die Abfassung seiner Verteidigung gegenüber Nansen, die ihm von Madeira zugeschickt werden sollte. Er schloß sich in seine Kabine ein, setzte sich vor die Schreibmaschine und fing an, sorgfältig die Worte zu wählen. Gewöhnlich schrieb er mit der Hand, aber solange die *Fram* taumelte und schlingerte, konnte er die Feder nicht führen. Im Gebrauch einer Maschine lag auch etwas Symbolisches, als brauchte er eine Maske, um seine Erregung zu verbergen. Er schrieb:

> Herr Professor Fridtjof Nansen,
> nicht leichten Herzens schreibe ich Ihnen diese Zeilen; da es aber keinen Weg daran vorbei gibt, komme ich am besten gleich zur Sache.
> Als im Herbst des vergangenen Jahres die Nachricht von Cook und später

von Peary über ihre Fahrt zum Nordpol eintraf, sah ich sofort, daß dies für mein Unternehmen den Todesstoß bedeutete. Und ich begriff auch sogleich, daß ich danach nicht mehr mit der notwendigen finanziellen Unterstützung rechnen konnte ... Es kam mir nicht einen Augenblick lang der Gedanke, mein Unternehmen aufzugeben. Mir stellte sich die Frage, was ich tun mußte, um die nötigen Mittel aufzutreiben. Sie einfach so zu bekommen, erschien ausgeschlossen. Irgendetwas Besonderes mußte das Interesse der Öffentlichkeit wecken. Nur so würde ich meinen Plan verwirklichen können. In den Polarbereichen gab es nur noch ein ungelöstes Problem, mit dem man das Interesse der Massen würde gewinnen können: die Erreichung des Südpols. Wenn ich das ausführen könnte, würden, das wußte ich, die Mittel bereitgestellt für die Expedition, die ich ursprünglich geplant hatte.

Ja, es fällt mir schwer, Ihnen, Herr Professor, einzugestehen, daß ich bereits im September 1909 den Entschluß gefaßt hatte, an dem Wettkampf zur Lösung dieser Frage teilzunehmen. Manchmal stand ich dicht davor, Ihnen die ganze Sache anzuvertrauen, doch stets habe ich meine Absicht aufgegeben aus Furcht, Sie könnten mich hindern. Oft habe ich gewünscht, daß Scott von meiner Entscheidung erfuhr, damit es nicht so aussehe, als wollte ich mich dort unten ohne sein Wissen einschleichen, um ihm zuvorzukommen, aber ich habe nicht gewagt, irgendeine Ankündigung zu machen, weil ich fürchtete, daß man mich aufhalten würde. Ich werde in der nächsten Zeit alles tun, um ihn da unten zu treffen und ihm meine Absicht mitteilen; er mag dann danach handeln.

Seit September vorigen Jahres bin ich also fest entschlossen, und ich glaube sagen zu können, auch gut vorbereitet. Gleichzeitig muß ich aber auch unterstreichen, daß, wäre es mir noch geglückt, die für die ursprünglich geplante Expedition benötigten Mittel – etwa 150000 Kronen – aufzutreiben, ich diese Extratour nur zu gern unterlassen hätte, aber daran war nicht zu denken.

Von Madeira nehmen wir Südkurs nach Südviktoria-Land. Ich will dort mit 9 Mann an Land gehen und die *Fram* auf eine ozeanographische Kreuzfahrt schicken ... Wo wir an Land gehen werden, habe ich noch nicht entschieden, doch habe ich nicht vor, den Engländern zu folgen. Sie haben das erste Anrecht, wir müssen uns zufrieden geben mit dem, was sie nicht wollen. Im Februar oder März 1912 wird die *Fram* zurückkehren, um uns abzuholen. Wir werden dann zunächst nach Lyttelton in Neuseeland fahren, um von dort zu telegrafieren, und dann weiter nach San Francisco, damit ich meine unterbrochene Arbeit aufnehme mit, wie ich hoffe, der Ausrüstung, die man für eine solche Fahrt braucht.

Ich habe Helland-Hansen, der seit einiger Zeit in den Plan eingeweiht ist, gebeten, dieses Schreiben zu überbringen, und ich hoffe, daß es ihm gelingen wird, meinen Fall in einem günstigeren Licht darzustellen, als es mir möglich ist. Und wenn Sie, Herr Professor, Ihr Urteil über mich sprechen, dann seien Sie nicht zu hart. Ich habe den einzigen Weg beschritten, der mir offen schien, und jetzt müssen die Dinge ihren Lauf nehmen.

Gleichzeitig mit diesem Brief wird auch der König informiert, sonst aber zunächst niemand. Erst einige Tage danach wird mein Bruder die Zusätze zu meinem Expeditionsplan bekanntgeben.

Noch einmal bitte ich Sie, behandeln Sie mich nicht zu streng. Ich bin kein Schwindler; ich handelte notgedrungen.

Und so erbitte ich Ihre Verzeihung für das, was ich getan habe. Möge meine bevorstehende Arbeit Sühne sein für das, worin ich gefehlt habe.

Mit ergebensten Grüßen
Ihr
Roald Amundsen[8]

Diesen Brief zu schreiben, fiel Amundsen wahrscheinlich schwerer als alles, was er bisher hatte tun müssen; denn Amundsen war kein gefühlloser Unmensch. Unter der harten Schale, hinter den schlauen Augen im unbeweglichen Gesicht lag eine oft unerträgliche Empfindlichkeit, und er, der sich durch Verrat tief verletzt fühlte, der alles verzeihen konnte, nur keinen Treuebruch, mußte nun das Bewußtsein ertragen, daß er einen anderen hintergangen hatte.

Dieser Brief konnte nur durch einen taktvollen Menschen überbracht werden, und Amundsen hatte für diese Aufgabe Helland-Hansen ausersehen. Er war um diesen Auftrag wirklich nicht zu beneiden.

Entlastet wandte er sich den verbliebenen Aufgaben zu. An Professor Axel Steen vom Meteorologischen Institut in Christiania, der ihn auf der Nord-West-Passage unterstützt hatte, schrieb er leicht ironisch:

> Ich will Sie nicht mit der Frage belästigen, wie Sie mich als Schwindler finden. Mein Gott, wenn es nötig ist, Akrobat zu sein, muß man eben in den sauren Apfel beißen und einer werden ...

Außerdem gingen Briefe an Axel Heiberg, Don Pedro Christophersen und zuletzt an Daugaard-Jensen, dem er noch einmal herzlich für die Hunde dankte, „stärkere und schönere Tiere kann es wohl kaum geben".

In Madeira sollte die Mannschaft erfahren, wohin das Schiff wirklich ging, und dafür gewonnen werden, die Fahrt ins Südliche Eismeer mitzumachen.

Amundsen war ein guter Psychologe. Er hatte seine Leute die ganze Zeit genau beobachtet und ihre schwachen Seiten studiert. Nach zwei Monaten in der Enge eines Schiffes kannte er langsam ihre Stärken und Schwächen, wußte, wem er vertrauen konnte und wem nicht.

Er glaubte, fast jeden an Bord durch seine innere Kraft mitreißen zu können. Einen aber gab es, der das Spiel verderben konnte, den gleichen, der den Wettlauf mit Scott zu gewinnen vermochte, den Hundeführer Sverre Hassel.

Amundsen erkannte, daß Hassel genau der Typus war, der, wenn er falsch angefaßt wurde, die psychologische Führung an sich reißen konnte, zumindest in kritischen Augenblicken. Er könnte die übrigen dazu bringen, nicht weiterzumachen, vor allem, wenn er fühlte, daß man ihn getäuscht hatte. Amundsen löste dieses Problem, indem er Hassel, kurz bevor sie Madeira anliefen, unter dem Siegel der Verschwiegenheit einweihte. Hassel fühlte sich durch das in ihn gesetzte Vertrauen geschmeichelt. Er sah in Amundsens Planänderung nichts Verwerfliches, wenigstens jetzt nicht, nachdem er dazu gehörte. Er war bereit, Amundsens Bitte zu erfüllen und mit nach Süden zu ziehen.

Amundsen hatte getan, was er tun konnte. Er hatte die Führer – die tatsächlichen und die potentiellen – auf seine Seite gebracht. Das übrige lag im Schoß der Götter.

Am 6. September in der Frühe lief die *Fram* Madeira an und ging in Funchal vor Anker. Kurz darauf kam Leon Amundsen in einem Boot vom Ufer herüber. Er war vorausgefahren, um einiges vorzubereiten. Er hatte frisches Obst, Gemüse und Wasser bestellt, das an Bord gebracht wurde, und zwei geschlachtete Pferde, damit die Hunde sich an frischem Fleisch sattfressen konnten.

Leider mußten die Lager der Schiffsschraube repariert werden, deswegen mußte die *Fram* länger liegen bleiben als vorgesehen. Roald und Leon waren über die durch die Verzögerung bedingten Risiken beunruhigt. Die örtlichen Zeitungen hatten aus dem Besuch der *Terra Nova* im Juni Schlüsse gezogen und verkündigten fröhlich, daß auch die *Fram* südwärts fahre. Wäre diese Nachricht ins Ausland gegangen, würde der ganze Plan mit dem sorgfältig berechneten Zeitplan gefährlich gestört. Zum Glück blieb die Nachricht innerhalb der Insel, was zu jener Zeit absolut nicht selbstverständlich war. Es ist fraglich, ob Amundsen angesichts so vieler Unsicherheiten der Tatsache, daß Scott ihm jetzt drei Wochen voraus war, besondere Beachtung schenkte.

Am 9. September waren die Reparaturarbeiten an der *Fram* abgeschlossen. Um sechs Uhr abends ging jeder an Bord, um sich auf die Ausfahrt vorzubereiten. Leon war der einzige Außenstehende. Amundsen gab Befehl, den Anker zu lichten. Plötzlich und unerwartet fing der Bratspill, die Ankerwinde, an zu ächzen, die Kette rasselte.

Was sollte das heißen? Die Abfahrtszeit war erst drei Stunden später. Wollte die *Fram* früher auslaufen? Unterschwelliger Ärger und zwischen den Zähnen gemurmelte Flüche kamen auf, denn die meisten saßen noch über den letzten Briefen in die Heimat.

Die Ankerwinde wurde gestoppt, alle Mann wurden an Deck gerufen. Dies war absolut nicht üblich beim Auslaufen. Der anfängliche Ärger wich leichter Nervosität, irgend etwas stimmte hier nicht. Leicht irritiert stolperten Johansen, Bjaaland, Wisting, Hanssen und alle übrigen die Luken herauf. Sie witterten etwas im Hinterhalt. Und dies war die Szene, die sich vor ihren erstaunten Augen abspielte:

An Deck wartete Nilsen mit einem großen Schriftstück, daß er entrollte und an den Hauptmast hängte. Es war eine Karte der Antarktis. Amundsen stellte sich daneben.

Der russische Ozeanograph Alexander Kutchin, der Menschen intensiv beobachtete und Amundsen tief bewunderte, schrieb in sein Tagebuch: „Es war nicht zu übersehen, wie aufgeregt dieser sonst so außergewöhnlich sichere Mann war."

Amundsen selbst notierte kühl: Ich gab meine Absicht, zum Südpol aufzubrechen, bekannt.

Aber zum Glück war einer da, der sich der Geschichte verpflichtet fühlte, und den genauen Wortlaut niederschrieb, solange er noch frisch im Gedächtnis war.

> Es gibt viele Dinge an Bord, begann Amundsen, die Ihr mißtraurisch oder erstaunt betrachtet habt (schrieb Gjertsen einige Stunden später nieder), die Observationshütte oder die Hunde; doch darüber will ich jetzt nicht sprechen. Was ich sagen will, ist dies: ich habe die Absicht, nach Süden zu fahren, eine Landungsgruppe auf dem Südlichen Kontinent abzusetzen und zu versuchen, den Südpol zu erreichen.[9]

Es war totenstill. Nur ab und zu knarrte die *Fram* ein wenig, wenn sie an der festsitzenden Ankerkette zog, so als zerrte sie am Zaumzeug. Der Augenblick war wirklich dramatisch. Amundsen hatte sich jetzt gefaßt. Er stand an der Karte und beherrschte die Versammlung allein schon physisch, denn er war der größte von allen. Von seinem ungewöhnlich knorrigen, früh gealterten Gesicht mit den tiefliegenden Augen, halb Wikinger, halb Asket, ging eine innere Kraft aus, die man beinahe fühlen konnte.

In kurzen, knappen Sätzen, ohne Umwege oder Effekthascherei, fuhr er fort und erläuterte ihnen sachlich, wie er sie getäuscht und weshalb er sie getäuscht hatte, wobei er im wesentlichen die gleichen Argumente verwendete wie in seinem Brief an Nansen. Er sprach prosaisch, spielte die ganze Sache herunter. Ohne Sentimentalität, ohne sichtbare Erregung, vielleicht mit einem Schimmer von doppelter Ironie, einem leichten Flimmern in seinen blaßblauen Augen – so legte er ihnen dar, daß er nichts Besonderes, Bemerkenswertes vorhabe. Es handle sich nicht eigentlich um eine Änderung, sondern nur um eine „Erweiterung" des Planes; denn schließlich müßten sie auf ihrer Fahrt nach Norden in jedem Fall um Kap Horn segeln, was drei Viertel der Strecke zum Südpol sei; weshalb dann die Sache nicht gleich gründlich machen? Es sei nur ein verhältnismäßig kleiner Umweg und würde nicht viel Zeit in Anspruch nehmen. Es wäre ein Jammer, wenn sie es nicht täten, wo sie nun schon einmal da wären. Es gelang ihm, so zu tun, als spräche er über nichts Ungewöhnlicheres als einen Wochenendausflug nach Nordmarka.

Amundsen kannte die Psyche seiner Landsleute. Hinter der scheinbaren Ungezwungenheit seiner Worte verbarg sich seine ganze Fähigkeit, mit den Gefühlen anderer umzugehen, seine Begabung, sich sicher über den Abgrund zu bewegen. Er wußte genau, daß sein Spiel verloren war, wenn er ein falsches Wort falsch gebrauchte, wenn der leiseste Verdacht entstand, daß er auf Heldentaten aus war. Wie in einer Eingangsszene bei Ibsen lag unter den scheinbaren Alltäglichkeiten ein dramatischer Unterton verborgen.

> Die Neuigkeit, sagte Kutchin, überraschte uns alle. Niemand hatte das erwartet ... uns wurde schwach – so als wären wir betrunken – neue Gedanken, neue Pläne, so weit entfernt von den alten wie der Süd- vom Nordpol.
>
> Ich erinnere mich, schrieb Wisting später, daß er „wir" sagte und „unser ..." Es war nicht seine, sondern unsere Expedition – wir waren ein Team und hatten alle dasselbe Ziel.

Es ginge jetzt darum, fuhr Amundsen fort, die Engländer zu schlagen. „Hurra!", schrie Bjaaland, „das heißt, wir sind die ersten!" Das waren die ersten Worte, die gesprochen wurden, und sie lösten ein wenig die Spannung. Bjaaland dachte natürlich als Skiwettkämpfer, der gewohnt war, zu gewinnen. Er betrachtete den Weg zum Südpol wie ein Geländerennen, zwar länger und schwieriger als alle anderen, doch immerhin auch auf Skiern. Und wie jedermann wußte, waren die Norweger auf Skiern besser als die Engländer.

> Aber, sagte Kutchin, die anderen nahmen das ernster. Sie hatten Zukunftspläne, und die waren mit einem Schlag zunichte gemacht. Ich zum Beispiel wollte nur bis San Francisco mitfahren und dann über Sibirien nach Rußland zurück.

Amundsen erläuterte seine Strategie für die Eroberung des Pols. Er war weit offener, als er es in den Briefen gewesen war. Er sagte seinen Leuten, wo er an Land gehen wollte. Niemandem hatte er das verraten, nicht einmal Nansen, und darüber sollte die Öffentlichkeit auch weiterhin im Unklaren gelassen werden. Die an Deck lauschenden Männer erfuhren, daß es zur „Bucht der Wale" ging.

Es gab einen vernünftigen taktischen Grund dafür, den Ort geheimzuhalten. Der Stützpunkt war mehr als die halbe Schlacht, und durch ein unvorsichtiges Wort konnte sie verloren gehen, denn wenn Scott von dem Ort erfuhr, konnte er Amundsen zuvorkommen. Er verstand genug von Scotts Mentalität, um zu wissen, daß er, unoriginell wie er war, dazu neigte, anderer Leute originelle Ideen zu seinen eigenen zu machen. Scott durfte um keinen Preis hellhörig gemacht werden, er sollte in aller Ruhe an seinem Plan, zum McMurdo Sund zu fahren, festhalten.

Wie ein Lehrer vor der Tafel erläuterte Amundsen an der Karte die einzelnen Punkte, wie er das Wettrennen zum Südpol zu gewinnen dachte. Und am Ende sagte er, daß er niemand zwingen könne, seinen Plan zu akzeptieren. Da er die Vereinbarung gebrochen habe, sei jeder frei, davon zurückzutreten. Jeder könne jetzt das Schiff verlassen, die Heimreise werde bezahlt; doch bitte er sie alle, mit ihm zum Südpol zu ziehen.

Ich glaube, äußerte Helmer Hanssen Jahre danach, uns allen lief ein kalter Schauer über den Rücken, als wir hörten, daß der Südpol Ziel unserer Reise war. Wir fingen an, hin und her zu überlegen, aber Zeit, in Grübeleien zu verfallen, blieb nicht, ... denn jetzt kam der harte Augenblick, wo an jeden einzelnen, nacheinander, die Frage gerichtet wurde, ob er dem neuen Plan zustimmen und aus dem Nordpol einen Südpol machen wollte. Ergebnis war, daß jeder einzelne mit Ja antwortete, und damit war die Vorstellung zu Ende.[10]

Es war wirklich eine Vorstellung, eine meisterhafte. Amundsen hatte sie alle seinem Willen unterworfen und sie dazu bewegt, Ja zu sagen. Er hatte ihre Furcht, aufzugeben, genutzt, ihnen die positiven Aspekte vor Augen geführt und ihnen nicht viel Zeit zum Nachdenken gelassen. Er gab ihnen eine Stunde, um nach Hause zu schreiben.

Da die meisten Briefe schon fertig waren, schrieb Kutchin, waren nur noch die letzten Neuigkeiten anzufügen. ... „Bevor wir nach Norden fahren", schrieb einer an seine Frau, „machen wir noch eine kleine Exkursion zum Südpol." Das war alles. Die Briefe wurden danach eingesammelt und Leon übergeben, der sie in Christiania aufgeben würde, nachdem die Nachricht veröffentlicht worden war.

Der Zeitplan für die Nachricht war wichtig. Die *Fram* mußte so weit von Land sein, daß keine Möglichkeit bestand, sie zurückzurufen. Andererseits mußte die Öffentlichkeit informiert sein, ehe die *Fram* auf dem Weg nach Montevideo war, um den von Don Pedro angebotenen Nachschub aufzunehmen. Unter den gegebenen Umständen erschien als günstiger Zeitpunkt dafür Anfang Oktober.

Um 9 Uhr abends wurde Leon an Land gerudert. Niemand war sonst, seit Amundsen gesprochen hatte, von oder an Bord gegangen. Sobald Leon weg war, wurde die Ankerwinde weiter gedreht und die Ankerketten rasselten in die Kästen. „Nie zuvor", bemerkte Kutchin, „ist ein Anker so eilig gehoben worden." Das Boot wurde an Bord gezogen, der Motor wurde angelassen, und nur mit Maschinenkraft fuhr die *Fram* in Richtung auf das offene Meer. Eine frische Brise kam auf und vertrieb die erstickende Hitze, die am Ankerplatz geherrscht hatte. Und wie auf das Zeichen eines Dirigentenstabes stimmten die Hunde ihren jahrhundertealten melancholischen Chor an; hundert Hundestimmen vereinigten sich zu einem Klagegeheul von Wölfen, wenn sie verloren den Mond anbellen. Diesmal beklagte sich niemand an Bord; die Hunde schienen für ihre Herren zu sprechen.

Zuerst, schrieb Helmer Hansen, als wir ... zum Nachdenken kamen, hörte man überall „warum hast Du bloß ja gesagt? Wenn Du nein gesagt hättest, hätte ich es auch getan ..."

Aber nachdem der Schock und die anschließenden Grübeleien verflogen waren, verbreitete sich eine ganz andere Stimmung auf der *Fram*. Das Rätseln und Verdächtigen hatte ein Ende. Die Atmosphäre hatte sich geklärt. „Es war", sagte Wisting, „wie ein neuer Anfang."

Im großen und ganzen nahmen die Leute es Amundsen nicht übel, daß er sie getäuscht hatte. Er hatte es mit der Welt genauso gemacht, und die Überlistung des Riesen gehörte zum Askeladden-Mythos.

Kaum einer von der Mannschaft auf der *Fram* hatte irgendwelche Skrupel, was das Ziel anbelangte. Daß sie jemandem ins Gehege kämen, daß der Pol in irgendeiner Weise Scott „gehören" könnte, daß man aus moralischen Bedenken zurückweichen und ihm das Feld überlassen sollte, weil er als erster aufgebrochen war, war für sie Don Quichoterie und lag völlig außerhalb ihrer Denkgewohnheiten. Sie waren Walfisch- und Robbenfänger und gewohnt, in aller Freiheit auf See zu jagen.

Sie folgten Amundsen, weil er ihr Führer war. Sogar die Ausländer unter ihnen – Sundbeck, der Schwede, und Kutchin, der Russe – waren bereit, weiter mitzumachen. „Was mich angeht", sagte Sundbeck, „ich hatte nicht viel Zeit für unnütze Grübelei, der Motor machte mir Sorgen genug." Der Motor mußte dauernd laufen, damit die Geschwindigkeit nicht unter 5 Knoten fiel, und alle 2 Wochen auseinandergenommen werden, damit Ruß entfernt werden konnte. Kutchin wurde etwas geboten, was einen Ozeanographen sehr viel mehr interessierte. Die Reise der *Fram* um das Kap zur „Bucht der Wale" und von dort nach Buenos Aires bedeutete im Grunde eine Fahrt um den Erdball bei hohen Breitengraden. Hinzu kam, daß die *Fram*, ehe sie die Landungsgruppe wieder abholte, die erste ozeanographische Untersuchung der Gewässer zwischen Südamerika und der afrikanischen Küste vornehmen würde. Das hatte Helland-Hansen, gewissermaßen als Belohnung für die Zustimmung zu Amundsens Kriegslist und sein Schweigen, ausgehandelt. Kutchin war Helland-Hansens Schüler und durch seine Vermittlung an Bord.

An der Wand im Ruderhaus wurde eine Karte der Antarktis mit der Route zum Südpol und einer Zusammenstellung der Expeditionspläne „für jedermann zur Einsicht" angebracht. So konnte jeder an Bord rechtzeitig und genau die Rolle kennenlernen, die er zu spielen hatte.

Amundsens Plan war bis ins kleinste ausgearbeitet. Er kreiste um zwei Punkte: die Briten auf dem Weg zum Pol zu schlagen und als erster mit der Nachricht zurück zu sein. Gewinner war nicht in jedem Fall, wer den Wettlauf gewonnen hatte, sondern wer zuerst die Schlagzeilen der Zeitungen füllte. Das war die Lehre, die Amundsen aus der ganzen Geschichte um Peary und Cook gezogen hatte.

Scott wollte, wie er veröffentlicht hatte, um den 22. Dezember 1911 den Pol erreichen. Amundsen rechnete damit, ihn um zwei bis drei Wochen zu schlagen. Wenn er Glück hatte, konnte er den Vorsprung bis zur Telegrafenstation halten, obwohl die *Fram* langsamer war als die *Terra Nova*.

Amundsen hatte Nansen mitgeteilt, daß er sein Ergebnis von Lyttelton,

Neuseeland, aus kabeln wollte. Das war eine bewußte Irreführung. Was niemand außer ihm und seinem Bruder Leon wußte, war, daß die *Fram* nach Hobart in Tasmanien segeln wollte. Amundsen hatte nicht vergessen, daß nach der Nord-West-Passage das Telegramm „gestohlen" und die Nachricht unbefugt weitergegeben worden war. Das würde ihm nicht noch einmal passieren. Das Risiko mit einem R-Telegramm würde er nicht noch einmal eingehen, er würde mit Sicherheit nichts im voraus arrangieren und von seinen Absichten nichts nach außen dringen lassen. Anonym und als barzahlender Kunde würde er das Telegrafenamt betreten. Nach dem Verhalten von Major Glassford vom U. S.-Nachrichtenkorps traute er niemandem, der für irgend eine Telegrafengesellschaft arbeitete, und hatte deshalb eine Chiffre festgelegt, zu der nur er und sein Bruder den Schlüssel besaßen.

Mehr als 5000 Meilen weiter hatte die *Terra Nova* bereits Kapstadt verlassen und war auf ihrem ostwärtigen Kurs durch den Indischen Ozean. Im Ruderhaus der *Terra Nova* hing kein Plan aus zu jedermanns Einsicht, aus dem einfachen Grund, weil es keinen gab.

An Bord der *Fram* waren genau neunzehn Mann; auf der *Terra Nova* insgesamt fünfundsechzig. Die Gesamtlänge der *Fram* betrug 126 Fuß, ihre größte Breite 35 Fuß, und sie hatte 440 Bruttoregistertonnen; die *Terra Nova* hingegen war 187 Fuß lang, 31 Fuß breit und hatte 747 Bruttoregistertonnen. Beide Schiffe hatten drei Masten; die *Terra Nova* war als Barke getakelt (d. h. Vorder- und Hauptmast hatten querstehende Rahsegel), die *Fram* als kleine Barke (d. h. nur der Vordermast hatte Rahsegel, die beiden anderen Masten längsschiffs stehende Gaffelsegel). Die *Fram* war so gebaut worden, um bei der Bedienung Matrosen zu sparen. Ihr Dieselmotor, „der alte Keuchhusten", wie Bjaaland ihn nannte, wurde von einem einzigen Mann bedient.

Die *Terra Nova* war technisch unterlegen, doch mit Arbeitskräften verschwenderisch ausgestattet. Ihre ehrwürdige, mit Kohle geheizte Dampfmaschine brauchte zwei bis drei Heizer, um die Kessel unter Dampf zu halten, daneben noch Hilfskräfte als Kohlentrimmer und einen Ingenieur am Schaltbrett. Für die Takelage wurden viele Hände gebraucht.

Die *Terra Nova* beförderte nicht nur eine Expedition, sondern zwei: Scotts Hauptgruppe für den McMurdo Sund und Campbells Gruppe für King Edward VII-Land. Sie war überladen und für ihre Aufgabe zu klein. Die *Fram* dagegen war dem genau angepaßt, was sie tun sollte.

Scotts Führungseigenschaften spiegeln sich in den Tagebüchern, die an Bord der *Terra Nova* geführt wurden; die Aufzeichnungen sind unbestimmt, lassen eine klare Absicht vermissen und zeigen nur verschwommen, was bevorsteht. Die Berichte auf der *Fram* zeugen von einem führenden

Willen, der hinter allem steht. Amundsen ging ins andere Extrem und konzentrierte sich so auf das angestrebte Ziel, daß Johansen in sein Tagebuch schrieb:

> Viele Dinge . . . z. B. die Pflege der Segel . . . werden vernachlässigt, . . . die auf jedem Schiff zu verrichtende Arbeit ist sozusagen Nebensache geworden.

In dieser Aufzeichnung liegt ein leichter Hinweis auf die wachsende Spannung zwischen Amundsen und Johansen. Johansen wußte zu viel von Nansens Sehnsüchten nach der Antarktis. Auf dem gleichen Deck hatte Nansen, als er vor fünfzehn Jahren mit der *Fram* durch das nördliche Eis driftete, mit ihm von der Eroberung des Südpols gesprochen. Das war in Johansens Gedächtnis noch so lebendig, daß er von daher Vorbehalte gegen Amundsens Verhalten Nansen gegenüber hatte.

Amundsen war geradezu besessen von der Notwendigkeit, seine Ausrüstung zu perfektionieren. Die vier Monate von Madeira bis zur „Bucht der Wale" schienen ihm nicht eine Minute zu lang; jeder Augenblick mußte genutzt werden.

Von Skiern, Schlitten und Hunden hing es ab, ob man zum Pol gelangte. Wenn die Skier sich verzogen, hieß das: eine anstrengende Fahrt und alle Mühen waren umsonst gewesen. Feuchtigkeit und Hitze schadeten ihnen, sie brauchten sorgfältige Pflege. Sie wurden unter der Decke im Aufenthaltsraum aufgehängt. „Einen besseren Platz", sagte Amundsen, „konnten wir für sie nicht finden."

Scott und Amundsen hatten ihre Schlitten im Fachgeschäft Hagen in Christiania gekauft. Nur Amundsen hatte festgestellt, daß die Verarbeitung Mängel zeigte. Bjaaland mußte mit Stemmeisen und Hobel die Schlitten in Ordnung bringen und aus schlechter Arbeit gute machen. Am 24. Oktober hatte er diese Aufgabe erledigt. In sechs Wochen hatte er zehn Schlitten überholt und für jeden einzelnen ein Paar Ersatzkufen hergestellt. Sie sollten einem doppelten Zweck dienen: bei Verschleiß als Ersatz herangezogen werden und, bei Bedarf mit einer dünnen Eisschicht versehen, die Schlitten bei starker Kälte im Schnee gut gleitfähig machen, so wie Amundsen und Helmer Hanssen es von den Netsilik-Eskimos gelernt hatten. An einem der Schlitten hatte man weder Eisen noch Stahl verwandt. Er sollte als nichtmagnetisches Steuerungsfahrzeug dienen und den großen Reisekompaß tragen. Nach den Schlitten nahm Bjaaland sich die Skier vor und brachte die Bindungen in Ordnung. Daneben stellte er Gleitkästen für die Primus-Paraffinöfen her. Rønne, der Segelmacher, nähte neue Zelte und erledigte alle Sattlerarbeiten für die Landungsmannschaft. Er und Bjaaland arbeiteten täglich zwölf Stunden und wurden mit dem Wachdienst verschont. Bei einer so kleinen Schiffsmannschaft bedeutete ihre Freistellung eine Belastung für die übrigen. „Wenn wir gewinnen wollen", bemerkte Amundsen, „darf nicht ein Hosenknopf fehlen."

An Bord war ein Matrose namens Ludvig Hansen, der wegen seiner Fähigkeit als Klempner eingestellt worden war. Amundsen hatte auf der Nord-West-

Passage festgestellt, daß Paraffin „einlaufen" kann. Blechbehälter, die man in den Vorratslagern zurückgelassen hatte, waren nach einigen Wochen auf unerklärliche Weise leer gewesen, was wohl etwas mit dem Verhalten von Erdölerzeugnissen bei niedrigen Temperaturen zu tun haben mußte. Um die Behälter vollkommen dicht zu machen, mußten die Nähte verlötet und die Öffnungen nach Einfüllen des Inhalts zugeschweißt werden. Hansen stellte zehn Behälter her, jeder faßte fünfzehn Liter.

Auf dem schwankenden Deck richtete Nødtvedt, der zweite Ingenieur, der ein geschickter Schmied war, sich eine Schmiede ein, und wenn er seine Wache hinter sich hatte, stellte er eine Unzahl nützlicher kleiner Dinge her wie Schlaufen und Ösen für die Hundegeschirre.

Da die *Fram* schwach bemannt war, gingen gewisse Pflichten reihum, damit die Belastung gleichmäßig verteilt wurde. So mußte jeder sich z. B. um eine bestimmte Anzahl von Hunden kümmern, wobei der „Chef", wie Amundsen genannt wurde, keine Ausnahme machte.

Das knappe Frischwasser war Amundsens größte Sorge. Für die Männer wurde Wasser zu Gunsten der Hunde rationiert, denn bei Hunden durfte man damit nicht geizen. Die Hunde wurden reichlich gefüttert, selbst wenn das auf Kosten der Menschen ging. Als sie in den kalten Gewässern beim Kap der Guten Hoffnung anfingen, schwächer zu werden und das für sie mitgebrachte Nierenfett knapp wurde, gab man ihnen einfach Butter, obwohl auch die knapp war. Niemand erhob dagegen Einwände, denn die Hunde mußten gesund und frisch in die „Bucht der Wale" gebracht werden. „Die Hunde sind für uns am wichtigsten", sagte Johansen, „von ihnen hängt das Ergebnis der Expedition ab."[11]

Amundsen hatte das Deck mit einem Holzrost versehen lassen, so daß die Luft unter den Hunden herstreichen konnte und sie in den Tropen gesund blieben. Das erleichterte auch die Sauberhaltung. Zweimal am Tage wurde das Deck abgespült, der Kot jedoch laufend entfernt. Bei so vielen Hunden war absolute Sauberkeit natürlich ein nicht zu erreichendes Ideal.

Bei aller Arbeit, die sie machten, waren die Hunde die große Zerstreuung. Sie füllten die Seiten der Tagebücher an Bord mehr als die Menschen. Die Tiere waren in jedem Fall ein Sicherheitsventil und machten manchem Streit ein Ende.

Anfang Oktober, als Herren und Hunde sich gegenseitig kannten, bekamen die Hunde einen Maulkorb und wurden losgelassen. Bis dahin waren sie angebunden gewesen, damit sie untereinander keine Kämpfe veranstalteten und sich möglicherweise zerfleischten.

> Ehe wir die Hunde losbanden, merkten wir, schrieb Amundsen, daß einige nicht so zufrieden waren, wie sie sein sollten. Sie waren verängstigt und aufgeregter als andere. Als sie frei waren, sahen wir, was mit ihnen los war . . . Sie hatten alte Freunde, die zufällig in einer anderen Ecke untergebracht worden waren, und die Trennung von ihnen war die Ursache ihrer Trauer. Es war rührend anzusehen, wie sie sich über die Wiedervereinigung freuten. Die

Tiere waren vollkommen verändert. Natürlich wurde dafür gesorgt, daß sie in Zukunft im selben Gespann waren.[12]

Amundsen berücksichtigte nicht nur die Freundschaft unter den Hunden. Einige Männer kamen mit manchen Hunden nicht zurecht; deshalb wurde getauscht.

Am 31. Oktober, als es so aussah, als ob die Hunde ihre Kämpfe aufgegeben hätten, wurden ihnen auch die Maulkörbe abgenommen. Von da an liefen sie auf dem Schiff frei herum. Das war ein ungewöhnliches Beispiel in der Behandlung von Tieren, der erste berichtete Fall, daß Grönlandhunde auf einem Expeditionsschiff an Bord frei herumlaufen konnten.

Anfang November gab es einundzwanzig junge Hunde an Bord, die nach der Abreise geboren worden waren. Nur die männlichen Tiere wurden behalten; in einem Jahr würden sie arbeiten können. Die Hündinnen waren nicht nur mitgenommen worden, um den Nachwuchs zu sichern. Der häusliche Rhythmus mit Schwangerhaft und Geburt brachte in eine rein männliche Gemeinschaft einen Zug von Normalität. Die Männer gingen zärtlich um mit den jungen Hunden, diesen kleinen Bündeln aus molligem Fell, die vor Leben sprühten. Sie, die unter der sexuellen Enthaltsamkeit litten, konnten hier ihren Gefühlen freien Lauf lassen. Nach drei Monaten hatten Hunde und Menschen zwar Seefahrerknie, aber trotzdem konnte sich niemand ganz an das Schlingern und Rollen der *Fram* gewöhnen.

Die *Fram* wogte und schwankte, hob und senkte sich, neigte sich mal zur einen, mal zur anderen Seite, kämpfte sich vorwärts, stampfte und schlingerte, wie nur wenige Schiffe. Das lag an ihrem runden Boden und breiten Schiffsrumpf, die für das Eis konstruiert waren. Angeblich war die *Fram* ausschließlich für Eis gebaut, nicht für Wasser, für die Drift, nicht zum Segeln. Diese Meinung traf, wie so manche übernommene Meinung, nicht zu.

Die *Fram* war ein Meisterwerk der Schiffsbaukunst. In den sieben Jahren, da sie im Eis festgefroren lag, war sie nicht einmal in Gefahr gewesen. Auf den 16000 Meilen von Kristiansand zur „Bucht der Wale“ ging nicht eine einzige Welle über sie hinweg. Der Wind konnte das Deck mit Schaum bespritzen, doch die Kommandobrücke blieb trocken und die Hunde konnten sich da aufhalten. Bei schlechtem Wetter drängten sich hier bis zu fünfzig Hunde zusammen, auch das Kartenhaus war für sie ein beliebter Zufluchtsort.

Im Dezember war die *Fram* in den „wilden Vierzigern“. Hier zeigte sie, was sie konnte. Nach Amundsen war sie im Sturm einfach unglaublich. Bjaaland erinnerte sich, wie

> bei den schlimmsten Böen Amundsen ruhig, sicher und bester Laune über das Deck schlenderte, als ob nichts los wäre, voll überzeugt, heil ins alte Norwegen zurückzukehren, den Südpol in der Tasche.

Am 1. Dezember gab Amundsen die Landungsmannschaft bekannt. Sie sollte bestehen aus ihm selbst, Prestrud, Johansen, Hassel, Lindstrøm, Helmer Hanssen, Wisting, Bjaaland und Stubberud, aus neun insgesamt. Johansen mitzunehmen, war ein gewagtes Spiel. Er hatte durch versteckte Hinweise deutlich gemacht, daß er sich für einen besseren Polarfahrer hielt als Amundsen. Johansen hatte in der Tat Erfahrung; ihn auf dem Schiff zu lassen, würde nach Rachsucht aussehen. Ihn mit an Land zu nehmen, war das geringere Wagnis.

> Für diejenigen, die mit der *Fram* zurücksegeln, habe ich den Lohn um 50% erhöht, notierte Amundsen. Ich halte das nur für gerecht. Viele von ihnen sind die Ernährer ihrer Familie und ihr Geld ist verbraucht. Sie wären bei der Ankunft in Buenos Aires absolut mittellos.

Zum Teil war das Geld auch Trost für die Enttäuschung. Fast die gesamte Schiffsmannschaft wollte eigentlich gern mit an Land gehen. Gjertsens Wunsch war so stark, daß er Amundsen fragte, ob er nicht mit Prestrud tauschen könnte. Amundsen war einverstanden, wenn Prestrud den Vorschlag billigte, aber dieser lehnte ab. So blieb Gjertsen an Bord.

Am 8. Dezember trug Amundsen ein: „Wir stürmen jetzt auf unser Ziel los." Sie passierten den 100. Meridian, näherten sich den Längengraden Australiens und hatten damit sieben Achtel der Fahrt geschafft. Sie hatten auch, was sie nicht wußten, gegenüber Scott aufgeholt und lagen nur noch 2500 Meilen hinter ihm zurück.

Die hohen Breitengrade kamen näher. Sie erwarteten die ersten Eisberge. Der Auslug wurde daher jetzt den „Erfahrenen" anvertraut, jenen, die vorher schon in Polargewässern gefahren waren. Die erste Wache übernahmen die Leute aus Tromsø, Beck, der Eislotse, und Ludvig Hansen; die zweite Wisting und Helmer Hanssen. Zusammen verfügten sie über eine Erfahrung von etwa einem halben Jahrhundert in Eisnavigation. (Als Vergleich: die *Terra* hatte keinen Eislotsen und verfügte insgesamt über eine Eiserfahrung von nur 5 Jahren).

Wenn die See auch noch so tobte und die *Fram* mächtig schlingerte, die Vorbereitungen an Deck für die Polarfahrt gingen weiter. Rønne fertigte ein Notzelt an aus besonders leichtgewichtigem Material für den Pol, eine weitere Pioniertat. Es war das aerodynamische Modell, das Dr. Cook vor dreizehn Jahren auf der *Belgica* entworfen und der Königlich Geographischen Gesellschaft angeboten hatte. Er war abgewiesen worden und hatte zu hören bekommen, daß die Gesellschaft eigene Experten für so etwas habe.

Einige Mannschaftsmitglieder hatten Nilsen überredet, ihnen einen Kurs zum Auffrischen ihrer Englischkenntnisse zu geben, damit sie die wichtigsten Werke der Polarliteratur, die in der Bücherei der *Fram* vorhanden waren, lesen konnten. Nilsen, der für die Navigation verantwortlich war, hielt an dem Expeditionsbericht von Sir James Clark Ross fest und glaubte, daß er vor siebzig Jahren bereits fast alles gesagt habe, was über Fahrten im Südlichen Meer zu sagen sei.

Der kritische Punkt der Seereise rückte näher. Wo sollte die *Fram* ins Packeis gehen? Von der Antwort hing die weitere Durchfahrt ab, ob sie kurz oder lang sein, Tage oder Wochen dauern würde. Die Wahl entschied darüber, ob der Zeitplan für die Anlage von Vorratslagern vor Eintritt des Winters eingehalten werden konnte, und davon wiederum letzten Ende der Ausgang des Wettlaufs zum Pol.

Inzwischen kam Weihnachten. Offiziere und Mannschaften setzten sich am Heiligen Abend im vorderen Aufenthaltsraum zum Essen nieder. Amundsen hatte eine kleine Überraschung vorbereitet. Als sie sich setzten, so beschrieb er die Szene in seinem Tagebuch,

> erklang „Stille Nacht, Heilige Nacht", gesungen von Herold. Jedem, dessen Herz nicht aus Stein war, mußten hier die Tränen kommen. Das Grammophon war vollständig versteckt. Niemand hatte damit gerechnet. Diese wunderbare Stimme war der Weihnachtsgruß für uns, es war wie ein lebendiger Hauch aus der Heimat. Hätte man doch in diesem Augenblick Gedanken lesen können.

Die Stimmung auf der *Fram* war, im großen und ganzen, glücklich. Sie war aber auch ein Schiff, das Glück hatte. Am 2. Januar durchfuhr sie den Antarktischen Kreis und fand das Meer weiter südlich, als je zuvor jemand gekommen war, frei von Eis. Aber vielleicht war das doch nicht nur ein glücklicher Zufall.

Den Polarexperten auf der *Fram* schien es vollkommen klar, daß das Packeis durch Wind und Meeresströmung fest umrissene Konturen bekommt. Eine sorgfältige Analyse der seit Ross veröffentlichten Berichte – sie waren alle an Bord – führte Amundsen zu zwei Schlußfolgerungen: Wo das Eis am lockersten und seine Ausdehnung am geringsten war, gab es eine glatte Durchfahrt durch das Eis; und zu dieser Jahreszeit lag diese Stelle vermutlich einige Grade westlich vom 180. Meridian. Er hielt sich daran, aber nur insoweit, als er Beck, dem Eislotsen, diesem riesigen gelassenen Bär von Mann aus Nordnorwegen, allgemeine Richtlinien gab, denn der hatte ein Gefühl für Eis und wußte, wie er dessen schwache Stellen nutzen konnte. Er ging noch weiter und ließ Beck seinen eigenen Willen. Das Ergebnis ist einfach erzählt. Die *Fram* fuhr am 3. Januar 1911 bei 175 Grad 35 Minuten östl. Länge in das Packeis und segelte drei Tage und vierzehn Stunden später hinaus in das offene Ross-Meer; sie hatte damit die bis dahin schnellste Durchfahrt geschafft.

Der Dieselmotor hatte seine Brauchbarkeit eindeutig bewiesen; es war die erste Fahrt durch das Packeis mit Motorkraft, ein weiterer kleiner Meilenstein in der Geschichte der Technologie. Amundsen hatte immer dann sofort Treibkraft, wenn er sie brauchte, und anders als Scott, der feststellte, daß seine alte Dampfmaschine auf der *Terra Nova* mehr Kohle „fraß", als er geglaubt hatte, war er positiv überrascht, daß der Ölverbrauch geringer war als angenommen. Amundsen lag jetzt nur noch 300 Meilen zurück.

Im Packeis hatte Amundsen dafür gesorgt, daß viele Seehunde geschossen wurden, damit die Hunde, nachdem sie vier Monate lang mit Stockfisch ernährt worden waren, sich an Seehundfleisch und -speck sattfressen konnten, ehe sie ins Geschirr kamen.

Die Stimmung war die gespannter Erwartung am Ende einer Ozeanreise, wenn zwar noch eine Strecke zurückzulegen ist, aber der Hafen schon am Horizont sichtbar wird. Alle hatten Sehnsucht nach festem Boden – oder Eis – nach vier Monaten ohne Unterbrechung auf schwankendem Deck. Amundsens Gedanken kreisten um die Hunde:

> Sie sind, fast ausnahmslos, rund und fett. Ich wage zu sagen, daß sie im Vollbesitz ihrer Kräfte und voll Lebensfreude sind. Jetzt, da jede Gefahr von Krankheiten vorüber ist, muß ich gestehen, daß der Transport der Hunde über eine Strecke von 16000 Meilen bei jeder Wetterlage und bei fast allen Temperaturen nicht nur ein voller Erfolg war, sondern von besonders guter und überlegter Pflege der Tiere zeugt . . .[13]

Am 11. Januar schrieb Bjaaland in sein Tagebuch:

> Schließlich ist seit heute endlich die Eisbarriere in Sicht. Ein merkwürdiges Gefühl beschleicht einen, wenn man sie so daliegen sieht. Das Meer liegt still wie ein Teich, und vor einem steht diese Große Chinesische Mauer und gleißt in der Sonne. Weitweg, wie eine Fotografie, die gerade entwickelt ist.

Amundsen sah das Bild anders:

> Da lag sie nun – diese verfluchte 200 Fuß hohe Schneemauer – Eismauer kann man sie nicht nennen – und glitzerte zu uns herüber. Ich hatte geglaubt, daß sie mehr Eindruck auf mich machen würde, aber durch die ausgezeichneten Reproduktionen in Shackletons Buch war sie mir wohl schon vertraut und ich sah sie an wie eine alte Bekannte. Wir sind also da.

Keiner von ihnen war zuvor dort gewesen. Jetzt mußten sie die „Bucht der Wale“ finden. Ihr einziger Führer war Shackletons Beschreibung in *Das Herz der Antarktis* mit nur ungefährer Angabe der Lage. Nilsen hatte die *Fram* auf 169 Grad 40 Minuten westl. Länge gesteuert, ein wenig zu weit nach Westen. Langsam segelte die *Fram* ostwärts an der Eisbarriere entlang, fuhr über das Ziel hinaus, drehte, fuhr zurück in ihre alte Spur, und am 14. Januar lag eine weite Bucht vor ihnen, zweifellos die, die Shackleton gesehen hatte. Amundsen tat dann, was Shackleton nicht zu tun gewagt hatte, er fuhr sein Schiff in die Bucht hinein.

Durch graues Wasser glitt die *Fram* an einer Eiszunge vorbei, die in der Sonne glitzerte, als sei sie aus Kristall geschliffen. Lose Eisstücke kratzten an ihren Seiten, es klang, als rieben Skier über Harschschnee, während der Motor mit seinem gleichmäßigen Takt durch die Luft dröhnte. Wale schossen dahin und ließen Fontänen hochsteigen; in der Luft oben kreiste eine große Skua-Möwe und tauchte dann ins Wasser. Menschen und Hunde drängten sich am Bug, um einen Blick auf das „Gelobte Land" zu werfen, als die *Fram* an der schimmernden Klippe des Eisrandes entlang fuhr. Sie war in den Armen des Eises, endlich in ihrem Element.

Nachdem die Eisanker heruntergelassen worden waren und die *Fram* festlag, zogen Amundsen, Nilsen, Prestrud und Stubberud auf Skiern zu ihrer ersten Erkundigungsfahrt los.

Die braungefleckten Seehunde auf dem Eis nahmen von den Eindringlingen keine Notiz. Sie hatten noch nicht gelernt, den Menschen zu fürchten; ihre Feinde waren die Killer-Wale im Wasser. Pinguine kamen von allen Seiten heran, wie Zuschauer bei einem Rennen.

Nach Monaten an Bord waren Amundsen und seine Gefährten auf ihren Skiern zuerst noch ein wenig unsicher. Sie brauchten einige Zeit, ehe sie ihre Beine richtig bewegen konnten. Nach etwa zwei Meilen stellten sie, wie Amundsen notierte, fest:

> Das Eis führte über einen schmalen, ebenen Hang hinauf zur Eisbarriere, eine ideale Verbindung. Wir zogen in südöstlicher Richtung weiter und erreichten nach circa 15 Minuten eine der Randformationen auf der Barriere. Diese Formationen sahen aus wie Endmoränen, die oben einige Unregelmäßigkeiten aufwiesen.[14]
> Die unregelmäßigen Gebilde bestanden aus riesigen Eisblöcken, die auf der Seite lagen. Irgend etwas mußte die Eisschranke in ihrem Lauf gehemmt und diese Gebilde verursacht haben. Was kann es anderes sein als darunter liegendes Land? . . . Eine Messung mit dem Echolot ergab eine Tiefe von 175 Faden. Boden grau und feiner Sand. Land, Land, Land bildet diese Bucht . . . sonst nichts. Jede Formation, die ich sehe, bestätigt mich in der Meinung, daß Störungen in diesem inneren Teil nur sehr selten auftreten und daß wir deshalb von ihnen nichts zu befürchten haben. Ich suchte einen Platz aus in einem kleinen Tal, feiner, ebener Boden, etwa 4 Seemeilen vom Meer entfernt. Hier werden wir unsere Hütte aufbauen, und von hier unsere Aufgaben durchführen . . . Schon morgen – Sonntag – werden wir einiges vorbereiten, so daß wir dann Montag ernsthaft anfangen können . . .[15]

Amundsen war nicht leichtsinnig; seine Entscheidung war gut durchdacht. Er wagte, was Shackleton nicht gewagt hatte. Dies hier war in der Tat *terra incognita*.

> Nilsen hat die Entfernung von Norwegen hierher ausgerechnet (schrieb Amundsen in sein Tagebuch), sie beträgt genau 15938 Seemeilen und war auf 16000 geschätzt worden. Nicht schlecht. Wir hatten ausgerechnet, daß wir am 15. Januar am Arbeitsplatz sein wollten. Wir legten . . . am 14. an.

Es war eine ungewöhnliche Seereise gewesen; 14000 Meilen ohne Zwischenlandung von Madeira, eine der längsten in der Geschichte der Polarforschung. Man darf Amundsen verzeihen, daß er sich selbst dazu beglückwünschte:

> Hier gibt es Robben in Fülle, viel mehr, als wir für Menschen und Tiere brauchen. Alles scheint zu unserem Besten eingerichtet zu sein. Möge der Gott, den ich lieben gelernt habe, alles so weitergehen lassen!

21

Scott setzt seine Fahrt fort

Die *Terra Nova* lief am Donnerstag, den 12. Oktober, spät abends in Melbourne ein. Sie kam vom Kap. Kathleen, die vor zehn Tagen angekommen war, ging an Bord und kam mit Scott zurück an Land. Er wollte hier übernachten und die Post abholen. Am nächsten Morgen kehrte er früh zum Schiff zurück und ließ Gran in seine Kajüte kommen.

> Gran notierte in seinem Tagebuch: ... Er überreichte mir ein geöffnetes Telegramm, das lautete: „Erlaube mir mitzuteilen, daß die *Fram* zur Antarktis fährt. Amundsen." „Wie verstehen Sie das?", fragte er mich ...

Scott hoffte, daß Gran, der ja Amundsens Landsmann war, die Sache durchschaute. Die Tatsache, daß er überhaupt Gran um Rat fragte, zeigt, wie perplex er war, denn er hatte nicht die Gewohnheit, Jüngere ins Vertrauen zu ziehen.

Gran war ebenso erstaunt und verwirrt wie Scott. Es fiel ihm auf, daß das Telegramm das Datum des 3. Oktober trug, als die *Terra Nova* noch im Indischen Ozean segelte. Es war in Christiania aufgegeben worden, doch nach dem, was er in Kaptstadt gehört hatte, war die *Fram* mit Amundsen an Bord von Norwegen da bereits unterwegs.

Es kam weder Gran noch Scott sofort der Gedanke, daß sie damit Rivalen auf dem Weg zum Pol hatten. Gran fiel auf, daß das Kabel nur mit „Amundsen" unterzeichnet war. Das setzte ihn in Erstaunen, weil Roald bereits auf See war. Ob vielleicht Leon der Absender war? Er traute ihm nicht ganz. Er behielt seine Zweifel für sich, machte aber einen bewußt deutlichen Vorschlag: bitten Sie Nansen telegrafisch um Information. „Ich hoffe, Nansen antwortet schnell", schrieb er in sein Tagebuch, zweifellos um sich selbst zu beruhigen. Er war Scott gegenüber durch und durch loyal und wollte nicht für die Sünden seiner Landsleute büßen.

Scott wurde jetzt sehr schweigsam. Er informierte noch nicht einmal seine Offiziere. Er vermied es, mit Journalisten über das Telegramm zu sprechen. Gran schloß daraus: „Scott will die Sache mit Amundsen, die für ihn wie ein Blitz aus heiterem Himmel kam, soweit wie möglich verschweigen."[1]

Es stimmte, Leon Amundsen hatte das Telegramm aufgegeben. Daß es unklar war, ging nicht zu seinen Lasten. Es war als Höflichkeit im Hinblick auf die Veröffentlichung und nicht als Information gedacht.

Leon hatte Madeira am 9. September verlassen und war am Abend des 30. in

Christiania angekommen. Gleich am nächsten Morgen hatte er eine Audienz bei König Haakon, dem er den abgeänderten Plan seines Bruders mitteilte. Zur selben Stunde übergab Helland-Hansen Fridtjof Nansen den Brief. Als dieser ihn gelesen hatte, soll er ausgerufen haben: „Dieser Idiot! Warum hat er mir nichts davon gesagt. Er hätte alle meine Pläne und Berechnungen haben können."[2]

Nansen reagierte als Forscher, Patriot und loyaler Kollege, aber auch als Mann, der ahnte, daß er den Sieger herausgepickt hatte. Für Amundsen, der sich dem Äquator näherte, lag darin ein versteckter Triumpf. Er hatte mit einem Schlag einen lebenswichtigen Verbündeten gewonnen.

In der würdigen Atmosphäre des Hotels Continental gab Leon am gleichen Abend eine Pressekonferenz. Am nächsten Morgen, dem 2. Oktober, berichtete die Christiania Presse auf der ersten Seite in großen Lettern:

> Die „FRAM" FÄHRT MIT VOLLER KRAFT VORAUS ZUM SÜDPOL
> SENSATIONELLE MITTEILUNG DURCH ROALD AMUNDSEN
> FRIDTJOF NANSEN: „EIN WUNDERVOLLER PLAN"
> ÜBER DEN SÜDPOL ZUM NORDPOL

Es ehrt die norwegischen Zeitungen für alle Zeiten, daß sie Amundsens Brief an die Öffentlichkeit, den er auf See geschrieben und den Leon auf der Pressekonferenz an die Journalisten verteilt hatte, in vollem Wortlaut abdruckten.

> Von Madeira nimmt die *Fram* Südkurs auf die Antarktis, um an dem Wettlauf zum Südpol teilzunehmen, lauteten die beschwingten Eingangsworte. Vielen wird das im ersten Augenblick als eine Änderung des ursprünglichen Plans der dritten Seereise der *Fram* erscheinen. Das ist jedoch nicht der Fall. Es ist nur eine Erweiterung des Expeditionsplans, keine Änderung.

Die Zeitungen wiederholten dann die Argumente, die Amundsen in seinem Brief an Nansen vorgebracht hatte. Er war klar und kompromißlos, verschmähte jeden Appell an patriotische Gefühle und nahm alles auf seine eigene Kappe: „Ich allein habe diese Entscheidung getroffen, ich allein trage die Verantwortung."

Die Herausforderung war unzweideutig bekanntgegeben. Scott standen theoretisch ausreichend Nachrichten darüber zur Verfügung, daß seine Fahrt zum Südpol sich in ein Wettrennen verwandelt hatte. Ein norwegisches Blatt schrieb: „Mit einem einzigen Schlag weckt Roald Amundsen das Interesse der Welt, als der Kampf um den Südpol in vollem Gange ist."[3] Die Amundsens gingen mit Recht davon aus, daß eine Sensation dieser Art von der britischen Presse aufgegriffen und so Scott zur Kenntnis gebracht würde.

Doch Nachrichtenredakteure urteilen nicht unbedingt rational. Ein norwegisches Blatt berichtete erstaunt, die *Times* „hat die Sache nicht mit einem einzigen Wort erwähnt".[4] Nur *The Daily Telegraph* und *The Morning Post* brachten die Nachricht, jedoch verkürzt, die *Morning Post* sogar teilweise irreführend.

Scott Keltie, der Sekretär der Königlich Geographischen Gesellschaft, fragte bei Nansen an, ob die Nachricht in *The Daily Telegraph* „wirklich zutrifft ... Amundsen ... ist natürlich ... berechtigt, ... mit Scott in einen Wettlauf zu treten ... Ich möchte nur die Wahrheit und die Fakten wissen."[4]

Sir Clements Markham tat die ganze Sache einfach ab mit der Feststellung, Amundsen könne unmöglich genug Hunde mitnehmen, um zum Pol zu gelangen, während Shackleton nicht einzusehen vermochte,

> wie Amundsen hoffen kann, den Südpol zu erreichen, wenn er nicht genug Ponys an Bord hat. Er mag ja Hunde haben, sie sind aber nicht verläßlich.[5]

Dann, Mitte Oktober, wurde Sir Clements in seinem herablassenden Gleichmut durch Briefe aus Norwegen aufgestört. Sie enthielten die Mitteilung, daß Amundsen auf dem Weg zum McMurdo Sund sei. Das Gerücht stammte vom Präsidenten der Norwegischen Geographischen Gesellschaft, Dr. Reutsch, der das Ganze als Vermutung gegenüber der Presse zu äußern gewagt hatte.

Nachdem Sir Clements sich mit dem Gedanken an einen Wettlauf zum Pol vertraut gemacht hatte, versicherte er Scott Keltie nun, daß die *Fram*

> nicht besser segelt als ein Heuschober ... Sie ist für sehr schweren Seegang nicht geeignet ... Scott wird an Ort und Stelle sein und sich eingerichtet haben, ehe Amundsen aufkreuzt, wenn überhaupt.[6]

Die Presse ließ daraufhin die Sache fallen, die australischen Blätter ignorierten sie ebenfalls. Als Scott daher in Melbourne an Land ging, gab es nichts, was ihm über das rätselhafte Telegramm hinaus hätte Aufschluß geben können.

Gran hatte bemerkt, daß Scott die Sache zu verheimlichen suchte. Nicht aber war ihm aufgefallen, daß Scott durch das Eintreten des Unerwarteten wie gelähmt war. Scott hätte vieles tun können. Er hätte, wie Grans Vorschlag lautete, Nansen telegrafieren oder auch Scott Keltie telegrafisch um Auskunft bitten können. Er hätte das Telegramm einer Melbourner Zeitung zeigen können, was sich schnell bezahlt gemacht hätte in Gestalt der ganzen Geschichte, komplett bis in die letzte Einzelheit. Aber Scott tat nichts dergleichen. Er blieb untätig, und das war verhängisvoll.

Scott ging in Melbourne von Bord. Er wollte in den nächsten zehn Tagen bei offiziellen Stellen Besuche machen und versuchen, Geld herauszuschlagen, indem er auf die Zusammengehörigkeit des Empires anspielte. Das Telegramm hätte ausgeschlachtet werden können, um das Signal für eine ausländische Intervention zu geben. Allein die Nachricht, daß eine japanische Expedition auf dem Weg zum Ross-Meer war, hatte genügt, um die australische Regierung zu veranlassen, für die *Terra Nova* 2500 Pfund zur Verfügung zu stellen, nachdem sie es vorher strikt abgelehnt hatte, auch nur einen Penny beizusteuern. Was hätte er nicht alles bekommen können, wenn er das norwegische Telegramm überlegt eingesetzt hätte!

Was hinderte Scott daran, daraus Profit zu schlagen? Cherry-Gerrard machte später eine aufschlußreiche Bemerkung dazu: „Obwohl wir das damals nicht durchschauten . . . wir lagen im Wettkampf mit einem sehr großen Mann." Auf alle Fälle handelte es sich hier um den erfolgreichen Versuch, Scott zu verwirren, indem man Ungewißheit verbreitete.

„Erlaube mir mitzuteilen, daß *Fram* zur Antarktis fährt", ist keine ausgesprochene Herausforderung, es liegt aber eine Bedrohung darin verborgen. Soviel ist sicher: Als Scott von Sydney nach Neuseeland fuhr, war ihm immer noch nicht klar, daß Amundsen zum Pol vorstieß. Die Antarktis war ja so groß, so unbekannt, daß es auch an anderen Stellen genug zu erforschen gab.

Als Scott am 27. Oktober im Wellington landete, wurde er vom Reporter einer Lokalzeitung interviewt. Nachrichten, daß Amundsen ebenfalls den Südpol anstrebte, sickerten langsam durch; die wichtigsten Einzelheiten teilte der Reporter Scott mit und bat um dessen Stellungnahme. Der, so berichtet Tryggve Gran,

> blieb stumm. Der Reporter gab aber nicht auf. Darauf wurde Scott ärgerlich und fuhr den Mann an: „Wenn Amundsen, wie Ihr Gerücht sagt, versuchen will, zum Südpol zu gelangen, von irgendeiner Stelle der Küste der Westantarktis aus, dann kann ich ihm nur viel Glück wünschen."[7]

Auf diese Weise erfuhr Scott von Amundsens Herausforderung. Bis dieser unangenehme, gewissenhafte Fragesteller unerbittlich auf diesen Punkt zusteuerte, lehnte Scott es ab, die Möglichkeit ins Auge zu fassen.

Indessen hatte sich in London niemand berufen gefühlt, Scott über die Entwicklung auf dem laufenden zu halten. Schließlich veranlaßte Sir Clements die Geographische Gesellschaft am 4. November, Scott zu telegrafieren, daß Amundsen (was ein Irrtum war) zum McMurdo Sund unterwegs sei. Scott aber, der jetzt in Lyttelton war, tat seltsamerweise immer noch nichts. Ihm lag am meisten daran, die Wahrheit vor seinen Leuten zu verbergen. Erst als einige von ihnen ihm Zeitungsartikel über die norwegische Expedition zeigten, wurde er zum Handeln getrieben. Am 14. November, einen Monat nach Empfang von Amundsens Telegramm, tat er endlich, was Gran ihm geraten hatte, und fragte Nansen telegrafisch nach Amundsens Zielort. Die Antwort kam am gleichen Tag, sie enthielt nur ein Wort: „unbekannt".

Nansen war nicht ganz offen gewesen. Er wußte durch den Brief aus Madeira, daß Amundsen nach Südviktoria-Land gehen wollte. Aber Nansen hatte sich uneingeschränkt zum Verbündeten Amundsens gemacht und war der Meinung, daß alle Hinweise auf das Bestimmungsziel unterlassen werden sollten.

Nach Eingang des Telegramms von Nansen telegrafierte Scott noch am gleichen Tag Scott Keltie und fragte an, welchen Hafen die *Fram* zuletzt angelaufen habe und wann sie wieder ausgelaufen sei. Er erhielt die irreführende Antwort: „Die *Fram* verließ Madeira Anfang Oktober.“[8] Das verwirrte und verdunkelte Amundsens Absichten nur noch zusätzlich.

Scott versuchte darauf, Amundsen ganz zu vergessen. Er lehnte es ab, über die Sache zu sprechen. Soweit aber überhaupt über Amundsen diskutiert wurde, ging es um die Frage seines Anstands, nicht um die reale, harte Bedrohung, die er darstellte. Nur von Oates weiß man, daß er die Sache anders sah. Er schrieb an seine Mutter:

> Was hältst Du von Amundsens Expedition? Wenn er als erster am Pol anlangt, werden wir mit eingekniffenem Schwanz nach Hause kommen, das ist sicher. Ich glaube, wir haben doch zuviel Theater gemacht, die ganze Photographiererei, das Jubelgeschrei und die Fahrt durch das Flottenspalier waren Blödsinn, dadurch machen wir uns, falls wir scheitern, nur noch lächerlicher. Es heißt, Amundsen sei hinterhältig vorgegangen; ich sehe keine Hinterhältigkeit darin, wenn einer den Mund hält. Ich selbst halte die Norweger für sehr zähe Burschen ... sie sind auch sehr gute Skiläufer, während wir nur Geher sind. Wenn Scott irgendeine Dummheit begeht, z. B. die Ponys nicht ausreichend füttert, wird er totsicher geschlagen.[9]

Nansen hatte Scott überredet, außer Ponys und Motorschlitten auch Hunde mitzunehmen. Er wußte nicht wie Amundsen, daß die besten Schlittenhunde aus Grönland kamen, und selbst wenn er es gewußt hätte, wäre es jetzt zu schwierig, dort welche zu bekommen. Scott hatte Cecil Meares als Hundeführer ausgesucht, der dann Anfang 1910 nach Ostsibirien gefahren war, um die Tiere zu kaufen.

Die Ponys, die Scott mitnehmen wollte, waren wetterfeste Pferde aus der Mandschurei. Da die Mandschurei etwa in der Richtung wie Sibirien lag, beschloß Scott in letzter Minute, daß Meares auch die Ponys kaufen sollte.

So mußte jemand Pferde kaufen, der überhaupt nichts davon verstand, während der einzige an Bord, der wirklich Pferdekenner war, nämlich Oates, auf der *Terra Nova* blieb und Aufgaben erledigte, die jeder Seemann hätte tun können. Scott ging einfach davon aus, daß, wer was von Hunden verstand, auch Pferde kaufen konnte.

Meares Reise ist eine kleine Geschichte für sich. Im Januar fuhr er mit der Transsibirischen Eisenbahn nach Chabarowsk, von dort mit Pferd und Schlitten über den zugefrorerenen Amur nach Nikoliewsk in der Nähe des Ochotskischen Meeres, eine „Kleinigkeit“ von 660 Meilen.

Nikoliewsk war eine öde russische Siedlung in einer öden subarktischen Region, damals bekannt für Hunde und Hundetreiber. Es war eine der zahlreichen entlegenen Ecken des Fernen Ostens, die Meares vertraut waren.

Cecil Henry Meares, Sohn eines Majors des Königlich Schottischen Füsilierregiments, war 1896 im Alter von18 Jahren in den Osten gegangen. Er kannte Indien, hatte aber die meiste Zeit in Sibirien und der Mandschurei verbracht. Ein geheimnisvoller Schleier hängt über dem, was er dort tat. Er sprach

Russisch, Chinesisch und Hindustani und schien sich auf Ostsibirien und die Grenzgebiete des russischen Reiches spezialisiert zu haben. Er besaß offenbar ausgezeichnete Beziehungen zu offiziellen russischen Stellen. Seine spätere Laufbahn läßt vermuten, daß die britischen Behörden großes Vertrauen in ihn setzten. Er hatte Verbindungen zur Abwehr. Jemand in der Admiralität hatte ihn Scott empfohlen.

Meares suchte die Hunde nach der gleichen Methode aus, wie Daugaard-Jensen es in Grönland für Amundsen getan hatte. Hier hörte die Übereinstimmung aber auch auf. Daugaard-Jensen trieb einhundert Hunde auf, Meares nur dreiunddreißig. Daugaard-Jensen brauchte die Hunde nicht persönlich abzuliefern, Meares hingegen wohl, und zwar allein. Das war zu viel von ihm verlangt. In Nikoliewsk überredete er einen russischen Hundeführer, Dmetri Girev, ihn als Helfer auf der Expedition zu begleiten.

Ende Mai wurden die Hunde mit dem Dampfer den Amur hinauf nach Chabarowsk gebracht, von wo aus sie mit dem Zug weiter nach Wladiwostok transportiert wurden.

Blieben noch die mandschurischen Ponys. Da Meares „Pferdefleisch" nicht beurteilen konnte, hatte er einen ungenannten Freund beauftragt, sie auf dem Pferdemarkt in Harbin zu erstehen. Der Freund nahm zu seiner Unterstützung einen Jockey von der Rennbahn Wladiwostok mit, Anton Omel'chenko. Auch Anton verpflichtete sich für die Expedition.

Auf der Expedition Shackletons waren die dunklen Ponys vor den weißen eingegangen. Scott schloß daraus, daß Schimmel in jedem Fall widerstandsfähiger seien. Er wollte daher nur Schimmel. Auf dem Pferdemarkt in Harbin wurden aber nur zum Teil weiße Ponies angeboten; die Auswahl war daher gering. Nachdem der Handel abgeschlossen war, ging der Verkäufer davon, wie Anton später in seinem gebrochenen Englisch sagte, „with a plenty big smile."[10]

Um die ganze Menagerie von Sibirien nach Neuseeland zu transportieren, forderte Meares telegrafisch einen Begleiter an. Damals war Kathleens Bruder Wilfred Bruce, ein Offizier der Handelsmarine, der zur Expeditionsmannschaft gehörte, gerade im Fernen Osten. Bruce kehrte mit der Transsibirischen Eisenbahn nach vierzehntägiger Fahrt nach Englang zurück und mußte dort feststellen, daß Scott versuchte hatte, ihn in Irkutsk telegrafisch anzuhalten, damit er zurückführe, um Meares zu unterstützten. So etwas war für die ganze Expedition charakteristisch. Bruce fuhr wieder mit der Bahn durch den Kontinent und traf rechtzeitig in Wladiwostok ein, um bei der Verschiffung der Tiere zu helfen.

Nach fünf Wochen qualvoller Fahrt über den Pazifik und dreimaliger Umladung der Tiere kam Meares ohne Verluste in Lyttelton, Neuseeland, an, doch die beiden Männer sprachen kein Wort mehr miteinander; Bruce war für Meares ein „vornehmer Pinkel", und Bruce gab gleiches zurück, Meares „ist kein bißchen mein Typ". Sie hatten jetzt zwei Monate Zeit, um sich zu erholen, ehe die *Terra Nova* am 28. Oktober eintraf.

Scott war über die Tiere „hocherfreut", Oates dagegen weniger. Was Meares aus den letzten Winkeln der Mandschurei über 8000 Meilen herangebracht hatte, waren nach seiner Meinung „alte Krücken". Scott verstand nichts von Tieren, wollte es aber gern so sehen, daß alles unter seinem Kommando erstklassig war. Er gab Oates zu verstehen, daß seine Meinung nicht gefragt sei. Dieser Vorfall scheint Oates' Meinung über Scott besiegelt zu haben.

Oates entwickelte langsam eine Abneigung gegen Scott. Die beiden Charaktere waren unvereinbar. Scott bestand auf seiner Würde und ließ schon den kleinsten sozialen Unterschied spüren. Oates konnte mit Königen und Bettlern umgehen und erkannte Scotts Unterlegenheit im Zusammenleben mit anderen. Ihm wurde jetzt bewußt, daß Scott zum Führen von Menschen nicht geboren war.

Scott stritt mit Oates über Futter für die Pferde. Er bestand darauf, daß nur eine knappe Menge mitgenommen würde. Oates gab nicht nach und erreichte am Ende sein Ziel; doch dieses Zusatzfutter ging auf Kosten der Zusatzladung an Kohle, so daß die Strecke, die das Schiff mit Dampfkraft fahren konnte, geringer wurde. Als der Tag der Ausfahrt näher kam, verbreitete sich Nervosität, besonders bei den Ehefrauen. Oates schrieb seiner Mutter in seiner drastischen Art:

> Mrs. Scott und Mrs. Evans hatten einen prächtigen Streit, der, wie man mir erzählte, erst nach 15 Runden unentschieden endete. Nach 10 Runden griff Mrs. Wilson in den Kampf ein, und es floß mehr Blut und es flogen mehr Haare im Hotel herum, als in einem Chicagoer Schlachthaus in einem Monat. Die Männer bekamen ihren Teil ab, und es herrschte eine gewisse Kühle, die sie, wie ich hoffe, nicht mit nach Hause nehmen werden.[11]

In der Tat nahmen die Meinungsverschiedenheiten zwischen Scott und „Teddy" Evans seit einiger Zeit zu.

Als die *Terra Nova* in Cardiff auslief – Scott hatte das Schiff mit seiner Frau verlassen – übernahm Evans zum ersten Mal das Kommando als Kapitän. Natürlich wollte er seine Fähigkeit beweisen und er hatte auch die Gabe, alles aus seinen Leuten herauszuholen. Man zollte ihm allgemein Achtung für die Art, wie er aus der heterogenen Masse eine arbeitsfähige Mannschaft gemacht hatte. Evans konnte freundlich, aber auch autoritär sein; er konnte für Disziplin sorgen, aber auch eine Mannschaft glücklich machen. Er kam in Kapstadt an mit dem befriedigten Gefühl, seine Sache gut gemacht zu haben.

Es war daher ein schwerer Schlag für ihn, als Scott, der ursprünglich die *Terra Nova* erst wieder in Neuseeland besteigen wollte, sich plötzlich entschloß, Kathleen allein auf dem Postschiff weiterreisen zu lassen und für die Fahrt von Kapstadt nach Melbourne das Kommando selber zu übernehmen. Böse Zungen behaupteten, er wollte Kathleen loswerden, weil sie sich inzwischen als Leiterin der Expedition, zumindest aber als ihr Generalinspekteur aufspielte. Vielleicht aber war er auf Evans Popularität eifersüchtig. Er selbst erklärte seinen Entschluß damit, daß er seine Leute kennenlernen wollte. In jedem Fall verursachte er Unbehagen. Das Schlimmste war, daß seine Entscheidung als Taktlosigkeit empfunden wurde. Evans sah darin ein Mißtrauen Scotts in seine Fähigkeit. Er hielt seine Gefühle zurück, was ihm viel Anerkennung brachte, aber die Grundlage für eine unglückselige Gegnerschaft zu Scott war damit gelegt.

In Neuseeland verschlimmerte die Lage sich durch den Matrosen P. O. Evans. Er war zu einem bierseligen Frauenjäger geworden, der Gefahr lief, geschlechtskrank zu werden. „Teddy“ Evans wollte, daß er entlassen würde; er glaubte, daß auf einer Expedition für Menschen dieses Schlages kein Platz sei, weil die Schwäche eines einzigen den Tod aller bedeuten konnte. Doch P. O. Evans war ein Schützling Scotts.

Am 26. November, als die *Terra Nova* nach Port Chalmers auslief, um dort Kohle zu bunkern, wurde P. O. Evans in Lyttelton zurückgelassen. Er hatte sich betrunken und war beim Besteigen des Schiffes ins Wasser gefallen. Das war sogar für Scott zuviel. Er befahl Evans, seine Sachen zu packen und das Schiff zu verlassen.

Am nächsten Morgen aber lauerte Evans Scott auf, der, um einiges zu erledigen, in Lyttelton geblieben war, und bat, ihm noch eine Chance zu geben. Scott ließ sich breitschlagen, und sie fuhren mit dem gleichen Zug nach Port Chalmers, um die *Terra Nova* zu treffen.

Der andere Evans wurde wütend. Er war nicht übermäßig streng, duldete aber nichts, was die Leistungsfähigkeit der Mannschaft herabsetzte.

Ehe Scott Neuseeland verließ, schrieb er Nansen einen Brief:

> Vielleicht war es falsch, daß wir eine so große Organisation mitgenommen haben, doch mir liegt daran, daß wir wirklich gute wissenschaftliche Ergebnisse erzielen, und dazu braucht man wohl eine Reihe von Experten. Was die Reise selbst angeht, so hätten wir uns die Sache vielleicht einfacher machen können durch weniger Ponys und mehr Hunde, doch das ist schwer zu sagen. Die Tiere, die wir haben, sind ausgezeichnet und befinden sich alle in guter Verfassung.[12]

Die *Terra Nova* war am 29. November von Neuseeland ausgelaufen; zwei Tage später wäre sie in einem Sturm fast gesunken. Scott sah darin ein unverdientes Pech; es gab jedoch handfeste Gründe für das, was geschah. Im Hauptteil des Deckes standen die schweren Packkisten mit den drei Motorschlitten, und es bog sich unter der Last. Sie waren von England nach Neuseeland gebracht und dort verladen worden. Neunzehn Ponys und dreiunddreißig Hunde waren an Deck zusammengepfercht. Überall wo Platz war, hatte man die Hunde angekettet. Auf dem Vorderdeck, teilweise im Bereich der Mannschaftsräume, standen die Ponys.

Die Räume waren bis zum Bersten mit Menschen vollgestopft. In Neuseeland waren sieben hinzugekommen: Raymond Priestley, der australische Geologe Griffith Taylor, Frank Debenham, Meares, Bruce, Bernard Day und der bekannte Fotograf Herbert Ponting. Auf dem Mannschaftsdeck mußten die Matrosen sich die Hängematten teilen; die eine Wache wälzte sich heraus, die andere kroch hinein. Bei den Mahlzeiten mußten vierundzwanzig Offiziere in der Offiziersmesse Platz finden, das waren sichtlich zuviel für den Raum. So überfüllt und überlastet steuerte die *Terra Nova* in Richtung Süden.

Am 1. Dezember segelte sie also in den erwähnten Sturm hinein. Die schweren Brecher gingen über das überladene Schiff, und bei jeder Drehung des Rumpfes lösten sich die Deckplanten an den Nahtstellen und ließen Wasser eindringen, das in Sturzbächen auf den Schiffsboden niederging. In der Nacht fiel im untereren Schiffsraum die Hauptpumpe aus.

In Melbourne war der Erste Schiffsingenieur der *Terra Nova,* Edgar W. Riley, Royal Navy, aus einer bloßen Laune entlassen worden. Da er nicht ersetzt wurde, segelte das Schiff ohne einen verantwortlichen Offizier im Maschinenraum weiter nach Süden und die Anlage war jetzt den Deckoffizieren überlassen.

Als die Pumpte stockte, meldete der Maschinist es nicht sofort an die Kommandobrücke, was ein Offizier normalerweise sofort getan hätte. Vielleicht befürchtete er Vorwürfe und versuchte deshalb selbst, die Pumpe in Ordnung zu bringen. Am Morgen standen die Platten des Heizkellers unter Wasser. Die Handpumpen hatten auch ausgesetzt. Das war völlig vorhersehbar. Die Handpumpe, letzte Rettung für den Notfall, war genauso baufällig und behelfsmäßig wie die übrige Ausrüstung. Wie Davies sagte „machte sie bei schlechtem Wetter ständig Ärger. Ich hätte eigentlich mein Bett daneben aufschlagen müssen." Auf dem Weg von Cardiff nach Lyttleton war die Pumpe unentwegt verstopft und außer Betrieb gewesen. Bei stürmischem Wetter war es unmöglich, sie zu reparieren, weil der Pumpenschacht nicht geöffnet werden konnte und die Reparaturstelle deshalb unzugänglich war. Man war also umfassend und deutlich gewarnt.

Viele tausende Pfund waren für die Motorschlitten und die komplizierten wissenschaftlichen Instrumente ausgegeben worden. Während der ganzen Wochen in Lyttleton war nichts geschehen, um dieses eine billige, aber unentbehrliche Gerät zu reparieren. Wenn es ausfiel, könnte damit alles ruiniert sein. Die *Terra Nova* fuhr in das schlimmste Wetter der Welt mit derselben defekten Pumpe, die immer wieder versagt hatte. Die Katastrophe mußte kommen.

Das Wasser stieg ungehindert höher, löschte das Feuer unter den Kesseln und die Maschinen setzten aus. Die *Terra Nova* lag mitten im Sturm, eigentlich kein Schiff mehr, sondern nur noch ein Wrack voll Wasser, über das vom Bug zum Heck schwere grüne Wellen schlugen, die Reling unter Wasser drückten und dieses elend kraftlose Absacken verursachten, das bedeutet: Schiff in Not. Oates und Atkinson, einer der Schiffsärzte, blieben im Vorschiff und plagten sich die ganzte Nacht mit den Pferden, die durch das Schlingern gegen die Wände der Boxen geschleudert wurden und in einem trostlosen Zustand waren.

Nach den Worten von Davies machten

> die Matrosen Fürchterliches durch; sie lebten in sehr engen Unterkünften auf dem unteren Mannschaftsdeck ... unter den Ponys ... Jedes Kleidungs-

stück hatte Flecken von dem Urin der Pferde, der durch die lecken Decks tropfte, während das Schiff unter Knarren hin und her gezerrt wurde ...[13]

Scott war schweigsam und sichtlich unglücklich. In dieser Krise übernahm Teddy Evans das Kommando. Er ordnete an, daß die Maschinisten ein Loch durch eine Schotte schnitten, um an die Saugstellen der Pumpe zu gelangen. Sie standen zehn Stunden auf dem Schiffboden im Wasser, und der Druck spritzte oft bis zum Hals. Er ließ eine Eimerkette bilden, um das Wasser aus dem Maschinenraum zu entfernen. Vielleicht wollte er dadurch mehr die Moral der Mannschaft heben, als der Sache selbst dienen.

Wie das Logbuch der *Terra Nova* in nüchternen Zahlen festhält, hatte der Wind nach der Beaufort-Skala die Stärke 10, also eine Geschwindigkeit von 48 bis 55 Knoten, und die Wellen gingen bis 35 Fuß hoch.

Aber das Glück blieb Scott treu. In den frühen Morgenstunden des 3. Dezember ließ der Sturm nach 36 Stunden tosenden Infernos langsam nach. Scott hatte es geschafft und als Preis hatte er, außer der Angst, 2 Ponys, 2 Hunde, 10 Tonnen Kohle, 65 Gallonen Öl und ungefähr 10 Fuß von der vorderen Schottenwand gezahlt. Die Männer glaubten, Evans habe das Schiff gerettet und klatschten, als er an Deck kam. Scott gefiel das gar nicht.

Am 9. Dezember fuhr die *Terra Nova* in das Packeis, und dort hörte das Glück auf. Scott wurde das Opfer seiner fixen Ideen. Weil Shackleton 1908 so mühelos mit der *Nimrod* nach Osten durchgekommen war, war Scott ihm blind gefolgt. Und das, obwohl er bei nüchterner Überlegung wußte, daß die Erfahrung, selbst seine eigene mit der *Discovery,* dagegensprach. „Die schlimmsten Bedingungen, die je ein Schiff hatte" waren der Lohn dafür. So schrieb Scott mit unbewußter Ironie in einem Brief nach Hause. Er wurde drei Wochen im Packeis festgehalten. Aber „kein anderes Schiff ... wäre so gut durchgekommen", notierte er, als das Schiff endlich am 30. Dezember aus dem Packeis in das offene Ross-Meer lief, „Shackleton hätte dieses südliche Meer bestimmt nie erreicht, wenn er so ins Packeis geraten wäre".

Für Scott waren die vergangenen Wochen eine harte Probe gewesen. Er hielt sich abseits und sprach kaum mit jemandem, außer mit Wilson. Für alle übrigen aber war das große weiße Eisfeld, das von Robben und Vögeln wimmelte, ein exotisches Zwischenspiel.

Auf einer geeigneten Eisscholle eröffnete Gran seine Ski-Schule. Scott erwartete optimistisch, daß Gran in ein bis zwei Wochen aus der kleinen Kohorte von Anfängern perfekte Skiläufer machen würde. Offiziere und Wissenschaftler waren die willigsten Schüler. Die Matrosen lehnten es in der Mehrzahl ab, Skilaufen zu lernen. Gran verzieh es P. O. Evans nie, daß er Skier „Planken" genannt hatte.

Am 2. Januar sah Scott Mount Erebus mit seinen Nebelfahnen wieder. Eis versperrte die Zufahrt zu dem früheren Winterlager der *Discovery* im McMurdo Sund. Nach einigem Zögern entschloß er sich dazu, auf einem kleinen Vorgebirge aus Feld und Moräneneis, ungefähr sechs Meilen südlich von Kap Royds, an Land zu gehen. Das Vorgebirge, das in den Tagen der *Discovery* „The Skuary" hieß, benannte er um in Kap Evans „zu Ehren unseres hervorragenden stellvertretenden Kommandanten".

Alle vier Formen des Transports wurden eingesetzt, um die Ladung von der *Terra Nova* über das Eis aufs trockene Land zu bringen: Hunde, Pferde, Motorschlitten und Menschenkraft. Man hatte das Ausladen jedoch nicht richtig geplant, und so wurde das Ganze ein Bild der Verwirrung und der Unordnung.

Eines Morgens erblickte Ponting, der begeistert an der ersten professionellen Foto-Reportage der Antarktis arbeitete, Killer-Wale, die am Rande des Eises vorbeizogen, und lief nahe heran, um sie aufzunehmen. Nach Campbell

> hielten die Wale ihn für eine Robbbe, tauchten unter die Eisscholle und stießen so heftig dagegen, daß ein Stück davon mit ihm darauf abbrach. Er entkam ihnen nur durch größte Geschicklichkeit ... welche Ironie des Schicksals, von einem Killer-Wal gefressen zu werden, weil der glaubt, der Mann sei eine Robbe, und dann ausgespuckt zu werden, weil er nur ein Fotograf ist.[14]

Das war das erste Warnzeichen für den Zustand des Eises. Das zweite kam am 8. Januar, als der dritte Schlitten an Land gebracht werden sollte und ein Matrose bis zum Hals ins Eis einbrach. Scott hatte den Unfall nicht mitbekommen. Es hatte seit zwei Tagen getaut und eine starke Strömung war entstanden. Der Motorschlitten war über die Seite des Schiffes auf eine angrenzende Eisscholle gehievt worden. Scott ging an Land und überließ Campbell die weitere Arbeit. Kurz darauf begann das Eis in der Nähe des Schiffes zu brechen. Fast im gleichen Augenblick kam die Botschaft von Scott, er habe festgestellt, daß das Eis morsch werde, und je früher die Schlitten an Land gebracht würden, umso besser. Der Befehl wurde ohne Bedacht befolgt, obwohl es bei gesundem Menschenverstand nur vernünftig gewesen wäre, den Schlitten wieder an Bord zu ziehen. Es blieb keine Zeit, den Motor anzulassen. Ein Tau wurde angebracht, und alle Mann fingen an, den Schlitten an Land zu ziehen. Simpson, der Meteorologe, wurde vorausgeschickt, das Eis zu sondieren. Er war nicht erfahren genug, um Gefahren zu erkennen. Ehe die Männer hundert Yards weit gekommen waren, gab das Eis nach. Der schwere Schlitten brach durch und sank in die Tiefe, er hätte beinahe noch einige Männer mitgerissen. Ihn zu retten, war unmöglich. Aus Mangel an Erfahrung und durch unvernünftigen Umgang mit Befehlen ging so eines der technischen Hilfsmittel verloren, in die Scott seine ganze Hoffnung gesetzt hatte. Auf dem Boden des McMurdo Sunds, hundert Faden tief, ruhte der Motorschlitten, ein stummes Omen.

Cherry-Garrard fragte „Onkel Bill" (Wilson), was wohl geschehen würde, wenn Scott den Pol nicht erreichte. Die Antwort hat er in sein Tagebuch geschrieben:

> Wir werden wahrscheinlich hier Halt machen und einen zweiten Versuch unternehmen „mit weniger Ponys und Hunden, aber mehr Erfahrung“, wie Bill sagte. Wenn es zweimal schief gegangen ist, wird man uns den Mißerfolg verzeihen.

Cherry-Garrard war auch derjenige, der fragte,

> wo jetzt wohl die *Fram* sei; sie sollen 140 Hunde und 10 Hundetreiber an Bord haben; Meares behauptet, wenn sie jetzt hier wären, könnten sie seiner Meinung nach geradewegs zum Pol gehen . . .[15]

22

Stützpunkt Framheim

Mit dem Ausladen in der „Bucht der Wale" begannen die Norweger am 15. Januar, zehn Tage nach den Briten im McMurdo Sund.

„Da liegt sie nun, die Barriere, so wie sie wahrscheinlich schon seit Jahrtausenden da liegt, und badet sich in den Strahlen der Mitternachtssonne," schrieb Amundsens am ersten Arbeitstag. „Es scheint, als schliefe die Prinzessin noch in ihrem kristallenen Schloß. Wenn es uns doch gelänge, sie zu wecken."

Bezeichnenderweise greift Amundsen auf ein Kindermärchen zurück, um seine Gefühle auszudrücken, auf das Märchen von Dornröschen mit seiner Moral, daß den Sieg davonträgt, wer stark und entschlossen ist und sein Schicksal selbst in die Hand nimmt.

Amundsens Landung war bis ins kleinste ausgearbeitet. Jeder kannte den Plan und wußte, welchen Anteil an der Gesamtaufgabe er zu übernehmen hatte. Bis Ende April mußte ihr Stützpunkt fertig und alles Seehundfleisch für den Winter eingelagert sein. Sie wußten auch, daß sie für den Vorstoß zum Pol im Frühjahr drei Vorausdepots mit Nachschub anlegen mußten bis zum 83. Breitengrad. Im McMurdo Sund wußte niemand, welche Arbeit ihm bevorstand, selbst Scott war noch unsicher. Er hatte sich noch nicht dazu entschlossen, seine Offiziere in die Überlegungen miteinzubeziehen. Was dabei herauskam, war strikter, kritikloser, buchstäblicher Gehorsam, ohne Rücksicht auf besondere Umstände. Der gesunkene Motorschlitten war ein deutlichen Zeichen.

Die *Fram* wurde am Rande der Bucht da festgemacht, wo in der Südostecke der „Bucht der Wale" eine geschützte vereiste Zufahrt war. Den westlichen Punkt dieser Einfahrt bildete ein hohes Vorgebirge der Eisbarriere; die Ostseite wurde von einer Landenge innerhalb der Barriere begrenzt, da sollte die Hütte aufgebaut werden.

Nachdem der Standort ausgesucht war, wurde vom Schiff ein Weg dahin erkundet und auf seiner ganzen Strecke von 2,2 Seemeilen mit blauen Fähnchen markiert. Diese Einzelheiten waren vorher besprochen und festgelegt worden. Vorüberlegungen dieser Art warer Scott fremd. Trotz seiner antarktischen Erfahrung wurde er von der Notwendigkeit, daß man im Eis von Cap Evans eine Route kennzeichnen mußte, überrascht und er improvisierte die Markierung hastig mit Pariffindosen.

Der erste Transport zum zukünftigen Stützpunkt stand am 15. Januar zum Aufbruch von der *Fram* bereit. Es war die Eröffnung des Landfeldzuges, der Start auf der Straße zum Pol, und damit ein kleines Ereignis. Ein Schlitten wurde über die Schiffsseite auf das Eis herabgelassen und mit 300 Kilo Nachschub beladen. Acht Hunde wurden davorgespannt, und Amundsen als dem Führer

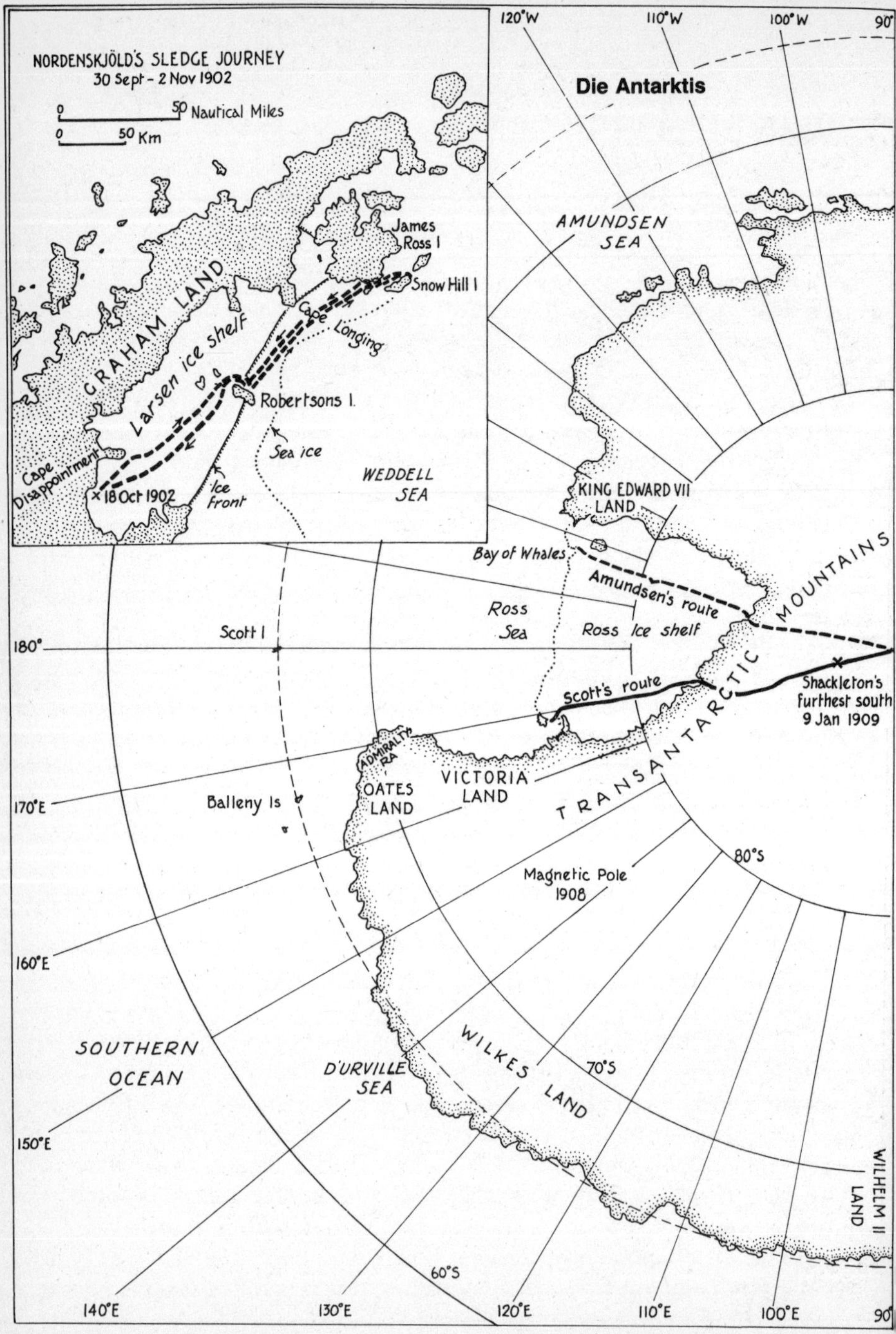
NORDENSKJÖLD'S SLEDGE JOURNEY
30 Sept - 2 Nov 1902
0 50 Nautical Miles
0 50 Km
James Ross I
Snow Hill I
GRAHAM LAND
Larsen ice shelf
Cape Longing
Robertsons I.
Sea ice
Cape Disappointment
×18 Oct 1902
Ice Front
WEDDELL SEA
Die Antarktis
120°W
110°W
100°W
90°
AMUNDSEN SEA
KING EDWARD VII LAND
Bay of Whales
Amundsen's route
Ross Sea
Ross Ice shelf
TRANSANTARCTIC MOUNTAINS
Scott I
180°
Scott's route
Shackleton's furthest south 9 Jan 1909
ADMIRALTY RA
VICTORIA LAND
OATES LAND
170°E
Balleny Is
80°S
Magnetic Pole 1908
160°E
WILKES LAND
SOUTHERN OCEAN
D'URVILLE SEA
70°S
150°E
WILHELM II LAND
60°S
140°E
130°E
120°E
110°E
100°E
90°

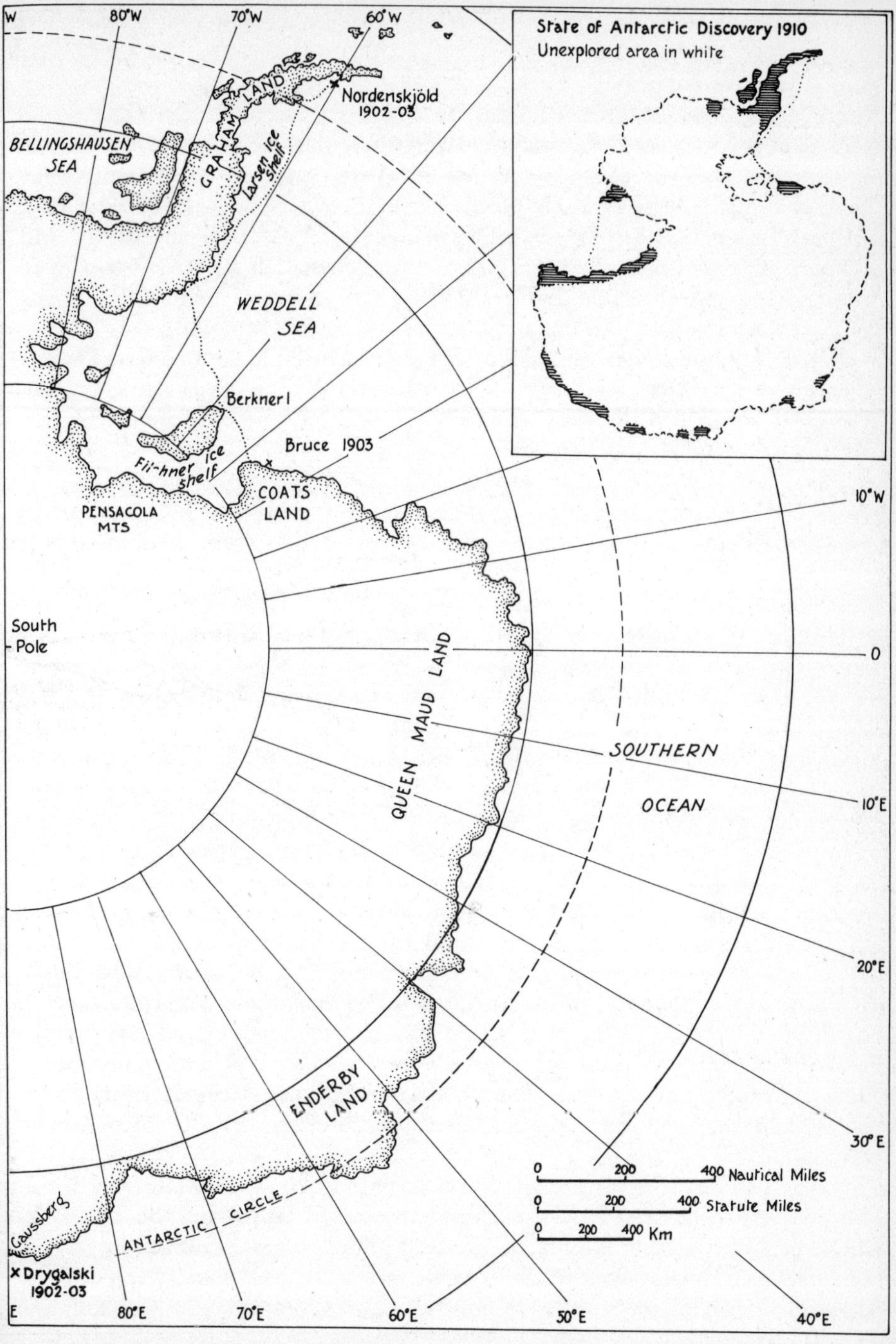
State of Antarctic Discovery 1910
Unexplored area in white
W
80°W
70°W
60°W
Nordenskjöld
1902-03
GRAHAM LAND
BELLINGSHAUSEN
SEA
Larsen ice shelf
WEDDELL
SEA
Berkner I
Bruce 1903
Filchner ice shelf
PENSACOLA
MTS
COATS
LAND
10°W
South
Pole
0
QUEEN MAUD LAND
SOUTHERN
OCEAN
10°E
20°E
30°E
ENDERBY
LAND
ANTARCTIC CIRCLE
Gaussberg
× Drygalski
1902-03
E
80°E
70°E
60°E
50°E
40°E
0 200 400 Nautical Miles
0 200 400 Statute Miles
0 200 400 Km

der Expedition war die Ehre der ersten Fahrt zugedacht. Sie wurde, wie Amundsen später berichtete,

> eine Niederlage. Die Hunde hatten seit einem halben Jahr außer Fressen und Trinken nichts getan und glaubten offenbar, daß sie sonst nichts zu tun brauchten. Daß für sie eine neue Zeit mit Arbeit und Mühe anbrach, schien keiner von ihnen zu begreifen. Nachdem sie ein paar Schritte gelaufen waren, setzten sie sich wie auf Kommando hin und starrten sich gegenseitig an. Mit einem Peitschenknall gaben wir ihnen zu verstehen, daß wir Arbeit von ihnen erwarteten, doch auch das half nicht viel. Denn anstatt zu gehorchen, gingen sie in einem gloriosen Kampf aufeinander los – mein Gott, wie haben wir uns an dem Tag mit den acht Hunden abgequält. Mitten in dem ganzen Theater warf ich einen Blick zum Schiff hinüber, aber ich guckte besser schnell wieder weg. Sie bogen sich alle vor Lachen und schrien eine Unmenge unverschämtester Ratschläge zu uns herüber.[1]

Etwas an dieser Verwirrung ging über die übliche Teufelei von Hunden hinaus. Das wurde deutlich, als weitere Hunde angeschirrt wurden. Amundsen war bald schon überzeugt, daß es an der Art des Anschirrens lag. Nach der Erfahrung auf der *Gjøa* hatte er die in Alaska übliche Art übernommen, bei der die Hunde paarweise an einem mittleren Strang festgemacht sind. Diese Hunde aber waren zum Ziehen nach der grönländischen Art angelernt worden, wobei sie von einem zentralen Befestigungspunkt aus fächerförmig ziehen. Die Geschirre wurden mit Hilfe aller umgearbeitet.

Nach der Änderung liefen die Hunde ordentlich, und die Treiber bekamen sie unter Kontrolle. Wie Eisenbahnzüge pendelten die Schlitten regelmäßig zwischen dem Schiff und dem Bauplatz für die Hütte hin und her. Jeder Schliten bewegte am Tage fünf bis sechs Ladungen, zusammen etwa zwei Tonnen. Sechsundvierzig Hunde und fünf Treiber schlugen so pro Tag zehn oder mehr Tonnen Ladung um. Den Eishang hinauf mit voller Ladung liefen die Treiber auf Skiern; zurück zum Schiff fuhren sie auf den leeren Schlitten.

Die Schiffszimmerleute Bjaaland und Stubberud wohnten im Zelt und bauten die Hütte auf. Keiner von ihnen hatte zuvor ein Gebäude auf einem südlichen Eisschild errichtet. Stubberud erinnerte sich „an dauerndes Schneetreiben, so daß die Baugrube schneller wieder zugeweht war, als wir schaufeln konnten". Auch das kannten sie aus ihrer Heimat. Mit überzähligen Baubrettern stellten er und Bjaaland einen schneepflugartigen Windbrecher her, der den Schnee abhielt.

Am 27. Januar, 10 Tage nach dem ersten Spatenstich, war die Hütte fertig mit kompletter Inneneinrichtung, einschließlich eines Patenttisches, der unter die Decke gezogen werden konnte, wenn der Fußboden geschrubbt wurde.

Die übrigen töteten inzwischen Robben und nahmen sie aus. „Wir leben wie im Schlaraffenland, die Robben kommen bis ans Schiff heran, Pinguine bis ans Zelt und lassen sich schießen," schrieb Amundsen.[2]

Auf dem Weg zum Pol. Blick auf den Mt. Don Pedro Christophersen, den Amundsen nach seinem lebenslangen Mäzen benannt hat; am Rande des Polarplateaus.

Die Familie Amundsen in Hvidsten. Links neben seinem Vater Roalds Lieblingskusine Karen Anna. Jens Engebreth Amundsen mit „Homburger".

Amundsens Mutter, Hanna Henrikke Gustava.

Das früheste Photo von Roald Amundsen im Alter von etwa 3 Jahren.

Amundsens Geburtshaus „Tomta" in Hvidsten, in der Nähe von Sarpsborg.

Adrien de Gerlache, Leiter der *Belgica*-Expedition.

1893, das Jahr der ersten Skitour Amundsens. Einen Schlafsack auf dem Rücken, posiert er im Studio zwischen seinen Freunden Laurentius Urdahl (vorn) und Vilhelm Holst.

Empfang für den Helden Nansen in Christiania bei seiner Rückkehr vom nördlichsten Punkt.

Amundsens „Prophet" Nansen in einer typisch autokratischen Pose.

Robert Falcon Scotts Eltern, John Edward und Hannah.

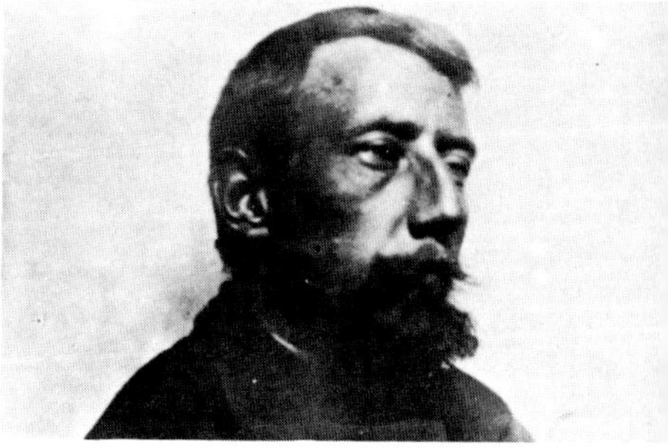

Strapazen eines südlichen Winters haben ihre Spuren bei Amundsen hinterlassen.

Der 14jährige Seekadett Scott in voller Montur.

Dr. Frederick A. Cook (links) und Amundsen in Eskimo-Pelzen aus Grönland im Winter 1898.

Oben rechts: Die Gjøa im Juni 1903 an der baufälligen Mole am Westrand von Oslo; dort stach sie in See.

Versuch, die *Belgica* mittels eines Kanals flottzumachen, der durchs Eis gegraben wurde.

Amundsen mit seinen Brüdern Gustav und Leon sowie dem Ersten Offizier der Gjøa, Oberleutnant Godfred Hansen; einige Stunden vor dem Auslaufen am 16. Juni 1903.

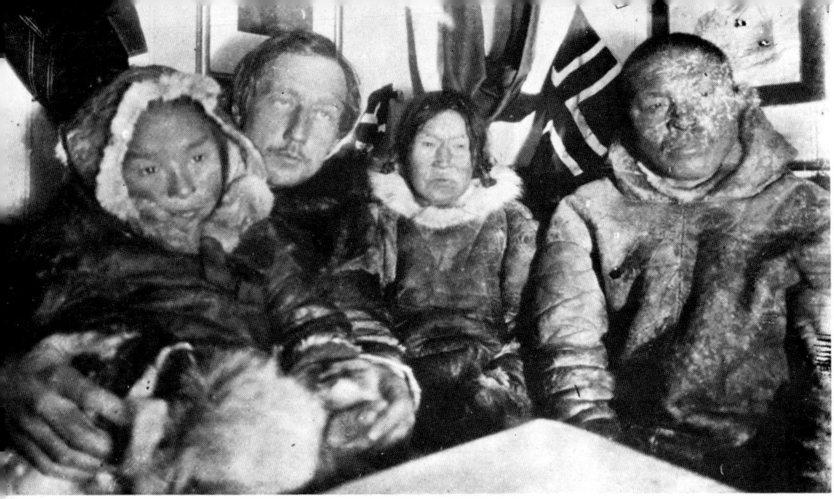

Ein seltenes und frühes Photo der Netsilik Eskimos in der Kajüte der Gjøa. Amundsen war Teraiu, seinem „Lehrmeister“ beim Bau von Iglos, ungewöhnlich eng verbunden, dessen Frau Kaiogolo und ihr Sohn Nutara.

Die Gjøa wurde nach dem Ende der Expedition nach San Francisco geschleppt; dort war sie in einer permanenten Ausstellung im Golden Gate-Park zu besichtigen.

Amundsen, Godfred Hansen und Helmer Hanssen beim ersten von drei Versuchen, den Magnetischen Nordpol zu erreichen.

Fregattenkapitän Scott, R. N., an Bord der *Discovery*.

Eine Gedenkpostkarte mit eigenem Entwertungsstempel der *Discovery*.

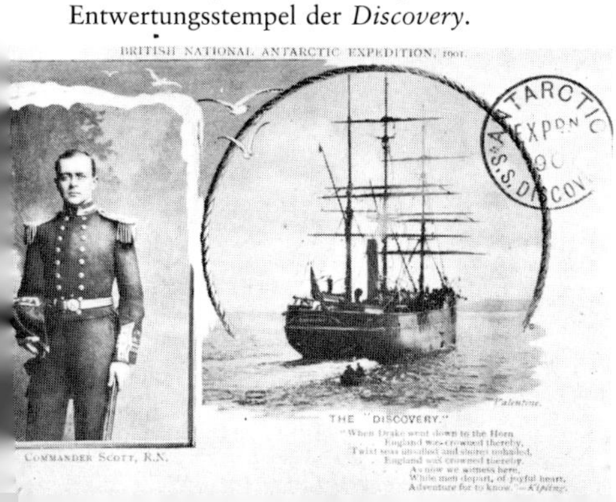

Die *Discovery* in Lyttleton Harbour, N. Z.

Zweite Reihe von unten (von links nach rechts): Royds, Sir Clements Markham (mit Melone), Scott, Armitage, Skelton und Wilson. Vor Scott (sitzend) Evans und Wild.

Winterquartiere im Mc Murdo-Sund.

Das winzige Zelt am südlichsten Punkt (82° 17′ S.); 30. Dezember 1902.

Hahn im Korb: Amundsen auf seinem geliehenen Schiff *Fram*, im Hafenviertel von Oslo festgemacht. Er hält sein „Südpol-Ziel“ noch vor sich selbst geheim.

Nansen, von dem Amundsen die *Fram* ausleihen mußte.

Unter der ersten *Fram*-Mannschaft während der Fahrt 1893–96 befanden sich zwei von Amundsens Lehrmeistern: Sverdrup (dritter v. l., sitzend) und Nansen, der Besitzer des Schiffs (ganz rechts).

Amundsen (und sein Hund Rex) in seinem Garten am Rand des Fjords; mit der *Fram* längsseitig festgemacht.

Amundsen in seinem Arbeitszimmer am Bundefjord, 1909.

Unten: Die Hütte, als Modell für den Winter in der Antarktis gebaut, wurde in Amundsens Garten gemeinschaftlich erprobt.

Unten: Scott 1909 vor seiner letzten Expedition.

Unten rechts: Don Pedro Christophersen, dessen zeitweilige finanzielle Unterstützung die Expedition zum Südpol gerettet hat.

Kathleen Scott mit Sohn Peter.

Die *Fram* unter vollen Segeln.

Olav Bjaaland, Champion im Langlaufski und Skispringer. Er wurde von Amundsen wegen seiner Leistungen ausgesucht.

Rittmeister L. E. G. Oates bei der Pflege der Pferde auf der *Terra Nova*.

Der Koch Adolf Lindstrøm mit einem Teller voller Hefepfannkuchen.

Ausladen der Motorschlitten zur Benutzung bei der Fahrt zum Pol.

Midwinter 1910, die Norwegergruppe Bjaaland, Hassel, Helmer Hanssen, Wisting, Amundsen, Johansen und Prestrud (v. l. n. r.).

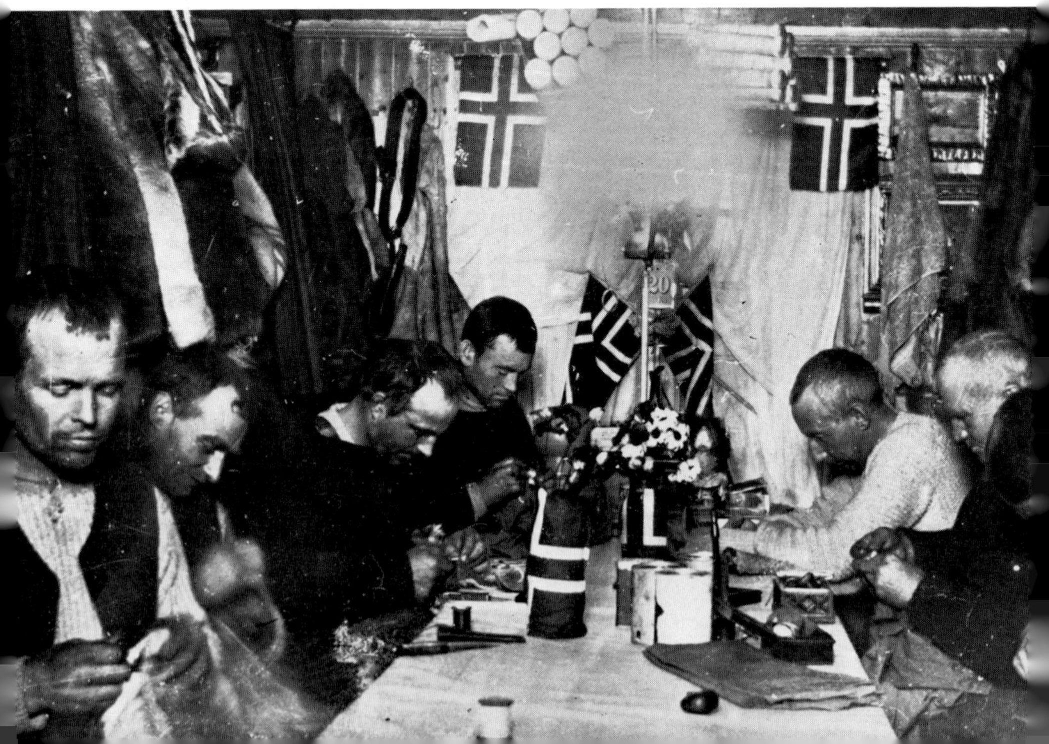

Helmer Hanssen mit dem fächerartigen Geschirr während der Expedition.

Ankunft bei 82° S. auf der Fahrt zum Pol.

In der Werkstatt unter Schnee im Stützpunkt Framheim. Prestrud, Johansen, Bjaaland und Wisting (v. l. n. r.); sie dichten die Verpackungskisten und Kanister ab.

Die britische Route zum Südpol folgte dem langen, leicht geneigten Hang des Beardmore-Gletschers.

Die Norweger erstiegen den steilen Hang voller Eisplatten zum Axel-Heiberg-Gletscher.

Scott am Kopf des Tisches in der Hütte am Kap Evans mit seinen Offizieren. Sie feiern Scotts Geburtstag, 6. Juni 1911, der sein letzter werden sollte.

Bei der Vermessung.

Oscar Wisting und sein Hundegespann am Südpol.

Scott, Bowers, Wilson und P. O. Evans, untröstlich am Pol. „O Gott! Das ist ein grausiger und entsetzlicher Ort. Soviel Schwerstarbeit und nicht einmal der Lohn, Erster zu sein."

Die Polarmannschaft an Bord der *Fram* bei der Ankunft in Hobart (Tasmanien), März 1912.

New York 1913; Zusammenkunft von Amundsen, Shackleton und Peary.

Amundsens Triumph wurde in der führenden Osloer Zeitung *Aftenposten* gefeiert: „Die norwegische Flagge am Südpol. Alle wohlauf."

Aftenposten

Nr. 123 | Morgennummer | Fredag 8de Marts 1912 | Morgennummer | 53. Aarg.

Norges Flag plantet paa Sydpolen!

Alt vel!

Roald Amundsen

Christiania.

Hobart, 7de Marts 12, 3.40 Em.

Polen naaet fjortende-syttende December nitten elve. Alt vel.

Roald Amundsen.

Til Kristiania

Roald Amundsen.

Frenetischer Jubel bei Amundsens glücklicher Rückkehr vom arktischen Flug bis 87° 44′ N. Von l. nach r.: Karl Feucht, Oskar Omdal, Hjalmar Riiser-Larsen, Leif Dietrichsen, Amundsen und Lincoln Ellsworth.

Amundsen neben dem Dornier-Wal-Flugboot, kurz vor dem Abflug zum 87° 44′ N., 1925.

Kurz nach dieser Aufnahme brach Amundsen auf, um d vermißten Zeppelin *Italia* und seinen Piloten Umberto Nobile ausfindig zu machen. Er kehrte nicht mehr zurüc

Für den Jagdinstinkt der alten Arktishelfer war das unerträglich. Eines Tages zogen einige von ihnen aufs Eis, schossen ein paar Seehunde aus Spaß und ließen sie liegen. Als Amundsen davon hörte, geriet er in Zorn. „Den Mitgliedern der Expedition ist es streng untersagt, Tiere zu töten, die wir nicht verwenden können", verkündete er und ordnete an, die erlegten Tiere sofort zu holen.

Für 110 Hunde und 10 Menschen mußten für ein Jahr Vorräte mit einer breiten Sicherheitsmarge angelegt werden, was 200 Seehunde und ebenso viele Pinguine bedeutete. Gelassen und präzise ging das Abladen und Transportieren weiter; die Route war inzwischen durch Skier, Schlittenkufen und trommelnde Hundepfoten so fest wie eine Piste. Die Männer arbeiteten 12 Stunden, die Hunde, damit sie nicht überanstrengt würden, in Schichten 5 Stunden am Tag. Nach drei Wochen Pendelverkehr zwischen Schiff und Hütte hatten die Hunde sich eingewöhnt, die erfahrenen Treiber wieder ihre alte Form und die Neulinge Wisting und Prestrud ihre „Kinderkrankheiten" hinter sich. Alles war jetzt undramatische Alltagsarbeit. Am Samstag, 28. Januar, hielt die Landungsgruppe ihren Einzug in die Hütte. Amundsen notierte in seinem Tagebuch:

> Hier auf der gleichen Eisbarriere, wo Shackleton Gott dafür dankte, daß er nicht an Land gegangen war, haben wir unser Haus aufgeschlagen, hier werden wir unser Heim haben . . . Nicht *einer* von uns hält das für irgendwie gefährlich. Die Zukunft wird zeigen, ob wir recht haben.

Am 4. Februar kurz nach Mitternacht war der Wachhabende der *Fram* gerade in der Kombüse, um sich mit einer Tasse Kaffee zu stärken, als er ein seltsames Geräusch hörte. Er rannte auf Deck und an die Reling, weil er in seiner Fantasie die Eisbarriere schon kalben und sie alle ins Verderben stürzen sah. Er war erleichtert, als er feststellte, daß es nur die *Terra Nova* war, die, während er unten war, die Eisanker festmachte. Gjertsen dazu in seinem Tagebuch:

> Wir hatten sie schon lange in der Bucht erwartet, da sie mit einer Gruppe ostwärts zum King Edward-Land unterwegs war. Unsere Wache . . . sah zwei Mann an Land gehen, Skier anlegen und mit einer für Ausländer erstaunlichen Geschwindigkeit die Eisbarriere hinaufstürmen. „Wenn sie", so dachte sich der Wachhabende, „böse Absichten haben sollten" (eines unserer ewigen Gesprächsthemen war, wie die Engländer wohl unsere Herausforderung aufnehmen würden), würden die Hunde das schon übernehmen und sie zur Umkehr bewegen. Unangenehmer wäre allerdings, wenn sie hier auf der *Fram* rumschnüffeln, während ich allein Wache habe. Ich mache mich besser auf alles gefaßt". Nach diesem tiefgründigen Monolog rannte er ins Kartenhaus, lud unser altes Farman-Gewehr mit neun Kugeln (in Friedenszeiten nehmen wir das für die Seehundjagd), kramte ein altes englisches Sprachbuch vor und schlug Seite 11 auf. Dort fand er „Wie geht's heute morgen" und noch ein paar solcher passenden Redewendungen. So kroch er dann, körper-

lich und geistig bis an die Zähne bewaffnet, wieder auf seinen Wachposten. Er hatte ungefähr eine halbe Stunde gewartet, teils mit dem Überprüfen von Visier und Abzug beschäftigt, teils mit Vokabelnlernen, als er plötzlich zu Tode erschrak. Die Engländer kamen wieder runter und direkt auf die *Fram* zu. Er guckte genau hin: nein, sie hatten keine Waffen, höchstens einen Revolver in der Tasche. Da schoß ihm ein Kindervers durch den Kopf „Sei mutig bei Gefahr u.s.w." und prompt wurde er unerhört mutig, legte das Gewehr weg und steckte das Sprachbuch unter den Rock – notfalls hätte er beides schnell wieder zur Hand –, richtete sich gerade auf und sah in voller Ruhe dem Anzug der Engländer entgegen.[3]

Die *Terra Nova* hatte am 28. Januar den McMurdo Sund verlassen, um Campbell und die Gruppe zum King Edward VII-Land zu bringen. Da Scott und Evans an Land gegangen waren, hatte Campbell an Bord das Kommando, und Oberleutant H. Pennell, der das Schiff als Kapitän nach Neuseeland zurückbringen sollte, war sein Erster Offizier.

Kap Colbeck, wo Campbell hatte landen wollen, war am 2. Februar nicht zugänglich. Campbell hatte unwissentlich die Stelle gewählt, wo die Eisbedingungen im Ross-Meer am schlechtesten sind. Wie Scott 1902 und Shackleton 1908 wurde er durch mahlende Eisschollen und Strömungswirbel gehindert, an Land zu fahren. Es war eine Qual, King Edward VII-Land so nah vor sich zu sehen, es aber nicht erreichen zu können. Campbell mußte umkehren, und die *Terra Nova* segelte an der Front der Eisbarriere entlang und hielt nach einem Landeplatz Ausschau.

Am 3. Februar fuhr sie abends um 10 in die „Bucht der Wale". Für Raymond Priestley, der Shackleton begleitet hatte und jetzt als Geologe zu Campbells Gruppe gehörte, war das ein Augenblick tiefer Befriedigung. Scott und seine Anhänger hatten stets Zweifel an der Existenz der „Bucht der Wale" geäußert, wie auch an Shackletons südlichstem Punkt. Priestley war daher hoch erfreut, als die Beobachtungen auf der *Terra Nova* die von Shackleton „wunderbar bestätigten". Er schrieb:

> Es war ungeheuer befriedigend zu sehen, wie jetzt alle Shackleton bestätigten und ich war so froh und glaubte, daß es uns jetzt gelingen würde, auf der Barriere an Land zu gehen – es war unsere letzte Chance, King Edward-Land zu erforschen. Aber der Mensch denkt und Gott lenkt. Ich wurde um 1 Uhr von Lillie mit der erstaunlichen Nachricht geweckt, daß ein ankerndes Schiff in der Bucht gesichtet worden war. Innerhalb weniger Minuten war ein völliges Durcheinander an Bord, und alle rannten mit Kameras und Kleidung an Deck. Es war kein falscher Alarm. Da lag es, nur etwa 100 Yards von uns entfernt, und was noch wichtiger ist, wer Nansens Buch gelesen hatte, wußte gleich, es war die *Fram*.

„Überall wurde laut und kräftig geflucht,"[4] schrieb Wilfred Bruce an seine Schwester Kathleen. Sie wußten zwar, daß Amundsen in der Arktis war, aber nicht wo. Scott regte auch nicht zu diesbezüglichen Spekulationen an. Allgemein wurde geglaubt, er sei auf Graham-Land oder im Weddell-Meer, aber mit Sicherheit nicht im Gebiet der Engländer. Was sie bei der Einfahrt in die „Bucht der Wale" am wenigsten erwartet hatten, war, die *Fram,* untersetzt und trotzig wie sie war, dort liegen zu sehen. „Ein Vulkanausbruch am Erebus", schrieb Bruce in sein Tagebuch, „wäre nichts dagegen gewesen."

Campbell war auf die *Fram* zugegangen und hatte so den Wachhabenden alarmiert. Da er Norwegisch sprach, hatte er die Verhandlungen geführt und freundliche, zumindest diplomatische Beziehungen zwischen den zwei Schiffen hergestellt. Er erfuhr, daß Amundsen oben auf der Hütte war und früh am Morgen zurückerwartet würde. Wie Gjertsen berichtet, kamen Amundsen und seine Gefährten um 6 Uhr

> den Hang heruntergesaust. Es war ein richtiges Abfahrtsrennen zum Schiff. Die Engländer waren einfach verblüfft. Sie hatten nie erwartet, daß Hunde vor einem Schlitten so laufen konnten, und begannen schon, an ihren guten, alten Ponys zu zweifeln. Plötzlich brachen sie in Begeisterung aus, jubelten ihnen zu und winkten mit den Mützen. Unsere Treiber grüßten zurück und knallten mit den Peitschen.[5]

Natürlich war das eine Schau. Amundsen hatte die *Terra Nova* gesehen, als sie an den Rand der Eisbarriere segelte. Campbell, Pennell und Levick, der Arzt für die ostwärts forschende Gruppe, wurden zum Frühstück in die Hütte eingeladen; sie waren die ersten zu einer Malzeit geladenen Gäste. Amundsens Stützpunkt wurde, gewissermaßen, von Rivalen eingeweiht.

Den Norwegern machte es Spaß, ihre Besucher zu beeindrucken. Offiziere und Mannschaften der *Terra Nova*

> kamen . . ., um das „berühmte Schiff" zu besichtigen, wie Gjertsen festhielt. Jeder lobte, wie hübsch und bequem wir wohnten. Als sie sahen, daß unsere Männer je eine Einzelkabine und einen großen Gemeinschaftsraum hatten, machten sie große Augen und staunten. Nein, so was hatten sie vorher nie gesehen.

Die britischen Matrosen ihrerseits ergötzten die Norweger mit gepfefferten Einzelheiten über ihr Leben an Bord. Ihr Mannschaftstisch stand genau unter den Ponies, die zum Essen gelben „Senf" lieferten. Die Benutzung der sanitären Einrichtungen war ein Balance-Akt über die Schiffsseite auf einer Rinne, die über dem tosenden Abgrund hing.

Einen aus der Mannschaft der *Fram* packte tiefstes Mitleid, schrieb Gjertsen, und er gab dem melancholisch gestimmten Informanten ein Gläschen Aquavit zur Stärkung. Der Engländer brach in wilde Begeisterung aus. Ja, das war ein großartiges Schiff.

Aber nicht nur die Mannschaften waren beeindruckt. „Im Vergleich zur *Fram* ist der Komfort (auf der *Terra Nova*) ein Nichts", war Bruces Urteil. „Das Schiff ist wundervoll gebaut ... und die Quartiere für die Offiziere sind fürstlich."[6] Dagegen der einzige von den Norwegern gegebene Kommentar nach der Besichtigung der *Terra Nova*: „Ich muß gestehen, sehr einladend sieht es nicht aus."[7]

Beide Seiten fanden, daß sie gut miteinander zurechtkamen. Johansen berichtete, daß die Besucher „gutartig und ausgesprochen nett zu uns" waren. Auf Wilfred Bruce wirkten die Norweger „persönlich ausnahmslos charmant, selbst der perfide Amundsen."

Campbell war so mit einem Schlage an der Erforschung des King Edward-VII-Landes gehindert. Er war tief enttäuscht. Priestley sagte: „Es gehört sich nicht, daß wir unser Winterquartier auf ihrem Gebiet errichten."[8]

Die Bedenken lagen nur auf der englischen Seite. Admundsen sagte Campbell, er könne landen und seine Basis errichten, wo er wolle. Campbell hätte das gern angenommen, meinte Bruce, „doch wir redeten ihm das aus, da das Verhältnis zwischen den beiden Expeditionen gespannt bleiben muß."[9]

Amundsen, Nilsen und Prestrud wurden zum Essen auf die *Terra Nova* geladen. Als Amundsen an Bord kam, blieb er stehen und schaute zur Takelage hinauf, und als er keine Antenne sah, fragte er unauffällig nach der Funkanlage. Er verbarg seine Erleichterung, als Pennell ihm antwortete, daß sie keine hätten. Eine schreckliche Ungewißheit war damit beseitigt.

Die norwegischen Gäste hatten seit der Ausfahrt aus Madeira sehr einfach gelebt. Das Essen erschien ihnen daher wie ein Bankett.

Trotz der Herzlichkeit herrschte beim Essen eine gespannte Atmosphäre. Die Unterhaltung ähnelte einem Fechtkampf; jede Seite versuchte, ohne zu direkt zu sein, die Absichten der anderen zu erfahren, war aber entschlossen, selber nichts preiszugeben. Amundsen weigerte sich, über seine Pläne zu sprechen. Doch da er über Scotts Motorschlitten viel beunruhigter war, als er zugeben wollte, fragte er gegen Schluß des Essens, ob sie liefen.

Campbell war gedrückter Stimmung, seine Hoffnungen waren zusammengebrochen. Bisher hatte niemand einen Fuß auf King Edward VII-Land gesetzt, und er hatte daher die Landung dort als einen wichtigen Teil echter Forschung für die Expedition angesehen. Jetzt mußte er sich auf einen Winter in einer abgeschnittenen Ecke von Südviktoria-Land einstellen. Die Antwort auf Amundsens Frage nach den Motorschlitten gab ihm nun die Gelegenheit, seinen Empfindungen freien Lauf zu lassen. „Einer von ihnen", sagte er doppeldeutig, „ist bereits auf *terra firma*".

Campbell dachte an den Schlitten, der auf dem Grund des McMurdo Sundes ruhte; aber Amundsen verstand das so – und das war auch Campbells Absicht – daß der Schlitten bereits die Eisbarriere überquert und vielleicht schon den Beardmore-Gletscher erreicht hätte. Die Norweger wurden für einen Augenblick still; sie stellten keine Fragen, erhielten aber auch keine Erläuterung. Kurz danach standen sie auf, um sich zu verabschieden, mit vollendeter Höflichkeit, doch mit einem Hauch Kühle. Eine halbe Stunde später segelte die *Terra Nova* ab. Amundsen und Nilsen standen an Deck und sahen zu, wie das englische Schiff aus den stillen Gewässern der „Bucht der Wale" hinausfuhr und in der Ferne verschwand. Sie sprachen nicht viel miteinander, aber dachten umso mehr. Der Kampf um den Pol würde ein Krieg bis aufs Messer werden. Eine schreckliche Angst hatte Amundsen ergriffen. Könnten die Motorschlitten ihm im letzten Augenblick doch noch den Sieg rauben? Würde das große Können eines unbekannten Technikers am Ende doch das Werk zerstören, dem er sein ganzes Leben geweiht hatte?

Am Tage nach der Abfahrt der *Terra Nova* tauften die Norweger ihren Stützpunkt Framheim, in Anlehnung an Namen norwegischer Gebirgszüge wie Jotunheimen, „Die Heimat der Riesen", mit Anklängen an die nordische Mythologie.

Framheim glich einem kleinen Dorf im Schnee. 14 militärische sechzehn-Mann-Zelte waren rings um die Hütte aufgebaut für den Proviant und die Hundehütten. Obwohl die Grönlandhunde erwiesenermaßen zäh waren, glaubte Amundsen, daß sie ihre Kondition am besten wahren könnten, wenn sie gegen Wetterunbilden geschützt wurden, während sie nicht arbeiteten.

Am 7. Februar meinte Amundsen, er könne jetzt, da Framheim aufgebaut und die Entladung der *Fram* praktisch abgeschlossen war, nach Süden aufbrechen, um seine Reise für die Anlage des ersten Verpflegungslagers zu erkunden. Er tat damit, was Scott vierhundert Meilen weiter westlich tat. Aber Scott bewegte sich auf bekanntem Boden, während Admundsen, wenn Framheim außer Sicht wäre, ins Unbekannte eintauchen würde. Niemand war dort je zuvor gewesen; keiner wußte, was jenseits des Horizonts lag.

Am 9. Februar erkundete Amundsen den Weg, den sie nach Süden nehmen wollten. Er verlief vom Ausläufer der Eisbarriere, auf der Framheim stand, über die südöstliche Abzweigung der „Bucht der Wale" wieder die Barriere hinauf. Die Abfahrt zum Meer war leicht; auf der anderen Seite des Eiswalls, der an dieser Stelle 60 Fuß hoch war, hatte der Treibschnee einen kurzen, steilen Hang gebildet. Von oben aus konnte man sehen, daß diese Barriere flach war, soweit das Auge reichte. „Die Ski-Bedingungen", notierte Amundsen, „konnten nicht besser sein."

Da die *Fram* vermutlich ihre Fahrt schon angetreten hatte, wenn er zurück kam, verabschiedete er sich jetzt schon von der Schiffsmannschaft. Seine Instruktionen für Oberleutnant Nilsen, der jetzt das Kommando an Bord übernahm, hatte er aufgeschrieben und ausgehändigt, ehe das Schiff die „Bucht der Wale" erreichte.

Amundsens Anweisungen sind nicht als Befehle von oben formuliert, sondern als Vereinbarungen unter Partnern. Die Einleitung besteht aus einem einzigen Satz: „Gemäß Plan, den wir gemeinsam ausgearbeitet haben."

Nach einer kurzen Übersicht über die vorgesehenen Fahrten der *Fram*, direkt nach Buenos Aires segeln, die ozeanographische Kreuzfahrt durchführen, zurückkehren, um Framheim zu entsetzen, schließt das Dokument mit der kennzeichnenden Bemerkung:

> Je eher Sie Ihre Rückkehr 1912 zur „Bucht der Wale" schaffen können, umso besser. Ich lege keine Zeit fest, da alles von den Umständen abhängt, und ich überlasse es Ihnen, nach Ihrem Ermessen zu handeln. Im übrigen lasse ich Ihnen völlige Freiheit in allem, was den Interessen der Expedition dient. Wenn Sie bei Ihrer Rückkehr feststellen, daß ich durch Krankheit oder Tod die Leitung der Expedition nicht übernehmen kann, lege ich sie in Ihre Hände und bitte Sie dringend, den ursprünglichen Plan der Expedition – die Erforschung des Nordpolarbeckens – durchzuführen.
> Voll Dankbarkeit für die Zeit, die wir zusammen waren, und mit dem Wunsch, daß, wenn wir uns wiedersehen, jeder von uns sein Ziel erreicht hat, grüße ich Sie als
>
> Ihr sehr ergebener
> Roald Amundsen[10]

Am Freitag, den 10. Februar, startete Amundsen um 9.30 Uhr morgens zu einer Fahrt, die Johansen präzise als Reise zur Wegerkundung und Anlage von Vorratslagern bezeichnete. Mit von der Partie waren Prestrud, Johansen, Helmer Hanssen, drei Schlitten, 18 Hunde und eine halbe Tonne Verpflegung, zum größen Teil Pemmikan-Futter zur Einlagerung für die Hunde. Ziel war der 80. Breitengrad. Die Hunde liefen von Framheim hinunter über das Meereis, Amundsen und seine Begleiter glitten auf Skiern neben ihnen her. Bjaaland, Hassel, Wisting und Stubberud, vier von der Landungsgruppe, die zurückblieb, folgten ihnen bis zur Eisbarriere, um die Ladung den Hang hinaufschieben zu helfen. Oben angekommen, verabschiedeten die Helfer sich und kehrten zurück. Einen Abschied mit Hurra gab es nicht.

Admundsens Vorstellung von antarktischen Reisen war durch *Die Reise der Discovery* und *Das Herz der Antarktis* beeinflußt. Die Wirklichkeit war ganz anders. „Die sogenannte Eisbarriere", schrieb Johansen, „läuft sich wie jeder andere Gletscher." Und Amundsen sagte: „Mit Skieren läuft es sich herrlich auf der Barriere", und er fuhr ein wenig erstaunt fort: „Wir legten 15 geographische Meilen zurück, für den ersten Tag ein gutes Ergebnis." Auf der ersten Fahrt zur Anlage von Depots fühlten die Norweger sich von der ersten Meile an wie zu Hause. Verschiedene Tagebucheintragungen offenbaren eine Art angenehmer Enttäuschung.

> 11. Februar: Die Hunde ziehen prächtig, und das Fahren auf der Barriere ist ideal. Verstehe nicht, wenn die Engländer sagen, daß Hunde hier nicht verwendet werden können.
> 13. Februar: Heute hatten wir viel lockeren Schnee ... Unser Skilaufen war herrlich. Wie allerdings Menschen (zu Fuß) und Pferde bei diesen Schneeverhältnissen durchkommen wollen, weiß ich nicht, von einem Auto ganz zu schweigen ...
> 15. Februar: Das war eine großartige Leistung von unseren Hunden: gestern 40 geographische Meilen, davon 10 mit schwerer Ladung, und dann heute 51½. Ich denke, sie können sich mit den Ponys wohl messen.[11]

Die Skier waren richtig, die Hunde waren richtig, und Amundsen stellte fest, daß auch seine Marschordnung stimmte. An der Spitze kam zuerst Prestrud als Vorläufer, damit die Hunde jemanden hatten, hinter dem sie herlaufen konnten; dann kam Helmer Hanssen mit dem führenden Hundegespann und dem Leitkompaß, danach folgte Johansen, ebenfalls mit einem Kompaß, und zum Schluß kam Amundsen mit dem Ersatzkompaß und dem Kilometerzähler, der die zurückgelegte Strecke messen sollte. Er bestand aus einem Fahrrad-Rad mit einem Umdrehungszähler, das im Schnee lief und an der Rückseite des Schlittens befestigt war.

Es war nicht Amundsens Art als heroischer Anführer an der Spitze des Zuges zu posieren. Er hatte erkannt, daß es im Schnee gewöhnlich am besten ist, wenn von hinten geführt wird. Er konnte seine Leute sehen und die Situation überblicken, für das Kommando eine Grundvoraussetzung. Und der letzte Mann hat auch die Verantwortung für die heruntergefallenen Sachen. Wie sorgfältig man auch aufladen mag, gewöhnlich fällt immer irgendwie etwas Wichtiges unterwegs herunter. Johansen hält am 11. Feburar in seinem Tagebuch fest, daß Amundsen

> mit seinem Gespann Schwierigkeiten hatte ... Schließlich mußte er seine Hosen aus Renntierfell ausziehen und in Hemd und Unterhosen Ski laufen. Die Temperatur betrug – 12 Grad. So etwas kann man hier, wo es keine Erkältungen gibt, tun.

„Hemd und Unterhose" waren in Wirklichkeit Netsilik-Unterzeug aus Rentierfellen. Die volle Netsilik-Rentierkleidung war hier zu warm. Amundsen hatte gelernt, sich gegen die Kälte zu schützen – bis auf eine kritische Sache. Nach Johansen waren

> die in Christiania bestellten Schuhe, von denen man so viel erwartet hatte, in der Kälte unbrauchbar, Prestrud und ich bekamen davon Blasen; und heute abend beim Essen mußte ich die Schuhe wechseln und *kamikks* (Eskimostiefel aus Seehundfell) anziehen.
> Das war ein Reinfall. Die Skistiefel mußen umgearbeitet werden.

Gegenüber dieser deprimierenden Entdeckung verblaßten die anderen Mängel, die sich auf der Fahrt herausstellten. Man brauchte z. B. vier Stunden, um das Lager aufzuschlagen und am Morgen wieder abzubauen. Der Theodolit war beschädigt, so daß Amundsen keine astronomischen Messungen durchführen konnte und sich auf die Berechnungen nach dem Kompaß verlassen mußte.

Am 14. Februar erreichten die Norweger mit 80 Grad südlicher Breite, soweit sie richtig berechnen konnten, ihr Ziel. Nachdem sie ihr Depot eingerichtet hatten, kehrten sie sofort um und fuhren mit den entladenen Schlitten schnell zurück. Ihre Hauptsorge war jetzt die Markierung der Strecke. Auf dem Hinweg zum Depot hatte Amundsen alle acht Meilen einen Bambusstab mit einer numerierten schwarzen Fahne in den Schnee gesteckt. Die Zwischenräume waren zu groß. Um sie auszufüllen, steckte er jetzt jede Viertelmeile abwechselnd einen Stockfisch und ein Stück von der Verpackung in den Boden.

Der Rückmarsch war nichts weiter als eine zweitägige Skitour. Am zweiten Tag wurden 50 Meilen zurückgelegt.

Amundsen hatte sich so beeilt, um, wenn es möglich war, die *Fram* noch verabschieden zu können. Er kam zwölf Stunden zu spät. „Es war seltsam", so schrieb er," sie nicht mehr dort liegen zu sehen. Wir wurden melancholisch und fühlten uns verloren. Aber die Zeit wird kommen, so hoffte ich, da wir uns nach erfolgreich getaner Arbeit wiedersehen."

Auf der Fahrt zur Anlage des Depots waren zwar in acht Tagen nur 160 Meilen zurückgelegt worden, dennoch bedeutete das einen Meilenstein in der Geschichte der Polarfahrt. Diese Fahrt bewies, daß die norwegische Schule mit der genialen Kombination von Skiern und Hunden den Verhältnissen im südlichen Eis angepaßt war.

Amundsen konnte zu diesem Zeitpunkt nicht wissen, daß er den Vorsprung seines Rivalen eingeholt hatte. Scott war nur bis 79 ½ Grad gekommen; er hingegen bis 80. Nachdem Amundsen am Anfang um 6000 Meilen zurückgelegen hatte, war er nun 30 Meilen voraus. Seine technische Überlegenheit wird durch zwei einfache Zahlen verdeutlicht: auf seiner Fahrt zum Depot hatte die Durchschnittsgeschwindigkeit pro Tag 20 Meilen betragen und lag damit doppelt so hoch wie die Leistung Scotts.

Während Amundsens Abwesenheit war Framheim unter Wistings Leitung weiter ausgebaut worden. Stubberud und Bjaaland hatten um die Hütte herum einen breiten Gang gegraben und ihn nach oben hin abgedeckt. Amundsen war beeindruckt und ließ sich in seinem Tagebuch darüber aus:

> Der Gang dient nicht nur als Schutz, er ist auch als Vorratskammer für alle möglichen Dinge von großem Nutzen. Hier kann Lindstrøm, beispielsweise, Regale in den Schnee schneiden und darauf sein Frischfleisch aufbewahren; den herausgeschnittenen Schnee kann er als Frischwasser verwenden . . . Das hat zwei Vorteile: erstens sauberen Schnee zu finden, ist bei so vielen jungen Hunden, die frei herumlaufen und den Platz verdrecken, nicht leicht. Zweitens: wir sind nicht mehr gezwungen, unter freiem Himmel Schnee zu holen. Bei langanhaltendem schlechten Wetter ist das enorm wichtig.

Ehe es Winter wurde, wollte Amundsen noch ein Vorratslager bei 83 Grad südlicher Breite, mindestens aber bei 82 Grad, anlegen. Weniger entsprach nicht seiner Sicherheitsvorstellung. Seinen Leuten gab er zur Vorbereitung eine Woche Zeit. Diesmal sollten alle, bis auf Lindstrøm, den Koch, mitkommen. Die Ausrüstung wurde noch einmal geprüft und überholt.

> Es sieht hier aus wie in einer großen Werkstatt, berichtete Amundsen, das Schusterhandwerk scheint zu blühen. Wir müssen unsere riesigen Skistiefel von Andersen (Christiania) umarbeiten. Es zeigte sich, daß sie in der Kälte zu steif sind . . . Alles Mögliche – und Unmögliche – wird erprobt.

Außer Wisting verstand niemand etwas von der Schuhmacherei. Dadurch ließen sie sich aber nicht hindern. Die Nähte der Schuhe wurden losgetrennt, einige Lagen des Sohlenleders entfernt und vorn wurden Keile eingenäht, um den Zehen mehr Platz zu geben.

Bis zum Abend des 21. Februar war die Arbeit abgeschlossen, und am nächsten Tag erfolgte der Aufbruch: sieben Schlitten mit je sechs Hunden davor, dazu acht Mann. Prestrud war wieder Vorläufer. Jeder Schlitten trug 300 Kilo.

Nach drei Tagen erlebten sie ihren ersten Schneesturm. Bei solchem Sturm blieb Scott im Zelt; doch Amundsen brach, wie gewöhnlich, auf und bemerkte trocken: „ehe die Sonne aufgeht, kann man nicht wissen, wie der Tag wird". Schließlich ließ das Schneetreiben nach; an diesem Tag wurden 39 Meilen zurückgelegt.

Scott schleppte die falsche Vorstellung mit sich herum, daß Eskimohunde nicht gegen den Wind laufen können, weil er ihren Augen schadet. Von dieser falschen Überzeugung war er durch nichts abzubringen. Er wußte nicht, daß der Hund eine Membrane, ein inneres Augenlid hat, die er zum Schutz über den Augapfel ziehen kann. Amundsens Hunde litten jetzt zwar wirklich, aber nicht durch Wind. Die lange Ozeanreise hatte sie verweichlicht. Die fünf Wochen an Land hatten bei weitem nicht ausgereicht, um sie zu akklimatisieren. Ihre Pfoten hatten die harte, widerstandsfähige Hautschicht verloren, die sich bei ständiger Arbeit bildet. Sie brachen durch die dünnen Schneekrusten, was ihnen, wenn sie in Form sind, nicht schadet. Jetzt zerschnitten die Schneekanten ihre Fußballen, sodaß ihre Pfoten am Abend offen und blutig waren. Sie waren untrainiert, unterernährt, ermüdeten leicht und verloren bald auch an Gewicht.

Es fiel den Männern nicht schwer, in der alten Spur zu bleiben. Sie folgten den getrockneten Fischen, die sie in den Schnee gesteckt hatten. Der Vorläufer mußte sie jetzt im Vorbeilaufen wieder aus dem Schnee ziehen und alle zu einer Seite werfen. Der Führer des ersten Schlittens nahm sie dann auf, warf sie auf seinen Schlitten, und am Abend wurden die eingesammelten Fische als Futterzulage unter die Hunde verteilt.

Nach fünf Tagen erreichten sie das erste Depot bei 80 Grad. Diesmal hatten sie für die astronomische Messung genug Geräte mitgenommen. Die zwei

Sextanten und der Theodolit gaben einen Durchschnitt von 79 Grad 59 Minuten an; ihr Kilometerzähler und die Kompaßmessung wurden bestätigt.

Amundsen hielt die Art, wie Scott und Shackleton ihre Depots markierten, für fast verbrecherisch nachlässig. In einer völlig gleichförmigen Einöde war die Kennzeichnung der angelegten Vorratsläger lebenswichtig. Amundsen steckte zwanzig schwarze Fähnchen an kurzen Stöcken im Abstand von einer halben Meile von Ost nach West die Route entlang in den Boden, an jeder Seite des Depots zehn, so daß auch bei schlechtem Wetter wenig Gefahr bestand, daß man ein Fähnchen verfehlte. Jedes Fähnchen wurde numeriert und die Entfernung zum Vorratslager angegeben.

Jenseits des 80. Breitengrades sank die Temperatur auf −30 bis −40 Grad Celsius. Die Schwierigkeit lag, wie meist beim Skilauf, nicht im Frieren, sondern im Schwitzen. Da sie alle mit den Hunden liefen, waren sie zu warm angezogen.

Wenn es sehr kalt ist, kondensiert Schweiß, wenn er durch die Kleidung läuft und bildet Rauhreif, was überaus unangenehm ist. Amundsen mußte jeden Abend lange aufbleiben, um seine *kamikks* über dem Primus-Ofen zu trocknen. Klagen über die Kälte gab es nicht, was deutlich machte, daß die Verpflegung (besonders der Zusatz von Vitamin C) in Ordnung war.

Am 3. März erreichten sie den 81. Breitengrad und legten das nächste Vorratslager an. Es enthielt eine halbe Tonne Pemmikan für die Hunde. Bjaaland, Hassel und Stubberud kehrten dann um. Amundsen, Prestrud, Helmer Hanssen, Wisting und Johansen setzten ihren Marsch zum Süden fort. Sie wollten den 83. Breitengrad erreichen.

Bis zum 81. hatte das Laufen keine Schwierigkeiten bereitet. Doch danach wurde es anders. Johansens Tagebuch verzeichnet für den 6. März:

> Heute 16,5 Meilen zurückgelegt; der letzte Teil des Wegs dauerte schrecklich lange. Die Hunde mußten mit der Peitsche angetrieben werden.

Am folgenden Tag

> wurden unter noch größeren Schwierigkeiten 13 Meilen zurückgelegt; auf dem letzten Teil der Strecke ging es fast gar nicht mehr. Die Hunde des Chefs sind die schlechtesten; sie lassen sich von der Peitsche nicht mehr beeindrukken und legen sich einfach hin.

Amundsen zog daraus seine Lehre: „Ich habe mir vorgenommen, das Depot am 82. Breitengrad anzulegen. Es lohnt sich nicht, weiter nach Süden vorzustoßen.“ Es blieben bis dahin noch 15 Meilen und am nächsten Tag wurde das Ziel erreicht. Es war ein Grad weniger als Amundsen gewollt hatte, aber in seinen Worten war es

> das Äußerste, was seine Hunde schaffen konnten, ... die armen Tiere waren völlig erschöpft. Es ist meine einzige dunkle Erinnerung an da unten, daß die

> schönen Hunde derartig kaputt waren. Ich hatte sie überfordert. Mein einziger Trost ist, daß ich mich selbst auch nicht geschont habe.

Das war keine leere Floskel. An dem Tag, nachdem sie Framheim verlassen hatten, bekam Amundsen wiederholt starke Schmerzen, wahrscheinlich durch eine schlimme Form von Hämorrhoiden, wozu Polarreisende neigen. Jeder Yard der 160 Meilen war eine Tortur, aber er nahm sich zusammen und verbarg, so gut er konnte, was los war. Er mußte unbedingt einen bestimmten Punkt erreichen, sonst wäre das ganze Unternehmen in Gefahr.

Die Ankunft am 82. Breitengrad wurde mit einem Rückblick auf die Fahrt begangen. Johansen hatte seine Meinung über die aufgetretenen Mängel dargelegt: „Ich habe in den verschiedensten Zelten geschlafen, auch ohne Zelt übernachtet, aber dieses Zelt ist das schlechteste, und das gilt auch für die Kocheinrichtung." Die fünf Männer waren in zwei kleinen Zelten zusammengepfercht; in dem einen Zelt wurde gekocht, in dem anderen wurde gegessen. Das Ergebnis, fuhr Johannsen fort, war, daß die Mahlzeiten beinah der schlimmste Teil des Tages sind. Wir müssen das Essen . . . von einem Zelt ins andere tragen, und das Pemmikan ist kalt, ehe wir es im Mund haben. Und dann bekommen wir Durst, aber es ist nur wenig Wasser da, und das auch nur im Kocher im anderen Zelt.

„Wenn wir die eigentliche Fahrt schaffen wollen, muß vieles von Grund auf geändert werden", sagte Johansen.

Die meisten empfanden das Ganze als Fiasko. Was geleistet worden ist, war ihnen nicht klar. Mehr als eine halbe Tonne Proviant – darunter 400 Kilo Pemmikan für die Hunde – war bis zu einer Entfernung von 480 Meilen an den Pol herangebracht worden. Das war 150 Meilen weiter südlich als das von Scott angelegte südlichste Vorratslager.

Am zweiten Abend am 82. Breitengrad setzten die Männer ihre Erörterung fort. Johansen hielt in seinem Tagebuch fest: alle fünf

> kamen im Küchenzelt zusammen. Wir besprachen, wie die Hunde am besten eingesetzt wären, wenn wir das Ziel im Frühjahr erreichen wollten. Wir hatten gesehen, daß die Hunde überanstrengt waren, weil die Last zu schwer und die verfügbare Zeit zu kurz war. Amundsen äußerte sich dahin, daß vom 82. Breitengrad ab die Anzahl der Männer möglichst niedrig, die der Hunde möglichst hoch sein sollte. Nach diesem Prinzip solle man sich richten.

Dieses Vorratslager wurde sorgfältiger markiert als die vorhergehenden; statt zwei wurden jetzt sechs Fähnchen pro Meile gesteckt. Amundsen ließ seinen Schlitten hier zurück und verteilte seine Hunde für die Heimfahrt auf die Gespanne von Helmer Hanssen und Wisting. Er wußte, daß er der schlechteste Hundeführer war und die anderen aus den Hunden mehr herausholten.

Nach den Tagebucheintragungen war der Heimweg nicht anstrengender für die Männer als eine Skitour in der Heimat. Das Wetter war kalt und stürmisch,

30 bis 40 Grad Frost, dieselben Wetterbedingungen, die in Scotts Bericht den Hintergrund für den Überlebenskampf bildeten. Abgesehen von den Unterschieden im Stil ist unbestritten, daß Amundsen und seine Leute körperlich und geistig an das Klima gewöhnt waren. Die Monotonie der großen Eisbarriere, die in Scotts und Wilsons Tagebüchern immer wiederkehrt, spielt für die Norweger keine Rolle. Das verhinderten die Hunde. Für sie war es, wie wenn man für Dutzende von Kindern, ihre Wünsche und ihr Vergnügen, zuständig ist. Da blieb keine Zeit für Monotonie und Grübelei.

Am 23. März in der Frühe tauchte der dunkle Himmel über dem Ross-Meer am nördlichen Horizont auf: das war Kennzeichen der Heimat in einer endlosen Schneewüste. Am späten Nachmittag stieg die Karawane einen Hügel hinauf und die Bucht der Wale lag vor ihnen. Amundsen war erleichtert, daß „sich, seit sie weggegangen waren, an der Barriere nichts geändert hatte; bis zur kleinsten Kleinigkeit liegt alles so da wie vorher“.

Prestrud, immer noch vorn, lief den Hügel hinunter auf das Eismeer zu, wurde aber vom ersten Schlitten überholt; er raste ungebremst bergab und rettete sich gerade im letzten Moment, indem er aufsprang. Die anderen folgten genau so verrückt. Wie eine Ziehharmonika fuhren sie alle ineinander, und Hunde, Schlitten, Menschen und Skier waren ein einziges fantastisches Knäuel auf dem Boden, dazu ein Höllenlärm aus Gelächter, Fluchen, Gebell und Geknurr. So endete die große norwegische Depotreise wie ein Anfängerkurs in der Skischule.

Sie waren einen Monat unterwegs gewesen und hatten in bitterer Kälte gearbeitet, in den letzten zwei Wochen bei durchschnittlich −40 Grad Celsius. Bei dieser Temperatur gefriert das Quecksilber im Thermometer und der Atem brennt wie Feuer. Selbst bei Menschen, die es gewöhnt sind, bei tiefen Temperaturen draußen zu arbeiten, macht sich die Belastung bemerkbar. Die Fingerspitzen hatten Frostblasen, die Gesichtshaut fing an, wund zu werden. Doch sie hatten viel geschafft. Mehr als 1 ½ Tonnen Vorrat hatten sie zwischen dem 80. und dem 82. Breitengrad deponiert. Dazu gehörten Pemmikan für 25 Hunde für drei Monate und, im Vorratslager beim 82. Breitengrad, 110 Liter Paraffin, das reichte für vier bis fünf Menschen für 200 Tage, d. h. doppelt so lange, wie die Fahrt zum Pol dauern würde. Zum ersten Mal in der Geschichte der Antarktis-Forschung war ein Angriff auf den Pol so gründlich vorbereitet worden. Er hatte acht Hunde das Leben gekostet; es blieben aber noch 85 ausgewachsene und 22 junge Hunde übrig. Die jungen würden im Frühjahr schon arbeiten können.

Für die Männer war die Anstrengung in erträglichen Grenzen geblieben. Trotz der körperlichen Belastung fühlten sie sich seelisch erleichtert. Die Eisbarriere war nicht der kalte Höllenkreis, den Shackleton gemalt hatte. Sie war nur ein anderes Schneefeld für Skier und Schlitten. Das nahm ihnen die Sorge und das Unbehagen vor einer fremden Umgebung. Die Norweger fühlten sich wie zu Hause, sie konnten sich mit der neuen Welt identifizieren, statt sie zu bekämpfen.

Die Antarktis war nichts anderes als Hardangervidda großgeschrieben.

Was Amundsen von Scott und Shackleton gelernt hatte, war, nicht wie sie ein heroisches Wagnis einzugehen, sondern auf der absoluten Notwendigkeit einer hinreichend großen Sicherheitsmarge zu bestehen. Ehe der Winter hereinbrach, wollte er noch eine Tonne Seehundfleisch zum 80. Breitengrad bringen, damit die Hunde sich an frischer Nahrung gütlich tun konnten, ehe sie zur eigentlichen Fahrt in den Süden aufbrachen. Für ihn bedeutete das weniger, dem Pol um einen Grad näherzukommen, als leistungsfähige Hunde zu haben.

Amundsens Leute begriffen, daß sie alles daransetzen mußten, um ihren Vorteil gegenüber Scott auszubauen. Obwohl der Winter vor der Tür stand und die Reise mit Sicherheit eine harte Probe werden würde, wollten die Norweger dringend los.

Wenn sie zurücksein wollten, ehe die Sonne für die Dauer des Winters verschwand, mußten sie innerhalb von zehn Tagen aufbrechen. In der Zwischenzeit mußten die Mängel, die sich bei der letzten Depotfahrt herausgestellt hatten, behoben werden.

Die Zelte hatten sie am wenigsten befriedigt. Amundsen sah ein, daß die Zweimann-Zelte ein Mißgriff waren; er hatte geglaubt, sie seien besonders warm. Hassel und Wisting, die etwas von Sattlerarbeit und Segelnähen verstanden, machten sich daran, je zwei Zelte zu einem Vier- oder Fünfmann-Zelt zusammenzunähen. Innerhalb einer Woche hatten sie zwei fertig.

Die bevorstehende Fahrt zum Depot sollte auch dazu dienen, den Weg zum 80. Breitengrad genau zu markieren, weil von dort die eigentliche Reise zum Südpol angetreten werden sollte. In der Wildnis einen Weg zu finden, ist immer eine Belastung, und jedes Vermeiden von Belastung war nach Amundsens Auffassung eine Mühe, die sich lohnte.

Amundsen wollte nach jeder Meile eine Fahne setzen. Die vorhandenen Bambusstöcke sollten, weil sie sich leicht transportieren ließen, zur Markierung der Strecke jenseits des 80. Breitengrades aufgespart werden. Bjaaland und Stubberud spalteten daher einzöllige Planken und machten daraus in fünf Tagen achtzig Fahnenstäbe.

Weil die Hämorrhoiden ihm immer noch Beschwerden machten, verzichtete Amundsen auf die Teilnahme an dieser Fahrt und übertrug Johansen das Kommando. Er blieb zurück, um mit Lindstrøm die Hütte aufzuräumen und die Ausrüstungsstücke wieder in Ordnung zu bringen.

Rotgesichtig, kräftig, unerschütterlich – Lindstrøm gebührt in der Geschichte der Polarforschung ein besonderer Platz als Erster Haushofmeister. Er war Chef, Koch, Bäcker, er sorgte für den Ausgleich häuslicher Atmosphäre. Er war auch Instrumentenbauer, Tierpräparator, Anstreicher – wenn nötig, Tischler und Clown. Amundsen sagte, daß Lindstrøm ihn nach drei gemeinsamen Jahren auf der *Gjøa* immer noch überraschte: „... ein tüchtigerer Mann hat nie Polarregionen betreten. Ich hoffe zutiefst, daß ich eines Tages etwas für ihn tun kann. Er hat für die norwegische Polarforschung mehr und Besseres getan als irgend jemand sonst. Wenn doch die guten Norweger – mein Gott, wie dankbar muß man für eine solche Mannschaft sein – das irgendwann einmal begreifen würden."

Hier kommt zum erstenmal Bitterkeit in ihm auf, wenn er über die knausrige Unterstützung seiner Heimat nachgrübelt; ein Patriot beginnt seine Landsleute zu verachten.

Die Depotfahrer wurden am Samstag, den 8. April, zurückerwartet, da für die Strecke von 160 Meilen eine Woche als ausreichend angesehen worden war. Aber erst am Dienstag darauf sichteten Amundsen und Lindstrøm die heimkehrende Gruppe am Horizont, als sie den Hang zur Bucht heruntergefahren kam. Die Männer saßen auf den Schlitten, die Hunde zogen gut. Schon aus der Ferne sah es so aus, als ob sie erfolgreich gewesen wären.

Und so war es auch. Vor der Abfahrt hatten sie, um Pemmikan zu sparen, sechs besonders große und fette Seehunde geschossen und unterwegs davon gelebt. Die Verspätung erklärte sich daraus, daß sie im Nebel in einen Irrgarten von Eisspalten geraten waren. Zwei Tage hatten sie gebraucht, um aus dem Labyrinth von Abgründen und Spalten wieder herauszufinden, und dabei zwei Hunde verloren. Die beiden Leithunde waren auf den Schneebrücken eingebrochen, das Geschirr war gerissen, und sie waren in den Abgrund gefallen. Der Unfall hatte die Vorteile des Fächersystems anschaulich demonstriert. Wenn ein Hund fiel, fiel er allein. Bei dem anderen System, wo die Hunde an einem einzigen Zugseil befestigt waren, hätte der stürzende Hund die anderen mit hinabgerissen. Es hatte zwei weitere Überraschungen gegeben. Die Temperatur lag zehn bis fünfzehn Grad höher. Und auf dem ganzen Weg hatte Nebel geherrscht, so daß sie die Markierung des Depots hatten prüfen können. Bei einer Sicht von weniger als einer Meile hatten sie das Depot – sie waren nach Kompaß und Kilometerzähler am Schlitten gefahren – zwar um eineinhalb Meilen verfehlt, aber westlich davon die Markierungsfahne Nr. 8 gefunden, so daß sie das Ziel ohne Schwierigkeiten erreichten. Das war unerwartet ermutigend. Es bewies, daß sie, was auch immer passieren mochte, das Vorratslager nie verfehlen konnten.

Lindstrøm hatte ihnen eine kleine Proviantdose mitgegeben, die sie am Depot öffnen sollten. Bjaaland berichtete, was darin war: „ein Kuchen, eingemachte Birnen und Ananas, und schließlich für jeden ein Glas Wermut. Wie wir das genossen am 80. Breitengrad!"

Für Amundsen war diese Reise ein uneingeschränkter Erfolg. Die Hunde waren so rund und gesund wie beim Aufbruch. Zum Depot beim 80. Breitengrad hatten sie außer einer Tonne Seehundfleisch 165 Liter Paraffin und andere nützliche Vorräte transportiert, so daß dort jetzt insgesamt zwei Tonnen Versorgungsgüter lagerten und bis zum 82. Breitengrad bei jedem Grad ein Depot bestand. Der ganze Weg bis zum 80. Breitengrad war markiert, Meile für Meile.

Das einzige, was Amundsen beunruhigte, waren Scotts Motorschlitten. Er sprach nie darüber, aber sie gingen ihm nicht mehr aus dem Kopf. Der Erfolg von Johansens Reise war wenigstens ein Trost.

Morgen, schrieb Amundsen an dem Abend, als die Gruppe zurückgekehrt war, feiern wir das Ende der Herbstarbeit, und wir können das wirklich mit gutem Gewissen feiern. Danach kommt Ostern und da können wir uns die ganze Woche lang ausruhen.

23

Im selben Schlitten mit „dem Eigentümer“

Als die *Terra Nova* nach der Begegnung mit der *Fram* die „Bucht der Wale“ verließ, war Campbell besonders niedergeschlagen. Was er in der „Bucht der Wale“ erlebt hatte, mußte deprimieren, nicht nur in einem Punkt. Über die Anzahl der Hunde hinaus drängten sich Vergleiche auf. Framheim mit seiner sauberen Planung und klaren Organisation war weit entfernt von dem Durcheinander an Kap Evans. Nach entmutigender war aber vielleicht der Unterschied zwischen der Atmosphäre ruhigen und trotzdem kämpferischen Selbstbewußtseins, das Amundsen umgab, und den mißgestimmten Untertönen in Scotts letztlich defensivem Wesen. Er sagte es nicht wörtlich so, spürte aber die Überlegenheit der norwegischen Führung. Was allem die Krone aufsetzte: er hatte das von ihm gewählte Arbeitsfeld verloren und litt unter Amundsens feindlichem Einfall mehr als Scott.

Er mußte sich jetzt eine neue Basis für den Winter suchen, und bis zum Ende der Sommerzeit blieb nicht viel Zeit. Zunächst aber mußte im McMurdo Sund über die Begegnung mit den Norwegern berichtet werden.

> Unsere Gedanken kreisen um sie, viel zu sehr, schrieb Priestley in sein Tagebuch. Wir haben den Eindruck, daß diese Männer alle entschiedene Persönlichkeiten sind, hart und an Schwierigkeiten gewöhnt, gute Arbeiter, gut gestimmt. All das macht sie zu gefährlichen Rivalen. Unsere Nachrichten werden Scott genauso beunruhigen wie uns.

Nach einer stürmischen Überfahrt traf Campbell am 8. Februar am Kap Evans ein und brachte die zwei Ponys ans Ufer, die ihm für King Edward VII-Land zur Verfügung gestellt worden waren. In dem gebirgigen Südviktoria-Land, wohin er nun fahren wollte, würden ihm Ponys wenig nützen, während Scott im Wettkampf mit Amundsen gebrauchen konnte, was er bekam.

Scott war unterwegs, um Depots anzulegen. Damit er möglichst schnell in den Besitz der Nachricht kommen sollte, dampfte die *Terra Nova* den McMurdo Sund hinauf und lieferte Campbells Bericht bei der alten *Discovery*-Hütte ab. Danach machte sie sich auf die Suche nach einem Landeplatz für Campbell und seine Leute und fand ihn schließlich, nach zahlreichen vergeblichen Bemühungen da, wo Borchgrevink am Kap Adare sein altes Lager gehabt hatte.

Im antarktischen Hinterland ohne Spur von Leben, waren die Depotfahrten mehr als eine Sache der Taktik, sie waren das Mittel zum Überleben. Die Art, in der sie angelegt und durchgeführt wurden, kennzeichneten – oder überzeichneten – den wesentlichen Unterschied zwischen der norwegischen und der britischen Expedition.

Scott war bereits seit vierzehn Tagen an Land, während das Schiff entladen und die Hütte aufgebaut wurde, als er plötzlich am 19. Januar P. O. Evans und Bowers befahl, alles für die Fahrt zur Anlage des Depots am 25. vorzubereiten. Sie mußten bei Null anfangen. In seinem Optimismus glaubte er, die ganze Arbeit, für die Amundsen ein Jahr für knapp ausreichend hielt, in weniger als einer Woche bewältigen zu können. Von Bowers erwartete er zum Beispiel, daß er eigenhändig die Vorräte auspackte und Schlittenportionen für zwei Monate und dreizehn bis vierzehn Mann zusammenstellte.

Bowers, der im Profil wie ein Papagei aussah und unter dem Namen „Birdie“ unsterblich geworden ist, hatte sich als sachkundiger Schiffsoffizier erwiesen, so daß Scott sein ursprünglich negatives Urteil über ihn revidierte. Ursprünglich hatte er Bowers für das Schiff vorgesehen, aber jetzt setzte er ihn in die Landungsgruppe und übertrug ihm laufend mehr Verantwortung. Ernsthaft, gutartig, pflichteifrig wie er war, reagierte Bowers mit enormem Einsatzwillen und wurde Scotts ergebene Stütze. Ihm wurden immer mehr verantwortliche Aufgaben übertragen, so daß er schließlich zuständig war für Verladen, Vorräte, Navigation und Zusammenstellen von Schlittenrationen. Er hatte nur einen Fehler, er verstand nicht viel von Eis und Schnee. Aber Scott schließlich, trotz seiner Erfahrung, auch nicht.

Der Nachteil eines Küstenstützpunkts auf der Ross-Insel bestand darin, daß die Überlandstraße nach Süden wegen der Gletscher und der vom Mount Erebus herabstürzenden Eiskaskaden nicht – oder nur für erfahrene Bergsteiger – passierbar war. So blieb das Meereis die einzige benutzbare Straße. Doch gewöhnlich trieb sie im Sommer ab und unterbrach die Verbindung vom Stützpunkt zur Eisbarriere. Die Expeditionen der *Discovery* und der *Nimrod* wußten davon ein Lied zu singen.

Nach Lage der Dinge bestand die Straße von Kap Evans aus einem Überrest des Wintereises, das zwar noch mit der Küste verbunden war, aber ständig weiter schmolz. Ein geübtes Auge erkannte, daß das Eis nicht mehr voll tragfähig war. Scott nahm jedoch an, daß es so lange halten würde, bis er seinen Abzug beendet hatte. Am 23. erwachte er und stellte fest, daß die Straße nach Süden über Nacht verschwunden war. Das Winterquartier war nahezu abgeschnitten. Eine eilig durchgeführte Erkundung des Geländes ergab, daß eine letzte Möglichkeit zur Flucht über einen Eisrand bestand, der in einer Buchtung südlich von Kap Evans noch erhalten war. Mit viel Glück konnten die Ponys noch hinübergebracht werden. Hingegen schien es ausgeschlossen, die Ladung mitzunehmen. Hunde, Schlitten und der übrige Troß würden mit dem Schiff dahin transportiert werden müssen, wo das feste Eis in der Bucht begann. Also wurde alles, was drei Wochen vorher mit soviel Mühe ausgeladen worden war, wieder auf das Schiff gebracht. Briefe wurden hingekritzelt, Kleidung eilig sortiert und rasch gewechselt. Mit Bowers Hilfe erledigte Scott die Vorbereitungen für die zweite Saison, so wie es eben geht, wenn nichts geplant ist. Die Männer blieben die ganze Nacht auf, um das zu schaffen, was mit etwas sorgfältiger Planung in aller Ruhe hätte geschehen können. Als um neun Uhr morgens die Ponys loszogen, hatte Bowers, so Cherry Garrad, 27 Stunden lang nicht geschlafen. Es war das gute alte, englische Durcheinander.

„Die Sache sieht nicht so rosig aus, wie man denken könnte", schrieb Oates an seine Mutter. „Wir werden, da bin ich sicher, große Nachteile haben, weil die Mannschaft keine Erfahrungen hat. Scott hat zuviel Zeit seines Lebens in Büros gesessen, er bleibt -zig mal lieber in der Hütte, um zu sehen, wie ihm ein paar neue Wickelgamaschen stehen, als daß er rauskommt und sich um die Beine eines Ponys oder eine Hundpfote kümmert.

An der Gletscherzunge, die circa fünf Meilen südlich von Kap Evans in den McMurdo Sund hineinragte, lud die *Terra Nova* den Rest der Ausrüstung für die Depotfahrt aus. Dort stieß die Gruppe wieder zu den Ponys. Sie war ohne Motorschlitten, da sie inzwischen auf Grund fehlerhaften Materials und schlechter Verarbeitung schwere Mängel gezeigt hatten. Das Ausladen nahm zwei volle Tage in Anspruch. Dann segelte die *Terra Nova* zum westlichen Ufer des McMurdo Sunds, um die geologische Expeditionsgruppe unter Griffith Taylor an Land zu setzen, ehe sie dann zur „Bucht der Wale" aufbrach, wo sie Amundsen traf.

Die Depotgruppe – 13 Mann, 8 Ponys und 26 Hunde – transportierte die Vorräte in vier Tagen zu einem 18 Meilen entfernt liegenden Punkt auf der Eisbarriere, den man Safety Camp (Sicherheitslager) nannte, und von dem Scott mit Sicherheit annahm, daß er nicht kalben würde. Alles lief schwerfällig und ungeordnet, wie Oates prophezeit hatte:

> Niemand kann wirklich Ponys führen hier, außer Meares und mir (schreibt er an seine Mutter), und Meares geht mit den Hunden, und ich kann sie nicht alle auf einmal führen, besonders da ich drei Mann über mir habe, die mir alle Befehle geben. Scott und Evans vervollständigen die Schau bestens, ihre Ignoranz beim Führen der Tiere ist sagenhaft.

Scott lernte bald die Nachteile von Ponys kennen, wenn sie durch das Eis brachen oder bis zum Bauch im Treibschnee einsanken. Demgegenüber zeigten die Hunde ihre peinliche Überlegenheit bei verschiedenen Gelegenheiten, beispielsweise, wenn sie mit voller Ladung begeistert über das blanke Eis auf ein Walroß zurannten, das sich in der Mündung eines Eisstromes niedergelassen hatte, oder Meile für Meile über losen Schnee oder körnigen Harsch dahinbrausten. Wilson, der erstmalig trainierte Hunde unter einem erfahrenen Treiber bei der Arbeit sah, ließ schnell seine alten Vorurteile fallen und schrieb in sein Tagebuch: „Es ist doch etwas anderes als das scheußliche Hundetreiben, das wir in den Tagen der *Discovery* erlebt haben."

Vom Lager 2 auf dem Meereseis aus besichtigte die ganze Gruppe, allerdings ohne Scott, der das bereits getan hatte, die *Discovery*-Hütte, um festzustellen, ob man sie ausgraben könnte. Und in der Tat, Atkinson und ein Seemann, schaufelten sie in wenigen Tagen frei und machten sie bewohnbar.

> Im Safety Camp hielt Scott dann, wie er es nannte, einen Kriegsrat ... Ich unterbreitete meinen Plan, mit Proviant für Mensch und Tier innerhalb von fünf Wochen weiterzuziehen, ein Vorratslager für 2 Wochen anzulegen und nach 12 oder dreizehn Tagen hierher zurückzukehren.[1]

Das war sein erster Hinweis auf das, was er vorhatte. Scott hatte seine Pläne nicht einem anvertraut, vermutlich, weil es bis zur letzten Minute keine Pläne mitzuteilen gab. Das Ergebnis war eine wilde, chaotische Aktivität. Selbst Wilson war im Unklaren gelassen worden und rannte plötzlich auf Befehl herum wie ein einfacher Soldat auf der Parade.

So führte sich fast die ganze Mannschaft als Forscher an der Front bei Scott ein. Scotts Verwirrung und Reizbarkeit verschwanden, wenn das Lager in Ordnung und zu Abend gegessen war und er in seinem Schlafsack saß. Er wurde freundlich und entspannt. Für Bowers, einen Anfänger im Polarreisen und konventionellen jungen Offizier, der blinden Gehorsam zu üben gewohnt und durch ein gewisses Auftreten zu beeindrucken war, galt Scott als

> ein Mordskerl – einen besseren Führer oder Zeltgenossen könnte man gar nicht haben ... Er ist wirklich einer von den allerbesten – ein richtiger „Sahib“.[2]

Andere dachten weniger idealistisch. In Scotts Zelt mußte alles tipptopp sein wie der Inhalt eines Matrosenseesacks beim Appell. Diese Forderung ging weit über das hinaus, was auf engem Raum notwendig ist, um sich wohlzufühlen. Das fiel einigen seiner Zeltgenossen, selbst Marineleuten, auf die Nerven. „Mit dem Eigentümer im selben Schlitten“ wurde allgemein als sehr anstrengend angesehen.

In Kleinigkeiten war Scott übergenau; in wesentlichen Dingen oft genug nachlässig und zerstreut. Oates hielt ihn für den „zerstreutesten Menschen“, den er je kennengelernt hatte, und räumte ein, daß Zerstreutheit bei einem Privatmann ja ein liebenswerter Zug sein möchte, nicht aber bei einem Führer, der für das Leben seiner Untergebenen die Verantwortung trug.

Besonders verwundert war Gran. Er war mitgekommen, um zu demonstrieren, was Skier leisten konnten und stellte nun fest, daß die Begeisterung, die Scott in Fefor hatte erkennen lassen, verflogen zu sein schien. Man führte ausgiebige Debatten für und gegen Ski. Gran versuchte durch Übernahme von Botengängen zu beweisen, was Skier leisten konnten. Doch bald mußte er auf Anweisung von Scott zu Fuß durch den Schnee waten, während seine Skier mit dem Schlitten gezogen wurden, und das nur, weil es für unmöglich gehalten wurde, ein Pony auf Skiern zu führen.

Die Karawane, die sich zur Anlage des ersten Vorratslagers auf den Weg machte, bewegte sich nur schwerfällig und unter Schwierigkeiten voran. Jeden Morgen zogen zunächst die Ponys los, weil sie langsamer liefen als die Hunde, und später wurden die Hunde auf den Weg geschickt, damit Pferde und Hunde zur gleichen Zeit am nächsten Haltepunkt eintrafen. Verwirrung und Mißverständnis waren an der Tagesordnung. In seinem Tagebuch vermerkte Gran:

> ... Von einem bin ich überzeugt, wir müssen schon Glück haben, wenn wir im nächsten Jahr den Pol erreichen wollen.

Ihre Geschwindigkeit auf dem Marsch war nur die Hälfte oder ein Drittel von der Amundsens. Gelegentlich blieben sie bei Schneestürmen im Zelt. In wenigstens zwei von diesen Fällen hatten sie ein Wetter, bei dem Amundsen zwanzig Meilen zurücklegte. Den Hauptärger machten die Tiere. Die Ponys konnten bei Sturm nicht laufen; schon in den Pausen ging es ihnen schlecht genug.

Oates hatte zu Anfang gegen Hunde schwere Bedenken, doch bald sah er ein, daß sie unter Polarbedingungen viel geeigneter waren als Ponys. Als die Ponys durch Hunger, Kälte und Erschöpfung in der Leistung versagten, drängte Oates Scott, die schwächsten Tiere zu töten und als Futter für die Hunde (wenn nötig auch als Nahrung für die Menschen) ins Depot zu legen und weiter zu marschieren. Scott lehnte ab; er konnte den Gedanken, Tiere zu töten, nicht ertragen.

In der Hoffnung, bis zum 80. Breitengrad zu gelangen, zog die Gruppe weiter. Den Ponys fiel das Laufen schwer. Am 17. entschied Scott, daß sie den endlosen Marsch nach Süden nicht länger aushalten konnten und gab Befehl zur Umkehr. Gekommen war man bis 79 Grad, 28 ½ Minuten. Sie hatten von Kap Evans aus 24 Tage gekämpft, um bis zu dieser Stelle zu gelangen, die man Eintonnen-Depot nannte. Amundsen hatte auf seiner ersten Depotfahrt den 80. Breitengrad nach 5 Tagen erreicht und war in 2 Tagen wieder in Framheim.

Die Markierung von Scotts Depot und der Wegstrecke waren nicht besser als die ganze Reise. Eine einzige Fahne diente als Markierung für das Eintonnen-Depot, das nach der Vorratsmenge, die es enthielt, so genannt wurde; der Weg war überhaupt nicht gekennzeichnet, Spuren und alte Lagerstellen im Treibschnee wurden für ausreichend gehalten. Grans Pony, Weary Willie, konnte nicht mehr. Oates schlug vor, es zu erschießen, und mit den restlichen vier Ponys weiterzuziehen, um das Depot weiter südlich anzulegen. Scott weigerte sich. Es hatte ihn, wie er sagte, krankgemacht, die Ponys so leiden zu sehen. Ob seine Reaktion wirklich der Sorge um die Tiere entsprang oder reinem Selbstmitleid, weil er die Tiere hatte leiden sehen müssen, ist nicht klar.

Oates war Soldat, Pflicht sein oberstes Gebot. Aber er gehörte auch zu der Sorte Offizier, die, wenn nötig, mit ihrem Vorgesetzten streitet. Es wäre, sagte er, ein großer Fehler, nicht weiterzugehen.

„Ich habe genug von dieser Tierquälerei,“ antwortete Scott, „und ich bin nicht bereit, gegen mein Gefühl zu handeln, bloß um voranzukommen.“

„Ich fürchte, Sie werden es bereuen“, sagte Oates am Schluß, verärgert über Scotts Zimperlichkeit.

„Bedauern Sie das oder nicht, mein lieber Oates,“ antwortete Scott, „ich habe mich entschlossen, als Christ.“

Als das Vorratslager angelegt war, packte Scott typische Ungeduld. Er nahm alle Hundegespanne, fuhr schnell zurück zur Hütte und überließ die Gruppe mit den Ponys sich selber. Es gab eine Stelle, Corner Camp genannt, wo der Weg zum Pol, der zunächst nach Osten lief, nach Süden abbog. In seiner Eile mißachtete Scott die Grundregel des Gletscherfahrens und schnitt die Kurve. Er bezahlte seine mangelnde Vorsicht mit dem Verlust von zwei Hunden, die dabei in eine Eisspalte stürzten. Das alles nur, um ein paar Stunden zu sparen.

Am 22. traf er am Safety Camp mit Teddy Evans zusammen, der mit drei der schwächeren Ponys früher den Rückweg angetreten hatte. Zwei waren auf der Strecke verendet. Doch dieser Verlust und Scotts andere Sorgen traten völlig in den Hintergrund, als am Abend eine Gruppe von der *Discovery*-Hütte eintraf mit Campbells Brief, der die Nachricht von Amundsens Stützpunkt in der „Bucht der Wale“ enthielt.

Zuerst Shackleton, und jetzt dies. Es war wie Ironie und vielleicht unausweichlich, daß ausgerechnet Scott, in dem der Sinn für Privilegien derart tief verankert war, so unter Eifersuchtsqualen und Übergriffen zu leiden hatte. Campbells Brief traf ihn fast wie ein körperlicher Schlag.

> Viele Stunden lang, schrieb Cherry Garrard, der gerade im selben Zelt war, konnte Scott nichts anderes denken oder reden. Offensichtlich ist es ein ungeheurer Schock für ihn, er hält es für sehr unfair, denn unser Plan, hier auf King Edward VII-Land zu landen, war bekannt.

Scott hatte sich vorher entschlossen zu glauben, und es seinen Leuten auch gesagt, daß Amundsen den Pol vom Weddell-Meer aus angehen wollte, weil das die Bedrohung verringerte und deshalb die bequemste Lösung war. Er verlor jetzt so sehr die Fassung, daß er plötzlich den Inhalt von Scott Kelties Telegramm, Amundsen fahre zum McMurdo Sund, einfach herausschrie, was er doch seit November verschwiegen hatte. Es war eine gänzlich emotionale Szene. Später hatte Scott sich so weit beruhigt, daß er in seinen Schlafsack kriechen und wie üblich vor dem Einschlafen Tagebuch führen konnte; sein Kommentar:

> Amundsens Vorgehen ist sehr überlegt, und nur der Erfolg kann ihn rechtfertigen. Man muß sein Verhalten nicht unbedingt verdammen, weil es nicht anständig ist, und ich werde mich auch auf keinen Fall dazu verführen lassen, öffentlich meine Meinung dazu zu sagen. Eines ist mir ganz klar; richtig und

> klug ist, wenn wir uns verhalten, als wäre nichts geschehen. Wir müssen weitermachen und unser Bestes tun – zur Ehre des Vaterlands – ohne Furcht und Panik!
>
> Zweifellos ist Amundsens Plan eine Bedrohung für uns. Er ist um 60 Meilen näher am Pol – ich hätte nie gedacht, daß man soviele Hunde heil ins Eis bekommt. Sein Prinzip, sie zu führen, scheint hervorragend. Und obendrein kann er früher im Jahr starten als wir – mit Ponys ist das ausgeschlossen.

Scott hatte eine schlechte Nacht. Cherry-Garrard notierte am Morgen:

> Scott sprang aus seinem Schlafsack ... und rief: „Beim Zeus! Welche Chance haben wir verpaßt – wir hätten Amundsen ergreifen und auf seinem Schiff zurückschicken sollen!“[3]

Scott verfiel jetzt, wie Cherry-Garrard es nannte, in einen Zustand höchster nervöser Erregung und war am Rand des Zusammenbruchs. Er unternahm eine Reihe von ziellosen Fahrten hierhin und dorthin, deren einziger erkennbarer Zweck es war, überhaupt etwas zu tun, typisches Zeichen eines Mannes, der sich nicht ganz unter Kontrolle hatte.

Oates, Bowers und Gran zogen unterdessen mit den Ponys hinter den anderen her über die Eisbarriere. Allein und von dem merkwürdig niederdrückenden Einfluß Scotts befreit, entspannten sie sich, und da sie zum ersten Mal zusammen in einem Zelt schliefen, lernten sie sich kennen. Gran, der, seit sie England verlassen hatten, in Oates' Augen „keine Gunst hatte finden können“, erfuhr, weshalb.

> Oates erklärte gerade heraus, daß er nichts gegen meine Person hatte, sondern mich nur nicht mochte, weil ich Ausländer war. Er haßte alle Ausländer, weil sie England haßten ... „Da ist etwas dran, Titus, (der Spitzname für Oates), doch ich wette, um was Du willst, Trigger (d. i. Gran) wird auf Englands Seite sein, wenn es unschuldig in einen Krieg hineingezogen wird.“ „Tatsächlich?“, fragte Oates, und als ich darauf antwortete: „natürlich“, gab er mir die Hand ... Von diesem Augenblick an waren wir die besten Freunde.[4]

Drei Tage nach Scott, am 25. Februar, kamen sie im Safety Camp an. Da hörte Gran die Nachricht über Amundsen von Meares, der in etwas merkwürdigem Aufzug in Unterhosen als nächtlicher Bote erschien. „Mehr dazu morgen“, schrieb Gran in sein Tagebuch. „Ich bin zu erschlagen, um jetzt zu schreiben.“

Am nächsten Tag hieß es dann:

> Es war, als täte sich die Barriere unter mir auf, und tausend Gedanken auf einmal jagten mir durch den Kopf. Sollte ich gegen meine eigenen Landsleute und meine eigene Fahne antreten? Das war keine angenehme Vorstellung.

Bowers berichtete, daß, als sie

> von Amundsens Spielchen hörten, Trigger so tief unglücklich war über das Verhalten seines Landsmanns, daß er einem wirklich leid tun konnte. Wir konnten ihm seine Lage wohl nachfühlen.

Die Stimmung war insgesamt schlecht. Am Kap Evans betrachtete George Simpson

> Amundsens Verhalten als fragwürdig – er will Scott zuvorkommen –, milde gesagt, ist das nicht „fair".

Nur Oates verzichtete wie üblich auf alle großen Worte:

> Wenn es zu einem Wettlauf kommt, hat Amundsen die Chance, zum Pol zu gelangen; denn er ist der Mann, der sein ganzes Leben mit dieser Art von Kampf zugebracht hat, und er hat harte und erfahrene Männer hinter sich, während wir alle sehr jung sind.[5]

Am 28. Februar ordnete Scott die sofortige Rückkehr über das Eis nach Hut Point, dem alten Winterlager der *Discovery,* an. Wilson wies darauf hin, daß das Eis jetzt gefährlich sei. Scott verlor die Fassung und teilte ihm mit, Befehl sei Befehl. Wilson und Meares sollten die Hunde nehmen und tun, wie ihnen befohlen war. Wilson erwirkte die Erlaubnis, von der vorgeschriebenen Route abzuweichen, falls Umstände es erfordern sollten; und dann gingen Meares und er los, so schnell sie konnten. Wilson war verärgert über Scott und froh, ihn für eine Weile mit seinen Ideen allein zu lassen.

Scott übernahm das Kommando über die Ponys. Da er fand, das Pony Weary Willie sei in einem „beklagenswerten Zustand", blieb er mit Oates und Gran zurück, um es zu pflegen, während er es Bowers, Cherry-Garrard und Crean überließ, mit dem Eis fertigzuwerden. Das erinnert merkwürdig an jenen Augenblick vier Jahre zuvor, als Scott die Brücke der *S.M.S. Albemarle* wegen eines unwichtigen Botengangs verließ und kurz danach der Zusammenstoß mit der *S.M.S. Commonwealth* passierte. Scott blieb die ganze Nacht bei dem armen Tier und vergaß alle Menschen, Hunde und Ponys im Terrain, die von seinem Befehl abhängig waren. Weary Willie starb am nächsten Morgen.

Unterdessen vollzog sich draußen im McMurdo Sund ein wenig ruhmvolles Debakel. Wilson sah sich allen Anzeichen eines unmittelbar bevorstehenden Eisbruchs gegenüber. Er änderte die Richtung und trat mit den Hunden den Rückzug auf *terra firma* an. Etwa eine Meile hinter ihm kam Bowers mit den

Ponys. Scott war natürlich nicht zu sehen. Als Bowers sah, daß Wilson den Kurs geändert hatte, geriet er in einen Zwiespalt, ob er die von Scott befohlene Richtung beibehalten oder Wilson folgen sollte. Er entschied sich dafür, dem Befehl Folge zu leisten, weil er von höherer Seite stammte. Bowers war schrecklich unerfahren im Eis, aber gehorsam. Blindlings strebte er weiter vorwärts. Es war unvermeidlich, daß er in das aufbrechende Eis geriet. Glücklicherweise konnten die Menschen und der größte Teil der Ausrüstung gerettet werden, doch die Ponys gingen bis auf eins verloren.

So endete die große Depotfahrt. Die Zahlen sprechen für sich. Von acht Ponys waren sieben umgekommen. Dreizehn Mann hatten einen Monat lang gekämpft, um eine Tonne Nachschub bis in die Nähe des 80. Breitengrades zu bringen. Dagegen hatten in der „Bucht der Wale“ acht Norweger und fünfzig Hunde drei Tonnen um zwei Grad näher an den Südpol herangebracht, und das sehr viel später im Jahr. Auch ohne diesen Vergleich war das Ganze eine offenkundige Schande. Gran schrieb in sein Tagebuch: „Unsere Mannschaft ist aufgespalten und wir gleichen einem besiegten, enttäuschten und untröstlichen Heer.“

Scott mußte nun in der *Discovery*-Hütte darauf warten, daß das Meer zufror, damit er nach Kap Evans zurückkehren konnte. Er wurde so mürrisch und nervös, daß die Wartezeit für die übrigen zu einer schweren Prüfung geriet. Die Lage wurde noch schlechter, als Griffith Taylor am 14. März mit seiner Gruppe von der geologischen Expedition aus dem Westen zurückkehrte. Taylor war so freimütig zu erklären, daß die kartografischen Aufzeichnungen von der Expedition der *Discovery* „eine Schande“ seien und daß er in sechs Wochen mehr geleistet habe, als die *Discovery*-Expedition in zwei Jahren.

Strapaziert von der immer stärker werdende Belastung durch Amundsen, durch Griffith Taylors glasklare Wahrheiten und allgemeine Untätigkeit verlor Scott am 17. März wieder einmal die Beherrschung und putzte Gran öffentlich herunter; er lungere faul herum, war der Vorwurf.

Völlig perplex wandte sich Gran, wie fast alle auf der Expedition in solchen Momenten, an „Onkel Bill“, wie Wilson genannt wurde. Am 22. März hatten sie dann ein langes, ernstes Gespräch.

> Ich habe das Gefühl, wenn ich den Mund aufmache, denkt Scott an Amundsen. Es kommt mir vor, als wäre ich der Schatten in Scotts Leben.
> Das mußt du nicht denken, antwortete Wilson. Scott ist in einem fürchterlichen Zustand. Aber das ist doch ganz natürlich, denn ich glaube, er denkt, daß Amundsen, wenn er nicht ausgesprochenes Pech hat, als erster am Pol sein wird, und du weißt, daß seine Expedition damit runiert ist. Sie ist nichts mehr von dem, was sie hätte sein können, wenn Amundsen nicht wäre.

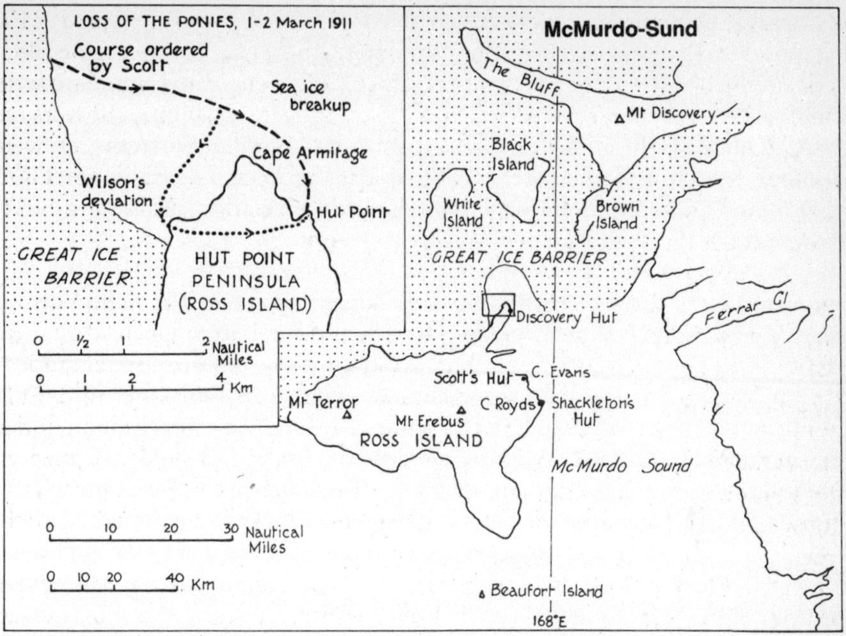
LOSS OF THE PONIES, 1-2 March 1911
Course ordered by Scott
Sea ice breakup
Cape Armitage
Wilson's deviation
Hut Point
GREAT ICE BARRIER
HUT POINT PENINSULA (ROSS ISLAND)
0 1/2 1 2 Nautical Miles
0 1 2 4 Km
McMurdo-Sund
The Bluff
Mt Discovery
Black Island
White Island
Brown Island
GREAT ICE BARRIER
Ferrar Gl
Discovery Hut
Scott's Hut
C. Evans
C Royds
Shackleton's Hut
Mt Terror
Mt Erebus
ROSS ISLAND
McMurdo Sound
0 10 20 30 Nautical Miles
0 10 20 40 Km
Beaufort Island
168°E

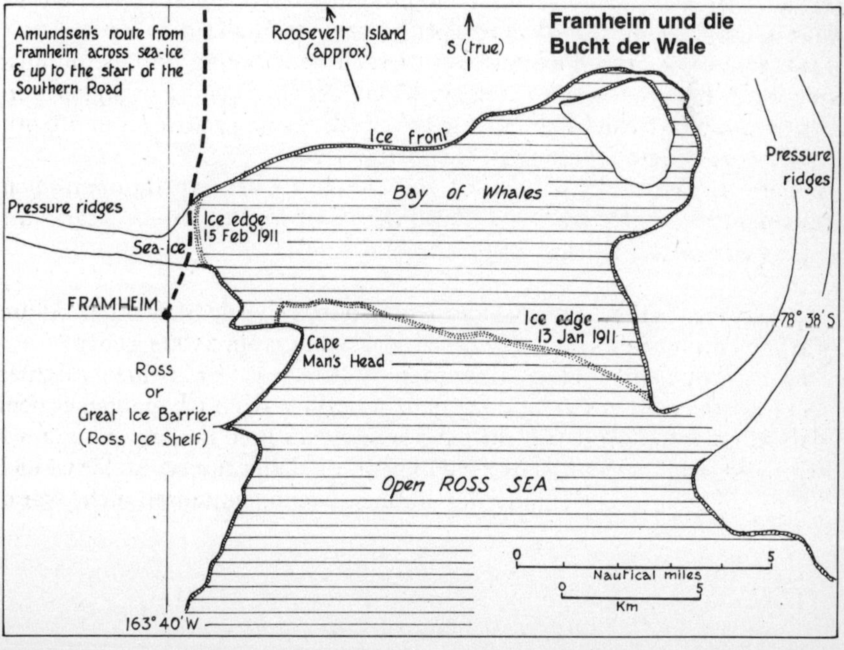
Amundsen's route from Framheim across sea-ice & up to the start of the Southern Road
Roosevelt Island (approx)
S (true)
Framheim und die Bucht der Wale
Ice front
Pressure ridges
Bay of Whales
Pressure ridges
Ice edge 15 Feb 1911
Sea-ice
FRAMHEIM
Ice edge 13 Jan 1911
78° 38'S
Cape Man's Head
Ross or Great Ice Barrier (Ross Ice Shelf)
Open ROSS SEA
0 5 Nautical miles
0 5 Km
163° 40'W

Und weiter:

> Du bist Norweger. Du kannst mehr oder weniger herumsitzen und in die Luft gucken, nichts tun, deinen Gedanken nachhängen. Aber tu das um Gottes willen nicht. Scott darf dich nicht einfach so herumsitzen sehen. Du mußt irgend etwas tun. Und wenn es nichts anderes ist, als zwei- oder dreimal deine Stiefel auf- und zuschnüren. Du mußt nur was zu tun haben.

Wilson wußte, wovon er sprach. Er stand Scott gerade in einem schlimmen Anfall melancholischer Depression bei. Niemand weiß, was Scott (und die gesamte Expedition) Wilson verdankte.

> Ich halte das Warten nicht mehr aus, schrieb Scott, aber in der Haupthütte bin ich genauso ungeduldig. Es ist entsetzlich, still dazusitzen und über den Zusammenbruch des Transports nachzudenken ... Der Pol ist so weit weg, hélas!
> Stück für Stück verliere ich meinen ganzen Glauben an die Hunde und mehr noch an Meares. Ich fürchte, weder er noch die Tiere werden je das Tempo bekommen, das wir brauchen.

Drei Wochen warteten die sechzehn Mann in Hut Point wie in der Vorhölle. Dann war Scott am Ende seiner Kraft, und taub für jeden Rat, bestand er darauf, die Fahrt nach Kap Evans über das dünne Herbsteis anzutreten. Es war ein Risiko, unnötig und unvernünftig, und seine Begleiter erbleichten; denn das Eis war stellenweise weniger als vier Zoll stark. Ein Sturm hätte es ohne weiteres ins Meer treiben können. Wieder hatten unkontrollierte Gefühle Scotts Urteilskraft vernebelt. Er kam durch, aber nur um Haaresbreite.

24

Der Polsucher bereitet sich vor

Scott hatte Pennell angewiesen, auf der Rückfahrt der *Terra Nova* nach Neuseeland die unbekannten Gewässer westlich von Kap Adare zu erforschen. Nachdem Pennell Campbell an Land gesetzt hatte, nahm er diese Aufgabe in Angriff.

Am 22. Februar sichtete Wilfred Bruce während seiner Wache schneebedeckte Gipfel in Neuland. Sie wurden später Oates-Land genannt.

Diese Entdeckung wäre die Expedition beinah teuer zu stehen gekommen. Ohne Eislotsen und ohne weitere Erfahrung mit Packeis wäre die *Terra Nova* fast im Eis festgefroren. Sie entkam mit knapper Not. Kaum war sie der Gefahr entgangen, gefror das Meer hinter ihr.

Ehe sie Neuseeland erreichte, kam sie erneut nur mit knapper Not davon. Sie geriet in einen schweren Sturm, und die Verstopfung ihrer defekten Pumpen wäre ihr beinahe zum Verderben geworden. Wie bei der Hinfahrt war Davies, der Schiffszimmermann, glücklicherweise an Bord. Scott hatte ihn bei sich behalten wollen, doch Pennell hatte es rundweg abgelehnt, ohne ihn zu segeln, da er der einzige war, der mit diesen Pumpen umgehen konnte. Davies rettete das Schiff wieder einmal. Am 31. März traf die *Terra Nova* in Lyttelton ein und Pennells Sorgen waren vergessen.

Auch die *Fram* hielt bei ihrer Rückfahrt Ausschau nach Neuland. Nilsen, der sie jetzt befehligte, fuhr ostwärts an Kap Colbeck vorbei, um zu sehen, ob er auf King Edward VII-Land noch Entdeckungen machen könnte. Als er auf Packeis stieß, drehte er ab. Seine Aufgabe war es vor allem, das Schiff heil durchzubringen. Risiken konnte er nicht eingehen.

Ehe Nilsen die „Bucht der Wale“ verließ, hatte er einen Abstecher in die innerste Durchfahrt gewagt, um weiter zu gelangen als die *Terra Nova* und den Rekord des südlichsten und des nördlichsten Punktes zu halten.

Nilsen mußte doppelt so weit segeln wie Pennell auf der *Terra Nova*. Er fuhr um Kap Horn die Küste von Südamerika hinauf nach Buenos Aires. Die *Fram* segelte in einen Hurrikan, schüttelte ihn aber ab und zeigte sich, nach Nilsens Worten, „in ihrer ganzen Stärke als bestes Schiff der Welt“.[1]

Am 17. April warf Nilsen in der Straße von Buenos Aires Anker im zufriedenen Gefühl, auf einem glänzenden Schiff eine ungewöhnliche Seereise abgeschlossen zu haben – und zahlungsunfähig.

Er war in dem Glauben gesegelt, daß in Buenos Aires für ihn etwas auf dem Konto wäre, was sich aber als Irrtum herausstellte, und nun mußte er, als

Seemann in Not, betteln gehen. Die norwegische Botschaft telegrafierte in die Heimat und erfuhr, daß kein Geld geschickt worden war, weil kein Geld in der Kasse war. Die unterschwellige Stimmung gegen Amundsen und sein Verhalten war so stark, daß die norwegische Regierung es nicht wagte, den Storting um eine Überweisung anzugehen.

So blieb Nilsen sich selbst überlassen. Seine einzige Hoffnung war Don Pedro Christophersen, Amundsens letzter Nothelfer. Dieser hatte angeboten, das Schiff mit Treibstoff und Proviant zu versorgen; und jetzt sollte er zusätzlich die gesamte Überholung bezahlen. Nilsen hatte die unangenehme Aufgabe, statt des kleinen Fingers gleich die ganze Hand zu nehmen.

Sobald Nilsen an Land gegangen war, vermittelte der norwegische Botschafter ihm ein Interview mit seinem Bruder. Don Pedro verstand sofort, in welch schwieriger Lage Amundsen sich befand, und erklärte sich zur Übernahme der Kosten bereit. Nilsen schrieb darauf an den Geschäftsführer der Expedition:

> Es ist nicht fair, einen einzelnen so in Anspruch zu nehmen . . . Natürlich kann man daheim sagen, daß die Expedition in aller Heimlichkeit nach Süden gefahren ist und deshalb sehen soll, wie sie zurecht kommt. Aber Norwegen gibt ab und zu aus Repräsentationsgründen viel Geld für Schiffe aus. Ist die *Fram* nicht das beste Schiff, das hinausgeschickt werden kann? . . . Wer kennt die *Fram* nicht? Norwegen kann kaum besser für sich werben als mit dem berühmtesten Schiff der Welt, von dessen Mast seine Flagge in den größten Häfen der Welt weht . . .

Don Pedro sorgte für die *Fram* und zahlte die Kosten für die Überholung, die sie nach 20 000 Meilen auf See so notwendig brauchte.

Damit waren Nilsen die akuten Sorgen genommen. Er konnte einen zusätzlichen Matrosen einstellen, um die unterbesetzte Schiffsmannschaft zu verstärken. Am 8. Juni lief er, wie geplant, zur ozeanographischen Kreuzfahrt zwischen Südamerika und Südafrika aus. Sie war in dieser Art erstmalig. Dieser Teil des Ozeans, schrieb Nansen an Nilsen, war

> gewissermaßen eine unbekannte Welt, wo früher Expeditionen wenig oder nichts von Bedeutung erreicht haben. Es wäre prächtig, wenn Norweger sich auch in diesem Bereich als überlegen erweisen könnten. Außerdem wird damit eindeutig bewiesen, daß die Expedition der *Fram* nicht nur ein sportliches Glanzstück ist, sondern auch ein wissenschaftliches Unternehmen, das Respekt verdient.

Für sein Drängen hatte Nansen Gründe, die über die rein wissenschaftlichen hinausgingen. Die *Terra Nova* hatte die *Fram* auf dem Wege zur Telegrafenstation geschlagen, und als erste die Nachricht von der Begegnung in der „Bucht der Wale" verbreitet. Auf die Nachricht hin hatte Benjamin Vogt, der norwegische Botschafter in London, Nansen geschrieben, man übe

> heftige Kritik an Amundsens unerwarteter Entscheidung, zum Südpol zu gehen ... Es herrscht hier die weitverbreitete Meinung, daß Amundsens Verhalten nicht fair und gentlemanlike ist ... Ich frage Sie, ob Sie etwas unternehmen können, um Amundsen zu rehabilitieren und dadurch auch sein Land; Sie wissen selbst am besten, was für eine unvergleichliche Wirkung ein Wort von Ihnen haben würde. Angesichts der jetzt herrschenden Meinung in der Öffentlichkeit, sehe ich der Nachricht, daß A. als erster den Südpol erreicht hat, nicht mit ungeteiltem Vergnügen entgegen.

Amundsen hatte der norwegischen Sache zweifellos geschadet, wenn auch nicht so schwer, wie Vogt meinte. Die Angriffe waren persönlich und bemühten sich im großen und ganzen, zwischen dem Mann und seinem Land zu unterscheiden.

Das stimmte selbst für Sir Clements Markham, der Scott Keltie mit Briefen über Amundsens „schmutzigen Trick" bombardierte und ihn abwechselnd als „Lump", „Schuft" und „Eindringling" beschimpfte. Sir Clements dachte zwar wie üblich verächtlich über die öffentliche Meinung, hatte aber Einfluß darauf. Shackleton warf Amundsen, ohne sich der Ironie seiner Worte bewußt zu sein, öffentlich vor, er „überwintere in Kapitän Scotts Einflußbereich"; und ein Redakteur der „Daily Mail", er versuche, sich auf Scotts „Anwesen" zu stürzen. Andererseits wiederholte Major Leonard Darwin vor dem Gremium der Königlich Geographischen Gesellschaft seinen Standpunkt: „Nur durch Forschen erwirbt ein Forscher noch nicht verbrieftes Recht."[2] Aber seine Stimme war nur eine gegen die Masse. Die Gemüter erregten sich, wenigstens in der Presse, so daß Nansen in einem Brief, den die *Times* am 26. April veröffentlichte, Amundsen verteidigte:

> Ich habe mit Amundsen viel zu tun gehabt, und bei allen Gelegenheiten ... handelte er als Mann; meine feste Überzeugung ist, daß unfaires Handeln in irgendeiner Form seiner Natur völlig fremd ist ... Weil er fürchtete, daß seine Gönner ihm raten würden, nicht in die Antarktis zu gehen, beschloß er bei sich, keinem von uns davon zu erzählen ... Und darin hatte er vermutlich recht ... Er glaubte, er dürfte uns nicht mitverantwortlich machen, und deshalb nahm er die ganze Verantwortung auf sich. Ich glaube, daß er damit sehr mannhaft gehandelt hat ... Was nun die Frage angeht, ob Amundsen ein Recht hat, auf das Gebiet eines anderen Forschers zu gehen, ... so muß daran erinnert werden, daß die Operationsbasen von Scott und Amundsen weit auseinander liegen, die Entfernung zwischen ihnen ist so groß wie die zwischen Spitzbergen und Franz Josef-Land. Ich bin sicher, daß sogar der schärfste Vertreter monopolistischen Denkens nicht wagen würde, die Meinung zu äußern, daß es von einer Expedition, die den Nordpol sucht, unfair wäre, zum Franz Josef-Land zu gehen, weil eine andere Expedition mit dem gleichen Ziel sich bereits auf dem Wege nach Spitzbergen befindet ...

Nansens Autorität und sein Ansehen in England waren so groß, daß sein Brief die öffentliche Meinung, oder wenigstens die Kommentare der Zeitungen, milder stimmte.

In Norwegen jedoch wurde Amundsens Handeln unterschwellig mißbilligt, zum Teil aus Furcht vor britischen Reaktionen, vielleicht aber auch, weil er finanziell leichtfertig gewesen war. Als ein von ihm unterschriebener Wechsel auf Bezahlung des Dieselmotors für die *Fram* nicht akzeptiert wurde, war, wie der Anwalt der Herstellerfirma feststellte,

> überhaupt kein Geld für die Bezahlung vorhanden, und Kapitän Amundsen hatte auch keinerlei Aktiva, die man hätte in Anspruch nehmen können ... Die Umstände können sich natürlich ändern, falls er mit seiner Expedition Erfolg hat.[3]

Leon Amundsen verteidigte seinen Bruder gegenüber Don Pedro:

> Als mein Bruder vor seiner Abreise von Norwegen Ihr freundliches Angebot erhielt, ahnte er nicht, daß er gezwungen sein würde, es in dem Ausmaß zu nutzen, wie es jetzt notwendig erscheint; er war überzeugt, daß seine Förderer und das norwegische Volk seine Entscheidung, nach Süden zu gehen, mittragen würden, weil er so gute und gewichtige Gründe dafür hatte, ... und er glaubte fest, er könnte mit der notwendigen Unterstützung für die Fahrt rechnen. In dem Glauben ist er noch heute.
> Er weiß noch nicht, was ich weiß: daß sein Verhalten fast überall mißbilligt worden ist ... Wenn er das erfährt, wird das sein Ehrgefühl in höchstem Maß verletzen und große Bitterkeit wird ihn überkommen.

Am 21. April schien die Sonne in Framheim zum letzten Mal für vier Monate. Die Frage war, ob der Winter für alle Vorbereitungen der Fahrt zum Pol ausreichen würde.

Die Tage liefen nun in einem festen Rhythmus ab und begannen um 7.30 Uhr, wenn Lindstrøm alle weckte und den Frühstückstisch deckte. Das war bewußt so arrangiert. Wie Amundsen in sein Tagebuch schrieb,

> weckt einen nichts so gut wie das Klappern von Tellern und Besteck, ganz zu schweigen von dem Geräusch, das entsteht, wenn Lindstrøm die Teelöffel auf die Emailbecher verteilt.

Die Arbeit begann um neun und wurde um 11.30 Uhr unterbrochen, damit alle um 12 zum Essen pünktlich waren; „meistens hatten wir viel zu besprechen – und wenn nicht: Stille ist nicht deprimierend. Wir mögen es gern und finden es erholsam, zu schweigen.“

Dann wieder Arbeit von 2 bis 5.15 Uhr, sechs Tage die Woche.

Die Arbeitsstunden dienten der Instandsetzung der allgemeinen Ausrüstung. Persönliche Dinge wie Stiefel, Kleidungsstücke und dergleichen mußten in der Freizeit in Ordnung gebracht werden. In den Abendstunden gab Kristian Prestrud einen Fortbildungskursus in Navigation, an dem jeder, auch Amundsen, teilnehmen mußte.

Aus den Navigationsbüchern schrieb Prestrud sechs Navigationstabellen heraus, und er stellte auch Standardformulare für die Breitengrade her, um die Arbeit im Freien zu vereinfachen und das Festhalten der Messungen zu erleichtern, für die damalige Zeit eine ungewöhnliche Hilfe.

Die meteorologischen Messungen waren die einzigen wirklich wissenschaftlichen Betätigungen. Sie wurden um 8, 12 und 20 Uhr durchgeführt, außerhalb der Arbeitszeit, wie Amundsen sorgfältig festhielt, jedoch nicht während der Nacht, obwohl dadurch ihr Wert vermindert wurde. Amundsen begründete sein Verhalten:

> Unser Ziel ist einzig und allein, zum Pol zu gelangen, und dafür muß alles andere zurücktreten. Wir werden alles tun, um diesen Plan zu verwirklichen. Wenn wir nachts eine Beobachtung durchführten, müßte die ganze Zeit über Licht brennen. Da wir nur einen einzigen Raum haben, würde das die meisten stören und uns allen damit schaden. Worum es mir geht, ist, daß wir alle den Winter über in jeder Beziehung vernünftig leben. Wir müssen gut schlafen und essen, damit, wenn das Frühjahr kommt, wir in guter körperlicher und geistiger Verfassung sind, um uns zu dem Ziel durchzukämpfen, das wir um jeden Preis erreichen müssen.[4]

Der große Feldzug zum Pol begann mit einem Hindernis, das durch kluge Improvisation beseitigt wurde. Aus irgendeinem Grund waren Schneeschaufeln vergessen worden. Aus Eisenblech stellte Bjaaland einige her, von denen Amundsen sagte: „Viel besser, als man sie kaufen kann.“ Inzwischen war es Mitte April, und es stand die Sisyphus-Arbeit bevor, die Hütte aus dem seit drei Monaten gefallenen Schnee auszugraben. Da machte einer den Vorschlag, statt dessen Stollen in den Schnee zu treiben und dadurch auch den dringend benötigten Arbeitsraum zu schaffen; denn die Hütte war sehr vollgepackt. So entstanden Schneekeller, von denen die meisten durch Tunnel mit der Hütte verbunden wurden.

Framheim war der Vorläufer der heutigen, perfekten Antarktis-Basen unter dem Schnee. Es gab nicht nur Werkstätten, es gab auch eine Waschküche und sogar ein WC, das, nach Amundsens Worten,

> in hygienischer Beziehung ganz amerikanisch ist. Zugegeben, wir haben kein Wasser, dafür aber haben wir die Hunde, die den Nachtdreck schnell und vollkommen beiseitigen.[5]

Der Hund, besonders der Eskimohund, ist ein Dreckverwerter. Amundsen sah, im Gegensatz zu Scott, die nützliche Seite dieses Phänomens. Weshalb also nicht Nutzen daraus ziehen? Framheims WC wurde so angelegt, daß die Senkgrube durch einen Außentunnel erreicht werden konnte, zu dem die Hunde freien Zugang hatten. Da es mehr als einhundert waren, hatten sie es nicht schwer, die Grube sauber zu halten; sie sparten den Menschen Zeit und nahmen ihnen eine unangenehme Arbeit ab.

Die Paraffinkanister waren draußen gelagert und natürlich mittlerweile unter Verwehungen verschwunden. Hassel grub einfach um sie herum ein unterirdische Höhle aus und schuf so

> „den besten Paraffinkeller. Hier nutzten wir wieder einmal, was die Natur uns an Möglichkeiten bot. Ich glaube, die meisten Leute hätten unter gleichen Umständen den ganzen Winter Schnee geschaufelt."

Dies offenbart einen klaren Unterschied zwischen Scott und Amundsen. Amundsen hatte aus seiner Lektüre den Schluß gezogen, daß die Hauptschwäche der Engländer darin bestand, daß sie gegen die Natur kämpften. *Seine* Stärke war, sie sich zunutze zu machen. Solche Vergleiche beruhigten ihn zwischendurch oberflächlich. Aber unter der äußeren Ruhe lauerte das Wissen um den Rivalen am McMurdo Sund und die Anspannung, die daraus entstand, daß er jedem seiner Schritte zuvorzukommen versuchte.

Eins war jedenfalls klar: sie mußten technisch überlegen sein. Ehe er losfuhr, wußte Amundsen, daß er ein besserer und schnellerer Polarfahrer war als Scott; aber er wollte deutlich und unschlagbar in Führung gehen. Der Winter mußte deshalb der minutiösen Überholung der gesamten Ausrüstung gewidmet werden.

Die Schlitten waren, verglichen mit anderem, ein Fehlschlag. Sie waren viel zu schwer, weil Amundsen Shackletons und Scotts dramatischen Berichten, die Barriere sei schlimm, schwierig und heimtückisch, Glauben geschenkt hatte. Sie mußten unbedingt leichter gemacht werden. Sie stammten von Hagen in Christiania und waren von dem gleichen Modell, das auch Scott gewählt hatte. Durch Abhobeln der Kufen und Verfeinerung der anderen Bauteile senkte Bjaaland ihr Gewicht von 50 auf 35 Kilo, ohne dadurch ihre Konstruktion zu schwächen. Er fertigte außerdem drei leichte und bewegliche Schlitten an. Er benutzte dazu Hickory Holz, das fest, biegsam und abgelagert war, das gleiche Holz, das Amundsen vor einem Jahrzehnt in kluger Voraussicht in Pensacola gekauft hatte. Mit Primus-Öfen und Weißblechplatten aus alten Paraffinkanistern schuf er die Dampfkammer, in der die Kufen gebogen wurden. Er stellte für jeden Mann zwei Paar Ski her, ein Paar zum Laufen, das andere sollte als Reserve auf einen Schlitten gepackt werden. Seine Arbeit war am 20. Juli abgeschlossen.

Zum dritten Mal wurden die Skistiefel umgearbeitet, da sie immer noch zu schmal waren. Jeder war sein eigener Schuster. Sie wurden so weit gemacht, daß zwei Socken aus Rentierfell, reichlich Sennegras und eine dicke Wollsocke hineinpaßten und noch Platz blieb, damit die Zehen bewegt werden konnten. Das ursprüngliche Oberteil des Stiefels aus steifer Zeltplane wurde durch leichteres Material ersetzt.

Manches andere wurde umgearbeitet oder neu geschaffen. Da die Hunde die Fersenbindung der Skier fraßen – sie waren aus Häuten von Narwalen hergestellt – brachte Bjaaland Haken an, so daß sie abgenommen und nachts in den Zelten untergebracht werden konnten. Stubberud hobelte die Schlittenkästen um so viel ab, daß sie drei Kilo leichter wurden, außerdem wurden sie auf die Schlitten montiert; das sparte Zeit und Kraft, da so das Auf- und Abladen wegfiel. Auf einer Nähmaschine mit Fußantrieb nähte Wisting aus einem leichten, windundurchlässigen Stoff neue Zelte, um ihr Gewicht von 10 auf 6 Kilo zu reduzieren. Es handelte sich um eine neue Form mit eingenähtem Boden (damals noch ungewöhnlich); das Zelt wurde von innen mit einem einzigen leichten Bambusstab aufgestellt, es sollte auch bei Sturm leicht aufzuschlagen sein.

Der Ärger war nur, daß der Stoff weiß war. Aus drei Gründen wollte Amundsen gern dunkle Zelte; sie waren im Schnee leichter sichtbar – eine Wohltat für die Augen nach einem ganzen Tag in der flimmernden Sonne hoher Breitengrade – und speicherten bei Sonnenbestrahlung besser die Wärme. „Ja, ja," schrieb er in seinem Tagebuch, „wir lassen uns so schnell nicht schlagen"; und sie brauten sich ein Färbemittel aus Tinte und schwarzer Schuhcreme.

Und so weiter und so weiter – die gesamte Ausrüstung wurde überholt und (fast immer) geändert in der rastlosen Suche nach Sicherheit und Perfektion.

Obwohl mit Material beschäftigt, ging es Amundsen doch nicht in erster Linie darum. Für ihn war, wie für Napoleon, die Moral der Truppe der halbe Sieg. Er führte allein durch die Kraft seiner Persönlichkeit. Er besaß die persönliche Anziehungskraft, die das Kennzeichen eines großen Führers ist. Er wurde von so unterschiedlichen Männern wie Shackleton, Helland-Hansen, Lincoln Ellsworth und Admiral Byrd, dem amerikanischen Luftfahrtpionier, anerkannt. In Framheim erkannte sogar Johansen ihn an.

Am 7. Juni, dem Unabhängigkeitstag Norwegens und Jahrestag der Ausfahrt der *Fram* aus dem Bundefjord, brachte Johansen den Trinkspruch auf den Chef aus und sagte dabei:

> . . . die Zusammenarbeit auf der jetzigen Expedition war gut, weil wir einen so geraden, verständnisvollen und angenehmen Führer hatten.

Diese Worte meinte Johansen ernst. Er zog Vergleiche mit Nansen, diesmal nach der anderen Seite. Auf der Fahrt der *Fram* war Nansen für seine Begleiter bedrückend mürrisch gewesen; Amundsen zeigte ein ausgeglicheneres Temperament.

Er hatte einen ungewöhnlichen Intellekt. Intellektuell war Scott dagegen ein Zwerg, mit dem man schon deshalb Mitleid haben konnte, weil er es mit einem solchen Gegner zu tun hatte.

Amundsen erfaßte die Psychologie kleiner Gruppen; er hatte ein fast weibliches Gespür für Untertöne und Gegenströmungen, die ein Führer wahrnehmen muß. Er bemühte sich, und zwar mit subtilem Geschick, Belastungen, die eine Polar-Expedition befallen, zu beseitigen.

In einer kleinen, von der Außenwelt abgeschnittenen Gemeinschaft, in der winzige Einbildungen sich zu riesigen Verschiebungen der Realität auftürmen können, ist die morgendliche Verdrießlichkeit eine beträchtliche Gefahr für die allgemeine Stimmung. Amundsen durchschaute das, nahm sich zusammen und entwickelte einen Plan, um die gleiche Verdrießlichkeit bei seinen Gefährten zu beseitigen.

Er organisierte einen Wettbewerb zur Schätzung der Temperatur, setzte in jedem Monat einen wertvollen Preis aus und für den Sieger am Ende der Jahreszeit ein Teleskop. Nach außen hin tat er so, als wollte er die Fähigkeit zur Beurteilung der Temperatur entwickeln, für den Fall, daß alle Thermometer auf der Expedition zerbrachen; der eigentliche Zweck aber war, seine Leute am Morgen zunächst einmal hinaus in die frische, sogar frostige Luft zu bringen.

Durch die umfangreiche Arbeit war die Freizeit notgedrungen beschränkt. Prestrud gab einen freiwilligen Englischkurs und unterrichtete in der Küche, um andere nicht zu stören. Bjaaland begann mit dem Bau einer Geige. Für die übrigen gab es Lesestunden, Kartenspiel und Pfeilwerfen auf eine Scheibe.

Um das Einerlei zu vermeiden, wurde der Wochenplan mit kleinen Abwechslungen versehen, auf die man sich im voraus freute. An den Werktagen reichte man bei den Mahlzeiten kein Getränk; samstags aber gab es heißen Grog und sonn- und feiertags, sowie an Geburtstagen, zum Abendbrot Aquavit.

Samstag war Sauna-Abend. Auch das eine Art Ritual, eine Zeremonie zur Reinigung von Körper und Geist. In einem Iglu hatte man eine kleine Sauna eingerichtet; Hitze und Dampf wurden von zwei Primus-Öfen geliefert, die unter einer Metallplatte standen. Ein nackter Sprint durch den Verbindungstunnel zwischen Barriere und Hütte ersetzte das obligatorische Sich-im-Schnee-Wälzen. In mancher Beziehung förderten die Umstände Amundsens Bemühungen um die Moral. Obwohl die meisten seiner Leute normalerweise in der Stadt lebten, waren sie doch unter der Oberfläche immer noch Leute vom Land; Leute mit schlichtem Geschmack, an Einsamkeit gewöhnt und ohne gerade Einsiedler zu sein, suchten sie doch das Alleinsein als Erholung und inneren Auftrieb. In ihren einzelnen Werkstätten unter dem Schnee waren sie allerdings so lange Zeit allein, daß sie abends froh waren, die alten vertrauten Gesichter zu sehen. Und stets hatten sie die Hunde als Zerstreuung, sie verhinderten Monotonie auf der Fahrt. Jeder mußte vierzehn oder fünfzehn pflegen und füttern.

Die Hunde wurden nachts angebunden, zehn oder zwölf in vier Fuß tiefen Schneehöhlen, wo sie warm lagen; denn Schnee ist ein guter Isolator. Tagsüber durften sie frei umherlaufen; einige machten verbotene Ausflüge auf eigene Faust und kehrten nach einigen Tagen hungrig und beschämt zurück.

Das Klima in Framheim war, nach Amundsens Worten, „ideal". Wind gab es, ein Vorteil für Stimmung und Moral, selten. Nichts zerrt so sehr an den Nerven wie das unaufhörliche Heulen und Schlagen des Sturmes in wilder Einsamkeit.

Am Kap Evans konnte Scott das sehr häufig feststellen. Er hatte mehr als 30 Prozent der Zeit heftigen Sturm mit Stärken von 24 Meilen pro Stunde, und damit siebenmal so häufig wie Amundsen. Framheim war dagegen kälter mit einer Durchschnittstemperatur im Winter von −38 Grad; gelegentlich fiel das Thermometer fast bis −60 Grad. Am Kap Evans lag die Durchschnittstemperatur bei −27 Grad.

„Das Schicksal der Nationen", sagt Brillat Savarin, „hängt davon ab, wie sie essen." Wie soll man danach Lindstrøm, den Koch in Framheim, beurteilen?

Die Norweger sind keine Gourmets, aber nach sechzig Jahren erinnerte Stubberud sich noch mit Vergnügen an Lindstrøms „Pfannkuchen". Regelmäßig jeden Morgen erschien Lindstrøm am Frühstückstisch, dick und strahlend, in der Hand eine Platte mit einem Stapel heißer Pfannkuchen. Die Atmosphäre warmer Häuslichkeit, die ihnen fehlte, wurde durch ihn ersetzt. Er hatte in Amerika gelernt, diese Pfannkuchen zu backen, und sie fielen jetzt buchstäblich darüber her. Sie aßen sie mit eingemachten Blau- und Torfbeeren – traditionellen norwegischen Antiskorbutmitteln. Nach den Erfahrungen auf der *Belgica* war Amundsen immer noch überzeugt, im Grunde besessen davon, daß es lebensnotwendig sei, das Auftreten von Skorbut zu verhindern. Er hielt fest an einer Kost aus frischem oder wenigstens tiefgefrorenem Seehundfleisch, das zweimal am Tage, mittags und abends, auf den Tisch kam. Lindstrøm war ein „Polar"-Koch, der Seehundfleisch schmackhaft und nahrhaft zugleich zubereiten konnte. Wenn man die Feststellung auf das Wesentliche reduziert, bedeutete das: nicht gar gebratenes Fleisch enthielt den größten Anteil an Vitamin C.

Den ganzen Winter hindurch bauten Amundsens Leute ihren Vitamin C-Vorrat in sich auf, denn der menschliche Körper kann dieses Vitamin zwar nicht selber herstellen, aber doch eine Zeitlang speichern. Sie aßen auch Vollkornbrot, das mit Weizenkeimen angereichert war; Lindstrøm säuerte es mit frischer Hefe, die zu brauen ihm gelungen war. So wurde dem Körper auch der Vitamin B-Komplex zugeführt, der den Stoffwechsel beeinflußt und dessen Mangel zu geistigen und nervlichen Symptomen führen kann.

Seehundfleisch, Graubrot, „Pfannkuchen" und Beeren bildeten die Hauptnahrung der Norweger, eine einfache, nahrhafte und natürliche Kost.

Am Kap Evans lebte die britische Expedition, nach Grans Worten, „fürstlich mit Dingen, die selbst in der Zivilisation als Delikatessen angesehen werden".[6]

Es gab Weißbrot, kein Graubrot, viel Konserven, arm an Vitamin C, und Seehundfleisch, doch nicht täglich, und es wurde zu gar gebraten. Das war eine verfeinerte und magere Kost.

So also baute jede Expedition ihre körperlichen Reserven für die kommende schwere Prüfung auf. Das Schicksal saß mit am Tisch.

Neben dem gesundheitlichen Aspekt achtete Amundsen bei den Schlittenrationen auf Einfachheit; sie wurden auf vier Bestandteile reduziert: Pemmikan, Schokolade, Zwieback und Milchpulver. Zucker war in der Schokolade enthalten; Kaffee und Tee wurden als gefährliche Anregungsmittel verworfen.

Pemmikan wurde zu einem dicken Brei aufgekocht; Schokolade und Milchpulver mischte man zu einem nahrhaften Getränk, das heiß getrunken wurde. Gegen Durst gab es das alte Eskimomittel: Schmelzschnee in unbegrenzter Menge.

Amundsen wollte diese Einfachheit, weil sie die Haushaltung auf dem Marsch erleichterte; außerdem wollte er beweglich sein. Die Nahrungsvorräte wurden so gepackt, daß die Tagesrationen für zwei bis acht Mann leicht herausgenommen werden konnten.

Die Reiseverpflegung für die Hunde wurde mit der gleichen Sorgfalt zusammengestellt. Amundsen hatte ein Spezialhundepemmikan gemischt, das kalt gefressen werden sollte. Es unterschied sich vom gewöhnlichen Pemmikan dadurch, daß es Fischmehl und mehr Fett enthielt. Die Ration pro Hund und Tag betrug 1 Pfund; es wurde eingefroren, damit die Hunde etwas zum Knabbern hatten. Es war daneben für menschliche Nahrung geeignet und konnte als Reserveverpflegung herangezogen werden. Es mußte gekocht werden, um genießbar zu sein, und ähnelte dann einem Fisch-Stew.

Johansen wurde beauftragt, die Vorräte portionsgerecht zu packen, eine Aufgabe, die Geduld und Gewissenhaftigkeit erforderte. Das waren Johansens Stärken, und Amundsen gab sich viel Mühe, die Arbeit jeweils auf den betreffenden Menschen zuzuschneiden. Wochenlang hockte er geduldig über seinen Blechdosen und -büchsen im „Kristall-Palast", wie er seine Werkstatt unter dem Schnee aus Spaß nannte, und packte aus und ein. Das Milchpulver wurde in wurstförmige Säckchen verpackt, die Wisting genäht hatte. Die Zwiebacke wurden aus den Herstellerpackungen genommen, gezählt, in die Schlittenkästen gelegt und ihre Anzahl Schicht für Schicht in das Verpflegungsbuch eingetragen. Die Zwischenräume, die beim Verpacken durch die zylindrische Form der Pemmikan-Dosen entstanden, wurden mit den Milchsäckchen und der Schokolade ausgefüllt, die sorgfältig in einzelne Stücke gebrochen worden war. Ende Juli war er mit der langwierigen Arbeit fertig. Bis dahin hatte er 42 000 Zwiebacke gezählt, 1321 Pemmikandosen geöffnet und ihren Inhalt neu verpackt, ebenso 100,8 Kilo Schokolade und 203 „Würste" mit je 300 g Trockenmilch hergestellt. Amundsen sparte nicht mit Lob.

Es war für ihn selbstverständlich, grundsätzlich so weit wie möglich den

Werkstätten fern zu bleiben, außer wenn ihn jemand rief. Er delegierte viel und glaubte, daß ungebetene Einmischung, so gut gemeint sie auch sein mochte, als Schnüffelei verstanden wurde und der Moral schadete.

Amundsen mußte mit Johansen vorsichtig umgehen, denn in ihrem Verhältnis lag der Keim zu Konflikten.

Er hatte vier Männer unter sich, die als Polarfahrer ungefähr gleich erfahren waren: Hassel, Helmer Hanssen, Lindstrøm und Johansen. Aber nur Johansen stellte eine Bedrohung seiner Autorität dar. Es verhielt sich wie zwischen Scott und Shackleton auf der *Discovery*.

Er war physisch stärker, auch der bessere Skiläufer und Hundetreiber, und dessen war er sich voll bewußt. Er glaubte auch, über Polarreisen mehr zu wissen als Amundsen. Gelegentlich ließ er das durchblicken, wenn er Amundsen korrigierte, ihm widersprach und ungebeten Ratschläge erteilte.

Hinter Amundsens Autorität verbarg sich eine Empfindlichkeit, die in einfachen Feststellungen einen gezielten persönlichen Angriff erblickte. Seine Leute lernten schnell, daß sie Dinge in die Form der Frage kleiden mußten und daß Amundsen dann gern bereit war, sie zu erörtern. Dieser Taktik beugte Johansen sich nicht.

Er litt unter Frustration, Groll und Gewissensbissen. Er war die ewige Nummer zwei und lebte mit dem belastenden Bewußtsein, Versager zu sein. Darüber hinaus war er ein Alkoholiker, der Abstinenz übte, was die Belastung verstärkte. Diese Situation war für Amundsen nicht leicht. Er wurde mit ihr dadurch fertig, daß er die Rivalität entschärfte und Johansen zum Verbündeten machte.

Es ist Amundsens Verdienst, daß für den größten Teil des Winters Unzufriedenheit aus Johansens Tagebuch verschwindet. Aber er hatte immer noch Phasen der Melancholie, doch dagegen konnte ihm wahrscheinlich nur noch ein Schutzengel helfen. Nachdem er sich jahrelang hatte treiben lassen, bemühte er sich jetzt rührend darum, sich nützlich zu machen und akzeptiert zu werden. Diesem Bedürfnis kam Amundsen menschlich entgegen.

Es war aber nur ein Waffenstillstand; unter der Oberfläche schwelte der Konflikt. Immerhin hielt Amundsen die Spannung unter Kontrolle, seine Mannschaft ungespalten und ihre Moral hoch.

Unter der Selbstsicherheit, die Amundsen ausstrahlte, rumorte die Sorge um Scott oder vielmehr um die Motorschlitten. Als der Winter sich seinem Ende zuneigte und ihm bewußt wurde, daß die Zeit verrann, begann er sich mit der Gefahr zu beschäftigen, daß er vor dem Ziel geschlagen würde. Am 11. Juli setzte er sich in seinem Tagebuch kritisch mit Shackleton auseinander:

> Entweder müssen die Engländer schlechte Hunde gehabt oder nicht verstanden haben, mit ihnen umzugehen . . . Eines darf ich wohl sagen, glaube ich: wenn Shackleton angemessen ausgerüstet gewesen wäre, d. h. mit Hunden,

> Fellanzügen und vor allem mit Skiern ... nun, dann wäre das Kapitel Südpol jetzt abgeschlossen. Ich bewundere im höchsten Grad, was er und seine Leute mit der Ausrüstung, die sie hatten, geschafft haben. Mut, Zielstrebigkeit und Kraft haben ihnen nicht gefehlt. Etwas mehr Erfahrung – vielleicht eine Fahrt durch das viel schwierigere arktische Eis – und ihre Arbeit wäre mit Erfolg gekrönt gewesen.
> Die Engländer haben der Welt laut und offen erzählt, daß Skier und Hunde in diesen Regionen wertlos, Anzüge aus Fell Unfug sind. Wir werden ja sehen ... Ich will nicht prahlen, das liegt mir nicht. Aber wenn jemand die Methoden angreift, mit denen die Norweger zur führenden Klasse der Polarforscher aufgestiegen sind, nämlich Skier und Hunde, dann wird man sich ja wohl ärgern dürfen und der Welt klarzumachen versuchen, daß nicht nur Glück, sondern Überlegung und Können sie vorangebracht hat. Wir wußten eben, wie man Skier und Hunde einsetzt.

Diese Art von Ausbrüchen waren in der ersten Hälfte des Winters selten. Die Dunkelheit, die Arbeit und das Bewußtsein, daß Scott mit den Motorschlitten jetzt nicht reisen konnte, gaben Amundsen noch ein gewisses Maß an Ruhe. Doch als der Frühling sich ankündigte, begann seine Spannung zu wachsen. Er näherte sich einer Krise.
Er konnte die englischen Motorschlitten geradezu hören, wie sie weit vor ihm über die Eisbarriere zum Südpol knatterten. Aber über die Rivalität mit Scott hinaus gab es noch etwas anderes. Er hatte dunkle Vorahnungen in bezug auf bestimmte Aspekte seines eigenen Planes. Er beabsichtigte, sieben Leute mitzunehmen und Framheim in der Obhut von Lindstrøm zu lassen. Aber reichte der Sicherheitsspielraum aus, wenn er alle zum Pol mitnahm? Auch wegen Johansen war er unruhig. In einer Krise konnte dessen latente Herausforderung seiner Führungsautorität an die Oberfläche kommen und Spaltung und Unheil verursachen. Meuterei im wahrsten Sinn lag im Bereich des Möglichen.
Das war allerdings mehr als eine persönliche Krise, es war eine Kommandokrise. Sie konnte keineswegs durch rein rationale und bewußt eingesetzte Mittel gelöst werden – nicht einmal bei einer so eminent rationalen Führerpersönlichkeit wie Amundsen.
Amundsen quälte sich jetzt mit Zweifeln, er schwankte und begann seine Pläne zu ändern. Am 4. Juli präsentierte er seinen „verbesserten“ Plan, wonach er Mitte September, statt wie ursprünglich beabsichtigt, am 1. November aufbrechen wollte. Sie würden alle, acht Mann und vierundachtzig Hunde, bis zum Depot am 83. Breitengrad ziehen, dort Iglus bauen und auf die Mitternachtssonne Mitte September warten, ehe sie endgültig zum Pol aufbrachen. Nachdem er bis jetzt immer Konzentration auf das eine Ziel gepredigt hatte, machte er dann Ende Juli plötzlich den Vorschlag, vorweg noch einen Vorstoß auf das King Edward VII-Land zu machen, um die Ausrüstung zu testen. Zweimal stellte er seinen Vorschlag zur Abstimmung – was Scott niemals getan hätte –, zweimal wurde er einstimmig abgelehnt. Er nahm das Ergebnis an, kam auf

seinen ursprünglichen Vorschlag, nur den Pol ins Auge zu fassen, zurück und bestimmte, daß man am 24. August, bei Rückkehr der Sonne, aufbrechen würde. Das war unsinnig früh. Johansen warnte ihn. Er erinnerte sich an seine Erfahrungen mit Nansen in der Arktis, als sie zu früh aufgebrochen waren mit dem einzigen Erfolg, daß sie der Kälte wegen umkehren mußten. Amundsen aber fegte Johansens Protest vom Tisch – und seine eigenen Bedenken – und setzte seine Autorität durch. Aber Zweifel und Sorgen lagen in der Luft. Sein Unbehagen hatte sich auf seine Gefährten übertragen. Hassel notierte in seinem Tagebuch: „Der Gedanke an die Engländer ließ ihm keine Ruhe. Denn, wenn wir nicht die ersten werden, hätten wir ebensogut zu Hause bleiben können.“[7]

25

Überwintern am Kap Evans

Am Kap Evans begegnete man dem ausländischen Rivalen damit, daß man ihn ignorierte. In den ersten Wochen nach der Rückkehr von der Depotreise gab es eine schweigende Übereinkunft, daß Polarangelegenheiten im allgemeinen und die Misere der Expedition im besonderen nicht erwähnt wurden. „Es war so", schreibt Gran, „als gäbe es einen Anschlag ‚Fachsimpelei verboten.'"[1]

Aber Gedanken sind frei und Frank Debenham sprach wahrscheinlich für die Mehrheit, als er in sein Tagebuch schrieb:

> Amundsens Chancen sind beachtlich besser als unsere. Sie sind 60 Meilen näher am Pol als wir und können direkt auf den Pol zusteuern, während wir erst um die Inseln herum müssen.

Scott unterbreitete seine Pläne für die Fahrt zum Südpol schließlich am 8. Mai. Am Kopfende eines langen Tisches in der Hütte sitzend, sprach er anhand einer großen Karte in seiner prosaischen Art über die einzelnen Punkte. Es war eine erstaunliche Vorstellung. Es war offenkundig, daß er ohne irgend etwas, was man Plan hätte nennen können, in die Antarktis gekommen war und jetzt eindreiviertel Jahr nach Beginn der Expedition mit verspäteten Improvisationen aufwartete. Es war aber genau so offenkundig, daß keiner von den Zuhörern etwas Besonderes dabei empfand.

Der Zeitplan für den Vorstoß zum Pol, mit dem Scott seine Ausführungen begann, stützte sich nicht etwa auf Schätzungen seiner eigenen Fähigkeiten, sondern auf Shackletons Ziffern aus dem Jahre 1908. Sie stammten nicht von Shackleton selbst, Scott und Shackleton sprachen ja nicht miteinander, sondern aus seinem Buch *Das Herz der Antarktis*. Scott schlug vor, am 3. November aufzubrechen. Wenn man 144 Tage für die 1530 Meilen zum Südpol und zurück rechnete, bedeutete das, daß man am 27. März wieder bei der Hütte wäre.

Dieses Datum schien gefährlich spät. Es schlug allen Erfahrungen ins Gesicht, auch seinen eigenen. Obwohl Amundsen unendlich viel besser gerüstet war – er hatte Wolfs- und Bärenfelle für besonders schlechte Wetterverhältnisse –, lehnte er es unter allen Umständen ab, für die Rückkehr nach Framheim einen späteren Termin als Ende Januar ins Auge zu fassen. Anfang Februar war für Shackleton schon fast zu spät gewesen. *Diese* Lehre aber wollte Scott nicht annehmen.

> Ich möchte noch einmal wiederholen, erklärte er, . . . daß diese Expedition ihre Pläne faßt und ihre Arbeit durchführt, als existiere Amundsen nicht.

Das war gespielte Tapferkeit, wenn auch in ihr eine gewisse Logik lag. Die Nicht-Existenz von Amundsen als aktuellem Gegner war für Scott genauso „wirklich" wie die Existenz des eingebildeten Rivalen Shackleton. Was Scott beschrieb, war nicht der Wettlauf gegen Amundsen, sondern seine Fehde gegen Shackleton. Hatte Shackleton sich nicht schon allein durch Kälte und Rückschläge fast besiegen lassen? Scott würde zeigen, daß er doppelt soviel aushalten konnte.

Als er dann auf die Frage des Transports zu sprechen kam, zeigte sich die Verworrenheit seiner Gedanken. Nachdem er zunächst all sein Vertrauen in die Motorschlitten gesetzt hatte, hatte er nun jeden Glauben an sie verloren.

Die Hunde seien eine Enttäuschung gewesen. Das war eine willkürliche, um nicht zu sagen, irrationale Feststellung, die den sehr beachtlichen Gegenbeweisen völlig widersprach. Auf der Rückfahrt von der Depotreise waren die Hunde täglich 20 bis 30 Meilen gelaufen und hatten Scott weit vor der Pony-Gruppe wieder zurückgebracht.

Ponys, verkündete Scott, stellten die einzige verläßliche Transportform dar, könnten aber nur bis zum Fuß des Gletschers gebracht werden. Von dort müßten für die etwa 1000 Meilen und die Überwindung von 10000 Fuß Höhenunterschied zum Pol und zurück die Schlitten von Menschen gezogen werden.

> Ich für meine Person bin begeistert, schrieb Bowers. Das wird eine feine Sache, wenn wir das Plateau mit menschlicher Zugkraft schaffen, wo heutzutage die Engländer so oft als dekadent gelten.

Er war das Echo von Scotts heroischen Sehnsüchten, die er in *Die Reise der Discovery* verewigt hatte.

Scott erwog durchaus die Frage der Ausdauer. Sie würden 75 Tage in großer Höhe auf dem Plateau oder seinen Zugängen zubringen. „Ich weiß nicht, ob es menschenmöglich ist, so lange auszuhalten. Ich zweifle fast daran", waren seine letzten Worte.

Es ist bezeichnend, daß Bowers, nach Cherry Garrard: „ein einfaches Gemüt, geradeheraus und selbstlos" und vielleicht der Naivste von allen, praktisch in seinem unqualifizierten Enthusiasmus der einzige blieb. Die anderen quälten sich mit Bedenken.

Gran war sprachlos über Scotts Meinung zu den Hunden. Scott hatte zwar den stillen Verdacht, daß Hunde für den, der damit umgehen konnte, ein enormer Vorteil waren, aber er schreckte davor zurück, Hunde antreiben und als Futter füreinander töten zu müssen. Unter diesem Abscheu verbarg sich auch noch ein tragikomischer Groll gegen die Rasse, weil sie seinen romantischen Wahn störte: ein Arbeitshund hat die unnachahmliche Fähigkeit, menschliche Überheblichkeit zu entlarven. Jahre später verdammte Meares seinen Expeditionsführer als einen „sentimentalen Menschen".

Damals sagte er zu Oates, „Scott sollte sich mal ein einschlägiges Buch über Transport kaufen." Scott, alles andere als amüsiert, „überhörte" das wohlweislich; leider war das die einzige Kritik, die ihm zu Ohren kam. Die meisten seiner Leute hatten Angst vor ihm und hielten den Mund.

Die Vorbereitungen für die Fahrt zum Pol wurden erst Mitte Juni, zwei Monate später als in der norwegischen Expedition, in Angriff genommen. Die Ausrüstung wurde von den Mannschaften nur überholt, und diese arbeiteten nur einen halben Tag. Die wichtige Frage der Polarkost hattc Scott bisher nicht erwogen. Jetzt, sechs Monate vor dem Aufbruch zum Pol, richtete er seine Aufmerksamkeit darauf und beauftragte Bowers, in Büchern, die ihm zur Verfügung standen, darüber nachzulesen. Es ist durchaus charakteristisch für Scott, daß er sich damit an einen unerfahrenen Anfänger wandte. Ebenso wurde Cherry-Garrard, ein anderer Neuling, angewiesen, einen Bericht über den Bau von Iglus vorzubereiten; das erste nachweisbare Interesse, das Scott nach zwölf Jahren Beschäftigung mit der Polarforschung zu erkennen gab.

In den meisten Punkten bildeten das britische und norwegische Winterlager Gegensätze. In Framheim lebten alle zusammen in einer Atmosphäre von Gebirgshütte und Segelschiff. Kap Evans hingegen war ein Zwittergebilde zwischen einem Kriegsschiff und einem akademischen Gemeinschaftsraum. Die Hütte war in der Mitte durch eine Wand von Packkisten geteilt. Auf der einen Seite lebten die Offiziere und Wissenschaftler, grob gesagt, die Gentlemen, auf der anderen die Marinemannschaften mit Anton und Dmetri, den russischen Stall- und Hundejungen, jede Gruppe für sich.

Das alle beherrschende Gefühl in Framheim, daß es für sie darauf ankam, war am Kap Evans kaum zu spüren. Den Winter ließen sie müßig, fast dilettantisch dahingehen. Für Gelegenheitsarbeiten nahm man Freiwillige in Anspruch, so daß die „Arbeitspferde" überanstrengt wurden. Die Technik der Fortbewegung wurde vernachlässigt, und anstatt daß Gran Ski-Unterricht erteilte, spielte er bei Mondschein Fußball. Es gab aber ein Journal, *The South Polar Times*; verantwortlicher Redakteur: Cherry-Garrard. Dreimal in der Woche wurden Vorlesungen gehalten, nach Meinung der meisten zu viel. Scott ging auf, daß er unter den Wissenschaftlern gute Fachkräfte hatte, und er holte sie „mit sanfter Gewalt" zu Vorlesungen heran. Die ausgefallensten Gegenstände wurden behandelt, aber nur bemerkenswert wenige hatten etwas mit Polarreisen zu tun. Ein Lehrgang in Navigation wurde nicht abgehalten, obwohl Scott in „Teddy" Evans einen Spezialisten zur Verfügung hatte.

Scott war wie ausgewechselt, wenn er am Ende des Essens von Polarangelegenheiten zu dem, was sie „Universitas Antarktika" nannten, überging. Hier schien er in seinem Element, mehr Akademiker als Marineoffizier. Simpson war beeindruckt von Scotts „wendigem Geist. Hier ist kein Kenner irgendeines Fachs, der nicht gern mit ihm diskutiert." Scott wäre als Spezialist glücklich gewesen, und da er ein Talent zum Schreiben hatte, wäre die Popularisierung von Wissenschaft vielleicht sein Metier gewesen.

Er ging damals durch eine persönliche Krise. Die doppelte Herausforderung durch Shackleton und Amundsen hatte ihm seine Kräfte genommen. Der Trübsinn und die Reizbarkeit aus den Tagen der *Discovery* hatten sich mit der Zeit in lange Phasen ernster Depression verwandelt, unterbrochen von einer Art hektischer Euphorie. Er zog sich in sich selbst zurück, war einsam unter all seinen Leuten und entfernte sich von der Wirklichkeit.

Es gab viele Kapitäne großer Schiffe, die es verstanden, Kontakte zu ihren Untergebenen herzustellen, und wußten, was in der äußersten Ecke ihres Schiffes los war. Aber das kostete Anstrengung, und man mußte stark sein, um die eigene Sonderstellung ertragen zu können. Scott war nicht stark genug, er war gezeichnet durch eine Situation, die seine Kräfte überstieg.

Hinzu kam sein Gefühl, von der Marine im Stich gelassen zu sein. In Kapstadt und Lyttleton hatte er von den Marinedocks keinerlei Hilfe bekommen. Das war für ihn sehr beschämend, verglichen mit der Unterstützung, die er von ihnen auf der *Discovery* erhalten hatte. Er wußte, was das hieß; seine Beförderung hing davon ab, was am 90. Grad südlicher Breite passierte. Wenn alles gutging, konnte er 1913 Konteradmiral sein. Entweder der Pol oder nichts.

Scott brauchte jetzt alle nur mögliche Unterstützung. Er lehnte sich an Wilson an, seine geistige Stütze, an Bowers, seine rechte Hand in allen praktischen Dingen. Wilson war Führer und Vertrauter, Mittelsmann zwischen Scott und seinen Untergebenen. Bowers leitete praktisch den Stützpunkt. Diese beiden übten gewisse Leitungsfunktionen aus und nahmen so Teddy Evans seinen offiziellen Rang als stellvertretenden Kommandanten.

Die Feindschaft, die an die Oberfläche getreten war, als Scott in Kapstadt das Kommando auf der *Terra Nova* von Evans übernahm, hatte zwischen den beiden zu einem Konflikt geführt, der dem glich, der auf der Eisbarriere zwischen Amundsen und Johansen aufkeimte.

Nachdem sie Framheim gesehen hatten, war es Campbell klar, daß Scott seine Pläne würde ändern müssen, wenn er eine Chance gegen Amundsen haben wollte. Als Oberleutnant konnte er keinem Kapitän der Marine, am wenigsten einem von der Reizbarkeit Scotts, ungebeten einen Rat erteilen. Er gab deshalb den „schwarzen Peter" weiter an Evans, der daraufhin unter anderem vorschlug, eine für die westliche Erforschung vorgesehene Gruppe nach Süden zu schicken, anstatt die Kräfte nur auf den Südpol zu konzentrieren. Das war keine schlechte Idee, aber Scott reagierte darauf wie auf den Versuch einer Meuterei, ein dienstjüngerer Offizier hatte ihm ungebeten Ratschläge erteilt. Evans gelang es nur, Scott „auf die Palme zu bringen".[2] Vor Scotts feindseligem Ausbruch brach er zusammen und wurde dadurch letztlich bedeutungslos. Die psychologische Führung ging an Oates über, ohne daß dieser sie angestrebt hatte.

Bezeichnenderweise wandten sich die Mannschaftsdienstgrade vorher schon instinktiv nicht an ihre Marineoffiziere, wenn sie Hilfe brauchten, sondern an Oates, den „Soldaten". Wie Anton sich ausdrückte: „Kapitän Oates gut zu Pferden, gut zu Anton".

Am 27. Juni begann ein Abenteuer, das ein klassisches Beispiel für Heroismus um seiner selbst willen ist, die Winterreise von Wilson, Bowers und Cherry-Garrard nach Kap Crozier. Sie lieferte den Stoff für eines der großen literarischen Werke, die aus der Polarforschung hervorgehen sollten, Cherry-Garrards *The Worst Journey in the World (Die schlimmste Reise der Welt)*.

Die Reise wurde von Wilson unternommen, um das Ei eines Kaiser-Pinguins in einem bestimmten Brütestadium zu holen. Sie sollte auch der Erprobung von Rationen und Ausrüstung dienen, was Jahre zuvor mit weniger Risiko und weniger Qualen hätte geschehen können. Als die Gruppe nach fünf Wochen bei dreißig, vierzig und sogar fünfzig Grad Kälte nach Kap Evans zurückwankte, waren ihre offensichtlich mangelhaften und ungeeigneten Anzüge steinhart gefroren. Scott vermerkte in seinem Tagebuch:

> Man macht sich Gedanken über die Möglichkeiten von Pelzkleidung, wie sie von Eskimos hergestellt wird, und wird dabei das Gefühl nicht los, daß sie unsere zivilisierte Kleidung vielleicht übertrifft. Für uns kann diese Frage aber nur spekulativ sein, weil es ganz unmöglich gewesen wäre, solche Artikel zu erwerben . . .

Das ist der erste Hinweis darauf, daß Scott sich, allerdings viel zu spät, mit diesem Problem beschäftigt.

In vielerlei Hinsicht war diese Winterreise ein bizarres Unternehmen gewesen. Die Schlitten wurden mit Menschenkraft gezogen; Skier hatten sie nicht mitgenommen, weil keiner von den dreien sie benutzen konnte. An manchen Tagen schaffte das Trio nur ein bis zwei Meilen. Und nach dieser einzigen Erfahrung wurden die Rationen für den Marsch zum Pol berechnet. Diese Reise brachte die Polartechnik nicht voran, weil niemand das so mühsam erworbene Wissen nutzbar machte; die Kleidung wurde nicht geändert, über den Unsinn, Schlitten mit menschlicher Kraft zu ziehen, nicht ein einziges Mal nachgedacht. Nur eines erreichte die Winterreise, sie schwächte die Widerstandskraft der zwei Menschen, die am Ende zum Pol gelangten. Wieder zeigte sich, daß Scott und Wilson unfähig waren, aus Erfahrung zu lernen. Beide nahmen lieber Leiden auf sich, Leiden als Selbstzweck.

Und so näherte der Winter sich seinem Ende. Die Schlittensaison begann am 9. September, als Teddy Evans, Gran und der Matrose Forde aufbrachen, um in Corner Camp ihre Depots auszugraben. Auf der ganzen Fahrt zogen sie die

Schlitten selbst, und auf dem Rückweg ordnete Evans Eilmarsch an. Sie legten in 24 Stunden ohne Pause 35 Meilen zurück. Eine Notwendigkeit dafür bestand nicht, aber Evans hatte das Bedürfnis, sich vor Scott zu beweisen.

Am 13. September marschierten Scott, Bowers, Simpson und P. O. Evans in die Westberge. Auch sie zogen ihre Schlitten selbst. „Es ist uns nicht ganz klar," kommentierte Debbenham, „warum sie losgezogen sind und was sie eigentlich machen wollen." Scott sprach von einem „Ausflug". Er wollte einen Gletscher sehen und seine Kamera erproben. Er zog 150 Meilen sinnlos durch die Landschaft und hätte besser daran getan, auf der Eisbarriere weiter zu ziehen und frisches Seehundfleisch auf den Weg nach Süden zu bringen.

Am 10. September hatte Scott seine endgültigen Pläne für die Fahrt zum Pol bekanntgegeben. Er schrieb darüber in sein Tagebuch:

> Alle waren begeistert. Obwohl die Leute einzelne Punkte des Plans lange erörterten, wurde nicht ein einziger Verbesserungsvorschlag gemacht.

Kritik unterließ man nicht etwa, weil es nichts zu kritisieren gab, sondern weil die Kritiker zum Schweigen gebracht worden waren. Es spricht für die Atmosphäre, die am Kap Evans herrschte, daß Scott seinen Stellvertreter Teddy Evans demonstrativ aus dem Weg geräumt hatte, ehe er seine Absichten bekannt gab.

Scott wollte viererlei Transportmittel einsetzen: Ponys, Hunde, Menschen- und Motorkraft; bis zum letzten Augenblick sollten mit hin- und herfahrenden Hilfsmannschaften Depots angelegt werden. Es gab reichlich Gelegenheit für Irrtümer und Verwirrung. So spät im Jahr kommt es leicht zu Zwischenfällen, und dann ist es schwierig, nach Hilfe zu schicken. „Ein entschieden komplizierter Apparat", war Grans ganz privater Kommentar in seinem Tagebuch; und er wiederholte seine düsteren Ahnungen, die der Depotreise vorangingen. Die Unzulänglichkeiten waren auch Simpson, Debbenham, Meares, Wright und Oates klar. Aber Scott reagierte grundsätzlich hart und beleidigt auf Kritik, das ermunterte niemanden zur Offenheit, und so behielten sie alle ihre Meinung für sich. Scott nahm abermals den Augenschein für Wirklichkeit und schrieb glücklich: Alle scheinen volles Vertrauen in unser Projekt zu haben; jetzt muß unser Spiel nur noch zu Ende gespielt werden.

26

Fehlstart

„Wenn wir mit dem Start nur bis November warten könnten“, schrieb Hassel in sein Tagebuch, „doch wer als erster am Pol sein will, hat kaum eine andere Wahl.“ Das war am 20. August.

Es blieben noch vier Tage bis zum Aufbruch der Polfahrt. In den letzten Wochen war die Temperatur beständig unter −50 Grad Celsius geblieben. Unter diesen Bedingungen, schrieb Johansen am 15. August in sein Tagebuch,

> geht eine Schlittenfahrt verhängnisvoll aus. Wir können nicht starten, so lange die Temperatur so niedrig bleibt . . .[1]

Am 23. August, dem Tag vor dem Aufbruch, wurden die Schlitten durch ein Loch im Dach des „Kommissariats“ mit dem Flaschenzug auf den Schnee heruntergelassen. Da ein Schlitten fast eine halbe Tonne wog, konnte man sie nicht über die Gänge durch den üblichen Ausgang bringen. Seit einem Monat standen sie fertig beladen mit je sechs Kästen in einer Reihe.

Vor jeden Schlitten wurden 12 Hunde gespannt, die nach dem ausgedehnten Nichtstun des Winters voll unbändiger Kraft wild an den Strängen zerrten. Sie brauchten keinen Vorläufer. Fächerförmig zogen sie in wildem Galopp davon. Als die Kavalkade aus sieben langen Schlitten mit den Treibern in ihren Netsilik-Pelzanzügen über das See-Eis den Hang der Eisbarriere hinauf zur anderen Seite der „Bucht der Wale“ hinzog, sah sie aus wie ein Eskimostamm auf Wanderung. Dort, wo die Linie der Flaggen begann, die den Weg nach Süden markierten, wurden die Schlitten abgestellt für den Start, und Männer und Hunde kehrten um.

Am 24. August erschien die Sonne zwar wieder, jedoch durch einen bedeckten Himmel nicht sichtbar. Noch aber waren sie im Bereich einer Kältewelle, so daß an einen Aufbruch nicht zu denken war.

Bereit zum Start, konnten die Norweger nichts anderes tun, als warten. Sie waren alle ungeduldig und angespannt. Johansen blieb mürrisch. Instinktiv und in lebhafter Erinnerung an die arktische Odyssee mit Nansen wehrte er sich gegen einen zu frühen Aufbruch.

Amundsen fand keine Ruhe; ein- oder zweimal verschob er den Start; wenn aber dann der Tag kam und das Thermometer unter −50 Grad blieb, ging das Warten weiter. Am 31. August stieg die Temperatur auf –26 Grad, aber der Wind fegte den Schnee mit einer Geschwindigkeit von 23 Knoten über das Land, so daß man nichts sehen konnte. Dann am nächsten Tag ließ

Amundsen, der auf glühenden Kohlen saß, die ganze Mannschaft mit ihren Hunden zu den am Startplatz wartenden Schlitten aufbrechen.

Jeder durfte noch 20 Pfund zusätzlich zu seinem Schlafsack mitnehmen. Vorgeschrieben waren Ersatzunterzeug, Handschuhe und Socken, Filzüberschuhe, Eskimo *kamikks* (Schuhe) aus Rentierfell, Sennegras, Schneebrillen, ein Filzhut gegen die gleißende Sonne, Gesichtsmasken gegen Frostwetter, ein Handspiegel, um Erfrierungen im Gesicht zu erkennen, die Männer waren auch aufgefordert, sich gegenseitig zu beobachten, und ein Zuggeschirr, um in Notfällen die Hunde unterstützen zu können.

Die Temperatur lag jetzt bei −42 Grad; alles war gepackt. Vielleicht deutete sich bereits der Frühling an; es war Zeit aufzubrechen.

Schon einmal, auf der Nord-West-Passage, hatte Amundsen in einer kritischen Situation sich nicht entscheiden wollen und die Frage durch eine Kompaßnadel beantworten lassen. Auch jetzt fürchtete er, durch eine eigene Entscheidung das zu verderben, was ihm vorherbestimmt war.

Es war Freitag; sollten sie am nächsten Tag oder erst Montag ihren Stützpunkt verlassen? Amundsen („schön dumm", sagte Hassel) ließ geheim abstimmen; Ergebnis: vier für Samstag, vier für Montag. Er warf eine Münze hoch; Ergebnis: Abfahrt am Montag.

Der Montag kam und mit ihm ein Schneesturm. Die Sicht war gleich null, die Temperatur −46 Grad. Sie brachen nicht auf.

Johansen schrieb:

> Ein Glück, daß wir hier drinnen sind und nicht ein paar Meilen oberhalb der Barriere liegen, außerstande einen Schritt weiter zu tun, und wir dann vielleicht gleich hier im Bereich von 80 Grad verloren wären; ein fürchterlicher Beginn.

Bis zum letzten Moment arbeiteten sie an der Ausrüstung. Auf dem kurzen Weg bis zum Startplatz hatten sich noch Fehler im Hundegeschirr gezeigt, sie mußten ausgemerzt werden. Johansen berichtet ausdrücklich, daß

> selbst der Chef, der doch behauptet, er sei schon den ganzen letzten Monat über startbereit und sich fürchterliche Sorgen macht, die Engländer könnten vor uns am Pol sein und deshalb auf dem frühestmöglichen Aufbruchstermin besteht, hat sowohl Sonntag als auch heute seinen Unteranorak und seine Pelzkleidung noch verändert.

Die erste Strecke zum 80. Grad südlicher Breite ließ sich nur bei guter Sicht bewältigen, nicht allein wegen der Eisspalten, sondern auch, um die geringste Möglichkeit auszuschließen, das Depot zu verfehlen. Jeden Morgen ging Amundsen um 4 Uhr vor die Hütte, um nach dem Wetter zu sehen, so am Dienstag, Mittwoch und Donnerstag; Wind, Kälte und Treibschnee trieben ihn jedesmal schnell wieder in die Koje. Am Donnerstag machten alle noch einmal eine Generalprobe im Iglu-Bauen – gelernt hatten sie das in Gjøahavn, in den sorglosen Tagen der Nord-West-Passage, von dem liebenswerten Gauner Talurnakto; und das schien so unendlich weit zurückzuliegen.

Der nächste Tag dämmerte ruhig und klar. Das Thermometer zeigte die barmherzige Temperatur von −37 Grad. Amundsen entschloß sich, zum Südpol aufzubrechen. Um 10 Minuten nach zwölf am 8. September zog die Kavalkade von Schlitten, Menschen und Hunden über den Schnee dahin und ließ Lindstrøm allein in Framheim zurück. Die letzte große Reise, die dem Menschen auf der Erde noch geblieben war, hatte begonnen.

Das Schicksal mit seinem untrüglichen Sinn für das Angemessene stellte dem großen Unternehmen böse Auspizien. Der Tag des Aufbruchs war ausgerechnet ein Freitag – ein Unglückstag für den Beginn einer Reise. Helmer Hanssen erinnerte sich an Lindstrøms energische Proteste, er bettelte und flehte, daß wir bis Samstag warten sollten, sonst würde es nicht gut gehen.[2]

Beim Start stiebten die Hunde los, zankten und verhedderten sich im Geschirr und hielten die Treiber zum Narren. Am zweiten Tag wurde Kaisa, eine der Hündinnen, wie Bjaaland sagte, „wegen lockeren Lebenswandels erschossen". Sie hatte sich diesen historischen Moment ausgesucht, um läufig zu werden und untergrub die Disziplin der Meute.

Die Berichte in den Tagebüchern am Samstag und Sonntag lesen sich dann wie ein Bericht von einer norwegischen Sonntagstour ins Gebirge. Man folgte den Flaggen auf der Strecke und legte täglich 15 Meilen zurück. Die Hunde platzten vor Energie und schwelgten in der Freude, losziehen zu können. Einer oder zwei mußten aus den stärkeren Gespannen herausgenommen und an die Schlitten gebunden werden als Ballast, um die Geschwindigkeit in Grenzen zu halten. Einen Vorausläufer brauchten sie nicht; sie folgten der gekennzeichneten Strecke und zogen die Treiber hinter den Schlitten her.

Dann ging die Kälte zum Gegenangriff über. Am Montag sank das Thermometer über Nacht um fast dreißig Grad auf −56. Immer noch schafften sie 15 Meilen.

> Die Karawane kämpft sich vorwärts, schrieb Johansen. Und dichter weißer Dunst steigt über den 86 Hunden und 8 Männern auf, ihr Atem gefriert sofort in der kalten Luft. Diejenigen, die vorne gingen, waren überhaupt nicht zu sehen. Es war, als trieben wir durch dicksten Nebel.

Die Männer trugen ihre Anzüge aus Wolfsfell und darunter das Unterzeug aus Rentierfell. Auf dem Marsch war das warm genug. In der Nacht aber änderte sich das. Nach Bjaalands Beschreibung war es in den Schlafsäcken bitter kalt. Alles war feucht durch den Rauhreif, der sich überall bildete. Gott weiß, wo das enden wird.[3]

Am nächsten Tag gefror die Flüssigkeit im Thermometer. Nach vier

Meilen machten sie halt und bauten zwei Iglus. Niemand hatte Lust, die Erfahrung von der Nacht zuvor im Zelt zu wiederholen. Die Iglus waren warm und man fühlte sich behaglich. Doch, schrieb Bjaaland,

> die Stimmung des Chefs ist auf dem Gefrierpunkt, er hat sich entschlossen, zum Lager zurückzukehren, und das ist gut so, sonst hätten wir uns zu Tode gefroren.[4]

Amundsen drückte das in seinem Tagebuch so aus:

> Ich denke nicht daran, Menschen und Tiere aus reiner Dickköpfigkeit aufs Spiel zu setzen und weiterzumachen, bloß weil wir uns zum Aufbruch entschlossen hatten. Wenn wir das Spiel gewinnen wollen, muß jeder einzelne Stein sorgfältig gesetzt werden – ein falscher Zug, und alles kann verloren sein.

Amundsen stand nicht wie Scott in einer Tradition, nach der man dem Kommandanten blind ins Verderben folgt. Er konnte seiner Männer nur sicher sein, wenn sie sahen, daß er vernünftig handelte. Auf keinen Fall wären sie bereit gewesen, für den Pol Leib und Leben zu riskieren. Durch ihren moralischen Druck sah Amundsen sich gezwungen, umzukehren.

Er hielt daran fest, die 20 Meilen zurück zum Depot beim 80. Breitengrad zu marschieren und das Gepäck dort abzuladen, damit sie danach ohne Gepäck wären, wenn sie endgültig zum Pol aufbrächen. Nachdem er sich so entschieden hatte, wurde seine Stimmung besser, und die allgemeine Atmosphäre entspannte sich. Man kam am 14. am Depot an, und ohne weiteren Aufenthalt fuhren sie auf den nun fast leeren Schlitten zurück. „Es war", stellte Bjaaland fest, „eine verdammt kalte Angelegenheit, bei 55–56 Grad Frost zu fahren."[5]

Als Amundsen am Abend die trübe Stimmung mit einem Glas Genever aufhellen wollte, war die Flasche gesprungen und der Inhalt völlig gefroren. Eine andere Flasche mit Schnaps war zwar auch gefroren, aber noch heil, davon tranken sie. Das tat gut. Der nächste Tag, heißt es bei Bjaaland weiter,

> war ein saueres Geschäft, −47,5 Grad, dazu Nordwestwind, der einem ins Gesicht blies; sehr schön.
> Die Hunde leiden schrecklich unter der Kälte; sie sind in einem elenden Zustand; mit den Frostbeulen an den Pfoten stehen sie Todesqualen aus. Adam und Lazarus sind erfroren, als sie sich hinlegten, auch

Die Peitschen waren völlig überflüssig, denn die Hunde spürten selbst, daß sie um ihr Leben liefen. Die stärkeren trabten unermüdlich, die schwächeren wurden auf den Schlitten mitgenommen.

Am Tage darauf stieg die Temperatur auf −44 Grad; das Fahren ging gut, aber niemand wußte, für wie lange. Da es nur noch 40 Meilen bis Framheim waren, wollte Amundsen die Chance nutzen und vor Wiedereintritt der Kälte zu Hause sein; er ordnete daher an, die Strecke ohne Unterbrechung zurückzulegen. Um sieben Uhr morgens brachen sie auf; es war eine wilde Jagd zum Lager zurück.

Da Amundsen die Fahrt als Vorläufer begonnen hatte, besaß er keinen eigenen Schlitten. Er setzte sich daher mit auf Wistings Schlitten, und zu dritt mit Helmer Hanssen sausten sie mit einer solchen Geschwindigkeit davon, daß sie, wie Bjaaland sagte, schon bald „nur noch ein kleiner Punkt in weiter Ferne" waren. Sie kamen um 4 Uhr am Nachmittag an, bei ruhigem und strahlendem Wetter, nachdem sie mit 40 Meilen in neun Stunden eine beachtliche Leistung vollbracht hatten.

> Wir wurden nicht gerade freundlich empfangen [meinte Hanssen]. Das erste, was Lindstrøm von sich gab, war: „Ich hab's Euch ja gesagt!", und wir kriegten jeder einzeln eine Standpauke (weil wir an einem Freitag aufgebrochen waren).

Draußen auf der Eisbarriere befanden sich die anderen immer noch auf dem Rückzug, von Frost gehetzt. Die Hunde waren durch die Kälte geschwächt und wurden unsicher auf den Beinen; deshalb wurden sie losgebunden und sich selbst überlassen. Sie sollten sich allein den Heimweg suchen. Jeder dachte nur noch an sich; es ging um eine hastige Flucht vor der Kälte.

Als Amundsen, Wisting und Hanssen außer Sicht kamen, stellte Stubberud, der dahinter fuhr, fest, daß seine Hunde langsamer wurden. Er saß auf seinem Schlitten mit Frostbeulen an den Füßen und litt. Er war

> ganz allein. Wenn ein Schneesturm aufgekommen wäre ... würde es schlimm geworden sein. Er hatte weder Primus-Ofen noch Zelt bei sich und nur noch wenige Zwiebäcke. Er konnte nichts anderes tun, als auf die hinter ihm Kommenden zu warten, und das dauerte ziemlich lange.[7]

Schließlich tauchte Bjaaland auf und überholte ihn; da jetzt die Hunde wieder einen Vorläufer hatten, schlossen sie sich an. Sie kamen zwei Stunden nach Amundsen in Framheim an. Als Amundsen erfuhr, daß sie von den drei anderen nichts gesehen hatten, hoffte er, daß

> „Johansen, als alter, erfahrener Polarfahrer ein Lager aufschlagen und am nächsten Tag weiterfahren würde, da das Wetter schlecht zu werden drohte."

Doch Hassel, der wenig später eintraf, berichtete, daß die beiden letzten auf der Eisbarriere, Johansen und Prestrud, ohne Nahrung und Heizmaterial waren.

Sie lagen Meilen zurück. Prestruds Hunde hatten keine Kraft mehr; sie vermochten gerade noch den leeren Schlitten zu ziehen. Auch Johansens Gespann wurde schwächer; er aber rannte weiter, um mit den anderen Kontakt aufzunehmen. Nach sechs Stunden mühsamer Fahrt, konnte er Hassel einholen, der sah, „wie verbittert [Johansen] war, weil Amundsen einfach so davongefahren war. Er wollte gern, daß ich mit ihm wartete, aber ich wollte lieber weiter, denn es waren noch 16 Meilen bis Framheim, und ich hatte weder Ofen, noch Paraffin, noch Kochutensilien, und die Lage wäre die gleiche geblieben, ob wir nun zu zweit oder zu dritt waren.“[8]

Hassel überließ Johansen (und Prestrud) sein Zelt, denn beide hatten keines bei sich, und fuhr weiter. Johansen wartete auf Prestrud und rettete ihm dadurch wahrscheinlich das Leben. Prestrud kam zwei Stunden später in trostloser Verfassung an, mit starkem Frost in den Füßen taumelte er auf seinen Skiern nur noch so dahin. Johansen erkannte, daß Prestrud so schnell wie möglich in die Wärme gebracht werden mußte und widerstand der Versuchung, haltzumachen. Sie standen beide nach zwölf Stunden Kampf gegen die Kälte am Rand völliger Erschöpfung. Sie kämpften sich aber weiter vorwärts und erreichten Framheim schließlich eine halbe Stunde nach Mitternacht. Der Pfad die Eisbarriere hinunter war schmal und leicht zu verfehlen, und im aufkommenden Nebel gab ihnen nur das Hundegebell aus Framheim die Richtung an. Sie hatten seit fünf Uhr morgens nichts mehr gegessen.

Abgesehen von Frostbeulen an den Füßen, waren alle heil zurückgekehrt. Aber, so schrieb Johansen, „ein bitterer Nachgeschmack blieb. Wir waren in gedrückter Stimmung und hatten das Gefühl, irgend etwas war schiefgegangen. Plötzlich waren wir nicht mehr glücklich und zufrieden.“

Beim Frühstück am nächsten Morgen fragte Amundsen Johansen, weshalb er und Prestrud so spät angekommen waren. Da verlor Johansen die Fassung und machte Amundsen wegen seines Verhaltens am Vortag bittere Vorwürfe. Ein Führer sollte sich nicht von seinen Gefährten trennen. „Das ist keine Expedition mehr, das ist reine Panik“.[9] Und er ließ eine Tirade gegen Amundsens ganze Führung los.

Die meisten stimmten Johansen zu, wenigstens in Bezug auf die Ereignisse des Vortages. Vor offener Rebellion schreckten sie jedoch zurück. Entsetztes Schweigen herrschte, nachdem Johansen geendet hatte. Seine Worte, meinte Bjaaland, „wären besser ungesagt geblieben“.[10]

Johansen war durch Amundsens Verhalten am Vortag verständlicherweise provoziert worden. Sein Ausfall hatte aber tiefere Ursachen. Die Gegnerschaft zwischen ihm und Amundsen war zum Ausbruch gekommen, und dieser offene Konflikt mußte irgendwann kommen. Sie gingen sich gegenseitig auf die Nerven. Amundsens Frage am Frühstückstisch war der kleine Anstoß gewesen, der die Lawine ausgelöst hatte.

Für Amundsen war das vielleicht die schlimmste Krise in seiner ganzen Laufbahn. Es war Meuterei. Seine Autorität war lautstark in Frage gestellt worden. Abgesehen von persönlichen Empfindungen war das, was hier geschehen war, fatal für eine so isolierte Gemeinschaft, wo Zusammenhalt lebenswichtig war. Nach Amundsens Worten

> liegt das Grobe und Unverzeihliche in (Johansens) Worten darin, daß sie vor aller Ohren gefallen sind. Der Bulle muß bei den Hörnern gefaßt werden; ich muß sofort ein Exempel statuieren.[11]

Johansen bedauerte seine Worte gleich, nachdem er sie ausgesprochen hatte. Er hatte sich nicht mehr in der Gewalt. Zehn Jahre Demütigung und Versagen konnten nicht mit einem Schlage ausgelöscht werden. Er brütete über verschiedenes Unrecht, wirkliches oder eingebildetes, dazu gehörte auch, daß man ihm unfairerweise die schwächsten Hunde gegeben hatte. Vor allem aber war es der Alkohol, der ihn gefährlich labil gemacht hatte.

Vielleicht war er ein Opfer der Polarsucht. Amundsen jedoch konnte sich Mitleid mit ihm, auch wenn er es gewollt hätte, nicht leisten. Um der Expedition willen mußte er seine Autorität so schnell wie möglich wiederherstellen.

Das Problem war, wie er Johansen isolieren konnte. Er ging auf den Angriff Johansens nicht ein, sondern wandte sich mit einer Erklärung für sein Handeln an seine Gefährten. Zwei der besten Hundetreiber, Hanssen und Stubberud, sagte er, hätten auf dem schnellsten Weg nach Hause gebracht werden müssen, da ihre Fersen erfroren waren. Das war nicht ganz stichhaltig, weil er Prestrud, dessen Zehen auch erfroren waren, sich selbst überlassen hatte. Die Wahrheit war wohl, wie die Gefährten klar sahen, daß Amundsen den Kopf verloren hatte, weil er seinen Plan nicht hatte einhalten können. Er hatte den nächsten Schlitten genommen und die Treiber so schnell fahren lassen, wie er es für richtig hielt, anstatt Befehl zu geben, die Geschwindigkeit herabzusetzen und Kontakt mit den übrigen zu halten. Sein Versuch einer Erklärung besänftigte jedoch die meisten; nur Prestrud fühlte sich schmerzlich im Stich gelassen und hielt zu Johansen. Amundsen hatte die ganze Zeit über äußerste Ruhe bewahrt und beendete jetzt das Gespräch. Sie standen vom Frühstück auf, doch die Sache lag weiter in der Luft.

Beim Kaffee nach dem Mittagessen kam Amundsen darauf zurück. In sehr sachlicher Form erklärte er, daß Johansen und Prestrud nach dem Vorfall am Morgen unter keinen Umständen an der Fahrt zum Pol teilnehmen könnten. Johansen als alter und erfahrener Polarfahrer war eben eine besondere Gefahr, weil, wie Bjaaland in seinem Tagebuch schrieb, „er während der Fahrt die anderen auf seine Seite ziehen und damit das ganze Unternehmen lahmlegen könnte."

Diese Schwierigkeit sahen alle. Johansen hatte schon mit dem einen oder anderen Streit gehabt, besonders mit Hassel. Prestrud nahm nun seine Kritik zurück, und Amundsen ergriff die Gelegenheit und versöhnte sich mit ihm. Dann gab er bekannt, Johansen werde, anstatt nach Süden zu fahren, unter Prestruds Kommando eine Nebenexpedition nach King Edward VII.-Land unternehmen.

Johansen weigerte sich und verlangte einen schriftlichen Befehl. Er erhielt ihn am Abend. „Für das Gelingen der Expedition ist es das einzig Richtige, Sie von der Fahrt zum Südpol auszuschließen,“[12] hatte Amundsen geschrieben.

Danach rief er im Laufe des Abends seine Männer einzeln in die Küche und bat sie um Loyalität. Sie wurde ihm zugesagt.

Von diesem Vorgang wurde Johansen ostentativ ausgeschlossen. Er hielt seine Weigerung aufrecht, zum King Edward VII.-Land zu gehen, wenigstens mit Prestrud als Vorgesetztem. Er beantwortete Amundsens Befehl schriftlich:

> Der Leiter der Expedition beschließt, mich unter das Kommando eines Jüngeren zu stellen, der eine solche Aufgabe zum ersten Mal durchführt. Es ist wohl einleuchtend, daß das für mich, der einen Teil seines Lebens im Eis zugebracht hat, demütigend sein muß.[13]

Die Expedition unter Prestrud war nicht nur eine Strafe für Johansen, sondern auch eine Versicherung, falls die eigentliche Expedition fehlschlug. Niemand war bisher zum King Edward VII.-Land vorgestoßen; wenn die Norweger die ersten waren, konnten sie wenigstens etwas vorweisen, falls die Fahrt zum Pol scheiterte. Der Fehlstart hatte das Gespenst einer Niederlage aufkommen lassen.

> Amundsen kam zu mir [erinnert sich Stubberud], und fragte mich, ob ich bereit wäre, mit Prestrud zu gehen. „Wenn ich zu wählen hätte,“ sagte ich, „ginge ich natürlich lieber mit zum Südpol, aber für mich gibt es nur eines: Ich füge mich dem Befehl des Kapitäns.“ Dann schüttelte er mir die Hand und dankte mir.

Prestrud verzichtete ohne großes Bedauern auf die Fahrt zum Südpol; er war sich bewußt, daß er ihr nicht gewachsen war. Johansen beugte sich schließlich dem Befehl und war bereit, Prestrud zu folgen. Aber es war zu spät. Amundsen verzieh nie, was er als Treulosigkeit betrachtete. Er weigerte sich, mit Johansen zu sprechen, außer wenn er ihn bei Tisch um Salz bat.

> Er tut so, als gehörte ich nicht zur Expedition, (schrieb Johansen). Er ist tödlich gekränkt, weil er als Chef angeschlagen ist . . . Er ist nicht der Mann, für den ich ihn hielt, er kann keine Expedition wie diese leiten.

In seinem Tagebuch verteidigte Amundsen sein Handeln.

> Viele haben unseren frühen Aufbruch kritisiert. Hinterher ist das immer leicht ... Abgesehen von (ein paar) erfrorenen Fersen und einigen Hunden, hat unsere kleine Fahrt keine Verluste gekostet. Es war eine gute Übung. Außerdem haben wir das Gepäck bis zum 80. Breitengrad gebracht.

Es wäre zu viel gesagt, Amundsen habe bewußt eine Versuchsfahrt unternommen, doch hatte er Glück, der verfrühte Start tat ihm den gleichen Dienst. Der unvermeidliche Bruch mit Johansen war herausgefordert worden, ehe es zu spät war. Es war ein ungeheures Glück für Amundsen, daß es in Framheim, statt auf dem Weg zum Pol passiert war.

Der Mißerfolg hatte daneben noch Schwächen an den Ausrüstungsgegenstände aufgedeckt, die schlimmsten bei den Stiefeln. Sie waren immer noch zu steif und hatten Frostschäden an den Füßen verursacht. Sie wurden ein viertes Mal umgearbeitet.

Das vielleicht wichtigste Ergebnis der ganzen Sache aber war die Verkleinerung der Polgruppe auf fünf Personen. Da die Vorratslager für acht berechnet gewesen waren, erhöhte die Sicherheitsmarge sich fast um das Doppelte. Alles in allem hatten sie schon Nutzen daraus gezogen. Aber der Preis dafür war, wie Amundsen sagte, daß „unsere wunderschöne Einmütigkeit ein so trauriges Ende gefunden hatte.

Amundsens treue Gefolgsleute waren Wisting und Helmer Hanssen, einfache, ruhige, ergebene Leute, die Johansen nicht trauten; dann kamen in einem etwas weiteren Kreis Amundsens Anhänger Hassel, Bjaaland und Stubberud. Sie waren ihm gegenüber nicht unkritisch, akzeptierten zwar seine Autorität, sympathisierten aber (außer Hassel) bis zu einem gewissen Grad mit Johansen. Prestrud war durch die ganze Sache etwas abgerückt, und abseits von allen stand Johansen, nicht mehr trotzig, nur noch traurig, reumütig, melancholisch; ein geschlagener Rebell, der doch soviel für die Expedition getan hatte – eine wirklich tragische Figur.

> Der Chef ist miserabler Stimmung [schrieb Bjaaland am 6. Oktober]. Aber es ist nicht meine Schuld. Das verdankt er seiner Wanderlust. Ich denke genauso oft an den Pol wie er. Gott weiß, ob wir je dahin kommen.

Scott – oder besser gesagt: seine Motorschlitten – quälten sie weiter mit Visionen von Niederlage und Besiegtsein. Der Gedanke ließ Amundsen keine Ruhe; von Zeit zu Zeit sprachen sie alle davon.

Amundsen wollte nicht aufbrechen, ehe die Frostschäden an den Fersen ausgeheilt waren. Stubberud, Hassel, Helmer Hanssen und Prestrud mußten zehn Tage liegen. Amundsen behandelte die Patienten. Trotz seines Versagens an der Universität spielte er gern den Arzt. Eines Tages las Helmer Hanssen in einem medizinischen Buch und machte Amundsen darauf aufmerksam, daß die dort beschriebene Behandlung der Frostbeulen von seiner eigenen abweiche. Amundsen erwiderte darauf, daß Helmer Hanssen sich mit diesem Buch nicht zu beschäftigen habe und er lieber Karten spielen oder Romane lesen solle. So ging die Zeit dahin. Die Hunde leckten ihre wunden Pfoten, und die Patienten waren auf dem Weg der Besserung.

Die Mitternachtssonne erschien wieder, die Temperatur stieg langsam auf −20 Grad. Anfang Oktober wurde ein Sturmvogel gesichtet. Es schien endlich Frühling zu werden. Amundsen hatte beschlossen, am 15. Oktober aufzubrechen. Bis dahin hatten sich, fast zu seiner Überraschung, Menschen und Tiere erholt; und es heißt bei Bjaaland:

> Nun sind wir wieder startbereit. Ich hoffe, es wird nicht wieder ein Fiasko wie beim letzten Mal. Wenn ich aus dieser Fahrt heil herauskomme, muß ich mit der Polarforschung Schluß machen. Alles ist kaum der Mühe wert – und wenn es mich da draußen erwischt, nun ja, dann meine innigsten Wünsche an meine Freunde und Bekannten, meine Landsleute und mein Vaterland.

Die Männer saßen bis zuletzt auf glühenden Kohlen, Stürme und Nebel hielten sie noch fast eine Woche fest. Endlich, am 20. Oktober brachen sie auf. Das Wetter war noch nicht verlockend, es war dunstig, und sie hatten unangenehmen Wind aus wechselnden Richtungen. Es war wieder ein Freitag, und Lindstrøm sagte erneut eine vorzeitige Rückkehr voraus. Johansen stand voller Sehnsucht und Enttäuschung im Schnee und sah zu, wie Amundsen, Bjaaland, Wisting, Hassel und Helmer Hanssen Hunde und Schlitten zurechtmachten, während Prestrud sich anschickte, die Abfahrt zu filmen. Amundsen hatte seit dem denkwürdigen Frühstück am 17. September kaum ein Wort mit Johansen gesprochen. Jetzt trat er auf ihn zu und verabschiedete sich von ihm; Johansen seinerseits wünschte ihm viel Glück.

> Ich habe ihm die Wahrheit gesagt [schrieb Johansen in Gedanken an diese Szene] und die ist nicht immer gut zu hören, daher bin ich in Ungnade gefallen, (aber) ich glaube, ich bin für ihn von Nutzen gewesen . . . und so haben wir uns denn nun getrennt. Ein Schlitten nach dem andern ist abgefahren . . . über das Eis, über die Bucht und hinauf auf die Barriere . . . Gegen Mittag waren sie alle drüben und dann sind sie in die alte, wohlbekannte Richtung verschwunden.

Die Gruppe, die da über die Hügel der Eisbarriere hinauf und hinunter nach Süden zog, verkörperte den Höhepunkt einer Ära. Die Männer trugen Eskimo-Kleidung, die Hunde waren nach Eskimo-Art angeschirrt, aber die Schlitten, Skier, Sextanten, Primus-Öfen, Zelte und die übrige Ausrüstung, die am 80. Breitengrad auf sie wartete, waren Erzeugnisse westlichen Erfindergeistes. Es war die Verbindung von Zivilisation mit primitiver Kultur. Ihre Technik fing an, zu veralten; denn Flugzeuge und Traktoren zeichneten sich bereits ab. Es war die letzte klassische Reise alten Stils; sie sollte die Ära der Erderforschung abschließen, die mit dem Aufbruch menschlichen Geistes während der Renaissance begonnen hatte.

Jetzt hing alles von der persönlichen Qualität der Männer ab, die gelassen auf ihren Schlitten südwärts fuhren. Sie waren alle erstklassige Leute und verkörperten die starke Verbindung von physischer und geistiger Kraft. Sie waren zäh, findig, gegen Kälte abgehärtet. Darüber hinaus hatten sie schwere Prüfungen durchgemacht und Schwächen unerbittlich ausgemerzt. Ohne Vorbehalt akzeptierten sie jetzt Amundsens Führung, da er bewiesen hatte, daß er das Unternehmen in seiner Hand hielt. Nachdem die Hunde erst einmal vor die Schlitten gespannt waren und mit lautem Gebell davonstürmten, war die gedrückte Atmosphäre von Framheim wie weggeblasen und Aktivität und Selbstvertrauen breiteten sich wieder aus. Sie waren jetzt eine kleine einheitliche Gruppe, die fest zusammenhielt, und stürmten durch den Schnee zum Angriff, dieses Mal mit dem unbeschreiblichen Gefühl, daß die Götter mit ihnen waren. Dieses Vertrauen sollte bald auf die Probe gestellt werden.

Erstes Ziel war das Depot beim 80. Breitengrad. Die Fahrt dahin fand bei sehr unangenehmem Wetter statt: Sturm, Gegenwind und Nebel. Mehrmals kamen sie vom Weg ab und gerieten schon am ersten Tag von ihrer markierten Route gerade in das Gebiet der Eisspalten, das sie unbedingt hatten vermeiden wollen.

> Ich fuhr als letzter ... Roald Amundsen war bei mir auf dem Schlitten [erinnerte sich Wisting]. Wir saßen Rücken an Rücken ... Plötzlich kriegte der Schlitten einen fürchterlichen Schlag. Es schien, als würde er hinten heruntergedrückt und mit dem Vorderteil in der Luft nach rückwärts gezogen. Ich drehte mich blitzschnell um und sah, daß wir über eine riesige Eisspalte gefahren waren. Als wir sie halb überquert hatten, war die Schneebrücke unter uns weggebrochen, aber da wir so schnell und gleichmäßig fuhren, war der Schlitten glücklicherweise weiter nach vorn auf das feste Eis geglitten. Wir hielten nicht an, sondern fuhren einfach weiter. Da tippte Amundsen mir auf die Schulter ... „Hast du das gesehen?" fragte er. „Die hätte gern alles gekriegt: uns beide, den Schlitten und die Hunde." Mehr haben wir nicht dazu gesagt.

Nicht nur einmal rutschten sie, mit viel Glück gerade noch so über die Spalten hin, ohne einzubrechen. Ihr besonderer Vorteil war es, daß sie mit leichtem Gepäck reisten, auf ihren Schlitten sitzen konnten, und die Hunde unbändig liefen. Sie liefen so ungestüm, daß, wie beim Fehlstart einige Hunde aus dem Gespann genommen und als Ballast auf die Schlitten gebunden werden mußten, um die Geschwindigkeit in Grenzen zu halten. Vier Hunde wurden abgekoppelt und sich selbst überlassen, weil sie fett oder träge geworden waren. Sie mochten sich ihren Weg zum Lager zurück suchen. So blieben achtundvierzig übrig, zwölf für jeden Schlitten.

Am vierten Tag gerieten sie in einen so dichten Nebel, daß, wie Amundsen sagte, „sie die Hand vor den Augen nicht sehen konnten". Das war aber kein Anlaß zum Klagen, sondern im Gegenteil Anlaß zum stillen Triumph; denn blind fahrend und nur mit Hilfe der Flaggen fanden sie mühelos das Depot. „Ein glänzendes Testergebnis", sagte Amundsen, „sowohl für den Kilometerzähler am Schlitten wie für den Kompaß."[14] Trotz Eisspalten und ungünstigen Wetters hatten sie täglich 20 Meilen zurückgelegt.

Für Amundsen war diese Fahrt nichts anderes als ein leichter Vorgalopp. Die Reise zum Pol begann für ihn erst am 80. Breitengrad. Hier wollte er ausruhen, sich stärken und nochmals ausruhen, ehe er das Gepäck auflud und endgültig aufbrach. Er hatte seine Basis um mehr als einen Breitengrad vorverlegt und war so schon vor Beginn des Wettlaufs Scott 150 Meilen voraus. Was er in einem Jahrzehnt gelernt und erfahren hatte, zahlte sich jetzt aus.

Am 24. Oktober, dem Tag nach der Ankunft am Depot, entspannten Amundsen, seine vier Begleiter und die achtundvierzig Hunde sich ausgiebig. Daß ein Schneesturm tobte, kümmerte niemanden, am wenigsten die Hunde. Sie fraßen sich nach Herzenslust satt am Seehundfleisch, das Johansen im Herbst hierhin gebracht hatte. Sie „genossen das Leben", wie Amundsen notierte.

27

Scotts Karawane

Hundertfünfzig Meilen weiter hinten setzte sich der erste Teil des verwikkelten Apparats von Kapitän Scott am Kap Evans in Marsch. Am 24. Oktober um 10 Uhr quälten die zwei Motorschlitten, nach voraufgegangener Panne, sich über das Meereis mit je eineinhalb Tonnen Last. Der Mechaniker Bernard Day und der Heizer Lashly saßen am Steuer, Hooper half, und Teddy Evans besaß das Kommando, scheinbar eine Vertrauensstellung.

In Wirklichkeit sollte er an Kap Evans aus dem Weg sein, wie Scott seinem Agenten in Neuseeland, Joseph Kinsey, eröffnete. Evans, so schrieb er,

> eignet sich überhaupt nicht als mein Stellvertreter. Es war eine Dummheit von mir, ihn zu ernennen . . .

Scott nahm freiwillig einen Gegenspieler mit und war bereit, einen möglichen Konflikt in der Polarmannschaft als das kleinere Übel zu akzeptieren.

Nach dem Aufbruch der Motorschlitten blieb der Hauptgruppe noch eine Woche Zeit bis zum Start. Scott nutzte sie, um eine Fülle von Abschiedsbriefen zu schreiben.

Hier zeigen sich die Nachteile, die er als Leiter eines Unternehmens hatte: seine Widersprüche, seine Verwirrtheit, seine Realitätsferne und seine Selbsttäuschung. In seinen Gefühlen gegenüber Amundsen verrät er viel von sich: „Ich habe selbstverständlich die ganze Zeit über keinen Anlaß zur Eile gesehen, sonst hätte ich mehr Hunde mitgebracht als Amundsen." Das schrieb er an Sir Edgar Speyer, den Schatzmeister der Expedition, fährt aber im selben Atemzug fort: „Ich glaube nur bis zu einem gewissen Grad an Hundetransport."

Dieselbe Gedankenverwirrung findet sich auch in Scotts übrigen Briefen. Amundsen werde ihn wahrscheinlich schlagen, schrieb er an Kathleen, „denn mit den Hunden kommt er schnell voran und kann natürlich früh aufbrechen."

> Aber dann es geht weiter:
>
> Außerdem habe ich mich schon zu einem sehr frühen Zeitpunkt entschlossen, mich so zu verhalten, als existierte er nicht. Jeder Versuch, mich auf das Wettrennen einzulassen, hätte meine Planung zerstört. Ganz abgesehen davon waren wir ja auch nicht zu einem Rennen ausgezogen.

Das alles offenbart, wie sehr ihm der Wille zu siegen fehlte, dieser Wille, der so wünschenswert ist für alle, die führen wollen. Doch auch das war wieder nur die halbe Wahrheit, wie sich zeigt, wenn Scott an Admiral Egerton schreibt, daß „natürlich alles von der bevorstehenden Reise abhängt."

In Wirklichkeit handelte es sich doch um ein Wettrennen zum Pol, wenn Scott auch, wann immer es ihm paßte, großzügig behauptete, dem wäre nicht so.

In einem Brief, den er Kinsey schrieb, findet sich eine merkwürdige Stelle. Wenn Amundsen, sagte Scott,

> zum Pol gelangt, kommt er mit Hunden dort an, doch wahrscheinlich wird der Erfolg ihm recht geben und unser Einsatz nicht mehr der Rede Wert sein. Erreicht er ihn aber nicht, soll er sich besser nicht sehen lassen. Er geht zwar ein großes Risiko ein und hat vielleicht den Erfolg verdient, falls er durchkommt. Aber noch ist er ja nicht da.

Scott unterstellt damit, daß die Verwendung von Hunden irgendwie nicht „schön" sei und eine Durchführung auf „die harte Tour" eine männliche Tugend darstelle. Scott vertraut auf das Glück, nicht um zu gewinnen, sondern um seinen Gegner geschlagen zu sehen. Auch Anzeichen von Pessimismus sind da, die in einem Brief an Admiral Egerton zum Ausdruck kommen: „Ich weiß nicht, ob wir durchkommen werden. Sie kennen selbst die Aussichten bei einem solchen Spiel."

In dem Bemühen, sich selbst Vertrauen einzuflößen, beschrieb er in einem Brief an Kathleen die dunkle Wolke, die über ihm hing:

> Ich stehe jetzt fest auf beiden Füßen; ich fühle mich körperlich und geistig gestärkt für die Aufgabe, und ich spüre, daß die anderen das wissen und volles Vertrauen zu mir haben.
>
> Aber es ist schon so, daß es in London und zuerst nach unserer Ankunft hier nicht so war. Die Wurzel allen Übels war, daß ich mein Selbstvertrauen verloren hatte ... aber jetzt habe ich mich erholt: ich lasse mich nicht mehr von Ängsten niederdrücken, da ich weiß, daß, was ich tue, richtig ist.[1]

Dies sind die Sorgen und Zweifel eines Menschen, der mit einer Verantwortung beladen ist, die seine Kräfte übersteigt, und der zusätzlich vielleicht gefangen ist im Netz seines eigenen Ehrgeizes. Für jemanden, der führen will, ist das eine sehr unbequeme Lage.

Ob Scott seine Frau täuschte oder nicht, als er schrieb, daß seine Gefährten volles Vertrauen zu ihm hätten, so täuschte er sich auf alle Fälle selbst. Oates ging vielleicht in seiner schriftlichen Kritik am weitesten. Wenn er auch einräumte, daß Dunkelheit, Isolation, persönliche Zusammenstöße auf engem Raum eine Expedition belasten, so war er doch über Scotts Unfähigkeit, damit fertigzuwerden, tief beunruhigt.

> Der Winter hier (schrieb er seiner Mutter), war eine elende Zeit des Wartens

auf den Aufbruch zum Südpol, und obwohl wir gut miteinander auskamen, habe ich eine tiefe Abneigung gegen Scott. Wenn wir nicht die britische Expedition wären und die Norweger schlagen müßten, würde ich die Sache hinschmeißen. Scott ist mir gegenüber immer höflich, und es heißt, daß ich mich gut mit ihm verstehe; Tatsache aber ist, daß er nicht redlich ist; zuerst kommt er, die anderen folgen dann irgendwann, und wenn er aus einem herausgeholt hat, was er will, wird man abgeschoben ...[2]

Ebenso urteilten Armitage, Skelton und andere, die Scott gut kannten.

Oates stellte oft Vergleiche mit den Norwegern an: Ich vermute, daß sie bereits zum Pol aufgebrochen sind und alle Aussichten haben, ihn zu erreichen, wenn sie gute Hunde besitzen und sie richtig einsetzen. Soweit ich es beurteilen kann, ist es nicht schwer, zum Pol zu gelangen, vorausgesetzt, man verfügt über geeignete Transportmittel, doch mit dem Dreck, den wir haben, wird es ganz schön schwer werden und wir werden hart arbeiten müssen ...

Inzwischen hatte er erfahren, daß er für den ersten Teil der Reise mit Scott in einem Zelt sein sollte.

Ob das bedeutet, daß ich auch mit in der Endgruppe bin, weiß ich nicht, aber ich glaube, daß ich gute Chancen habe, vorausgesetzt, Scott und ich, wir zerstreiten uns nicht. Es wird ganz schön hart, vier Monate mit ihm zusammenzusein, er kann einem furchtbar auf die Nerven gehen ... Scott möchte, daß ich noch ein weiteres Jahr hier bleibe, aber ich gehe hier weg, wenn ich pünktlich zum Schiff zurückkehre, und ich hoffe zu Gott, daß dies geschieht ...

Am Sonntag vor dem Aufbruch, schrieb Oates weiter an seine Mutter,

wurde eine Andacht gehalten, aber ich nahm nicht teil, weil Scott die Gebete sprach ...

Während Scott in seinem Kämmerchen saß und Abschiedsbriefe formulierte, unter anderem die Bemerkung für seine Frau, er fühle sich jetzt als „kompetenter Führer des Teams", schrieb Oates auf der anderen Seite der Trennungswand seiner Mutter: „Ich nehme an, daß der Aufbruch ein schöner Zirkus werden wird."[3]

Damit traf er die Sache ziemlich genau. Man hatte eine Telefonleitung nach Hut Point gelegt – die erste Telefonverbindung in der Antarktis – und am 26. Oktober rief jemand an und sagte, es gäbe Schwierigkeiten mit den Motorschlitten. Scott, der jetzt deutlich nervös wurde, brach sofort alle Vorbereitungen ab, um mit Wilson und sechs Männern, die sich vor die Schlitten spannten, eine Rettungsaktion zu unternehmen. Er mußte feststellen, daß diese Rettung unerwünscht war. Einziges Ergebnis dieser schlecht geplanten Aktion waren zwei verlorene Tage, und das, schrieb Wilson,

> war wirklich hart, denn wir brauchten die Zeit unbedingt zum Briefeschreiben und für die letzten Vorbereitungen. Alles mögliche war bis zum letzten Moment aufgeschoben, und wir gerieten in Hetze, um rechtzeitig fertig zu werden.

Das steht im bizarren Gegensatz zu den Norwegern, die alles fix und fertig gepackt hatten und auf den Start warteten. Amundsen hatte bis zuletzt an Verbesserungen der Ausrüstung gearbeitet. Demgegenüber hatte Scott schon lange bei sich beschlossen, *seine* Ausrüstung sei nicht mehr verbesserungsfähig, und brachte die letzten Tage damit zu, Befehle zu erteilen und Abschiedsbriefe zu schreiben. Amundsen hat, so viel wir wissen, keine Abschiedsbriefe geschrieben. Scott scheint sich von einem unsichtbaren Auditorium beobachtet zu fühlen und mehr an seinen Ruf als an das, was er erreichen wollte, zu denken. Amundsen glaubte, daß seine Taten für sich selber sprechen würden. In den wundervollen, stoischen Worten der *Hávamál*, einem Stück altnordischer Dichtung, die Teil seines kulturellen Erbes war, heißt es:

> Tiere sterben / Freunde sterben / und auch du wirst sterben / aber eines kenne ich / das wird niemals sterben / der Urteilsspruch über die Toten.

Schließlich am Mittwoch, dem 1. November, brach die Hauptgruppe um 11 Uhr morgens von Kap Evans auf. Charles Wright und P. O. Keohane waren mit den langsamsten Ponys Jehu und Jimmy Pigg vorausgegangen und sollten am Hut Point warten. Scott, der nach Grans Worten, „ganz schön nervös war",[4] spannte sein Pony vor den falschen Schlitten, mußte in aller Verwirrung umschirren, bevor er schnellen Schritts nach Süden losmarschierte. Dann verschwanden die acht Ponys, jedes mit Wärter und Schlitten, eines nach dem andern in der trüben Landschaft.

Ein paar Stunden später läutete am Kap Evans das Telefon. Es war Scott, der erklärte, er habe in der Aufregung der letzten Minuten vergessen, den Union Jack mitzunehmen, den die Königinmutter Alexandra ihm doch für den Pol mitgegeben habe. Er wünschte, daß man ihn nachschicke. Da Gran der beste und schnellste Skiläufer war, erging der Auftrag an ihn. Ein Schneesturm hielt ihn aber fest, er konnte erst am nächsten Tag losfahren.

Früh am Nachmittag machte er sich auf den Weg, die seidene Flagge um den Leib gewickelt, damit sie nicht zerknitterte. Er legte die fünfzehn Meilen nach Hut Point bei starkem Gegenwind in drei Stunden zurück und traf bei der Gruppe ein, als sie gerade aufbrach.

„Ironie des Schicksals", sagte Scott lächelnd, als Gran ihm die Flagge überreichte. Ein Norweger hatte die britische Flagge die ersten Meilen zum Pol getragen.

Ehe Scott die Kavalkade über das Meereis und die Eisbarriere hinaufführte, ging er auf Gran zu. Er nahm an der Fahrt nicht teil. Mit allgemeiner Zustimmung war er davon befreit worden, um nicht gegen seine Landsleute antreten zu müssen. Scott sagte zu ihm: „Sie sind jung, Sie haben Ihr Leben noch vor sich. Passen Sie auf sich auf! Viel Glück, mein Junge!“[5]

Gran war sensibel und die Worte klangen für ihn wie der Abschiedsgruß eines Verurteilten. Amundsen war jetzt 200 Meilen voraus.

Fünf Tage später stieß man kurz hinter Corner Camp auf die Motorschlitten. Sie waren zusammengebrochen und liegengelassen worden. „Der Traum von der großen Hilfe durch Maschinen ist ausgeträumt“, schrieb Scott. Eine originelle Idee war an zufälligen Produktionsfehlern gescheitert.

Nachdem man Tausende für die Maschinen ausgegeben hatte, war weder an Werkzeug, noch an ausreichende Ersatzteile gedacht worden. Was wäre geschehen, wenn der Miterfinder Skelton jetzt dabei gewesen wäre? Vielleicht war das der Preis für den Verrat an einem alten Schiffsgefährten. Der eine Motorschlitten hatte bereits anderthalb Tonnen Gepäck 50 Meilen weit transportiert; mit gutem Sachverstand wären ihm vielleicht noch 50 oder 100 Meilen mehr abgerungen worden. Für das Ergebnis der Expedition ist das nicht ohne Bedeutung.

Die Ponys, die für antarktische Verhältnisse völlig ungeeignet waren und sich mühsam durch den Treibschnee kämpften, beweisen allein schon, daß Scott unfähig war, die notwendigen Folgerungen aus Kälte, Stürmen und der unvorhersehbaren Oberflächengestalt der antarktischen Welt zu ziehen.

Seit zumindest vier Jahren hatte er gewußt, daß er in die Antarktis zurückkehren würde. Er hätte nach Norwegen oder in die Alpen fahren können, um Skilaufen zu lernen; er hätte sich in der Führung von Hunden anleiten lassen, Grundkenntnisse über das Innere einer Verbrennungsmaschine erwerben – denn er war schließlich Torpedofachmann – und Bergsteigen üben können. Nichts von alledem hatte er getan.

Fast alle Details seiner Ausrüstung zeugten von mangelndem Sachverstand. Scott hatte nichts gelernt und nichts vergessen. Er trug weiterhin weder Pelze noch Anoraks, sondern die gleiche ungeeignete Kleidung mit getrennter Kapuze wie auf der *Discovery*-Expedition. Seine Zelte, ohne eingenähte Bodenplane, wurden wie das indianische Tepee-Zelt über ein Gerüst von Stangen gezogen und konnten bei Sturm nur unter großen Schwierigkeiten aufgeschlagen werden. Und für die Fortbewegung vertraute Scott weder Ponys und Skiern noch Schlitten und Hunden; er vertraute einzig und allein auf die menschliche Kraftanstrengung.

Es kam zu einem jener Zwischenfälle, die die ganze Geschichte kennzeichnen. Am 7. November blieb Scott bei einem südlichen Schneesturm im Zelt, weil man, wie er glaubte, bei einem solchen Wetter unmöglich weiterziehen konnte. Mitten am Vormittag tauchte unbekümmert Meares auf mit den munter dahintrottenden Hunden.

Meares war zunächst im Stützpunkt zurückgelassen worden mit dem Auftrag, später aufzubrechen, denn Hunde waren natürlich in der Expedition das schnellste Fortbewegungsmittel. Er hatte Anweisung erhalten, kurz hinter One Ton Camp bei 80 Grad 30 Minuten südlicher Breite, auf Scott und die Motorschlitten zu stoßen, und war nun so vermessen, Scott viel eher einzuholen. Scott war verärgert, aber nicht nur darüber, daß seinem Befehl nicht Folge geleistet worden war. In einer widersprüchlichen Eintragung notierte er in seinem Tagebuch, daß Meares „viel zu sehr die Sicherheit aufs Spiel gesetzt hat, um uns so früh einzuholen, es aber doch auch befriedigend ist festzustellen, daß Hunde ... auch bei einem Wind wie heute zum Laufen angetrieben werden können."[6]

Meares war ohne erkennbare Schwierigkeit unter genau den Bedingungen gefahren, die Scott zum Halten genötigt hatten. Er hatte Schlimmeres getan, als nur einem Befehl nicht gehorcht. Er hatte auf das Urteilsvermögen und die Tüchtigkeit seines Kommandanten einen Schatten geworfen und die Überlegenheit von Hunden nachgewiesen. Meares' unerwartete Ankunft hatte Scott erzürnt.

Oates allerdings freute sich. Meares war fast der einzige, mit dem er ernsthaft reden konnte.

> Wir verfluchten beide die Motorschlitten. 3 Motoren zu je 1000 Pfund 19 Ponys zu je 5 Pfund, 32 Hunde zu je 30 Schilling. Wenn Scott nicht zum Pol gelangt, hat er es wirklich verdient.[7]

Scott wurde nervös. Am 18. November, so Oates, „hatte er mit Bowers Streit ... wegen der Beladung".[8] Er beschuldigte Bowers, daß er sein, Scotts Pony, überlade, um sein eigenes zu schonen. An demselben Tag hatte Oates auch mit Scott eine Auseinandersetzung. „Es ist sehr schwer, mit diesem Mann auszukommen."[9] Scott ärgerte sich über das langsame Vorwärtskommen; er hatte lange nicht glauben wollen, daß die Ponys so schlecht waren, wie man ihm erzählt hatte. Aber jetzt stellte Oates mit hämischer Freude fest, „Scott geht nun auf, was für Krüppel unsere Ponys sind und macht ein langes Gesicht."[10]

Eines Nachts im Zelt sprach Scott über die Südfahrt auf der *Discovery*. Er sagte, wie Cherry-Garrard in seinem Tagebuch vermerkte, daß „er glaube, sie hätten mit den Hunden alles falsch gemacht."

Das war das erste Mal, daß Scott einen Fehler zugab und einräumte, das Versagen könnte bei ihm und nicht bei den Hunden gelegen haben. Aber jetzt war es offensichtlich zu spät. Zweifellos stand es in Zusammenhang damit, daß er nun auch, ebenfalls zu spät, selbst einsah, welche Bedeutung Hunde haben können, wenn sie richtig gelenkt wurden.

Scott fing an, schreibt Cherry-Garrard, in seinem Tagebuch, „daran zu zweifeln, ob die Ponys ihre Aufgabe erfüllen könnten und glaubt anscheinend, daß Amundsen mit seinen Hunden wesentlich besser dran ist. Der Anblick eines Führers, der nicht nur seine Entschlüsse bereut, sondern obendrein nicht einmal die Beherrschung hat, das zu verbergen, ist nicht gerade erhebend."

Die Zweifel, die Scott beunruhigten, wurden ihm mit schmerzlicher Klarheit bestätigt. Tag für Tag, wenn er sieben, acht oder gar neun Stunden lang die Ponys mit der Peitsche vorangetrieben hatte und dann sein Zelt aufbaute, müde und mutlos war und über schlechten Schnee und schlechtes Wetter klagte, kamen Meares und Dmetri mühelos herangeschossen, hatten für die gleiche Entfernung nur ein Drittel der Zeit gebraucht und berichteten munter, daß sie gut vorangekommen seien.

Eine Reihe leichterer Erkrankungen deutete an, daß die Gruppe nicht bei bester Gesundheit war. Unzureichende und überzivilisierte Kost während des Winters machten sich bemerkbar. Scott hatte seine Leute ernährt, als wären sie im eigenen Land geblieben und das entgegen hinreichend veröffentlichter Erkenntnis, daß die Ernährung dem Klima angepaßt werden muß, und zwar nicht nur draußen auf der Fahrt, sondern bereits im Lager. Was am Pol passierte, entschied sich bereits Monate vorher. Das war eine Lehre, die sowohl Scott wie Wilson, wenn sie gewollt hätten, sich bei Shackleton hätten holen können. Der Wechsel von Lagerverpflegung zu Schlittenrationen kam zu plötzlich. Dieser und Mängel in der Zusammensetzung der Ernährung legen die Vermutung nahe, daß Scotts Reizbarkeit auf dem Marsch teilweise auf körperliche Ursachen zurückzuführen ist.

Am 21. November holte die Hauptkarawane Teddy Evans und die ehemalige Motorgruppe, die jetzt selber ziehen mußte, ein. Als Scott hörte, daß sie bereits seit einer Woche warteten, sagte er lehrerhaft: „Mein lieber Teddy, immer der gleiche." Evans, der Scott zeigen wollte, daß er mehr wert war, als Scott glaubte, war stürmisch losmarschiert und hatte dabei seine Gruppe sehr strapaziert. Die Wartezeit hatten sie mit dem Bau einer Riesenpyramide totgeschlagen. Sie war fünfzehn Fuß hoch und wurde Mount Hooper genannt.

Das Zusammensein von Scott und Evans verstärkte die Konfliktspannung, die in der ohnehin gespaltenen Mannschaft herrschte. Meares und Oates sahen keinen Anlaß, ihre Kritik an Scott zu revidieren, jedenfalls nicht, soweit der Transport betroffen war.

Die Karawane arbeitete jetzt mit sechzehn Mann und drei verschiedenen Transportarten – Menschen, Ponys und Hunden – in ihrer ganzen Kompliziertheit. Jeder Tag begann mit fünf getrennten Starts, die sich über mehrere Stunden hinzogen, damit den unterschiedlichen Geschwindigkeiten Rechnung getragen wurde und alle mehr oder weniger zur gleichen Zeit am Ziel eintrafen. Zuerst brachen die Schlittenzieher auf, sie waren die langsamsten; dann kamen die drei Ponys, gestaffelt nach ihrer Gebrechlichkeit, und den Schluß bildeten Meares, Dmetri und die Hunde, die am schnellsten waren.

Die Arbeit am Abend im Lager war ebenso anstrengend wie der Marsch am Tage. Nur die Hunde konnten für sich selber sorgen. Ein Hund paßt sich der

Kälte an, unter anderem, weil er nur über die Zunge schwitzt und sein Fell trocken bleibt. Ein Pferd hingegen schwitzt durch die Haut, und bei Kälte wird der Schweiß zu Eis. Scotts Ponys froren, wenn sie zum Stehen kamen; denn sie konnten sich nicht wie Hunde in den Schnee eingraben und sich so schützen. Ihre Flanken waren bisweilen wie mit Eis gepanzert. Sie mußten an jedem Halteplatz abgerieben und mit Decken belegt werden, während inzwischen Schneewälle aufgerichtet wurden, um sie gegen Wind zu schützen.

Scotts Transportsystem sah Gruppen vor, die, wenn sie zum Ziehen nicht mehr benötigt wurden, weil Depots angelegt oder die Ladung durch Verzehr der Verpflegung sich verringert hatte, umkehrten. Die erste Rückkehrgruppe mit Day und Hooper brach am 24. November bei 81 Grad 15 Minuten südlicher Breite, d. h. 525 Meilen vom Pol entfernt, auf. Sie nahm einen Brief von Scott an Simpson mit, der jetzt das Kommando am Kap Evans hatte. In diesem Brief wurden die Anweisungen für Meares und die Hunde geändert.

Obwohl Scott eine unbegründete, fast krankhafte Abneigung gegen Hunde empfand, hatte er ihnen dennoch sein Leben anvertraut. Er hatte nicht genügend Vorräte für die Rückfahrt der Polargruppe in die Depots legen lassen, sondern rechnete damit, daß die Hunde später nachkamen und ergänzten, was fehlte. Sein Plan sah vor, daß sie vor dem 1. März zum One Ton Camp und an weitere, südlicher gelegene Punkte Lebensmittel und Brennmaterial bringen sollten. *Scott war auf diesen Nachschub angewiesen, wenn er sicher durchkommen wollte.*

Meares sollte aber vorher noch mit seinen Gespannen Futter für die Ponys zu einem bestimmten Punkt im Süden bringen, bevor er rechtzeitig zur Erfüllung seiner lebenswichtigen Mission nach Kap Evans zurückeilte, und nebenbei auch noch beim Entladen des Schiffes helfen, wenn es eintraf. Das war ein gänzlich verworrener und schlecht geplanter Auftrag und Scott handelte sich damit ein für allemal Meares Verachtung ein.

Nachdem Scott nun aber gesehen hatte, was Meares mit seinen Hunden schaffte, und da der Gedanke ihn quälte, was Amundsen wohl unternahm, entschloß er sich plötzlich, die Hunde weiter mitzunehmen, als er ursprünglich beabsichtigt hatte. Sie könnten dadurch vielleicht, schrieb er Simpson,

> zu spät zurückkehren, zu weiterer Arbeit unfähig sein oder sogar nicht mehr leben. Bedenken Sie also, daß dann der (Nachschub) irgendwie (anders herausgebracht) werden muß.[11]

Das war ein unverantwortliches Abweichen von der ohnehin schon dünnen Rückzugslinie, und eine Sicherheitsmarge für Irrtümer war überhaupt nicht vorhanden. Es war unfair, Simpson diese Verantwortung aufzuerlegen. Die neuen Anweisungen, schrieb Simpson, als er sie einen Monat später erhielt, „überließen es mir ganz allein, wie ich das Problem der Anlage des Depots am ‚One Ton Camp' lösen würde."[12]

In Begleitung von Day und Hooper waren auch zwei unbrauchbar gewordene

Hunde zurückgekommen, unter ihnen „Stareek" (im Russischen „Alter Mann"), der aus einem nicht erkennbaren Grund die Arbeit verweigert hatte. Bowers gibt einen seltsamen Kommentar dazu, der Bände spricht über die Gedanken, die unter der Oberfläche lagen:

> „Stareek" ... ist ein hervorragender Leithund und der intelligenteste von allen; ich glaube, genau das ist sein Verderben. Für ihn scheint es darauf hinauszulaufen, daß er nicht weiß, wo er ist, wir uns aber immer weiter von zu Hause fortbewegen, und deshalb macht er nicht mehr mit.[13]

Für eine bestimmte Art Heldentum gibt es keine Orden, es wird überhaupt nicht erwähnt. Es besteht darin, daß jemand gehorsam und stoisch einem Führer folgt, von dem er *weiß*, er führt ihn ins Verderben. Das kommt für einen Hund nicht in Frage.

Die vertrauten Bilder der Landschaft verschwanden am Horizont, eines nach dem anderen, als letztes Mount Erebus mit seinem Wolkenfederbusch. Der lange Treck über die Eisbarriere ging weiter, ein trauriger Zug. Menschen und Ponys sanken bis zum Knie in den Schnee; die Menschen, weil sie zu Fuß marschierten und ihre Skier unsinnigerweise von Schlitten ziehen ließen; die Ponys, weil die Natur sie für solche Verhältnisse nicht geschaffen hatte; ihre Hufe brachen durch die Schneekruste. Aber die größere Belastung war die Moral der Truppe, nicht die Technik.

Die Norweger wurden durch die Willenskraft eines Führers angefeuert, der wußte, daß die menschliche Persönlichkeit ein Instrument ist, das nur klingt, wenn es mit Leben erfüllt ist. Scott sah in seinen Leuten Marionetten. Das Ergebnis war eine depressive, passive Mannschaft, die wie ein gesteuerter Automat auf Befehle von oben wartete. Wenn sie schlecht vorankamen, schrieb Raymond Priestley, „trieb Scott seine Leute an oder redete ihnen gut zu. Sie holten so zwar manchen Rückstand wieder auf, waren dadurch aber völlig überanstrengt."

„Wir mußten immer nur folgen, aufstehen, wenn wir wachgerüttelt wurden und dann mit aller Kraft ziehen", waren Cherry-Garrards Worte dazu.

Scott hatte geplant, daß seine Ponys getötet werden sollten, wenn sie ihre Arbeit geleistet hatten. Am 24. November erschoß Oates als erstes Pony Jehu. Wilson notierte darüber in seinem Tagebuch, es geschah „gut ein paar Meilen südlich des Breitengrads, wo Shackleton sein erstes Pony erschoß." Wilson, der für den Don Quixote Scott den Sancho Pansa spielte, hatte sich seinem Meister in dem illusionären Kampf gegen einen imaginären Feind angeschlossen. Shackleton stapfte als der geisterhafte Rivale mit ihnen über die Eisbarriere, ein Schatten, der mehr Substanz hatte als Amundsen. Wenn die Realität hart wird, ist die Flucht in die Illusion tröstlich.

Shackleton war ihr Lotse. Scott hatte einen Abdruck von Frank Wilds Tagebuch über Shackletons südliche Polarfahrt bei sich. Er hatte für Shackleton nur ein höhnisches Lächeln. Als die Gruppe am 4. Dezember zum Hochplateau aufstieg, schrieb Oates in sein Tagebuch:

> Ich sah mehrere riesengroße Gletscher zwischen den Bergen herunterkommen und die Eisspalten, die Shackleton zum Halten zwangen. Und jetzt, da ich hier bin, weiß ich erst, wie großartig sein Unternehmen war und welche Kühnheit ihn trieb, als er sich auf den Gletscher einließ, anstatt der Küstenlinie zu folgen.

28

Tanzboden des Teufels

Brach auf um 9 Uhr vorm. Hunde, wie besessen, liefen geradezu verrückt. Es fährt sich gut, das Gelände ist flach und einfach. Erreichte Entfernung von 9 bis 13.30; 15,6 Meilen.

Dieses Zitat aus Bjaalands Tagebucheintragung vom 26. Oktober, dem Tag, als die Norweger ihr Depot am 80. Breitengrad, 600 Meilen vor dem Pol, verließen, zeigt die Stimmung, die beim Rennen zum Pol herrschte.

Das besagt nicht, daß die Norweger stets so glatt vorankamen. Auch sie bekamen ihren Anteil an Schneestürmen und Treibschnee und dazu noch reichlich Nebel. Daß das Wetter Scotts besonderer Feind war, während Amundsen mit besonders günstigen Wetterverhältnissen, das heißt auch mit unverdientem Glück, gesegnet war, gehört zu der Legende über Scott. Amundsen muß sich die Schuld daran selbst zuschreiben. Er ließ die Sache zu leicht erscheinen, was für den intellektuellen Bewunderer eleganter Lösungen richtig sein mochte, nicht aber für die breite Masse. Er hatte Corneilles Ausspruch vergessen: *A vaincre sans péril, on triomphe sans gloire*". (Wer ohne Gefahren siegt, trägt auch keinen Ruhm davon.)

In den Tagebüchern klingt das anders – wenn man die Fakten betrachtet. Die Einschätzung des Wetters ist eine sehr subjektive Angelegenheit, und man muß Scotts Neigung zu Selbstmitleid auf der einen und das bei Amundsen gewohnte kühle Understatement auf der anderen Seite dabei in Betracht ziehen. Das ist nicht nur eine Frage unterschiedlichen Stils, sondern hier liegen grundsätzlich verschiedene Einstellungen vor.

Amundsen hielt es für unsinnig, gegen den Stachel zu löcken. Er hatte eine angemessene Demut gegenüber der Natur und schickte sich bereitwillig in ihren harte, unabänderlichen Willen. Er wußte, wenn es heute Schnee gab, würde es morgen eine harte Schneekruste geben, wußte, daß man nach dem Sturm gut Ski laufen kann, daß ein Schneesturm eine Zeit zum Ausruhen ist.

Im Gegensatz zu Amundsen erwartete Scott, daß den Elementen befohlen würde, auf seiner Seite zu sein und war jedesmal ungehalten, wenn er feststellte, daß sie es nicht waren. Er war Agnostiker und glaubte an die Macht der Wissenschaft; Amundsen war von echter Naturfrömmigkeit erfüllt.

Nach fünf Tagen erreichte Amundsen das Vorratslager am 81. Breitengrad. Er hatte 140 Meilen zurückgelegt und war den ganzen Weg auf Skiern gezogen worden. Jeder Schlitten trug 400 Kilo, doppelt soviel wie Scotts Schlitten. Amundsens Durchschnittsgeschwindigkeit betrug pro Stunde 3½ Meilen, Scotts hingegen 2 Meilen. Scotts Männer und Ponys plagten sich acht und mehr

Stunden ab, um zehn bis dreizehn Meilen zurückzulegen; Amundsens Tagespensum von 15 bis 20 Meilen wurde in fünf oder sechs Stunden leicht erledigt, und für den Rest des Tages wurde nur gegessen und geschlafen, besonders geschlafen. Wie ein Langstreckenläufer startete Amundsen langsam und gleichmäßig, um seine Kräfte für den letzten Anlauf zu schonen.

Scott zeigte nicht diese Selbstbeherrschung. Er hatte den dionysischen Drang, seine enormen physischen Kräfte zu zeigen und seine Leute bis zur Erschöpfung zu treiben. Für ihn war ein Tagespensum erst erfüllt, wenn man sichtbar erschöpft war.

Als Amundsen nach einem Ruhetag am 81. Breitengrad am nächsten Morgen – es war der 1. November – den Kopf aus dem Zelt streckte, lag dichter Nebel vor ihm. Zweihundert Meilen hinter ihm sammelte Scott seine Kräfte für den Aufbruch der Hauptgruppe vom Kap Evans.

Das wußte Amundsen natürlich nicht. Er wußte aber, daß er eine gewisse Geschwindigkeit halten mußte, wenn er wie bisher vorankommen wollte, und zwar um jeweils einen Breitengrad in vier Tagen. Amundsen maß nach Graden, nicht nach Meilen; dadurch wurde, was sie geschafft hatten, auf dem Globus vorstellbar, als Bewegung auf das Ziel hin, und sie fühlten sich nicht so verloren im Nichts. Es war ein Mittel, mit dem das Verhältnis zwischen den einzelnen Teilen und dem Ganzen hergestellt und das Bewußtsein von Planung und Bedeutung geschaffen wurde; es war einer der vielen Kunstgriffe, die die Stimmung der Mannschaft hochhielten. Sein Zeitplan war ¼ Grad pro Tag. Ob Nebel oder nicht, er fuhr. Die Sichtweite betrug gerade vier Schlittenlängen. Amundsen war auf der dritten Depotreise im Herbst schon einmal hier gewesen, und die Route war wie üblich markiert. Aber das Gebiet war nicht kartographiert. Er wußte nicht, daß gerade der von ihm gewählte Weg in einem besonders gefährlichen Gelände lag, das heute Steers-Head-Spalten heißt. Es war beinah vorauszusehen, daß die Norweger sich im Nebel verirren und in die Falle laufen mußten. Eine Spalte hinter der anderen, so weit das Auge im Nebel reichte. Sie waren jedoch nicht breit – etwa 1 Meter – und sie schienen alle quer zur Fahrtrichtung zu verlaufen, was die Gefahr, hineinzustürzen, verringerte. Amundsen beschloß, die Fahrt fortzusetzen. Zwölf und eine halbe Meile ging auch alles gut. Dann passierte Helmer Hanssen, der gewöhnlich an der Spitze lief, jener Unfall, der unvermeidlich ist, wenn man mit Hunden Ski läuft. Seine Skispitzen verfingen sich in den Strängen, und er stürzte. Er war geistesgegenwärtig genug, sich klarzumachen, daß die Schneebrücke einbrechen könnte, wenn er versuchte, allein wieder auf die Beine zu kommen. Er mußte liegenbleiben, wo er lag, bis er gerettet wurde.

Hanssens Hunde waren noch sicher hinübergekommen und nutzten nun augenblicklich aus, daß sie außer Reichweite ihres Herrn und Meisters waren. Sie fingen am Rande des Abgrunds unter lautem Gebell eine fröhliche Rauferei an. Der Schlitten war umgeschlagen, stand fast hochkant direkt an der Eisspalte, und da die Schneedecke eingestürtzt war, konnte er jede Minute in der Tiefe verschwinden und die Hunde hinter sich herziehen.

Amundsen setzte über die Spalte und machte der Balgerei ein Ende. Wisting rettete Hanssen, der völlig unverletzt war; er liebte den Anblick von Abgründen, je tiefer, desto besser. Dann brachten sie zu dritt den Schlitten in Sicherheit.

> Diese Spalten sind eindrucksvoll, wenn man am Rand liegt und hinein sieht [schrieb Amundsen in sein Tagebuch]. Ein bodenloser Abgrund, der von Hellblau zu tiefstem Schwarz übergeht.
> Die scheußlichsten Formationen, die wir hier gefunden haben, sind so riesige Löcher, daß die *Fram* und vieles mehr darin Platz hätten. Diese Löcher sind mit einer dünnen Kruste überzogen, und die kleine Öffnung, die sichtbar ist, scheint harmlos. Aber wenn man auf so eine hübsche Stelle gerät, ist man unrettbar verloren. Wir sind heute bei „Erbsensuppe" an einer vorbeigekommen.
> Zum Glück hat H[elmer] H[anssen] es rechtzeitig gesehen. Seinen scharfen Augen entgeht kaum etwas.
> Uns allen geht es gut. Was wir alles aufs Spiel setzen, wenn wir durch diese unerfreulichen Gebiete ziehen! Jeden Tag haben wir von neuem unser Leben selbst in der Hand. Aber niemand möchte umkehren – das ist gut zu wissen.

Im norwegischen Charakter liegt ein Zug von Fatalismus, der das Risiko sucht. Diese Kühnheit scheint zuweilen auf die Dame Fortuna Eindruck zu machen. Die Norweger stapften ohne jeden Schaden aus dem Eisspaltengebiet heraus in sicheres Gelände, und sie hatten am Ende des Tages ihre „regulären" fünfzehn Meilen – ein Viertel Breitengrad – zurückgelegt.

Gleichmut, gemischt mit einem Hauch Humor – das ist unverkennbar die Stimmung, die auf Winterskitouren in norwegischen Bergen herrscht.

Scott, einige hundert Meilen hinter ihnen, hat im wesentlichen die gleichen Bedingungen, lebt aber in einer ganz anderen Welt:

> Ich habe damit gerechnet, daß diese Märsche nicht ganz einfach würden, aber ich habe sie mir nicht im entferntesten so schlimm wie heute vorgestellt ... Wieder sehr schlechte Sicht und sehr schwieriger Boden ... Ich finde, wenn das Zugtier müde wird, ermüden auch die Begleiter. Nach diesem Tag heute geht es allen schlecht.

Nach sechzehn Meilen Fahrt am 4. November zeigten Amundsens Kompaß und Kilometerzähler die Nähe des Depots am 82. Breitengrad an; doch es herrschte dichter Nebel, und es schien sinnlos, sich in der Dunkelheit vorwärtszutasten. Sie schlugen ihr Lager auf und warteten auf den nächsten Tag.

Amundsen verzeichnete in seinem Tagebuch:

> ... Nach dem Frühstück brachen wir auf. Das Wetter war wieder trübe

geworden, aber wir hatten das Depot angepeilt und kannten die Richtung. Nach zweieinhalbstündigem Marsch standen wir vor unserem südlichsten Vorratslager. Alles war in schönster Ordnung.[1]

Hier war die Grenze und die letzte Gelegenheit, den Hunden eine Ruhepause zu geben. An den zwei folgenden Tagen streckten sie sich im Schnee aus und sonnten sich bei einer Wärme, die Amundsens Gedanken „hin und wieder in die Tropen schweifen ließen".[2]

Die Pelzkleidung wurde ausgeschüttelt und getrocknet; Menschen und Tiere entspannten sich. Und in dieser Stimmung waren alle sehr offen. Sie änderten die Pläne, genauer gesagt, brachte Amundsen seine Leute dazu, einem Plan zuzustimmen, den er schon lange bei sich erwogen hatte.

Seine ursprüngliche Absicht war es, mit voll beladenen Schlitten zum Südpol und zurück zu fahren. Aber, schrieb Amundsen,

> wie wir das letzte Depot gefunden haben, das war ein reiner Triumph. *Wir* haben bewiesen, daß es möglich ist, in diesen endlosen Weiten Depots anzulegen und so zu markieren, daß es möglich ist, sie bei sorgfältiger Navigation wiederzufinden.

Und so schlug er vor, statt alles mitzuschleppen, auf jedem Breitengrad ein Depot anzulegen. Nach kurzer Diskussion wurde der Vorschlag akzeptiert.

Nachdem die Schlitten mit Pemmikan und Paraffin aus dem Depot beladen waren, stellte Amundsen fest, sie seien so voll gepackt wie beim Auszug aus Framheim. Er hatte jetzt seine Basis um 200 Meilen auf den 82. Breitengrad vorverlegt. In seinem Tagebuch vermerkte er nur:

> . . . Menschen, Tiere und Ausrüstung sind in bester Verfassung. Die Hunde haben eine bessere Kondition als bei der Abfahrt. Ihre wunden Pfoten sind geheilt, und der überflüssige Speck ist weg.

Die Mannschaftsmoral stieg im Gegensatz zu der von Scotts Leuten, die sich langsam erschöpfte. Eine Erklärung dafür mag in den unterschiedlichen Grundeinstellungen liegen.

Beim Aufbruch vom 82. Breitengrad hatte Amundsen für hundert Tage Verpflegung bei sich; sie reichte bis zum 6. Februar. Nach seinem Zeitplan, *der bis jetzt eingehalten war,* würde er am 31. Januar wieder in Framheim sein. Das bedeutete, daß er, selbst für den unwahrscheinlichen Fall, daß alle bis jetzt abgelegten Depots verfehlt würden, zum Pol gelangen, nach Framheim zurückkehren und noch 100 weitere Meilen zurücklegen konnte, ehe ihm die Verpflegung ausging. Er führte drei- bis viermal so viel Paraffin mit, wie er brauchte. Von vier Tagen war jeweils einer zum Ausruhen und für schlechtes Wetter eingeplant. Er ging davon aus, daß sie ihre Schlitten vom 86. Breitengrad zurück selber ziehen mußten. Die Sicherheitsmarge war groß und sollte es auch sein.

Im Vergleich zu Amundsen hatte Scott keine Sicherheitsmarge für Verpflegung, Heizmaterial oder Wetterverhältnisse. Einfache Zahlen belegen das: Als Amundsen aufbrach, hatte er in seinen Depots drei Tonnen Verpflegung, Scott nur eine. Amundsens Gruppe bestand aus fünf Personen, so daß auf jeden 1300 Pfund kamen; Scott brach mit siebzehn Personen auf, was pro Kopf 124 Pfund bedeutete. Amundsen hatte also pro Mann zehnmal soviel Verpflegung und Heizmaterial wie Scott. Wenn nur ein Depot verfehlt wurde, konnte das für Scott zum Verhängnis werden.

Als die Norweger sich am Morgen des 7. November zum Aufbruch rüsteten, machten die Hunde Ärger. Ein Hund aus Hassels Gespann kroch unter einen Schlitten und kippte ihn um. Die daraus folgende Unordnung, so notierte Bjaaland in seinem Tagebuch,

> nutzte „das Schaf“ aus und bediente „Lussi“, die daraufhin erschossen wurde und ins Depot wanderte.

Nach einem unumstößlichen Gesetz wurde es als Vergehen betrachtet, wenn eine Hündin im Gelände heiß wurde; sie stiftete Verwirrung, setzte das Lauftempo herab und bedeutete Gefahr. Ebenso erging es Jålå, einer bei allen beliebten Hündin; auch sie wurde erschossen und ins Depot gelegt, als man feststellte, daß sie tragend war und nicht richtig ziehen konnte. Uranus wurde wegen Faulheit erschossen, *„pour encourager les autres“* (um die anderen bei der Stange zu halten). Sie würden alle dazu beitragen, daß ihre Gespanngefährten auf dem Rückmarsch genug Futter hatten.

Schließlich knallten die Peitschen in der stillen Luft, die Hunde erhoben sich, die Schlitten zogen davon und die norwegische Mannschaft trat in unerforschtes Gelände ein. „Jetzt“, vermerkte Amundsen, „hat die Reise richtig begonnen.“ Um 14 Uhr notierte er: „Passierten bei 82 Grad 17 Minuten südlicher Breite den südlichsten Punkt, den die *Discovery*-Expedition erreicht hat“; und hier schlugen sie ihr Lager auf.

Amundsen hatte damit die Grenze des Geländes überschritten, das der Mensch kannte. 500 Meilen weit würde er jetzt auf jedem Zoll seines Weges Pionier sein. Er hatte eine doppelte Herausforderung angenommen: die der unbekannten Welt wie auch die des menschlichen Rivalen. Er mußte nicht nur einen Weg zum Südpol finden, sondern ihn auch schnell finden. Jeder Tag zählte, vielleicht sogar jede Stunde. Er trug doppelte Last, die des Entdeckers und des Langstreckenläufers; in der Geschichte der Entdeckungen eine einmalige Herausforderung.

Amundsen hatte seit langem bei sich beschlossen, die kürzeste Route zu nehmen und einem Längenmeridian exakt zu folgen, ganz gleich, welche Hindernisse auf dem Weg auch auftreten mochten. Beim Aufbruch in das Unbekannte war ihm ideales Wetter beschert, die Reise ließ sich gut an. Er hatte vier Schlitten. An der Spitze fuhr Helmer Hanssen, er war der beste Hundeführer und zugleich der beste Navigator. Auf seinem nichtmagnetischen Schlitten war der große Kompaß montiert. Hinter Hanssen kam Hassel, dann Wisting und den Schluß bildete Bjaaland, der beste Skiläufer, aber auch der schlechteste Hundetreiber. Amundsen hatte keinen eigenen Schlitten. Bisher waren sie alle auf Skiern von den Hunden gezogen worden.

Ihre Route markierten sie auf jeder Meile mit drei mannshohen Pyramiden, die sie nach festgelegtem Plan aus neuen großen Schneeblöcken errichteten. Jede Pyramide konnte von der nächsten gut gesehen werden und enthielt im Innern jeweils eine Aufstellung mit der Lage, der Entfernung vom letzten Depot und der Richtung zur zurückliegenden Pyramide.

45 Hunde waren ihnen geblieben, von denen jeder etwa 80 Pfund zog. Sie sausten los, die Schlitten liefen leicht; Stunde um Stunde trabten sie munter und unermüdlich voran, dazu die vertrauten Geräusche; das Keuchen beim Atmen, das Trappeln der Hundepfoten, hin und wieder ein Knarren im Schlitten und die Skier rauschten im Pulverschnee, als glitten sie über Seide.

Amundsen ließ die Hunde alle Stunde verschnaufen. Hunde brauchen häufige Ruhepausen, um leistungsfähig zu bleiben. Sie ziehen am besten in kurzen Sprints; auch ihren Treibern bekommt das gut, vor allem, wenn sie norwegisches Temperament haben. Amundsen ließ Tiere und Menschen im gleichen Rhythmus arbeiten.

Ihr Arbeitsablauf war darauf angelegt, Kräfte zu sparen. Wenn sie das Tagesziel erreicht hatten, wurden zuerst die Zelte abgeladen. Amundsen kroch dann in das Zelt und richtete es mit der Zeltstange auf, während seine Gefährten die Heringe in den Boden schlugen und die Haltetaue festmachten. Dann bereitete er das Essen. Um an die Verpflegung zu kommen, brauchte man nur den kleinen Deckel der Verpflegungskiste aufzumachen, ohne daß man die Schlittenriemen löste. Die Hunde wurden ausgespannt, mit ihrem Pfund Pemmikan gefüttert und durften bis zum nächsten Tag frei umherlaufen. Bjaaland nahm dann die Skibindungen ab und brachte sie ins Zelt, um zu verhindern, daß sie in den Hunderachen verschwanden. Eskimohunde verschlingen alles, was sie finden. Damit sie nicht gegen die Zeltwand pinkeln konnten, wurde rings um das Zelt ein Schneewall aufgeworfen. Innerhalb einer Stunde war das Zelt aufgerichtet, Mensch und Tier versorgt.

Unter Amundsen war jeder Schlittenführer verantwortlich für die Verpflegung, die er transportierte. In einem Verpflegungs- und Navigationsbuch machte er nach der Mahlzeit seine Eintragungen. Diese genaue Buchführung war den Engländern fremd, was verhängnisvolle Folgen hatte. Abends in ihrem Zelt waren die Norweger schweigsam; nicht, weil sie mißgestimmt waren, sondern weil es so in ihrer Natur lag.

„Wir laufen wie Windhunde über die endlose, glatte Schneefläche", schrieb Amundsen am 8. November. Je länger das Gelände so blieb, umso besser. Am gleichen Tag tauchte eine Wolkenwand südwestlich am Horizont auf. Sie stand am nächsten Morgen immer noch unbeweglich und unverändert da. Bei einem

Blick durch das Teleskop stellte sich heraus, daß es Land war. Amundsen identifizierte es als die Berge, die von Shackleton 1909 südostwärts in der Ferne beobachtet worden waren. Noch mehr aber beschäftigte ihn die Tatsache, daß „wir im Süden in unserer Fahrtrichtung keine Spur von Land erkennen können, und das ist vielversprechend.“ Amundsen hatte immer noch die Hoffnung, daß der Pol nicht auf dem Plateau, sondern auf der Eisbarriere lag, nichts war ja sicher.

Sie hatten jetzt den 83. Breitengrad erreicht und machten halt, um das nächste Depot anzulegen. Auf jedem Breitengrad sollte eines entstehen. Das Depot war inzwischen standardisiert: ein Kubus von zwei Metern aus harten Schneeblöcken, die man aus der festen, vom Wind zusammengepreßten Schneekruste schnitt, mit einem dunklen Fähnchen auf der Spitze.

Der nächste Tag, der 10. November, war Ruhetag; aber ein Sturm in der Nacht veranlaßte Amundsen, der immer nach Verbesserungen strebte, zur letzten Pyramide zurückzukehren, um die Wirkung des Sturmes auf ihren Bau zu untersuchen. Die Pyramide stand zwar noch, hatte sich aber leewärts geneigt. „Wir müssen der Pyramide demnächst eine andere Form geben“,[3] notierte er. Unglücklicherweise waren „Karenius“, „das Schaf“ und „Schwartz“, Bjaalands beste Hunde, ihm gefolgt und in nördlicher Richtung verschwunden – für immer.

So blieben 42 Hunde übrig; da aber Amundsen einen Verlust einkalkuliert hatte und die Tiere nicht mit voller Kraft zu ziehen brauchten, hatte der Verlust keine spürbare Wirkung, obwohl es für Bjaaland mit dem verringerten Gespann jetzt schwieriger war, Schritt zu halten. Aber das beeinträchtigte seine Laune nicht. „Sonne und Sommer“, schrieb er zu diesem Zeitpunkt in sein Tagebuch, „es läuft sich herrlich.“ Und er sprach für alle.

Bis zum 82. Breitengrad hatte Amundsen für einen Grad vier Tage gebraucht; jetzt verkürzte er die Zeit auf drei. „Das tägliche Pensum von zwanzig Meilen“, so schrieb er, „haben wir immer leicht . . . in fünf Stunden erledigt. Mit dem Bauen der Pyramiden sind es sechseinhalb Stunden im Ganzen. So ist die Nacht lang. Die Hunde scheinen nicht überanstrengt. Sie sind ein bißchen dünner, aber besser in Form denn je.“

Am 11. November tauchte vor ihnen am Horizont eine Reihe glitzernder Pyramiden auf; die Gipfel einer hohen Gebirgskette spiegelten sich im Süden gegen den Himmel. Das war Amundsens erste echte Entdeckung. Er nannte sie später Königin-Helena-Kette; heute ist sie unter dem Namen Königin-Helena-Gebirge bekannt. Zuerst war er keineswegs hochgestimmt. Er zeichnete die Gipfel in sein Notizbuch und benannte sie sachlich A, B, C, D, E . . . Das waren Symbole, nicht für romantische Erfolge, sondern schlicht für Hindernisse, die ihm im Weg standen. Er kommentierte trocken: „Ein Aufstieg scheint unumgänglich.“

Genau an dieser Stelle hörte Bjaaland „in der Ferne ein unangenehmes Donnern im Eis . . . Es begann um 4 Uhr, doch um 8 Uhr hörte man nichts mehr. Können die Gezeiten die Ursache sein?“[4]

Es sollte noch mehr als sechzig Jahre dauern, bis die Wissenschaft nachwies, daß die Eisbarriere trieb und von den Gezeiten beeinflußt wurde. Bjaaland gab den ersten schriftlichen Hinweis darauf.

Amundsen kam erst viel später zu Bewußtsein, daß er eine Entdeckung gemacht hatte. Aber dann war sie für ihn überwältigend.

> Gleißend weiß, leuchtend blau, pechschwarz . . . das Land sieht aus wie im Märchen [schrieb er am 13.]. Gipfel über Gipfel, Fels um Fels – so wild zerklüftet wie nur irgend etwas auf unserer Erde liegt es da, niemand hat es bis jetzt gesehen, niemand betreten. Es ist ein wunderbares Gefühl, hier zu reisen.

Was Amundsen gesehen hatte, war nicht nur die Fortsetzung der Shackleton-Berge nach Südwesten, sondern nach Osten eine völlig unbekannte Gebirgskette, die südöstliche Grenze der Ross-Eisbarriere. Das war alles gut und schön, wo aber führte der Weg hinauf?

Amundsen mußte einen Paß durch jenen hohen, glitzernden Wall unbetretenen Eises finden, der sich vor ihm auftürmte, und zwar schnell. Er beschloß, weiter am Meridian entlang nach Süden zu ziehen und die Hindernisse zu überwinden, die sich ihm womöglich in den Weg stellten. Er hatte keine Zeit zu verlieren, nicht nur wegen Scott, sondern auch wegen seines eigenen Zeitplans.

Alle seine Hunde konnte er weitere zehn Tage ernähren. Vor Ablauf dieser Zeit mußte er das Plateau erreicht haben, sonst war sein Transport auf dem Rückmarsch gefährdet. Die drohende Aussicht, selbst den Schlitten ziehen zu müssen, genügte, um ihn zum Erfolg anzuspornen.

Am 13. November machte Amundsen eine „wundervolle Entdeckung“: eine riesige Bucht verlief gerade in seiner Fahrtrichtung nach Süden, genau dahin, wo, wie er annahm, der Aufstieg möglich sein mußte. Er glaubte vielleicht, er könnte nicht vor dem 87. Breitengrad auf Land stoßen; mit Sicherheit aber nicht vor dem 85. Dadurch, daß er die unbekannten Route riskiert hatte, fand er wenigstens noch einen Breitengrad weiter südlich als Scott ebenes Land vor und würde daher 120 Meilen auf dem Plateau sparen. Das bedeutete zwei Wochen weniger in der dünnen Luft großer Höhe. „Wer hat, dem wird gegeben werden“ – Glück hat, wer es verdient.

Nachdem die Norweger einen Tag nur mit Hilfe des Kompasses blind durch den Nebel gefahren waren, lagen die Berge plötzlich erschreckend nahe vor ihnen. Die Frage war, wie man die Wälle um das Eiskap überwinden konnte.

Die Eisbarriere rollte in hohen gefrorenen Wellen dahin. Der Übergang vom Eis zum Land kam näher. Unter dem Einfluß von Shackleton und Scott erwartete Amundsen ein Gewirr von Felsgraten, Klüften und Eiszacken, die von einem riesigen Bergschrund hervorgebracht worden waren. Die Wirklichkeit war ganz anders: kein Grund zur Aufregung oder Dramatisierung im Vergleich mit dem, was sie sonst gewohnt waren. Am Morgen des 17. November liefen die Norweger zu Tal über einige leicht hügelige Eishänge, die wie Wellen zum Strand flossen, und überwanden ein paar kleinere Spalten. Mit einem letzten kurzen Sprung ließen sie die Eisbarriere hinter sich und standen am Fuß des Gebirges.

Der Blick auf einen Berg von unten ist irreführend; die Perspektive ist verzerrt und die Höhe verdeckt. Die Ausmaße dieser Berge waren jedoch gigantisch; klein dagegen erschien alles, was Amundsen je gesehen hatte, und er machte sich keine Illusionen über die Größe der Aufgabe, die vor ihm lag.

Er hatte das Transantarktische Gebirge vor sich. In einem langen, ununterbrochenen Bogen erstreckt es sich über zweitausend Meilen vom Kap Adare im Osten zu den Pensacola-Bergen im Westen über den Kontinent hin. Vom Meeresspiegel erhebt es sich in einem Schwung zu einer Höhe von 12 000 oder 15 000 Fuß, ein Anblick, den es nirgendwo sonst gibt. Aber nicht nur die Höhe gibt diesem Gebirge eine besondere Stellung. Die großen Gebirgsketten in anderen Kontinenten – die Alpen, die Anden, der Kaukasus, der Himalaja – gehen quer durch das Land. Das Transantarktische Gebirge ist ein riesiger Strebepfeiler, der das Eiskap zurückhält. Es ist ein mächtiger Damm, hinter dem verhaltene Kraft droht.

Die Aufgabe, die Amundsen vor sich hatte, war anders als die, welche Scott erwartete. Scott folgte der Route, die Shackleton als erster gegangen war; es sollte seine zweite Durchquerung des Transantarktischen Gebirges werden. Seine erste hatte er auch in den Fußstapfen eines anderen, Armitage, durchgeführt, 1903 auf seiner Fahrt nach Westen. Amundsen hatte niemanden, dem er folgen konnte. Eine tiefe Kluft trennt den, der den Weg zuerst geht, von jedem, der danach kommt. Dem Pfadfinder ist der Trost versagt zu wissen, daß das, was er versucht, auch möglich ist. Zwischen Wissen und Glauben liegt eine Welt. Von Amundsen wurde ein Glaubensakt verlangt.

Armitage und Shackleton hatten die beiden bis jetzt bekannten Routen erkundet. Die aber lagen zweihundert Meilen von ihm entfernt, und Amundsen konnte nicht sicher sein, daß er einen Pfad durch den Koloß dieser Gebirgskette finden würde. Irgendwo in der stattlichen Reihe von Gletschern, die sich von den Höhen ins Tal erstreckten, lag wahrscheinlich der Schlüssel. Aber Amundsen hatte keine Zeit, Erkundungen zu unternehmen oder lange Überlegungen anzustellen. Die Zeit, nicht das Gelände, war sein Feind, sowohl wegen Scott als auch wegen der zeitlichen Begrenzung seines Transports.

Um einen Übergang zu finden, blieben Amundsen sieben Tage, wo Armitage drei und Shackleton zwei Wochen benötigt hatte. Er hatte die Frage lange hin und her erwogen und war zu der Entscheidung gekommen, daß er nur geradewegs nach Süden vorstoßen könne, ohne nach rechts und links zu schauen. Er war jetzt der Gefangene seines Entschlusses und in dieser für ihn nicht typischen Lage gezwungen, ein Hindernis zu überwinden, statt es zu umgehen.

Er befand sich unter dem Ausläufer eines Bergmassivs, das er seit Tagen vor sich gesehen hatte – heute ist es unter dem Namen Herbert-Kette bekannt. Vom neuen Standort verlor die Bucht, auf die er zugesteuert war, ihren Reiz. Eine leichtere Route schien sich in Richtung auf einen Gipfel, den er „Bienenstock" nannte – der spätere Ruth-Gade-Berg – anzubieten. Da er bis dahin von seinem

Kurs nur leicht abzuweichen brauchte, schlug er, ohne lange nachzudenken, diese Richtung ein.

Sein Plan war es, alle Hunde für den Aufstieg heranzuziehen, dann vierundzwanzig zu töten, weil sie zum Ziehen nicht mehr benötigt wurden, mit achtzehn zum Pol zu ziehen, dort weitere sechs zu erschießen und mit den restlichen zwölf zur Eisbarriere zurückzukehren.

Jetzt beschloß er, ein zusätzliches Depot am Fuß des Gebirges, wo sie gerade waren, anzulegen; das nächste sollte dann am 86. Breitengrad entstehen. Mit seinen Männern erörterte er, wie gewohnt, diese Änderung und erhielt ihre Zustimmung.

Die Entfernung zum Pol und zurück betrug Luftlinie 600 Meilen. Wenn er, wie auf dem Plateau, eine Geschwindigkeit von 15 Meilen pro Tag ansetzte, brauchte er für die Fahrt 40 Tage. Amundsen entschied, für 60 Tage Verpflegung mitzunehmen und den Rest von 30 Tagen mit der Seehundfellkleidung im Depot zurückzulassen. Die Rentierpelze und die Ausrüstung aus Burberry-Tuch sollten mitgenommen werden.

Nach dem Abendbrot erkundeten Amundsen, Wisting, Bjaaland und Helmer Hanssen, wo man den Aufstieg versuchen sollte. Sie legten 8 Meilen zurück und stiegen 2000 Fuß hoch.

> Wir waren, sagt Amundsen, außerordentlich glücklich. Alle Spalten waren ausgefüllt, und es ging sich auf den Höhen gut. Der Schnee reichte gerade für die Pfoten der Hunde, und der Hang war nur so steil, daß sie ihn meistern konnten – in jedem Fall am ersten Tag.[5]

Aus reinem Vergnügen fuhren sie in einem raschen Abfahrtslauf zum Lager zurück. Der letzte Hügel vor der Barriere war so steil, daß sie genau die Geschwindigkeit bekamen, die sie sich gewünscht hatten, und der Schnee hinter ihnen aufsprühte. Bjaaland und Amundsen entschlossen sich zu einem Umweg über einen felsigen Hügel. Sie wollten den Fuß einmal wieder auf festen Grund setzen, nachdem sie 14 Monate lang nur über Schnee und Eis gezogen waren.

Sie stiegen den Hügel hinauf, und Amundsen nannte ihn sofort Bettys Knoll, nach seinem alten Kindermädchen, der späteren Haushälterin, die in Bundefjord auf seine Rückkehr wartete.

Abends im Zelt zitierte jemand den Anfang eines bekannten norwegischen Gedichts:

> Gern würd ich wissen,
> was dereinst,
> jenseits der hohen Berge,
> ich sehen werde.

Und danach, erzählt Amundsen, sprach jemand die nächste Zeile:

„Nichts als Schnee wird meinem Auge begegnen." „Das kam so trocken heraus," heißt es weiter bei Amundsen, „daß alles vor Lachen brüllte."

Am nächsten Tag, dem 18., „begann schließlich der schreckliche Aufstieg", wie Bjaaland kurz und bündig notierte. Die steilsten Hänge hinauf mußten zwei Gespanne vor einen Schlitten geschirrt werden, und Amundsen sagte voll stiller Bewunderung: „Die Hunde haben heute eine Arbeit geleistet, die meine höchsten Erwartungen übertraf".[6] Sie hatten anderthalb Tonnen Last 10 Meilen 1500 Fuß hoch gezogen. Das Wetter blieb, wie Amundsen es ausdrückte, „rein sommerlich".

Leider waren sie ringsherum von Gebirge umgeben, so daß sie keinen Blick auf den weiteren Weg tun konnten. Während Amundsen und Hassel das Essen vorbereiteten und die Hunde versorgten, stiegen die übrigen zu einer Erkundungsfahrt auf. Sie kamen in Schußfahrt herunter, um zu berichten, daß der Paß gangbar war und bis zum Gipfel kein Hindernis den Weg versperrte.

Der nächste Tag ließ sich gut an, die Hunde kletterten den Paß hinauf, ohne daß ihr Gespann verdoppelt werden mußte. Der Abstieg auf der anderen Seite um 800 Fuß war so steil, daß zum Bremsen Tücher um die Kufen gewickelt werden mußten, um die Schlitten unter Kontrolle zu halten. Dann kam der Übergang über einen kleineren Gletscher, dessen zahlreiche Spalten über Schneebrücken sicher passiert werden konnten, und danach ging es einen Hang hinauf, der so steil war, daß „alle 42 Hunde gleichzeitig vor zwei Schlitten gespannt werden mußten und sie es dann immer noch schwer hatten."[7]

Auf dem Gipfel führte ein anderer Paß hinunter, der „noch steiler war als der erste, so daß die Schlitten auf die Hunde rutschten. An meinem Schlitten wurde das Vorderteil beschädigt, bei Hassel das Hinterteil."[8]

Das schlimmste Stück schienen sie damit hinter sich zu haben. Sie wandten sich jetzt ein wenig westwärts und gingen in Richtung auf einen großen, mindestens 12 000 Fuß hohen Berg, den Amundsen zunächst wegen der Ähnlichkeit mit einem norwegischen Kastell Haakonshallen nannte, später aber zu Ehren seines Wohltäters auf den Namen Don Pedro Christophersen-Berg umtaufte. In dieser Richtung, so schien es, war der Weg zum Gipfel frei.

Sie liefen vom Paß einen kleinen Gletscher hinunter, doch plötzlich änderte sich das Bild. Zu Amundsens Bestürzung verlief „ein riesiger, mächtiger, absolut fjordähnlicher Gletscher von Ost nach West" quer zu ihrer Laufrichtung.

Konturen, Entfernung und die verkürzte Perspektive des Berges hatten ihnen einen Streich gespielt. Der leichte Weg nach oben war eine Illusion gewesen.

Gletscher sind die sprichwörtlichen Hochstraßen des Gebirges, dieser aber glich eher einem Bollwerk, ein tückischer Eiskatarakt, der vom Ende des Polar-Plateaus zur Eisbarriere abfiel. Auf nur 20 Meilen hatte er ein Gefälle von fast 8000 Fuß, und von diesen 20 Meilen waren 12 Meilen völlig flach.

Nachdem der anfängliche Schrecken verflogen war, ging Amundsen ganz sachlich an das gleißend weiße Monstrum heran, das da vor ihm lag. Von seinem jetzigen Ausgangspunkt schien es der einzige Weg zum Plateau. Selbst

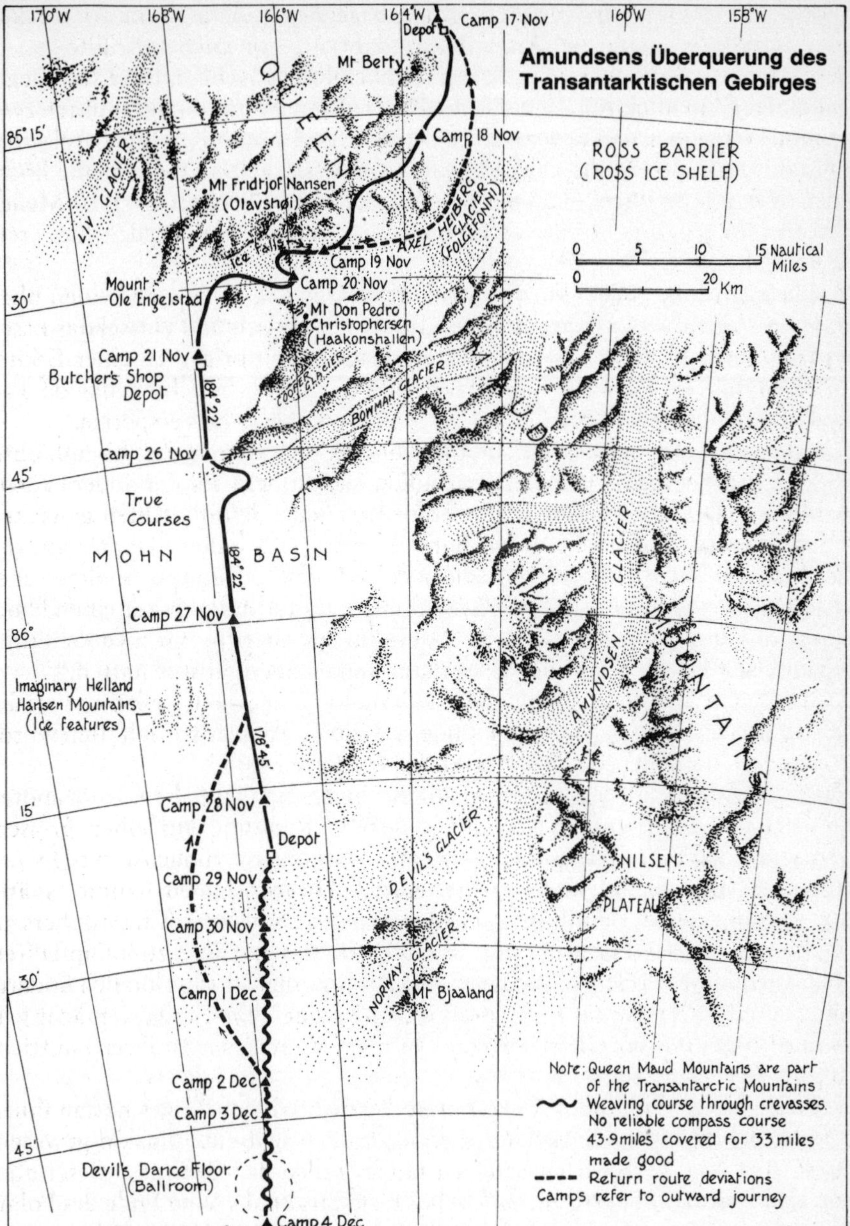
Amundsens Überquerung des Transantarktischen Gebirges
170°W
168°W
166°W
164°W
160°W
158°W
Depot
Camp 17 Nov
Mt Betty
QUEEN
MAUD
MOUNTAINS
85°15'
Camp 18 Nov
ROSS BARRIER
(ROSS ICE SHELF)
LIV GLACIER
Mt Fridtjof Nansen
(Olavshøi)
AXEL HEIBERG GLACIER
(FOLGEFONNI)
Ice Falls
Camp 19 Nov
0 5 10 15 Nautical Miles
0 20 Km
Mount Ole Engelstad
Camp 20 Nov
30'
Mt Don Pedro Christophersen
(Haakonshallen)
Camp 21 Nov
Butcher's Shop Depot
184°22'
COOPER GLACIER
BOWMAN GLACIER
Camp 26 Nov
45'
True Courses
MOHN BASIN
184°22'
GLACIER
Camp 27 Nov
86°
AMUNDSEN
Imaginary Helland Hansen Mountains
(Ice Features)
178°45'
15'
Camp 28 Nov
DEVIL'S GLACIER
Depot
NILSEN
Camp 29 Nov
PLATEAU
Camp 30 Nov
NORWAY GLACIER
30'
Camp 1 Dec
Mt Bjaaland
Note: Queen Maud Mountains are part of the Transantarctic Mountains
Camp 2 Dec
Weaving course through crevasses. No reliable compass course 43·9 miles covered for 33 miles made good
Camp 3 Dec
45'
Devil's Dance Floor
(Ballroom)
Return route deviations
Camps refer to outward journey
Camp 4 Dec
To Pole on about 168°W
166°W
164°W
162°W
160°W
158°W
156°W
154°W

aus der Entfernung sah es furchterregend aus. Der Versuch war gefährlich. Aber ihn zu unterlassen, war im Hinblick auf das Fernziel noch viel gefährlicher. Er geriet jetzt in kalte Raserei. Die Parole war „Tempo.“ Tempo, um die Hunde auszunutzen, solange sie sie noch hatten, Tempo, um nicht selbst ziehen zu müssen. Tempo, um das Rennen gegen Scott zu gewinnen. Die einzige Möglichkeit schien jetzt, den Kurs beizubehalten und das Hindernis, das die Natur ihnen in den Weg gesetzt hatte, zu überwinden. Er beschloß, die Festung im Sturm zu nehmen.

Zuerst mußte er einen Weg den neuen Gletscher abwärts finden. Er nannte ihn spontan „Folgefonni“ nach einem Gletscher an der norwegischen Westküste, änderte den Namen aber später in Axel Heiberg, nach seinem Gönner auf der *Fram* und der *Gjøa,* und so heißt er auch heute noch.

Zur englischen Legende über den Südpol gehört die Behauptung, daß Amundsen einen leichten Aufstieg zur Höhe fand und damit vor Scott einen ungerechtfertigten Vorteil hatte. Heute fliegen Flugzeuge regelmäßig über den langen, gleichmäßigen Hang des Beardmore Gletschers auf der von Shackleton erkundeten englischen Route, aber nur wenige fliegen freiwillig über den Axel-Heiberg-Gletscher, der sich Amundsen in den Weg gestellt hatte, denn, um über ihn hinwegzufliegen, müssen sie den *stärksten Steilkurs* nehmen.

Es gab eine verhältnismäßig einfache, wenn auch steile Route zum nördlichen Rand des Gletschers hinauf, aber Eisblöcke und unheimliche Schneehaufen sprachen deutlich genug von Lawinen, die beständig von den Hängen der Berge hinabstürzten. *Dieser* Weg war eine Todesfalle. Die Eisfälle waren die einzige vernünftige Alternative. Amundsen mußte zuerst über einige Meilen 2000 Fuß bergab über den Gletscher laufen. Seine Skier glitten über tiefen, glitzernden Pulverschnee, der durch die Kälte tragfähig blieb; selbst jetzt im Sommer herrschte eine Temperatur von −20 Grad. Dennoch war seine Leistung, selbst nach heutigen alpinen Maßstäben, beachtlich. Der Abhang entsprach schwierigen Abfahrtsrennpisten; und die Norweger liefen nicht mit moderner technischer Ausrüstung, sondern auf langen, schmalen, schweren Holzskiern ohne Stahlkanten, und sie hatten bei den lockeren Bindungen den Nachteil, daß die Fersen sich hoben. Dazu mußten sie die Schlitten steuern – jeder war fast eine halbe Tonne schwer – und eine Herde kraftstrotzender Eskimohunde regieren, die jetzt ungestüm bergab stürmten.

Dann folge ein langer, mühsamer Marsch über den Gletscher. Immerhin hatten sie an diesem Tag 9 Meilen zurückgelegt und ihr Lager in 4000 Fuß Höhe über dem Meeresspiegel aufgeschlagen, 1600 Fuß höher als in der Nacht zuvor.

Es gibt wenige Orte auf der Welt, wo die Macht der Natur mit solch nackter Gewalt spürbar wird. Der Maßstab allein ist schon schreckenerregend; eine fremde unendliche Weite wirkt auf die Stimmung wie die Landschaft eines anderen Planeten. Die Antarktis ist ein Land starker Gegensätze und doch, so paradox es auch klingen mag, einer der wenigen Plätze, wo der Mensch noch am ehesten sein Geschick selbst bestimmen kann.

Die Gefahren sind unpersönlich. Abseits von der Küste gibt es kein Leben und daher auch keine Bakterien, keine Krankheit, keine Pest, keine Raubtiere, keine Menschenmassen, keine zivilisatorischen Eingriffe. Eine Laborwelt, wo der Mensch allein überlebt durch eigene Intelligenz und Vorausplanung. Er muß sich die Bedingungen schaffen, die sein Leben erhalten. Das ist nur vergleichbar mit dem Leben unter dem Meer oder im Weltall.

In gewisser Weise mag die Antarktis freundlich oder zumindest wohlwollend scheinen. Schließlich ist Schnee ein großer Verbündeter. Er ist Schutz, Isolierung, Baumaterial, Höhenstraße und – löscht Durst. Dennoch ist die Freundlichkeit eine gefährliche Illusion. Die Antarktis ist eine dem Menschen feindliche Umgebung. Sie ist wie ein untätiger Riese, der sich nur hin und wieder einmal regt, um zuzuschlagen. Man muß immer auf der Hut sein und nichts für gesichert halten. Überleben ist eine Sache des körperlichen und seelischen Gleichgewichts, wie das Gehen auf einem Drahtseil oder einem schmalen Grat im Gebirge. Das Unheil lauert links und rechts, nie mehr als einen Schritt entfernt.

Als Amundsen oberhalb des Gletschers hockte, wurde ihm klar, was für eine Dummheit er begangen hatte. Er konnte von hier sehen, daß der „Folgefonni"-Gletscher in der Bucht, auf die sie tagelang zugesteuert waren, ehe sie am Ende ihre Route verließen, sich gleichmäßig eben zur Eisbarriere hin erstreckte. Die Hunde hatten ihren entschlossenen Willen zu erkennen gegeben, der alten Richtung zu folgen, und beständig gezwungen werden zu müssen, den anderen Kurs zu nehmen, der sich jetzt im Nachhinein als verhängnisvoller Irrtum herausstellte. Dies war vielleicht ein Fall von Unverständnis für tierische Wahrnehmung.

Alle Anstrengung des hinter ihnen liegenden Tages war umsonst gewesen. Amundsen machte jetzt ganz einfach den Vorschlag, die Eisfälle frontal anzugehen. Auf der Stelle, an der er stand, konnte er nur eine allgemeine Vorstellung von dem Weg gewinnen, den er nehmen mußte. Er konnte auch nicht sicher sein, daß es überhaupt eine Route gab. Er entschied einfach, den Weg über den Eisfall zu versuchen. W. W. Herbert, der Erforscher Neuseelands, der fünfzig Jahre später in Amundsens Fußstapfen ging, um zu sehen, wie er es gemacht hatte, schrieb:

> Für mich ist es das eindrucksvollste Beispiel von der Entschlossenheit Amundsens angesichts eines Hindernisses, das jeden weniger starken Mann zur Umkehr bewogen hätte.[9]

Und Wisting hat einmal von Amundsen gesagt:

> Ich habe ihn nie sagen hören: wir kehren um. Aber er ist auch nie unnötige Risiken eingegangen, wenn klar war, daß man nichts erreichen konnte.

Das war der Rückhalt, den Amundsen auf seine Mannschaft ausübte. In dieser Gruppe litt niemand an Isolation. Dabei hätte es leicht so sein können. Wisting, Helmer Hanssen und Bjaaland verstanden sich gut. Aber Hassel schien etwas abseits zu stehen, er kritisierte innerlich Amundsen am stärksten. Amundsen spürte das und achtete sehr darauf, daß er sich die unangenehmsten Lagerarbeiten mit Hassel teilte, um bei ihm keine Ressentiments aufkommen zu lassen. Hier auf dem Gletscher hätte bei einem schlechten Leiter die Gruppe auseinanderbrechen können, was Scott auf der Reise nach Süden 1902 fast passiert wäre.

Nachdem das Lager aufgeschlagen war, schickte Amundsen Bjaaland und Helmer Hanssen los. Sie sollten so weit als möglich gehen und erkunden, ob es einen Weg den Eisfall hinauf gäbe. Zweifel lag in der Luft.

Amundsen ging bewußt nicht mit, er wollte aus dem Ansehen des Skichampions Nutzen ziehen und den stummen, aber gefährlichen Vorwurf abwenden: er sei ein Narr, der dort hineinrennt, wo selbst Engel ihren Fuß nicht hinzusetzen wagen.

Am nächsten Tag, dem 20. November, begann der Aufstieg. Das klare Wetter hielt an. Oben auf den Höhen wehte der Wind den Treibschnee wie Federn vom Hochplateau; unten auf dem Gletscher war es „ruhig, absolut ruhig . . . und glühend heiß" in der Sonne, wie an einem Sommertag auf einem Alpengletscher. Doch statt grobkörnigen, nassen Schnees lag hier über der Windkruste fast ein Fuß hoch feiner Pulverschnee. Die Skier hatten Halt und ließen sich zugleich ungehindert führen, es war herrliches Skilaufen auf trockenem Winterschnee unter sommerlichem Himmel. Eingeweihte kennen dieses Vergnügen in hohen Breiten.

Bjaaland übernahm wieder die Führung, denn hier war der Ski-Champion in seinem Element. Die Kunst beim Skilaufen zeigt sich nicht im Abfahrtslauf allein, sondern auch im Steigen. Bjaaland war allein auf seine Technik angewiesen, denn der Umgang mit Skiwachs steckte noch in den Anfängen. Mit der Eleganz des großen Querfeldein-Läufers glitt er die Hänge hinauf, schnell genug, um vor den Hunden herzulaufen. Diesem beweglichen Ziel folgten sie voller Begeisterung.

Aber nicht nur die Hunde fühlten sich animiert. Einen Ski-Champion vor sich zu haben und zu wissen, daß ihre Rivalen keinen hatten, der sich mit diesem messen konnte, war für die Männer eine Wohltat.

Nach dem Aufstieg stand die Gruppe auf der ziemlich flachen, mittleren Terrasse des Gletschers zwischen dem oberen und unteren Eisfall. Sie waren in gerader Linie durch den unteren Fall heraufgekommen, aber der obere sah so bedrohlich aus, daß Amundsen beschloß, das Hindernis zu umgehen, statt es zu nehmen.

Amundsen war über die Mitte des Gletschers aufgestiegen. Jetzt wandte er sich seitwärts in Richtung auf den links liegenden Don Pedro Christophersen-Berg. Das brachte ihn zu einem Hang, der noch steiler war als der erste. Wieder mußte mit Doppelgespannen, Umpacken, Schreien und Schieben der Aufstieg erkämpft werden; nur mit dem eigenen Willen die Hunde zum Aufstieg zu bewegen, war körperlich und geistig ungeheuer strapaziös. Und als sie oben waren, wußte niemand, ob ein Weg sie weiter führte.

Auf der anderen Seite des Gletschers kam, wie eine Zwillingsschildwache zu Don Pedro, der höchste Berg in Sicht. Ihn nannte Amundsen symbolisch Fridtjof Nansen. Genau in diesem Moment stürzte ein Lawinenregen von den Seiten des vereisten Gipfels – eine passende Begleitmusik zu der unmäßigen Anstrengung von Mensch und Tier. Bjaaland war leicht beunruhigt, weil er in dem Widerhall jenseits des Tales das unheilvolle Grollen fernen Donners hörte.

Nachdem sie etwa 1500 Fuß hoch gestiegen waren, erreichten sie eine ebene Fläche, von der aus sie ohne vorherige Erkundungstouren nicht weiterkommen konnten. Hier schlugen sie ihr Lager auf. Unmittelbar nach dem Aufbau des Zeltes brach Amundsen mit Bjaaland und Helmer Hanssen auf, um den weiteren Weg zu erkunden. „Ein furchtbares Chaos von Gletscherspalten umgibt uns. Riesige Eisblöcke, ungeheure Abgründe und breite Klüfte blockieren uns ringsherum," schrieb Amundsen.

Sie versuchten zunächst den direkten Aufstieg, mußten aber zum Zelt zurückkehren. Dann erprobten sie eine andere Route zum Rand des Gletschers hin. Wieder stießen sie auf Eisspalten, aber sie fanden einen gangbaren Weg hindurch und hinüber. So kamen sie auf die obere Terrasse des Gletschers oberhalb der Eisfälle , und zu ihrer Überraschung sahen sie, nach Amundsens Worten,

> am Kopf des Gletschers . . . in Höhe von circa 8000 Fuß einen einigermaßen annehmbaren Weg . . .[10]

Damit hatten sie den Weg zum Plateau gefunden. Zweifelhaft war nur noch, ob sie bei einem Berg, den sie Ole Engelstad nannten, einen Durchgang fänden. Abgesehen davon, war die Krise vorüber. Mit an Sicherheit grenzender Wahrscheinlichkeit würden sie morgen auf dem Plateau sein! Glücklich drehten sie um, Wisting und Hassel diese Nachricht ins Lager zu bringen. Der Abstieg in den alten Spuren war jetzt einfach.

Wie alle Skiläufer hielten auch sie unterwegs an und betrachteten die Landschaft.

> Der Blick von hier oben geht auf eine unbeschreiblich wilde Landschaft [schrieb Amundsen]. Abgrund an Abgrund, Gletscherspalte neben Gletscherspalte, riesige Eisblöcke überall verstreut. Und man sieht wohl: nirgends ist die Natur gewaltiger als hier . . . Wir betrachteten die Gegend nicht ohne Befriedigung. Das winzige dunkle Fleckchen da unten mitten im Chaos – unser Zelt. Wir fühlten uns stark und unsere Mühe hatte sich gelohnt.

Die Sonne schien, die Luft war still; in den Zelten war es glühend heiß. Mensch und Tier ruhten noch einmal aus vor der letzten, großen Anstrengung. Über den folgenden Tag, den 21. November 1911, gibt Bjaaland folgenden Bericht:

> Wir kamen heraus aus den Tausenden von Metern tiefen Klüften, wo wir unser Lager hatten. Die Spannung war groß, als wir uns der Seite des Mount Ole Engelstad näherten, ohne zu wissen, ob er schneebedeckt und passierbar war. Es wurde eine angenehme Überraschung. Wir kamen im Einzelgespann hinauf; es war schwer, doch wir schafften es. Es war unser härtester Tag. Nachdem wir den schlimmsten Aufstieg hinter uns hatten, lagen die scheußlichsten Eishügel vor uns, einer hinter dem anderen, hart und glatt wie Feuerstein [Nach zwölf Stunden] waren wir oben . . . schlugen unser Zelt auf . . . und es ist wohl klar, wie dann das Pemmikan und die Schokolade weggingen und danach: hinein in den Schlafsack, herrjeh – das Leben in der Antarktis ist eine Schinderei.[11]

Aus einem solchen Bericht ist schwerlich zu erkennen, daß Amundsen und seine Männer hier eine der ungewöhnlichsten Leistungen in der Polarforschung vollbracht hatten.

Innerhalb von vier Tagen hatten sie einen Weg von der Eisbarriere zum Polar-Plateau gefunden. Sie waren mit einer Tonne Verpflegung 44 Meilen vorgerückt und dabei 10 000 Fuß gestiegen. In einem kartographierten Gelände wäre das, selbst nach heutigen Maßstäben mit technischen Hilfen, eine respektable Leistung gewesen. Sie aber standen vor unbekannten Gebirgen. Es war so, als hätten sie als erste die Rockies durchquert oder einen der tibetanischen Pässe überschritten. Amundsen hatte eine Gewalttour durchgestanden.

Vielleicht hatte er trotz allem noch Glück gehabt. Er war auf die Stelle gestoßen, wo das Transantarktische Gebirge am schmalsten ist. Nur einige Meilen weiter zur einen oder zur anderen Seite, und der Durchzug wäre erheblich länger geworden. Doch Glück kommt nicht zufällig; es fällt gewöhnlich denen zu, die es verdienen. „Dem Mutigen gehört die Welt" enthält mehr als nur ein Körnchen Wahrheit.

Heute wissen wir, daß Amundsen trotzdem eine Fehlentscheidung getroffen hatte. Er hatte die schwierigste Route im ganzen Gebiet gewählt. Weiter östlich hätte er einen leichteren Weg den Gletscher hinauf gefunden; übrigens trägt dieser Gletscher heute seinen Namen.

„Menschen sind die unbekannte Größe in der Antarktis", pflegte Amundsen zu sagen. Der norwegische Charakter eignet sich nicht zur Verteidigung und zum Standhalten; er muß angreifen oder zurückweichen. Amundsen nahm ein Risiko auf sich, als er den Axel-Heiberg-Gletscher bestieg. Sein Risiko wäre größer gewesen, wenn er es nicht getan hätte, weil er damit vielleicht seine Männer demoralisiert hätte. Sie waren nicht geschaffen, im Ungewissen zu bleiben. Sie mußten ihrem Tatendrang folgen, sonst waren sie verloren Sie waren glücklicher, wenn sie die Eisfälle im Sturm nahmen. Und der Axel Heiberg mit seiner kurzen, konzentrierten Anstrengung entsprach genau dem norwegischen Temperament. Amundsen hatte das Haupthindernis in dem Stil überwunden, der am besten zu ihm paßte.

Für ihn war es keine Frage, wem der Dank gebührte. „Es war geradezu wundervoll", schrieb er am Abend des 21. November am Rand des Plateaus in sein Tagebuch, „daß die Hunde heute 17 Meilen und 5000 Fuß Höhe schafften. Da komme noch einer und behaupte, daß Hunde hier nicht eingesetzt werden können."

Sobald sie angekommen waren, wurden die Hunde getötet. Jeder erschoß seinen Hund – so war es abgesprochen. Da Amundsen kein Gespann hatte, blieb er davon verschont. Wie üblich kochte er und war als erster im Zelt. Aber

> schneller als sonst steckte ich den Primus an und brachte ihn auf volle Touren. Ich wollte möglichst viel Krach machen, um die vielen Schüsse nicht hören zu müssen, die gleich draußen losgehen würden.
>
> Es war hart, aber es mußte sein. Wir hatten abgemacht, daß wir vor nichts zurückschrecken wollten, um unser Ziel zu erreichen . . . Da fiel der erste Schuß. Ich bin nicht schreckhaft, aber ich muß zugeben, ich fuhr zusammen. Dann ein Schuß nach dem andern – es hallte grauenhaft durch die Einsamkeit. Mit jedem Schuß verlor ein treuer Diener sein Leben . . . Aus der festlichen Stimmung, die eigentlich an diesem Abend – dem ersten auf dem Plateau – im Zelt aufkommen sollte, wurde nichts. Niedergeschlagenheit und Kummer lagen in der Luft; wir hatten die Hunde liebgewonnen. Die Stelle nannten wir „Metzgerladen."

Amundsen machte wenigstens nicht den Versuch, sich selbst zu täuschen, noch verfiel er in sentimentales Gejammer. Er war sich klar darüber, daß einige für seine ehrgeizigen Pläne zahlen mußten. Wahrheitsgemäß konnte er behaupten, daß seine „treuen Diener", seit sie vor 18 Monaten von Grönland nach Kristiansand gekommen waren, ein gutes Leben gehabt hatten. Sie hatten nach Herzenslust geschlafen, gegessen, getrunken und ihr Liebesleben gehabt. Und, zumindest auf dieser Reise, nicht mehr arbeiten müssen, als sie leisten konnten. Danach waren sie durch eine Kugel rasch getötet worden.

Vor einem Monat hatten sie Framheim verlassen. In dieser Zeit hatte Amundsen sich, seine Mannschaft und seine Hunde 430 Meilen über die Eisbarriere und die Höhen hinauf gebracht, und das in guter Verfassung, obwohl Wisting bei dem Aufstieg vielleicht sein Herz überanstrengt hatte. Zum ersten Mal in der Geschichte der Antarktis waren Hunde das Polar-Plateau hinaufgebracht worden. Auch das war eine ungewöhnliche Leistung.

Wie das Bühnenbild sich auf ein Stichwort hin wandelt, so änderte sich das Wetter, das beim Aufstieg, nach Bjaalands Worten, „Sonne und Sommer" gewesen war, in dem Augenblick, als die Spitze erreicht war. Amundsen hatte entschieden, daß am „Metzgerladen" – eine Ruhepause eingelegt wurde. Vor dem letzten Anlauf auf den Pol sollte die Gruppe gut essen und sich ausruhen.

Nach dem anstrengenden Aufstieg waren die achtzehn überlebenden Hunde hungriger und sichtbar magerer als zuvor. Wie geplant ging Amundsen daran, sie mit den geschlachteten Tieren zu füttern. Er war überzeugt, daß frisches Fleisch und ein Diätwechsel zur Wiederherstellung der körperlichen Verfassung wesentlich beitragen würden, weil das tägliche Pfund Pemmikan dafür nicht ausreichte. Nachdem den toten Tieren das Fell abgezogen worden war, brauchten die Hunde nicht lange aufgefordert zu werden, ihre gefallenen Freunde zu verschlingen, die auf diese Weise der Expedition den letzten Dienst erwiesen.

Amundsen glaubte auch – und zu Recht –, daß das frische Hundefleisch zur Vermeidung von Skorbut beitragen könnte, und überredete seine Männer, ihre alten Gefährten zu verzehren. Der Hunger überwand den Ekel gegenüber einem solchen Gedanken. „Wir genossen die wundervollen Diners von unseren guten Grönländern", sagte Bjaaland, „ich muß sagen, sie schmeckten ausgezeichnet."[12]

Am „Metzgerladen", 274 Meilen vom Pol entfernt, gab Hassel seinen Schlitten auf. Die überlebenden 18 Hunde wurden zu drei Gespannen eingeteilt mit Bjaaland, Helmer Hanssen und Wisting als Treibern.

Der „Metzgerladen" war kein angenehmer Ort; er lag, dem Wind sehr ausgesetzt, auf einem Ausläufer des Don Pedro. Hier wollte Amundsen zwei Tage bleiben; der Sturm aber zwang ihn, den Aufenthalt um weitere zwei Tage zu verlängern. Für die Hunde war das, wie sich bald herausstellte, ein Segen, denn sie brauchten die Ruhe dringend. Und für die Menschen war die Verzögerung sozusagen ein Geschenk des Himmels, nämlich die Gelegenheit, sich in der Höhenluft zu akklimatisieren.

Das wußten sie aber nicht recht zu schätzen. „Dieses verdammte Stilliegen," schrieb Bjaaland. Er hatte sich vier Tage hintereinander 18 von 24 Stunden ausgeruht und fühlte sich in seinem Schlafsack wie angenagelt; die dünne Luft – 10 000 Fuß über dem Meeresspiegel – machte unruhig, kurzatmig und nervös; dazu zerrten Sturm und Treibschnee draußen an der Zeltwand. Am fünften Tag – es war der 26. November –, tobte der Schneesturm immer noch. Aber als Amundsen sich entschloß, trotzdem weiterzuziehen, folgten sie ihm alle willig, teils, weil sie es einfach nicht mehr aushalten konnten, teils, weil der Gedanke an Scott sie trieb.

Das Wetter war furchtbar, der Sturm kam aus Nordost. Die Hunde waren entschieden schwerfällig. „Sie haben sich an ihren Kameraden überfressen," sagte Amundsen.

Es war ein schlechter Tag, um in unbekannte Regionen aufzubrechen. Im Schneesturm war überhaupt nichts zu erkennen. Amundsen konnte kaum ausmachen, ob das Gelände anstieg oder fiel. Er überquerte die Talsohle zwischen den zwei Ausläufern des Don Pedro Christophersen-Bergs. Gegen 13 Uhr wurde der Schnee auf dem Grund merklich dünner. Amundsen wußte nicht, ob er auf dem Weg zum Plateau oder zurück zur Eisbarriere war, ob er durch eine Senke lief oder sich einem Abgrund näherte. Die Hangneigung wurde stärker und die Hunde begannen in wilden Sätzen bergab zu laufen; sie waren fast außer Kontrolle. „Diese Jagd in völliger Dunkelheit fortzusetzen", schrieb er in sein Tagebuch, „wäre das Werk eines Wahnsinnigen." Er befahl sofortigen Halt, mußte aber gegen den Sturm anbrüllen, um sich Gehör zu verschaffen. Helmer Hanssen mußte seinen Schlitten seitlich herumwerfen, um dem Befehl zu folgen; die anderen stolperten dagegen und kamen so zum Stillstand. Sie schlugen das Lager auf, wo sie gerade standen, mitten auf einem ungünstigen Hang. Trotz allem hatten sie 10 Meilen zurückgelegt, und in der Hoffnung auf eine Wetteränderung gingen sie schlafen.

Am nächsten Morgen um 8 waren sie wieder unterwegs. Ein von Osten kommender Schneesturm hatte sie in den Klauen. Der Schnee „klebte wie Fischleim", und Amundsen mußte auf Skiern vorauslaufen, damit die Hunde zogen. Doch bald erreichten sie einige Hundert Fuß tiefer sicheres, ebenes Gelände, wandten sich nach Süden, schafften 15 Meilen und erreichten den 86. Breitengrad.

Abends schrieb Amundsen in sein Tagebuch:

> Jetzt liegt das Plateau offen vor uns, glatt wie ein Wohnzimmerfußboden. Wir haben gewonnen. Wir haben uns durch Sturm und Schneetreiben gekämpft, und nun haben wir das Plateau im Sonnenschein vor uns ... Die Aussicht gefällt uns ganz ungeheuer ... der Weg zum Pol ist frei – ach, wären wir doch bald da.

Aber es war nur die Mitternachtssonne, die durch ein Nebelloch fiel. Der Weg zum Pol war nicht frei. Für die nächsten zehn Tage war das Wetter, von kurzen Unterbrechungen abgesehen, entsetzlich: sozusagen der Preis für die perfekten Wetterverhältnisse während des Aufstiegs.

> Nebel, Nebel und nochmals Nebel [ein typischer Eintrag in Amundsens Tagebuch] und dazu feine Schneekristalle, die das Gehen unmöglich machen. Die armen Tiere haben sich furchtbar geplagt, um die Schlitten vorwärts zu bewegen.

Den Männern kam es vor, als liefen ihre Skier über Sand. Nebel und Schneesturm hüllten die Landschaft wie in ein Leichentuch. Alles, was Amundsen gelegentlich im Nebel erkennen konnte, waren im Osten „gewaltige Gebirge". Am 28. November konnte er für einen kurzen Moment in Ost-Süd-Ost das ausmachen, was heute Nilsen-Plateau heißt. Obwohl er ein Gefühl der Erleichterung verspürte, seinen Weg zum Plateau hinauf gefunden und damit das größte Hindernis auf dem Marsch zum Pol überwunden zu haben, war er doch beunruhigt über das, was er ringsherum sah. Die Berge liegen begraben unter meilenstarkem Eis, nur die Gipfel ragen heraus, fünf- oder sechstausend Fuß hoch, wie die Gipfel über einem Alpental. Die bloßen Formen sind schon ein Anblick geballter Macht. Felsen und Eis, soweit man sehen kann, die Ausmaße allein sind überwältigend.

Am gleichen Tag entdeckte Amundsen das Nilsen-Plateau und im Westen das, was er später in einem Brief an Bjørn Helland-Hansen „einen wunderbar schönen Berg“ nennt, „in Wahrheit zwei, in einem bildschönen Gebiet am Pol. Ich habe sie auf Ihren Namen getauft.“ In jenem Bereich gibt es jedoch nur Eis, das aber so verworren geformt ist, daß es unter dem Einfall des Lichts wie eine Gebirgskette erscheint. Amundsen war das Opfer einer üblichen Täuschung geworden. Wie wir heute wissen, liegt alles Land im Osten, in der entgegengesetzten Richtung. Aber die Helland-Hansen-Berge gingen in die Karten ein und wurden erst vierzig Jahre später, nach der ersten vollständigen Vermessung, herausgenommen.

Amundsen vernachlässigte großzügig Einzelheiten der Topographie. Er hatte weder Zeit noch Lust zu Vermessungen. Er war Pionier; seine Aufgabe war der Pol. Die nach ihm kamen, konnten die Lücken schließen.

Wo die Sache aber wichtig war, erwies er sich als hinreichend genau. Die Identität der wichtigsten von ihm festgehaltenen Marksteine, Axel Heiberg-Gletscher, Don Pedro Christophersen-Berg, „Metzgerladen“, Nilsen-Plateau, ist unbestritten.

Zu dieser Zeit hatte Amundsen ein enormes Selbstvertrauen, er zog nur mit Hilfe des Kompasses nach Süden. Er folgte seinen Instrumenten blind durch den unbekannten, im Nebel versunkenen Irrgarten. Jetzt aber wurde die Kompaßnadel durch irgend etwas beeinflußt, so daß er zu weit nach Osten gelangte.

Am 29. November erblickte Amundsen durch eine Öffnung in der Nebelwand zu seiner Überraschung zunächst eine Menge Gipfel um den Norwegen-Gletscher und dann, weiter fort, „ein kolossales Gebirge“. Es war wieder das Nilsen-Plateau, das aus einem anderen Winkel aber nicht als solches zu erkennen war. Doch „die größte und unangenehmste Überraschung“, um sein Tagebuch zu zitieren, „war ein mächtiger Gletscher, ... der quer zu unserer Marschrichtung verlief.“ Gletscher war eine falsche Bezeichnung. Amundsen war in ein Gebiet gelangt, wo im Eiskap Störungen auftreten wie Stromschnellen in einem Fluß. Hier, bei 86 Grad 21 Minuten südlicher Breite, etwas mehr als 200 Meilen vom Pol entfernt, legte er ein weiteres Depot an, um jeden Schlitten um 25 Kilo zu erleichtern. Er nahm Peilungen vor, um seine Lage zu bestimmen, und setzte dann seinen Weg fort. Er folgte wieder dem Kompaß und marschierte geradewegs über die Hindernisse, die auf seinem Pfad lagen. Er bereute seine Entscheidung schon bald.

Eis ist keine unbewegliche Masse. Es kriecht wie eine unendlich zähe Flüssigkeit dahin, der Fluß ist spürbar, nicht aber sichtbar. Das Eiskap befindet sich in ständiger Bewegung, und Amundsen befand sich an einer Stelle, wo sein Fluß beginnt, sich in breitem Strom über den Rand auf die unten liegende Eisbarriere zu bewegen. Dieser Fluß ist nun genau einer der mächtigsten Eisströme des Transantarktischen Gebirges. Amundsen konnte das nicht wissen, begriff aber bald, daß er innerhalb all dieser vereisten Scheußlichkeiten auf eine ganz besonders schlimme gestoßen war. Er war in einem Netz von Gletscherspalten gefangen und wurde obendrein durch Nebel behindert. Unter großen Schwierigkeiten machte er ein zusammenhängendes Stück Eis aus, das groß genug war, Zelt und Hunde aufzunehmen, ließ das Lager aufschlagen und brach mit Helmer Hanssen auf, um einen Weg zu suchen.

Aneinander geseilt tasteten Amundsen und Hanssen sich blind durch die Risse und Eiszinnen. Der Nebel hob sich für einen Augenblick und ließ ein düsteres Durcheinander von übereinander gestürzten Eisbrocken und zerrissenen Eisplatten sichtbar werden, ein Chaos, das an die Überreste einer früheren Sintflut erinnerte.

Sie versuchten es in einer anderen Richtung. Der Nebel senkte sich wieder, und sie stolperten in eine riesige Spalte hinein, wo das Eis durch dem Druck zweigeteilt zu sein schien, fanden eine offene Stelle und nannten sie „Die Pforten der Hölle". Auf der anderen Seite erfaßten sie mit einem Blick eine Stelle, wo das Gehen ein wenig besser zu sein schien und einen Durchgang, der vielleicht ein Weg nach Süden war. Sie machten kehrt und suchten sich mühsam ihren Weg zurück zum Zelt. Als sie hineinkrochen, verkündete Amundsen mit funkelnden Augen: „Das hier soll später als Teufelsgletscher bekannt werden." Unter diesem Namen ist der Gletscher bis auf den heutigen Tag auf den Karten verzeichnet. Vier Tage saßen die Norweger hier fest; nach Amundsen hatte der Ort seinen

> Namen verdient. Man muß zwei Meilen laufen, um eine voranzukommen. Ein Abgrund nach dem anderen . . . muß umrundet werden. Die Hunde quälen sich und die Treiber nicht weniger. Es ist mühsam für uns zwei Vorläufer.

Abgründe und Eisspalten gähnten rechts und links, vorn und hinten. Niemand wußte, ob nicht im nächsten Augenblick der Schnee unter seinen Füßen sich auftun und ihn verschlingen würde, ihn, die anderen, die Hunde, die Schlitten, alles. Einmal brach eine Schneebrücke unter Wisting zusammen, aber er rettete sich durch Geistesgegenwart. „Man könnte sagen: Glück gehabt", notierte Amundsen.

Am dritten Tag, beim Gang durch die vereiste Hölle, kamen sie zu einem Streifen harten, spiegelglatten Eises, der Schnee war gänzlich heruntergefegt. In der Annahme, daß das schlimmste vorbei war, hatten sie leider alle Eisstollen im „Metzgerladen" zurückgelassen.

> Ohne sie (schrieb Amundsen), scheint Steigen auf dem glatten Eis praktisch unmöglich. Tausend Gedanken gingen mir durch den Kopf. Der Pol vielleicht verloren wegen eines so idiotischen Fehlers?[13]

Rutschend und schlitternd brachten sie dennoch die Schlitten Zentimeter für Zentimeter höher hinauf.

> Am nächsten Tag, dem 2. Dezember (schrieb Amundsen): das Plateau, über

das wir ziehen, gleicht einem zugefrorenen See . . . Für Skiläufer herrlich, für unsere Hunde und Schlitten leider ungeeignet. Die Hundetreiber gehen neben den Schlitten, ohne Skier, um den Hunden zu helfen.[14]

Bjaaland nannte diesen Tag in seinem Tagebuch feierlich: „Teufels Namenstag". Neben allen anderen Erschwernissen schlugen sie sich mit einem Sturm Stärke 7, dichtem Schnee und Schneetreiben herum, so daß

wir nicht weiter als bis zu unserer Nasenspitze gucken konnten. Unser Gesicht war weiß und hart wie Wachs . . . Wisting sieht um die Mundpartie aus wie eine Jersey-Kuh. Helmers Haut ist von Frostbeulen dick verschorft und rauh wie ein Reibeisen. Es war ein verdammt harter Tag. Die Hunde hatten keinen Halt auf dem Eis und blieben stehen, wenn der Schlitten gegen eine Sastrugi – das sind scharfkantige Schneewellen – schlug, aber wir kämpften uns 13 Meilen voran, gegen den Wind, das brannte wie Feuer. Meine Güte, was für ein Leben!

Am Tag abends beschreibt Amundsen eine typische Zeltszene:

Es ist Samstagabend. Draußen heult der Südwest, aber drinnen ist es gemütlich. . . . Der Primus-Ofen summt freundlich und die Temperatur im Zelt ist angenehm . . . Nach dem Essen machen sich die Polarfahrer für den bevorstehenden Sonntag zurecht. Jeden Samstagabend schneiden sie mit Haarschneidemaschinen ihre Bärte . . .

Ein Schneesturm folgte dem anderen, mit einer Heftigkeit, die Scott mehr als einmal in seinem Zelt zurückhielt, doch Amundsen wurde von dem Gedanken an seinen englischen Rivalen weitergetrieben. Der Wind blies mit einer Stärke von 7 bis 8, dreißig Knoten und mehr. Daß Amundsen überhaupt weiterziehen konnte, war dem Eskimoschnitt der Kleidung zu verdanken und dem Pelz rund um das Gesicht. Die Kleidung aus Rentierfell war bei −20 Grad zu warm; sie hatte unbenutzt auf den Schlitten gelegen; um Gewicht zu sparen, hatten sie sie dann auf dem Teufelsgletscher zurückgelassen, die Kapuzen aber abgetrennt, um dem Gesicht zusätzlich Schutz zu geben.

Mehrmals wäre es beinah schiefgegangen. Aber Amundsen kümmerte sich nicht darum, er stürzte sich blind ins Unbekannte. Seine Kühnheit weckte bei seinen Männern persönliches Unbehagen, doch sie folgen ihm ergeben, denn sie spürten, daß Fortuna auf ihrer Seite war.

Den Teufelsgletscher hätten wir vermeiden können (schrieb Bjaaland), wenn wir weiter westlich gefahren wären, doch niemand konnte ahnen, daß es dort so aussah. Daß wir ohne Verluste an Mensch und Tier durchgekommen sind, ist ein Wunder.[15]

Diese infernalischen Regionen strapazierten sie sehr. Am 4. Dezember zogen sie über eine trügerische Fläche sehr dünnen Eises, die über den Eisspalten lag. Amundsen nannte sie „Tanzboden des Teufels". (Der Name wurde später in „Tanzsaal des Teufels" geändert und blieb so erhalten). Hier kam Wisting, der ein Pechvogel zu sein schien, fast wieder zu Schaden, und zwar zweimal kurz hintereinander. Das erste Mal geriet sein Schlitten mit einer Kufe über den Abgrund und die Hunde krallten sich mit letzter Kraft am Rand fest. Aber Bjaaland lief hin und rettete ihn, nachdem er vorher, mit erstaunlicher Kaltblütigkeit, erst noch ein Schnappschußfoto gemacht hatte. Das andere Mal fielen alle Hunde in einen Spalt, blieben aber an den Strängen hängen und konnten schnell herausgezogen werden.

Das war das letzte komplizierte Gelände. „Am 87. Breitengrad", schrieb Amundsen erleichtert in sein Tagebuch, „erreichten wir endlich das Plateau". Ein paar Meilen weiter warf er einen letzten Blick auf die Berge, die nach Südosten entschwanden. Es waren die südlichsten Berge, die ein Mensch bis dahin erblickt hatte, und vor ihm lag endlich die durchgehende Fläche des Antarktischen Eiskaps.

Der Weg zum Pol war frei, abgesehen von einigen Sastrugi, die etwa drei Fuß hoch waren. Die Vorläufer – Amundsen und Hassel abwechselnd – waren in dem dichten Nebel völlig hilflos, denn die Sastrugi waren erst zu sehen, wenn man über sie stolperte. Deshalb übernahm Helmer Hanssen mit den Hunden die Führung und damit waren diese Hindernisse, wie Amundsen schrieb,

> nicht mehr der Rede wert ... Mit ein bißchen gutem Zureden zogen die Hunde die Schlitten ohne allzu große Mühe darüber hinweg. Wenn wir hätten selber ziehen müssen, wäre es für uns gefährlich gewesen.

Bald aber hörten die Sastrugi auf, und sie hatten eine glatte Schneelandschaft vor sich, ein Eldorado für Skiläufer. Das Wetter blieb entsetzlich. Dichter Nebel und hartnäckiger Schneefall drei Tage hintereinander. Amundsen notierte:

> Wir bewegen uns völlig blind vorwärts; trotzdem haben wir unsere 20 Meilen (täglich) geschafft.

Etwas später geht er allerdings mit Rücksicht auf die Hunde auf 15 Meilen herunter.

Der Höhepunkt kam am 7. Dezember mit einem Schneesturm aus östlicher Richtung. Bjaaland, am Rand der Verzweiflung, beschloß respektlos, das große Polarplateau „Grisevidda", Schweineplateau, zu nennen. An diesem Tag passierten sie im Sturm den 88. Breitengrad. Amundsen aber legte nicht, wie gewöhnlich, ein Depot an, sondern wollte zunächst Shackletons Rekord brechen und bis 100 Meilen an den Pol herankommen.

Sein Tagebuch am 8. Dezember beginnt mit den Worten: „Einer unserer großen Tage". Der Nebel hob sich, der Wind ließ nach. Am frühen Nachmittag hörte Amundsen, der vorauslief,

> plötzlich hinter mir lautes Hurrah-Rufen . . . In der leichten Südbrise wehten die vertrauten, stolzen Farben (der norwegischen Flagge) vom ersten Schlitten. Wir haben (Shackletons) Rekord gebrochen. Es war ein herrlicher Anblick. Die Sonne war gerade in all ihrer Pracht durchgebrochen und schien auf die schöne kleine Flagge . . . Meine Schneebrille beschlug, aber dieses Mal nicht vom Wind.[16]

Es gab keine Eifersucht, keine hämische Freude über einen besiegten Rivalen. Amundsens Bewunderung für Shackleton war grenzenlos. Da meine Hunde sehr erschöpft waren (schrieb Bjaaland), lag ich eine Meile zurück, und als ich dazukam, *hatten* wir wirklich 88 Grad 23 Minuten erreicht, und ich ging wie auf Wolken. Ich gratulierte dem Kapitän, der, das kann ich versichern, in glänzender Stimmung war. Extra Schokolade zu Ehren des Tages. Morgen ist Ruhetag. Die Sonne scheint.[17]

29

Das Schlittenziehen beginnt

Zweihundertfünfzig Meilen zurück, in Scotts Lager, las Wilson Tennysons *In Memoriam*. Es ist die Quintessenz vikorianischer Morbidität. Es enthält die Zeilen: „Ich habe das ganze Jahr geschlafen und bin mit Schmerzen erwacht. / Ich wollte, ich wäre nie wieder aufgewacht." Eine merkwürdige Lektüre in einer solchen Grenzsituation.

Seit dem 5. Dezember wurde Scott in der Nähe des Zugangs zum Beardmore-Gletscher durch einen Schneesturm festgehalten. Im Grunde war das Wetter genau das gleiche, das Amundsen hatte, in dessen Tagebuch es am 2. Dezember heißt: „Es war ein unfreundlicher Tag mit Sturm, Schneetreiben und Frostbeulen, doch wir sind unserem Ziel um 13 Meilen näher gekommen."

Als Oates sagte, Amundsen hätte „eine größere Chance . . . weil . . . er eine harte Mannschaft hinter sich hat", hatte er die Schwäche seiner eigenen Gruppe erkannt. In nüchternen Zahlen sieht das so aus: Scott hatte insgesamt sechs Tage mit starken Stürmen und marschierte an keinem davon; Amundsen hatte fünfzehn und zog davon an acht Tagen weiter.

Wie die Norweger zwei Wochen zuvor am „Metzgerladen",waren die Briten jetzt gezwungen, vier Tage wegen Schneestürmen im Zelt zu bleiben.Scott ist voller Selbstmitleid:

> Es ist mehr Pech, als wir verdient haben . . . Was macht ein bißchen Glück doch aus! Solche Verhältnisse konnte niemand voraussehen und es war unmöglich, sich darauf vorzubreiten. Wir hätten zehnmal so erfahren oder zehnmal so zielbewußt sein können, mit derartigen Hindernissen konnten wir nicht rechnen. Es ist wirklich Pech.

Im Gegensatz dazu Amundsens stoische Haltung: „Wir mußten eben aus der Not eine Tugend machen und wieder ins Zelt gehen. Uns allen tut die Ruhe gut, wenn es auch langweilig ist."[1]

Anders als Amundsen hatte Scott die Zeit knapp bemessen. Die Verzögerung „können wir uns nicht leisten", sagte er. Er wollte nicht innerhalb von vier Monaten Fahrt vier schlechte Tage hinnehmen. „Die Verzögerung", schrieb Bowers in sein Tagebuch, „bedeutet ja nur, daß wir auf dem Rückmarsch knappere Verpflegung haben; das spielt keine große Rolle."

Dabei kannte sich Bowers in den Vorräten aus. Sie hatten bereits ihre Gipfelverpflegung angebrochen, die sie vor Eintreffen am Gletscher nicht anrühren sollten. Sie hatten also bereits angefangen, ihre Verpflegung zu überziehen.

Eine weitere Gefahr bestand darin, daß Scott selbst jetzt, auf dem Marsch, die Augen vor der ausländischen Bedrohung verschloß; der größte Teil seiner Leute folgte ihm darin. Doch bisweilen war die Realität so stark, daß sie nicht mehr ignoriert werden konnte. Als Scott zum Beispiel sah, daß die Transantarktischen Gebirge in südöstlicher Richtung verliefen, jammerte er: „Wenn Amundsen auf dieser Strecke nur ein bißchen Glück hat, ist sein Weg zum Gipfel um 100 Meilen kürzer." Im Tagebuch von Bowers heißt es deutlicher:

> Wahrscheinlich ist Amundsen schon am Pol angekommen. Dabei hoffe ich immer noch, daß es nicht so ist, denn für mich ist er ein Schuft, hinterhältig und verschlagen.

Doch abgesehen von solchen Gefühlsausbrüchen schien Amundsen nicht zu existieren, auf alle Fälle nicht für Scott. Der eigentliche Gegenspieler für ihn war Shackleton, diesen imaginären Kampf kämpfte er weiter. „Unser Wetterglück ist geradezu lachhaft", klagte er, und dann brach es aus ihm heraus: „Ich werde so bitter, wenn ich unser Wetter mit dem unserer Vorgänger vergleiche."

Er hätte damals in seinem eigenen Tagebuch nachlesen können, daß er bisher auf dem Marsch von 34 Tagen 19 mit gutem Wetter gehabt hatte. Das gleiche galt für Amundsen für den vergleichbaren Zeitpunkt, nämlich den 22. November. Das konnte Scott natürlich nicht wissen. Wohl aber konnte er in seinem Auszug aus „Das Herz der Antarktis" lesen, daß Shackleton am 4. Dezember 1908 von 34 nur 17 Gutwettertage gehabt hatte. In Wirklichkeit hatte Scott also nicht weniger Glück als seine Rivalen, nebenbei gesagt sogar noch etwas mehr als Shackleton. Es gab kaum Grund zur Klage. Aber jeder Mensch hat nun einmal seinen Stil. Amundsen mit seiner Neigung zu kühler Distanz spielte Schwierigkeiten herunter, Scott dramatisierte gern und ließ seine Schwierigkeiten schlimmer erscheinen als sie waren.

Als der Schneesturm am vierten Tag immer noch nicht aufhörte und sie immer noch untätig an ihr Zelt gefesselt waren, begann Bowers, „aus allem gute Vorzeichen herauszulesen, um Kapitän Scott ein wenig aufzuheitern, der sich langsam von seinem Glück verlassen fühlte". An anderer Stelle bemerkte Bowers, er sei froh, daß „Dr. Bill (Wilson) mit im Scotts Zelt ist; von Bill geht soviel Sicherheit aus, er kommt mit Widrigkeiten am besten zurecht."

In der Krise erscheint Scott dem einfachsten seiner Gefolgsleute als ein leidendes Wesen, das Hilfe braucht.

Für Scotts Verzögerung gab es echte, technische Gründe. Seine Kleidung war für schlechtes Wetter ungeeignet. Seine Leute konnten nicht gut genug Ski laufen, um mit dem weichen Schnee fertigzuwerden. Die Ponys waren kein Nutzen, weil ihre Hufe direkt durch den Schnee sackten, und sie hatten nur ein einziges Paar Schneeschuhe mitgenommen.

Ein anderer technischer Mangel machte das Liegen unangenehm. Die Zelte hatten keine eingenähten Bodenplanen. „Wir schöpfen das Wasser mit Eimern vom Boden, das ist aber nur ein schwacher Trost".[2] Der Schneesturm war warm und der Schnee schmolz gleich nachdem er gefallen war.

Nach Scott hätten sie zwar „ohne Zweifel mit Hilfe der Hunde weiterziehen können," aber er schrak davor zurück, die Ponys in den Sturm hinauszutreiben, er hatte Angst, sie leiden sehen zu müssen. Genauso wie er auch davor zurückschreckte, die Hunde bis zum äußersten zu treiben.

Scotts Entscheidung war allerdings völlig irrational. Die Ponys waren am Ende ihrer Kräfte, das Futter war aufgebraucht. Hungernd und frierend standen sie still im Sturm; wären sie in Bewegung gewesen, hätten sie nicht mehr gelitten.

Als der Schneesturm am 8. Dezember nachließ, spielte sich im englischen Lager eine unglaubliche Szene ab. Vier Mann saßen auf einem Schlitten, während drei davor gespannt waren, um auf den letzten 400 Meilen zum Pol zu beweisen, daß man Lasten auf Skiern ziehen konnte. Das erinnerte an die Worte von Kapitän Mostyn Field, der sich gegen die Ernennung von Scott zum Kommandanten der *Discovery* ausgesprochen hatte:

> Wenn ein in diesen Dingen unerfahrener Offizier ernannt wird, wird der Preis in Zeit und Material gezahlt werden müssen, was wir uns beides auf einer antarktischen Expedition nicht leisten können.

„Zeit" war jetzt das Wertvollste, was Scott hatte, und sie lief dahin. Er stand am Ende der Eisbarriere und vor dem Aufstieg. Seit 38 Tagen war er unterwegs und hatte bei einer Geschwindigkeit von 9,8 Meilen pro Tag 379 Meilen zurückgelegt. Amundsen hatte an der entsprechenden Stelle 385 Meilen hinter sich gebracht und dafür nur 29 Tage gebraucht, was einer Geschwindigkeit von 13,3 Meilen pro Tag entsprach. Scott war pro Tag 3,5 Meilen im Rückstand.

Die Ponys legten ihre letzte Strecke am 9. Dezember zurück. Abgemagert, kraftlos und durchgefroren mußten sie mit der Peitsche angetrieben werden und schafften in 12½ Stunden 6 Meilen. Zwei Meilen vor dem Aufstieg zum Gletscher wurde der Zug angehalten, und Oates erschoß sie. „Gott sei Dank, mit den Ponys ist es aus," schrieb Wilson in sein Tagebuch, „die schwierigere Arbeit tun wir nun selber."

Auch Scott war froh, daß jetzt die Männer das Ziehen der Schlitten übernahmen; da war er in seinem Element. In seinem Verhaltenskodex stellte die harte Tour eine echte Tugend dar. Er machte sich jetzt an die Aufgabe, die er sich und seinen Gefährten auferlegt hatte, nämlich, die Lasten selbst auf die Höhe zu ziehen. Diese Möglichkeit hatte Amundsen immer grenzenlosen Schrecken eingejagt, und er setzte alles daran, um das zu vermeiden. Selbst Scott kamen jetzt leise Zweifel. Die Hunde hatten eigentlich am Fuß des Gletschers zurückgeschickt werden sollen; doch nun änderte er seine Meinung plötzlich und ordnete an, daß sie noch zwei Tage mitziehen sollten. Wieder ein Fehler. Das half ihm zwar ein Stück hinauf, verringerte aber die Möglichkeit, daß die Hunde ihm für das allerletzte Stück des Wegs Verpflegung brachten und so seinen Rückweg sicherten. Um Meares' Rationen für den nun verlängerten Rückmarsch zu ergänzen, mußte jeder in der Gruppe auf einen Zwieback pro Tag verzichten, was 200 Kalorien entsprach oder 5 Prozent von dem, was unter den gegebenen Umständen ohnehin schon eine Hungerration war. Als Meares und Dmetri am 11. Dezember, 360 Meilen vor dem Pol, mit den Hundegespannen umkehrten, trug Cherry-Garrard in sein Tagebuch: „Sie haben prächtige Arbeit geleistet. Es sieht so aus, als ob Amundsen es doch richtig gemacht hat."[3]

Scott bemerkte zum Abschied harmlos: „Die Hunde können den Rückweg gut schaffen; Verpflegung ist die ganze Strecke entlang vorhanden." Das war der ganze Dank für Meares' Mühen. Scott war wie ein Offizier in tollkühner Mission, der es für selbstverständlich hält, daß seine Untergebenen sich aufopfern. Er hatte wenig getan, um Meares den Weg zu ebnen.

Zwischen dem Gletscher und dem 80. Breitengrad hatte Scott genau *zwei* Depots angelegt, Amundsen auf der entsprechenden Strecke *sieben* im Abstand von je 60 Meilen. Scott besaß zu wenig Depots, und sie lagen auch zu weit auseinander, selbst um sie mit Hunden zu erreichen. Was würde geschehen, wenn die Männer auf dem Rückweg vom Pol erschöpft wären und zu Fuß gehen müßten?

Wie die Dinge lagen, hatte Meares einen harten Marsch zum Lager vor sich. Da er weiter gehen mußte, als ursprünglich festgelegt worden war, hatte er seine Rationen bis zum äußersten gestreckt. Er mußte sparen. Das ärgerte ihn, weil er spürte, daß sein Leben ohne Not aufs Spiel gesetzt worden war und den Groll vergaß er nie. Scott, sagte er in späteren Jahren, war ein unfähiger Organisator und „hätte nicht an die Spitze einer solchen Expedition gestellt werden dürfen."[4]

Nachdem Meares und Dmetri den Heimweg angetreten hatten, blieben Scott noch elf Mann: Oates, Bowers, Teddy Evans, Charles Wright, Cherry-Garrard, Edgar Evans, Crean, Keohane, Lashly und die zwei Ärzte Wilson und Atkinson. Sie sollten pro Mann 200 Pfd. 120 Meilen weit den gewaltigen Beardmore-Gletscher hinaufziehen bis auf das Plateau in Höhe von 10000 Fuß. Bei tiefem, weichem Schnee brachen sie auf. Skier, schrieb Scott, „sind genau das Richtige, aber meine Landsleute sind träge und voller Vorurteile, sie haben sich nicht auf die Sache vorbereitet."[5]

Damit schob Scott die Verantwortung auf andere. Er selbst hatte versäumt, ein systematisches Training zu organisieren. Nachdem er Tryggve Gran um die halbe Welt mitgenommen hatte, damit er Ski-Unterricht erteilte, hatte er sich geweigert, ihn dann auch dafür einzusetzen. Ergebnis war, daß die Gruppe auf dem Gletscher schlecht gerüstet war und mit miserabler Technik Energie vergeudete. Schlittenziehen, sagte Bowers,

> bricht einem das Kreuz. Es ist die schlimmste Arbeit, die ich je getan habe,... das Starten noch mehr als das Ziehen: 10 bis 15 mal ein verzweifelter Ruck, um den Schlitten überhaupt erst einmal in Bewegung zu setzen. Ich habe noch nie so gezogen, mich noch nie so verausgabt wie hier, wo ich unablässig mit letzter Kraft an dem Leinengurt zerre, der um meinen armen Bauch gebunden ist.[6]

Scott strengte sich so an, als wenn jede Meile seine letzte wäre, und übte derart heroische Selbstkasteiung, die dem Herzen der britischen Öffentlichkeit so teuer ist. Dessen war er sich auch stets bewußt. Oates war daneben ein Sonderling. Er wußte, daß Pferd oder Hund zum Ziehen geschaffen sind, nicht aber der Mensch. Ihm erschien das ganze Verfahren, milde gesagt, als Wahnsinn, aber er behielt seine Meinung für sich.

Die norwegische Route war in Art und Anforderung völlig anders als die britische. Der Axel-Heiberg-Gletscher, kurz, steil, zerklüftet, in einer engen Schlucht, von hohen Bergen umgeben, verlangt einen dramatischen Ansturm, wie der Aufstieg aus einem Alpental. Der Beardmore-Gletscher ist im ganzen weiträumiger und ähnelt mehr dem Himalaja-Gebirge als den Alpen.

Die Eisfälle des Beardmore-Gletschers sind weder so hoch, noch so steil wie die des Axel-Heiberg, doch länger; die Gefahren weniger bedrohlich, ziehen sich aber über längere Strecken hin. Die Engländer hatten gegenüber den Norwegern den Vorteil eines sanfteren Anstiegs und konnten sich dadurch besser der Höhe anpassen.

Während Amundsen jeden Zoll seines Wegs als Pionier zurücklegte, schritt Scott in den Fußstapfen Shackletons und war froh, sich seinen Pfad nicht neu bahnen zu müssen. Jeden Abend studierte Scott in seinem Zelt Frank Wilds Tagebuch und die Auszüge aus *Das Herz der Antarktis* und verglich sich ängstlich mit Shackleton. „Wir liegen jetzt sechs Tage zurück“, schrieb er deprimiert am 16. Dezember, „schuld daran ist allein der elende Sturm“. Auf dem ganzen Weg war es Shackleton, Shackleton, immer wieder Shackleton. „Wir holen auf“, schrieb er voller Freude am 17. Dezember, als er den Mount Hope passierte und in den oberen Bereich des Gletschers kam.

Als die Spitze des Gletschers erreicht war, war auch für die Hilfsgruppe die Zeit zur Heimkehr gekommen.

> „Mir graut davor, sie auszuwählen,“ jammerte er in seinem Tagebuch, „es zerreißt mir das Herz“.

Er entschied sich für Atkinson, Wright, Cherry-Garrard und Keohane. Sie brachen am 21. Dezember auf.

Als Marineoffizier hatte Scott den Wunsch, im Augenblick des Sieges auch das Mannschaftsdeck vertreten zu sehen. Diese Ehre hatte er P. O. Evans zugedacht. Wilson war darüber sehr unglücklich. Er kannte Evans seit den Tagen auf der *Discovery* und hatte beobachtet, wie sein Zustand sich ständig verschlechterte. Er hatte körperliche und geistige Ausfälle, die unter Streß zu einer ernsten Gefahr wurden. Allein seine Neigung zum Alkohol hatte schon Wilsons Bedenken ihm gegenüber geweckt. Wilson war der Meinung, wenn ein Matrose dabei sein sollte, dann Lashly oder Crean.

Beide waren intelligent und beweglich und der eine wie der andere besser geeignet als Evans. Aber Scott verschloß sich allen Argumenten. Evans war ein Koloß, und Scott ging nach dem Äußeren. Wie üblich setzte er Körpergewicht mit Durchhaltevermögen gleich. Durch seine mangelhafte Menschenkenntnis war er blind für Schwächen, die für andere offenkundig waren. Er hielt fest zu seinem alten Liebling und ignorierte dieses Mal Wilsons Ratschlag. Aus Sentimentalität bestand er darauf, Evans mit zum Pol zu nehmen.

1903 war Evans während der *Discovery*-Expdeition auf der Forschungsreise nach Westen mit Scott in eine Eisspalte gestürzt, während Lashly durch Glück, Kraft und Geistesgegenwart auf den Beinen geblieben war und sie herausgezogen hatte. Scott gab dem Mann, der mit ihm gestürzt war, den Vorzug vor dem, der sich gehalten und ihm das Leben gerettet hatte.

Scott besaß eine außerordentliche Körperkraft und eine phänomenale Ausdauer. Eine seiner Schwächen als Führer war, daß er die gleichen Kräfte von jedem erwartete und nicht zur Kenntnis nahm, daß nicht alle Menschen gleich sind. Auf dem Marsch machte es Scott eine unsinnige, fast sadistische Freude, seine Gefährten bis zur Erschöpfung zu treiben. In lebensgefährliches Situationen richten solche Menschen leicht ernsten Schaden an.

Amundsens Gefährten wußten: wenn sie ihre 15 oder 20 Meilen hinter sich hatten, hielten sie an, spannten aus, schlugen ihr Lager auf. Bei ihnen herrschten ein gewisser Rhythmus, Regelmäßigkeit, Disziplin, Sicherheit, und jeder einzelne Tag hatte ein fest umrissenes Ziel. Wie groß auch Amundsens Angst, überholt zu werden, sein mochte, er war intelligent und beherrscht und konnte seine Emotionen kontrollieren. Er trieb seine Leute nicht bis zum Äußersten.

Scott dagegen scheuchte seine Gefährten mit geradezu manischer Lust voran, ganz gleich, welche Folgen das hatte. Bowers schildert in seinem Tagebuch die Atmosphäre am Weihnachtstag:

> Scott war richtig in Schwung und marschierte und marschierte ... mein Atem bildete Nebelschwaden, hinter der Sonnenbrille und unter der winddichten Kleidung wurde mir elend warm ... alles war rundherum fürchterlich. Schließlich blieb er stehen, und wir rechneten aus, daß wir 14,75 Meilen marschiert waren. „Was haltet Ihr davon“, sagte er, „wenn wir 15 Meilen gehen, weil Weihnachten ist?“, und wir machten bereitwillig weiter – irgend ein Ziel ist immer noch besser als dieses vage Sich-Hinschleppen.

Die Ärzte hatten diese übermäßigen Anstrengungen verschiedentlich beanstandet, doch ohne Erfolg.

Am 27. Dezember meldete Bowers, daß ihm das Thermometer des Hypsometers (ein Instrument, mit dem durch den Siedepunkt des Wassers die Höhe bestimmt wird) zerbrochen war. Scott bekam einen Wutanfall ...[7]

Bowers war kaum ein Vorwurf wegen des Unglücks zu machen. Ein Thermometer ist ein zerbrechliches Instrument, aber sie hatten nur ein einziges mitgenommen, und Scott sah nun keine Möglichkeit mehr, die Höhe genau zu messen. (Amundsen hatte für sein Hypsometer vier Thermometer als Ersatz im Gepäck.)

Die emotionale Entladung hatte einen rationalen Grund. Selbsttäuschung hat ihre Grenzen. Als Scott den Gletscher erstieg, erfaßte ihn ein Gefühl der Verlassenheit und er konnte den unbequemen Gedanken nicht mehr loswerden, daß er seinen Rückmarsch nicht geordnet hatte. Konnten die Hunde überhaupt kommen, um ihm zu helfen? Reichten Verpflegung und Brennmaterial in den letzten Depots, um ihn heil zurückzubringen?

Meares würde mit Sicherheit nicht für ihn da sein. Sie waren im Winter in Streit geraten, weil Scott versucht hatte, ihm klarzumachen, wie man Hunde führt. Meares hatte daraufhin Scott mitgeteilt, daß er ausscheiden und per Schiff heimkehren wollte.

Die Freundschaft war aus und Meares keineswegs bereit, seine Absichten noch einmal zu ändern. So würde Scott genau dann auf seinen Hundeexperten verzichten müssen, wenn er ihn am dringendsten brauchte; Dmetri, der einzige noch gelernte Hundetreiber konnte nicht ohne Anleitung arbeiten, das war Scott seit langem klar. Hier kurz vor dem Beardmore-Gipfel dämmerte ihm die erbarmungslose Wirklichkeit und er fing an, seine Lage zu durchschauen. Kurz bevor Atkinson mit der Hilfsgruppe den Rückweg antrat, hatte Scott ihm plötzlich gesagt, er könne an Stelle von Meares die Hunde mit dem Nachschub nach Süden bringen. „Sie kommen dann so weit nach Süden, wie Sie können." Aus der Art, wie Scott das sagte, hatte Atkinson nicht erkennen können, ob das eine Anordnung oder nur eine Überlegung war. Es geschah zum dritten Mal, daß die Anweisungen für die Hunde geändert wurden.

Scott litt unter Schneeblindheit, was Amundsen erspart blieb, weil er bessere Schneebrillen hatte. Scott hatte die üblichen runden Modelle bestellt, die schnell beschlagen und unzureichend schützen. Amundsen hatte nach dem von Dr. Cook entwickelten Modell Brillen anfertigen lassen, die eine breite Augenmaske mit Luftschlitzen am oberen Rand trugen. Abgesehen davon, daß diese Brillen das Auge wirklich schützen und nicht leicht beschlagen, geben sie ein weites Gesichtsfeld, was bei Wegsuchen von Bedeutung ist. Amundsen hatte sich damit einen weiteren Vorteil gegenüber Scott gesichert.

Die Bedingungen beim Aufstieg boten Scott wenig Grund zur Klage. Auf der gleißend weißen Strecke hatte er viel Sonne und war nicht ein einziges Mal durch Wetterverhältnisse im Zelt zurückgehalten worden. Der tiefe Schnee, über den er sich beschwerte, weil die Schlitten sich darauf so schwer zogen, überbrückte aber zugleich sicher die Eisspalten und verschaffte ihm in diesem Punkt einen Vorteil. Auch hier sprechen Zahlen für sich. Shackleton war durch Eisspalten an 25 Tagen gefährdet, Amundsen an 18, und Scott *nur an drei*. Aber Scott machte sich das nicht klar, es lag ihm nicht, für Vorteile dankbar zu sein. Seine Ichbezogenheit ging sehr weit. Er glaubte, ein Recht darauf zu haben, daß die Götter die Lage zu seinen Gunsten arrangierten. Er war besessen vom Verlangen, das gleiche Glück wie sein Schatten-Rivale zu haben. Shackleton war sein Alptraum.

All das war bereits fatal genug. Noch bedrohlicher allerdings war, daß seine Mannschaft jetzt auseinanderfiel. Die Feindschaft zwischen Scott und Teddy Evans hatte sich unter der Belastung des Aufstiegs verstärkt und vergiftete nun die Atmosphäre.

Zwei Schlitten waren noch auf dem Weg zum Pol; den einen zogen Scott, Wilson, P. O. Evans und Oates; den anderes Teddy Evans, Bowers, Lashly und Crean. Rivalität lag auf der Hand.

Scott forcierte das Tempo. Er legte am Tag 13 Meilen zurück und kam damit den 15 Meilen Amundsens nahe. Aber die Anstrengung war gewaltig. Scott war neun bis zehn Stunden auf dem Marsch und zog schwere Lasten. Teddy Evans hielt zunächst Schritt, doch am 27. Dezember fing er an, schwächer zu werden. Scott war ärgerlich. Evans' Team, behauptete er unfairerweise, sei nicht zäh genug. „Dabei habe ich ihnen deutlich genug gesagt, daß ihnen große Anstrengungen abverlangt werden, mit denen sie ohne Hilfe fertigwerden müssen."

Was Scott nicht verstand – oder vielleicht doch verstand – war, daß Evans stark ermüdete. Evans hatte bereits 400 Meilen länger den Schlitten gezogen, nämlich fast über die ganze Eisbarriere, nachdem die Motorschlitten ausgefallen waren. Außerdem hatte er Skorbut im Frühstadium. Er lag jetzt beständig zurück. Scott hatte Evans ausgelaugt. Aber nicht nur Evans, sondern alle. Allerdings war das noch nicht sichtbar. Jeder einzelne hatte 200 Pfund 10000 Fuß hochgezogen. Das war bereits ohne die Belastung durch Streit und forcierte Etappen ein unmenschliche Anstrengung.

Wilson machte sich Sorgen wegen der Spannung zwischen Scott und Evans. Evans wollte verzweifelt gern mit zum Pol marschieren, doch die Teilnehmergruppe war am 30. Dezember immer noch nicht bekanntgegeben worden.

Die Ankündigung konnte nicht mehr lange hinausgeschoben werden. Am Tag vor Neujahr befahl Scott Evans' Mannschaft, die Skier abzulegen und zu Fuß weiterzumarschieren, während seine eigene Mannschaft auf Skiern weiterlaufen durfte. Er schrieb: „Zu Fuß ist es eine Strapaze, aber wir kommen ganz gut voran." Das ist ein Hinweis auf das, was er im Sinn hatte. Er war offensichtlich schon entschlossen, den Vorstoß zum Pol mit seiner Mannschaft durchzuführen, und wollte Evans Kräfte brechen, um sich die Aufgabe, ihn zum Lager zurückzuschicken, zu erleichtern.

Kurz nach dem Aufbruch machte Scott Halt. P. O. Evans und Crean sollten die Schlitten umbauen und von 12 auf 10 Fuß verkürzen, damit sie leichter würden und besser liefen. Sie brauchten acht Stunden dafür, länger als Scott gerechnet hatte. Nun war das wohl kaum eine Arbeit, die man freiwillig unterwegs erledigte während einer Schlittenreise bei bitterer Kälte, wo die Finger vor Frost steif wurden. Aber Scott hatte das bewußt so geplant. Evans schnitt sich dabei böse in die Hand, diese Art Mißgeschick passierte ihm oft.

Für den Neujahrstag versprach Scott einen späteren Aufbruch, weckte seine Leute aber doch wie gewöhnlich um 7.30 Uhr. Der Marsch zum Südpol wurde fortgesetzt, und alle hatten das Gefühl, das Jahr 1912 habe nicht verheißungsvoll begonnen.

Am folgenden Tag erreichten sie das Ende des Beardmore-Gletschers, das Plateau begann, und die Hindernisse lagen offenbar hinter ihnen. Was jetzt noch blieb, war eine gerade Strecke zum Pol, der nur noch 150 Meilen entfernt lag. Die Hilfsgruppe hatte ihre Aufgabe erfüllt, sie konnte umkehren. Um diese Mitteilung zu machten, trat Scott vor dem Aufbruch in Teddy Evans' Zelt. Er hatte diesen Augenblick gefürchtet und so lange wie möglich hinausgeschoben, weil er von Anbeginn an Evans in dem Glauben gelassen hatte, daß er am Pol mit dabei sein würde.

Das Zelt war voller Tabakrauch, als Scott eintrat, und Crean hustete zufällig.

„Sie haben sich erkältet, Crean," sagte Scott. Doch Crean durchschaute ihn. „Ich verstehe auch Andeutungen, Sir."[8]

Scott lächelte und teilte beiläufig mit, daß er mit seiner eigenen Mannschaft zum Südpol vorstoßen werde. Dann schickte er alle, bis auf Evans, aus dem Zelt. Als er mit ihm allein war, fragte er ihn, ob er in seiner Mannschaft auf Bowers verzichten könne, so daß er auf dem Rückmarsch einen Mann weniger habe. Evans stimmte hastig zu, sein Stolz erlaubte ihm nichts anderes. Scott wollte also Bowers in seine Mannschaft aufnehmen.

Das kam völlig überraschend. Scott hatte seinen Plan so aufgebaut, daß er mit vier Mann zum Pol ziehen wollte. Jetzt, im letzten Augenblick, nahm er einen fünften hinzu und vergrößerte damit das Risiko beträchlich. Seine Verpflegung würde statt für fünf nur noch für vier Wochen reichen. Eine Welle der Euphorie war über ihn gekommen, nachdem er festgestellt hatte, daß er durch übermenschliche Anstrengung Shackleton tatsächlich voraus war. Er war bei 87 Grad 30 Minuten südlicher Breite einige Tage früher angekommen als Shackleton vor drei Jahren. Das wertete er als Sieg und Sicherheitsgarantie.

Scott hatte aber nicht nur die Polargruppe in Gefahr gebracht, sondern seine ganze, verwickelte Organisation gefährlich durcheinander gewirbelt. Alles war auf Vier-Mann-Einheiten eingerichtet: Zelte, Geschirr, Kochgeräte, Brennmaterial und die Depots am Weg. Das Zelt würde zu eng sein; Evans würde auf dem Rückmarsch die Viererrationen nur zu drei Vierteln verzehren und ein Viertel übrig lassen müssen. Eine Waage hatte er nicht, um die Rationen zu wiegen, auch kein Maß, um das Paraffin einzuteilen. Scott gab dazu keinerlei Erklärungen. Er und alle seine Gefährten waren inzwischen so an seine Launen und seine Unentschlossenheit gewöhnt, daß sie auch diese Sinnesänderung als gegeben und ohne weiteren Kommentar hinnahmen. Der bevorstehende Abschied hatte Scott vielleicht zum erstenmal grausam klar gemacht, daß er auf weiteren 300 Meilen selber den Schlitten ziehen mußte. In seinen Tagebucheintragungen schwingt mit, daß er langsam den Glauben an seine eigenen Berechnungen verlor. In einem Moment der Panik mag er zu dem Schluß gekommen sein, daß er Verstärkung brauchte und fünf Leute mehr Sicherheit böten als vier.

Als er am Silversterabend den Entschluß gefaßt hatte, auf Evans zu verzichten, hatte er nicht bedacht, daß er damit ohne Navigator sein würde. Wilson war ganz und gar nicht in der Lage, Messungen vornehmen, auch Oates nicht oder P. O. Evans, und Scott selbst war aus der Übung. Eine sachgemäße astronomische Navigation war lebensnotwendig, wenn man auf dem Polar-Plateau, wo es keine landschaftlichen Anhaltspunkte gab, lediglich reiste, aber erst recht, wenn man dort ein Ziel finden wollte. Kein Navigator, das bedeutete kein Pol. (Amundsen hatte in seiner Polargruppe *vier* ausgebildete Navigatoren.)

Ein langes Gespräch mit Bowers am Neujahrstag brachte Scott zu Verstand. Bis dahin war sein Denken blockiert gewesen durch den Gedanken, wie er Evans loswerden könnte. Unglücklicherweise hatte die ganze Mannschaft von Evans ihre Skier aufgegeben, und Bowers mußte nun, wohl oder übel, zu Fuß durch den Schnee stapfen.

Bowers war mehr als nur Vermessungsfachmann. Es war, sagte Scott, „eine unendliche Erleichterung, den unermüdlichen kleinen Bowers bei sich zu haben, der für alle kleinen Dinge sorgte.“[9] Bowers nahm die Plackerei bereitwillig auf sich. Er wollte um jeden Preis zum Pol.

Cherry-Garrard berichtete über seinen Abschied: „Düstere Stimmung breitete sich im Lager aus bei denen, die weiterzogen ebenso wie bei denen, die umkehrten.“

Im letzten Brief, den Oates an seine Mutter schrieb, schwingt ein seltsamer Ton zwischen den Zeilen:

> Auf dem Plateau, 3. Januar 1912.
>
> Ich bin ausersehen, mit Scott weiter zum Pol zu gehen. . . . Natürlich freue ich mich darüber, wenn ich auch bedauere, daß ich ein weiteres Jahr von Hause fort sein werde . . . Wir befinden uns jetzt 50 Meilen von Shackletons südlichstem Punkt.
>
> Hier oben ist es ziemlich kalt . und die Arbeit ist sehr schwer, . . . aber ich bin ganz fit und habe an Kondition fast weniger verloren als alle anderen. Ich hoffe, der Umbau in Getingthorpe ist fertig, ich meine den Gang zwischen Violets und meinem Zimmer. Ich freue mich auf mein Zimmer gegenüber dem Badezimmer. Da kann ich nachts besser den Ofen anlassen als in meinem alten. Kannst Du mir bitte . . . ein halbes Dutzend Bücher schicken, ich möchte auf dem Rückweg anfangen, für mein Majorsexamen zu arbeiten . . . Wir werden viel zu erzählen haben, wenn ich zurückkomme. Gott schütze Dich und halte Dich gesund, bis ich wieder da bin.

Atkinson, der mit Oates eng befreundet war, erzählte Cherry-Garrard, er glaube nicht, daß Titus (Oates) gern weitermache, wenn er es auch nicht zugäbe. Er glaube, Titus wisse, daß er am Ende sei – man könnte es in seinem Gesicht lesen und an seinem Gang sehen.[10]

Oates ging es schlechter, als Atkinson ahnte. Er wollte in der Tat eigentlich nicht weitermachen. Seine Verwundung aus dem Burenkrieg machte ihm zu schaffen. Eine Kugel hatte seinen Oberschenkel zertrümmert und das Bein war einige Zentimeter kürzer. Er war für den gewöhnlichen Heeresdienst für tauglich befunden worden, aber das bedeutete meistens: tauglich zum Reiten.[11] Es liegt kein Zeugnis vor, daß er für tauglich befunden wurde, 1500 Meilen zu marschieren. Er humpelte deutlich. Er hatte seine Ponys über die Eisbarriere gebracht und seine Arbeit getan. Er hatte die Spitze des Gletschers erreicht und seinen Ehrgeiz befriedigt.Jetzt wollte er nach Hause. Das erkannte Scott aber nicht. Oates war nach einem bestimmten Verhaltenskodex erzogen worden: es galt als ehrenvoll, Schwächen zu verheimlichen. Er besaß eine enorme Selbstbeherrschung. Atkinson durchschaute das, auch Wilson. Scott aber nahm die äußere Schale für die Realität und wies Wilson ab, als dieser ihn zu warnen versuchte. Atkinson und Wilson stimmten darin überein, daß Oates nicht mehr in der Lage war, weiterzumachen. Aber„Scott war“, wie Atkinson Cherry-Garrard später sagte, „darauf erpicht, daß Oates mitging; er wollte die Armee vertreten sehen.“[12]

Oates wußte inzwischen selbst, daß er besser nicht mitziehen sollte. Aber bei seiner Verachtung Scott gegenüber, wäre es doppelt demütigend gewesen, diese Schwäche zuzugeben. Nach seiner strengen Auffassung von Disziplin betrachtete er den Wunsch seines Kommandanten als Befehl, dem er zu gehorchen hatte, ganz gleich, zu welchem Preis. Und so machte er denn weiter, aus reiner Pflichterfüllung, halbherzig und unlustig.

Am 4. Januar kam der Abschied. Evans, Crean und Lashly begleiteten die Polargruppe noch ein bis zwei Meilen. Sie riefen dreimal Hurrah, aber das klang dünn in der eiskalten Luft, und dann wandten sie sich um. Sie schauten noch ständig zurück, bis Scott und seine Gefährten nur ein kleiner Punkt am Horizont waren und dann für immer menschlichen Blicken entschwanden.

Evans hatte Briefe von Scott mitgenommen. In einem an Kathleen gerichteten Schreiben hieß es:

> Führte diese Aufgabe durch – nicht nur nominell, sondern tatsächlich – und nahm den anderen die Schwierigkeiten ab, so daß niemand je sagen kann, daß ich nicht dazu geeignet war, die Expedition auch auf diesem letzten Stück zu führen.[13]

Ein weiteres Schreiben in einem ganz anderen Stil war für die Presse bestimmt: „Ich bleibe noch einen Winter in der Antarktis, um meine Arbeit fortzuführen und abzuschließen.“[14] Das war seine öffentliche Stellungnahme für den Fall, daß er das Schiff verfehlte.

Evans nahm von Scott auch eine Nachricht mit, die die Anordnungen bezüglich der Hunde erneut änderte, das vierte Mal. Nun sollte wieder Meares ihn Mitte Februar zwischen dem 82. und 83. Breitengrad treffen. Der Grund war offensichtlich der Wunsch, schneller zurückzukommen, damit er das Schiff noch erreichte. Wie Amundsen wollte auch Scott als erster mit der Erfolgsmeldung auftreten. Aber es zeugt auch von seiner Besorgnis. Es war der bisher am weitesten im Süden gelegene Punkt, zu dem Scott die Hunde gebracht haben wollte, und in jedem Fall eine bedeutende Planänderung. Sie war nur mündlich gegeben und trug wieder den Stempel von Improvisation in letzter Minute. Scott nahm an, daß Evans sie rechtzeitig übermittelte.

Das schien optimistisch. Scott hatte nichts getan, um Evans den Rückmarsch zu erleichtern. Auf dem Plateau gab es zu wenig Sichtpyramiden, um die Strecke kenntlich zu machen, und auf dem Weg durch die Eisfälle überhaupt keine. Bis zur Barriere blieb Evans nichts als verwehte Spuren im Treibschnee. Er hatte an seinem Schlitten keinen Kilometerzähler; die Navigation würde weitgehend auf Schätzungen beruhen müssen. Und wie er bald erkannte, war er ein großes Opfer eingegangen, als er auf einen Mann seiner Gruppe verzichtete. Drei waren nicht genug, einen Schlitten mit schwerer Last über Hunderte von Meilen zu ziehen. Es stellte sich auch heraus, daß die Depots für Menschen, die Schlitten ziehen mußten, viel zu weit auseinander lagen. Es würde ein mühsamer Kampf werden, wenn er überhaupt durchkommen sollte. Die Folgen seiner Entscheidung gingen Scott bald auf. Er notierte:

> Kochen für fünf nimmt wesentlich mehr Zeit in Anspruch als für vier ... Daran hatte ich nicht gedacht, als ich umorganisierte.[15]

Eine andere Schwierigkeit, an die er nicht gedacht hatte, entstand dadurch, daß Bowers zu Fuß zusammen mit Männern zog, die auf Skiern liefen. Die Gangarten waren ganz unterschiedlich und konnten beim Ziehen schwer in Einklang gebracht werden. Bowers zog im Team an der Mittelleine. Dort kämpfte er sich vorwärts, manchmal sank er bei jedem Schritt knietief in den Schnee, zusätzlich benachteiligt durch seine kurzen Beine. Aber er war fest entschlossen, mit seinen Gefährten, die auf Skiern über den Boden glitten, Schritt zu halten. Es war, schrieb er schlicht, „eine endlose Schufterei mit dem gut beladenen Schlitten, und für mich anstrengender als für die anderen ... Aber solange ich meinen Teil tue und fit bleibe, ist alles in Ordnung.“

Bowers hatte noch mehr als 300 Meilen zum Pol und zurück vor sich, bis er seine Skier wiederfände.

Die kleine Gruppe war in bedenklich gedrückter Stimmung. In einer typischen Tagebucheintragung heißt es bei Scott : „Das Gehen wird schrecklich monoton." Stunde für Stunde, Tag für Tag mühten sie sich ab, eine Meile war wie die andere, jeder schwieg vor sich hin, und das Knarren des Schlittens war der einzige Laut in der Stille dieser toten, weißen Ebene, die sich unabsehbar bis zum Horizont hinzog.

Sie schafften am Tag circa 10 Meilen und blieben damit ungefähr in ihrem Zeitplan. Am 6. Januar, als sie in ein Gebiet mit zahlreichen Sastrugi kamen, die das Skilaufen erschwerten, entschied Scott in einem seiner irrationalen Zornausbrüche, ab jetzt ohne Skier weiterzulaufen. Am nächsten Tag setzten sie ihren Marsch zu Fuß fort und stritten dabei über den Wert von Skiern. Schließlich mußte Scott sich überzeugen lassen, umkehren und sie holen. Sie verloren durch diese Unüberlegtheit anderthalb Stunden und legten an diesem Tag nur neun Meilen zurück.

Scott hatte sich vorher keine Gedanken über Richtungsbestimmung gemacht. Die Eisbarriere hinab und den Gletscher hinauf war sie durch die Topographie verhältnismäßig einfach gewesen. Nun, da sie allein auf einer Ebene ohne Anhaltspunkte waren, wurde es zum Problem. Ihre Kompasse am Handgelenk waren nicht zuverlässig. Wann immer möglich, stellten sie die Richtung nach der Sonne fest. Doch eng aneinander geschirrt und ohne Vorläufer, der die Richtung wies, fiel es ihnen schwer, geraden Kurs zu halten, selbst bei klarem Wetter. Bei schlechter Sicht war es extrem schwierig.

Das Wetter zwang sie am 8. Januar, im Zelt zu bleiben. Ein Sturm von Windstärke 4 bis 6 hielt sie fest; er war noch ein wenig besser als der aus südlicher Richtung kommende Schneesturm, in dem die Norweger aufgebrochen waren und 13 Meilen zurückgelegt hatten.

Mit seinem geringen Sicherheitsspielraum konnte Scott es sich eigentlich schlecht leisten, Zeit zu verlieren. Doch bekümmerte ihn der Aufenthalt nicht, denn er freute sich schon im voraus auf einen Triumph. Der kam auch am nächsten Tag, dem 9. Januar. Das Wetter besserte sich, er konnte wieder ausschreiten und trug in großen Buchstaben in sein Tagebuch ein: „REKORD". Er hatte hinter sich gelassen, was er verächtlich „den Rekord von Shackletons Spaziergang" nannte, und bezog sich auf den tapferen Vorstoß, den Shackleton, Frank Wild und Adams von ihrem südlichsten Lager aus zu ihrem südlichsten Punkt unternommen hatten. In Shackletons Tagebuch heißt es: „Wir haben unser letztes Pulver verschossen und verzeichnen 88 Grad 23 Minuten südlicher Breite, 162 Grad östlicher Länge . . . So enttäuscht wir auch sind, wir haben unser Besten getan."[16]

Die Eintragung trug das Datum des 9. Januar 1909. Sie lag auf den Tag genau drei Jahre zurück. Scott hatte seinen Rivalen geschlagen – endlich.

Der Wettlauf ist gewonnen

Die Stimmung bei den Norwegern war anders. Genau einen Monat zuvor hatten sie Shackletons südlichsten Punkt passiert. „Wir blieben heute länger liegen", hatte Amundsen am 9. Dezember in sein Tagebuch geschrieben, „um uns für den letzten Anlauf zu stärken."[1] Hier, 95 Meilen vor dem Pol, wurde das letzte Depot angelegt. Die Schlitten von Wisting und Bjaaland wurden um je 100 Pfund erleichtert.

Das Depot wurde besonders sorgfältig markiert. An den Längsseiten wurden über eine Strecke von etwa 3 Meilen im Abstand von 100 Skischritten Bretter in das Eis gesteckt, die Monate zuvor in Framheim schwarz gestrichen worden waren. Amundsen vermerkte in seinem Tagebuch, jedes zweite Kistenbrett

> trägt eine schwarze Fahne. Die Bretter auf der Ostseite sind unter der Fahne eingekerbt, um die Richtung zum Depot anzuzeigen . . . Zusätzlich werden wir (auf den ersten Meilen) weiter südlich bei jeder zweiten Meile ein paar Schneeblöcke aufschichten.

Am 10. Dezember gab Amundsen Anweisung, das Zelt abzubrechen und über Shackletons südlichsten Punkt hinaus zum „letzten Anlauf" anzusetzen.

> Helmer Hanssen, Wisting und ich (schrieb er trocken) sehen furchterregend aus, wir haben vor ein paar Tagen im Sturm Frostbeulen im Gesicht bekommen. Entzündungen, Schmerzen und Schorf über der ganzen linken Seite. Bjaaland und Hassel gingen hinten, so sie sind davongekommen. Die Hunde werden gefährlich (weil sie Hunger haben) und müssen, sobald die Schlitten unbeaufsichtigt sind, als Feinde betrachtet werden.

Einer von Wistings Hunden, „der Major", war verschwunden. „Wahrscheinlich", sagte Amundsen, „ist er fortgegangen, weil er sterben will." So waren noch 17 Hunde übrig. Wisting hatte immer noch seinen Leithund bei sich, der auf all seinen Fahrten bis jetzt dabei gewesen war. Der Oberst, so hieß der Hund, kehrte auch am Schluß mit seinem Herrn in die Heimat zurück und lebte mit ihm in Horten am Christiania-Fjord. Nach Wistings Darstellung

> genoß er seinen Ruhstand. Er war kein schlechter Kerl, . . . nach einer alten

Redensart geht (der Teufel), wenn er alt wird, ins Kloster. Das tat auch „der Oberst". Er ging zur Heilsarmee. Jeden Abend und bei jedem Wetter saß er auf ihrem Grundstück und lauschte ergeben ihren Predigten, den Liedern und der Musik ...[2]

Mit Hunden wie „der Oberst" konnte keine Langeweile aufkommen. Hungrig und müde, wie sie waren, trotteten sie doch tapfer voran, als wären sie vom Fieber ihrer Herren angesteckt. Und ihre Herren liefen und liefen mit der scheinbaren Lässigkeit nordischer Skiläufer, ihre Anstrengung und der wohlüberlegte Einsatz aller Kräfte blieben unter der Oberfläche verborgen. Über die Wetterverhältnisse äußerte Amundsen sich so:

−28 Grad, Südwind ... etwas kalt, wenn die Haut im Gesicht aufgesprungen ist; aber kein Grund, Klagelieder anzustimmen. Gelände und Laufen wie gewohnt, erstklassig. Ganz eben und flach, die *Vidda* liegt vor uns. Schlitten und Ski gleiten leicht und angenehm.[3]

Wie Bjaaland nannte Amundsen das Antarktische Eiskap *Vidda*. Ein anheimelndes Wort für die Norweger; wörtlich bedeutet es Plateau, weckt aber Assoziationen an Altvertrautes. Vidda ist Teil der heimatlichen Bergwelt, die Heidefläche am Ausgang des Tals, das Spielgelände zu Hause. Mit der Bezeichnung *Vidda* hatte Amundsen das Plateau am Südpol entmythologisiert. Es mochte gefährlich und weiträumig sein, nicht aber fremdartig.

Der Südpol lag nun irgendwo auf der weiten Fläche vor ihnen, die Frage war nur, wie man ihn fand. Reisen im Bereich des Polar-Eiskaps, wo es keinerlei äußere Anhaltspunkte gibt, gleicht der Navigation eines Schiffes auf See. Die Navigation an hohen Breitengraden ist ein wissenschaftliches Spezialgebiet. Sie hat gewisse Besonderheiten, deren wichtigste die Meridianabweichung ist.

Im November 1909 hatte A. R. Hinks, Dozent für Vermessung und Kartographie an der Universität Cambridge, vor der Königlichen Geographischen Gesellschaft einen Vortrag gehalten über die Feststellung von Standorten in der Nähe der Pole. Einige hochqualifizierte Navigatoren und Forscher waren unter den Zuhörern. Auch Scott war anwesend, ignorierte aber vornehm, was die Spezialisten zu sagen hatten. Er kam schließlich zum Polar-Plateau, wandte aber das konventionelle Marineverfahren an, das Bowers als Marine-Offizier der alten Schule gehorsam übernahm.

Auf hohen Breitengraden wird der Längengrad durch das Zusammenrücken der Meridiane kleiner. Auf dem Gipfel des Axel-Heiberg-Gletschers, bei 86 Grad südlicher Breite, ist er zum Beispiel nur 4 Meilen lang, während er am Äquator 60 Meilen beträgt.

Das Hinks-Seminar machte deutlich, daß die Feststellung des Längengrades deshalb in den meisten Fällen überflüssig ist. Notwendig war nur, genau südwärts auf den Pol zuzusteuern, wozu die einfachere Beachtung von Breitengrad und Kompaßabweichung ausreichte.

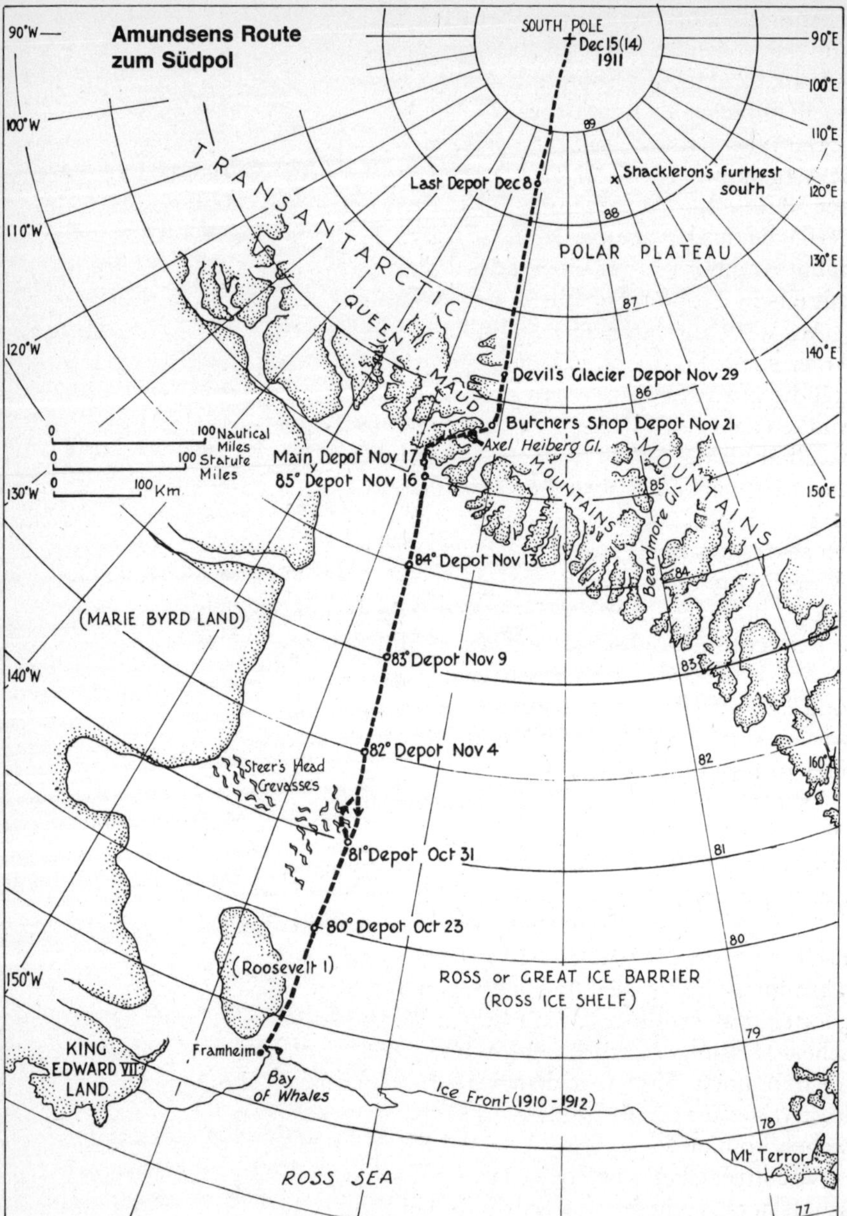
Amundsens Route zum Südpol
SOUTH POLE
Dec 15 (14) 1911
Last Depot Dec 8
Shackleton's Furthest south
POLAR PLATEAU
TRANSANTARCTIC
QUEEN MAUD
MOUNTAINS
Devil's Glacier Depot Nov 29
Butchers Shop Depot Nov 21
Axel Heiberg Gl.
Main Depot Nov 17
85° Depot Nov 16
Beardmore Gl.
84° Depot Nov 13
(MARIE BYRD LAND)
83° Depot Nov 9
82° Depot Nov 4
Steer's Head Crevasses
81° Depot Oct 31
80° Depot Oct 23
(Roosevelt I)
ROSS or GREAT ICE BARRIER
(ROSS ICE SHELF)
KING EDWARD VII LAND
Framheim
Bay of Whales
Ice Front (1910-1912)
Mt Terror
ROSS SEA
0 100 Nautical Miles
0 100 Statute Miles
0 100 Km
90°W
100°W
110°W
120°W
130°W
140°W
150°W
160°W
170°W
180°
170°E
160°E
150°E
140°E
130°E
120°E
110°E
100°E
90°E

Amundsen las den Bericht über das Hinks-Seminar im *Geographical Journal* und nahm den Rat an. Scott befolgte ihn nicht. Amundsen arbeitete mit einem Sextanten, statt, wie Scott, mit einem Theodolit. Das war zwar weniger genau, doch einfacher zu handhaben.

Der Nachteil war, daß man dafür einen künstlichen Horizont benötigte. Ein Sextant funktioniert nur bei glattem, absolut waagerechtem Horizont, und in der Natur gibt es diesen nur auf See. Der künstliche Horizont ist eine Quecksilberfläche, in der sich die Sonne spiegelt. Wenn das Quecksilber gefroren war, nahm Amundsen auch einen künstlichen Horizont aus versilbertem Glas, das mit einem Tropfen Spiritus in der Waage gehalten wurde.

Auf der Fahrt nach Framheim hatten die Kilometerzähler an den Schlitten Ärger gemacht. Sie blockierten immer wieder durch den Schnee und mußten ständig gewartet werden. Für die Streckenmessung waren sie lebenswichtig und mußten daher zuverlässig arbeiten. Amundsens Modell war robuster und besser ablesbar als das Scotts, weil der Umdrehungszähler größer und das Rad fester montiert war. Die schwache Stelle aber lag in der Übersetzung. Feiner Treibschnee, der überall dort eindringt, wo man ihn nicht haben will, hatte sich in den Mechanismus des Zählers gesetzt, und dann lief er nicht weiter. Den ganzen Winter hatte Lindstrøm daran gearbeitet, alle Kilometerzähler absolut schneefest zu machen, damit sie bei jedem Wetter zuverlässig funktionierten.

Bei Scotts Kilometerzählern am Schlitten hatten sich die gleichen Mängel herausgestellt, nichts aber war getan worden, um sie zu beseitigen. Er brach zum Pol auf mit den gleichen unzuverlässigen und ungenauen Instrumenten, wie er sie auf der Fahrt zu den Depots benutzt hatte. Sie verstopften bei Treibschnee und fielen aus.

Es war dasselbe wie mit der Pumpe auf der *Terra Nova*. Er besaß keine zuverlässige Methode, um die Tagesstrecke sicher zu messen. Auch die Richtungsbestimmung war sehr unsicher auf Grund minderwertiger Kompasse an den Schlitten; sie wurde zusätzlich durch eigenes Ziehen erschwert.

Im Ergebnis war Amundsen auch bei schlechtem Wetter in der Lage, die Richtung einzuhalten, Scott hingegen nicht; Amundsen konnte auf einige astronomische Vermessungen verzichten, ohne dadurch in Schwierigkeiten zu geraten. Bowers hingegen mußte jede sich bietende Gelegenheit zur astronomischen Messung wahrnehmen, wenn er nicht Gefahr laufen wollte, vom Kurs abzukommen. Und trotzdem verlief der Kurs der Briten im Zickzack und kostete sie auf der Fahrt zehn bis zwanzig Meilen. Das sollte sie noch teuer zu stehen kommen.

Wichtiger aber war noch, daß Amundsen verstand, alles aus seiner Mannschaft herauszuholen. An der Spitze lief Helmer Hanssen mit dem unmagnetischen Schlitten und dem großen Kompaß, um die Richtung anzugeben. Das war keine leichte Arbeit; er mußte seine Hunde antreiben und beständig auf sie aufpassen, den Weg festlegen, was zusätzlich Sorgfalt und Energie verlangte, und Unebenheiten im Gelände erkennen, damit die Schlitten nicht umkippten; und darüber hinaus hatte er unentwegt den Kompaß im Auge zu behalten. Um die Hunde anzuspornen, liefen auf dem letzten Stück zum Pol Amundsen und Hassel abwechselnd vor den Schlitten, da sie keinen eigenen hatten. Nach Amundsens Worten war ein Vorläufer nicht zu

> beneiden. Zugegeben, er hat mit den Hunden nichts zu tun, aber es ist sehr unangenehm, allein zu laufen und ins Leere zu starren. Seine einzige Abwechslung ist der Ruf vom vordersten Schlitten: „Ein wenig mehr nach rechts – ein wenig nach links!“ Es ist nicht einfach, schnurgerade in die Landschaft zu laufen, wenn man sich an nichts orientieren kann ... Eskimos können das, wir nicht. Wir schwanken von rechts nach links und wieder zurück, und machen dem vordersten Treiber dauernd Schwierigkeiten, bis der schließlich verärgert ist und sich einredet, der ahnungslose, unschuldige Vorläufer pendle so hin und her, nur um ihn zu schikanieren.

Am 8. Dezember ließ Amundsen seine Richtung überprüfen. Seit fünf Tagen hatte schlechtes Wetter jede Messung unmöglich gemacht, so daß er blind nur nach Kompaß und Kilometerzähler hatte fahren müssen. Nun kam „Ihre Gnaden“, wie er die Sonne nannte, durch die Wolken und sie stellten fest, daß das Meßergebnis von 88 Grad 16 Minuten nur eine Meile von der groben Schätzung abwich, und das „nach anderthalb Grad (90 Meilen) in dichtem Nebel und bei Schneetreiben; ein großartiger Erfolg ...“ schrieb Amundsen, „nun kann das Wetter sein wie es will, wir werden den Pol erreichen.“[4]

Aber es war umgekehrt, das Wetter wurde phantastisch. Es war, als wären die Götter zu dem Schluß gekommen, daß es doch keinen Zweck hätte, gegen diese beharrlichen Männer und ihre treuen Hunde anzugehen. Und die Männer spürten das.

„Noch vier lange Tage,“ schrieb Bjaaland am 11. Dezember in sein Tagebuch, „und dann sind wir am Pol.“[5] Am selben Tag notierte Amundsen, daß ihm die Höhe zu schaffen machte; die Arbeit fiel ihm schwer und das Atmen strengte ihn an. „Aber,“ kommentiert er knapp, „wir werden schon wieder Luft kriegen, wenn wir erst gewonnen haben.“

Die Mannschaft hatte keineswegs an Schwung eingebüßt. Die Stimmung war hervorragend. Sie brauchten weder Schmeicheln noch gutes Zureden, noch nicht einmal ausgesprochene Führung. Ihr eigener Wille schien sie voranzutreiben, und Amundsen war fast nur Zuschauer bei der Durchführung seiner Pläne; er führte nur noch unsichtbar.

Es war unheimlich, wie das Wetter sich nach Amundsen richtete, so als stünde er im Mittelpunkt eines Spiels. Es hatte beim kritischen Aufstieg zum Plateau freundlich auf ihn herabgeschaut, und jetzt lächelte es ihm kurz vor dem Ziel zu. Der 10. Dezember verlief ohne besondere Ereignisse, die Sonne schien, der Himmel war klar und statt der geplanten 15 Meilen wurden 17 zurückgelegt.

Jetzt blieben noch 45 Meilen zu überwinden. Amundsen konnte fast auf die Stunde genau voraussagen, wann sie ankommen und wann sie wissen würden, ob das Rennen gewonnen oder verloren war. Der Gedanke an Scott, die Aussicht, von ihm an der Zielfahne geschlagen zu werden, hatte wie ein Alptraum auf ihm gelegen. Als zweiter einzulaufen, wäre nicht nur ein Mißerfolg, nein, eine Schande. Alles stand oder fiel mit dem Erfolg. Er hätte sich leicht von Panik hinreißen lassen und Menschen und Hunde bis zur Erschöpfung antreiben können. Er besaß aber die Willenskraft, seine Gefühle zu beherrschen und sein Tempo auf 15 Meilen zu beschränken. Doch die unterdrückte Spannung kam bei ihm durch und ging auf die anderen über.

„Der Pol ist in Sicht (schrieb Bjaaland am 12. Dezember). Ich hoffe und bete zu Gott, daß das Wetter schön bleibt . . .“[6]

Etwa vom 86. Breitengrad an geisterte Scott durch die Unterhaltung. Wisting und Hassel, die phlegmatischsten Mitglieder in Amundsens Mannschaft, wurden langsam nervös. Sie ließen den Horizont nicht aus den Augen, aber niemand sprach seine Angst aus. Selbst die Hunde schienen zu spüren, daß etwas in der Luft lag; sie verrieten ein unheimliches Interesse an der Horizontlinie, reckten die Hälse und versuchten eine Fährte zu wittern.

Als die Gruppe am 13. ihr Lager aufschlug, rief Hassel plötzlich aufgeregt: „Seht Ihr dahinten das Schwarze?“ Alle sahen es. „Ist das Scott?“, fragte jemand.

Bjaaland rannte los, um zu sehen, was es war. Er brauchte nicht weit zu laufen.

„Luftspiegelung, sonst nichts“, meldete er lakonisch. Sie hatten ohne besondere Anstrengung ihre 15 Meilen zurückgelegt und standen jetzt bei 89 Grad 30 Minuten südlicher Breite.

Nach der Unruhe kam jetzt ein Gefühl der Gelassenheit über Amundsen. Als das Ende des langen Wettlaufs in Sicht geriet, der 16 000 Meilen zurück vor seinem Haus am Fjord begonnen hatte, schien er zu spüren, daß er das Spiel in der Hand hatte. Es war kein nur angenehmes Gefühl. Ob man gewinnt oder verliert, das Ende eines Wettlaufs ist bittersüß. Vielleicht konnte Bjaaland am 13. Dezember deshalb schreiben:

> Der Kapitän ist in guter Stimmung und ungewöhnlich freundlich zu mir. Ich hatte diese Nacht einen herrlichen Traum. Ein Mädchen kam zu mir und brachte mir zu essen und Blumen, und bei den Blumen war eine große, große Rose.[7]

Am nächsten Tag, dem Vorabend vor Erreichen des Ziels, mußten die Hunde praktisch zum ersten Mal seit dem Teufelsgletscher mit der Peitsche angetrieben werden. Es lag nicht am Gelände. Bjaaland meinte:

> Die Hunde sind so hungrig, daß sie ihren eigenen Kot fressen und, wenn sie an die Stränge herankönnen, auch diese; sie beißen in das Schlittenholz.[8]

Vielleicht hatte es auch mit dem Wetter zu tun. Der Himmel bewölkte sich, und es regnete Eiskristalle. Möglicherweise spürten auch die Hunde, daß ihre Herren unter äußerster Anspannung standen.

Das Lager für die Nacht wurde bei 89 Grad 45 Minuten aufgeschlagen, genau 15 Meilen vom Pol.

Amundsen vermochte kaum noch in sein Tagebuch zu schreiben, er brachte nur vier unnatürlich knappe Zeilen zustande, die mit dem Pol nichts zu tun hatten. Bjaaland scheute sich nicht, seine Gedanken wiederzugeben:

> Jetzt können wir im Liegen zum Pol blicken, und ich höre die Achse schon knarren, aber morgen wird sie geschmiert. Wir sind alle aufgeregt. Werden wir die englische Flagge sehen? – Gott sei uns gnädig! Ich glaube es nicht.

Am 15. Dezember, einem Freitag, brach die Dämmerung an – wenn man von Dämmerung sprechen kann bei einer Sonne, die hell und klar über einem steht. – Sie frühstückten, packten schneller als sonst ihre Sachen zusammen und nahmen die letzten Meilen in Angriff. Sie starrten angestrengt nach Süden und taten voreinander, als wären sie nicht nervös oder beunruhigt, wußten aber selbst, daß es anders war – mein Gott, wenn sie von der britischen Flagge empfangen würden! Aber so sehr sie ihre Augen auch anstrengten, sie sahen nur die endlose, leere Schneefläche vor sich.

Hanssen führte, wie gewöhnlich, die Gruppe an. Als noch etwa 8 Meilen zurückzulegen waren, rief er Amundsen zu, er solle die Spitze übernehmen.

„Weshalb?"

„Weil ich die Hunde nicht zum Laufen kriege, wenn niemand vorausläuft." Das war eine Ausrede. Die Hunde liefen, daß der Schnee nur so wirbelte, aber Hanssen wollte nicht als erster am Pol ankommen. Diese Ehre gebührte Amundsen. So ging also Amundsen nach vorn. Er war immer noch an der Spitze, als die Hundetreiber, die während der letzten Meilen ihre Kilometerzähler sorgfältig beobachtet hatten, plötzlich im Chor schrien: „Halt!"

Es war drei Uhr nachmittag; die Reise war zu Ende; sie hatten den Pol erreicht.

> Wir haben das Ziel unserer Wünsche erreicht (trug Bjaaland in sein Tagebuch ein), und das Großartige ist, wir sind die ersten, hier weht keine englische Flagge, sondern die dreifarbige norwegische. Wir haben gegessen und getrunken, bis wir nicht mehr konnten; Seehundsteaks, Zwiebäcke, Pemmikan und Schokolade.
>
> Wenn Du, Mutter, und Ihr, Susanna und T. und Sven und Helga und Hans – wenn Ihr alle wüßtet, daß ich hier am Südpol sitze und an Euch schreibe, Ihr würdet bestimmt auch feiern. Hier ist es so flach wie am Morgedal-See, und man kann gut Ski fahren.

Helmer Hanssen dagegen hatte fürs erste keine Triumphgefühle:

Ich war froh, daß ich endlich nicht mehr bei diesem beißend kalten Wind auf den Kompaß starren mußte. Den ganzen Weg nach Süden hatten wir den Wind gegen uns, jetzt aber kommt er von hinten.

Und Amundsen? „So sind wir nun also angekommen und können unsere Fahne am geographischen Südpol aufstellen," schrieb er, „Gott sei dafür gedankt."

Das war alles.

Scott lag 360 Meilen zurück und kämpfte sich noch den Beardmore-Gletscher hinauf.

In der Nacht wachte Tryggve Gran, der mit Debenham und Taylor in den Westlichen Bergen in einem Zelt schlief, plötzlich auf. „Ich habe geträumt, ich hätte ein Telegramm bekommen: ‚Amundsen erreichte den Pol zwischen dem 14. und 20. Dezember'," schrieb er in sein Tagebuch.

Ich kann nicht sagen (so Amundsen später), daß ich am Ziel meines Lebens stand. Ich weiß zwar, das wäre sehr viel wirkungsvoller, aber es wäre die Unwahrheit. Ich bin lieber aufrichtig und sage geradeheraus: nie hat ein Mensch wie ich ein Ziel erreicht, das seinen Wünschen so diametral entgegenstand: das Gebiet um den Nordpol – der Teufel soll es holen – hatte mich seit meiner Kindheit gereizt, und jetzt stand ich am Südpol. Kann es etwas Verrückteres geben?[9]

Amundsen hatte erfahren, was der Herzog von Wellington gemeint hatte, als er im Augenblick des Sieges schrieb: „Nichts außer einer verlorenen Schlacht kann auch nur annähernd so trübsinnig stimmen wie eine gewonnene." Es war das Gegenstück zu Peary zweieinhalb Jahre zuvor am anderen Ende der Welt. „Endlich der Pol. Der Siegespreis nach drei Jahrhunderten, mein Traum und mein Ziel seit zwanzig Jahren. Endlich gehört er mir."[10]

Als die Navigatoren „Halt!" schrien, und die Norweger sich nach ihrer damaligen Einsicht so genau wie möglich der Position genähert hatten, die sie für das Ziel ihrer Wünsche hielten, schüttelten sie einander stumm die Hände. Dann holte Amundsen die norwegische Flagge hervor. Doch, so sagte er,

hatte ich mir vorgenommen, daß wir an dem historischen Ereignis alle beteiligt sein sollten. Es war nicht das Vorrecht *eines* Mannes, sondern *aller*, die ihr Leben dafür aufs Spiel gesetzt und durch dick und dünn zusammengestanden hatten. So nur konnte ich meinen Gefährten an diesem trostlosen, einsamen Fleck meine Dankbarkeit zeigen. Fünf rauhe, vom Frost aufgerissene Fäuste faßten die Stange, hoben die flatternde Fahne hoch und steckten sie gemeinsam als allererste in den Geographischen Südpol.[11]

Als der provisorische Fahnenmast in den Schnee gesteckt wurde, sprach Amundsen die Worte: „Wir pflanzen Dich, teure Flagge, am Südpol auf und geben der Ebene, auf der er liegt, den Namen König-Haakon-VII.-Plateau."

Amundsen fotografierte darauf die Szene. Bjaaland hatte in seinem persönlichen Gepäck eine Taschenkamera. Das war gut. Es stellte sich nämlich heraus, daß Amundsens Kamera beschädigt war, so daß Bjaalands Aufnahmen die einzigen waren, die das Ereignis festhielten.

In ihren Netsilik-Anoraks sehen die vier Norweger aus wie Eskimos; sie stehen unter der norwegischen Fahne, die im Wind flattert, daneben ein Paar Skistöcke und ein Hund; der Hund wurde nicht vergessen. Das Bild ist kunstlos, gibt aber Antwort auf alle Fragen: Eskimo-Weisheiten aus der Steinzeit haben die Norweger heil und sicher ans Ziel gebracht . . .

Bjaaland und Amundsen klappten ihre Kamera wieder zu und packten sie weg. Später bemerkte Amundsen in seinem seltsam trockenen Stil, den er sich für besondere Ereignisse vorbehielt, dieser Augenblick, so kurz er war, werde sicher

> allen, die dabei waren, in Erinnerung bleiben. In diesen Regionen verliert man den Geschmack an langatmigen Zeremonien, je kürzer desto besser. Gleich danach ging der Alltag weiter.[12]

Helmer Hanssen fiel als erstes die traurige Pflicht zu, Helge, seinen besten Hund, zu töten. Helge hatte treu und brav gezogen, und Hanssen liebte ihn. Eine Woche zuvor war der Hund zusammengebrochen. Er hatte nur noch sich selbst mühsam vorangeschleppt, war keine Hilfe mehr, aber ein tapferer und treuer Freund. Hanssen hatte darauf bestanden, ihn bis zum Pol mitzunehmen.

Nach der Flaggenfeier wurde Helge getötet, geteilt und von seinen herzlosen Gefährten auf der Stelle verschlungen. Sechzehn Hunde blieben übrig und wurden zu zwei Gespannen zusammengestellt. Wisting und Hanssen blieben die letzten beiden Hundetreiber, nachdem Bjaaland Hunde und Schlitten abgegeben hatte. „Gott sei Dank bin ich das Theater und den Ärger mit den Hunden los." Sein Kommentar kam aus tiefster Seele. Er fühlte sich erleichtert und brauchte jetzt nur noch Ski zu laufen.

> „Natürlich stehen wir nicht genau am 90. Breitengrad", sagte Amundsen, „doch nach unseren genauen Messungen und den Schätzungen müssen wir nahe daran sein."[13]

Er machte sich an die Arbeit, den Pol genau zu bestimmen. Seine Sorgfalt überraschte die Gefährten.

„Aber", sagte Helmer Hanssen, „der Chef will es so, also wird es so gemacht." Amundsen war klar, daß er mit den Instrumenten, die ihm zur Verfügung standen, den Pol höchstens auf eine Meile genau berechnen konnte. Er erwartete kritische Stimmen bei seiner Rückkehr. Deshalb mußte er nachweisen, daß er den Pol erreicht hatte und der Nachweis mußte außerhalb jeglichen Zweifels liegen.

Der Tag nach der Ankunft war „sehr bewegt".[14] Die Pole sind eine Spiegelwelt; eine graphische Illustration, wie das Ideal notwendigerweise auf Absurdität hinausläuft. Vertraute Maßstäbe versagen. Es gibt nur noch eine einzige Richtung: am Nordpol nur nach Süden, am Südpol nach Norden.

Meridiane konvergieren bis auf eine verschwindende Strecke, so daß der Längengrad bedeutungslos wird und nur der Breitengrad übrig bleibt. Den Standort festzustellen, ist eine ungewohnte und mühselige Arbeit.

In unmittelbarer Nähe des Pols ist die Sonnenbahn so flach, daß ihr Zenit schwer zu bestimmen ist und die Mittagszeiten rings um den Horizont zusammenfallen. Die bekannten Mittagmessungen niedriger Breitengrade reichen nicht aus. Eine dichte Folge von Messungen des Sonnenstandes ist rund um den ganzen Horizont notwendig, möglichst über eine vollständige Erdumdrehung.

Nach ein paar Stunden Schlaf weckte Amundsen um Mitternacht seine Lagergefährten für die erste Messung.

Sie erwachten, wie Bjaaland es formulierte, „im schönsten Sonnenschein, und die Vermesser wurden mit ihren Instrumenten hin und her geschickt, um festzustellen, wo die eigentliche Stelle nun lag."[15] Amundsen konnte sich kaum besseres Wetter gewünscht haben, und was er berichtet, steht in seltsamem Gegensatz zu den Polarberichten voller Mühsal und Elend. „Die Hunde liegen ausgestreckt in der warmen Sonne", schrieb er an einer Stelle, „und genießen das Leben trotz unzureichender Nahrung."[16]

Die erste Messung ergab, daß das Lager etwa vier Meilen vom Pol selbst entfernt war. Ehe weitere Messungen vorgenommen waren, blieb die Richtung unbekannt.

Als sie ihren Standort festgestellt hatten, schickte Amundsen drei seiner Gefährten aus; sie sollten den Pol besetzen und deutlich machen, daß sie auch wirklich im Gebiet um den Pol gewesen waren. Bjaaland sollte ebenfalls losgehen und wollte gern sofort aufbrechen, um das Wetter zu nutzen. Um 2.30 Uhr am Morgen brachen Bjaaland, Wisting und Hassel nach einem Extrafrühstück mit Zwieback und heißer Schokolade auf. Jeder sollte 10 Meilen auf Skiern zurücklegen. Bjaaland fuhr in der Richtung, die sie von Framheim gekommen waren, Wisting und Hassel liefen im rechten Winkel dazu nach rechts, bzw. nach links. Jeder war allein, ohne Kompaß, weil die Schlittenkompasse zum Tragen zu schwer waren. Ihre einzige Verpflegung bestand aus dreißig Zwiebäcken, was nicht ganz einer Tagesration entsprach.

> Dieser Marsch (schrieb Amundsen später) war nicht gefahrlos . . . In dieser endlosen Ebene kann unser Zelt, das keine Kennzeichen irgendwelcher Art hat, mit der sprichwörtlichen Stecknadel im Heuhaufen verglichen werden . . . Beim Aufbruch konnten sie sich nach der Sonne orientieren . . . Wenn sie sich verdunkeln sollte, blieb ihnen ihre Spur als Hilfe. Sich auf die Spur verlassen zu müssen, ist in diesem Gebiet gefährlich. Eins, zwei, drei,

> und das ganze Plateau ist ein einziges Schneetreiben, und jede Spur so schnell verschwunden, wie sie entstanden ist . . . Daß die drei an dem Morgen ihr Leben aufs Spiel setzten, . . . ist außer Zweifel. Und das wußten sie auch genau.[17]

Sie riskierten ihr Leben jedoch nicht für eine akademische Frage, sondern übernahmen diesen Auftrag, weil verhindert werden sollte, daß ihr Werk umsonst war. Nach Cook und Peary und den Gerüchten um Shackleton konnten Polarforscher nicht damit rechnen, daß man ihnen aufs Wort glaubte. Amundsen wußte, daß die anfängliche Täuschung über seine Fahrt nach Süden ihn Zweifeln und Verdächtigungen aussetzte. Bjaaland, Wisting und Hassel zogen aus, um den Verleumdungen der Kritiker dadurch entgegenzuwirken, daß sie Markierungen aufstellten, die Scott kaum übersehen konnte.

Markstein war eine Ersatzkufe, ein solides Stück Holz von 12 Fuß Länge, an dessen oberem Ende eine Fahne und ein kleiner Beutel befestigt waren. Er enthielt eine Mitteilung für Scott mit der Richtung und der Entfernung zum Lager. Alle drei hatten sich eine sperrige Kufe auf den Rücken gebunden und steckten sie, nachdem 10 Meilen gelaufen und der Zeitpunkt gekommen war, fest in den Schnee.

Das Wetter blieb – natürlich – gut, und die drei Skiläufer erschienen, wie erwartet, wieder in Amundsens Blickfeld; fast gleichzeitig nach ungefähr sechs Stunden. „Nirgends eine englische Flagge zu sehen“,[18] stellte Bjaaland fest und kroch dankbar in seinen Schlafsack. Er hatte ohne viel Schlaf in vierundzwanzig Stunden 36 Meilen zurückgelegt, in einer Höhe von mehr als 10 000 Fuß eine beachtliche Strecke.

Amundsen und Helmer Hanssen hatten in der Zwischenzeit häufig die Sonnenhöhe gemessen. Um exakt messen zu können, hatte Amundsen ausschließlich für die Beobachtung am Pol einen Theodolit mitnehmen wollen; die beiden mitgebrachten Instrumente waren aber beschädigt worden, und so mußte er sich mit einem Sextanten begnügen. Ein mühseliges Geschäft.

> Es ist sehr interessant zu beobachten, wie die Sonne sozusagen Tag und Nacht in derselben Höhe über das Firmament wandert [bemerkte Amundsen]. Ich glaube, wir sind die ersten, die diesen seltsamen Anblick zu sehen bekommen.[19]

Hierin liegt ein vorsichtiger Zweifel an Cook und Pearys Behauptungen, sie hätten den Nordpol erreicht. Es ist der einzige schriftliche Hinweis darauf, daß er im Innersten seiner Seele keinem von beiden glaubte. Diese Bemerkung ist so umwerfend, weil aus ihr hervorgeht, daß er sich all der Mühsal für den „falschen“ Pol unterzogen hatte; der „richtige“ war demnach noch nicht erobert.

Erst am Spätnachmittag des 16. konnte Amundsen den Standort des Pols feststellen. Zu seinem Erstaunen ergab sich, daß er auf dem 123. Meridian östlicher Länge stand, statt auf dem 168. westlicher Länge, dem er auf dem Plateau gefolgt war, was einer Abweichung nach West um 69 Grad entsprach. Auf jener Breite beträgt ein Längengrad aber nur 200 Yards, statt, wie am Äquator, 60 Meilen, so daß sie auf der ganzen Strecke nur 7 Meilen von der Richtung abgekommen waren. Die abschließende Berechnung ergab, daß die Entfernung zum Pol 5,5 Meilen betrug und er sich also innerhalb des Gebiets befand, das Bjaaland, Wisting und Hassel umschritten hatten.

Inzwischen hatte Amundsen seinen Proviant ein zweites Mal überprüft. Er konnte seine Leute weitere 18, seine Hunde weitere 10 Tage versorgen. Wenn er Gegenwind und schlechtes Wetter einrechnete, würde er, wenn sie weiter so leistungsfähig blieben wie bisher, innerhalb von sechs Tagen zum ersten heimwärtsgelegenen Depot bei 88 Grad 35 Minuten gelangen. Mit Brennmaterial war er überreichlich versorgt. Unter diesen Umständen, so glaubte er, könnte er rechtfertigen, wenn sie am gerade gefundenen Südpol eine zweite Vermessung vornahmen und so das Ergebnis sicherten.

Am 17. Dezember brach er in aller Frühe das Zelt ab. Die Hunde waren angespannt und die Schlitten am Meridian entlang aufgestellt.

Den Zug zum Pol anzuführen, wurde von allen als besondere Ehre angesehen. Amundsen übertrug sie Bjaaland aus Achtung vor dem großen Skiläufer und als Kompliment für die Männer aus Telemark, die das Skilaufen entwickelt hatten. Sie hatten ihm, davon war er überzeugt, den Sieg ermöglicht. Bjaaland war der einzige Telemarker unter ihnen und deshalb ausersehen, als erster am Pol zu sein. Der Beifall der übrigen ließ keinen Zweifel daran, daß sie einverstanden waren.

„Ich danke Ihnen", sagte Bjaaland ruhig, als Amundsen ihn aufforderte, die Spitze zu übernehmen. „Die Leute in Morgedal werden dankbar dafür sein. Der Endspurt des Wettrennens wird mir Spaß machen."[20]

Er mußte schnurgerade laufen, denn daß sie genau auf den Südpol trafen, hing davon ab, daß der errechnete Kurs exakt eingehalten wurde. Amundsen selbst bildete den Schluß, um die Laufrichtung zu prüfen. Es war, sagte er, „ein Vergnügen zu sehen, wie Bjaaland den Kurs hielt. Er lief, als ob er einer abgesteckten Linie folgte."[21]

Um 11 Uhr vormittags passierten sie die Ziellinie in der Reihenfolge Bjaaland, Hassel und Helmer Hanssens Leithund.

Der erste Mensch am Südpol war also, genau genommen, nicht ein Forscher, sondern ein Ski-Champion und Pionier des modernen Skilaufs. Nach Amundsens Worten war die Eroberung des Pols „eine sportliche Tat", und es war daher angebracht, daß die Ehre des Endlaufs einem Sportler zufiel. Und es war auch völlig angemessen, daß das dritte Lebewesen, das seinen Fuß auf den Geographischen Südpol setzte, ein Schlittenhund war, ein Eskimo-Hund aus Grönland.

Amundsen ließ das Lager aufschlagen und die Abschlußmessungen vorbereiten. Zwei solide Gestelle wurden angefertigt; das eine sollte den künstlichen Horizont halten, auf dem anderen sollte der Sextant abgelegt werden, wenn er nicht benutzt wurde. Ab der Mitte des Vormittags wurden stündlich Messungen vorgenommen, vierundzwanzig Stunden hindurch. Alle vier Navigatoren, Amundsen, Wisting, Helmer Hanssen und Hassel führten sie durch, in zwei Gruppen, sechs Stunden die eine Gruppe, sechs Stunden die andere. Sie zeichneten gegenseitig die Navigationsbücher ab. Darin lag ein Vorwurf gegen Cook und Peary, die zum Beweis, daß sie am Pol waren, nur ihr eigenes Wort besaßen.

Als Souvenir vom Pol gravierten sie Datum und Ort in Uhren, Messer und verschiedene kleinere Gegenstände, oder genauer gesagt, in den Pausen zwischen den Messungen kratzten sie die Angaben hinein.

Am Abend im Zelt bat Bjaaland nach dem üblichen Mahl mit Pemmikan und Biskuits um das Wort und hielt zur Ehre des Tages eine kleine Ansprache, ganz in der offiziellen Art der Tischreden, wie sie in Norwegen bei Gesellschaften üblich sind. Es war, wie Helmer Hanssen sich erinnerte,

> eine Ansprache . . . in ungewöhnlich wohlgesetzten Worten. Der Vorhang ging auf und mit strahlendem Humor sprach er über Vergangenheit und Gegenwart und eröffnete die besten Aussichten für die Zukunft, für unsere Heimfahrt.[22]

Nachdem Bjaaland geendet hatte, holte er eine Kiste Zigarren hervor und ließ sie herumreichen, so als wäre dies eine übliche Handlung. Dann übergab er Amundsen mit feierlicher Geste die Kiste mit den restlichen Zigarren, verbeugte sich leicht und würdevoll und sagte in seinem warmen Dialekt: „Die überreiche ich Ihnen zur Erinnerung an den Pol."[23]

Amundsen war zutiefst gerührt. Bjaaland rauchte selbst nicht; er hatte die Kiste (ein Weihnachtsgeschenk) den ganzen Weg von Framheim mitgenommen, um seinen Gefährten eine Freude zu machen.

Im Laufe des Tages stellte sich heraus, daß sie doch noch circa anderthalb Meilen vom Pol entfernt waren. Bjaaland und Helmer Hanssen wurden beauftragt, in der entsprechenden Richtung etwa vier Meilen zu gehen und den Ort mit Fähnchen zu kennzeichnen.

> Es war so klar (schrieb Amundsen gegen Mitternacht am 17. Dezember), daß wir in jede Richtung meilenweit sehen konnten. Wir machten eifrig Gebrauch von unseren Teleskopen, um zu sehen, ob es nicht doch irgendwo Zeichen von Leben gab. Vergeblich. Wir sind hier wirklich die ersten.[24]

Um sicherzugehen, daß sie den Pol auch tatsächlich eingekreist hatten, ließ Amundsen ein paar Meilen weit in jeder Richtung Fähnchen aufstellen. Er hatte damit den Pol dreimal überschritten. „Wir haben getan, was wir konnten", sagte er, „ich glaube, unsere Messungen werden für Fachleute sehr interessant sein."[25]

Als die Messungen schließlich abgeschlossen und überprüft waren, stellte sich heraus, daß Polheim, das Lager am Pol, in einer Entfernung von 2500 Yards zum mathemathischen Pol lag. Seine Lage war mit einer Genauigkeit von 200 Yards bestimmt worden, was für die Tüchtigkeit jener Männer spricht, die den Sextanten bedient hatten.

Am 18. Dezember um Mittag war die Arbeit beendet, und sie wollten sich noch am selben Abend auf den Rückweg machen. „Nach Hause auf die Barriere," wie Bjaaland sagte, „Gott sei dafür gedankt."[26]

Als Polzeichen stellte Amundsen sein leichtes, jetzt überflüssiges Ersatzzelt auf, das Rønne auf der *Fram* genäht hatte. Und da kamen auch schon die ersten Gratulationen, auf zwei gelben Lederschildchen, die in den Zeltboden eingenäht waren. „Gute Reise," stand auf dem einen, und „Herzlich willkommen am 90. Breitengrad" auf dem anderen. Beide waren von Rønne und Beck, dem Eispiloten auf der *Fram,* unterschrieben.

An der Spitze wurden an einem Bambusstab die norwegische Flagge befestigt und ein Fähnchen der *Fram*; denn das Schiff sollte *selbstverständlich* auch seinen Teil vom Ruhm abbekommen. In das Zelt legte Amundsen einige unbrauchbar gewordene Ausrüstungsgegenstände und einen Brief an König Haakon.

> Majestät, (schrieb er), wir haben den südlichen Punkt der großen „Ross-Eisbarriere" bestimmt sowie die Verbindung von Viktoria-Land und King-Edward-VII.-Land. Wir haben eine mächtige Gebirgskette mit Gipfeln bis zu 22 000 Fuß Höhe entdeckt, ich habe mir die Freiheit genommen, sie – ich hoffe mit Ihrer Erlaubnis – „Königin-Helena-Kette" zu nennen. Wir haben festgestellt, daß das große Inland-Plateau . . . langsam vom 89. Breitengrad an abfällt . . . Wir haben diese sanft geneigte Ebene, auf der wir die Position des Geographischen Südpols mit Erfolg festgestellt haben – ebenfalls mit Erlaubnis Eurer Majestät, so hoffe ich – „König-Haakon-VII.-Plateau" genannt . . .[27]

Damit wird kurz und bündig ein Bericht über die norwegischen Entdeckungen gegeben. Er wurde zusammen mit einem an Scott adressierten Brief in einen Umschlag gesteckt. Scott, „so nehme ich an", sagte Amundsen, „wird diesen Platz als erster besuchen."[28] Amundsen hatte Scott gebeten, den Brief weiterzuleiten.

„Der Weg in die Heimat ist lang", meinte Amundsen, „und so mancherlei kann auf dem Weg passieren, was uns daran hindert, selbst über unsere Fahrt zu berichten."[29]

Drei Tage und fünf Stunden nach ihrer Ankunft am Pol schnallten Amundsen und seine Männer ihre Skier unter, richteten ihren Blick nach Norden und traten den Rückweg an. Ehe sie sich in Marsch setzten, schlossen sie das Zelt und grüßten die Flagge, die von der Spitze wehte.

„Und nun, lieber Pol, leb wohl!", schrieb Amundsen in sein Tagebuch, „ich glaube nicht, daß wir uns jemals wiedersehen."

Unter den besten Wetterverhältnissen, die man sich nur wünschen kann, zogen wir los, (sagte Bjaaland). –19 Grad muß man am Südpol „schön“ nennen. Die Hunde, die armen Viecher, sind am Pol nicht allzu satt geworden, doch sie sind schnell und lebhaft.[30]

Während Amundsen und seine Gefährten ihre Zeit noch mit Abschiedszeremonien verbrachten, trabten die Hunde halb verrückt vor Ungeduld auf und ab, und als sie endlich den Befehl zum Aufbruch kriegten, jagten sie davon wie Läufer beim Startschuß. Sie wußten, es ging nach Hause, und hinter dem Horizont gab es etwas zu fressen.

Auch Amundsen zerrte am Zügel. „Scott,“ sagte er zur Helmer Hanssen, „ist morgen oder übermorgen hier. So wie ich die Engländer kenne, geben sie nicht auf, was sie einmal begonnen haben.

Und der Kampf war noch lange nicht gewonnen. Amundsen mußte als erster mit der Nachricht zurück sein. Das Ergebnis, erster am Ziel gewesen zu sein, galt überhaupt nichts, wenn er nicht auch als erster in der Zeitung erschien. Die Erstmeldung war der halbe Sieg, wenn nicht gar der ganze.

Amundsen konnte nicht wissen, daß Scott mehr als 300 Meilen und einen Monat hinter ihm zurücklag. Für ihn war es völlig unvorstellbar, daß jemand im vollen Besitz seiner geistigen Kräfte sich freiwillig dazu entscheiden könnte, den Schlitten selbst zu ziehen. Die Rückkehr nach Framheim würde lange dauern und ein hartes Rennen werden.

Jetzt, da sie nach Norden liefen, verlegte Amundsen das Reisen auf die Nachtstunden, um die Sonne im Rücken zu haben und nicht vom Schnee geblendet zu werden. Zunächst lief er zum ursprünglichen Lager am Pol zurück, um die Spur, die sie hinterlassen hatten, aufzunehmen und von dort zum ersten Lager auf dem Heimweg zu gelangen. Aus besonderer Vorsicht steckte Amundsen hier eine weitere schwarze Fahne in den Boden, um Scott zu warnen. Die Stelle lag ungefähr auf dem 180. Meridian und damit annähernd auf der Route, die die Englänger vom Beardmore Gletscher nehmen mußten. Diese Fahne würde Scott höchstwahrscheinlich sehen, während er die anderen Fähnchen bei schlechtem Wetter verfehlen konnte.

Der Rückmarsch ließ sich für Amundsen gut an. Den beständigen Südwind hatte er nun im Rücken, und während er am Pol gewesen war, hatte die Sonne die Schneefläche in eine feste, glitzernde Kruste verwandelt, die aber doch noch weich genug war, daß die Pfoten der Hunde greifen konnten. Aus den Tagebucheintragungen geht hervor, daß es sich auf dieser Fläche gut lief.

Als Amundsens und Scotts erste Berichte die zivilisierte Welt erreichten, bemerkte eine norwegische Zeitung:

Amundsen ... hinterläßt den Eindruck, daß es im Grunde eine verhältnismäßig leichte Sache war, (während) Scott die „unmenschliche Anstrengung“, ... „die schrecklichen Gefahren“, ... „das ungewöhnliche Pech“ und das „unbefriedigende Wetter“, ob es nun fror oder taute, herausstellt und unterstreicht.[31]

Der Kommentar war zutreffend. Scott wollte ein Held sein; Amundsen hatte keinen anderen Wunsch, als den Pol zu erreichen. Scott mit seiner Neigung zur Dramatisierung fühlte sich auf der Bühne. Amundsen dachte an die Aufgabe, die in seinen Händen lag, nicht an ein Auditorium. Scott übertrieb die Schwierigkeiten, um Schwächen zu verdecken. Amundsen, der jetzt über das Plateau heimwärts lief, erntete die Früchte der Tüchtigkeit und – technisch – hatte er wenig zu verbergen.

Es herrschte, wie Bjaaland in einer typischen Eintragung am 22. Dezember festhielt, „reines Sommerwetter ... bei −25 Grad ... Es ist absolut still, die Sonne scheint, die Spur ist schlecht zu erkennen, aber die Schneepyramiden leuchten wie elektrische Ampeln“.[32]

Selbst wenn die Norweger auf konventionelle Heldentaten erpicht gewesen wären, hätten sie nicht leicht einen überzeugenden Vorwand gefunden. Ihre Fahrt hatte sich auf einen festen Rhythmus und unabenteuerliche Regelmäßigkeit eingespielt. Sie aßen, schliefen und legten täglich ihre 15 Meilen zurück. Ihre Hauptunterhaltung war Bjaalands Bemühen, Helmer Hanssens Hunde nicht an sich herankommen zu lassen. Bjaaland wollte nicht von einem Hund ins Bein gebissen werden. Er war bekümmert über die 4,5 Meilen, die er im Durchschnitt pro Stunde nur schaffte, während er vor vier Jahren im 50-Kilometer-Lauf von Holmenkotten noch 7 Meilen in der gleichen Zeit gelaufen war. Immerhin war seine Leistung aber doppelt so hoch wie die Scotts, und in 10000 Fuß Höhe war sie eindrucksvoll.

Sie lagen getreu nach Amundsens Planung bis zu 16 Stunden im Schlafsack. Amundsen erlaubte nicht, daß pro Tag mehr als 15 Meilen gelaufen wurden, und er hielt an ausreichender Ruhe fest, der Höhe wegen. Er wollte seine Männer und Hunde um keinen Preis gefährden. Er mußte alle physischen und geistigen Reserven für den Abstieg vom Plateau schonen. Wenn er erst wieder auf der Eisbarriere war, konnte er mit dem Sprint beginnen.

Hätte jemand die Gruppe beobachtet, er wäre kaum auf den Gedanken gekommen, daß sie seit zwei Monaten ohne Unterbrechung im härtesten Klima der Welt unterwegs war. Bjaaland lief voraus, und er glich eher einem Läufer, der auf bekannter Strecke ein Ski-Rennen beendet als einem Forscher am Ende einer großen Reise.

Dramatik brachten die Hunde. Sechzehn waren noch übrig von den zweiundfünfzig, die mit ihren Herren aufgebrochen waren; sie sollten, nach Amundsens Plan, zum 86. Breitengrad zurückgebracht werden. Zwei Tage nach dem Aufbruch vom Pol starb der erste Hund, Amundsens Liebling Lasse. Am Tage darauf war es Per, einer der besten Hunde Wistings, und dann folgte Black Patch. Alle drei wurden sofort unter ihre Gefährten verteilt, die sie mit Haut und

Haar verschlangen. Die dreizehn verbleibenden Hunde gewannen wieder an Kondition, und es sah so aus, als ob sie durchhalten würden.

Als Amundsen am 21. Dezember sicher war, daß sie gut im Zeitplan lagen, erhöhte er die tägliche Pemmikan-Ration von 350g pro Mann auf 400. „Gott möge es ihm lohnen“, schrieb Bjaaland liebevoll in sein Tagebuch und sprach dabei für sie alle, „jetzt bin ich so satt und zufrieden, daß ich gar keine Worte dafür habe.“

Zur allgemeinen Erleichterung wurde das erste heimwärts gelegene Depot bei 88 Grad 25 Minuten wie geplant am Weihnachtstag erreicht. In ihrer Siegesstimmung hatten sie am Pol ihre Schokoladenration überzogen und mußten nun sparen. Da Schokolade ihre einzige Zuckerquelle war, litten sie darunter und zwar verschieden stark; Zuckermangel kann im Schnee sehr unangenehm sein.

Bis zum nächsten Depot bei 86 Grad 25 Minuten blieben für die 124 Meilen acht Tage. Es war das längste Zwischenstück auf der ganzen Strecke, und Amundsen hatte außer einer Reserve an Pemmikan für Mensch und Tier volle Verpflegung für 12 Tage zur Verfügung.

> Wir sind also gut versorgt. Ich halte (deshalb) von der Verpflegung, die wir am Pol hatten, von jeder Sorte eine Probe zurück (sagte er). Die Lieferanten werden sich vermutlich darüber freuen.[33]

Für das Essen am Weihnachtstag hatten sie nichts Besonderes mitgenommen. Wisting sammelte Zwiebackkrumen und mischte sie mit Milchpulver zu etwas, das an den traditionellen norwegischen Reispudding erinnerte. Der Ofen wurde für diesen Tag so eingestellt, daß er reichlich wärmte, und sein Summen zusammen mit dem Pudding und dem Aroma von Bjaalands Zigarren tauchten das Zelt in eine vertraute, festliche Stimmung.

> Zu Haus zündet Ihr jetzt die Kerzen an [schrieb Amundsen in sein Tagebuch]. [In Gedanken] sind wir dabei, wenn die Entfernung zwischen uns auch noch groß ist. Aber wartet noch ein bißchen, dann habt Ihr uns wieder, und zwar mit dem Sieg in Händen.

Sie waren jetzt 100 Meilen gelaufen und mußten bis Framheim noch 600 zurücklegen. „Das wird eine harte Strecke,“ schrieb Bjaaland, „noch müßt Ihr uns nicht beneiden, Ihr Kameraden zu Haus!“ Die Überquerung der Küstengebirge stand bevor. Aber das Wetter war weiterhin gut.

Am 29. Dezember erreichten sie den höchsten Punkt des Plateaus und nahmen den Abstieg zur Küste in Angriff. Auf der glänzenden, vereisten Fläche ging es weiter glatt voran, nur gab es vereinzelt kantige Sastrugi, die sie zu einem Slalomlauf zwangen. Aus reinem Vergnügen beschleunigte Helmer Hanssen die Fahrt; Wisting spannte auf seinem Schlitten ein Segel auf, und die Hunde jagten kläffend und heulend vor Freude hinter Hanssen her.

An diesem Tag erhöhte Amundsen die Pemmikan-Ration erneut um 50 g auf

450. Das bedeutete, daß die Norweger jetzt ungefähr die Menge bekamen, die sie brauchten. Wenigstens waren sie alle zufrieden; sogar Bjaaland, der am Vortag unverblümt um eine Zusatzration gebeten und sie auch bekommen hatte. Als Vorläufer, meinte er, stand ihm eine kleine Extraportion zu.

Der Neujahrstag 1912 war der Augenblick, an dem die zwei Expeditionen einander am nächsten waren; nur knapp 100 Meilen trennten sie. Scott, noch auf dem Wege nach Süden, kam vom Beardmore-Gletscher herunter; Amundsen näherte sich dem kritischen Punkt der Heimfahrt, dem Abstieg vom Plateau zur tiefer liegenden Eisbarriere.

Amundsen nahm Richtung auf den Axel-Heiberg-Gletscher und den Weg, den er schon kannte. Aber es ist schwierig, Berge wiederzuerkennen, wenn man sie aus einem anderen Winkel und bei veränderten Lichtverhältnissen sieht. Als er am 27. Dezember glaubte, neue Berge entdeckt zu haben, schaute er auf genau dieselben, die er auf der Hinreise gesehen hatte. Es dauerte mehrere Tage, bis er seinen Irrtum erkannte.

Eine Reihe von Umständen vergrößerten seine Verwirrung. Um den Rückweg zu finden, hatte er sich auf ein einziges Kennzeichen in der Landschaft verlassen, auf einen der Berge, die den Norwegen-Gletscher umgeben, heute kennt man ihn unter dem Namen Bjaaland-Berg. Seine Spitze war von einer Eiskuppel umgeben, die wie eine Krone aus gezackten Kristallen aussah. Sie erschien, wenigstens aus nördlicher Richtung, als unverwechselbar. Doch nun auf dem Rückweg, aus südlicher Richtung, war sie von anderen Konturen verdeckt. Hinzu kam, daß Amundsen seit dem Aufbruch vom Pol auf astronomische Messungen verzichtet und vom 88. Breitengrad an die Linie seiner Schneepyramiden aus dem Auge verloren hatte. Und, was noch schlimmer war, er hatte wichtige Peilungsangaben verwechselt, so daß seine Beziehungspunkte durcheinander geraten waren.

Im offiziellen Bericht wird das nicht so deutlich. Amundsen spielte Schwierigkeiten gern herunter und verschleierte die Umstände, die verrieten, daß mit seiner Planung etwas schiefgegangen war. Aber sein Tagebuch vertuscht nichts; darin heißt es: „Wir laufen tatsächlich durch einen Irrgarten. Es ist unmöglich festzustellen, wo wir sind.“[34]

Mitten in dieser unangenehmen Situation sorgte Wisting für Ablenkung: er hatte unerträgliches Zahnweh. Unglücklicherweise war ausgerechnet er derjenige, der den zahnheilkundlichen Kurs absolviert hatte, und deshalb sei es, wie er schreibt, für ihn

> etwas weit bis zum nächsten Zahnarzt. Deshalb bat ich ... Amundsen, ... sich mit dem Biest zu befassen. Er war auch sofort bereit, und wir holten die Zange heraus. Sie war so kalt, daß sie erst über dem Primus-Ofen gewärmt werden mußte. Dann kniete ich mich in meinen Schlafsack, er setzte sich in seinem eigenen vor mich und zog dann mit allen Kräften. Nach einer fürchterlichen Prozedur war die Operation schließlich mit Erfolg beendet, und im selben Moment waren auch meine Schmerzen vorbei.

Amundsen war allerdings nicht so verloren, wie es im Tagebuch erscheint. Er hatte einen allgemeinen Kompaßkurs. Am Silvestertag erkannte er in der Ferne die Berge um den „Metzgerladen" und wußte daher, in welche Richtung er gehen mußte, wenn auch noch nicht, wo er sich genau befand.

Die wesentlichen Punkte in der Landschaft, an denen Amundsen jetzt seine Position festmachen mußte, kannte er nur von den flüchtigen Augenblicken, die ihm der Nebel auf der Hinreise vor einem Monat freigegeben hatte. Er glaubte jetzt zwar, einige Gipfel zu erkennen, war aber immer noch unsicher. Auf dem Hinweg hatte er das Nilsen-Plateau mit den Bergen um den Norwegen-Gletscher verwechselt, die ungefähr 10 Meilen weiter westlich liegen. Das bedeutete, daß die Kompaßmessungen von damals ihn jetzt irreführten; er hatte keinen Anhaltspunkt, wo er sich in west-östlicher Richtung befand. Unglücklicherweise stand ihnen der Teufelsgletscher bevor, und da wäre es gut gewesen zu wissen, wo genau sie waren.

Am 2. Januar erreichte Amundsen den Teufelsgletscher. „Wir hatten", schrieb er, „verdammtes Glück ... In ein paar Stunden war der ganze Gletscher bewältigt,"[35] der gleiche Gletscher, der ihnen auf dem Weg nach Süden drei Tage lang Not, Kampf und Gefahren beschert hatte. Amundsen war auf einen glatten, engen Pfad zwischen den Klüften gestoßen und auf diese Weise „dem Tanzsaal des Teufels" vollkommen entgangen. Dieses Glück war zum Teil dem Wetter zu verdanken; es schien jetzt klar, während sie auf dem Hinweg Nebel hatten; es war aber auch auf die Tatsache zurückzuführen, daß er auf dem Rückmarsch an einer ganz anderen Stelle angekommen war. Die Dame Fortuna hatte ihnen den Weg gewiesen.

Amundsen vermochte jedoch immer noch nicht zu sagen, wo er sich befand. Das war schlimm, weil das nächste Depot am Rand des Teufelsgletschers lag und sie es nur finden konnten, wenn sie die Umgebung wiedererkannten.

Sie brachen nach Westen auf in der Hoffnung, es dort zu finden. Das Gelände war von tiefen Wellenformationen durchzogen, die ihnen die Sicht auf die Umgebung nahmen. Sie fanden sich nicht zurecht. Sie hielten es alle für das Sicherste, geradewegs zum „Metzgerladen" zu laufen, statt in der Gegend nach einem Depot zu suchen, das sie vielleicht nie fanden.

Amundsen besaß genügend Vorrat an Pemmikan, um seine Männer zur Eisbarriere zu bringen, für die Hunde jedoch nur Futter für drei Tage. Es bestand die Gefahr, daß sie beim „Metzgerladen" das Depot mit den getöteten Hunden nicht fanden, und die Aussicht, vielleicht selbst die Schlitten ziehen zu müssen, stieg wie ein Gespenst vor ihnen auf.

Sie waren noch nicht weit gegangen, als einer in dem Durcheinander von Eisschichten einen Grat erkannte, der auf dem Weg nach Süden im Westen gesehen worden war, jetzt aber im Osten lag. Sie waren zu weit nach Westen geraten. Sie wandten sich nach Osten und auf einer Anhöhe gewannen sie zum ersten Mal eine Übersicht über die Umgebung. Sie machten ihre Peilungen und konnten am Fuß des Teufelsgletschers deutlich die Stelle sehen, wo das Depot lag. Es war ein kleines Stück hinter ihnen.

„Unter diesen Umständen", sagte Amundsen, „hielten wir alle es für falsch, das Depot einfach aufzugeben."[36] Sie waren bereit, den Versuch zu unternehmen und das Depot zu suchen. Es hatte aber keinen Sinn, daß die ganz Karawane umkehrte. Amundsen wählte Bjaaland und Helmer Hanssen aus. Sie brachen, ohnen sich vorher auszuruhen oder etwas zu essen, sofort auf; wie Bjaaland sagte: „Hanssen mit leerem Schlitten und den guten Grönländern, und ich lief auf meinen leichten Skiern vor ihm her."[37]

Das Gelände war schwieriger, als sie erwartet hatten. Sie bedauerten bald, daß sie keine Schlafsäcke mitgenommen hatten. Bjaaland berichtete:

> Der Kapitän meinte, es seien 8 Meilen, aber ich habe ja gleich gesagt, das ist dummes Zeug. Wir liefen 11 Meilen in Nebel und Treibschnee, ohne etwas zu sehen. Glücklicherweise klärte es vor uns etwas auf, und kurz danach sahen wir die (Depotfähnchen) circa (zwei Meilen) seitlich von unserem Kurs. Unsere Freude war natürlich groß, das brauche ich wohl nicht zu sagen.[38]

Am Depot angelangt, gaben sie erst den Hunden eine doppelte Portion Pemmikan und aßen selber etwas Schokolade. Dann luden sie die Depotvorräte auf den Schlitten und ohne sich auszuruhen, traten sie den Rückmarsch an; der ging, nach Bjaalands Worten, „wie geschmiert . . . Nach 10 Stunden waren wir wieder im Lager, jetzt haben wir reichlich Vorrat."[39]

Amundsen war die ganze Zeit aufgeblieben und hatte auf sie gewartet. Er war unruhig im Schnee auf und ab gewandert, hatte ängstlich das Wetter beobachtet und ständig die Strecke mit seinem Fernglas abgesucht. Es war ihm nicht möglich gewesen, sich in der Zeit auszuruhen. Als er sie dann endlich über den Rücken einer dieser gefrorenen Wellen heraufkommen sah, rannte er ins Zelt zu Wisting und Hassel, die sich vernünftigerweise hingelegt hatten, und weckte sie: „Sie müssen das Depot gefunden haben," rief er, ungewöhnlich erregt, „denn im Schlitten sitzt niemand. Sie haben etwas anderes zu transportieren." Er heizte sofort den Primus-Ofen an, um Schnee zu schmelzen, damit sie gleich ihren Durst stillen konnten, und um Pemmikan zu wärmen, denn sie mußten völlig ausgehungert sein. Er strahlte über das ganze Gesicht, als sie da waren, und bestand darauf, daß er ihre Hunde versorgte.

Bjaaland und Hanssen, notierte er, hatten ohne Ruhepause und mit nur sehr wenig Nahrung 42 Meilen zurückgelegt. „Da sage noch einer, daß Hunde in diesem Gelände wertlos sind."[40]

Bis zum nächsten Depot waren es noch 5 Tage, und Amundsen besaß wieder für 10 Tage Verpflegung für Menschen und Hunde, außerdem eine eiserne Reserve.

Er durchschaute jetzt, weshalb er in die Irre gegangen war. Durch einen Navigationsfehler war er anderthalb Punkte (17 Grad) vom Kurs abgekommen. Aber mit diesem Fehler hatte er noch Glück im Unglück gehabt, denn er hatte ihn an die Stelle geführt, wo der Teufelsgletscher leicht überquert werden konnte. Durch diese rationale Betrachtungsweise gewann Amundsen sein Gleichgewicht zurück.

Amundsen mußte jetzt zum „Metzgerladen“ und dort den Ausgangspunkt für die Route hinab zum Axel-Heiberg-Gletscher finden. Da das Wetter gut war, schien es sinnvoll, solange sie so gut voran kamen, eine längere Strecke zurückzulegen. Entgegen dem Zeitplan lief er am 4. Januar 20 Meilen und setzte nach nur fünf Stunden Ruhe die Fahrt fort. Die Hunde schienen zu wittern, daß etwas in der Luft lag und liefen freiwillig so schnell sie konnten. Nach den ersten 10 Meilen stieß Amundsen auf seine Schneepyramiden-Linie. Am 5. Januar in der Frühe erreichte er den „Metzgerladen“ und fand das Depot mit den getöteten Hunden. Helmer Hanssen mit seinen scharfen Augen hatte es entdeckt. „Ich weiß nicht, was geschehen wäre, wenn er es nicht gesehen hätte,“ sagte Amundsen: „Die Stelle war überhaupt nicht wiederzuerkennen – es war gerade so, als ob wir nie da gewesen wären.“[41]

Wieder hatten veränderte Lichtverhältnisse sie getäuscht. Beim ersten Mal hatte Amundsen alles durch dichten Nebel gesehen, jetzt war es sonnig und klar. Es dauerte eine Weile, bis ihm aufging, daß der hochaufragende geheimnisvolle Berg vor ihm der Fridtjof-Nansen-Berg war. Er hatte ihn seit Tagen gesehen, ohne ihn zu erkennen. Der „Metzgerladen“ war ein günstiger Aussichtspunkt und von hier aus sah er auch zum ersten Mal, welchen Weg sie sich vor sechs Wochen bei Nebel und Schneetreiben entlang gekämpft hatten. „In diesem Gelände blind reisen, nein, das ist wahrhaftig gefährlich,“ bemerkte er trocken.

Ihm wurde auch bewußt, daß er „die Höhe der Berge in der dunstigen Luft auf dem Weg nach Süden bei weitem überschätzt“ hatte. Er meinte jetzt – und das stellte sich später als richtig heraus – sie wären nur 12000 bis 13000 Fuß hoch statt 18000 bis 20000, wie er an König Haakon geschrieben hatte.

Amundsen hatte jetzt wenigstens seinen Standort richtig bestimmt. Der Axel-Heiberg-Gletscher lag, sozusagen, um die Ecke und damit auch der Weg nach unten. Warum sollten sie sich hier noch länger aufhalten? Auch jetzt im Hochsommer fanden sie den „Metzgerladen“ wenig einladend. Die Temperatur lag bei –25 Grad, gut fünf Grad niedriger, als die Norweger sie gewohnt waren. Dazu wehte ein unangenehmer Wind, und zum ersten Mal auf der ganzen Reise spürten sie die Kälte in den Knochen, es wurde Zeit, daß sie das Plateau hinter sich ließen.

Sie blieben nur noch, bis sie den Hunden eine Extra-Ration Hundefleisch aus dem Depot gegeben hatten, und dann „schossen wir kopfüber, einer wilder als er andere, die Hänge hinunter“,[42] wie Bjaaland es ausdrückte. Es waren die gleichen Hänge unter dem Mount Ole Engelstad am Kopf des Gletschers, die die Hunde auf dem Weg nach Süden so verzweifelt Zoll für Zoll hinaufgeklettert waren.

Zum Glück war der Schnee weich, so daß sie – mehr oder weniger – kontrolliert fahren konnten. Die Schlitten wurden mit Tauen um die Kufen gebremst. In ungefähr anderthalb Stunden hatten sie 3000 Fuß Höhenunterschied überwunden, am Ende des Tages 23 Meilen zurückgelegt und die obere

Terrasse des Gletschers erreicht. Damit war der erste Teil des Abstiegs glücklich abgeschlossen. Sie schlugen ihr Lager in ungefähr 7500 Fuß Höhe im Windschatten des Mount Ole Engelstad auf. Amundsen berichtete darüber:

> Unser Zelt steht an einer warmen, schönen Stelle und die Sonne taut uns auf. Die Hunde liegen zufrieden im Sonnenschein und haben eine Riesenmenge Hundefleisch und Pemmikan verschlungen ... Ja, wir haben den Abstieg vom Plateau hinter uns und sind alle sehr froh. Zwar ging es uns dort gut, aber wir sehnen uns nach der „Barriere" wie nach einem alten Freund. Wenn wir erst einmal da sind, fühlen wir uns so gut wie zu Hause. Dort sind wir reichlich mit Proviant versorgt.[43]

Nachdem sie sich gut ausgeruht hatten, waren sie um 1 Uhr in der Frühe wieder auf den Beinen, um über die Eisfälle abzusteigen. Amundsen war ganz gelassen; wo er einmal hinaufgeklettert war, würde er vermutlich auch wieder herunterkommen. In jedem Fall scheute er die Gefahr nicht, und zum Glück quälte er sich nie mit der Vorstellung von Unheil, das ihm vielleicht zustoßen könnte.

Vor dem Start blieb Amundsen stehen und betrachtete lange die umliegenden Berge, als wollte er sie sich für immer ins Gedächtnis einprägen. „Über dem Gipfel des Mount Ole Engelstad," schrieb er, „lag eine kleine Cirruswolke, goldgerändert in der Morgensonne. Und drüben liegt der [Mount Don Pedro Christophersen], teils im Licht, teils im Schatten. Wenn ich doch malen könnte."

Die kleine Karawane brach auf. Bjaaland, der immer noch den Vorläufer machte, war als erster auf der Höhe der oberen Eisfälle. Wieder wurden die Schlitten durch Taue, die um die Kufen gewickelt wurden, gebremst, und dann schossen sie in die Tiefe. Nach Amundsens Darstellung

> ... gab der lockere Schnee Halt. Ein Hang war steiler als der andere ... Wir sausten zu Tal. Ein wundervoller Sport.[44]

Und Bjaaland: „Das Skilaufen war herrlich. Ich hatte mehrere wunderschöne Abfahrten und bin mit dem Kapitän um die Wette gelaufen." Amundsen, Bjaaland und wahrscheinlich auch Hassel genossen die Abfahrt, sie hatten auch allen Grund, denn der Schnee eignete sich vorzüglich zum Springen. Der Ablauf vom Plateau war ein reines Vergnügen; eine lange Skitour, die sie zu schätzen wußten. Ihre Heiterkeit steht in schroffem Gegensatz zu Scotts puritanischer Ernsthaftigkeit. Hat Scott an dem ganzen Unternehmen überhaupt irgendwann Spaß gehabt?

Aber Amundsen verstand es meisterhaft zu untertreiben. Seine leicht hingeworfenen Sätze verbergen die ungewöhnliche Leistung. Es war ein Abfahrtslauf nach alpinen Maßstäben, und diese Männer waren mit alpinen Bedingungen nicht vertraut. Sie verfügten nicht über alpine Spezialtechnik und -ausrüstung, sie besaßen keine festen Abfahrtslaufbindungen, und die Skier waren zu lang und schwer lenkbar. Dennoch überwanden sie die Hindernisse, mit weiten Telemark- und Christianiaschwüngen und, wo es zu steil wurde, ritten sie auf ihren Skistöcken. Es war ein ungeheuerlicher Slalomlauf zwischen Eisspalten hindurch und um die Schluchten und Abgründe der gewaltigen Eiskatarakte des Axel-Heiberg herum, aber genau die Strecke bergab, die sie bergauf gekennzeichnet hatten.

Die Hundetreiber Helmer Hanssen und Wisting fanden an der Sache nicht den gleichen Spaß. Ein Slalomlauf mit vollbeladenem Schlitten ist ein zweifelhaftes Vergnügen, wenn der kleinste Fehler in gähnende Abgründe führt. Aber sie alle schafften es ohne Schaden, und nach kurzer Zeit hatten Treiber, Hunde, Schlitten und die Skiläufer die Eisfälle passiert. Nach 11½ Meilen und 4500 Fuß Niveauunterschied hielten sie an. Sie wollten an derselben Stelle am Fuß des unteren Eisfalls lagern, wo sie, nach Bjaalands Worten, „vor 47 Tagen gewesen waren, als sie noch so viel Mühsal und Schinderei vor sich hatten . . . Gott sei Dank sind wir jetzt wieder im Flachland und können vernünftig Luft holen . . . nach sechs harten Wochen in der [dünnen] trockenen, kalten Luft.“[45] Der gefürchtete Abstieg lag hinter ihnen.

Sie folgten dem Axel-Heiberg-Gletscher bis zur Eisbarriere, wandten sich dann nach Norden und erreichten kurz vor Mitternacht am 7. Januar ihr Depot bei 85 Grad 5 Minuten südlicher Breite unterhalb von Betty's Knoll. Sie hatten jetzt für 35 Tage Verpflegung für Mensch und Tier auf den Schlitten, mehr als genug, um heil nach Framheim zu gelangen und außerdem war auf der Eisbarriere bei jedem Breitengrad ein Depot angelegt.

Amundsen schickte Helmer Hanssen und Wisting auf Betty's Knoll, sie sollten eine Steinpyramide bauen. Zum Zeichen, daß Menschen in diesem Gebiet gewesen waren. In der Pyramide wurde eine Mitteilung hinterlegt, aus der hervorging, was die Expedition erreicht hatte, außerdem ein Kanister mit 17 Liter Paraffin und 20 Schachteln Streichhölzer. Ein weiterer Hund brach zusammen und wurde erschossen. Wie ursprünglich berechnet, zogen sie mit 12 Hunden nach Framheim zurück.

Abgesehen von einigen Spalten beim Übergang von der Eisbarriere zum Land waren die Gefahren offenbar vorüber. Amundsen beschloß zu sprinten, denn es gab nun keinen Grund mehr, Menschen und Hunde zurückzuhalten. Die Eisbarriere wurde zu einer Rennstrecke. Sie liefen 15 bis 20 Meilen, lagerten 8 Stunden, liefen wieder, ruhten aus und so fort, ganz gleich, ob es Tag oder Nacht war. Sie steigerten ihre Geschwindigkeit und verkürzten auf diese Weise die Zeit bis Framheim um fast zwei Wochen.

Am 11. Januar sahen sie den letzten Berg. Am gleichen Tag erschienen genau auf der Hälfte des Weges zwischen Framheim und dem Pol zwei Skua-Möwen. Es waren die ersten Lebewesen, die sie nach zwei Monaten in der Wildnis sahen. Die Vögel wurden mit lautem Hurrah begrüßt.

Bjaaland holte seinen Revolver heraus (er war eigentlich für die Hunde) und feuerte eine Salve in die Luft.

> Hallo, sei gegrüßt, liebe Skua-Möwe [schrieb er in sein Tagebuch]. Wie geht es Dir? . . . Flieg zurück zu Lindstrøm und sag ihm, daß wir in 20 Tagen da sind und alle seine Pfannkuchen aufessen und das Rindfleisch und das Obst, auch wenn's nur grüne Pflaumen sind.

Kurz danach wurde das Wetter schlecht; Schneetreiben, Stürme und Nebel kamen auf. Die Anoraks und Hosen aus Seehundfell aus dem Depot unter Betty's Knoll wurden angezogen, und alle waren warm, vielleicht sogar zu warm gekleidet, denn die Temperatur schwankte um −10 Grad.

Amundsens Männer erkannten den Wert der Planung und Voraussicht ihrses Führers. Wie immer auch Wetter, Sturm oder Sicht waren, sie konnten ihre Strecken zurücklegen und von Pyramide zu Pyramide laufen. Alle Depots wurden gefunden. Ihr Inhalt war jetzt überflüssig, und mindestens eine halbe Tonne Proviant wurde an verschiedenen Stellen auf der Eisbarriere zurückgelassen. Die Hunden bekamen die doppelte Ration Pemmikan, Seehundfleisch, Biskuit und sogar Schokolade, alles nur, um die Schlitten zu entlasten.

Amundsen wollte jetzt unbedingt Zeit gewinnen; das übertrug sich auf die Mannschaft. Sie waren in Form, sie fühlten wohl, daß sie auf dem Weg zum Sieg waren. Sie liefen weiter, drei Meilen pro Stunde, zwanzig bis dreißig Meilen am Tag, tagaus, tagein, und dabei nahmen Menschen und Hunde an Gewicht zu. Ein Triumph von Tüchtigkeit, Planung und Organisation.

Am 17. Januar kamen sie an ihrem Depot beim 82. Breitengrad an. Es war das Vorratslager, das im vergangenen Herbst am weitesten südlich angelegt worden war. Amundsen berichtet:

> Wir legten ein besonderes Essen ein, um unsere Ankunft am südlichen Vorposten der Zivilisation zu feiern. Bei solchen Gelegenheiten muß immer Wisting kochen. Er verwöhnte uns mit einer Mischung aus Pemmikan und Seehundsteak und zum Nachtisch: Schokoladenpudding.

Sie waren jetzt auf ihrer mit Fähnchen markierten Strecke und so gut wie zu Hause. Die letzten 200 Meilen waren wie eine abgesteckte Langlaufstrecke. Das Wetter blieb schlecht. Aber kurz vor dem Depot am 81. Breitengrad lichteten die Wolken sich, und sie hatten zum ersten Mal nach langer Zeit gute Sicht und konnten ihre Umgebung betrachten.

Amundsen verzichtete darauf, „die schneebedeckten Berge, die von Nord nach Ost zu verlaufen schienen, . . ."[46] zu erforschen; er wollte keinen Zoll von seinem Kurs abweichen. Es war so, als ob er, nachdem er jetzt den Pol erreicht hatte, fürchtete, die Götter zu versuchen, wenn er noch mehr forderte. Das einzige, was er jetzt zu tun hatte, war: als erster mit der Nachricht in der Heimat zu sein. Alles andere zählte nicht.

Nachdem sie das Depot hinter sich gelassen hatten, wurde das Laufen vertrackt; erst ging es noch schnell über brüchigen Harschschnee, der für die Hunde aber unangenehm war, dann wurde der Schnee weich und Menschen und Hunde kamen nur mühsam voran. „Ja, ja", meinte Bjaaland mit freundlichem Spott, „die Burschen, die dachten, sie würden nach Framheim gezogen, müssen nun doch selber tippeln." Sie schafften immer noch ihre 30 Meilen pro Tag und schienen immun gegen jede Erschöpfung. Sie waren in einer Stimmung, in der Schneegestöber zur Erheiterung beitrugen.

Am 25. Januar kamen sie im Laufe des Morgens bis auf 18 Meilen an Framheim heran. Es lief sich plötzlich wieder besser. „Die Hunde", sagte Amundsen, „flogen nur so dahin, wie nie zuvor." Als er aber das Lager aufschlug, „kam Südwestwind auf mit anderen Scheußlichkeiten".[47] Und abends um zehn beim Aufbruch war das Wetter immer noch „unfreundlich ... mit dichtem Schneefall und Nebel, so daß man die Spitzen der eigenen Skier nicht sehen konnte".[48]

Sie kamen von der markierten Strecke ab; als das Wetter wieder aufklarte, war kein Fähnchen mehr zu sehen, und Amundsen ließ nach Kompaß fahren.

> Nach 8 Meilen Marsch kam ein großer, dunkler Gegenstand in Sicht ... Wir fuhren darauf zu. Wie sich herausstellte, war es einer unserer Schlitten, den wir beim Start am 20. Oktober 1911 zurückgelassen hatten ... Ehe wir uns versahen, hatten wir unseren Ausgangspunkt erreicht. Von der *Fram* keine Spur; das war kaum verwunderlich, denn der ganze innere Teil der Bucht war mit Eis bedeckt. Framheim aber lag, wie wir es verlassen hatten, in der Morgensonne.[49]

Es war Freitag, der 26. Januar 1912.

Vor Gesundheit strotzend, jagten Menschen und Hunde von der Eisbarriere hinunter und über das Eis der „Bucht der Wale". Wer sie so gesehen hätte, wäre schwerlich darauf gekommen, daß sie gerade eine Fahrt von 1400 Meilen beendeten.

31

Der Wettlauf ist verloren

Am Pol warteten die schwarzen Fahnen.

Scott, der sich ihm jetzt über die letzten hundert Meilen jenseits von Shackletons südlichstem Punkt näherte, fand es „lästig, sich so abzuquälen, bloß um einen Schlitten voranzubringen."[1] Er meinte auch: „man wird der Monotonie schrecklich überdrüssig und kann sich leicht vorstellen, wie man ausgespielt wird."[2] Er und seine Gefährten waren schon entmutigt, ehe sie ihr Ziel erreicht hatten, und dabei lag noch mehr als die halbe Strecke vor ihnen.

Scott hatte seine Männer auf dem Aufstieg ausgelaugt, ohne an den Rückweg zu denken. Durch seinen grundlegenden Beschluß, die Schlitten von seinen Männern ziehen zu lassen, hatte er Nansens Meinung eindeutig bestätigt: „Hunde zu nehmen, ist grausam, aber es ist auch grausam, Menschen mit Arbeit zu überlasten." Daß Scott sich Temperaturen gegenüber sah, die fünf bis zehn Grad unter denen von Amundsen lagen, war seine eigene Schuld. Wenn er Ponys mitnahm und deshalb seinen Aufbruch hinausschieben mußte, bedeutete das, er war erst drei Wochen nach der Sommersonnenwende und dem Wechsel der Jahreszeit auf dem Plateau. Niedrige Temperaturen waren eine Belastung, die er schlecht verkraften konnte. Abgesehen von Fausthandschuhen und Stiefeln besaß er keine Pelzkleidung. Der Verzicht auf Pelzschutz um das Gesicht erklärt zur Genüge die beständigen Frostbeulen bei einigen Mitgliedern seiner Expedition. Unzureichende Skitechnik, unvernünftige Navigation, schlecht beladene, schlecht gepflegte und schlecht gleitende Schlitten, zeitaufwendige Routine beim Aufschlagen des Lagers und das Auseinanderbrechen der Organisation durch den in letzter Minute in die Zeltgemeinschaft aufgenommenen fünften Mann – das Sündenregister war lang. Scott verhielt sich durchgehend so unangemessen, daß man fast annehmen muß, in ihm hätte eine Art Todessehnsucht gewirkt.

Er hatte sich die Sache zweifellos selbst schwer gemacht. Aber schlimmer als alles andere war: er hatte sich und seine Gefährten der Gefahr des Verdurstens ausgesetzt.

Der bei starker Kälte in großer Höhe schwer arbeitende menschliche Körper verliert durch Schwitzen eine enorme Menge Flüssigkeit. Der Verlust muß ausgeglichen werden; häufiges Trinken ist nötig. Trotz eigener Erfahrung und leicht zugänglicher Information hatte Scott dieser Frage keine Beachtung geschenkt. Er verfügte kaum über genügend Brennmaterial, um Nahrung zu kochen, erst recht nicht, um durch Schneeschmelzen soviel Wasser herzustellen, wie physiologisch notwendig war. So litten er und seine Gefährten unter den Qualen des Wasserentzugs und der damit verbundenen körperlichen Schwäche und seelischen Belastung. Sie hatten allmählich auch nicht mehr genug zu essen.

Amundsen stellte fest, daß er auf der Fahrt zum Pol zugenommen hatte. Bei seinem Sieg spielte die Ernährung eine Rolle, ebenso wie bei Scotts Schicksal. Scotts Tagesrationen lieferten pro Mann circa 4500 Kalorien und damit dieselbe Menge, die Amundsens Leute erhielten, bis ihre Zuteilung auf dem Rückmarsch erhöht wurde. Für Amundsen reichte diese Menge wahrscheinlich, da Skilaufen keine erhöhte Belastung darstellte; für Scotts groteske Schwerarbeit des Schlittenziehens lag sie um 1000 bis 1500 Kalorien zu niedrig. Auf der Winterreise hatte sich eindeutig erwiesen, daß die Männer, die als ihre eigenen Schlittenhunde tätig waren, bei dieser Kalorienmenge tatsächlich hungerten. Scott und Wilson erkannten das nicht, wohl aber Atkinson. Doch als Marinearzt wußte er, daß Kapitäne im allgemeinen und Scott im besonderen Kritik, wie berechtigt sie auch sein mochte, als einen an Meuterei grenzenden Vorgang betrachteten, und deshalb hielt er den Mund.

Amundsens Verpflegung lieferte nicht nur genügend Energie; sie war nach modernen Erkenntnissen auch besser ausgewogen als die Scotts und reicher an bestimmten Vitaminen.

Als Scott und seine Gefährten das Plateau erreichten, litten sie bereits unter Vitaminmangel. Gegenüber den Norwegern erhielten sie zu wenig Thiamin (Vitamin B_1), Riboflavin (Vitamin B_2) und Nikotinsäure. Sie gehören zum Vitamin B-Komplex, und ein Mangel daran kann Auswirkungen auf Psyche und Nerven haben.

Der Unterschied in der Verpflegung kam zum Teil dadurch zustande, daß Amundsen mehr Schokolade und Trockenmilch, die beide Vitamin B enthalten, mitnahm; es lag aber vor allem an den Zwiebäcken, die jede Expedition unterwegs zu sich nahm. Beide Arten waren speziell als konzentrierte Nahrung hergestellt. Doch Scotts Zwieback von der Firma Huntley & Palmer's enthielt weißes Mehl und als Hefe Sodiumbikarbonat, während der Amundsens den die norwegische Firma Saetre gebacken hatte, auf geschrotetem Weizen und nur leicht zerkleinertem Hafer basierte, und als Hauptlockerungsmittel war reine Hefe verwandt. Hefe und Vollkorn sind wichtige Vitamin B-Quellen.

In seinen biologischen Bedürfnissen ist der Mensch ein Einzelwesen. Angenommene Maßstäbe sind Durchschnittswerte. Für den einen mag eine gewisse Menge Vitamin ausreichen, für den anderen nicht. Im allgemeinen scheint das Leben in der Zivilisation mehr Vitamin notwendig zu machen; wer außerhalb der Städte ein Leben in der Natur verbringt, kann sich mit einer geringeren Menge an Vitaminen als der urbanisierte Mensch gesund erhalten. Aus diesem Grund war bei Amundsen der Gehalt an Vitaminen des B-Komplexes im Verhältnis größer als die Ziffern anzeigen; und aus dem gleichen Grund mußte Scott eher mit Skorbut rechnen, obwohl den Schlittenrationen beider Expeditionen Vitamin C praktisch fehlte.

Scott begriff nicht, welche Bedeutung die Ernährung bereits im Stützpunkt hatte; übrigens ein Punkt, den Shackleton verstanden hatte. Amundsen konnte

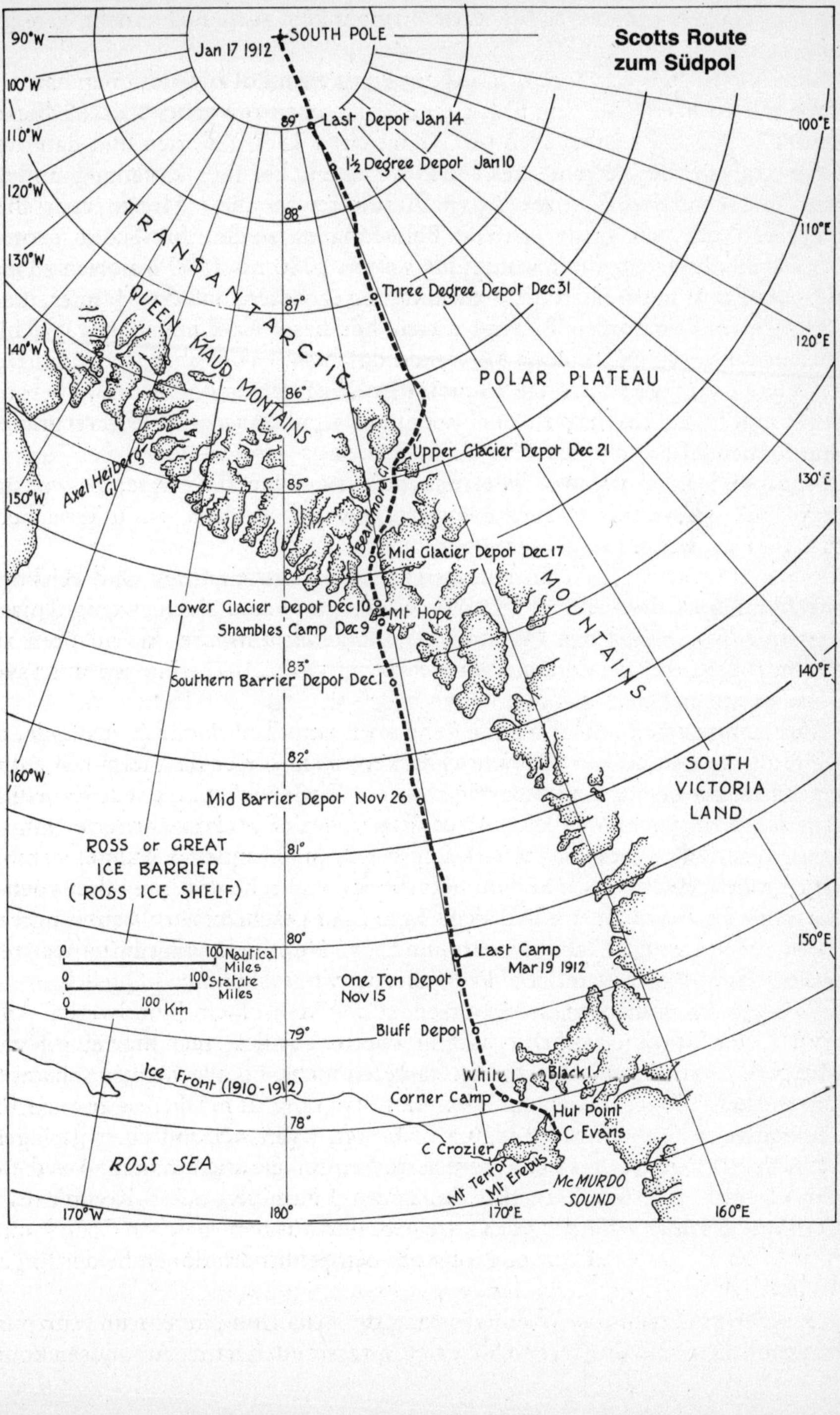
Scotts Route zum Südpol
SOUTH POLE
Jan 17 1912
Last Depot Jan 14
1½ Degree Depot Jan 10
Three Degree Depot Dec 31
POLAR PLATEAU
TRANSANTARCTIC
QUEEN MAUD MONTAINS
Axel Heiberg Gl
Beardmore Gl
Upper Glacier Depot Dec 21
Mid Glacier Depot Dec 17
MOUNTAINS
Lower Glacier Depot Dec 10
Mt Hope
Shambles Camp Dec 9
Southern Barrier Depot Dec 1
SOUTH VICTORIA LAND
Mid Barrier Depot Nov 26
ROSS or GREAT ICE BARRIER (ROSS ICE SHELF)
Last Camp Mar 19 1912
One Ton Depot Nov 15
Bluff Depot
White I
Black I
Ice Front (1910-1912)
Corner Camp
Hut Point
C Evans
C Crozier
ROSS SEA
Mt Terror
Mt Erebus
Mc MURDO SOUND
0 100 Nautical Miles
0 100 Statute Miles
0 100 Km
90°W
100°W
110°W
120°W
130°W
140°W
150°W
160°W
170°W
180°
170°E
160°E
150°E
140°E
130°E
120°E
110°E
100°E
89°
88°
87°
86°
85°
84°
83°
82°
81°
80°
79°
78°

sich hier einen weiteren Vorteil verschaffen. Weil ihm klar geworden war, daß das Überleben auf dem Marsch auch von der Verpflegung vorher abhängen konnte, hatte er in den Wintermonaten auf einer natürlicheren und ausgewogeneren Kost bestanden und brach deshalb in besserer Verfassung auf als sein Rivale.

Der Marsch war die kritische Zeit. Der menschliche Körper kann Vitamin C nicht länger als drei Monate lagern. Amundsen, der im Marschtempo seine Sicherheit sah, war nach zweieinhalb Monaten wieder an seinen Vitamin C-Quellen, den Depots mit Seehundfleisch. Scott war bereits fast ebenso lange unterwegs und hatte noch nicht einmal die Hälfte der Strecke zurückgelegt.

Mangel an Vitaminen und allgemein unzureichende Ernährung erklären weitgehend Scotts Nöte vom 88. Grad südlicher Breite an: seine Kälteempfindlichkeit und seine deutliche Schwäche. Der Schnitt an P. O. Evans' Hand eiterte und heilte überhaupt nicht, auch das lag wohl an zu wenig Vitaminen. Vitaminmangel erklärt ebenfalls einen Teil der Niedergeschlagenheit, die auf der Gruppe lastete; wie weit sie daneben durch eine geringe Kampfmoral und Scotts melancholisches Wesen bedingt war, ist schwer zu sagen. Sicher ist, daß die Briten an Körper und Geist litten, als sie sich dem Pol näherten.

Evans war seit seiner Verletzung unnatürlich schweigsam und niedergeschlagen. Oates, der nicht zu Selbstmitleid neigte, war, für ihn ganz untypisch, in düsterer Stimmung. Am 15. Januar, etwa 30 Meilen vor dem Pol, schrieb er in sein Tagebuch: „Mein Pemmikan muß mir beim Frühstück nicht bekommen sein, denn unterwegs war ich so bedrückt und hatte Heimweh."[3]

Am nächsten Tag, auf der Schwelle zum Ziel, brachen sie in leicht besserer Stimmung auf, sie waren von dem Glauben beflügelt, der Sieg sei ihnen so gut wie sicher. Da sie auf dem Beardmore-Gletscher keine Spuren von Amundsen gefunden hatten, nahmen sie an, daß ihm etwas zugestoßen war; sie gingen davon aus, daß er derselben Route folgen und keine andere versuchen würde. Scott bestärkte seine Gefährten in dieser Meinung. Wie weit es ihm gelang, sich selbst zu täuschen, bleibt zweifelhaft. Als er vorschnell in sein Tagebuch schrieb: „Jetzt ist die Sache sicher", machte er im letzten Augenblick noch den Zusatz: „Schrecklich wäre nur der Anblick der norwegischen Flagge, wenn sie bei unserer Ankunft bereits dort stünde."[4]

Nicht das Sankt Olafskreuz zeigte Scott an, daß er den Kampf verloren hatte, sondern, wie von Amundsen beabsichtigt, die schwarze Fahne, die am Weg steckte.

Irgendwie paßte es, daß weder Scott, der auf Skiern vorauslief, noch Wilson neben ihm, den dunklen Fleck in der weißen Fläche entdeckte, sondern Bowers, der sich zu Fuß in der Mitte des Zuggespanns schwerfällig vorankämpfte. Es war 5 Uhr nachmittags.

Langsam wurde der Fleck zu etwas, das sich bewegte, und dann standen sie unter der schwarzen Fahne ihrer Enttäuschung. Hundekot und Pfotenabdrükke im Schnee sagten genug. Der gnadenlose Wind blies ihnen ins Gesicht und erschien ihnen kälter als noch vor einer Stunde. „Heute abend sind wir keine sehr glückliche Gesellschaft," schrieb Oates. Und nach dem Schock, den diese Entdeckung in ihnen ausgelöst hatte, konnten sie in der Nacht kaum schlafen.

> Scott, (sagte Oates) trägt seine Niederlage leichter, als ich erwartete ... Amundsen, das muß ich zugeben, muß schon ein heller Kopf sein. Die Norskies ... scheinen mit ihren Hundegespannen einen bequemen Ausflug gemacht zu haben, anders als wir mit unserem elenden Schlittenziehen![5]

Abgemagert, hungrig und verfroren steht Oates am Ende der Welt, und mit nobler Objektivität mißt er den Kommandanten, der ihn in die unvermeidliche Niederlage geführt hat, an dem Gegner, der ebenso unvermeidlich gesiegt hat. Rational freut er sich darüber, daß der bessere gewonnen hat, und blickt mit stillem Zorn auf den unfähigen Führer. Aber er steht damit allein. Nur Oates hatte das Format, einen glänzenden Feind zu bewundern und versuchte nicht, ihn zu verleumden. Er hatte den Wellingtonschen Mut, der Wahrheit ins Gesicht zu schauen und die Dinge bei ihrem Namen zu nennen. Bowers dagegen schrieb:

> Es ist schade, daß die Norweger uns zuvorgekommen sind, aber ich bin froh, daß wir nach der guten englischen Art vorgegangen sind. Wir haben mit Menschenkraft gearbeitet. Das ist die traditionelle britische Methode bei Schlittenreisen, und vom ersten Schritt an ist es die großartigste Reise, die Menschen je zurückgelegt haben.[6]

Und Bowers an anderer Stelle: „Wenn je eine Fahrt mit ehrlichem Schweiß erkauft wurde, dann die unsrige."[7] Auch Wilson fehlte der Mut von Oates, die Niederlage einzugestehen. Amundsen, sagte Wilson, „hat uns insofern geschlagen, als er einen Wettlauf veranstaltet hat. Wir haben getan, was wir uns vorgenommen hatten, und genau unser Programm erfüllt."[8] Mit diesem Argument pflegte er Scott zu trösten, und Scott hatte Trost bitter nötig.

> Es ist eine furchtbare Enttäuschung (schrieb Scott in sein Tagebuch). Manche düsteren Gedanken kommen mir ... Morgen müssen wir zum Pol marschieren und dann so schnell wir irgend können, heimwärts ziehen. Alle Träume sind ausgeträumt; es wird eine beschwerliche Rückfahrt werden.

Für Scott bedeutete die schwarze Fahne nicht: sie hatten verloren, sondern sie hatten versagt. Die Tatsache, daß er sich allein die Schuld zuschreiben mußte, machte ihm die Sache nicht leichter, im Gegenteil. Seine Entscheidung, weiterzumachen, als ob Amundsen nicht existierte, „weiterzuziehen und ohne Furcht und Panik unser Bestes zur Ehre des Landes zu tun",[9] wie er es ausgedrückt hatte, lag ganz im Geist von Balaclava. Er wußte nur zu gut, daß allein ein Unfall, der Amundsen zustieß, ihn hätte retten können; dennoch hatte er seine Männer blind weitergeführt in die, wie er wußte, fast unvermeidliche Niederlage.

Er hatte die Götter versucht. Vor dem Aufbruch zum Pol hatte er an seine Frau geschrieben:

> Eine Reihe von Umständen lassen mich an [Amundsens] Fähigkeiten und daran, daß er sein Ziel erreichen kann, zweifeln, andererseits würde es ihm auch sehr schwerfallen, eine Niederlage zu akzeptieren, und ich kann mir nicht vorstellen, daß er sie zugäbe.
> Genauso hatte er über Shackleton gesprochen:
> Ich möchte nicht, daß über mich gesagt wird, ich hätte Unheil oder Mißerfolg prophezeit ... Aber ganz privat muß ich sagen, ich bin nicht optimistisch ... ich bin über [seine] Fähigkeiten im Bilde.

Und nun, da die schwarze Fahne am Pol im Wind flatterte, schrieb er in sein Tagebuch: „Die Norweger haben bestimmt einen leichten Aufstieg gefunden."[10] Abgesehen davon, daß diese Eintragung unwürdig ist, lag darin eine gefährliche Selbsttäuschung.

Am nächsten Morgen ließen sie die schwarze Fahne hinter sich, um mit ihrem Schlitten die letzten Meilen zum Pol zurückzulegen. Sie erreichten, was sie für den Pol hielten, um 18.30 Uhr. Es war Mittwoch, der 17. Januar 1912, 34 Tage nachdem die Norweger mit ihren Hunden herangestürmt gekommen waren. Scott schrieb trübsinnig in sein Tagebuch:

> Der Pol. Ja, aber unter ganz anderen Umständen als erwartet ... Es war ein furchtbarer Tag. Zusätzlich zu unserer Enttäuschung hatten wir Wind von vorn mit Stärken zwischen 4 und 5 und eine Temperatur von −22°, und wir froren beim Arbeiten an Händen und Füßen. O Gott! Das ist ein grausiger und entsetzlicher Ort. Soviel Schwerstarbeit und nicht einmal der Lohn, Erster zu sein.

Das einzige noch zu leistende Stück Arbeit für Scott war, die Höhe des Pols festzustellen. Doch das konnten sie nicht machen, weil das Hypsometer zerbrochen war. So blieb nur noch, Amundsens Positionen zu überprüfen, ein völlig überflüssiges Verfahren, weil sie, nach Wilson, „alle darin übereinstimmten, daß er das Erstrecht auf den Pol für sich beanspruchen kann."[11]

Die Szene war grundverschieden von der vor einem Monat. Statt des norwegischen Quartetts, das gelassen rund um die Uhr 24 Messungen vornahm, mußten Bowers und Scott sich während der Nacht mit fünf Durchgängen begnügen. Für mehr blieb keine Zeit. Bowers stellte den Theodolit auf und las die Ergebnisse ab; Scott trug sie ein.

Die Temperatur betrug −30 Grad und lag volle acht Grad tiefer als bei Amundsens Messungen. Die Luft war nicht ruhig und der Himmel nicht klar, es wehte ein scharfer Wind, Wolken trieben dahin, und zwei Menschen zitterten vor Kälte. Wie Scott festhielt:

> ... die Kälte geht einem durch Mark und Bein ... Nur sehr wenig unterscheidet sich hier von der Monotonie der vergangenen Tage ... Nun ja, es ist schon etwas, daß wir hier angekommen sind, und vielleicht ist der Wind morgen auf unserer Seite ... Jetzt geht es auf den Rückmarsch und an den verzweifelten Kampf, die Nachricht als erste durchzubringen. Ich frage mich, ob wir das schaffen.[12]

Für die Veröffentlichung änderte er die Stelle ab. Es heißt nur: ... „verzweifelter Kampf. Ich frage mich, ob wir es schaffen", was etwas anderes bedeutet. Immer noch war Scott nicht aufgegangen, daß der Rückmarsch ein Kampf ums Überleben werden würde, obwohl er durchaus begriff, daß er keine Zeit zu verlieren hatte.

Um fünf Uhr in der Frühe waren sie wieder auf den Beinen. Nachdem sie ihre Messungen abgeschlossen und die Ergebnisse vorliegen hatten, kamen Scott und Bowers zu der Überzeugung, daß sie ungefähr drei Meilen vom Pol entfernt waren. Als Bowers in die errechnete Richtung schaute, erblickte er circa zwei Meilen vor sich Amundsens Zelt. Sie zogen ihren Schlitten dahin und standen vor der norwegischen Flagge und dem *Fram*-Fähnchen, die beide auf der Zeltspitze flatterten. Doch der Schock war nicht so groß wie der, den das erste schwarze Fahnentuch verursacht hatte.

Scott bewunderte die hübsche Form des Zelts. Im Innern fand er Amundsens Brief an König Haakon und den Brief an sich:

> Sehr geehrter Herr Kapitän Scott!
> Da Sie wahrscheinlich der erste sind, der nach uns dieses Gebiet erreicht, möchte ich Sie freundlich bitten, diesen Brief an König Haakon VII. weiterzuleiten. Wenn etwas von dem, was wir im Zelt zurückgelassen haben, für Sie von Nutzen sein kann, zögern Sie nicht, es zu gebrauchen.
> Ich wünsche Ihnen eine gesunde Heimkehr und bin mit freundlichen Grüßen
> Ihr ergebener
> Roald Amundsen[13]

„Ich frage mich, was er damit will", schrieb Scott in einer Anmerkung, die zur Veröffentlichung verfaßt worden war. Das spricht Bände über seine Gemütsverfassung. Er verstand nicht, daß Amundsen einfach für den Fall, daß ihm etwas zustieße, Vorsichtsmaßnahmen treffen wollte; vielleicht argwöhnte er einen versteckten Demütigungsversuch. Die Wirkung war in jedem Fall deprimierend. Scott war, nach Raymond Priestleys Worten, mit einem Schlag „vom Forscher zum Briefträger degradiert".[14]

Die von Amundsen zurückgelassenen Ausrüstungsgegenstände kamen gerade recht. Bowers hatte vor ein paar Tagen seine Fäustlinge aus Hundefell verloren und freute sich, daß er sie durch ein Paar aus Rentierfell ersetzen konnte. „Es sieht so aus, als hätten die Norweger mit kälterem Wetter gerechnet", vermerkte Scott in seinem Tagebuch, nachdem er die auf dem Zeltboden sauber aufgeschichtete Pelzkleidung durchgesehen hatte. „Nach Shackletons übertriebenem Bericht konnte das auch nicht anders sein." Scott rächte sich an seinem Schattenrivalen bis zum bitteren Ende.

Die englische Gruppe hinterlegte ebenfalls eine Mitteilung, daß sie hier gewesen war, schloß das Zelt und zog weiter zu der Stelle, die nach ihrer Meinung der Pol war. Dort „bauten wir eine Pyramide, stellten unseren armen, geschundenen Union Jack auf und fotografierten uns – das ganze war eine traurige Arbeit."[15]

Dahinter verbirgt sich eine kleine und pathetische Ironie. Nach einer fast schlaflosen Nacht hatten Scott und Bowers, ermüdet, durchfroren und unter dem Schock der Niederlage einen Berechnungsfehler gemacht. Sie kamen zu dem Ergebnis, daß sie über den Pol hinaus gegangen waren, als sie ihn in Wirklichkeit noch gar nicht erreicht hatten. In der Meinung, daß sie auf ihn zugingen, bewegten sie sich tatsächlich von ihm fort. Nach ihren eigenen Messungen *gelangten sie überhaupt niemals ganz bis zum Pol.*

In der Meinung, daß sie den mathematischen Punkt erreicht hatten, fanden sie sich bestärkt, als sie ungefähr eine halbe Meile von der britischen Pyramide entfernt eine weitere schwarze Fahne fanden, an die Amundsen die Notiz geheftet hatte:

> Das norwegische Polheim liegt bei 89 Grad 58 Minuten südöstlicher Breite nach Osten, (entspr.) 8 Meilen. 15. Dez. 1911.
>
> Roald Amundsen[16]

Die Notiz war in Englisch geschrieben. Scott hielt sie fälschlich für die norwegische Kennzeichnung des Pols, was sie eindeutig nicht war. Es war die Fahne, die Amundsen bei der Einkreisung des Pols an der linken Seite angebracht hatte.

Nach einer weiteren Runde von Messungen brachte Scott den „armen, geschundenen Union Jack", wie er meinte, ein wenig näher zum Pol, trug ihn aber in Wirklichkeit weiter fort und trat darauf den Rückmarsch an. „Wir haben am Ziel unseres Ehrgeizes mit schmerzlichen Gefühlen den Rücken gewandt, haben 800 Meilen anstrengendes Schlittenziehen vor uns – und müssen uns von den meisten Tagträumen trennen."[17]

Im Vergleich zu Amundsen hatte Scott einen geraden Rückweg vor sich; kein

Der Südpol

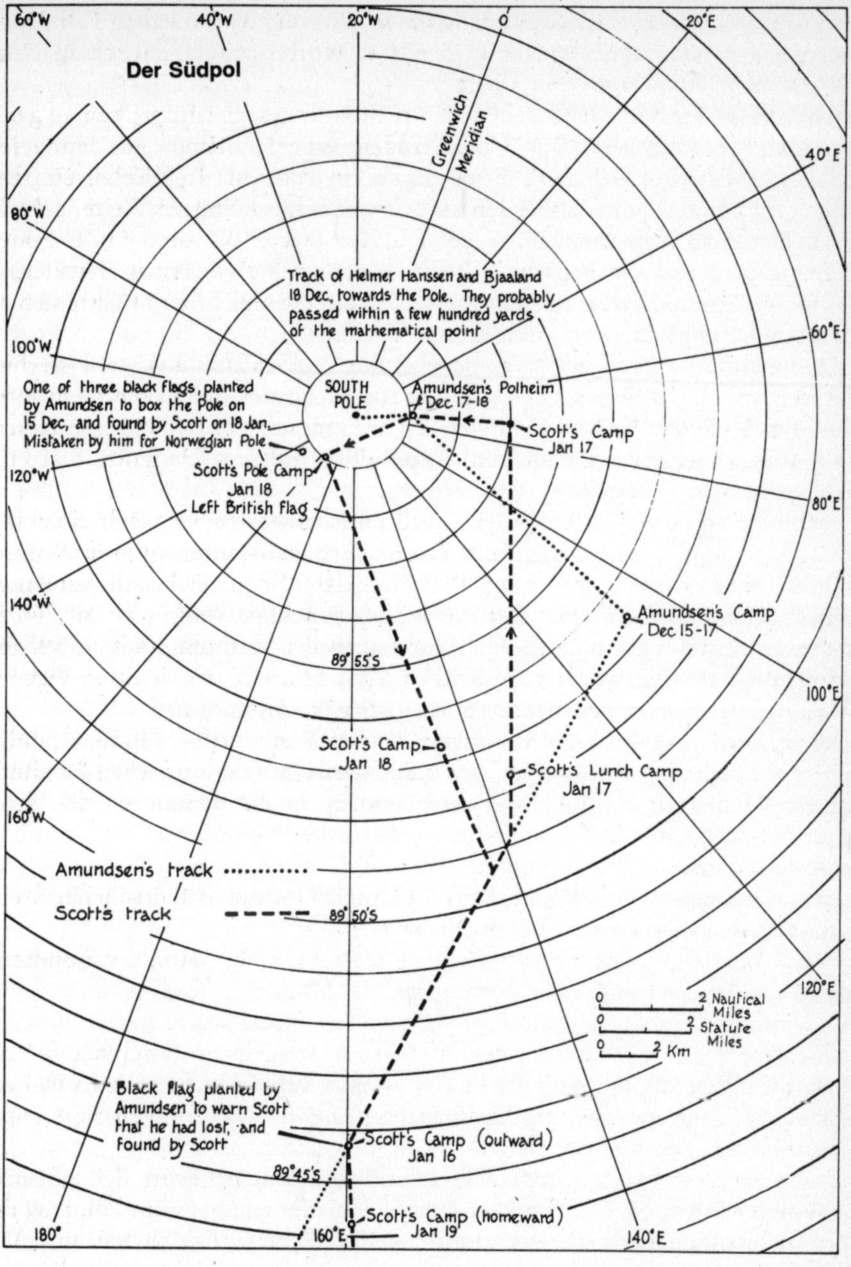
60°W
40°W
20°W
0
20°E
Greenwich Meridian
40°E
80°W
Track of Helmer Hanssen and Bjaaland 18 Dec, towards the Pole. They probably passed within a few hundred yards of the mathematical point
60°E
100°W
One of three black flags, planted by Amundsen to box the Pole on 15 Dec, and found by Scott on 18 Jan. Mistaken by him for Norwegian Pole
SOUTH POLE
Amundsen's Polheim Dec 17-18
Scott's Camp Jan 17
Scott's Pole Camp Jan 18
120°W
Left British Flag
80°E
140°W
Amundsen's Camp Dec 15-17
89°55'S
100°E
Scott's Camp Jan 18
Scott's Lunch Camp Jan 17
160°W
Amundsen's track
Scott's track
89°50'S
120°E
0 2 Nautical Miles
0 2 Statute Miles
0 2 Km
Black Flag planted by Amundsen to warn Scott that he had lost, and found by Scott
Scott's Camp (outward) Jan 16
89°45'S
Scott's Camp (homeward) Jan 19
180°
160°E
140°E

Teufelsgletscher, kein zerklüftetes Gelände, keine in den Karten noch nicht verzeichneten Gebirge, sondern eine ebene, erforschte und kartographierte Route zum breiten Zugang auf den Beardmore-Gletscher. Der beständige Rükkenwind, das Segel auf dem Schlitten, die feste Schneeoberfläche und der von der Höhe des Plateaus hinunterführende Hang waren von großem Vorteil, und so ließ sich der Rückmarsch zunächst gut an. In den ersten drei Wochen legte er täglich im Durchschnitt 14 Meilen zurück und blieb damit hinter Amundsens 15 Meilen nicht weit zurück.

Trotzdem stand die Fahrt der Briten in traurigem Gegensatz zu der der Norweger. Amundsen stürmte siegreich mit der Neuigkeit heimwärts; Scotts Rückmarsch glich der wilden Flucht des Geschlagenen. Zu Anfang richtete ihn noch die Hoffnung auf, daß er von dem sinkenden Schiff dadurch etwas retten könnte, daß er Amundsen auf dem Weg zur Telegrafenstation schlug und der Welt die Geschichte als erster meldete. Er begann, seine Meldung zu verfassen. „Wir stellen mit Befriedigung fest“, lautet ein erhaltenes Fragment, „daß die oben genannten Fakten beweisen: beide Parteien sind am Pol gewesen.“ Damit täuschte er sich selbst, aber nur für kurze Zeit. Etwas in Scott war durch die Niederlage am Pol zerbrochen, und seine Gefährten spürten das.

Jetzt, da es zu spät war, erkannte Scott, daß er seinen Nachschub zu knapp bemessen und sich keinen Sicherheitsspielraum gelassen hatte. Er hatte seine Männer verurteilt, zu marschieren oder zu sterben. Sie mußten sich täglich zu vielen Meilen zwingen, um das nächste Depot zu erreichen, ehe ihre Verpflegung aufgezehrt war. Ihre bereits minimal bemessenen Rationen wurden weiter gekürzt, und inzwischen enthielten sie vermutlich nur noch etwas mehr als die Hälfte der Nahrung, die sie eigentlich brauchten. Um ihre Tagesstrecke zurückzulegen, mußten sie in einer Höhe von 10000 Fuß innerhalb von 24 Stunden bis zu 12 Stunden ihren Schlitten ziehen, was für gesunde Menschen schon eine Strapaze bedeutet. Man kann in Notlagen ohne Nahrung oder Ruhe auskommen und gesund bleiben; wenn man sich aber beides entzieht, fordert man von der Natur zuviel.

Scott und seine Männer hatten keine Tiere bei sich, die ihnen Gefährten waren und sie zerstreuten. Sie beschäftigten sich nur mit ihren Gedanken, und qualvolle Monotonie lastete auf ihrem Weg. Sie empfanden plötzlich die Kälte viel stärker.

Da es anders als bei Amundsen zum Depot keine Linienmarkierung gab, sondern nur eine einzige armselige Fahne am Depot selbst, führte jedes Suchen zu einer Krise. Die Schneepyramiden waren zu niedrig, zu schlecht gebaut und ihre Anzahl zu gering, um sie mit Hilfe der Navigation zu finden. Bei der Suche nach dem Rückweg hing Scott von den auf dem Hinweg hinterlassenen Spuren ab. Wo sie undeutlich waren, konnte beim Ziehen die Richtung unmöglich gehalten werden. Sie mußten das Zuggeschirr ablegen und im Schnee nach den Spuren kratzen. Die Suche nach der Route war dadurch zeitraubend und nur bei gutem Wetter möglich. Zweimal in der ersten Woche mußten die Engländer unnötig unterbrechen, weil sie durch Schneestürme die Richtung nicht ausmachen konnten. Ohnehin war es schwierig, ihre alte, oft zugewehte und undeutlich gewordene Bahn ausfindig zu machen, weil sie die Sonne vor sich hatten und geblendet wurden. Scott kam nicht, wie Amundsen, als er sich nach Norden wandte, auf den Gedanken, die Marschzeit auf die Nacht zu legen, um die Sonne im Rücken zu haben. Auch das Zelt aufzubauen, kostete immer unnötig viel Mühe. Das war auf den krassen Fehler im Entwurf zurückzuführen. „Es war verteufelt mühsam, das Zelt aufzuschlagen, und wir hatten eiskalte Finger,“[18] schrieb Scott nach einem Mal, als sie es bei typischen Windverhältnissen aufgebaut hatten.

Bowers hielt in seinem Tagebuch fest: „Ich bin heilfroh, wenn ich meine guten alten Skier wieder nehmen kann.[19] Das konnte er am 31. Januar, nachdem er 360 Meilen zu Fuß durch den Schnee gestapft war. Zwei Tage zuvor hatte er die letzte Eintragung in seinem normalen Plauderton gemacht, vom 4. Februar an stellte er die Tagebuchführung ganz ein.

Bowers war extrovertiert und optimistisch, und Menschen wie er lassen sich in der Regel nicht weitschweifig über Unangenehmes aus. Wohl um diese Zeit fing er an, Scotts Unfähigkeit zu erkennen. Das erste Alarmzeichen kam am 25. Januar bei der Suche nach dem Depot bei 88 Grad 30 Minuten: „Wir haben nur noch für drei Tage Verpflegung und geraten in Bedrängnis, wenn wir das Depot verfehlen.“[20] Bowers war für die Vorräte verantwortlich (gewesen); er wußte, daß Scott sie knapp berechnet hatte, doch wie knapp, ging ihm erst jetzt auf.

Während des Frühstücks am 7. Februar entstand, was Scott eine „Panik“, Wilson dagegen eine „Auseinandersetzung“ nannte, als sich herausstellte, daß eine Tagesration Zwieback fehlte. Scott ließ seinen Zorn an Bowers aus, der als Verpflegungsoffizier dafür verantwortlich war. Bowers, so sagte Scott, „wurde furchtbar erregt“. Wie üblich versuchte Wilson, Scott zu beruhigen und den Frieden wiederherstellen. Bei dem ganzen Vorgang hatte Scott vergessen, daß P. O. Evans, der einzige Vertreter des Mannschaftsgrads, anwesend war und ihm so der wenig erbauliche Anblick von total verwirrten Offizieren geboten worden war. Es war nicht der Zeitpunkt, Schwächen hervorzukehren, besonders nicht einem Untergebenen gegenüber, der so vollständig von seinem Vorgesetzten abhängig war wie Evans hier. Unglücklicherweise hatte er schon auf der Expedition der *Discovery* nach Westen mit Scott im selben Zelt gelebt und wußte daher aus eigener Erfahrung, wie Scott jemandem bei solchen Gelegenheiten zusetzen konnte. Man mußte schon ein Mensch mit der inneren Stärke von Wilson sein, um das auszuhalten.

An demselbem Tag begannen sie mit dem Abstieg vom Beardmore-Gletscher und erreichten noch am gleichen Abend das Depot im oberen Gletscherbereich. Sie verfügten jetzt über Verpflegung für genau fünf Tage und hatten, verglichen mit der Zeit auf dem Hinmarsch, bis zum Depot auf der Mitte des Gletschers noch genau fünf Tage vor sich. Auf einem Gletscher, wo Eisfälle, Spalten und andere Behinderungen möglich sind, hatte Scott sich keine Sicherheitsmarge gelassen. Am nächsten Tag lag das Gelände unter Mount Buckley im Windschatten, die Sonne schien, und nach wochenlagem kalten Wind auf dem Plateau war es windstill. Diese Zeit mußte man nutzen und möglichst viel Strecke zurücklegen, solange die Verhältnisse zum Laufen so günstig blieben. In grotesker Verkennung seiner Lage hielt Scott am Nachmittag an, um geologische Proben zu nehmen, und schleppte dann dreißig Pfund Steine auf dem Schlitten mit. Die Geologie kostete ihn sechs bis sieben Meilen und zusätzlich Zeit, wo diese doch bereits gegen ihn war. Am nächsten Tag stellte Scott fest, daß die Verpflegung zu Ende ging.

> Wir sind heute Nacht in einem ziemlich üblen Loch (trug Oates am 12. Februar in sein Tagebuch) und zwischen Gletscherspalten und ganz blaue Eisaufwerfungen geraten. Wir haben uns bis 21 Uhr durch dieses Chaos gekämpft und waren dann vollkommen erschöpft.[21]

Scott hatte sich verirrt. Während des Aufstiegs durch das Labyrinth der Gletscherspalten wurde die Route nicht markiert und, wie er jetzt zu spät bedauerte, waren auch keine Peilungen vorgenommen, die ihm Sicherheit hätten verschaffen können. Das Ende hieß: er war auf den weiten Gletscherflächen, wo die Perspektive täuschen kann und Eisfälle von oben meist nicht sichtbar sind, in einen der gefährlichsten Fälle hineingeraten.

Er war nicht nur vom Weg abgekommen, er wußte auch nicht genau, wo das Depot lag. In einer ähnlich schlimmen Lage hatte Amundsen sich am 2. Januar am Teufelsgletscher befunden; doch er besaß Reserven an Proviant, während Scott gerade noch genug für eine knappe Mahlzeit übrig blieb. Sollte man das Depot nicht finden, wäre das Desaster nicht auszudenken. „Wir *müssen* das Depot finden", schrieb er.[22]

Sie lagerten zwischen den Gletscherspalten und Scott machte sich mit Recht Sorgen, er konnte nicht schlafen. Am nächsten Morgen lag alles im Nebel. Mit einem leeren Gefühl im Magen, das entweder von Verzweiflung oder einem mageren Frühstück herrührt, machten sie sich ohne jede Sicht auf den Weg. Es blieb ihnen keine andere Möglichkeit. Als Wilson bei einem kurzen Aufklaren die Depotfahne erblickte, besaßen sie an Verpflegung gerade noch ein wenig Pemmikan und etwas Tee. Sie waren noch einmal davongekommen. Es war, um Scott zu zitieren,

> die schlimmste Erfahrung auf der Reise und gab uns ein schreckliches Gefühl von Ungewißheit ... In Zukunft muß der Proviant so verteilt werden, daß wir bei ungünstigem Wetter nicht gleich in eine solche Knappheit geraten. Wir dürfen nicht noch einmal in solche Bedrängnis geraten.[23]

Es war mittlerweile spät für solche Überlegungen.

Abgesehen davon, daß Scott keine Sicherheitsmarge eingeplant hatte, führte er auch nicht Buch über die Vorräte. Er konnte nicht sicher wissen, wie lange sie reichten. Amundsens sorgsame Buchführung unterschied sich deutlich davon.

Die schlechte Organisation war jetzt auch für Scotts Gefährten ersichtlich. Aber sie hatten inzwischen andere Sorgen. Bei Oates heißt es:

> Evans ist nicht in Ordnung. Ihm sind die Kräfte ausgegangen. Er benimmt sich wie eine alte Frau – und schlimmer. Er ist völlig erschöpft von der Arbeit, und wie er die 400 Meilen schaffen will, die noch vor uns liegen, weiß ich nicht.

Es zählt nicht zu den geringsten Leistungen Amundsens, daß er seine Männer ohne Krankheit oder Unfälle 1400 Meilen zum Pol und zurück führte. Ein Fall von Zahnweh und Atemschwierigkeiten beim Versuch, in 10000 Fuß Höhe ein Skiwettrennen zu veranstalten, sind Beschwerden von Gesunden. Die Engländer hingegen kränkelten, als sie den Rückmarsch vom Pol antraten. Oates erfrorene Zehen wurden schwarz; Scott stürzte und verletzte sich die Schulter. Fast alle litten unter Schneeblindheit. Nach einem Marsch von fast 20 Meilen am 29. Januar hatte Wilson sein Bein überanstrengt und konnte tagelang nur neben dem Schlitten herhumpeln, nicht aber ziehen. „Noch fast 400 Meilen, ehe wir zu den Hunden stoßen, die Nachrichten vom Schiff mitbringen",[24] schrieb er. Eine ganze Reihe seiner Tagebucheintragungen ist von pessimistischen Untertönen durchzogen und immer wieder steht am Anfang der sehnsuchtsvolle Gedanke an Hilfe von außen. Er kannte Scott gut von der Reise in den Süden 1902 und wußte, wie sehr sie damals in die Nähe des Verderbens geraten waren. Und dies sah mehr und und mehr nach Wiederholung aus. Diese Expeditionsgruppe stand unter Streß. Etwa vom 88. Breitengrad an fing sie an, sich aufzulösen, und Evans war der erste, der den Verstand verlor.

Scott war blind für die krankhaften Veränderungen, die sich bei Evans hinter der hünenhaften Gestalt verbargen, Veränderungen, die die anderen erkannten. Es war natürlich kein Gewinn für die Stimmung der Gruppe, daß Oates, Wilson und Bowers Evans nicht mochten, und jetzt, wo Treue und Zusammenhalt lebenswichtig gewesen wären, Feindseligkeit gegen ihn aufkam, zusätzlich von Wilsons Seite leise Vorwürfe.

Evans litt sehr unter seinen Erfrierungen. Scott hielt seine Beobachtungen am 30. Januar fest: „Bei Evans haben sich zwei Fingernägel gelöst ... seine Hände sehen schlimm aus, und zu meiner Überraschung scheint er darüber den Mut zu verlieren – worüber ich sehr enttäuscht bin."[25]

Mit Invaliden zeigte Scott kein Mitleid; er erwartete vielmehr, daß seine Männer schwiegen, wenn es ihnen schlecht ging. Er begriff nicht, daß Evans geistig wie körperlich am Ende war.

In gewisser Hinsicht bedeutete der Pol für Evans mehr als für die anderen. Er hatte sich eingeredet – von Scott darin bestärkt – daß er wirtschaftliche Sicherung bedeutete, Beförderung, Geld, ehrenhafte Entlassung, um für den Rest seiner Tage eine hübsche kleine Kneipe zu führen. Umgekehrt bedeutete Niederlage Ruin. Als Evans Amundsens Fahne über dem Schnee flattern sah, brach für ihn eine Welt zusammen. Sein Führer hatte versagt, seine Hoffnungen waren dahin. Für seine begrenzte Spannkraft war der Schock zu groß. Er wurde unnatürlich schweigsam und zog sich in sich zurück; er war nicht mehr der aufgeschlossene Mensch und mitreißende Erzähler von einst. Einmal ließ er seinen Ängsten freien Lauf und redete unablässig vor sich hin. Sie gäben sich der Lächerlichkeit preis, wenn sie als zweite in der Heimat ankämen, sie seien am Ende, es sei sinnlos, weiterzumachen. Es schien, als ob Scott einer Karrikatur seiner selbst gegenübersäße.

Irgend jemand, wahrscheinlich Oates, brachte es fertig, Evans zu beruhigen und ihn zu überreden, weiter den Schlitten mitzuziehen. Aber dann kamen körperliche Leiden dazu.

Evans, der in der Gruppe der größte und schwerste war, mußte mit der gleichen Ration auskommen wie die anderen. Er litt daher stärker unter Hunger, seine Schwäche nahm zu, und sein Zustand verschlimmerte sich entsprechend. Alle verloren an Gewicht, am meisten jedoch er. Die Verletzung an der Hand, die er sich bei der Verkleinerung der Schlitten zugezogen hatte, wollte nicht heilen, und Ende Januar konnte er bei der Lagerarbeit nicht mehr helfen. Da er als einziger so schwach geworden war, fühlte er sich als Versager und litt darunter. Das trug wahrscheinlich zu seinem endgültigen Zusammenbruch bei.

Anfang Februar begann sein Zustand sich schnell zu verschlechtern. Er hatte lichte Augenblicke, war aber sonst stumpf und apathisch Seine Schwäche nahm zu, und er war schließlich zeitweise gelähmt. Abgesehen von einer vagen Bemerkung Scotts, daß Evans sich nach Meinung Wilsons „bei einem Fall eine Hirnverletzung zugezogen hatte“, wurde keine Diagnose festgehalten, und so ist es immer ein wenig mysteriös geblieben, woran er litt. Eine mögliche Erklärung wäre Hyperthermie – Absinken der Körpertemperatur – eine andere Beriberi, eine Krankheit, die mit dem Mangel an Thiamin (Vitamin B_1) zusammenhängt. Die bis jetzt am überzeugendsten klingende Möglichkeit ist jedoch Skorbut. Die Überlegungen gehen dahin, daß ein Sturz Evans' schlechten Gesundheitszustand beschleunigt zu haben scheint.

Am 4. Februar fielen Scott und Evans beim Abstieg vom Gletscher bis zu den Hüften in eine Spalte, Evans zweimal. Scott trug am gleichen Abend in sein Tagebuch, Evans „wird ziemlich einfältig und untauglich“.[26]

Die Wunde, die nicht heilen wollte, die eiternden Schnittstellen und das beständige Nasenbluten deuten darauf hin, daß Evans nach dem Aufbruch vom Pol unter einem fortgeschrittenen Vitamin C-Mangel litt und sich möglicherweise im Frühstadium von Skorbut befand. Diese Krankheit macht u. a. die Blutgefäße brüchig. In diesem Zustand konnte der normalerweise unbedeutende Aufschlag beim Sturz in die Gletscherspalte ausgereicht haben, um im Schädel ein Blutgefäß zu verletzen und eine langsame Gehirnblutung zu verursachen. Das würde erklären, was ihm widerfuhr.

Die fünf Männer lagen zusammengedrängt in einem Zelt, das für vier gedacht war. Es war eine furchtbare Erfahrung, hautnah mit einem von ihnen zusammenzuleben, der den Verstand verlor. Sie konnten nicht wissen, ob Evans nicht gewalttätig würde, wenngleich er meist gar nicht wahrzunehmen schien, was um ihn her vorging. Schließlich waren sie alle müde, hungrig, matt und schwach vor Kälte und Unterernährtheit. Niemand, am wenigsten der Schiffsarzt Wilson, hatte auch nur die geringste Neigung, auf diesem engen Raum mit Geistesgestörtheit konfrontiert zu werden, wo sie es schon nicht ertragen konnten, sich mit ihrer eigenen inneren Verfassung auseinanderzusetzen.

Die Verpflegung ging ihnen langsam aus. Mit Nahrung für dreieinhalb Tage brachen sie am 13. Februar vom Depot in der Mitte des Gletschers auf. „Wir kennen die Entfernung bis zum nächsten Depot nicht . . .“, hielt Scott fest. „Wir ziehen los, um an Verpflegung zu kommen . . . Wir haben die Rationen und die Schlafzeiten gekürzt und fühlen uns ziemlich erschöpft.“[27]

Wie gedankenlos und inkompetent Scott bei den Vorbereitungen für die Expedition vorgegangen war, wurde jetzt grausam deutlich. Dies zusammen mit der Unsicherheit hätten schon ausgereicht, um Männer im Vollbesitz ihrer Kräfte aus der Fassung zu bringen. Aber vielleicht waren sie alle in wechselndem Ausmaß apathisch. Für Evans kam die Krise am 16. Februar. Am Nachmittag sackte er zusammen, erbrach sich und taumelte. Oates erkannte die Lage, wie gewöhnlich, genau:

> Evans . . . mußte zunächst aus dem Geschirr genommen werden und sich am Schlitten festhalten; später sagte er, daß er nicht weitermachen könne. Wenn er bis morgen nicht besser daran ist, weiß Gott, wie wir ihn nach Hause bringen sollen. Wir können ihn unmöglich auf dem Schlitten mitnehmen.[28]

Evans war inzwischen zum Wrack abgemagert; er hatte bis zum bitteren Ende den Schlitten gezogen. Am nächsten Tag schien es ihm besser zu gehen. Er ging ins Geschirr, konnte dann aber doch nicht ziehen. Seine Gefährten waren völlig verzweifelt. Wieder einmal mußten sie schnellstens das nächste Depot erreichen, denn die Verpflegung war ihnen abermals nahezu ausgegangen, und sie konnten sich keine Verzögerung leisten. Evans kam mit seinen Schuhen nicht zurecht. Er wurde losgebunden und zurückgelassen, damit er sie in Ordnung brächte und wurde angewiesen, so schnell wie möglich nachzukommen.

> Da Evans nach dem Mittagessen immer noch nicht da war [schrieb Oates], liefen wir, Scott und ich an der Spitze, auf Skiern zurück, um ihn zu suchen. Wir fanden ihn in trostloser Verfassung auf allen vieren im Schnee. Er konnte nicht gehen. Die zwei anderen holten den leeren Schlitten, und wir brachten ihn ins Zelt.[29]

Verbirgt sich hinter dieser Notiz ein mehr oder weniger unbewußter Versuch, Evans im Stich zu lassen? Eine nachfolgende Bemerkung von Scott deutet in diese Richtung:

> Ich möchte bei dieser Gelegenheit erklären, daß wir zu unseren kranken

Gefährten standen . . . Im Fall von Edgar Evans . . . schien die Sicherheit der übrigen zu verlangen, daß wir ihn aufgaben, doch die Vorsehung nahm ihn im kritischen Augenblick von uns.

Evans war bewußtlos, als er ins Zelt getragen wurde, und er starb in der Nacht, ohne das Bewußtsein wiedererlangt zu haben.[30]

Fast unmittelbar danach brach Scott das Lager ab, machte sich auf den Weg, und nachdem er einige Eisgrate überwunden hatte, fand er sein Depot auf dem unteren Teil des Gletschers. Dort nahmen er und seine Gefährten nach einer Woche ihre erste richtige Mahlzeit zu sich. Vor dem weiteren Marsch nach Shambles Camp, wo die Ponys erschossen worden waren, „gönnten wir uns fünf Stunden Schlaf . . . nach der schrecklichen Nacht", hielt er im Tagebuch fest.[31]

Sie gruben ein getötetes Pferd aus, und nach dem Fleischgericht an jenem Abend fühlten sie sich mit vollem Magen zunächst wohl. Aber ihr Optimismus war nur von kurzer Dauer. Kleine Reibereien bekamen Gewicht. Als sie von Shambles Camp weiterzogen, schimpfte Scott mit Bowers, weil er nicht richtig lief und die Sache mit den Skiern nicht ganz beherrschte. Bowers fühlte sich mit Recht verletzt; für diese Art Kritik war es jetzt zu spät. Sie waren alle nur leidliche Skiläufer, und bei ihren schwindenden Kräften geriet das Laufen zu einer einzigen Plage. Wenn man jeden Zentimeter rechnet, verloren sie auf jeder Meile allein auf Grund schlechter Technik etwa 100 Yards; das waren dreißig Meilen auf dem Marsch vom Pol zu dem noch weit entfernten One Ton Depot bei 79 Grad 28½ Minuten. Am Ende würde sich das bemerkbar machen.

Sie kämpften, um klägliche Strecken von sechs bis sieben Meilen zurückzulegen. Am 21. Februar notierte Scott: „Haben uns den ganzen Tag abgemüht und bisweilen sehr düstere Gedanken gehegt . . . Uns haben noch nie 8½ Meilen soviel Mühe gekostet, so kann es nicht weitergehen." Am 24. erreichten sie das Southern Barrier Depot. Sie stellten fest, daß sie nicht genug Brennstoff besaßen.

„Wenn wir doch bloß mehr Brennstoff hätten!" „Der Brennstoffmangel ist beängstigend", „Brennstoff ist entsetzlich knapp", so die Litanei der Gewissensbisse. Und dann am 27. Februar: „Gebe Gott, daß wir keine weiteren Rückschläge erleiden. Wir sprechen natürlich dauernd über die Möglichkeit, daß wir die Hunde treffen, wo, wann, usw." Die Rettung wurde letzten Endes von den Hunden erwartet.

„Die Lage ist kritisch. Vielleicht sind wir am nächsten Depot in Sicherheit, aber ich zweifle sehr daran."

Jetzt begriff Scott, daß es ein Rennen auf Leben und Tod werden würde.

An demselben Tag stellte Wilson seine Tagebucheintragungen ein; er konnte seine eigene Gedanken nicht mehr ertragen. Sie waren mehr als 300 Meilen von ihrem Stützpunkt entfernt.

32

Wieder auf der *Fram*

Am 26. Januar um vier Uhr morgens zogen die Norweger nach Framheim. Sie sprachen mit gedämpfter Stimme, machten so leise wie möglich die Hunde los und stahlen sich wie Verschwörer in die Hütte. Die Bewohner – Lindstrøm, Stubberud, Prestrud und Johansen – schliefen fest. Es war ein erfreulicher Anblick. Amundsen hatte die letzte Etappe absichtlich so eingerichtet, daß sie ankämen, wenn die Framheimer schliefen. Er war der Meinung, daß die Expedition zum Pol mit einem kleinen Überfall zu Ende gehen müßte.

„Guten Morgen, mein lieber Lindstrøm", sagte Amundsen, „Ist der Kaffee fertig?"

„Man kann nicht beschreiben", heißt es bei Wisting, „wie dann ein Gesicht nach dem andern aus seiner Koje auftauchte und uns anstarrte – das muß man gesehen haben." Alles, was Lindstrøm zunächst herhausbrachte, war, „Großer Gott, sind Sie es?" Sie hatten die Polfahrer frühestens in zehn Tagen erwartet.

„Aufstehen, Jungs!" rief er, als er sich gefaßt hatte, „der erste Kuckuck ist da." „Stubberud erinnerte sich: „Roald kam auf mich zu und schüttelte mir die Hand. Ich fragte nichts."[1] Wisting erinnerte sich, daß irgend jemand dann die Frage stellte:

> „Wart Ihr da?" „Ja, wir waren da", antwortete Roald Amundsen, und dann gab es ein großes Hallo. Kurz danach saßen wir alle am Tisch und genossen Lindstrøms Pfannkuchen und himmlischen Kaffee. Wie gut eine Tasse Kaffee schmecken kann, wird einem erst klar, wenn man so lange wie wir darauf verzichten mußte.[2]

Das kam von Herzen; die Polgruppe hatte 99 Tage nur Schokolade getrunken.

Amundsen hielt eine kurze Rede. Es habe auf der Polfahrt keinerlei Streit gegeben, sagte er, sondern ausschließlich gute Zusammenarbeit. Und er sei froh, daß alle heil zurückgekommen seien.

„Dieses gemeinsame Frühstück in Framheim am Ende der Fahrt", schrieb Helmer Hanssen, „gehört zu den Augenblicken im Leben, die man niemals vergißt."[3] Amundsen war nie so glücklich wie in solchen feierlichen Augenblikken, wenn er eine kleine, auserlesene Gruppe um sich hatte. Er wußte, wie man das Gefühl für die Bedeutung einer solchen Stunde weckt. Zum Abschluß gab es ein Glas wirklich guten Schnaps, . . . das leerten sie in wenigen Schlucken.

Kühn und nahezu genial hatte Amundsen mit schnellem Griff den Sieg an sich gerissen und alle Gefährten wieder gesund zurückgeführt. Es war eine der großartigsten Polarfahrten, vielleicht die größte; Amundsen hatte zusätzlich zu seinem Können auch noch Glück, und das machte ihn zu einem der bedeutensten Polarforscher.

„Wir haben nicht viel zu berichten über Entbehrungen und großen Kampf", sagte er an jenem denkwürdigen Freitag beim Frühstück. „Das Ganze verlief wie ein Traum."

Und wenn man alles zusammennimmt, dann hatte Amundsen in der Tat mehr zu hören, als zu erzählen. Während seiner Abwesenheit war eine japanische Expedition auf der *Kainan Maru* eingetroffen. (Es war die erste japanische Antarktis-Expedition). Prestrud, Johansen und Stubberud hatten King-Edward-VII.-Land erreicht und als erste betreten. Und die beste Nachricht: die *Fram* war am 9. Januar eingetroffen. Wind und Eis hatten sie aufs offene Meer hinausgetrieben, doch am Tag nach Amundsens Ankunft kam sie wieder zurück in die „Bucht der Wale".

Vom Schiff aus hatte Nilsen das große schwalbenschwanzförmige Banner der norwegischen Marine an Cape Man's Head flattern sehen, das war das verabredete Zeichen für die glückliche Heimkehr der Polgruppe. Triumphierend ließ Nilsen die Sirenen ertönen, als die *Fram* in die Bucht segelte, und alle Framheimer – außer Lindstrøm – rannten zum Schiff hinunter.

Seit der Begegnung mit der *Terra Nova* im Jahr zuvor erhielt Amundsen jetzt die ersten Nachrichten von der Außenwelt und erfuhr, wie sein Coup aufgenommen worden war; Bitterkeit stieg in ihm hoch.

> Eine Reihe von Leuten scheint über unsere Tätigkeit hier unten entrüstet zu sein – eine Verletzung der „Etikette"? Sind diese Leute wahnsinnig? Ist der Pol etwa einzig und allein Scotts Angelegenheit? Diese Idioten sind mir völlig gleichgültig. Nansen mit seinem kühlen, klaren Kopf sieht das sachlicher.[4]

Er erfuhr jetzt auch, was er Don Pedro Christophersen verdankte. In sein Tagebuch nahm auf:

> Diesem Mann verdankt die dritte *Fram*-Expedition, daß sie überhaupt weiter besteht. In der Heimat waren uns alle Türen verschlossen, bis auf die des Königs und Fridtjof Nansens. Möge das Vertrauen, das sie mir entgegengebracht haben, nicht enttäuscht werden! Ich bewundere den Mut des Königs; (er) scheute sich nicht, der Südpol-Expedition einen Zuschuß zu gewähren, obwohl das Parlament – oder seine Mehrheit – wollte, daß die *Fram* zurückbeordert würde. Doch – es ging nicht so, wie jene Herren wünschten. Warten Sie nur, wir sprechen uns noch. Vielleicht werden sie etwas liebenswürdiger, wenn sie das nächste Mal von der *Fram* hören . . . Ich schulde dem König, Nansen und Christophersen mehr, als ich sagen kann. Als sich alle von mir abwandten, reichten sie mir die Hand. Gott segne sie!

Aber Amundsen hielt sich nicht lange mit solchen Gedanken auf. Der

Wettlauf war noch nicht gewonnen. Er mußte mit der Nachricht als erster durchkommen, und er glaubte, daß Scott noch im Rennen lag. „Zeit ist kostbar", schrieb er, „und wir müssen als erste zivilisiertes Gebiet erreichen."

Dennoch nahm er sich am Sonntag nach der Rückkehr vom Pol die Zeit zu einem Abschiedsessen in Framheim. Mit der Miene des Zauberes, der Kaninchen aus dem Hut holt, brachte Lindstrøm Champagner zum Vorschein. Er hatte den ganzen Winter über mit den Flaschen im Bett geschlafen, damit sie nachts nicht zuviel Kälte abbekamen.

Amundsen hielt eine kleine Tischrede und dankte jedem für die gute Arbeit. Die Expedition hatte alle Aufgaben erfüllt, die sie sich gestellt hatte: den Südpol erobert, als erste King-Edward-VII.-Land erreicht und die erste ozeanographische Vermessung des Südatlantiks zwischen Amerika und Afrika vorgenommen.

Nun ging es in Eile ans Einschiffen. Nur die Hunde und wertvollere Ausrüstung wurden mitgenommen; alles übrige blieb zurück.

Am Abend des 30. Januar schloß Amundsen die Tür der Hütte sorgfältig hinter sich zu und folgte zum letzten Mal der Spur hinunter zum Eisrand, wo die *Fram* fertig zum Auslaufen wartete. Es war, so schrieb er,

> ein schwerer Augenblick, Framheim zu verlassen. Es war das beste und gemütlichste Winterquartier, das es je gab. Es sah funkelnagelneu aus, als wir auszogen, Lindstrøm hatte es von oben bis unten gescheuert . . .[5]

Jetzt blieb nur noch, die Hunde an Deck zu hieven. 39 hatten überlebt. Sie wurden in die Zivilisation zurückgebracht. Einige von ihnen sollte die australische Antarktis-Expedition von Douglas Mawson bekommen, andere sollten den Grundstock bilden für die Fahrt der *Fram* durch das nördliche Eis.

Sobald die Hunde an Bord waren, lichtete die *Fram* die Anker. Die Natur mit ihrem unfehlbaren Sinn für Dramatisches ließ den Vorhang fallen und tauchte das Land in Nebel. Es gab keinen letzten langen Blick, der den Augenblick hätte trüben können.

Wie ein Wikingerschiff, das sich nach einem Raubzug entfernt, ragte die *Fram*, ein Schatten im Nebel, aus der „Bucht der Wale" empor und nahm Kurs auf das offene Meer. Auch Amundsen selbst, der jetzt die Legende von seiner Kühnheit in die Öffentlichkeit trug, hatte etwas von einem Wikinger; aber nicht nur wegen der heroischen Visionen, die ihn dazu gebracht hatten, sich von dem einen Pol der Erde ab und dem anderen zuzuwenden; er war auch noch in anderer Beziehung und gleichermaßen ein authentischer Wikinger: ein Mann, der seine Bestimmung erfüllt, ausgestattet mit klugem Realismus, geboren aus – wie ein Historiker es formulierte – „Volksweisheit, Bauernschläue, der Vorsicht des Kaufmanns und der Abneigung, die der Soldat dagegen hat, mit ‚Hosen runter' gefangengenommen zu werden."[6]

Amundsen hatte an seinem ursprünglichen Plan, in Hobart, Tasmanien, an Land zu gehen, festgehalten. Lyttelton in Neuseeland lag zwar näher, doch das war Scotts Zitadelle, und er wollte nicht mit dem Einbruch in die Festung des Feindes das Schicksal herausfordern.

Die *Fram* überquerte den Antarktischen Kreis am 9. Februar und sichtete zwei Tage später den letzten Eisberg. Aber nach Bjaalands Worten „kroch sie elendig langsam dahin.“ Jetzt, wo sie leicht beladen war, wurde sie wie ein Korken hin und her geworfen. Es war eine lange und mühselige Fahrt.

Amundsen hatte jedoch viel zu tun. Jeden Tag saß er mehrere Stunden in seiner Kajüte und arbeitete unter den Augen Nansens, der aus dem Porträt, das wie eine Ikone über dem Tisch hing, herabblickte. Es war das gleiche Porträt, das während der Nord-West-Passage auf der *Gjøa* gehangen hatte.

In dieser respekteinflößenden Gegenwart ackerte er einen vollen Jahrgang der Christiania Zeitung *Tidens Tegn* durch, die er sich hatte schicken lassen, damit er wieder Anschluß an die Welt fand. Er bereitete seine Telegramme vor. Er verfaßte seinen Bericht für die Presse. Er schrieb und probte die Vorlesung, die er in den kommenden Monaten so unerträglich oft halten sollte. Nilsen, ein ausgezeichneter Fremdsprachler, fertigte die englischen Übersetzungen an.

Amundsen tat, was wenigen Polarforschern zu tun vergönnt war: er berichtete über ein Unternehmen, das genau so hatte durchgeführt werden können, wie es geplant war. Nicht einmal Nansen konnte sich dessen rühmen.

Amundsen war unerschütterlich in seiner Treue und Dankbarkeit, aber auch unversöhnlich in seiner Feindschaft. Der Pol hatte daran nichts geändert. Selbst im Sieg konnte und wollte er Johansen den unglücklichen Streit nach dem ersten Aufbruch zum Südpol nicht verzeihen.

Johansen war tief unglücklich. Sein Ausschluß aus der Polgruppe schien die letzte Demütigung in der Kette von Enttäuschungen, die ihn seit der Rückkehr der *Fram* von ihrer ersten Fahrt vor sechs Jahren verfolgten. Seiner Frau schrieb er eine melancholische Entschuldigung:

> Wenn man so weit weg ist und so einsam und sich selbst überlassen, grübelt man über das eine oder andere . . . Ich kann noch froh sein, daß ich gesund bin und meine alten unbändigen Kräfte habe . . . Ich bin nicht am Pol gewesen. Ich wäre natürlich gern dahin gekommen . . . Die Hauptsache ist natürlich, daß . . . wir gute Arbeit geleistet haben (auf King-Edward-VII.-Land). Aber Du weißt, die große Masse fragt, wer am Pol war. Nun, mich bekümmert es nicht. Ich darf sagen, daß ich dennoch der Südgruppe mit dazu verholfen habe, den Pol zu erreichen, wenn ich auch beim letzten Ansturm nicht dabei war, und ich weiß, daß die, mit denen ich zusammengearbeitet habe, . . . mich schätzen. Aber, wie die Dinge nun liegen, hat sich ja alles zum besten gewendet.

Der Kampf gegen das Wetter ist ein mühseliges Geschäft; ständig hart am Wind segeln zu müssen, ist das Allerschlimmste, besonders auf einem Schiff, das wie die *Fram* ständig wie ein Krebs abtreibt. Nach Mitte Februar wurde die Stimmung an Bord gedrückt.

Für Amundsen war die Eroberung des Pols jetzt vorbei, das erreichte Ziel der einzige Lohn. Er hatte empfindliche Nerven unter einer sehr dünnen Haut, und die Attacken gegen sein Verhalten und was er bei seinen Landsleuten als Verrat ansah, hatten in jedem Fall sehr daran gezerrt. Er dachte bereits an seine Drift durch die Arktis. Wegen des „Umwegs“ zum Südpol hatte er seine Leute aus ihren Verträgen entlassen; als die *Fram* sich jetzt, hin- und hergeworfen, ihren Weg durch die Gischt nach Hobart bahnte, bat er sie, auf der ursprünglich geplanten Fahrt durch das nördliche Eis weiter mitzumachen. Die meisten willigten ein. Wisting und Helmer Hanssen wären ihm jetzt überall hin gefolgt. Bjaaland lehnte trotz aller Überredungsversuche ab. „Die Reise wird lang und hart“, heißt es düster in seinem Tagebuch, „ich kenne den alten Schuft doch.“

Ende Februar saß Amundsen wieder auf glühenden Kohlen. Seit einem Monat war er unterwegs; immer noch waren die Winde gegen ihn, als ob sie versuchten, ihn vom Land fernzuhalten. Bilder quälten ihn, Scott könnte ihn auf dem Weg zur Telegrafenstation schlagen und ihm den halben Sieg entreißen; doch andererseits paßte es ihm seltsamerweise auch, das Ende der Fahrt hinauszuschieben. Wie Columbus, jener Erztyp des Entdeckers, war er nur unterwegs glücklich, auf der Fahrt von einem Ort zum nächsten.

Am 4. März tauchte endlich die tasmanische Küste auf. Doch, nach Bjaalands Worten,

> war es eine scheußliche Arbeit, nach Hobart hereinzukommen. Sturm und Windstille wechselten ab, und als wir endlich vor unserem Ziel lagen, trieb uns ein Sturm daran vorbei, und wir mußten mit zerrissenem Segel und zersplitterter Gaffel beidrehen.[7]

Schließlich, am Donnerstag, den 7. März, erreichte die *Fram* Hobart und warf im Fahrwasser Anker. Eine kleine Gruppe Zuschauer hatte sich am Ufer versammelt. Amundsen ging allein an Land und mietete sich im Hadley's Orient Hotel ein. In sein Tagebuch schrieb er: „Mit meiner Schirmmütze und meinem blauen Wollpullover hielten sie mich für einen Landstreicher und ich bekam ein sehr schäbiges kleines Zimmer.“

So endete die letzte klassische Reise zur Erforschung der Erde.

33

Die letzte Niederlage

Weit zurück auf der Eisbarriere am 82. Grad südlicher Breite kämpfte Scott weiter. Die Brennstoffknappheit vom Depot auf der südlichen Barriere wiederholte sich am nächsten Vorratslager. Statt der erwarteten Gallone (4,54 l) fand er kaum einen Liter vor.

Daß Paraffin bei extremer Kälte „schrumpft", ist Polarforschern bekannt. Amundsen war auf seiner Nord-West-Passage auf das Phänomen gestoßen und sehr bemüht gewesen, es vor der Fahrt zum Südpol in den Griff zu bekommen. Scott hatte es auf der *Discovery* kennengelernt, aber versäumt, nach einer Lösung zu suchen. Er benutzte Kanister mit Schraubverschlüssen in Lederdichtungen. Die Polarliteratur enthielt genügend Belege, daß dieses Verfahren dem Übel nicht abhalf. Wieder zeigte Amundsen sich überlegen. Fünfzig Jahre später wurde einer seiner hermetisch verschlossenen Paraffin-Kanister an Betty's Knoll bei 86 Grad südlicher Breite gefunden; der Inhalt war unversehrt. Bei Scott hatte sich der lebenswichtige Brennstoff drei Monate nach Anlage seiner Depots verflüchtigt.

Es steht fest, daß er seine Vorräte zu knapp bemessen hatte. Amundsen hatte die dreifache Menge Brennstoff einkalkuliert, obwohl er zwischen den Barriere-Depots, die durchweg dichter beieinanderlagen, doppelt so schnell vorankam. Scott zahlte jetzt für seine Unfähigkeit, und leider würden auch seine Begleiter dafür zu zahlen haben.

Hungrig und schlecht gekleidet, litten sie entsetzlich unter der Kälte. Sie hungerten, weil die Depots zu klein, nicht zahlreich genug und zu weit von einander entfernt lagen. Scott hatte die Zwischenräume für Transportgeschwindigkeit mit Tieren berechnet, obwohl er sehr gut wußte, daß sie auf dem Rückmarsch ihre Schlitten selber ziehen würden. Er war geistig wie gelähmt. Das sieht man daran, daß er schreibt, er sei noch circa „zwei Pony-Tagesmärsche (sic!) und 4 Meilen von unserem Depot" entfernt, als er nur noch seine eigenen zwei Beine zur Verfügung hatte. Viel zu spät erkannte er: „Wir können die Entfernungen ohne Ponys nicht schaffen."

Die Erfrierungen an Oates' Füßen waren brandig geworden. Aus falsch verstandener Rücksicht hatte er die Verschlechterung verschwiegen, bis er am 2. März die Schmerzen nicht mehr ertragen konnte und gestand, was ihm fehlte. Der Anblick der geschwollenen und verfärbten Zehen war für Scott ein Schock. Drei Tage später trug er in sein Tagebuch ein:

> Der arme Soldat ist fast am Ende. Es ist wirklich schrecklich, weil wir überhaupt nichts für ihn tun können . . . Keiner von uns hatte diese schrecklich niedrigen Temperaturen erwartet.

Doch aus eigener Erfahrung hätte er wissen müssen, was ihm bevorstand. Die *Discovery* hatte es ihn gelehrt, Shackleton hatte es ihn gelehrt, seine eigenen Leute hatten es ihm gesagt, oder hätten es ihm jedenfalls sagen können, wenn er nur bereit gewesen wäre, auf sie zu hören. Teddy Evans hatte auf der Eisbarriere niedrige Temperaturen angetroffen und festgestellt, daß das Gehen dabei sehr beschwerlich war. Trotzdem hatte Scott beschlossen, sich drei oder vier Wochen später dort aufzuhalten. Marineoffiziere sind für geringere Fehler vor ein Kriegsgericht gestellt worden!

Die Temperaturen zwischen −30 und −40 Grad C. waren für die Jahreszeit keineswegs ungewöhnlich niedrig. Doch ihre Abwehrkräfte gegen die Kälte waren aufgezehrt. Wahrscheinlich litten sie inzwischen alle an Skorbut, wenn auch unterschiedlich stark.

An diesem Punkt ist man darauf angewiesen, Schlüsse zu ziehen. Medizinische Berichte sind uns nicht überliefert, und Wilson hatte zu diesem Zeitpunkt aufgehört, Tagebuch zu führen. Im übrigen war es für seine Familie bestimmt und ließ daher Unangenehmes unerwähnt. Mit klinischen Einzelheiten war er immer sparsam gewesen. Seine einzige Erklärung für den Zusammenbruch von Evans hatte zum Beispiel gelautet, es machte „ihm zu schaffen, daß er in seinem Leben niemals krank gewesen und jetzt mit seinen erfrorenen Händen so hilflos“[1] sei. Wilson war kein praktischer Arzt; seine klinische Erfahrung war beschränkt, und er lieferte keine Beweise, daß er in der Lage war, den komplizierten Fortschritt von Skorbut zu diagnostizieren, außer im Endstadium. Und da er jetzt selbst krank und elend war, hatten Wunsch und Fähigkeit, Krankheit bei anderen zu diagnostizieren, wohl nachgelassen.

Scotts Tagebuch und Bowers meteorologisches Logbuch sind die einzigen Aufzeichnungen, die noch gemacht wurden. Das erste berichtet von mühevollem Schlittenziehen und schlechten Bodenverhältnissen; das zweite beweist, daß die Wetterbedingungen nicht sonderlich schlecht waren, sondern oft denen glichen, die für Amundsen gute Laufbedingungen bedeuteten. Scott und seine Gefährten waren jedoch so geschwächt, daß es mit Sicherheit für sie sehr anstrengend war, den federleichten Schlitten vorwärtszuziehen. Sie mühten sich neun oder mehr Stunden ab, um am Tag sechs oder sieben Meilen zurückzulegen.

Scott hatte höchstwahrscheinlich Skorbut im Frühstadium. Er war bereits mehr als vier Monate unterwegs, ohne nennenswerte Mengen an Vitamin C zu sich zu nehmen, und sein Zustand war noch von einer anderen Seite her bedroht. Streß zehrt am Vitamin C-Vorrat des Körpers, und gestreßt waren er und seine Männer mehr als genug. Furcht und Angst bedrängten sie; schuld daran waren zum großen Teil Scotts Nachlässigkeiten. Er hatte beispielsweise nicht genügend Schneepyramiden errichtet, und jetzt, da jede Minute zählte, mußte er mit Spurensuchen Zeit vergeuden. Das Gefühl, sich verirrt zu haben, zehrt am Menschen, weil es an sein

Grundverlangen nach Sicherheit rührt. Nichts kann so leicht zur Panik führen. Diese Qualen und die Unsicherheit – zusätzlich zu den Spannungen innerhalb der Gruppe – genügten, um das lebenswichtige Vitamin vorzeitig aufzubrauchen. Amundsen und seinen Männern blieb erspart, die Reserven anzubrechen.

Oates, Bowers und Wilson arbeiteten unter einer schrecklichen Belastung. Scott allein führte noch Tagebuch, und seine Worte geben einen Einblick in das, was seine Gefährten durchmachten. „Ich wüßte nicht, was ich machen sollte", notierte er am 4. März, „wenn Wilson und Bowers die Lage nicht so positiv sähen." Als Führer war Scott am Ende, und Wilson hatte seinen Platz übernommen.

Für Oates war es ein einziger Leidensweg. Er konnte nicht mehr ziehen, nur gerade noch unter Schmerzen neben dem Schlitten herhinken und sich ausruhen, wenn eine Gelegenheit sich bot. Er brauchte mehr als eine Stunde, um mit seinen geschwollenen Füßen morgens in die hartgefrorenen *finnesko* hineinzukommen.

Skorbut bewirkt u. a., daß alte Wunden sich öffnen, weil Vitamin C nötig ist, um Narben geschlossen zu halten. Es liegen Berichte vor von Wunden, die nach mehr als zwanzig Jahren wieder aufbrachen, als wären sie niemals geheilt gewesen. Ehe dieses Stadium erreicht wird, tritt ein Gewebeverfall ein, der große Schmerzen verursachen kann. Der Mangel an Vitamin C, unter dem Oates jetzt litt, wirkte sich mit großer Sicherheit auf seine alte Kriegsverletzung aus, die ungefähr zehn Jahre zurücklag. Die Kugel, die seinen Oberschenkelknochen zertrümmerte, hatte eine breite Narbe zurückgelassen, die unter fortschreitendem Skorbut wohl anfing, aufzubrechen. Was er litt, kann man sich nur vorstellen. Er fühlte sich elend, unerträglich elend. Sein alter Humor war ihm vergangen. Im Zelt schwieg er. Scott trug in sein Tagebuch, daß er „eine furchtbare Belastung geworden"[2] sei, und fuhr fort, er

> muß wissen, daß er unmöglich durchkommen kann. Heute morgen fragte er Wilson, ob er eine Chance habe, und Wilson antwortete natürlich, er wüßte es nicht. Aber es ist klar, er hat keine. Unabhängig davon, ob er jetzt stirbt, zweifle ich auch daran, ob wir durchkommen. Die Wetterverhältnisse sind schrecklich, und unser Zuggeschirr vereist immer mehr und läßt sich immer schwerer handhaben. Dazu ist der arme Titus natürlich die größte Behinderung ... Der arme Kerl, der arme Kerl! Er ist ein trostloser Anblick.

Ja, der arme Oates. Er saß im Zelt, und Scott starrte ihn an, ohne auszusprechen, daß er das höchste aller Opfer von ihm erwartete.

Am Kap Evans hatte Oates mit Nachdruck erklärt, daß auf der Polarfahrt keiner für die anderen eine Belastung sein sollte. Er dachte daran, eine

Pistole mitzunehmen, und „wenn jemand zusammenbricht, sollte er das Recht haben, Gebrauch davon zu machen."

Oates war der einzige von ihnen, der im Krieg gewesen und dem Tod ins Auge geschaut hatte. Er hatte keine unreifen Vorstellungen vom Märtyrertum. Er spielte nicht für Zuschauer; er war nicht heroischen Wahnvorstellungen verfallen. Er war ein tapferer Mensch. Zweiter sein – besonders hinter einem Menschen wie Amundsen – war eine Schande, mit der zumindest er leben konnte. Er wollte zurück in die Heimat und die Majorsprüfung ablegen. Nachdem er Amundsen gesehen hatte – „den hellen Kopf" – wußte er, er war durch schlechte Führung verraten worden. Er hatte nie zum Pol ziehen wollen; gegen seinen Willen war er dahin beordert worden. Für ihn gab es keinen Grund, Scott nicht weiter zu folgen – jedenfalls noch nicht.

Am 9. März erreichten sie das Depot Mount Hooper, das ihr Rettungsdepot sein sollte. Nach Scotts Worten brachte es nur

> schwachen Trost. Kürzung unserer sämtlichen Rationen. Ich sehe keinen Schuldigen – aber Großzügigkeit und Überlegung waren nicht die Stärken dieser Planung.[3]

Scott hatte sich wiederum seine Lage selbst zuzuschreiben, weil er im letzten Augenblick fünf Mann mitnahm und Meares befohlen hatte, weiter mitzuziehen, als ursprünglich geplant war; so hatte er die ganze Organisation der Vorratslager durcheinander gebracht. Die zurückkehrenden Begleitgruppen waren gezwungen gewesen, die Vorräte anzubrechen und die Mengen neu zu verteilen, anstatt die Rationen wie vorbereitet verbrauchen zu können. Sie besaßen dafür weder Meßgeräte noch Waagen, und so wurden die Männer, die krank und erschöpft und in ihrem Urteilsvermögen eingeschränkt waren, unzumutbar belastet.

Die Verknappung der Vorräte im Depot hatte ernste Auswirkungen. Scott: „Die Hunde wären unsere Rettung gewesen. Sie haben offensichtlich versagt. Wahrscheinlich hat Meares eine schlechte Rückfahrt gehabt. – Es läuft alles jämmerlich schief."

Scott hatte die Vorräte, um von einem Depot zum nächsten zu kommen, zu knapp bemessen, und obendrein für den Fall ungünstiger Verhältnisse keine Reserven bereitgestellt. Seine Chance, aus eigener Kraft durchzukommen, war gering. Die Rettung hing letzten Endes von den Hunden ab; doch die Hunde kamen nicht.

Am Kap Evans hatte Scott umfangreiche und verworrene Anordnungen hinterlassen. Damit zerstörte er Eigeninitiative, engte seine Untergebenen ein und schob die Verantwortung auf andere ab. Sie waren in den wichtigsten Inhalten ungenau formuliert und ließen Mißdeutungen zu.

Die Hunde, von denen so viel abhing, waren Gegenstand besonders diffuser, schlecht durchdachter und widersprüchlicher Anweisungen. Einerseits sollten sie Scott schnellstens zum Stützpunkt zurückholen, andererseits nicht aufs Spiel gesetzt und für die nächste Jahreszeit erhalten werden. Scott war jedenfalls vom Stützpunkt aufgebrochen, ohne endgültige Anweisungen zu hinterlassen. Sein Treffpunkt mit den Hunden sollte durch Befehle festgelegt werden, die er der zurückkehrenden Begleitgruppe mitgeben wollte. Falls sie in Schwierigkeiten geriete, konnte der Kommandant an Kap Evans nicht wissen, was zu tun war, weil Scott seine Absichten nicht offengelegt hatte. Überdies würde die Verantwortlichkeit für die Ausführung der Befehle wechseln, wenn Simpson, der das Kommando am Kap Evans innehatte, die Leitung an den ersten Marineoffizier nach dessen Rückkehr aus dem Süden übergab.

In all dem Hin und Her hatte Scott versäumt, mit ausreichenden Vorräten über die ganze Strecke den Rückweg zu sichern. Es wurde von Anfang an erwartet, daß die Hunde im letzten Augenblick die Lücke schließen würden. Gerade diese lebenswichtige Operation hatte Scott im Ungewissen gelassen und nicht geregelt.

Simpson erwartete die Rückkehr von Meares mit den Hunden bis zum 15. Dezember. Alles blieb unsicher bis zum 26., als Day und Hooper mit der völlig unvorhergesehenen Nachricht eintrafen, daß Scott, anders als ursprünglich beabsichtigt, die Hunde weiter mitnahm. Sie können möglicherweise, schrieb Scott in seinen neuen Befehlen an Simpson, „spät und arbeitsunfähig zurückkommen oder nicht mehr leben. Vergessen Sie also nicht, daß (der Nachschub) *irgendwie . . . zum ‚One Ton Camp' gebracht werden muß*". Simpson schickte Day und Hooper sofort zurück, um diese Aufgabe zu erledigen. Sie zogen den Schlitten – nicht allzu eifrig.

Am 5. Januar kehrte Meares endlich mit den Hunden zurück. Er hatte nichts zu tun, als auf Befehle aus dem Süden zu warten.

Drei Wochen später traf Atkinson ein, allerdings ohne die Befehle, auf die Meares warten sollte. Der einzige Hinweis auf Scotts Absichten war die vage Bemerkung, die der Kapitän auf der Höhe des Beardmore-Gletschers gegenüber Atkinson gemacht hatte: „Kommen Sie so weit nach Süden, wie Sie können." Dazu im Widerspruch stand aber die Anordnung, nicht zu früh mit den Hunden aufzubrechen, weil sie die Hunde, nach Scotts Meinung, nicht warten lassen dürften, denn sie litten zu sehr, wenn sie im Schnee liegen müßten. Das war natürlich Unsinn, doch Befehl.

Am 19. Feburar kam Crean allein am Stützpunkt an und berichtete, daß Teddy Evans in der Nähe von Corner Camp an Skorbut schwer erkrankt sei und Lashly ihn pflege. In diesem kritischen Augenblick war Scotts entscheidende Anweisung, daß die Hunde zwischen dem 82. und 83. Grad zu ihm stoßen sollten, vergessen. Er hatte sie nebenbei gemacht, gerade als er sich von Evans verabschiedete.

Atkinson als Arzt hatte keinen anderen Gedanken, als Evans zu retten.

Zusammen mit Dmetri brach er mit den Hunden auf, brachte Evans zum Lager und rettete ihm das Leben – in letzter Minute.

Niemand kam darauf, daß Scott oder einer seiner Männer inzwischen auch an Skorbut erkrankt sein könnte, wenn Evans bereits an Skorbut litt. In diesem Fall wäre die Polargruppe in Gefahr und man hätte sofort versuchen müssen, sie zu retten. Aber selbst wenn jemandem der Gedanke gekommen wäre, hätte er nicht danach zu handeln gewagt, denn Scott hatte kategorisch befohlen, daß er unter keinen Umständen gerettet werden sollte. Vielleicht war es nur geheuchelte Tapferkeit, aber es war Befehl. Die Auslegung von Befehlen setzt in Ausnahmesituationen, und besonders im Polargebiet, Urteilsvermögen voraus. Es ist gefährlich, Untergebene mit rigiden Instruktionen festzulegen. Wortwörtlicher Gehorsam kann das Unheil heraufbeschwören. Man muß sich den Umständen anpassen und das eigentliche Ziel im Auge behalten können. Deswegen hatte Amundsen auch auf der *Fram* zu Thorvald Nilsen gesagt: „Sie haben volle Handlungsfreiheit."

Der Stützpunkt am Kap Evans wurde nach Art der Marine geleitet. Atkinson, der jetzt das Kommando innehatte, war zwar Arzt, aber in erster Linie Marineoffizier. In einer Situation, wo Urteilsvermögen und Initiative gefordert waren, half Marinedisziplin gar nichts.

Lehre und Tradition der königlichen Marine bedeutete immer noch absoluter, unkritischer, buchstäblicher Gehorsam gegenüber dem Befehl. Und Scott als strenger Vorgesetzter bestand uneingeschränkt darauf. Scotts Untergebene waren daher geistig wie gefesselt. Seinen Befehlen gehorchten sie sklavisch.

Scott konnte auch nicht damit rechnen, daß irgend jemand aus Zuneigung zu ihm einen Befehl ignorierte oder Schwierigkeiten auf sich nahm, um ihn zu retten.

Am 5. Februar traf die *Terra Nova* ein. Sie brachte für Simpson Nachrichten mit, die ihn bestimmten, seine Pläne zu ändern und heimzufahren. Er übergab den Stützpunkt in aller Eile, so gut er konnte, und bereitete sich auf die Einschiffung vor. Meares, der das Schiff nicht versäumen wollte, legte die Arbeit nieder. Er war inzwischen von der Expedition angewidert und wollte mit der ganzen Sache nichts mehr zu tun haben.

Es lag nahe, daß Atkinson jetzt mit den Hunden aufbrach, um Scott in aller Eile zu holen, damit er das Schiff noch erreichte. Doch er glaubte, er müsse bleiben, um sich um Evans zu kümmern. Dmetri war damit der einzige Hundeführer, der noch übrig blieb. Cherry-Garrard oder Wright hätten ihn begleiten können. Wright war zäh, ausgeglichen und dazu Navigator. Aber er war Wissenschaftler, und hatte bei den Instrumenten am Stützpunkt zu bleiben. Das tat er also, und Cherry-Garrard ging mit.

Cherry-Garrard war für die Aufgabe in jeder Hinsicht ungeeignet. Er hatte nie Hunde geführt, war kurzsichtig und verstand nichts von Navigation. Scott hatte ihn ausgelacht, als er das Fach erlernen wollte. „Mit einer Wahrscheinlichkeit von 100 zu eins wird er nie etwas mit Navigation zu tun haben", hatte Scott kurz vor dem Aufbruch zum Pol nach Hause geschrieben, und jetzt war der eine Fall eingetreten.

Am 25. Februar brach Cherry-Garrard mit Dmetri und den Hunden nach Süden auf. Soweit ihm bekannt war, handelte es sich nur um eine Begrüßungsfahrt. Er erreichte am 4. März das One Ton Camp, nachdem sie unter Dmetris Führung mühelos 20 Meilen am Tag zurückgelegt hatten, und er war zu diesem späten Zeitpunkt leicht verwirrt, als er sah, was Hunde zu leisten vermochten.

Von der Polargruppe war dort nichts zu sehen. Ein Schneesturm kam auf, tobte vier Tage und hielt Cherry fest. Ein erfahrener Hundetreiber hätte weiterziehen können, aber Cherry war kein erfahrener Hundetreiber, und Dmetri hatte keine Lust, in den Sturm hinauszufahren.

Den von Scott erwähnten Vorrat an Hundefutter gab es nicht. Meares hatte ihn herausbringen sollen, doch in der allgemeinen Verwirrung über Scotts Planänderungen und unklare Anweisungen war der Transport vergessen worden. Die Hunde konnten daher nicht so weit laufen, wie Scott erwartete; allerdings reichte die Verpflegung auf dem Schlitten, um die Fahrt für einen Tag oder zwei fortzusetzen, ehe sie umkehrten. Man hätte mit ihnen sogar noch weiter ziehen können, wenn einige Hunde getötet worden wären, um die anderen damit zu füttern.

Doch Scotts Befehle besagten ausdrücklich, daß die Hunde nicht aufs Spiel gesetzt werden durften, und Atkinson hatte erklärt, Scott sei auf dem Rückmarsch überhaupt nicht auf sie angewiesen. Was Atkinson indes nicht begriff, weil Scott es nicht ausgesprochen hatte, war, daß der kritische Punkt wesentlich weiter nach Süden verlegt worden war. Die ursprüngliche Planung ging davon aus, daß die Polargruppe in der Lage sein müsse, zum One Ton Camp zu gelangen, bevor sie die vom Stützpunkt dahin gebrachte Verpflegung in Anspruch nähme. Auf Grund der häufigen Änderungen, vor allem aber, weil Meares sehr viel weiter mitgenommen worden war als ursprünglich festgelegt, stimmte das nicht mehr.

Das alles konnte Cherry-Garrard natürlich nicht wissen. Zudem wagte er es nicht, noch weiter zu gehen, da er fürchtete, ohne Navigationskenntnis Scott zu verfehlen. Hinzu kam, daß Scotts Eintreffen am One Ton Camp noch nicht fällig war, und Scott hatte Cherry-Garrard davon überzeugt, Zeitpläne seien unumstößlich. So schien die Lage wenig dringlich zu sein. Cherry hielt es für völlig in Ordnung, dort zu warten, wo er sich befand und wartete sechs Tage. Am 10. März trat er den Heimweg an, immer noch im Glauben, daß für die Polargruppe keine Gefahr bestünde.

Als Cherry-Garrard umkehrte, war Oates fast am Ende. Scott zwang Wilson, seinen Bestand an Opiumtabletten herauszugeben, damit jeder, wenn er es wollte, seinem Leben ein Ende setzen könne.

Allein die Hoffnung, daß sie auf die Hunde stoßen würden, hielt Oates aufrecht. Als die Hunde bis zum 15. oder 16. März – sie verloren die Übersicht über die Tage – noch nicht aufgetaucht waren, schaffte er es nicht mehr. Die Schmerzen in den brandigen erfrorenen Füßen, dazu Hunger und Kälte, übermannten ihn. Er verlangte, daß seine Gefährten ihn im Schlafsack im Schnee liegen ließen, aber sie überredeten ihn, noch ein paar Meilen weiterzukämpfen in der schwachen Hoffnung, daß die Hunde jeden Augenblick am Horizont auftauchten. Nach der unausbleiblichen Enttäuschung gab er endgültig auf.

Am selben Abend wandte er sich im Zelt an Wilson; Scott wollte er sich nicht anvertrauen, vor ihm hatte er auch den letzten Rest an Achtung verloren. Oates mußte mit der grauenvollen Wirklichkeit fertigwerden, durch unfähige Führung verraten worden zu sein. Hätte er nur nicht in so fataler Weise geschwiegen, dann wäre ihm dieses sinnlose Desaster erspart geblieben. Er trug schwer an seiner Reue.

Er hatte mit dem Schreiben gewartet, bis es zu spät war, und überreichte sein fragmentarisches Tagebuch mit der Bitte, es seiner Mutter zu übergeben. Sie sei, bekannte er Wilson, die einzige Frau, die er je geliebt hatte, und er bedauere es am meisten, daß er ihr jetzt, vor seinem Ende, nicht geschrieben habe.

In Scotts Tagebuch ist zu lesen: Oates „schlief die Nacht durch und hoffte, er würde nicht mehr aufwachen." Was bedeutet das? Wenn nur irgend möglich, hätte er Opiumtabletten genommen und sich so aus dem Elend befreit, aber er konnte seine moralischen Bedenken nicht beiseite schieben. Vermutlich wandte er sich an Wilson und bekam von ihm eine Morphiumspritze – doch keine tödliche Dosis. Darüber Wilsons Worte: „Wir haben uns nichts vorzuwerfen." Aber er wird Oates genug zum Schmerzstillen gegeben und vielleicht, ohne es sich einzugestehen, gedacht haben, dies könnte in seinem geschwächten Zustand bereits die Erlösung sein.

Leicht war das Ende für Oates nicht. Am Morgen wachte er auf. Wenn das Datum stimmte, war es der 17. März, sein 32. Geburtstag. Der Wind peitschte gegen die Zeltplanen. Oates kroch mühsam aus den zerschlissenen, feuchten Fellen des Schlafsacks, kroch über die Beine seiner Gefährten durch das Zelt, faßte die Eingangsplane, die wie ein leerer Sack herunterhing, und machte sich daran, sie zu öffnen. Drei Augenpaare starrten ihn an. Irgendeiner versuchte halbherzig, ihn zurückzuhalten.

Der Verschlußknoten löste sich; der Sack war offen und wurde zum Durchgang. Wie ein Tier, das wegkriecht, um zu sterben, schleppte sich Oates hinaus in das Schneetreiben und wurde nicht mehr gesehen.

Wilson schrieb an Mrs. Oates, daß er nie solchen Mut gesehen habe, wie ihr Sohn ihn an den Tag legte. Er starb, schrieb Wilson, als Mann und Soldat, ohne ein Wort der Klage.

Nach der Version in Scotts Tagebuch, verließ Oates das Zelt und sagte dabei: „Ich gehe nur hinaus und bleibe dort wahrscheinlich eine Weile." Oates, so Scott,

> war stolz bei dem Gedanken, daß sein Regiment sich freuen würde, zu hören, wie tapfer er dem Tod entgegengesehen habe ... Wir wußten, daß der arme Oates hinausging, um zu sterben, aber wir wußten auch, daß er als tapferer Mensch und englischer gentleman handelte.

Wilsons Darstellung besagt, daß Oates so sehr litt, daß er den einzig möglichen Ausweg nahm, als es keine Hoffnung mehr gab. Scott schreibt Oates heroische Gedanken zu; er läßt dabei die Frage unbeantwortet, woher er sie kannte. Doch Scott schrieb bereits für eine spätere Veröffentlichung. Wilsons Brief war sehr persönlich; hätte Oates eine heroische Absicht geäußert, so würde Wilson es Mrs. Oates mitgeteilt haben, vermutlich mit den letzten Worten ihres Sohnes.

Scott bereitete sein Alibi vor. Ein Untergebener, der bis zum äußersten Leiden getrieben wurde, könnte ihm in hohem Maße schaden; deshalb *mußte* Oates wie in einem Geschichtenbuch ein Ende nehmen. Scott urteilte stets nach dem äußeren Eindruck, und so liegt es nahe, daß er Oates' Verhalten als angemessene Geste deutete.

Das Wetter wurde besser und Scott, Wilson und Bowers setzten ihren Kampf noch einige Tage fort. Am 21. März kamen sie bis auf 11 Meilen an das One Ton Depot heran; Proviant und Brennmaterial waren fast zu Ende. Sie schlugen ihr Zelt auf, und ein Schneesturm aus Südwest brach über sie herein. Scotts rechter Fuß war erfroren, er konnte kaum noch gehen. Jetzt war er für seine Gefährten eine Belastung, und da er in einer ähnlich schlimmen Lage war wie zuvor Oates, bereiteten Wilson und Bowers, denen es ein wenig besser ging, sich darauf vor, zum Depot zu gehen, um Verpflegung und Brennstoff zu holen. Etwas hinderte sie daran, was, das weiß man nicht. Bowers war nicht der Mann, der aufgab, solange noch die geringste Chance bestand.

Selbst wenn sie in allerbester Verfassung gewesen wären, hätte ein Sturm, wie er jetzt aufkam, sie festgehalten, denn sie konnten bei schlechtem Wetter nicht den Schlitten steuern. Der Weg war so nachlässig gekennzeichnet, daß sie das Depot nur bei guten Wetterverhältnissen zu finden vermochten. Es ist unwahrscheinlich, daß der Sturm derart stark und unerbittlich war, wie Scott ihn empfand, denn selbst in gesunden Tagen dramatisierte er die Ereignisse. Jetzt, da er unter Kälte, Hunger und Krankheit litt, mochten ihm die Dinge erst recht schlimmer erscheinen, als sie waren. Vermutlich hielt Scott selbst Wilson und Bowers zurück.

Sogar wenn sie das Depot erreichten, wären sie wahrscheinlich verloren, denn noch hatten sie 130 Meilen zurückzulegen, ehe sie sich in Sicherheit befänden und die Jahreszeit neigte sich ihrem Ende zu. Scotts erfrorenen Zehen drohte Wundbrand. „Amputation ist noch das geringste, womit ich rechnen muß", schrieb er, „aber wird der Brand nicht um sich greifen?" Wenn sie durch ein Wunder gerettet würden, blieben sie wahrscheinlich für den Rest ihres Lebens Krüppel. Wilson und mit Sicherheit Bowers schienen bereit, das hinzunehmen, doch Scott mußte mit den schrecklichen Worten fertigwerden: MENE MENE TEKEL UPHARSIN ... Gewogen wurdest du und zu leicht befunden.

„Ich stehe oder falle mit der Expedition", hatte Scott vor dem Aufbruch zum Pol nach Hause geschrieben. Ihm blieb keine Zukunft mehr. Er hatte das ganze Unternehmen verpfuscht. Im Triumph war er ausgezogen, und jetzt würde er zurückkehren und geschlagen seinem Volk gegenübertreten müssen. Bestenfalls erwartete ihn das demütigende Mitleid, das man denen, die „ferner liefen ...", entgegenbringt. Seine Feinde würden ihn auslachen. Tatsächlich schrieb Armitage, verbittert über die *Discovey*-Expedition, mit „herzlichsten Glückwünschen" für Amundsens Erfolge in einem Brief an Nansen:

> Wieder einmal zeigt sich der Wert praktischer Erfahrung und logischen Denkens .... Ich fürchte, daß Scott mit seiner Abneigung gegen Skier, von anderem ganz zu schweigen, große Schwierigkeiten haben wird, das Ziel zu erreichen ... Ich weiß, daß Amundsen vorhat, durch das Bering-Meer zum Nordpol zu fahren, und ich hoffe aufrichtig, daß er dort ebenso erfolgreich sein wird wie im Süden ...

Scott würde sich zu verantworten haben für die Männer, die er verloren hatte; Schackleton würde am Ende noch gut dastehen.

Diesen Gedanken konnte Scott nicht ertragen. Besser wäre es, den Opfertod im Zelt zu suchen. So könnte er aus der Niederlage noch eine Art Sieg machen. Er überredete Wilson und Bowers, sich mit ihm ins Zelt zu legen und auf das Ende zu warten. Mindestens neun Tage lagen sie in ihren Schlafsäcken, während der letzte Vorrat an Verpflegung und Paraffin dahinschwand und ihr Leben verebbte.

Sie schrieben ihre letzten Briefe, da sie glaubten, eines Tages gefunden zu werden. Mit diesem Argument hatte Scott Wilson und Bowers wahrscheinlich überredet, sich mit ihm hinzulegen und im Zelt zu warten. Brächen sie auf der Strecke zusammen, wären sie und ihre Aufzeichnungen für immer verloren. Im Zelt blieb ihnen die Chance, daß man sie fand und ihre Geschichte dem Vergessen entriß.

Wilson und Bowers schrieben einige schnelle, scharfe und persönliche Bemerkungen nieder. Scott jedoch bereitete seinen Abschied seit einiger Zeit vor. Der früheste entsprechende Brief stammt vom 16. März und ist an Sir Edward Speyer, den Schatzmeister der Expedition, gerichtet: „Ich fürchte, wir müssen abtreten". Scott hatte bereits aufgegeben.

Ein Brief folgte dem anderen. Scott wandte sich an sein Auditorium. Als das Ende bevorstand, war er in einer Glücksstimmung wie nie zuvor, er zeigte wahren Märtyrergeist. Merkwürdig war hingegen, daß Wilson, lange Zeit von morbider Todessehnsucht erfüllt, jetzt seine Lage beklagte.

Er hatte Oates versprochen, daß er dessen Mutter aufsuchen würde. Jetzt konnte er sein Versprechen nur dadurch einlösen, daß er schrieb, um ihr die letzte Botschaft ihres Sohnes zu übermitteln und darzustellen, wie er starb. Wilson war am Rande des Zusammenbruchs, als er schrieb, denn jetzt befand er sich nach seinen eigenen Worten in der gleichen Situation. Er konnte nicht mehr hoffen, sie oder seine Frau oder seine eigenen Eltern wiederzusehen. Er war zum Verlierer bestimmt, das wurde ihm jetzt klar. Doch sein Leben war verschleudert worden – für nichts.

Sie befanden sich jetzt zehn Meilen nördlich von der Stelle, an der Scott gedrängt worden war, jenes Lager anzulegen, das nun in tragischer Weise außer Reichweite lag. Wilson konnte sich erinnern, wie Scott sich geweigert hatte, weil er es nicht ertragen konnte, die Pferde leiden zu sehen. Scott hatte seine Empfindungen geschont; jetzt mußten sie alle den Preis dafür zahlen.

Ich lasse Dich im Stich (schrieb Scott an seinen Schwager William Ellison-Macartney, der die Familienfinanzen regelte), aber, wie Du weißt, ohne Absicht. Ich habe mein Geld, ungefähr 2000 Pfund, Mutter überschrieben. Weiteres Geld müßte noch kommen. Geh zu Speyer und sprich mit ihm über Kathleens Rechte. Du warst immer ein Prachtkerl.[4]

Dann bereitete Scott seinen Abgang von der Bühne vor.

Ich war für diese Aufgabe nicht zu alt (schrieb er an Admiral Sir Francis Bridgeman, seinen letzten Marinechef). Die Jüngeren gingen vor mir unter . . . Wir geben unseren Landsleuten ein gutes Beispiel; nicht dadurch, daß wir in eine schwierige Lage geraten, sondern dadurch, daß wir ihr wie Männer trotzen, wenn wir hineingeraten.

Das war beständig sein Thema. In einem Brief an Sir James Barrie formulierte er es so:

Wir beweisen, daß Engländer immer noch mutigen Geistes sterben können und bis zum letzten Atemzug kämpfen. Ich glaube, daß wir den Engländern ein Beispiel für die Zukunft geben.

Und an Sir Edgar Speyer schrieb er:

Wir werden wie gentlemen sterben . . . Ich glaube, wir beweisen damit, daß Mut und Durchhaltekraft unserem Volk nicht verloren gegangen sind.

Für Sir Clements Markham jedoch, den Mann, dem Scott die Chance seines Lebens verdankte, gab es keinen Brief. „Ich habe nicht die Zeit, an Sir Clements zu schreiben“, ließ Scott seine Frau Kathleen wissen. „Sag ihm, daß ich oft an ihn gedacht und es nie bedauert habe, daß er mir das Kommando über die *Discovery* übertrug."

Hingegen verfaßte er eine Botschaft für die Öffentlichkeit:

> Die Ursachen des Desasters liegen nicht in fehlerhafter Organisation, sondern in unserem Mißgeschick bei allen Risiken, die eingegangen werden mußten ... Der Verlust der Ponys ... Das Wetter ... Der weiche Schnee in den unteren Bereichen des Gletschers ... Jede Einzelheit unseres Proviantnachschubs, Bekleidung und Depots ... bis zur Vollkommenheit ausgearbeitet ... Ich glaube nicht, daß Menschen jemals einen solchen Monat durchgemacht haben, wie wir ihn durchmachen mußten. Wir wären durchgekommen ... ohne die Erkrankung ... von Rittmeister Oates und den Brennstoffmangel in unseren Depots, für die ich nicht verantwortlich bin ...

Diese Botschaft ist eine Verteidigungsschrift. Scott hatte sich durch eigene Unfähigkeit ins Unglück gestützt und das Leben seiner Gefährten geopfert. Für seine Sünden wurde er gestraft; aber er rechtfertigte sich, fand Entschuldigungen, schob die Schuld auf seine Untergebenen. Es ist das Testament eines Fehlschlags, aber, aufgrund seines literarischen Stils, eines heroischen Fehlschlags.

Bowers, der vermutlich als letzter starb, schrieb an seine Mutter; eine traurige, kleine Nachricht:

> ... Ich vertraue weiter auf IHN und die überreiche Gnade meines Herren und Erlösers, auf den zu vertrauen Du mich gelehrt hast ... Um Deinetwillen, liebe Mutter, würde ich gern durchkommen. Doch ist es herrlich, mit solchen Gefährten aus dieser Welt zu scheiden ... Es wird keine Schande zurückbleiben und Du wirst erfahren, daß ich bis zum Ende gekämpft habe ... Wie sehr fühle ich mit Dir, wenn Du dies alles hören wirst, aber Du kannst gewiß sein, das Ende war für mich friedvoll, denn es ist nur ein Schlaf in der Kälte.

Draußen tobte der Wind, wurde schwächer, kam wieder auf, ließ nach und heulte erneut um das Zelt. Der Schnee fegte gegen die Zeltplane und nach und nach wurde das grüne Zelt im Schneetreiben zugedeckt. Hundert Meilen entfernt liefen die ersten Rettungsversuche an, zu schwach und zu spät. Das Zelt war zum Grab geworden.

Amundsen hatte den Männern die Grabinschrift gesprochen: Tapferkeit, Entschlossenheit, Stärke fehlten ihnen nicht. Ein wenig mehr Sachverstand ... würde ihr Werk mit Erfolg gekrönt haben.

34

Entstehung einer Legende

Als der Lotse am 7. März vor Hobart an Bord der *Fram* kam, fragte Amundsen als erstes nach der *Terra Nova*. Er faßte Mut, als er erfuhr, daß man von ihr nichts gehört hatte. Doch der Wettlauf war erst gewonnen, wenn die Nachricht durchgegeben war. Die *Terra Nova* konnte gerade auf dem Weg nach Lyttelton sein. Der Diebstahl des Telegramms von Eagle City sechs Jahre zuvor brachte ihm lebhaft zu Bewußtsein, was passieren konnte.

Sobald Amundsen an Land gegangen war, schickte er seinem Bruder Leon in Christiania ein verschlüsseltes Telegramm. Doch bis der Bericht die Zeitungen, für die er bestimmt war, erreicht hatte, blieb die *Fram* von allen Kommunikationsmöglichkeiten abgeschnitten draußen in der Fahrrinne, um jedes Durchsikkern von Nachrichten auszuschließen. Lokale Berichterstatter, hielt Amundsen in seinem Tagebuch fest, „waren zudringlich, liefen aber gegen eine Wand".

Amundsen telegrafierte auch vertraulich an König Haakon, Nansen und Don Pedro, um ihnen eher als der breiten Öffentlichkeit die Nachricht zukommen zu lassen. Es war zwar ein Risiko, doch Dankbarkeit erforderte es.

> Ist es nicht seltsam, wie sich die Dinge in der Welt ereignen (schrieb Nansen in einem Brief). Während ich diese Zeilen schreibe, werde ich nach unten ans Telefon gerufen, um die Neuigkeit zu erfahren.

Der Brief war zufällig an Kathleen Scott gerichtet.

> Ein Chaos von Gefühlen herrscht in meinem Innern ... Ich denke an Dich und an das, was Du Dir wünschst, mehr als an ihn, und ich bin in einer merkwürdigen Stimmung, fühle mich unglücklich und unbehaglich. Weshalb nur gibt es in der Welt so viele Schwierigkeiten und warum ist das Leben so kompliziert? (Amundsen) ist offenbar sehr schnell gesegelt, mein altes Schiff hat sich bewährt – und doch wünschte ich, daß Scott vor ihm am Ziel gewesen wäre. Ja, das Leben ist in der Tat kompliziert.[1]

Hieraus spricht mehr als nur Höflichkeit eines Forschers gegenüber der Frau eines anderen. So unwahrscheinlich und operettenhaft es klingt: Nansen und Kathleen Scott hatten eine Liebesaffäre, während Scott auf dem Weg zum Südpol war. Sie trafen sich in einem Berliner Hotel, als Scott die Niederlage am Pol auf sich zukommen sah. Und kurz bevor das Telefon läutete, hatte Nansen Kathleen gefragt: „Was machst Du als Treffpunkt für uns in Paris fest?"

Amundsen trat zwischen sie. Kathleen empfand eine aggressive Abneigung gegen Amundsen und ließ dies Nansen wissen. Nansen verteidigte ihn bald darauf gegen sie:

> Die Leute in England verstehen Amundsen nicht; er ist in jeder Hinsicht ein sympathischer und nobler Mensch und wirklich ein Mann ... Jedenfalls bin ich sicher, es wird Dich trösten zu hören, daß dieser Mann ein wirklich hervorragender Vertreter seiner Art ist, der seinen Erfolg verdient, und nicht ein gewöhnlicher Kerl, der ihn nur zufällig errungen hat.[2]

Denn inzwischen war Amundsens historisches Telegramm an Leon – „Pol erreicht 14.–17. Dezember. Alle wohlauf." – überall auf der ersten Seite der Zeitungen erschienen. „Die ganze Welt ist jetzt entdeckt",[3] schrieb die *New York Times*. Auf Amundsen konnte jeder Norweger nun stolz sein.

Amundsens Erfolg – oder vielmehr ihres Mannes Mißerfolg – erfüllte Kathleen mit Mitleid, Gewissensbissen und Kummer. Das Rendezvous in Paris fand nicht statt. Die Affäre mit Nansen war beendet.

Der *Daily Chronicle* hatte sich Amundsens Publikationsrechte außerhalb Skandinaviens gesichert; nachdem Amundsen von seinem Bruder Leon ebenfalls ein verschlüsseltes Telegramm empfangen hatte, telegrafierte er seine Geschichte. Nichts sickerte durch. Die Geschichte blieb exklusiv. Von Scott kam keine Konkurrenz. Die *Fram* hatte die *Terra Nova* in den Schlagzeilen geschlagen. Amundsen hatte den langen Wettlauf gewonnen, der in jenen hitzigen Septembertagen 1909 begann, als Cook und Peary ihm den Nordpol wegnahmen. Es war wie die Erstmeldung über eine erstklassige Weinernte. Sie brachte ihm 2000 Pfund (heute ca. 120000 DM), für die damalige Zeit eine beachtliche Summe und ein guter Anfang auf der Suche nach Finanzierungsfonds.

Drei Wochen beherrschte Amundsen die Bühne, während die *Terra Nova* abgeschlagen nach Neuseeland dampfte. In England mußte er um die Aufmerksamkeit der Öffentlichkeit mit einem Streik der Bergarbeiter konkurrieren, der die Industrie lahmlegte und die Lebenshaltungskosten steigen ließ. Doch überall erschienen die Schlagzeilen, besonders sensationell natürlich in Norwegen: NORWEGENS FLAGGE AM SÜDPOL wurde quer über die Titelseite gesetzt, als die Neuigkeit eintraf. „Heute hängen Stadt und Land alle Fahnen heraus", kündigte eine Zeitung an, „Wir alle sind Amundsens Landsleute." Bei den Norwegern ist es üblich, bei erfolgreichen Ereignissen Fahnen herauszuhängen. So geschah es auch am 8. März als Zeichen dafür, daß „der Südpol uns gehört", wie Amundsen Don Pedro in einem Brief mitteilte.

An Tagen wie heute (schrieb der Leitartikler einer Zeitung in Christiania) ist alles anders ... Wir sind bewegter und stolzer als sonst bei dem Gedanken, Kinder dieses glücklichen Landes zu sein. Wir lächeln häufiger – die Taten kühner Männer machen uns reicher, einiger und glücklicher. Ja, wir sind mit einem Schlag ein großes Stück vorwärtsgekommen.[4]

In einem Varietétheater in Christiania wurde folgendes Liedchen gesungen:

Roald Amundsen rannte
schneller als Scott es konnte.
Meilen eher als Scott es kann,
kommt Amundsen am Südpol an.

Bjørn Helland-Hansen, Amundsens Freund, schrieb an Nansen, er könne nicht „verstehen, weshalb die Leute nicht mehr Freude zeigen". Selbst unter Amundsens Landsleuten war die Begeisterung ein wenig kühl.
Eine norwegische Zeitung wies auf einen möglichen Grund hin:

Wir sind froh darüber, daß Amundsen einen neuen Weg zum Südpol wählte, so daß er es vermied, direkt auf Scotts Route voranzugehen. Die Engländer hatten das alleinige Recht auf die Route vom McMurdo Sund. Das war jedenfalls ihre Meinung.[5]

Viele Norweger hatten das unbehagliche Gefühl, Amundsens große Fahrt sei nicht so sehr eine nationale Leistung als vielmehr eine politische Dummheit, die einer Großmacht Feindschaft ankündigte. Das bestätigte sich in der Gereiztheit der Engländer, die in einem typischen Kommentar der *Times* zum Ausdruck kam: die norwegische Expedition sei „nur ein Vorstoß zum Pol, der der britischen Expedition im spektakulärsten, nicht aber wertvollsten Teil zuvorkommen wollte".[6] Nansen, der bewunderte, was sein Landsmann vollbracht hatte, stellte sich mit dem Gewicht seines Ansehens hinter Amundsen und schrieb im *Daily Chronicle:* Amundsen

ging seinen Weg, wie er es sich vorgenommen hatte, und schaute nicht zurück ... Tag für Tag, Woche für Woche herrschte Nebel, ein Nebel, der so schonend mit der Mittelmäßigkeit umgeht, weil er alles zudeckt, was erhaben und groß ist, bis plötzlich ... eine neue Botschaft eintraf. Menschen bleiben stehen, schauen auf und da, hoch über ihnen, leuchtet eine Tat, ein Mann auf ... Die Tat ist einzigartig als Leistung, als Entdeckungsreise, in ihren Ergebnissen, und sie wird so schlicht erzählt, als handelte es sich um einen Osterausflug ins Gebirge. Und doch, was sagt sie nicht alles über einen klugen, wohlüberlegten Plan, die glänzende Ausführung durch entschlossenen Mut, Ausdauer und männliche Kraft![7]

Der Artikel verfehlte leider seinen eigentlichen Zweck. Für die englische

Öffentlichkeit war ein Mann, der den beschwerlichen Weg vermied, „mehr als clever", kein Held, sondern ein Betrüger. Sir Clements Markham, der Amundsen als „Eindringling" und „Störenfried" bezeichnete, traf die gängige Meinung schon besser. Mit derselben Unterstellung hatte er auch Shackleton in Mißkredit gebracht. Er gab einer allgemeinen Hoffnung Ausdruck, als er Scott Keltie sagte, „wir mußten damit rechnen", daß Amundsen „so schnell fahren würde, um als erster zu Wort zu kommen. Aber die Wahrheit werden wir erfahren, wenn die *Terra Nova* zurückkommt."

Doch die *Terra Nova* brachte keinen Trost. Sie traf am 1. April im Hafen von Akaroa, Neuseeland, ein – ohne Scott, doch mit Beweisen, daß er den Wettlauf verloren haben mußte. Die letzte Nachricht war die, die Teddy Evans mitgenommen hatte, als er sich am 4. Januar, 150 Meilen vom Pol entfernt, von Scott getrennt hatte. Das war drei Wochen, nachdem Amundsen den Pol erreicht hatte.

Die *Terra Nova* brachte weitere Hinweise auf Versagen und schlechte Organisation. Teddy Evans war an Bord; er war heimgeschickt worden, um sich vom Skorbut zu erholen. Starkes Eis hatte eine Hilfsaktion für Campbell und die Nordgruppe verhindert. Sie waren auf dem Weg nach unten bei Kap Adare an Bord genommen und an der Küste von Südvictoria-Land an Land gesetzt worden, um dort auf den Sommer zu warten. Aber sie hatten keine Vorsorge für Hilfsmaßnahmen getroffen und damit ein Gesetz der Polarregionen mißachtet. Sie waren dort zurückgelassen worden, ohne auf den Winter vorbereitet zu sein.

Die Ankunft der *Terra Nova* zerstörte jede Hoffnung auf Sieg und löste in England tiefe Niedergeschlagenheit aus. Sie war dem Schock der Amerikaner vergleichbar, als die Russen ihnen mit dem ersten Satelliten und dem ersten Menschen im Weltraum zuvorkamen. Benjamin Vogt, der Botschafter Norwegens in London, war besorgt wegen der Wirkung auf das Wohlwollen Englands gegenüber Norwegen. Er schrieb Nansen:

> Welche Bitterkeit gegen Amundsen ... trotz aller offiziellen Anerkennung aufkommt! ... In einer persönlichen Unterredung ... gebrauchte Scott Keltie den Ausdruck „ein absolut schmutziger Trick" und bedauerte, daß der Südpol als erster von einem „Professionellen" erreicht worden war.

Natürlich sollte damit gesagt werden, daß Scott und seine Gefährten Amateure waren. Das war nur zu wahr, obwohl Keltie es nicht ganz in diesem Sinn gemeint hatte. Die Gemüter erregten sich so sehr, daß Nansen fast zu der Überzeugung kam, Amundsen sollte mit Rücksicht auf die englisch-norwegischen Beziehungen die geplante Vortragsreise in England absagen. „Ich habe nicht die Absicht, Roald Amundsen zu treffen", erklärte Lord Curzon, ehemaliger Vizekönig von Indien und nunmehr Präsident der Königlichen Geographischen Gesellschaft. „Mir ist es völlig gleich, ob Amundsen kommt oder nicht."[8] Es war vielleicht klug, daß Nansen letzten Endes doch entschied, der Schaden würde größer, wenn Amundsen nicht käme.

Für das damalige England war es bezeichnend, daß sich nur wenige fragten, *weshalb* Amundsen Erfolg gehabt hatte. Tatsachen wurden auf höchst erstaunliche Weise manipuliert, um zu beweisen, daß die Briten nicht besiegt worden waren und bei etwas weniger Pech alles gut ausgegangen wäre.

Scotts theatralische Botschaft, die er Evans mitgegeben hatte, „Ich bleibe noch einen Winter in der Antarktis, um meine Arbeit fortzusetzen und zu vollenden", war genau das, was die Öffentlichkeit, oder zumindest ihre maßgeblichen Vertreter, hören wollte. Dieser Text wurde von der Presse aufgegriffen; J. L. Garvins Leitartikel in der *Pall Mall Gazette* ist hierfür ein geeignetes Beispiel:

> Es genügt, dem Land zu sagen, daß ... ein „Wettlauf" zum Pol nicht stattgefunden hat ... Kapitän Scott ... wurde von der Admiralität nicht freigestellt, um an einem Marathonlauf teilzunehmen. Auf Fragen von größter wissenschaftlicher Bedeutung sucht er die Antwort ... Die Botschaft gehört zu jenen, auf die Kapitän Scotts Landsleute stolzer sein dürfen als darauf, daß er ihnen hätte mitteilen können, er sei kurz vor Amundsen am Pol angekommen.[9]

Shackleton war fast der einzige, der Amundsen bereitwillig öffentliche Anerkennung zollte, vielmehr, er war, wie Kathleen es ausdrückte, „entzückt über die Wende, die die Dinge genommen hatten. Ich würde gern zur Vernichtung dieses Mannes beitragen."[10] Shackleton freute sich weniger über Amundsens Triumph als über Scotts Niederlage. Die tödliche Rache war endlich vollzogen.

Außerhalb Englands wurde Amundsen uneingeschränkt anerkannt. Als Scotts Geschichte, die zusammen mit der *Terra Nova* geschickt worden war, veröffentlicht wurde, lenkte eine Zeitung in Christiania die Aufmerksamkeit besonders auf einen Punkt:

> Scott vermittelte den Eindruck, daß Boden- und Wetterverhältnisse viel schlechter waren, als Amundsen sie antraf. Das kann kaum stimmen. In Amundsens Bericht liest man zum Beispiel, daß er genötigt war, vier Tage in einem Schneesturm im Zelt zu bleiben. Er betrachtet das aber als etwas, das zu einer solchen Fahrt gehört – das gehöre „alles zum Alltag" –, und er macht nicht viel Aufhebens davon.[11]

Sogar in England fand Amundsen in gewisser Weise Anerkennung. „Das war doch eine enorme Leistung", schrieb Kathleen Scott an Skelton, mit dem sie noch in Verbindung stand, „und wenn man auch entrüstet ist, muß man sie doch bewundern". Und als Amundsen schließlich kam und Vorträge hielt, hatte er immer ein volles Haus und beeindruckte durch seine Bescheidenheit und seinen Ernst. Ponting, Scotts Fotograf, führte die Filme vor, die er in der Antarktis gemacht hatte und mußte feststellen, daß Amundsen

> ihnen völlig die Grundlage entzogen und sie um ungefähr 60% des möglichen Gewinns gebracht hatte, weil er der Hauptleistung der Expedition ihren Glanz raubte.[12]

Solange man glaubte, Scott sei noch am Leben, fehlte Amundsen nichts an seinem Sieg.

In Hobart fühlte Amundsen sich zunächst wohl. Die Tasmanier geizten nicht mit Anerkennungen. Der Gouverneur empfing ihn; die Kirchen hielten Gottesdienste zum Dank für seine gesunde Rückkehr. Am 8. März, dem Tag nach seiner Ankunft, „regnete es", wie er sagte, Glückwunschtelegramme. Sie reichten vom Präsidenten Theodore Roosevelt, den Amundsen nach der Nord-West-Passage in Amerika kennengelernt hatte, bis zu einem norwegischen Fischkonserven-Hersteller, der darum bat, das Bild des Forschers auf seinen Konserven haben zu dürfen – vier Worte, Rückantwort bezahlt. Peary, der später einem Freund schrieb, daß Amundsen „Scott absichtlich den Sieg gestohlen" habe,[13] telegrafierte dennoch: „Glückwünsche zu Ihrer großen Reise. Hunde sind der einzig richtige Motor für Polararbeit." Daß Scott seinen Rat zurückgewiesen hatte, nagte immer noch an ihm.

Amundsen genoß die ersten Früchte seines Sieges nicht ohne einen leichten Geschmack von Bitterkeit. Er wollte englische Anerkennung und war gekränkt, daß aus England nur wenig, und dann, wie er meinte, neidische Reaktionen eintrafen. Ihm lag offenbar an englischer Anerkennung mehr als an allen anderen. Die Königliche Geographische Gesellschaft schickte ein Telegramm, doch ihr Präsident, Major Leonard Darwin, schrieb an Kathleen Scott, sie hätten es nur getan, weil sie sich dazu verpflichtet fühlten; worauf sie antwortete: „Wenn wir schon nicht gewinnen, wollen wir wenigstens gute Verlierer sein."[14] Sie hatte vor, selber an Amundsen zu telegrafieren, doch Scotts Verleger, Reginald Smith, hielt sie davon zurück.

König Georg V. sandte ein Telegramm, das eine echte oder eingebildete Spitze enthielt: „Mit großer Freude habe ich die Nachricht erhalten, daß Sie nach Ihrer erfolgreichen Expedition zuerst auf britischem Boden an Land gegangen sind ..."

Seinen ersten Dankesbrief schrieb Amundsen am Tag nach seiner Ankunft. Er war an Don Pedro Christophersen gerichtet:

> Ich freue mich darauf ... Ihnen persönlich für alles, was Sie für mich getan haben, zu danken ... Ich hoffe jetzt, daß ich es durch harte Arbeit schaffen werde ... Mein guter Schiffskamerad und Kapitän der *Fram,* Oberleutnant Thv. Nilsen, überbrachte mir ... Ihre Unterstützung, die mir äußerst will-

> kommen war. Ohne sie wäre ich bei meiner Ankunft hier vollständig ohne Mittel gewesen.

Amundsens Empfindungen für Nansen waren schwieriger zu formulieren, und er brauchte einige Zeit, bis er schreiben konnte:

> Immer wieder habe ich versucht, meinen Dank auszudrücken und Ihnen diesen zu übersenden, doch vergeblich. Worte können den Dank nicht ausdrücken. Mit Ihrem Namen haben Sie meinen Unternehmungen Sicherheit gegeben. Mit Ihrer Autorität haben Sie geschwätzige Leute beschämt und zum Schweigen gebracht. Im tiefsten Innern habe ich gespürt, daß Sie mir helfen wollten, und das hat mir oft, sehr oft, weitergeholfen, wenn die Dinge schwierig wurden.
>
> Leider bringt mein Schreiben nicht nur gute Nachrichten. Ich habe mich gezwungen gesehen, Johansen an Land zu schicken. Von Anfang an war sein Verhalten an Bord alles andere als angenehm. Während des Winters weigerte er sich bei einer Gelegenheit, Befehle auszuführen. Ich sah mich deshalb gezwungen, ihn vom letzten Teil der Fahrt zum Südpol auszuschließen. Dadurch verschlimmerte sich natürlich seine Lage. Bei unserer Ankunft hier betrank er sich, fing mit der Mannschaft Streit an, und behinderte sie bei ihrer Arbeit. Um an Bord Ruhe zu bekommen, war ich gezwungen, ihn an Land zu schicken.

Das alles war richtig, doch die Darstellung des Fehlstarts zum Pol war irreführend. Amundsen fürchtete Nansens Mißbilligung; er wollte daher mit seiner Ausführung allen anderen zuvorkommen.

Johansen drängte es nach Hause. Amundsen gab ihm das Geld für die Passage. Auf einem Frachter verließ er Hobart und traf Mitte Juni in Norwegen ein, abermals niedergeschlagen und enttäuscht.

Amundsen telegrafierte dem Präsidenten der Norwegischen Geographischen Gesellschaft, Johansen sei nach Hause geschickt worden, weil er gemeutert habe. Er sollte von den offiziellen Feiern ausgeschlossen und seine Ankunft mit Schweigen übergangen werden. Die ganze Sache sollte vertuscht werden. Amundsen konnte nicht vergessen; Johansen hatte ihn tief getroffen.

Am 21. März fuhr Amundsen von Hobart zum australischen Festland – eine mühselige Vortragsreise nahm ihren Anfang. Am Tag zuvor war die *Fram* nach Buenos Aires ausgelaufen; mit Don Pedros finanzieller Unterstützung sollte das Schiff dort ausgebessert und verproviantiert werden für die – nach Amundsens Worten – „eigentliche Reise“, die Fahrt durch das arktische Eis, die 1913 beginnen sollte.

Nach seiner Vortragstour durch Australien und Neuseeland fuhr Amundsen nach Buenos Aires, um die *Fram* zu übernehmen. In Montevideo kam ein

Komitee der norwegischen Kolonie an Bord, um den Polarforscher willkommen zu heißen.

Seit Amundsen den letzten noch unbekannten Flecken der Erde betreten hatte und sein Name in aller Munde war, fühlte er das Bedürfnis, nicht nur incognito, sondern in Verkleidung zu reisen. Er stand auf der Passagierliste als Engebreth Gravning. Er trug einen falschen Bart. Nur der Kapitän wußte, wer er war.

Jetzt erst machte Amundsen die persönliche Bekanntschaft von Don Pedro, bis dahin ein Wohltäter aus der Ferne. Es war eine rührende Begegnung. Amundsen, sonst zurückhaltend und beherrscht, umarmte den alten Mann, der wie ein nachsichtiger Vater die Expedition gerettet hatte. Don Pedro nahm Amundsen unter seine Fittiche.

In Buenos Aires, wo die norwegische Kolonie für Amundsen und die Besatzung der *Fram* ein Bankett gab, erlebte der Polarforscher den ersten stürmischen Beifall seiner Landsleute. Er hatte eine große Fotografie anfertigen lassen von dem Berg, den er auf dem Weg zum Pol nach Don Pedro benannt hatte und veranlaßt, daß diese Fotografie hereingebracht wurde, während er die Tischrede hielt; und als er Don Pedro für alles dankte, was er getan hatte, wurde sie diesem übergeben. Don Pedro war gerührt, Tränen traten ihm in die Augen.

Amundsen mußte nun sein Buch über den Südpol zum Abschluß bringen, das – so hoffte er, arm und optimistisch, wie er war – ein Bestseller werden und ihn von seinen Schulden befreien würde. William Heinemann, sein Verleger, teilte diese Erwartung nicht, weil die im *Daily Chronicle* veröffentlichte Geschichte langweilig war.

> Ich bin . . . enttäuscht über den Mangel an Phantasie . . . selbst bei einer so spannenden Sache, wie der Durchführung der Fahrt. Ich habe leider den Eindruck, daß Amundsen, trotz seiner großartigen Leistung, wahrscheinlich kein gutes Buch schreiben kann.[15]

Um sein Buch fertigzustellen, zog Amundsen sich auf eine von Don Pedros Estancias zurück. Die Abfahrt der *Fram* in die Arktis wurde inzwischen verschoben. Der größte Teil der Besatzung fuhr mit einem Überseedampfer in die Heimat. Amundsen konnte es sich nicht leisten, den Männern viel Taschengeld zu geben. Bjaaland beschrieb seine Lage mit „abgebrannt und elend“, als er über den Äquator fuhr. „Gott weiß, wann ich endlich einmal Geld haben werde, so wie es sich für einen Mann gehört!“[16]

Bjaaland und seine Gefährten trafen am 2. Juli in Bergen ein. Eine Lokalzeitung fragte sie nach Scott.

> Sie hatten wenig Neigung, einen Kommentar zu geben, waren sich aber darin einig, daß Scott den Pol erreicht hatte. Andererseits konnten sie ihre Befürchtung nicht verhehlen, daß er auf dem Rückmarsch sein

Hauptdepot nicht erreicht habe. Ihrer Meinung nach hatte der Winter ihn festgehalten. Sie glaubten auch, daß Skorbut zur Gefahr für ihn werden könnte. Es täte ihnen sehr leid, wenn ihm etwas zustoßen sollte.[17]

Im Juli verließ Amundsen Buenos Aires und fuhr, wieder incognito, nach Norwegen.

Ohne besondere Erlebnisse irgendwelcher Art, unerkannt und unbemerkt, habe ich mein Büro in Christiania erreicht, schrieb er an Don Pedro. So war auch diese Reise von Erfolg gekrönt.

Am Kap Evans wartete die britische Expedition auf den Frühling. Cherry-Garrard und Dmetri waren am 16. März von ihrer Fahrt zum One Ton Camp wieder am Stützpunkt Hut Point angekommen, ohne Scott, aber mit Berichten von Schneestürmen, Kälte und Not. Sie weckten in Atkinson, der mit Keohane am Hut Point gewartet hatte, die ersten Vorahnungen eines Unheils. Doch das Wetter war nach den Erfahrungen des vergangenen Jahres durchaus vorhersehbar gewesen.

Atkinson fühlte sich nach seinem Gewissen zu einem weiteren Rettungsversuch verpflichtet. Doch Cherry-Garrard war körperlich und nervlich am Ende, und auch Dmetri schien nicht einsatzfähig. Bis das Meer wieder zufror, waren sie von ihren Gefährten am Kap Evans abgeschnitten. Nach zehn Tagen zog Atkinson mit Keohane zu einem hoffnungslosen Unternehmen aus.

Es ist kennzeichnend für die ganz und gar unglückselige Expedition, daß sie aufbrachen und den Schlitten *selbst zogen,* während die Hunde untätig am Hut Point zurückblieben. Weder Atkinson noch Keohane hatten bisher Hunde geführt, und Atkinson hielt es für grausam, die Hunde so kurz nach ihrer letzten Fahrt mit Cherry-Garrard und Dmetri wieder hinauszuschicken. Am 30. März geriet er hinter Corner Camp in Sturm und Schneetreiben und entschloß sich zur Umkehr. Innerlich war er überzeugt, daß die Polargruppe umgekommen sei.

Tatsächlich stammte die letzte Eintragung in Scotts Tagebuch vom 29. März. Den Überlebenden stand nun ein zweiter Winter bevor.

Die kleine Gruppe, die sich Anfang Mai am Kap Evans wieder zusammenfand, war ernüchtert; die Hütte halb leer; von den ursprünglich siebenundzwanzig Bewohnern waren nur noch dreizehn übrig. Der Anblick der fünf leeren Kojen ließ sie ständig an die Polargruppe denken.

Doch ihre Stimmung hielt sich im Gleichgewicht; in gewisser Weise waren sie glücklicher als im Jahr zuvor. Das war Atkinson zu verdanken, der jetzt das Kommando innehatte. Über ihn schrieb Gran:

Jeder achtete und bewunderte ihn . . . Seine wunderbaren Führungsqualitäten traten während der Überwinterung am Kap Evans bald zutage. Er gab niemals Befehle, äußerte nur Wünsche und mehr war nicht nötig.[18]

Während des ganzen Winters lastete auf Atkinson eine schwere Entscheidung. Im Süden, das war gewiß, lag die Polargruppe – tot; im Norden befanden sich Campbell und seine Gefährten – vielleicht am Leben. Was war wichtiger: die Toten zu finden oder nach den Lebenden zu suchen? Am Ende kam er zu dem Entschluß, daß sowohl ihre eigenen Gefühle als auch die öffentliche Meinung in der Heimat es verlangten, die Aufzeichnungen der Polgruppe vor dem Vergessen zu bewahren, und daß es daher seine oberste Pflicht sei, die Toten zu finden.

Am 29. Oktober brach die Suchgruppe nach Süden auf. Sie bestand aus zwölf Männern, den Hunden und sieben Himalaja-Mauleseln der indischen Armee, die auf Vorschlag von Oates für die zweite Jahreszeit mit an Land gebracht worden waren. Sie hatten sich auf eine lange Reise zum Polar-Plateau vorbereitet.

Die Gruppe hielt sich so eng wie möglich an die alte Route. Am 12. November schrieb Tryggve Gran in sein Tagebuch: „Es ist soweit. Wir haben gefunden, was wir suchten. Um Himmels willen, wie hart kann das Schicksal zuschlagen!“[19]

Um sechs Uhr in der Frühe, ungefähr zehn Meilen südlich vom One Ton Camp, erblickten sie, gerade als sie das Lager aufschlagen wollten, rechts von ihrem Kurs etwas. Sie hielten es für eine Schneepyramide. Charles Wright, der die Navigation übernommen hatte, ging hinüber, um sie zu untersuchen, blieb stehen und winkte die übrigen heran. Es war ein Zelt, das der Schnee zugedeckt hatte. Der Eingang war von innen verschlossen.

> Ich muß zugeben, daß mir die Tränen kamen (schrieb Thomas Williamson), und ich weiß, daß auch die anderen weinten; es traf uns wie ein Schock, obwohl wir seit Monaten nur zu gut wußten, daß uns so etwas bevorstand. Jeder schien wie vom Blitz getroffen. Wir rührten nichts an, sondern standen nur da, schauten vor uns hin und fragten uns, welche schrecklichen Geheimnisse das Zelt für uns bereit hielt.[20]

Atkinson ließ ein wenig abseits ein Lager errichten, während das Zelt freigeschaufelt wurde. Dann trat er hinein, und bevor etwas weggeschafft wurde, ließ er seine Gefährten nacheinander in das Innere gehen und einen Blick darauf tun, damit es später keinen Streit geben könne über das, was man gefunden hatte.

> Ich ging nicht sofort hinein, denn ich fürchtete (sagte Williamson), ich könnte den Anblick der traurigen Szene nicht ertragen. Als ich mich schließlich dazu entschloß, bot sich mir ein schauriges Bild: die Schlafsäcke mit den gefrorenen Leichen. Im Schlafsack in der Mitte erkannte ich Kapitän Scott, . . . die beiden anderen Leichen sah ich nicht, ich wollte sie auch nicht sehen, die armen Kerle.[21]

Als alles vorbei war, nahm Atkinson die Uhren und Dokumente aus dem Zelt und ließ es über den Leichen von Scott, Wilson und Bowers zusammenfallen. Sie wurden begraben, wo sie lagen und wie man sie gefunden hatte, in ihren Schlafsäcken. Über ihnen wurde ein hohes Grabmal aus Schnee aufgerichtet und auf seine Spitze ein Kreuz aus Skiern gesetzt. Atkinson sprach die Begräbnisgebete.

> Es war (wie Gran schrieb) feierlich und sehr bewegend, wie die elf wetterharten Männer entblößten Hauptes im Kreise standen und sangen. Durch die drohenden Sturmwolken brach leuchtend die Sonne und tauchte die große Ebene in märchenhafte Farben. Treibschnee fegte nieder, und als die Hymne zu Ende war, lag über den Toten eine weiche, weiße Decke.[22]

Scott hatte Anweisungen hinterlassen, daß der Finder sein Tagebuch lesen und danach in die Heimat schicken sollte. Atkinson zog sich in sein Zelt zurück und las Stunde um Stunde, bis er erfahren hatte, was geschehen war. Dann versammelte er die kleine Gesellschaft um sich und erzählte die Geschichte.

Sie ging den Männern zu Herzen, und der Schock der Entdeckung wurde überlagert von einem Gefühl des Unbehagens. So nahe der Hilfe waren Scott, Wilson und Bowers umgekommen. In seinem Tagebuch gab Gran diesem Gefühl Ausdruck:

> Ich kann den Gedanken nicht loswerden, daß wir in der Lage hätten sein müssen, Scott zu retten. Vielleicht wäre es uns gelungen, wenn Cherry sich auf Navigation verstanden hätte. Meine Gefährten sind zu phlegmatisch. Manchmal muß man eben Krach schlagen. Vielleicht trifft Scott selbst die größte Schuld. Er wollte nicht, daß andere ihr Leben aufs Spiel setzten, um sein Leben zu retten. Ich frage mich aber, ob er nicht auch dachte, wenn Shackleton es ohne Hilfe geschafft habe, könne er es auch. Und er hätte es gekonnt, wenn es der Wille Unseres Herrn gewesen wäre . . . Atkinson war zu sehr der ruhige, konservative Arzt. Er ist tüchtig, aber phantasielos. Ja, es ist schon traurig . . .

Cherry-Garrard fühlte sich selbst stärker betroffen. Er hatte den letzten realistischen Rettungsversuch geleitet. Wilson und Bowers waren seine guten Freunde gewesen, und jetzt erfuhr er, daß sie acht Monate zuvor, als er mit Dmetri und den Hunden am One Ton Camp umkehrte, nur sechs Meilen entfernt um ihr Leben gekämpft hatten.

> Wenn wir nur anderthalb Tage weitermarschiert wären (schrieb er), hätten wir etwas Verpflegung und Öl an einer der Schneepyramiden hinterlassen können in der Hoffnung, daß sie die Dinge fänden . . . Bis an mein Lebensende wird es mich nicht loslassen, daß ich das nicht getan habe.[23]

Und an anderer Stelle sagte er:

> Die Frage, was wir mit den Hundegespannen für sie hätten tun können, lastet mir furchtbar auf der Seele – aber wir haben uns an die Anweisungen gehalten.[24]

Für den Rest seines Lebens quälte Cherry-Garrard sich mit Selbstvorwürfen. Wäre er doch nur Navigator gewesen! Wäre er doch nur, statt Anfänger zu sein, erfahrener Hundeführer gewesen! Hätte er doch nur seinen Willen einem störrischen russischen Bauern aufzwingen können! Vielleicht hätte er seine Freunde retten können. Dieser Gedanke brachte ihn später um den Verstand.

Jetzt aber galt seine Sorge der Kritik; Kritik und Schlimmeres fürchtete er nach der Rückkehr in die Heimat über sich ergehen lassen zu müssen. Er hätte sich nicht zu beunruhigen brauchen. Scotts literarische Fähigkeiten dämpften das Geschrei. Seine Selbstrechtfertigung gelang so meisterhaft, daß er damit einerseits alle Schuld auf seine Gefährten abwälzte und sie ihnen als Erbe hinterließ, andererseits dieselbe Rechtfertigung sie aber auch schützte.

Draußen in der Schneewüste, in der Einsamkeit, die Scotts letztes Lager umgab, erhielten sie einen Vorgeschmack davon. Atkinson schloß seinen Bericht über den letzten Marsch mit Scotts Botschaft an das Volk ab. Die Wirkung zeigte sich unverzüglich.

> Die Welt wird bald erfahren (schrieb Williamson), wie sie gelitten, welche Mühsal sie erduldet und wie sie zueinander gehalten haben. Ihre Heldentat steht der auf dem Schlachtfeld in nichts nach und verdient den Respekt und die Anerkennung eines jeden wahrhaften Engländers.

So schlug die Legende schnell und wie selbstverständlich Wurzeln. Scott hatte gewußt, wie er zu seinen Landsleuten sprechen mußte.

Der Schlitten mit der Ladung geologischer Proben wurde freigeschaufelt. Cherry-Garrard fand es „großartig, daß Menschen alles weitergeschleppt, was sie unter Einsatz ihres Lebens gesammelt hatten."

Gran sah das anders und sagte: „Ich glaube, sie hätten sich diese Last sparen können."

Sie hatten jene dreißig Pfund Felsgestein auf dem Schlitten gezogen, um sich als Märtyrer der Wissenschaft darzustellen, eine pathetische kleine Geste, die aus der Niederlage am Pol und ihren zusammengebrochenen Hoffnungen noch etwas herausholen sollte. Die Hälfte des Gewichts an Seehundfleisch hätte sie gerettet. Ein halbes Liter Paraffin oder eine Büchse Pemmikan wären für sie mehr wert gewesen als der kostbarste Stein der Welt. Und letzten Endes hatten die Gesteinsproben fast keine Bedeutung. Shackleton hatte bereits die meiste Arbeit geleistet, und bis Scotts Ergebnisse veröffentlicht wurden, waren sie überholt.

Abgesehen von der geologischen Sammlung war es, nach Grans Tagebuch, „absolut unglaublich, was sie alles auf dem Schlitten hatten . . . eine Menge leerer Proviantsäcke und verschlissene Kleidungsstücke."

Die Gruppe setzte ihren Marsch nach Süden fort, um Oates zu finden, stieß einige Meilen weiter aber nur auf seinen leeren Schlafsack. Dort errichteten sie eine weitere Schneepyramide und setzten ein Kreuz darauf, an das sie einen Zettel hefteten mit den Worten: „Ungefähr an dieser Stelle starb ein sehr tapferer gentleman, Rittmeister L. E. G. Oates von den Inniskilling Dragonern."

Unmittelbar darauf kehrten sie zu dem Ort zurück, den Williamson „Trauriges Lager" nannte. Als sie dort die Sachen durchsahen, die weggeworfen werden sollten, entdeckten Gran und Williamson zufällig eine Tasche mit Amundsens Brief an König Haakon. Sie lag unter den Überresten auf Scotts Schlitten. Der Winterschnee hatte sie zugedeckt.

An der Schneepyramide für die Polargruppe schnallte Gran für den Weg zur Hütte am Stützpunkt Scotts Skier an. „Sie sollen", sagte er, „und sie werden ihren 2000-Kilometer-Lauf vollenden."

Dann zog die Suchgruppe so schnell als möglich nach Norden, um Campbell und seine Männer zu retten. Sie traf am 27. November am Hut Point ein und stellte fest, daß Campbell sich bereits dahin durchgeschlagen hatte. Er und seine Gefährten hatten den Winter in einer Schneehöhle bei Evans Coves an der Küste von Süd-Victoria-Land gelebt und sich von Robben und Pinguinen ernährt. Das war ein großartiges Beispiel dafür, wie man überleben kann. Doch Abbott, einer der Matrosen, verlor nach der Ankunft am Hut Point den Verstand.

Ihnen blieb nun nichts anderes zu tun, als auf das Schiff zu warten. Es hatte Verspätung. Am 17. Januar begannen sie schweren Herzens, sich für den dritten Winter einzurichten. Doch am nächsten Tag, so trug Gran in sein Tagebuch ein, erscholl der Ruf: *Terra Nova* in Sicht! – Hurra! Hurra!

Teddy Evans, der sich vom Skorbut erholt hatte, war jetzt der Kommandant. Nach 36stündiger Arbeit rund um die Uhr war die *Terra Nova* beladen und segelte den Sund hinauf zum Hut Point, um auf dem Observation Hill ein Gedenkkreuz für die Polargruppe zu errichten. Die Inschrift, die Cherry-Garrard gewählt hatte, war der gleiche Vers aus Tennysons *Ulysses:* „To strive, to seek, to find, and not to yield" (Streben, suchen, finden und nicht aufgeben), den Nansen sich sechs Jahre zuvor ausgesucht hatte, als er Amundsens Leistung auf der Nord-West-Passage in London würdigte.

Die *Terra Nova* segelte davon. Am 10. Februar erreichte sie Oamaru in Neuseeland, wo Pennell und Atkinson an Land gingen, um das Telegramm für die Presse aufzugeben, während die *Terra Nova* vor der Küste kreuzte, um das Durchsickern der Nachricht zu verhindern. Am 12. Februar fuhr sie in den Hafen von Lyttelton ein, die Flaggen wehten auf Halbmast. Schlagzeilen in allen Zeitungen. Scotts Tod erschütterte die Welt. „Das Abenteuer ist zu Ende", schrieb Gran in sein Tagebuch, „und unsere Fahrt gehört der Vergangenheit an."

In London kommentierte Oberleutnant Barry Domville (der spätere Admiral

Sir Barry Domville) die Nachricht, als sie zu ihm drang, so: „Für Marineoffiziere habe ich nie viel von diesen Expeditionen gehalten, und ich kann mich für sie nicht besonders begeistern, obwohl es mir natürlich für Scott leid tut.“[25]

Typischer war das Tagebuch einer Schülerin aus Bristol:

> Dienstag, den 11. Februar 1913. Ein schrecklicher Tag, den man nie vergessen darf, besonders traurig für einige Frauen, die erfuhren, daß bei den heldenhaften Anstrengungen, die Kapitän Scott und seine vier mutigen Gefährten auf sich nahmen, um den Südpol zu erreichen (um dadurch England einen Tag des Triumphes zu bereiten), fünf Menschenleben geopfert werden mußten als Tribut an die Antarktis – Menschen, die zu Haus Frauen und Kinder hatten; und Kapitän Scotts letzter Wunsch war, daß für die Hinterbliebenen in der Heimat gesorgt wird. Das wird auch geschehen.
>
> Sonntag, der 16. Februar. Beim Gottesdienst heute morgen predigte Domkapitular Haigh über Scott und seine Helden. Es war schrecklich. Dann am Abend hörten wir den Totenmarsch aus Saul, und sie wurden erneut in der Predigt erwähnt.[26]

Kathleen, die nach Neuseeland gereist war, um ihren Gatten schon dort zu treffen, brachte sie Sache bald auf ihren Kern: „Sie wären durchgekommen, wenn sie sich nicht der Kranken angenommen hätten“, schrieb sie an Admiral Egerton, Scotts Gönner in der Marine, „und so bin ich froh, daß sie *nicht* durchgekommen sind.“[27]

Allerdings, wenn Scott durchgekommen wäre als Zweiter mit all den offenkundigen Zeichen schlechter Organisation, wäre es wahrscheinlich um seine Ehre geschehen gewesen und er wäre halb vergessen gestorben. Hugh Robert Mill wurde im April 1912 gebeten, einen Artikel für das *Geographical Journal* zu schreiben, nachdem die *Terra Nova* die Bestätigung von Scotts Niederlage, aber noch keine Nachricht von seinem Ende, gebracht hatte. Er wird sehr deutlich:

> Ich würde gern ... über Scotts Ergebnisse schreiben, aber ... es gibt keine ... Er hielt sich so dicht an Shackletons Fährte, daß er nichts zu entdecken hatte, es sei denn, Shackleton wäre niemals dort gewesen ... Selbst wenn Scott zum Pol gelangt, ... kann er nichts vollbringen, außer seine Gruppe lebend zurückführen.[28]

Wie die Dinge lagen, hätte die Sache nicht besser ausgehen können. Um Shackletons Ausspruch zu übernehmen: Kathleen und das Land zogen einen toten Löwen einem lebenden Esel vor. Ein zeitgenössischer Journalist, namens Hannen Swaffer, schrieb: „Abgesehen von Nelsons Tod in der Stunde des Sieges ist nie irgend etwas so dramatisch gewesen.“ Die Admiralität verkündete, daß Scott und seine Gefährten als „gefallen“ angesehen würden. In einer Geste ohne Beispiel wurde Kathleen der Titel Lady Scott verliehen, wie wenn ihr Mann noch lebte und in den Adelsstand erhoben worden sei. Der Lord Mayor von London schuf einen Fonds für die Hinterbliebenen der Toten, und das britische Volk spendete mit seiner in Zeiten der Not gewohnten Großherzigkeit; in der Sankt Pauls Kathedrale wurde ein Gedächtnisgottesdienst gehalten; alles für eine der unergiebigsten Expeditionen ins Polargebiet und einen der schlechtesten Polarforscher.

> Das Land wurde durch Scotts Botschaft an das Volk aufgerüttelt: Unser Mißerfolg ist mit Sicherheit auf den plötzlichen Ausbruch des schlechten Wetters zurückzuführen ... Ich glaube nicht, daß jemals Menschen einen solchen Monat durchgestanden haben, wie wir ihn durchmachen mußten ... Ich bedaure diese Fahrt nicht, sie hat gezeigt, daß Engländer Mühsal ertragen können, sich gegenseitig beistehen und dem Tod genauso gefaßt entgegensehen wie in der Vergangenheit.

Amundsen hatte die Eroberung des Pols zu etwas gemacht, das zwischen Kunst und Sport lag, Scott aus der Polarforschung eine Sache des Heldentums um des Heldentums willen. Mrs. Oates, die unglücklich war über den Freitod ihres Sohnes – so muß man es nennen – ging vielleicht zu weit, wenn sie Scott seinen „Mörder" nannte; daß aber Scott für den Tod seiner Gefährten verantwortlich war, ist unbestreitbar.

Für den Volksgeschmack wurde die Geschichte erfunden, Oates habe sich geopfert, um das Leben seiner Gefährten zu retten, obwohl die wahre Tragödie zwischen den Zeilen von Scotts Tagebuch zu erkennen war:

> Titus Oates (hatte Scott am 11. März geschrieben) ist dem Ende sehr nahe ... Wir erörterten die Sache ... er ist ein tapferer, feiner Kerl und durchschaut die Situation, doch bat er praktisch um Rat. Man konnte ihm nur nahelegen, so lange er konnte, weiterzumarschieren.

Aber alles, was darauf hindeutet, daß der arme Oates, als die Schmerzen unerträglich wurden, seinem Leben ein Ende machte, vor allem Wilsons Brief an Mrs. Oates, wurde verheimlicht. Um nicht die Verantwortung auf Scott fallen zu lassen – was seinem Ansehen geschadet hätte –, mußte man die Tragödie heroisch verbrämen.

An keiner Stelle der Aufzeichnungen der Polargruppe wird ausdrücklich gesagt, daß Oates sich aus heroischer Opfergesinnung das Leben nahm. Diese Darstellung beruht auf einer Andeutung in Scotts Rechenschaftsbericht.

Die Familie Oates wurde seltsamerweise aus allem herausgehalten. Mrs. Oates hatte die wahren Zusammenhänge offenbar durchschaut und verzieh Scott nie. Sie verhielt sich nicht wie die Mutter eines Helden, sondern eines Opfers. Sie rang sich dazu durch, im Verhalten ihres Sohnes eine annehmbare Lösung zu sehen und fand so Ruhe. „Man kann Tatsachen nicht offen aussprechen", hatte Teddy Evans ihr allzu vertraulich geschrieben, „wenn sie die Organisation in Mißkredit bringen."

Bei einem Gottesdienst in der Kapelle der Marinewerft Devonport wurde Oates und seinen Gefährten in einer geläufigen Predigt dafür gedankt, daß „sie uns erinnern ... an den Ruhm der Selbstaufopferung und den Segen des Fehlschlags." Viel Worte verschwendete man auf das Thema „Dem Rachen des Todes den Sieg entreißen". Auf Oates paßte das überhaupt nicht; er war dafür viel zu klar und nüchtern. Sein Handeln offenbarte in erschütternder Weise, wie ein außergewöhnlicher Mensch den Tod sucht, wenn es für ihn keinen Platz mehr gibt; der Tod war der einzige Ausweg.

Auf Scott trafen die Predigten zu. Seine Taten und, an erster Stelle, sein literarischer Stil sprachen das Gemüt seiner Landsleute an. Er war die Verkörperung eines ruhmreichen Fehlschlags, inzwischen zum britischen Ideal geworden. Für eine untergehende Nation war Scott der geeignete Held.

Es wurden wenige Versuche unternommen, um die Ursachen des Unglücks zu analysieren. Aus der Not eine Tugend zu machen und Unfähigkeit als Heroismus zu frisieren, schien weniger beunruhigend. Trotz überwältigender Beweise des Gegenteils schrieb der *Daily Chronicle:* „Von allen Expeditionen, die den antarktischen Kontinent erforschten, war die von Kapitän Scott zweifellos am besten ausgerüstet."[29] Die *Times* gab ein typisches Beispiel für Sophisterei. „Wir wollen uns all das Geschwätz aus dem Kopf schlagen, das ... um einen ‚Wettlauf' kreiste," forderte die Zeitung und fügte hinzu, der wahre Wert dieser Antarktis-Expedition liegt

> im geistigen Bereich und ist deshalb im wahrsten Sinn national. Er beweist, daß man auch in einer Zeit, in der ein bedrückender Materialismus herrscht, Menschen finden kann, die für eine Idee voraussehbare Mühsal, große Gefahren und sogar den Tod auf sich nehmen ... So sind Menschen beschaffen, die Weltreiche aufbauen, und solange ein solcher Geist in uns lebt, werden wir das Weltreich erhalten können, das unsere Väter geschaffen haben.

35

Das letzte Abenteuer

Amundsen hielt sich in Madison, Wisconsin, auf, als ihn die Nachricht erreichte. Einem Journalisten sagte er: „Ich würde gern auf Ehre und Geld verzichten, wenn ich dadurch Scott den furchtbaren Tod hätte ersparen können.“[1]

Am Tag darauf in Chicago beschreibt ihn ein wartender Journalist. Er

> glich einem Bild der Trauer und bemühte sich vergeblich, seine Rührung zu verbergen ... „Schrecklich, schrecklich!“, sagte Amundsen und lief dabei hin und her ...“ Ich kann Scotts letzte Botschaft nicht ohne innere Bewegung lesen. Und denken zu müssen“, fügte er mit leiserer Stimme hinzu, „daß, während diese tapferen Männer dort draußen in der Eiswüste starben, ich warm und bequem in Australien saß und Vorträge hielt.“[2]

Amundsen reiste jetzt durch Amerika und hielt Vorträge darüber, wie er zum Südpol gelangt war. Fast ein Jahr stand er allein im Mittelpunkt. Alles schien vergeben zu sein. In Norwegen wollte man ihn zum Titularprofessor machen. An Nansen schrieb er: „Es wäre schön, regelmäßig ein Jahresgehalt zu empfangen, aber,“ fügte er mit der wunderlichen Ironie hinzu, die er angenommen hatte, „Professor – dazu bin ich nicht geeignet. Ich muß den schmeichelhaften Vorschlag dankend ablehnen.“ Alle anderen Ehrungen – und es waren nicht wenige – nahm er an, wo immer sie ihm zuteil wurden, so daß Bjaaland sich gedrängt fühlte, ihm zu schreiben: „Ich gratuliere Ihnen zu Ihrem Triumphzug um die Welt.“ Dann kam die *Terra Nova* und brachte einen Bericht über das, was eine Zeitung in ihrer Überschrift einen „Todesmarsch in der Antarktis“ nannte; der Sieger Amundsen wurde eine Zeitlang vom Märtyrer Scott verdrängt.

Ehe die Nachricht eintraf, hatten die Engländer sich damit getröstet, daß Amundsen nur gewonnen habe, weil er „Glück“ hatte. Nansen war darüber so verärgert, daß er im Vorwort zu Amundsens Buch über dessen Expedition schrieb: „Komme niemand und rede von Glück. Amundsens Sieg ist ein Triumph der Stärke und des Weitblicks.“

In England wurde Amundsen jetzt genau zu dem Sündenbock, den man brauchte. Scott, so wurde erzählt, starb, weil ihm die Niederlage das Herz brach; ergo lag die Schuld nicht bei ihm, sondern dem Mann, der die Unverschämtheit besaß, als erster den Pol zu erreichen. Es war ein romantischer Kunstgriff, der von der mißlichen Notwendigkeit befreite, die Frage zu stellen, weshalb Scott zweiter wurde. Auf Amundsen mit seinem klaren Verstand machte diese Version überhaupt keinen Eindruck. Er erklärte von Anfang an ganz freimütig, daß Scott sich selbst ins Unglück gestürzt habe, so wie es auch Nansen in einem erbitterten Briefwechsel mit Sir Clements Markham durchblicken ließ: „Es war sehr schade, daß er nicht auf meinen Rat hören wollte, viele gut dressierte Hunde mitzunehmen und sich ihnen und nicht Ponys anzuvertrauen . . . Hätte er getan, wozu ich ihm riet, wäre er noch unter uns. (Seine) Ausrüstung . . . war der Aufgabe nicht angepaßt.“[3]

Mit Vernunft konnte jedoch nicht alles erklärt werden. Ein Zweifel quälte Amundsen. Natürlich bestimmte jeder selbst über sein Schicksal. Natürlich war Scott schwach, inkompetent und dumm gewesen; natürlich hatte er sich alles selbst zuzuschreiben. Aber Amundsen war kein gefühlloser Unmensch. Wer konnte sagen, ob nicht auch er ein wenig mitverantwortlich war? Wer konnte das wissen?

Scotts Tod oder vielmehr die Wirkung auf ihn, Amundsen, war die einzige Möglichkeit, die er nicht vorhergesehen hatte. Auf dem Schlitten, den Scott gezogen hatte, lag der Beweis, daß der Norweger am Pol gewesen war, bis hin zu einer Fotografie des Zelts, das er dort stehen gelassen hatte. Scott war letzten Endes gestorben, um zu beweisen, daß Amundsen den Sieg davon getragen hatte. Das war eine grausame Ironie, und Amundsen brachte es selbst nicht fertig, einen Beileidsbrief zu schreiben. Er überließ es Leon an seiner Stelle. „Scott“, schrieb Leon an Scott Keltie, „hat uns gezeigt, wie man stirbt.“ Mehr konnte man nicht sagen.

Die Welt sah die Geschichte weithin mit den Augen Scotts. Seine Tagebücher wurden schnell veröffentlicht, und er war ganz einfach ein besserer Schriftsteller als Amundsen. Amundsen fehlte die Gabe, sich zu verteidigen. Er war zu sehr ein Mann der Tat; wie viele seines Schlages verausgabte er sich in seinen Taten. Er erlebte den Augenblick so intensiv, daß ihm keine zusätzliche Energie blieb, ihn anderen mitzuteilen. „Der letzte der Wikinger“ erwartete, daß seine Taten für sich sprachen: sie waren auf jeden Fall seine Stärke. Im Gegensatz zu ihm schien Scott Erfahrung als Mittel zu anderen Zwecken gesucht zu haben, als Weg zum Aufstieg, als Rohstoff für die Schriftstellerei. Er wandte sich an jedermann, während Amundsen keinen Hehl aus seiner Verachtung für die Masse machte. So blieb nichts, was Scotts meisterhafte Selbstrechtfertigung aufwiegen konnte. Seine literarische Begabung blieb sein Trumpf. Es schien so, als recke er den Arm aus dem im Schnee begrabenen Zelt, um Rache zu nehmen.

Er setzte nicht nur ein Beispiel, sondern hinterließ ein Vermächtnis heroischen Versagens. 1914 brach Shackleton zur ersten Durchquerung der Antarktis auf. Ehe er landen konnte, wurde sein Schiff, die *Endurance,* im Weddell-Meer vom Eis zermalmt und sank. Im offenen Boot fuhr er fast 1000 Meilen nach South Georgia, um Hilfe zu holen, und brachte alle seine Männer heil zurück. Es ist eine der Legenden, die auf dem Meer spielen. Beim Start zu seiner nächsten Antarktis-Expedition starb er am 5. Januar 1922 an Herzversagen und wurde in South Georgia begraben. Im Gespräch mit einem Arzt, der ihm wegen seiner Lebensweise Vorhaltungen machte, waren seine letzten Worte: „Was! Sie wollen, daß ich jetzt aufgebe?"

Anders war das norwegische Postscriptum zum klassischen Zeitalter antarktischer Forschung. 1929 entdeckte eine Expedition unter Kapitän Hjalmar Riiser-Larsen Queen Maud-Land und schloß damit die letzte größere Lücke in der Küstenlinie des Kontinents. Das Unternehmen wurde erfolgreich und ohne Rückschläge oder viel Aufhebens durchgeführt. So fanden sowohl Scott als auch Amundsen unter den eigenen Landsleuten ihre charakteristischen Nachfolger.

Scott war ein heroischer Stümper. Er lieferte keinen Beitrag zur Technik des Polarreisens, wenn man außer acht läßt, daß er verstärkt herausstellte, wie grotesk und sinnlos es ist, wenn Menschen selbst Schlitten ziehen. Helmer Hanssen drückte es so aus: „Was soll man von Scott und seinen Gefährten sagen, die ihre eigenen Schlittenhunde waren? . . . Ich glaube nicht, daß man ihn jemals kopieren wird."[4] Scott war der Inbegriff reinen Ehrgeizes und starrköpfiger Beharrlichkeit. Er war, immerhin, der zweite Mensch, der den Pol erreichte. Seine Tat sollte den Mythos des Forschers als Märtyrers verewigen und in einem umfassenderen Sinn Leiden und Selbstaufopferung als in sich erstrebenswert glorifizieren.

Scott wurde sofort Legende. Von Anfang an herrschte wortloses Einvernehmen darüber, daß man sich um seinen Namen versammelte und unbequeme Tatsachen verheimlichte. „Die Tragödie . . . war nicht auf irgendeinen Mangel an Planung zurückzuführen", schrieb die *Times* und wies damit die Richtung. „Kapitän Scott teilte nicht die englische Schwäche, sich durch eine Aufgabe durchzuwursteln."[5] Für die Veröffentlichung wurden seine Tagebücher von allen Stellen gereinigt, die einem Bild der Vollkommenheit Abbruch tun konnten, vor allem von Passagen, die Verbitterung über Amundsen, Kritik an seinen Gefährten und ganz besonders Hinweise auf Inkompetenz erkennen ließen. Lord Curzon, der Präsident der Königlichen Geographischen Gesellschaft, verlangte eine Untersuchung des Unglücks, und zwar in erster Linie des Paraffinmangels und der Organisation der Hilfsmaßnahmen, um Scott zu entlasten und massiver öffentlicher Kritik zuvorzukommen, die – wie er irrtümlich befürchtete – bald aufkommen würde. Admiral Sir Lewis Beaumont riet jedoch davon ab mit dem Hinweis, niemand könne „im voraus sagen, wohin eine solche Untersuchung führe."[6] Atkinson, der die Leichen untersucht hatte, weigerte sich, ihm bekannte medizinische Einzelheiten über das Ende der Polargruppe preiszugeben, eine Belastung, die wahrscheinlich dazu beitrug, daß sein Leben früh zu Ende ging. Es gibt vereinzelte Andeutungen, er habe Beweise von Skorbut verheimlicht. Sie konnten nicht bekanntgegeben werden, weil sie einen Einblick in die ganze Führung der Expedition gestattet hätten.

Man war krankhaft bemüht, Scott bis zum bitteren Ende zu glorifizieren. Kathleen machte damit den Anfang. Nach Scotts Willen sollte sie sich um seine Papiere kümmern. „Er starb als letzter", schrieb sie an Admiral Egerton und schickte ihm den Abschiedsbrief, den Scott an ihn gerichtet hatte. Zufällig gab dieser Brief einen anders lautenden Hinweis. Er war lose im Zelt gefunden worden. Auf der Rückseite stand eine Bemerkung in Bowers' Handschrift, die vermuten läßt, daß Bowers die anderen überlebte, oder wenigstens Zweifel an Scotts Anspruch aufkommen läßt – wenn das unter den gegebenen Umständen überhaupt von Bedeutung war. (Die Bemerkung richtete sich an den Finder und lautete: „Dr. Wilsons Notiz an Frau Wilson befindet sich in der Büchertasche des Instrumentenkoffers zusammen mit seinem Tagebuch und zwei Skizzenbüchern." Dieser Satz war jedenfalls unerwünschtes Beweismaterial: Es wurde unterdrückt und statt dessen eine offizielle Rekonstruktion der Schlußszene im Zelt veröffentlicht, die Sir J. M. Barrie auf Bitten von Kathleen Scott entwarf.

> Wilson und Bowers starben zuerst (schrieb der erfahrene Schauspielautor) und danach Kapitän Scott ... Er knöpfte sich das Hemd auf und ... mit zurückgeworfenem Kopf erwartete er den Tod. Wir wissen das, weil die drei so aufgefunden wurden ... Es muß nicht im einzelnen genau so gewesen sein, aber im Kern war es so.[7]

Scott war eine mythische Gestalt geworden, die man brauchte. Ein Jahr danach brach der Erste Weltkrieg aus, und ein Schriftsteller schrieb nach einer beachtlichen Kette von Unglücksfällen, er hat seinen

> Landsleuten ein Beispiel für Ausdauer gegeben ... Wir haben jetzt unter uns so viele Helden, so viele Scotts ..., die Opfer über Gewinn stellen, (und) wir fangen an zu begreifen, welcher Ruhm aus den blutigen Schlachtfeldern ... von Flandern ... und Gallipoli aufsteigt.[8]

Eine Tradition setzte sich fort. Ein norwegischer Beamter in Spitzbergen, der Expeditionen verschiedener Nationalitäten hatte kommen und gehen sehen, bemerkte einmal, daß die Studenten englischer Universitäten auffielen, weil sie „offenbar Helden sein wollten". Für den romantischen Idealisten bleibt Scott die Inspiration. Seine Ausstrahlungskraft geht über nationale Grenzen hinaus. Er wird als rechtgläubige Märtyrergestalt angenommen, sogar von Marxisten in der grotesk andersartigen Umgebung der Sowjetunion. Nach den Worten eines Schriftstellers gilt er dort als die Verkörperung „eines Kampfes bis zum Tod gegen die Schicksalsgewalten, (vergleichbar) dem Traktorführer, der seine Maschine in ein Weizenfeld fährt, das in Flammen steht."[9]

Amundsen ist *kein* Sowjetheld. Er war zu sehr Individualist, zu rational und distanziert, um sich an eine barbarische oder überhaupt irgendeine Ideologie ketten zu lassen.

Das wollte er nicht. Scott war ausgezogen, ein Beispiel an Heroismus zu geben. Amundsen wollte lediglich als erster den Pol erreichen.

Die Gebete beider wurden erhört.

Scott zahlte den Preis früh.

Und Amundsen?

Kurz bevor er in Amerika von Scotts Schicksal erfuhr, erreichte ihn die Nachricht von Hjalmar Johansens Selbstmord.

Johansen war im Juni 1912 von Hobart nach Norwegen zurückgekehrt. Er verfiel seinem alten Laster und trieb sich in den schlechteren Vierteln von Christiania herum, trinkend und unstet. Familie und Freunde mied er. Er lebte wie jemand, der sich versteckt halten muß. In einer Mischung von Treue und Scham schwieg er über seinen Streit mit Amundsen. Er wurde in sich gekehrt und apathisch; jemand, der ihn gesehen hatte, erzählte: „Er saß im Halbdunkel in einer Ecke, schweigsam und schwermütig. Wenn ihn jemand ansprach, schrak er auf und seine Antwort zeigte, daß er weit weg gewesen war."

Als seine Freude nach einigen Monaten von seiner traurigen Lage erfuhren, versuchten sie, ihm zu helfen, doch dafür war es schon zu spät. Er hatte es aufgegeben, über sein Versagen nachzugrübeln. Er hatte das Ende seines Weges erreicht. Eines Tages nahm er sich ein Zimmer in einem Hotel im Zentrum der Stadt, dem besten, das er sich leisten konnte, und dort erschoß er sich in den frühen Morgenstunden des 4. Januar 1913. „Vielleicht war es das beste für ihn, den armen Teufel", sagte Thorvald Nilsen.

Johansens Freunde beschuldigten Amundsen, ihn in den Tod getrieben zu haben. Zumindest Nansen wußte, daß die Dinge nicht so einfach lagen. Die Demütigung in der Antarktis hatte vielleicht den letzten Ausschlag gegeben, aber nicht das allein hatte Nansens alten Gefährten dazu getrieben, seinem Leben ein Ende zu machen. Nicht in einem Wort verriet Nansen, was er empfand; denn er war sowohl Johansen wie Amundsen Loyalität schuldig, doch bot er sich an, die Kosten für Johansens Begräbnis zu übernehmen. Darin sah man einen Vorwurf gegen Amundsen. Das Angebot enthielt aber auch Nansens Eingeständnis, daß er ein wenig mitschuldig war, weil er Johansen nach der ersten Fahrt der *Fram* sich selbst überlassen und ihn dann Amundsen aufgezwungen hatte. Johansen hatte die Strafe des Verlierers bezahlt.

Johansens Selbstmord und Scotts Selbstzerstörung warfen über Amundsen ihre Schatten. Es war, als hätte ein Fluch auf dem Südpol gelegen.

Amundsen war zur Antarktis-Expedition aufgebrochen in der Erwartung, daß Sigrid Castberg sich von ihrem Gatten scheiden ließe und bereit sei, ihn zu heiraten, wenn er heimkam. Er kehrte zurück und erfuhr, daß sie es nicht getan hatte. „Aus diesem Grund glaube ich, daß ich in dieser Richtung keine Verpflichtung mehr habe", sagte er und brach die Beziehung ab. Ihren gemeinsamen Freund Herman Gade bat er um Vermittlung:

> Sag' (Sigrid) bitte freundlich und möglichst rücksichtsvoll, daß ich ihr nicht schreiben möchte, nachdem ich endgültig die Beziehung zu ihr abgebrochen habe. Mach das klar, so gut Du kannst; wie ich Dir sage, bin ich an Händen und Füßen gebunden – und bleibe in diesem Bereich stets „ein guter Junge".[10]

Was Amundsen damit genau sagen wollte, ist schwer herauszulesen. Wo immer es um Frauen geht, ist er unergründlich ambivalent. Er fühlte sich zweifellos verraten und äußerte Jahre danach in einem seiner seltenen Augenblicke von Freimut: „Daß ein Mensch so unbarmherzig auf meinem Herzen herumtrampeln konnte, kann ich nicht vergessen." Aber diese Worte sind eine Rekonstruktion nach langem Grübeln, und es ist unwahrscheinlich, daß sie die ganze Wahrheit enthalten. Im Hintergrund lauert ein Hindernis, das es ihm verwehrte, mit einer Frau glücklich zu sein. Vielleicht spürte Sigrid das und zog sich deshalb im letzten Augenblick zurück. Es kann auch sein, daß Amundsen aus Gewissensgründen und um seiner Karriere willen Zeichen des Verzichts erkennen ließ.

Seitdem Amundsen in Hobart an Land gegangen war, hatte er darauf hingearbeitet, seinen ursprünglichen Plan für eine Drift durch das arktische Eis wieder aufzunehmen. Und dann schrieb er plötzlich an Nansen aus Ottawa, noch während der Vortragsreise durch Nordamerika, daß er die Vorbereitungen einstelle. Die norwegische Regierung, schrieb Amundsen, habe einem Unternehmen die Anerkennung verweigert, das zum Dank für diejenigen gedacht war, die ihn vorher unterstützt hatten;

> Sie, Herr Professor, werden mein Verhalten sofort verstehen. Wenn man für Jahre ins Polarbecken fährt, muß die Rechnung stimmen. Es hat keinen Sinn, *diese* Fahrt mit gebrochenen Versprechungen zu beginnen.

Worauf Nansen antwortete:

> All die Vorträge in diesem nervenaufreibenden Land haben an Ihren Kräften gezehrt und . . . Sie aus dem seelischen Gleichgewicht gebracht . . . Nur so kann ich mir Ihren Brief erklären, der mir sonst unbegreiflich wäre, es sei denn, daß Sie der ganzen Expedition mit der *Fram* überdrüssig sind und sie lieber aufgeben möchten, aber dann würden Sie es wahrscheinlich geradeheraus sagen . . . Falls Sie aber drohen wollen, mit der *Fram* nicht weiterzumachen, wenn nicht alle Zusagen eingehalten werden, . . . dann wirft das ein höchst ungünstiges Licht auf Sie und Sie erscheinen als jemand, der sein großes Versprechen bricht, im Vergleich zu dem alle anderen Dinge, die Sie erwähnen, unbedeutend sind. Als Sie uns sagten, Sie gingen zum Südpol, ehe Sie zu der Fahrt durch das Eis aufbrechen, sagten Sie auch, Sie täten es, um damit die Mittel für diese Expedition zu erwerben. Mit dieser Zusage bei Ihrer Abfahrt haben die Regierung und wir übrigen Sie verteidigt und Lanzen für Sie und – ich darf wohl sagen – Ihre Ehre gebrochen.
>
> Sie können mir vielleicht vorwerfen, daß ich nicht genug getan habe, damit die Versprechungen, von denen Sie reden, gehalten wurden. Doch davon habe ich vor Ihrem Brief nichts gewußt . . . ich habe nicht das Gefühl, daß Sie mir etwas vorzuwerfen haben. Ich habe für Sie und Ihre Expedition getan, was ich konnte. Ich darf sagen, was sie vielleicht damals nicht verstanden haben, daß ich für Sie ein größeres Opfer als für irgend jemanden sonst in

meinem Leben gebracht habe, als ich auf meine Expedition zum Südpol, auf die Krönung meines Werks als Polarforscher, verzichtete und Ihnen die *Fram* überließ, damit Sie Ihre Fahrt über das Polarmeer durchführen könnten. Sie mögen denken, das sei nicht viel; bedenken Sie aber dabei, daß ich diesen Plan gefaßt hatte, ehe ich auf der *Fram* segelte, und ihn schon in allen Einzelheiten in der Hütte auf Franz-Josef-Land ausgearbeitet hatte . . .

Sie fuhren los, und ich sah die *Fram* zum letzten Mal, und dann hörte ich von Ihnen, daß Sie zu genau der Expedition aufgebrochen waren, die ich für Sie aufgegeben hatte. Es war so merkwürdig – doch ich war froh. Es wäre in jedem Fall ein Norweger, und sie würde genau so verlaufen, wie ich es mir gedacht hatte. Am meisten bedauerte ich jedoch, daß Sie mir vorher nichts gesagt hatten; denn ich hätte Ihnen auf jeden Fall wertvolle Ratschläge geben können . . . ich hatte alles überlegt . . . doch Ende gut, alles gut . . . All das wiederhole ich hier, damit Sie sehen, daß ich wirklich für Sie und Ihre Expedition Opfer gebracht habe und daß Ihre Verbitterung über Norwegen – weil Sie glauben, Versprechungen seien hierzulande billig – nicht gerechtfertigt ist . . . Mir scheint, daß es um höhere Werte geht als darum, Oberleutnant Nilsen einen Orden zu verleihen und ihn zum Fregattenkapitän zu befördern . . . oder Konsul Gade einen Auftrag zu erteilen, usw.[11]

Es ging jedoch nicht nur um Nebensachen und Goldstreifen. Amundsen hatte Bjaaland, weil er sich ihm verpflichtet fühlte, 20000 Kronen (heute etwa 65000 DM) als Starthilfe für eine Ski-Fabrik geliehen, obwohl er sich das schlecht leisten konnte. Er wollte denen die Treue halten, die ihm geholfen hatten. Seine Antwort an Nansen enthielt einen kleinen Pfeil bitterer Ironie: „Ich bin Ihnen dankbar, daß Sie mich zu der Einsicht gebracht haben, daß man . . . in dunklen Augenblicken über Bagatellen die großen Dinge vergißt."

Dann, in einer seltenen, wenn auch versteckten Anspielung auf Scott:

Aber, Herr Professor, glauben Sie nicht auch, daß man Kleinigkeiten seine Aufmerksamkeit schenken muß und sie nicht vernachlässigen darf? Mir scheint, daß viele große Unternehmungen gescheitert sind, weil Bagatellen vernachlässigt wurden.

Nansen hatte erkannt, daß Amundsen einen Vorwand suchte, um seine Arktis-Pläne aufzugeben, und Amundsen gab es zu:

Es ist möglich, daß ich die Zurechtweisung von Ihnen brauchte. Jedem anderen würde ich getrotzt haben, wenn er mir solche Schläge versetzt hätte. Aber Ihnen verdanke ich so viel, daß ich still mein Haupt senke und sie annehme.

Die Erfolgsaussicht für eine Fahrt durch die Arktis war erschreckend gering geworden. Sie konnte nur eine Wiederholung dessen sein, was Nansen bereits getan hatte.

Welten gab es für Amundsen nicht mehr zu erobern. Er war nicht Forscher, sondern Entdecker, und das ist zweierlei. Das letzte große Ziel auf der Erde hatte er erreicht. Wenn er erneut Schlagzeilen machen wollte, mußte er versuchen, als erste Mensch zum Mond zu gelangen. Alles andere war von vornherein ein Abstieg. Er mußte in jedem Fall etwas Neues versuchen, statt in die Fußstapfen anderer zu treten.

Wenn Scott besiegt, aber lebend zurückgekehrt wäre, hätte Amundsen seine Arktis-Drift ungestraft aufgeben können. Da aber Scott gestorben war, war das jetzt undenkbar. Es gab, wie Nansen klar ausgesprochen hatte, keinen ehrenvollen Ausweg. Amundsen mußte, wie der Fliegende Holländer, weitersegeln, bis er Ruhe fand.

Die Eroberung des Südpols war ein Kunstwerk, ein Meisterstück gewesen. Amundsen konnte nicht auf eine Wiederholung hoffen. Er besaß nicht mehr die Kraft des alle Schwierigkeiten überwindenden Willens. Er litt unter dem Kampf zwischen Pflicht und Neigung. Außenstehende spürten, daß etwas schief gegangen war. Einer, der ihm zu jener Zeit begegnete, sagte: „Er wirkte vornehm, aber ein wenig verfallen." Das Glück, einst sein treuer Begleiter, hatte sich von ihm abgewandt. Rückschläge verfolgten ihn, während die *Fram* in südamerikanischen Häfen Muscheln ansetzte. Für das Schiff bestanden verschiedene Pläne, anfangs auch einmal die Möglichkeit, als erstes durch den Panama-Kanal zu segeln, dessen Bau sich seinem Ende näherte. Aber schließlich kehrte es im Juli 1914 nach Norwegen zurück. Einige Wochen später brach der Weltkrieg aus, und alle Pläne wurden auf Eis gelegt.

Die *Fram* war wurmstichig und nicht mehr seetüchtig. Zwei Jahrzehnte lag sie unbenutzt in norwegischen Gewässern und verrottete langsam, während zuständige Ausschüsse darüber ratlos die Hände rangen. Am Ende rettete sie ein patriotischer Schiffseigner, und sie bekam einen geschützten, endgültigen Platz in Oslo, wie Christiania inzwischen hieß. Und dort liegt sie am Ufer des Fjords als nationales Denkmal und Polarheiligtum.

Amundsen mußte sich inzwischen nach einem anderen Schiff umsehen. Wie gewöhnlich war Geld das große Problem. Da kam ihm der Krieg zu Hilfe. Norwegen war neutral und seine Handelsschiffe bei den Alliierten sehr gefragt. Wie viele seiner Landsleute investierte Amundsen im Schiffsbau, verdiente schnell eine Million Kronen (heute etwa 2560000 DM) und gab ein neues Schiff in Auftrag. Es wurde nach dem Muster der *Fram* gebaut und nach der norwegischen Königin auf den Namen *Maud* getauft.

Im Juli 1918 verließ die *Maud* Norwegen, fuhr an der sibirischen Küste entlang und begann ihre Drift durch die Arktis an der Bering-Straße. Sieben Jahre später beendete sie ihre Fahrt in Seattle; sie war im Norden nicht über die Neusibirischen Inseln hinausgelangt.

In Bezug auf das gesteckte Ziel war die Expedition ein Fehlschlag. Der *Maud* gelang jedoch als zweitem Schiff die Nord-Ost-Passage und Amundsen hatte, für alle sichtbar versucht, die Drift durch die Arktis zu verwirklichen. Daß der Südpol nicht die Goldgrube geworden war, die Amundsen erwartet hatte, daß Sturm, Eis und Meeresströmungen im Norden gegen ihn gewesen waren, konnte man ihm schwerlich als Schuld anrechnen.

Schon ein Vierteljahrundert widmete Amundsen sich jetzt dem Polareis und -schnee. Die erste antarktische Nacht, die Nord-West-Passage, der Südpol, die Nord-Ost-Passage – seine Laufbahn las sich wie ein Roman. Zehn Jahre hatte er dem Versuch geopfert, sein Wort einzulösen, und sein Gewissen war in dieser Hinsicht rein. Den meisten Menschen hätte es genügt, aber Amundsen war immer noch ruhelos und fand keinen Frieden.

Ein Jahrzehnt Rückschläge hatte die Erfolge der Vergangenheit in Vergessenheit geraten lassen, und Amundsen lernte jetzt das Los des gestürzten Helden kennen, das in Norwegen besonders hart ist. Er konnte nicht in Ungnade zurücktreten; er mußte vorher seinen Ruf zurückgewinnen. Wieder war es der Südpol.

Amundsen hatte hart an der Technik der Schlittenreise mit Hunden gearbeitet und sie perfektioniert. Jetzt war sie nicht mehr zeitgemäß, er hatte die Ära abgeschlossen. Aber er trauerte ihr nicht nach. „Die langen Schlittenfahrten in der Antarktis waren mir noch in lebhafter Erinnerung“, sagte er, nachdem er (1913 in Deutschland) zum ersten Mal ein Flugzeug gesehen hatte, „und ich beobachtete, wie die Maschine in der Luft in einer Stunde Entfernungen zurücklegte, die im Polargebiet Tage in Anspruch genommen und furchtbare Anstrengungen gekostet hätten.“[12] Er erkannte, wo die Zukunft lag, und begann sofort, fliegen zu lernen. 1914 erwarb er den ersten Zivilflugschein in Norwegen. Jetzt, im Alter von 50 Jahren, als die *Maud*-Expedition ihrem Ende entgegen ging, packte ihn die Idee, die Arktis als erster zu überfliegen.

1923 versuchte Amundsen, von Wainwright in Alaska nach Spitzbergen zu fliegen. Er hatte die *Maud* verlassen; sie sollte unter dem Kommando von Oscar Wisting ihre Fahrt beenden. Sein Flugzeug ging jedoch vor dem Start zu Bruch. Er kehrte nach Norwegen zurück, um einen erneuten Versuch zu machen.

Ein norwegischer Journalist schilderte Amundsens veränderte Lage so: „Als Amundsen im Triumph heimkehrte, ehrten wir ihn alle um die Wette; als es ihm aber schlecht zu gehen begann, waren wir sofort mit unserer schäbigen Kritik zur Stelle.“[13] Die norwegische Presse spöttelte öffentlich über Amundsen, u. a. mit der Behauptung, er hätte aus Angst vor dem Flug den Bruch in Wainwright absichtlich in die Wege geleitet. Man warf ihm vor, er habe geschwindelt, um sich Publizität zu verschaffen. Und es wurde gemunkelt: die zwei Eskimomädchen, die er auf der *Maud* mitgenommen und nach Norwegen gebracht hatte, damit sie eine Schulbildung bekamen, seien seine unehelichen Töchter (was von den Daten her ganz ausgeschlossen war). Aber er nahm sich das alles sehr zu Herzen.

Seit seiner Rückkehr aus der Antarktis war Amundsen verbittert. Vor Ablauf des ersten Jahres schrieb er an Don Pedro Christophersen:

> Im täglichen Leben stößt man auf soviel Bosheit und Schlechtigkeit, daß das wenige Gute oft dahinter zu verschwinden scheint. Ich bin oft versucht, die Theorie zu verbreiten, daß die Menschheit aus einer endlosen Reihe böser, verantwortungsloser Kreaturen besteht, die nichts Gutes im Sinn haben.[14]

So schnell war ihm der Sieg bitter geworden. Einige vielleicht unbeabsichtigte Vorwürfe gingen ihm unter die Haut. Das Fliegen hatte ihm Zutritt verschafft zu einer ihm fremden Geschäfts- und Finanzwelt, in der er sich unbehaglich fühlte. Er geriet in die Fänge eines – wie er ihn bezeichnete – „kriminellen Optimisten" und hatte große Mühe, sich daraus zu befreien. Seine vertrauensselige Naivität wich einer pessimistischen Einschätzung der menschlichen Natur und einem Mißtrauen gegen seine Mitmenschen. Seine natürliche Zurückhaltung kleidete er in frostige Distanziertheit und so isolierte er sich selbst. „Ich habe so schrecklich wenig Freunde", schrieb er an Herman Gade in einem seltenen Eingeständnis seiner Einsamkeit und inneren Verlassenheit. Er war wie ein Kind, das verletzt worden ist und keinem mehr traut. Nur wenigen war es gegeben, die harte Schale aufzubrechen und darunter die unterdrückte Zuneigung wahrzunehmen.

Amundsen war in finanzieller Bedrängnis heimgekehrt, nach seinen Worten „ein Dauerzustand", seit er 20 Jahre zuvor mit der *Gjøa* ausgesegelt war. Er hatte Don Pedro Christophersen, der sein treuer und freigebiger Gönner geblieben war, für den fehlgeschlagenen Flug um 10000 Dollar gebeten.

Geld besaß für Amundsen keinen Wert an sich; es war für ihn nur das Mittel, seine ehrgeizigen Pläne zu erfüllen. Obwohl die norwegische Regierung ihm 500000 Kronen (heute etwa 565000 DM) zur Deckung des Defizits der *Maud* gewährte, war seine Finanzlage immer noch völlig ungeordnet. Er geriet mit seinem Bruder Leon, der seit mehr als 10 Jahren seine Geschäfte führte, über Geld in Streit und erklärte sich danach für bankrott. Die Erklärung war unnötig und erfolgte gegen alle Ratschläge. Amundsens Verhalten war jetzt so befremdend, daß seine Zurechnungsfähigkeit in Frage gestellt wurde. Das ist bisweilen die Strafe dafür, daß man von einem einzigen Ziel besessen ist.

Wie ein Künstler von seiner Kunst besessen sein kann, so war Amundsen immer noch von der Forschung derart besessen, daß alles andere ausgeklammert blieb. Er vernachlässigte andere Seiten seines Wesens, so daß er denen, die seine Besessenheit nicht teilten, unausgeglichen erschien. Ungerührt ging er über Zahlungsunfähigkeit und die Forderungen seiner Gläubiger hinweg und bestellte das neueste Modell des deutschen Dornier-Wal-Ganzmetallflugboots. Was er brauchte, war nur das Geld, um es zu bezahlen – eine reine Bagatelle. Seine treuen Freunde, Don Pedro Christophersen und Herman Gade, versuchten, ihn vor sich selbst zu retten. Sie hatten sein Haus gekauft, damit es nicht in das Bankrottverfahren einbezogen wurde, ließen ihm das Wohnrecht, verboten ihm aber kategorisch, Darlehen auf das Haus aufzunehmen, wie er es bei der Finanzierung früherer Expeditionen getan hatte. Da in Norwegen, wie er sagte, „alle Geldbörsen verschlossen waren", ging Amundsen nach Amerika, um durch Schreiben und Vorträge Geld aufzutreiben.

Aber auch in Amerika war sein Stern verblaßt. Die ersten Ergebnisse sahen nach seinen Worten „nicht ermutigend aus. Ich rechnete aus, daß, wenn kein Wunder geschah, ich im Alter von 110 Jahren startbereit sein würde."[15]

Aber das Wunder geschah. In New York tauchte ein Amerikaner namens Lincoln Ellsworth auf und bot sich an, einen Flug zum Nordpol zu finanzieren.

Ellsworth war Sohn eines Millionärs und Erbe eines großen Vermögens. 11 Jahre später sollte er als erster die Antarktis überqueren. Damals aber versuchte er, einen widerstrebenden Vater zur Finanzierung einer eigenen Arktis-Expedition zu bewegen. Ein obskurer Zeitungsartikel, der mitteilte, daß Amundsen sich in New York befand, ebnete ihm den Weg. Ellsworth Senior, der seinem Sohn eine Reise in die Eiswüsten nicht zutraute, zeigte sich nach einiger Überredung aber bereit, dem Eroberer des Südpols dieses Vertrauen zu schenken. Für Amundsen waren damit die nötigen Geldquellen erschlossen.

Ellsworth betrachtete Amundsen als einen „Virtuosen der Forschung" und lieferte nicht nur das Geld, sondern begegnete ihm auch mit der uneingeschränkten Hochachtung, nach der Amundsen verlangte und die ihm in der letzten Zeit in der Heimat so sehr gefehlt hatte. Amundsen seinerseits lieferte Ellsworth die heroische Persönlichkeit und damit das Mittel zur Befriedigung seines Ehrgeizes. Ellsworth verlangte für sein Geld nicht mehr als das Privileg, unter Amundsen zu dienen, und aus Achtung vor Amundsen ließ er die Expedition unter norwegischer Flagge laufen. Der Himmel hatte sie füreinander bestimmt; es war eine ideale Partnerschaft.

Vater Ellsworth brachte 85 000 Dollar auf; Amundsen konnte sich seine Dornier-Wal-Flugboote liefern lassen, und im Mai des folgenden Jahres, 1925, flogen er und Lincoln Ellsworth mit drei Norwegern und einem deutschen Mechaniker in zwei Maschinen in Richtung Nordpol. In gewisser Beziehung war das Unternehmen übereilt und schlecht geplant. Kurz vor dem 88. Breitengrad mußten sie auf dem Packeis landen, und dabei wurde eines der Flugzeuge beschädigt. Nach drei Wochen dramatischen Kampfes brachten sie die heilgebliebene Maschine wieder in die Luft und kehrten in die Zivilisation zurück, nachdem sie bereits aufgegeben worden waren.

Mit 53 Jahren war Amundsen erneut spektakulär ins Rampenlicht getreten. Er hatte mit 87 Grad 44 Minuten den bisher nördlichsten Punkt auf dem Luftweg erreicht und den Flugweg zum Nordpol gewiesen. Wie er den Klauen der Arktis entkam, war allein schon ein Triumph. Seine Landsleute bereiteten ihm einen begeisterten Empfang. Alle Fehlschläge waren vergeben.

Im folgenden Jahr stellte Ellsworth, der inzwischen sein Erbe angetreten hatte, für einen Transpolarflug im Luftschiff unter Amundsens Kommando 100 000 Dollar zur Verfügung. Das Luftschiff wurde in Italien gebaut; sein Pilot war Umberto Nobile, der es auch entworfen hatte, und die Flugbesatzung bestand zum Teil aus Italienern. Aber es flog unter norwegischer Flagge und hieß *Norge* („Norwegen“).

Während die *Norge* an der Kings Bay auf Spitzbergen auf den Start wartete, traf der damalige Fregattenkapitän (und spätere Admiral) Richart E. Byrd mit einem Flugzeug am Nordpol ein und wurde so der erste, der ihn auf dem Luftweg erreichte. In England freute man sich nicht wenig über den „betrogenen Betrüger“. Tatsache war, daß Amundsen Byrd freiwillig gestattet hatte, seinen Flug zuerst durchzuführen. Amundsen wollte als erster die Arktis überfliegen; gleichzeitig das Vorrecht auf den Pol zu fordern, schien ihm Hybris zu sein. Da übrigens die Ansprüche Cooks und Pearys auf den Nordpol immer noch ungeklärt waren, hielt Amundsen es für das beste, auf amerikanischem Boden zu bleiben, um nicht alte Wunden aufzureißen. Als Byrd zur Kings Bay zurückkehrte und meldete, daß er den Pol erreicht hatte, startete Amundsen zu seinem Flug.

Am 11. Mai flog die *Norge* von Kings Bay nach Alaska und landete dort zwei Tage später in Teller. Sie hatte auf dem Weg den Pol überflogen. Amundsens Ehrgeiz war befriedigt. In der Heimat wurde er noch begeisterter empfangen und noch mehr bewundert als im Jahr zuvor. Er war jetzt populärer denn je zuvor, noch populärer als nach der Expedition zum Südpol. Er würde in die Geschichte eingehen als der Mensch, der den ersten Flug über die Arktis durchgeführt hatte, als der erste, der an beiden Polen der Erde gewesen war. Er hatte die alte Hunde-und-Schlitten-Ära abgeschlossen und das neue Maschinenzeitalter eingeleitet. Er hatte sich aus der Tiefe erhoben und war wieder nach oben gelangt. Jetzt schien der Augenblick gekommen, um von der Bühne abzutreten. Amundsen nahm Abschied von der Forschung und zog sich in sein Haus am Bundefjord zurück. Nansens Abschiedsrede klang ihm noch in den Ohren:

> ... Ihr Werk ist das Werk eines Mannes und aus dem Willen eines Mannes geboren ... und wenn man überhaupt erreichen kann, was man Glück nennt, dann haben Sie es erreicht; denn das höchste Glück besteht darin, sich in seiner Einmaligkeit zu vollenden ... Diese Vollendung ist Ihnen, Roald Amundsen, gelungen ...

Doch Nansen wußte nur zu gut, daß Glück nicht für Amundsen bestimmt war; er betrachtete ihn als eine ihm verwandte, gequälte Seele.

Die Nachgeschichte des Flugs der *Norge* war schlimm. Zum ersten Mal in seinem Leben hatte Amundsen das Kommando über Männer, die seine Autorität nicht bedingungslos akzeptierten, weil er hier nicht mehr Führungsqualitäten und technisches Können in sich vereinigte. Seine Fähigkeiten verlangten nach einer kleinen, unter bestimmten einheitlichen Gesichtspunkten ausgesuchten Gruppe von Männern. Einer heterogenen Besatzung gegenüber fühlte er sich unbehaglich. Von Anfang an gab es Reibereien, und kurz nach dem Flug geriet er mit Nobile hart aneinander, dem er, mit gewisser Berechtigung, vorwarf, zuviel Ansehen für sich zu beanspruchen. Amundsen nahm in aller Öffentlichkeit Rache an Nobile, denn er war als Feind absolut unerbittlich, so wie er als Freund absolut zuverlässig war.

Für Dr. Frederick Cook waren schlechte Zeiten angebrochen. Er saß in Fort Leavenworth in der Nähe von Kansas City im Gefängnis und büßte wegen angeblichen Aktienbetrugs eine langjährige Freiheitsstrafe ab. Als Amundsen sich vor dem Flug der *Norge* auf einer Vortragsreise in Amerika befand, hielt er es für die natürlichste Sache der Welt, seinen alten Gefährten von der *Belgica* zu besuchen. Es gehörte Mut dazu, die öffentliche Meinung so herauszufordern, denn Cook war als Schuft und – was noch tragischer war – als Clown gestempelt. Amundsen wurde beschuldigt, gegen Peary Partei für Cook zu ergreifen. Peary war jetzt der offizielle amerikanische Held, während die Behauptung Cooks, zum Nordpol gelangt zu sein, offiziell nicht geglaubt wurde. Aus Verärgerung setzte die Nationale Geographische Gesellschaft in Washington einen Vortrag von Amundsen ab, was für ihn mit einem schweren finanziellen Verlust verbunden war. (1913 hatte die Gesellschaft ihm 20000 Dollar gewährt.) Amundsen bereute das nicht; in seinem Ehrenkodex stand Freundestreue obenan. Man konnte allerdings darüber streiten, wer dringender Trost brauchte, denn Cook zufolge ließ Amundsen seiner Verbitterung freien Lauf und sagte u. a.: „Zunge und Harpune haben Ähnlichkeit miteinander. Beide können schmerzhafte Wunden verursachen. Aber der Stich der Lanze verheilt, während das, was böse Zungen anrichten, für immer weiterwirkt.“[16]

Einsamkeit und Enttäuschung verbargen sich hinter der jetzt legendären Gestalt des „Weißen Adlers aus Norwegen“, wie Amundsen bisweilen genannt wurde. Er war vorzeitig gealtert. Er heiratete nie, obwohl es Geschichten über eine mysteriöse Amerikanerin gab, die mit ihm in seinem Haus am Bundefjord lebte.

Er war immer noch verschuldet und wurde von Gläubigern in zwei Kontinenten verfolgt. Sie abzuschütteln war nicht leicht. Seine Verbitterung nahm zu. Er erschien stolz, abweisend, streitsüchtig. Es war, als kämpfte er gegen einen Dämon. Ellsworth beschrieb einmal, wie Amundsen und er durch eine Straße gingen, und Amundsen plötzlich

> ohne sich umzublicken, ... gequält sagte: „Ellsworth, wir werden verfolgt!“ ... Gewiß, einige kleine Jungen gingen hinter uns her, ... ohne zu ahnen, daß sie bei ihrem Helden krankhafte Ängste auslösten.[17]

1927 veröffentlichte Amundsen seine Memoiren *Mein Leben als Forscher*. Es war ein bitteres und in einigen Kapiteln verfehltes Werk, das seine Freunde schmerzte und seinem Ansehen abträglich war. Es war völlig anders als seine früheren Bücher, fast so, als hätte seine Persönlichkeit sich verändert. Statt wie früher bescheiden und still humorvoll, war er prahlerisch, todernst und von der Sucht besessen, seine Feinde zu attackieren. Gegen Nobile war er scharf und unbarmherzig. Er gab so gut wie keine Einblicke in sein Privat- und Seelenleben, wohl aber ließ er erkennen, was an seinem Innern nagte. Trotz weltweiter Anerkennung war Amundsen verbittert, daß England ihm diese versagte. Er nannte die Engländer „schlechte Verlierer“. Es ließ ihn nicht los, daß man englische Schulkinder lehrte, Scott hätte den Südpol entdeckt, und seine eigene Expedition nicht erwähnte. Er beschrieb, wie bei einem Festessen, das die Königliche Geographische Gesellschaft 1912 in London gab, ihr Präsident Lord Curzon eine Rede hielt, die

> mit folgenden Worten schloß: „Ich trinke auf die Hunde“, wobei er seine bissige und abschätzige Absicht dadurch deutlich verriet, daß er sich mir sofort danach reumütig zuwandte ... und mich ernsthaft bat, auf diese eindeutige Beleidigung nicht einzugehen.[18]

Die Königliche Geographische Gesellschaft stritt ab, daß Curzon ihn beleidigt hätte und verlangte ihrerseits eine Entschuldigung. Amundsen sah darin eine Verletzung seiner Ehre, lehnte die Forderung ab und legte seine Ehrenmitgliedschaft nieder. Aber die Gesellschaft lehnte höflich ab, diesen Verzicht anzunehmen. Daß es Kränkung gewesen war, ist mehr als wahrscheinlich; Curzon konnte tatsächlich sehr grob sein. Damals verließ Amundsen hastig das Hotel, in dem die Königliche Geographische Gesellschaft ihn untergebracht hatte, und bezog ein anderes, das er selbst bezahlte. Niemals gab er dafür eine Erklärung. Er hatte 15 Jahre lang über den Vorfall nachgegrübelt und äußerte sich erst jetzt darüber.

Amundsen schrieb nunmehr auch,

> Scott und seine Gefährten starben auf dem Rückweg vom Pol, nicht weil unsere frühere Ankunft ihnen das Herz gebrochen hatte, sondern vor Hunger, weil sie nicht genügend Verpflegung besaßen.[19]

Da war der Schatten eines mahnenden Zeigefingers. Amundsen kam der Sache am nächsten, als er öffentlich eingestand, daß Scotts Tod ihn nicht loslasse. Jahre zuvor bekannte er einmal, daß er vor Verlassen des Pols mit sich gekämpft habe, ob er, um das Gewicht zu verringern und Scott im Notfall zu helfen, einen Kanister Paraffin zurücklassen solle oder nicht. Schließlich sei er zu dem Schluß gekommen, daß Scott wohl so gut versorgt wäre, daß es überflüssig schiene und er dann den Kanister als Zusatzversicherung auch mit zurücknehmen könnte.

Rückblickend kann man sagen: dieser Kanister Paraffin hätte Scott und einige seiner Gefährten vielleicht retten können. Es war ein „Vielleicht“ mit vielen Zweifeln, genügte aber, ein nagendes Schuldgefühl zu verstärken. Amundsen hat sich das nie wirklich verziehen. Er mußte mit diesem

Bewußtsein leben, er konnte es nie ganz unterdrücken und mit der Zeit hätte es ihn vielleicht an den Rand des Wahnsinns getrieben. Der Sieg am Südpol war in der Tat ein bitterer Sieg.

Ende Mai 1928 wurde Amundsen aus seinem Ruhestand zurückgerufen. Nobile war wieder in die Arktis geflogen, dieses Mal unter italienischer Flagge, und auf einem Flug zum Nordpol mit dem Luftschiff *Italia* verschollen. Der italienische Botschafter in Oslo bat die norwegische Regierung um Hilfe, und Amundsen gehörte zu den Polarexperten, die zur Beratung über eine Rettungsexpedition eilig zusammengerufen wurden. Amundsen nahm an, daß ihm das Kommando übertragen würde.

Der italienische Diktator Benito Mussolini ließ jedoch die Norweger wissen, daß ihre Hilfe nicht erwünscht sei, zumindest nicht unter Amundsen. Mussolini lehnte Amundsen ab wegen seines Streits mit Nobile; er sah ihn als Beleidigung für das italienische Volk an.

Obwohl Italien sie abgewiesen hatte, beharrte die norwegische Regierung auf ihren Rettungsplänen, da Nobile vielleicht in der Nähe von Spitzbergen, und daher innerhalb ihres juristischen Hoheitsbereichs, abgestürzt war. Um aber den italienischen Diktator nicht zu brüskieren, wurde Amundsen stillschweigend fallen gelassen. Außerdem sollte die Rettung als Luftoperation von Marinefliegern durchgeführt werden, und da Amundsen nicht Offizier war, konnte man ihm das Kommando nicht erteilen. Man dankte ihm und schickte ihn zurück zum Bundefjord.

Amundsen war aufgebracht; er fühlte sich verraten und verkauft; vor allem, da Hjalmar Riiser-Larsen, sein alter Gefährte auf der *Norge* und auf dem Flug zum 88. Grad nördlicher Breite, das Kommando annahm. Er empfand aber mehr als nur Groll.

Die Aufforderung, noch einmal aktiv zu werden, kam wie gerufen. In den zwei Jahren seines Ruhestandes hatte Amundsen gearbeitet, um seine Schulden zu tilgen. Er hatte seine Auszeichnungen verkauft (sie wurden von einem großherzigen Mitbürger gekauft und der Nation geschenkt), und die ersten Gewinnanteile aus dem Verkauf seiner Memoiren würden ausreichen, um die Zahlungen an seine Gläubiger zum Abschluß zu bringen. „Machen Sie mich zu einem Ehrenmann!" hatte er seinem Rechtsanwalt gesagt. Die Aufgabe war nahezu erfüllt.

Wenn menschliche Schicksale verworren sind, kann man sie nicht entwirren, das hatte Scott bewiesen. Amundsen hatte Hjalmar Johansen auf dem Gewissen, und er war sich bewußt, daß er mitverantwortlich dafür war, daß Nobile wieder in die Arktis flog. Nach ihrem Streit suchte Nobile sich zu rechtfertigen, denn er strebte nach Heldentum. Amundsen fürchtete, daß er „gewogen und zu leicht befunden" würde. Er wollte nicht noch ein Leben auf dem Gewissen haben. In der Öffentlichkeit sagte er, er wolle als Geste der Versöhnung zu Nobiles Rettung aufbrechen; einem Freund gestand er, er könne das höhnische Gerede von Feigheit, das nach seinem ersten Versuch zu einem Flug in die Arktis aufgekommen war, nicht noch einmal ertragen. Es war ein Schauspiel auf offener Bühne. Amundsen hatte an einem öffentlichen Diner teilgenommen, als der erste Appell zur Rettung Nobiles eintraf. „Sofort los!" hatte er gesagt, wie die Presse wörtlich berichtete. Damit gab es für ihn kein Zurück. Er *mußte* etwas unternehmen; er konnte nicht untätig dabeistehen und abwarten.

Wenn niemand wollte, daß Amundsen sich auf die Suche nach Nobile machte, würde er es auf eigene Faust tun. Wie rasend machte er sich an die Organisation einer privaten Rettungsexpedition. Leider war erneut Geld das Problem. Mit Freuden hätte er für das Unternehmen seinen letzten Pfenning ausgegeben, aber er war eben nur schuldenfrei.

Wieder ging es an das demütigende Bitten und Betteln. Er saß in seinem Haus, schaute auf den Fjord hinaus, wo die *Fram* gelegen hatte, und wartete hilflos, während die Telegramme hin und her flogen und es aus dem Radio in der Ecke tönte, daß eine Rettungsexpedition nach der anderen aufbrach.

Ein italienischer Journalist, der Amundsen zu dieser Zeit aufsuchte, beschrieb ihn als ruhelos und gedankenverloren. Im Laufe des Gesprächs kam er auf sein Leben im Polareis zurück und sagte:

> Ach, wenn Sie wüßten, wie herrlich es da oben ist, da möchte ich wohl sterben. Und ich wünsche nur, daß ich ... bei der Erfüllung einer großen Mission sterbe, schnell und ohne langes Leiden.[20]

Ein paar Tage später besuchte ihn Sverre Hassel, Amundsens alter Gefährte und einer der vier, die mit ihm am Südpol gestanden hatten, und fiel tot um, während sie miteinander sprachen.

Amundsen flehte geradezu darum, tätig werden zu dürfen, und es gab Leute, die meinten, es sei eine nationale Schande, daß Amundsen nicht dabei sei. Durch Vermittlung eines norwegischen Geschäftsmanns in Paris stellte die französische Regierung über Nacht ein Flugboot mit Flugkapitän und Besatzung bereit. Es war eine überflüssige Geste, denn inzwischen waren mindestens zwanzig Flugzeuge und eine Schiffsflotte unterwegs. Die Suche nach Nobile war jedoch ein internationales Prestigegerangel geworden, war Selbstzweck, und wie andere beteiligte Regierungen hofften auch die Franzosen, etwas dabei zu gewinnen.

Innerhalb von zwei Tagen war die französische Maschine – eine Latham der Serie 47 – unterwegs nach Bergen an der Westküste Norwegens. Um sie dort zu treffen, fuhr Amundsen am 16. Juni mit dem Nachtzug von Oslo. Viele Menschen hatten sich auf dem Bahnsteig eingefunden, um ihn zu verabschieden; als der Zug aus dem Bahnhof fuhr, stand Amundsen am Fenster und winkte, bis er die Gesichter nicht mehr erkennen konnte. Es war auf den Tag fünfundzwanzig Jahre nach seiner Ausfahrt zur Nord-West-Passage.

Am Montag, dem 18. Juni in der Frühe, traf Amundsen in Tromsø ein und sah ein schwedisches, ein finnisches und ein italienisches Flugboot, die alle in der gleichen Mission nach Spitzbergen fliegen sollten. Der schwedische Pilot schlug vor, daß alle einen Tag warten sollten, um zusammen die gefährliche Barents-See zu überqueren. Amundsen lehnte das für sich ab. Inzwischen hatte man mit Nobile Funkkontakt herstellen können. Er war gestrandet und hatte sich mit ein paar Überlebenden auf eine Eisscholle nördlich von Spitzbergen retten können. Jetzt begann ein Wettlauf, wer Nobile als erster erreichte und aus dem Eis befreite.

Inzwischen wußte Amundsen, daß seine Maschine für ihre Aufgabe ungeeignet war; und das wußten auch Leif Dietrichsen, sein norwegischer Begleiter, und Flugkapitän René Guilbaud, der Kommandant der Latham 47. Ihnen allen war klar, wie tollkühn es sei, weiterzufliegen, aber sie hatten sich bereits zu sehr auf die Sache eingelassen, als daß sie noch hätten umkehren können.

Am gleichen Tag um 4 Uhr nachmittags glitt die Latham 47 hinaus in die Fahrrinne. Es war ein wunderbar nordischer Sommertag und die Luft war kristallklar. Schwerfällig zog sie über das Wasser und mit stotternden Motoren stieg sie dann durch einen Sprühregen in die Luft auf. Ein wenig später sah ein Fischer in der Nähe der Küste, daß sie in nordwestlicher Richtung tief über dem Wasser flog, bis, wie er sagte,

> am Horizont eine Nebelwand auftauchte. Dann stieg die Maschine wieder höher, vermutlich um über den Nebel zu kommen, doch mir kam es so vor, als ob sie danach zu schwanken anfing, und dann . . . flog sie in den Nebel und verschwand vor meinen Augen.[21]

Kurz danach brach die Funkverbindung ab. Das war das letzte, was man von Amundsen sah oder hörte. Er war im Eismeer, seiner einzigen wirklichen Heimat auf Erden, verschwunden.

Monate später wurden ein Schwimm- und ein Benzintank aus dem Meer geborgen. Sie waren abgeschraubt und deutlich als Rettungsflöße benutzt worden. Amundsen und seine Gefährten mußten bis zuletzt um ihr Leben gekämpft haben. Vielleicht hätten sie gerettet werden können, wenn man, als sie an der Kings Bay überfällig waren, sofort eine Suchaktion eingeleitet hätte. Doch Amundsens Landsleute erinnerten sich noch lebhaft, wie er, als er in die Antarktis fuhr, mitten auf der Fahrt den Kurs geändert hatte. Sie glaubten, er könnte es jetzt wieder so machen und stellten sich vor, er habe gleich nach dem Abheben den Entschluß gefaßt, geradewegs Kurs auf Nobile auf der Eisscholle zu nehmen, um die Welt zu überraschen wie damals und so das Spiel zu gewinnen.

Nobile wurde von einem anderen gerettet; Amundsen hatte sein Leben weggeworfen. Aber er wäre nur unglücklich geworden, wenn er am Leben geblieben wäre. Sein Ende war dem der alten nordischen Seekönige würdig, die den Opfertod suchten, wenn sie spürten, daß ihre Zeit gekommen war. Es war der Tod, den er gern für sich gewählt hätte.

Am 14. Dezember, dem Jahrestag von Amundsens Ankunft am Südpol, legte Norwegen zu seinem Gedächtnis ein zweiminütiges Schweigen ein. Doch lange Zeit weigerten seine Landleute sich zu glauben, daß er tot war. Im Volk ging der Glaube um, daß er an einer fernen Küste im Eis gelandet sei und eines Tages wiederkehren würde. Im Norden des Landes, an der arktischen Küste, entstand die Sage, zwei Männer säßen am Ufer und schauten in die Richtung, in der die Latham 47 zuletzt gesehen worden war; die Nachbarn bezahlten und ernährten sie, damit sie Ausschau hielten nach Amundsens Rückkehr. In solcher Legende weiterzuleben, hätte ihm gefallen.

So endete einer der größten Polarforscher. In der Erinnerung seiner Landsleute lebte er als Held, als ein Mann aus einer anderen Epoche, entrückt, doch beherrschend, wie eine napoleonische Gestalt. Gleichzeitig schienen sie sich seiner ein wenig zu schämen – Ergebnis jahrelanger, englischer Mißbilligung.

Es gab sehr wenig, dessen sie sich schämen mußten. Amundsen hatte Norwegen in einer Zeit, als es als unabhängige Nation die ersten Gehversuche machte, Ansehen und Selbstvertrauen eingetragen. Er war für seine Landsleute, was anderswo ein General oder Staatsmann darstellte, die Verkörperung eines nationalen Genius. Er hatte für seine Fehler und die Erhörung seiner Gebete teuer bezahlt. Im Laufe der Zeit erweist sich sein heimlicher Wechsel vom Nordpol zum Südpol als notwendige Täuschung. Wenn man auf alle Moralpredigt verzichtet, findet man hier eine verblüffende Ähnlichkeit mit Nelsons Kriegslist. Entscheidend war allein, daß er siegte.

Treue war seine Tugend, Treue, die er anderen bewahrte und in anderen weckte. Wisting begleitete ihn sechzehn Jahre und trauerte lange Zeit um ihn. Im Winter 1936, ein Jahr, nachdem die *Fram* sicher ins Trockene gebracht worden war, bat Wisting um die Erlaubnis, an Bord zu schlafen. Man fand ihn eines Morgens tot in seiner alten Kajüte wie eine Gestalt aus den Sagas, seinem Herrn bis ans Ende treu.

Die anderen zwei, die mit Amundsen am Südpol gewesen waren, Bjaaland und Helmer Hanssen, lebten bis ins hohe Alter. Bjaaland lernte noch Sir Vivian Fuchs kennen, der die englische Transarktis-Expedition von 1957 bis 1958 leitete. Sir Vivian erreichte den Pol mit dem Traktor und berichtete Bjaaland ausführlich von der Fahrt. Bjaaland war nicht beeindruckt.

„Soviel ich höre, hat sich da nicht viel verändert“, lautete sein Kommentar. Auch er hatte sich nicht sehr verändert.

Er hatte Amundsen im Gedächtnis behalten als einen „geraden und aufrechten Kerl“, ein Urteil, das vieles erklärt. Amundsens Geradheit, das Fehlen jeder Selbstdramatisierung, seine Gabe, die Dinge einfacher erscheinen zu lassen als sie waren, ließen eine vorbehaltlose Heldenverehrung im Volk nicht aufkommen. Er besaß alle Instinkte eines Künstlers; er war der Forscher der Forscher.

Amundsen war der höchste Exponent der Polartechnik. Haushoch überragte er seine Rivalen. Er ging mit dem Intellekt an die Forschung heran und war damals wie heute das Gegenbild zu einem von heroischem Wahn Besessenen. „Der Sieg des Menschen über die Natur“, schrieb er in den Schlußzeilen seiner

Autobiographie, „ist nicht allein der Sieg roher Kraft, sondern auch der Sieg des Geistes."[22] Das bleibt sein Vermächtnis.

Amundsen, der unsentimentale Realist, war für alle nach ihm Kommenden der große Lehrmeister. Die neue Generation der Polarfahrer lernte von ihm Hundeführen, Planen, Vermeiden von Risiken, Beachten von Details. Woher sie auch immer ihre Moral nahm, die neue Schule der englischen Forscher, vor allem die auf dem grönländischen Eiskap zwischen den Weltkriegen, sie war darauf bedacht, ihre Technik von Amundsen zu übernehmen.

Obwohl Amundsen die Nord-West-Passage für seine beste Expedition hielt, bleibt die Fahrt zum Südpol sein Meisterwerk, der Höhepunkt des klassischen Zeitalters polarer Forschung und vielleicht die bedeutendste Reise, die je in Schneegebieten durchgeführt wurde. Sie hat einen Anflug von Genialität und ist begleitet von Glück, das dem großen Leiter als Geschenk mitgegeben war. Sie war das große Vorbild dafür, wie man ein Wagnis durchführt.

In Amundsens Todesjahr leitete Admiral Richard Byrd eine amerikanische Expedition zur „Bucht der Wale". Sie waren die ersten Menschen dort seit der Abfahrt der *Fram* und führten die erste große, moderne Antarktis-Expedition durch. Die Polarforschung wurde langsam zur Domäne der Supermächte, denn sie besaßen neben den nötigen finanziellen Mitteln ein vitales Interesse an komplizierten, wissenschaftlichen Projekten, die jetzt anstanden. Byrd war der neue Typ des Forschers, aber er versuchte nie zu verheimlichen, was er Amundsen, dem Wegbereiter, verdankte.

Byrd hatte zu Füßen Amundsens gesessen, seine Prinzipien und sogar einige seiner Männer übernommen. Er baute seinen Stützpunkt, dem er den Namen Klein-Amerika gab, neben dem Gelände von Framheim. Vergeblich versuchte er, Amundsens Hütte zu finden. Sie war inzwischen wohl auf das Meer hinausgetrieben worden, denn die Eisbarriere hatte ihre Drift unbarmherzig fortgesetzt.

Byrd hatte Flugzeuge und flog zum Pol. Er verfügte über Funk und alle Hilfsmittel seiner Zeit. Als er sah, was Amundsen mit Hunden und Willenskraft allein geschafft hatte, wuchs seine Bewunderung ins Unermeßliche. Auf einer Art Pilgerfahrt suchte Laurence Gould, einer der Männer Byrds, bei der Erforschung von Queen Maud Range nach Amundsens Schneepyramide auf Betty's Knoll. Er fand sie schließlich.

Ein Schauder erfaßte uns alle, . . . als wir da standen, wo Amundsen einst gestanden hatte, und die Pyramide völlig unversehrt fanden, die er achtzehn Jahre zuvor errichtet hatte. Wir mußten einfach mit entblößtem Haupt Haltung annehmen in Bewunderung und Hochachtung vor diesem ungewöhnlichen Menschen.

ÜBER ERNÄHRUNGSFRAGEN

Ab dem Beardmore-Gletscher betrug Scotts Schlittenverpflegung pro Mann und Tag 20 g Tee, 454 g Zwieback, 24 g Kakao, 340 g Pemmikan, 56.75 g Butter und 85.13 g Zucker, insgesamt 980 g.

Admundsens Grundverpflegung betrug pro Mann und Tag 400 g Zwieback, 75 g Trockenmilch, 125 g Schokolade und 375 g Pemmikan, insgesamt 975 g.

Scotts Ration ergab pro Mann und Tag 4430 Kalorien, Admundsens dagegen 4560 Kalorien. Ein gesunder Mann, der körperlich arbeitet, braucht unter normalen Bedingungen pro Tag 3600 Kalorien. Auf dem Rückmarsch setzte Scott aus Mangel an Vorräten die Rationen derart herab, daß sie wahrscheinlich im Durchschnitt unter 4000 Kalorien lagen. Ab dem 29. Dezember, als Amundsen die Pemmikan-Zuteilung auf 450 g erhöhte, erhielt jeder 5000 Kalorien. Scott benötigte für die Arbeit, die er leistete, ungefähr 5500 Kalorien, Amundsen dagegen 4500.

Scotts tägliche Menge an Thiamin betrug 1.26 mg, an Riboflavin 1.65 mg und an Nikotinsäure 18.18 mg. Die entsprechenden Mengen der Grundration betrugen bei Amundsen 2.09 mg Thiamin, 2.87 mg Riboflavin und 25.85 mg Nikotinsäure; diese Mengen stiegen nach der Erhöhung der Pemmikan-Zuteilung entsprechend auf 2.24 mg, 3.04 mg und 29.3 mg. Der festgestellte Tagesbedarf von 4500 Kalorien während der Arbeit muß folgende Zusammensetzung haben: 1.8 mg Thiamin, 2.4 mg Riboflavin und 29.7 mg Nikotinsäure. Mangel an Thiamin wird in Verbindung gebracht mit der Krankheit Beriberi, an Nikotinsäure mit Pellagra; beide sind, wenn sie nicht behandelt werden, tödlich.

ANMERKUNGEN

Zitate aus R. F. Scotts Tagebüchern, 1910–1913, beziehen sich auf die Faksimileausgabe der University Microfilms Ltd., 1968.
Zitate aus E. A. Wilsons *Discovery*-Tagebüchern beziehen sich auf die Ausgabe der Humanities Press, 1968.
Zitate aus E. A. Wilsons *Terra Nova*-Tagebüchern beziehen sich auf die Ausgabe der Blandford Press, 1972.
Zitate aus dem Tagebuch von L. E. G. Oates sind den Aufzeichnungen von Sue Limbs entnommen nach den Kopien, die Violet Oates von jenen Tagebucheintragungen angefertigt hat.

Abkürzungen

AFP	Amundsen Family Papers.
AI	Arktisk Institutt (Arctic Institute, Copenhagen).
BJ	Bjaaland family, Morgedal.
CFP	Dr. F. A. Cook, family papers.
CPA	Center for Polar Archives, Washington.
CUL	University Library, Cambridge.
DJM	Dag Juul Møller, Oslo. Private papers.
EM	Ellison-Macartney, family papers.
HL	Houghton Library, University of Harvard.
NMG	National Maritime Museum, Greenwich.
NSM	Norsk Sjøfartsmuseum (Norwegian Maritime Museum), Oslo.
PA	Provincial Archives, Victoria, B. C.
PRO	Public Record Office, London.
RA	Rigsarkivet (Danish State Archives) Kopenhagen.
RGS	Royal Geographical Society, London.
RS	Royal Society, London.
SAK	Statsarkivet i Kristiansand. (Norwegian State Archives in Kristiansand).
SFP	Scott Family papers.
SPRI	Scott Polar Research Institute, Cambridge.
UB	Universitetsbiblioteket i Oslo (University Library, Oslo).
UD	Utriksdepartement (Foreign Ministry), Oslo.

ERSTER TEIL

2 *Die Vorläufer*

1 *The King's Mirror,* Brøggers Übersetzung, p. 43.
2 Kapitän Bouvet de Lozier, Brief an die Company of the Indies, 29. Juni 1739, in Emmanuel, *La France et l'Exploration Polaire,* p. 23l.
3 James Cook, Tagebuch, 21. Februar 1775.
4 Kapitän James Clark Ross, Tagebuch, 16. August 1840.
5 Ibid. 15. Januar 1841.

4 *Der Geist Nansens*

1 R. Amundsen, Brief an Karen Anna Amundsen, 18. August 1886, in: Haakon Anker Veel, *Roald Amundsen, Slekt og Miljø,* p. 118.
2 Fridtjof Nansen, „Gjennem Grønland?" *Illustreret Tidende for Børn,* 1886–1887.
3 R. Amundsen, *Nordvestpassagen,* p. 3.
4 L. Schmelck, *Morgenbladet,* 12. Dezember 1888.
5 Sir Clements Markham, Über die Benutzung von Schlitten, 1899 (RGS).

5 *Ein Seemann auf Skiern*

1 Odd John, *Den Modern Hvalfangstens Historie,* Vol. I, p. 639.
2 Roald Amundsen, Brief an Gustav Amundsen, 15. August 1894 (UB).
3 R. Amundsen, *Mitt Liv som Polarforsker,* p. 12.
4 R. Amundsen, „Brødrene Amundsens eventyrlige Faerd over Hardangervidda", *Frederikstads Blad,* Februar-März 1896.

6 *In die antarktische Nacht*

1 Hugh Robert Mill, *An Autobiography,* p. 142.
2 Haakon Anker Veel, *Roald Amundsen, Slekt og Miljø,* p. 239.
3 R. Amundsen, Tagebuch, 29. Januar 1898 (UB).
4 Ibid., 30. Januar 1898 (UB).
5 Ibid., 4. Februar 1898 (UB).
6 Ibid., 6. Februar 1898.
7 Dr. J. B. Charcot, *The Voyage of the „Why Not?",* p. 284.

8 R. Amundsen, Tagebuch, 23. Februar 1898 (UB).
9 R. Amundsen, op. cit., 20. Juni 1898 (UB).
10 R. Amundsen, Brief an A. De Gerlache, 19. November 1898 (UB).
11 R. Amundsen, Tagebuch, 19. November 1898 (UB).
12 Ibid., 14. März 1899.
13 Anton Dobrowolski, „Le Voyage du Belgica“, Academie Royale de Belgique, *Bulletin de la Classe des Sciences,* 5. Reihe, Band XXXIII, p. 460.

7 *Amundsens erstes Kommando*

1 R. Amundsen, Brief an Fridtjof Nansen, 26. Mai 1899 (UB).
2 R. Amundsen, Brief an Gustav Amundsen, 14. Januar 1901 (UB).
3 R. Amundsen, *Morgenbladet,* Dezember 1902.
4 Fritz G. Zapffe, *Roald Amundsen, Mitt samarbeide med ham gjennem 25 år,* p. 7. und ff.
5 Otto Sverdrup, *Nytt Land,* Vol. I, p. 84.
6 Fridtjof Nansen, Brief an Oskar II., 23. Januar 1903, in: *Nansen's Brev,* vol. II p. 115.
7 Peder Ristvedt, „Minner fra Gjøa-ferden“, in: *Polarboken,* 1956, p. 144

8 *Arktische Lehrjahre*

1 R. Amundsen, *Nordvestpassagen,* p. 11, und ff.
2 Helmer Hanssen, *Gjennen Isbaksen,* p. 15.
3 Ibid., p. 10.
4 R. Amundsen, Tagebuch, 13. August 1903 (UB).
5 Ibid., 9. September 1903.
6 Ibid., 29. Oktober 1903.
7 Ibid.
8 Ibid.
9 Ibid., 24. Januar 1904.
10 R. Amundsen, Schlitten-Tagebuch, 7. April 1904 (AFP).
11 Ibid., 20. April 1904.
12 Peder Ristvedt, „Minner fra Gjøa-ferden“, *Polarboken,* 1955, p. 30.
13 R. Amundsen, Tagebuch, 7. Februar 1905 (UB).
14 R. Amundsen, *Nordvestpassagen* p. 336.
15 R. Amundsen, Tagebuch, 13. März 1906 (UB).
16 Helmer Hanssen, op. cit., p. 60.
17 R. Amundsen, Tagebuch, 30. August 1906 (UB).
18 Das Zitat stammt aus dem „Ulysses“.

9 *Robert Falcon Scott*

1 Vizeadmiral K. G. B. Dewar, *The Navy from Within, p. 17.*
2 Francis William Bourdillon, *Light.*
3 Käpitan R. F. Scott, Service Record, (PRO), ADM 196/42 501.

4 Flottenadmiral Sir William May, *The Life of a Sailor*, p. 24.
5 Sir Clements Markham, *The Lands of Silence*, p. 174.
6 „War and Civilisation", *United Service Magazine*, März, 1897. (In Marder: *The Anatomy of British Sea Power, p. 19).*
7 Sherard Osborn, *The Discovery of the North-West Passage*, p. 166.
8 Carsten Borchgrevink, *Naermest Sydpolen Aaret 1900*, p. 86.
9 Clements Markham, Private Tagebücher, 3. März 1887 (RGS).
10 Ibid., 11. Juni 1899.

10 *Unklare Ziele*

1 A. Cherry-Garrard, *The Worst Journey in the World*, p. 200.
2 Sir Clements Markham, Brief an R. F. Scott, 23. Juni 1899 (SPRI).
3 Sir Clements Markham, Brief an R. F. Scott, 28. Juni 1899 (SPRI).
4 Sir Clements Markham, Über die Benutzung von Schlitten, 1899 (RGS).
5 Sir Clements Markham, The Antarctic Expeditions, *Geographical Journal*, Vol. XIV, p. 476.
6 Fridtjof Nansen, Diskussion über das Clements Markham Papier, Internationaler Geographen-Kongreß, Berlin, 29. September 1899. „Verhandlungen des Siebenten Internationalen Geographen-Kongresses", p. 76.
7 Sir Clements Markham, Brief an Scott Keltie, 29. September 1899 (RGS).
8 D. M. Crichton-Somerville, Brief an Sir Clements Markham, 30. Dezember 1900 (RGS).
9 Knud Rasmussen, „Manden uden Retraete-Linier", *Samtiden*, 1930, p. 391.
10 R. F. Scott, Tagebuch über einen Besuch in Christiania . . . (SPRI)
11 Ibid.
12 Ibid. 21. Oktober 1900.
13 J. W. Gregory, Brief an Professor Poulton, 16. Januar 1900 (RGS).
14 J. W. Gregory, Brief an Mrs. Edith Chaplin, 28. Januar 1901 (Mrs. Marion Gregory).
15 R. Paterson, Direktor der Dundee Schiffsbaugesellschaft, an W. E. Smith, Konstrukteur der *Discovery*, 24. September 1901 (RGS).
16 Fridtjof Nansen, Brief an R. F. Scott, 18. Juli 1901 (UB).

11 *Ein Winter in der Antarktis*

1 Frank Wild, Brief an Mrs. Bostock, 25. August 1902 (SPRI).
2 A. B. Armitage, Memorandum an H. R. Mill, 24. Mai 1922 (SPRI).
3 OLt. Charles Royds, *Discovery*, Tagebücher, 2. August 1901 (SPRI).
4 T. V. Hodgson, *Discovery*, Tagebuch, 21. Dezember 1901 (SPRI).
5 R. F. Scott, Brief an Fridtjof Nansen, 2. November 1901 (UB).
6 E. H. Shackleton, *Discovery*, Tagebücher, 1. Februar 1902 (SPRI).
7 OLt. Charles Royds, op. cit., 1. Februar 1902 (SPRI).
8 A. B. Thomas Williamson, *Disovery*, Tagebücher, 1. Februar 1902 (SPRI).
9 OLt. R. W. Skelton, Marine-Ingenieur, *Discovery*,Tagebücher, 3. Februar 1902 (SPRI).

10 Ibid.
11 A. B. Thomas Williamson, op. cit., 3. Februar 1902 (SPRI).
12 A. B. Thomas Williamson, op. cit., 10. Februar 1902, (SPRI).
13 R. F. Scott, *Discovery*,Tagebücher, 10. Februar 1902 (SPRI).
14 Ibid., 14. Februar 1902.
15 Fridtjof Nansen, *Paa Ski over Grønland,* p. 477.
16 C. H. Hare *Discovery*,Tagebuch, (SPRI).
17 R. W. Skelton, op. cit., 7. März 1902 (SPRI).
18 A. B. Armitage, *Cadet to Commodore,* p. 130.
19 E. A. Wilson, op. cit., 20. Juli 1902.
20 E. A. Wilson, Brief an seine Frau, zitiert von Seaver in: *Edward Wilson of the Antarctic,* p. 104.
21 E. A. Wilson, *Discovery*, Tagebücher, 27. April 1902.
22 L. C. Bernacchi, *Saga of the ‚Discovery',* p. 57.
23 R. F. Scott, *Discovery*, Tagebuch, 2. August 1902.

12 *Scott unterwegs zum südlichsten Punkt*

1 R. W. Skelton, *Discovery*, Tagebücher, 21. November 1902 (EM).
2 A. B. Armitage, Memorandum an H. R. Mill, 24. Mai 1922 (SPRI).
3 R. F. Scott, Schlitten-Tagebuch, 10. Dezember 1902 (EM).
4 H. T. Ferrar, *Discovery*, Tagebücher, 31. März 1902 (SPRI).
5 R. F. Scott, op. cit., 24. Dezember 1902 (EM).
6 E. A. Wilson, *Discovery*, Tagebücher, 24. Januar 1903.
7 Ibid., 3. Februar 1903.

13 *Die Rückkehr der* Discovery

1 T. V. Hodgson, *Discovery*, Tagebuch, 28. Februar 1903, (SPRI).
2 Vilhajlmur Stefansson, *My Life with the Eskimo,* p. 43.
3 E. A. Wilson, *Discovery*, Tagebücher, 1. Juli 1903.
4 R. F. Scott, *Discovery*, Tagebücher, 6. Oktober 1903 (EM).
5 R. W. Skelton, Schlitten-Tagebuch, 4. November 1903, (SPRI).
6 R. W. Skelton, *Discovery*, Tagebücher, 19. November 1903 (SPRI).
7 Ibid., 20. November 1903.
8 Ibid., 22. November 1903.
9 R. F. Scott, Brief an Hugh Robert Mill, 27. Februar 1904 (SPRI).
10 A. B. Thomas Williamson, *Discovery*, Tagebuch, 5. Januar 1904 (SPRI).
11 Admiralität, Befehle an Kapitän R. F. Scott, 27. August 1903 (EM).
12 OLt. C. W. Royds, *Discovery*, Tagebücher, 21. Februar 1904.
13 Ibid., 5. März 1904.
14 Admiralität, Telegramm an R. F. Scott, 3. April 1904 (EM).
15 König Eduard VII., Telegramm an R. F. Scott, 28. Mai 1904 (EM).
16 Sir Clements Markham, Brief an Scott Keltie (RGS).
17 Mrs. Hannah Scott, Brief an R. F. Scott, 4. Juni 1904 (EM).
18 Admiral Sir John Fisher, Brief an Sir Dighton Probyn, 2. Januar 1907 (SPRI).

19 *The Times Literary Supplement*, 15. April 1904.
20 Sir Clements Markham, Brief an Scott Keltie, 30. August 1904.
21 R. F. Scott, *The Voyage of the ‚Discovery'* Vol.ii, p. 55.
22 R. F. Scott, Schlitten-Tagebuch, 27. Dezember 1902.
23 R. F. Scott, *The Voyage of the ‚Discovery'*, Vol.ii, p. 55.
24 Albert White Vorse, *The Bookman* (U.S.), Mai 1906.
25 R. F. Scott, Schlitten-Tagebuch, *Discovery*, 27. Dezember 1902 (EM).
26 Ibid., 10. Dezember 1902.
27 R. F. Scott, *The Voyage of the ‚Discovery'*, Vol.ii, p. 83.
28 R. F. Scott, Schlitten-Tagebuch, *Discovery*, 21. Januar 1903 (EM).
29 Ibid., 23. Januar 1903.
30 R. F. Scott, The Voyage of the *‚Discovery'*. Vol. ii, p. 334.
31 Ibid., p. 343.
32 *The Saturday Review*, 25. November 1905.
33 R. F. Scott, *The Voyage of the ‚Discovery'*, Vol. ii, p. 117.
34 Ibid., p. 222.
35 General, A. W. Greely, „Amundsens's Expedition", *The Century Magazine*, Februar 1907.

14 *„Sie sollen die* Fram *haben"*

1 Fridtjof Nansen, Brief an Alexander Nansen, 9. Mai 1906 (UB). Das Postskriptum lautet: „Die Dinge laufen für mich verhältnismäßig gut, aber alle diese Diners sind mir verhaßt!" Das Leben in London sprach Nansen nicht an, der sich im Fjord, in Wald und Gebirge wohler fühlte.
2 *Aftenposten*, 20. November 1906.
3 Louis Delavaud, *L'Explorateur Roald Amundsen*, p. 13.
4 *Aftenposten*, 18. Mai 1907.
5 *Skandinavien*, Chicago, 5. November 1906.
6 Axel Heiberg, Aufruf für Amundsen, Oktober 1906 (UB).
7 Louis Delavaud, op. cit., pp. 3–17 passim.
8 Hugh Robert Mill, *An Autobiography*, p. 149.
9 *Geographical Journal*, Vol.XXIX, No. 5, p. 485.
10 T. E. Lawrence, *Seven Pillars of Wisdom*, p. 23.
11 Fridtjof Nansen, Brief an Eva Nansen (Greve, i. 211).
12 Roald Amundsen, Brief an Fridtjof Nansen, 30. Mai 1907 (UB).
13 Erik Werenskiold, *Fridtjof Nansen, Samtiden*, 1930, p. 370.
14 Liv Nansen Høier, *Eva og Fridtjof Nansen*, p. 303.
15 Fridtjof Nansen, Brief an Roald Amundsen, 2. April 1913 (UB).
16 R. Amundsen, Brief an Alexander Nansen, 23. Oktober 1907 (UB).
17 R. Amundsen, Brief an Herman Gade, 18. Dezember 1907 (HL).
18 R. Amundsen, Brief an Hermann Gade, 6. April 1908 (HL).
19 *Aftenposten*, 11. November 1908.
20 Ibid.
21 Ibid.
22 R. Amundsen, Brief an Herman Gade, 25. November 1908 (HL).
23 Ibid., 28. November 1908.

24 Ibid., 25. November 1908.
25 Ibid., 29. März 1909.
26 Fridtjof Nansen und andere, Aufruf für Roald Amundsen, Januar 1909 (UB).
27 R. Amundsen, Brief an die R. G. S., 12. Dezember 1908 (RGS).
28 Scott Keltie, Brief an R. Amundsen, 31. Dezember 1908 (RGS).
29 *Geographical Journal*, Vol. XXXIII, p. 440.

15 *Südpol – ja oder nein?*

1 *Aftenposten* (Christiania) Abendausgabe, 1. September 1909
2 *Aftenposten*, 7. September 1909.
3 *New York Times*, 8. September 1909.
4 F. A. Cook, unveröffentlichte Erinnerungen (CFP).
5 R. Amundsen, *Sydpolen*, p. 138.
6 R. Amundsen, Brief an Daugaard-Jensen, 9. September 1909
7 *New York Times*, 11. September 1909.
8 *Aftenposten*, Abendausgabe, 11. September 1909.
9 Wilhelm Filchner, *Ein Forscherleben*, p. 107.
10 R. Amundsen, Brief an Daugaard-Jensen, 5. Oktober 1909 (DJM).
11 Dänisches Innenministerium, Brief an die Verwaltung für Grönland, 12. April 1910 (RA).

16 *In Territorialgewässern*

1 R. F. Scott, Brief an Scott Keltie, 20. Februar 1907 (RGS).
2 Ibid.
3 Ibid.
4 *The Times*, 12. Februar 1907.
5 E. A. Wilson, Brief an E. H. Shackleton. Zitiert von M. und J. Fisher in: *Shackleton*, p. 111.
6 E. H. Shackleton, Brief an R. F. Scott, 17. Mai 1907 (SPRI).
7 OLt. E. R. G. R. Evans, Brief an R. F. Scott, 4. März 1907 (SFP).
8 R. F. Scott, „The Sledging Problem in the Antarctic“ (SPRI).
9 R. F. Scott, Brief an R. W. Skelton, 25. Mai 1907 (SPRI).
10 Ibid., 5. Juni 1907.
11 Ibid.

17 *Eine Hochzeit im Stil der Edward-Epoche*

1 Raymond Priestley, *Between Two Expeditions*, p. 6.
2 Max Beerbohm, Brief an Florence Kahn, zitiert von David Cecil, *Max*, p. 277. (Der nächste Satz lautet: „Hier, das spüre ich, liegt mein eigentliches Metier; Modellsitzen für ziemlich begabte Bildhauerinnen.“ Der unvergleichliche Max!).
3 Gertrude Stein, *The Autobiography of Alice B. Toklas*, p. 48.
4 Kathleen Scott, Lady Kennet, *Self-Portrait of an Artist*, p. 83.

5 R. F. Scott, Brief an Kathleen Bruce, 1908 (SFP).
6 Ibid.
7 Kathleen Bruce, Brief an R. F. Scott, 11. Juli 1908 (SFP).
8 Salvador de Madariaga, *Don Quixote,* pp. 80 und 88.
9 R. F. Scott, Brief an Kathleen Bruce, 28. Juli 1908.
10 Dr. C. Chree, Präsdent der Physikalischen Gesellschaft, London, Ansprache an die Mitglieder, 14. Februar 1908, in *Proc. Phys. Soc.* Vol. XXI, pp. XIV–XV.
11 *The Times Literary Supplement*, 13. August 1908.
12 R. F. Scott, Brief an Sir Archibald Geikie, 10. Oktober 1908 (RS).
13 Ibid., 23. November 1908 (RS).
14 Admiral Mostyn Field, Brief an Sir Archibald Geikie, 7. Dezember 1908 (RS).
15 Kathleen Scott, Brief an R. F. Scott (ohne Datum) (SFP).
16 Fridtjof Nansen, Brief an R. F. Scott, 26. Dezember 1908 (UB).
17 R. F. Skelton, Bericht über den „Finchley Motorschlitten", März 1909 (SPRI).
18 R. Amundsen, Brief an Scott Keltie, 25. März 1909 (RGS).
19 Admiral Sir John (der spätere Earl) Jellicoe, Juli 1914, in: Barnett, *The Swordbearers,* p. 123.
20 Sir Philip Gibbs.
21 *Daily Telegraph,* 15. Juni 1909.
22 *The Sphere,* 3. April 1909.
23 *The Observer,* 20. Juni 1909.
24 R. F. Scott, Brief an Leonard Darwin, 30. Juni 1909 (RGS).
25 Admiral Sir Lewis Beaumont, Brief an Leonard Darwin, 19. Juni 1909 (SPRI).
26 Leonard Darwin, Brief an Shackleton, 30. Juni 1909 (SPRI).
27 R. F. Scott, Brief an E. H. Shackleton, 1. Juli 1909 (SPRI).
28 E. H. Shackleton, Brief an R. F. Scott, 6. Juli 1909 (SPRI).
29 Kathleen Scott, Tagebuch, 11.September 1909 (CUL).
30 R. F. Scott, Brief an Sir Arthus Moore, 21. September 1909 (SPRI).

ZWEITER TEIL

18 *Kehrtwendung*

1 *The Times,* 13. September 1909, p. 8.
2 Sir Ernest Shackleton, *The Heart of the Antarctic*, Vol.i, p. 75.
3 R. Amundsen, *Sydpolen,* Vol.i, p. 145.
4 Ibid., p. 147.
5 R. Amundsen, *Nordostpassagen,* p. 2
6 *Ein Volksfeind,* V. Akt.

19 *Auf der* Terra Nova

1 Peter Wessel Zapffe, „Hvorfor Døde Scott?", aus: *Essays og Epistler,* p. 78.
2 Sir Clements Markham, Tagebuch, 8. Juli 1908 (Mr. Marcus Clements).

3 L. E. G. Oates, Brief an seine Mutter, 20. Juni 1906.
4 Tryggve Gran, *Slik var det,* p. 69.
5 Tryggve Gran, Interview mit dem Autor, November 1973.
6 Ibid.
7 Tryggve Gran, *Slik var det,* p. 72.
8 Tryggve Gran, *Fra Tjuagutt til Sydpolfarer,* p. 178.
9 Ibid., p. 175.
10 Tryggve Gran, *Slik var det,* p. 74.
11 Ibid., p. 75.
12 R. E. Peary, *Secrets of Polar Travel,* p. 201.
13 *Geographical Journal,* Vol.XXXVI, No. 1, Juli 1910, p. 22.
14 R. F. Scott, Ansprache beim Diner der RGS, 31. Mai 1910.
15 Kapitän Robert Bartlett, *The Log of Bob Bartlett,* p. 224
16 Tryggve Gran, *Slik var det,* p. 80.

20 *Das Geheimnis gelüftet*

1 *Shieffield Daily Telegraph,* 2. Juni 1910.
2 *Social-Demokraten,* 11. April 1910.
3 R. Amundsen, Tagebuch, 8. Juni 1910 (UB).
4 R. Amundsen, Telegramm an A/B Diesel, 10. Juli 1910 (Atlas Copca).
5 Norwegisches Außenministerium, Auszug aus einem Telegramm vom 30. Juli 1910.
6 Norwegisches Außenministerium, Telegramm an Amundsen, 2. August 1910 (UD).
7 Olav Bjaaland, Tagebuch, 10. August 1910 (BJ).
8 R. Amundsen, Brief an Fridtjof Nansen, 22. August 1910.
9 OLt. F. Gjertsen, Tagebuch, 9. September 1910 (UB).
10 Helmer Hanssen, „Minner fra Sydpolsturen", *Polar-Arboken,* 1941, p. 14.
11 Hjalmar Johansen, Tagebuch, 16. Dezember 1910.
12 R. Amundsen, *Sydpolen,* Vol.i. p. 249.
13 R. Amundsen, Tagebuch, 16. Januar 1911.
14 Ibid., 14. Januar 1911.
15 Ibid.

21 *Scott setzt seine Fahrt fort*

1 Tryggve Gran, Tagebuch, 15. Oktober 1910, zitiert in *Fra Tjuagutt til Sydpolfarer,* p. 209.
2 Zitiert aus Herlof Harstad, *Erobring av Antarktis,* p. 88.
3 *Morgenbladet,* Christiania, 3. Oktober 1910.
4 John Scott Keltie, Brief an Nansen, 3. Oktober (RGS).
5 *Evening Standard,* 4. Oktober 1910.
6 Sir Clements Markham, Brief an Scott Keltie, 4. November 1910 (RGS).
7 Tryggve Gran, *Fra Tjuagutt til Sydpolfarer,* p. 220.
8 Scott Keltie, Telegramm an R. F. Scott, ohne Datum (UB).
9 L. E. G. Oates, Brief an seine Mutter, 23. November 1910 (SPRI).
10 Aus Frank Debenham, Tagebuch, 18. Juni 1911 (SPRI).

11 L. E. G. Oates, op. cit., 23. November 1910 (SPRI).
12 R. F. Scott, Brief an Fridtjof Nansen, 14. November 1910 (SPRI).
13 *With Scott before the Mast,* unveröffentlichtlichte Erinnerungen des Kapitänleutnant F. E. C. Davies, R. N. R., p. 111.
14 Victor Campbell, Brief an seine Schwester, 22. Januar 1910 (Mrs. Hamilton Delmege).
15 A. Cherry-Garrard, Tagebuch, 11. Januar 1911 (SPRI).

22 *Stützpunkt Framheim*

1 R. Amundsen, *Sydpolen.* Vol.i, p. 290.
2 R. Amundsen, Tagebuch, 18. Januar 1911.
3 H. F. Gjertsen, Tagebuch, 4. Februar 1911.
4 Wilfred Bruce, Brief an Kathleen Scott, 27. Februar 1911 (Lord Kennet).
5 H. F. Gjertsen, op. cit.
6 Wilfred Bruce, op. cit.
7 Thorvald Nilsen, Tagebuch, 4. Februar 1911 (NSM).
8 R. E. Priestley, Tagebuch 4. Februar 1911 (SPRI).
9 Wilfred Bruce, Tagebuch, 4. Februar 1911 (SPRI).
10 R. Amundsen, Brief an Thorvald Nilsen, 2. Januar 1911 (NSM).
11 R. Amundsen, passim, Schlitten-Tagebuch (UB).

23 *Im selben Schlitten mit „dem Eigentümer"*

1 R. F. Scott, Tagebuch, 30. Januar 1911.
2 H. R. Bowers, Tagebuchbrief, ohne Datum (SPRI).
3 A. Cherry-Garrard, Tagebuch, 24. Februar 1911.
4 Tryggve Gran, *Fra Tjuagutt til Sydpolfarer,* p. 240.
5 L. E. G. Oates, Brief an seine Mutter, 22. Januar 1911.

24 *Der Polsucher bereitet sich vor*

1 OLt. Thorvald Nilsen, Tagebuch, 15. März 1911 (NSM).
2 *The Times,* 11. April 1911.
3 C. Borchsenius, Brief an A/B Diesel Motor, 20..Oktober 1910 (Atlas Copco).
4 R. Amundsen, Tagebuch, 18. April 1911 (UB).
5 Ibid., 19. Mai 1911.
6 Tryggve Gran, *Slik var det,* p. 123.
7 Sverre Hassel, Tagebuch, 13. August 1911 (UB).

25 *Überwintern am Kap Evans*

1 Tryggve Gran, *Kampen am Sydpolen,* p. 115.
2 Ibid.

26 *Fehlstart*

1 Hjalmar Johansen, Tagebuch, 20. August 1911 (UB).
2 Helmer Hanssen, *Gjennen Isbaksen,* p. 8.
3 Olav Bjaaland, Tagebuch, 11. September 1911.
4 Ibid., 12. September 1911.
5 Ibid., 14. September 1911.
5 Ibid., 15. September 1911.
7 Jørgen Stubberud, Erinnerungen, „Den Siste av Sydpolens Erobrere", *Vi Menn,* 1. Februar 1972.
8 Sverre Hassel, Tagebuch, 16. September 1911 (UB).
9 Adolf Hoels, Notizen (UB).
10 Olav Bjaaland, op. cit., 17. September 1911.
11 R. Amundsen, Tagebuch, 17. September 1911.
12 R. Amundsen, Brief an Hjalmar Johansen, 17. September 1911 (UB).
13 Hjalmar Johansen, Brief an R. Amundsen, 19. September 1911 (UB).
14 R. Amundsen, Schlitten-Tagebuch, 23. Oktober 1911 (UB).

27 *Scotts Karawane*

1 R. F. Scott, Brief an seine Frau, Okt. 1911.
2 L. E. G. Oates, Brief an seine Mutter, geschrieben zwischen dem 11. und 28. Oktober 1911 (SPRI).
3 Ibid.
4 Tryggve Gran, Tagebuch, 1. November 1911.
5 Tryggve Gran, Interview mit dem Autor, November 1973.
6 R. F. Scott, Tagebuch, 7. November 1911.
7 L. E. G. Oates, Tagebuch, 7. November 1911.
8 Ibid., 18. November 1911.
9 Ibid.
10 Ibid.
11 George Simpson, Tagebuch, 31. Dezember 1911 (SPRI).
12 Ibid.
13 H. R. Bowers, Tagebuchbrief an seine Schwester May, 2. November 1911 (SPRI).

28 *Tanzboden des Teufels*

1 R. Amundsen, Schlitten-Tagebuch, 5. November 1911 (UB).
2 Ibid.
3 R. Amundsen, op. cit., 10. November 1911.
4 Olav Bjaaland, Tagebuch, 12. November 1911.
5 R. Amundsen, op. cit., 17. November 1911.
6 Ibid., 18. November 1911.
7 Ibid., 19. November 1911.
8 Olav Bjaaland, op. cit., 19. November 1911.
9 W. W. Herbert, „Der Axel-Heiberg-Gletscher", *Norsk Polarinstitutt Årbok,* 1962.

10 R. Amundsen, op. cit., 20. November 1911.
11 Olav Bjaaland, op. cit., 21. November 1911.
12 Ibid., 24. November 1911.
13 R. Amundsen, op. cit., 1. Dezember 1911.
14 Ibid., 2. Dezember 1911.
15 Olav Bjaaland, op. cit., 1. Dezember 1911.
16 R. Amundsen, op. cit., 8. Dezember 1911.
17 Olav Bjaaland, op. cit., 8. Dezember 1911.

29 *Das Schlittenziehen beginnt*

1 R. Amundsen, Tagebuch, 24. November 1911.
2 P. O. Keohane, Tagebuch, 8. Dezember 1911 (SPRI).
3 A. Cherry-Garrard, Tagebuch, 11. Dezember 1911 (SPRI).
4 Dr. L. R. P. Phillips, Persönliche Mitteilung.
5 R. F. Scott, Tagebuch, 11. Dezember 1911.
6 H. R. Bowers, Tagebuch, 14. Dezember 1911 (SPRI).
7 Ibid., 27. Dezember 1911.
8 Tryggve Gran, *Kampen om Sydpolen,* p. 158.
9 R. F. Scott, op. cit., 21. Dezember 1911.
10 A. Cherry-Garrard, Tagebuch, 4. April 1912 (SPRI).
11 Briefe von Dr. Herbert Waterhouse, Dozent am Royal College of Surgeons, dem Arzt aus der Harley Street, der Oates behandelte, an Mrs. Oates, 25. und 27. Juni 1901 (SPRI).
12 A. Cherry-Garrard, op. cit., 4. April1912.
13 R. F. Scott, Brief an seine Frau, 3. Januar 1912.
14 *Pall Mall Gazette,* 1. April 1912.
15 R. F. Scott, Tagebuch, 5. Januar 1912.
16 E. H. Shackleton, *The Heart of the Antarctic,* Vol.i, p. 347.

30 *Der Wettlauf ist gewonnen*

1 R. Amundsen, Schlitten-Tagebuch, 9. Dezember 1911 (UB).
2 Oscar Wisting, *16 år med Roald Amundsen,* p. 46.
3 R. Amundsen, op. cit., 10. Dezember 1911.
4 R. Amundsen, Schlitten-Tagebuch, 8. Dezember 1911 (UB).
5 Ibid., 11.Dezember 1911.
6 Olav Bjaaland, Tagebuch, 12. Dezember 1911.
7 Ibid., 13. Dezember 1911.
8 Ibid.
9 R. Amundsen, *Sydpolen,* Vol.ii, p. 120.
10 R. E. Peary, *The North Pole,* p. 257.
11 R. Amundsen, op. cit., p. 122.
12 Ibid.
13 R. Amundsen, Schlitten-Tagebuch, 15. Dezember 1911 (UB).
14 Ibid., 16. Dezember 1911.

15 Olav Bjaaland, op. cit., 16. Dezember 1911.
16 R. Amundsen, op. cit., 17. Dezember 1911.
17 R. Amundsen, *Sydpolen,* Voll.ii, p. 129.
18 Olav Bjaaland, op. cit., ibid.
19 R. Amundsen, Schlitten-Tagebuch, 16. Dezember 1911 (UB).
20 Tryggve Gran, *Kampen om Sydpolen,* p. 144.
21 R. Amundsen, op. cit., 17. Dezember 1911.
22 Helmer Hanssen, „Minner fra Sydpolsturen", *Polar-Arboken,* 1941, p. 17.
23 Johan Austbø, *Olav Bjaaland,* p. 80.
24 R. Amundsen, op. cit., ibid.
25 Ibid., 18. Dezember 1911.
26 Olav Bjaaland, op. cit., 17. Dezember 1911.
27 R. Amundsen, Brief an König Haakon VII. vom 15. Dezember 1911 (UB).
28 R. Amundsen, Schlitten-Tagebuch, 18. Dezember 1911.
29 R. Amundsen, *Sydpolen,* Vol.ii, p. 135.
30 Olav Bjaaland, op. cit., 19. Dezember 1911.
31 Kommentar des Herausgebers, *Morgenbladet,* 2. April 1912.
32 Olav Bjaaland, op. cit., 22. Dezember 1911.
33 R. Amundsen, Schlitten-Tagebuch, 25. Dezember 1911.
34 R. Amundsen, op. cit., 1. Januar 1912.
35 Ibid., 2. Januar 1912.
36 Ibid., 3. Januar 1912.
37 Olav Bjaaland, op. cit., 3. Januar 1912.
38 Ibid.
39 Ibid.
40 R. Amundsen, op. cit., ibid.
41 Ibid., 12. Januar 1912.
42 Olav Bjaaland, op. cit., 5. Januar 1912.
43 R. Amundsen, op. cit., 5. Januar 1912.
44 Ibid., 6. Januar 1912.
45 Olav Bjaaland, op. cit., 5.-6. Januar 1912.
46 Ibid., 19. Januar 1912.
47 R. Amundsen, op. cit., 25. Januar 1912.
48 Ibid., 26. Januar 1912.
49 Ibid.

31 *Der Wettlauf ist verloren*

1 R. F. Scott, Schlitten-Tagebuch, 13. Januar 1912.
2 Ibid., 12. Januar 1912.
3 L. E. G. Oates, Tagebuch, 15. Januar 1912 (Porter).
4 R. F. Scott, op. cit., 15. Januar 1912.
5 L. E. G. Oates, op. cit., 16.–18. Januar 1912 (Porter).
6 H. R. Bowers, Briefe an seine Mutter, 17. Januar 1912 (SPRI).
7 H. R. Bowers, Briefe an seine Schwester, 18. Januar 1912 (SPRI).
8 E. A. Wilson, Tagebuch der *Terra Nova,* 17. Januar 1912.
9 R. F. Scott, op. cit., 22. Februar 1912.

10 Ibid., 16. Januar 1912.
11 E. A. Wilson, op. cit., 17. Januar 1912.
12 R. F. Scott, op. cit., 17. Januar 1912.
13 R. Amundsen, Brief an R. F. Scott, zitiert in E. R. Evans, *South with Scott,* p. 232.
14 Sir Raymond Priestley, „Robert Falcon Scott“, unveröffentlichtes Manuskript (SPRI).
15 R. F. Scott, op. cit., 18. Januar 1912.
16 Notiz im SPRI.
17 R. F. Scott, op. cit., ibid., „Mit schmerzlichen Gefühlen“ fehlt in der veröffentlichten Fassung.
18 R. F. Scott, op. cit., 24. Januar 1912.
19 H. R. Bowers, Tagebuch 21. Januar 1912 (SPRI).
20 Ibid., 25. Januar 1911.
21 L. E. G. Oates, Tagebuch, 12. Februar 1912 (Porter).
22 R. F. Scott, op. cit., 12. Februar 1912.
23 Ibid., 13. Februar 1912.
24 E. A. Wilson, op. cit., 29. Januar 1912.
25 R. F. Scott, op, cit., 30. Januar 1912. „Worüber ich sehr enttäuscht bin“ fehlt in der veröffentlichten Fassung.
26 R. F. Scott, op. cit., 4. Februar 1912.
27 Ibid., 15. Februar 1912.
28 L. E. G. Oates, op. cit., 16. Februar 1912.
29 Ibid., 17. Februar 1912.
30 Mangel an Vitamin C bei P. O. Evans als Todesursache stützt sich auf die Autorität von Dr. A. F. Rogers von der Abt. Physiologie der Universität Bristol. Dr. Rogers, der an der transantarktischen Expedition von Sir Vivian Fuchs teilgenommen hat und Spezialist für Polare Physiologie ist, hat seine Erkenntnisse dargestellt in: „The Death of Chief Petty Officer Evans“, veröffentlicht in *The Practitioner,* April 1974.
31 R. F. Scott, op. cit., 18. Februar 1912.

32 *Wieder auf der* Fram

1 Jørgen Stubberud, Interview mit dem Autor.
2 Oscar Wisting, *16 År med Roald Amundsen,* p. 29.
3 Helmer Hanssen, *Gjennen Isbaksen,* p. 101.
4 R. Amundsen, Tagebuch, 26. Januar 1912 (UB).
5 Ibid., 30. Januar 1912.
6 Gwynn Jones, *A History of the Vikings,* p. 353.
7 Olav Bjaaland, Tagebuch, 5. März 1912 (BJ).

33 *Die letzte Niederlage*

1 E. A. Wilson, Tagebuch der *Terra Nova,* 16. Februar 1912.
2 R. F. Scott, Schlitten-Tagebuch, 6. März 1912.
3 Ibid., 10. März 1912.
4 R. F. Scott, Brief an William Ellison-Macartney, nach einer von Lady Scott angefer-

tigten Abschrift; im Besitz von Sir Peter Scott.

34 *Entstehung einer Legende*

1 Fridtjof Nansen, Brief an Kathleen Scott, 7. März 1912 (CUL).
2 Ibid., 19. März 1912 (CUL).
3 *The New York Times,* Leitartikel, 8. März 1912.
4 *Aftenposten,* 9. März 1912.
5 *Norges Handels- og Sjøfartstidende,* 9. März 1912.
6 The Times, 9. März 1912.
7 *Daily Chronicle,* 11. März 1912.
8 Lord Curzon, Brief an Scott Keltie, 2. Juli 1912 (RGS).
9 *The Pall Mall Gazette,* 1. April 1912.
10 Kathleen Scott, Tagebuch, 12. März 1912 (CUL).
11 *Morgenbladet,* 2. April 1912.
12 H. G. Ponting, Brief an E. A. Wilson, 27. Oktober 1912 (SPRI).
13 R. E. Peary, Brief an H. l. Bridgman, 29. März 1912 (CPA).
14 Kathleen Scott, op. cit.
15 William Heinemann, Brief an Fridtjof Nansen, 18. März 1912 (UB).
16 Olav Bjaaland, Tagebuch, 16. Juni 1912 (BJ).
17 *Bergens Tidende,* 2. Juli 1912.
18 Tryggve Gran, *Kampen om Sydpolen,* p. 192.
19 Tryggve Gran, Tagebuch, 23. November 1912.
20 P. O. Thomas Williamson, Tagebuch, 12. November (SPRI).
21 Ibid.
22 Tryggve Gran, op. cit., 13. November 1912.
23 A. Cherry-Garrard, Tagebuch, 15. November 1912 (SPRI).
24 Ibid., 12. November 1912.
25 OLt. Barry Domville, Tagebuch, 10. Februar 1913 (NMG).
26 Mrs. D. Irving-Bell, Tagebuch.
27 Kathleen Scott, Brief an Admiral Egerton, ohne Datum, (1978 bei Sotheby verkauft; Käufer unbekannt).
28 H. R. Mill, Brief an Scott Keltie, 7. April 1912 (SPRI).
29 *The Daily Chronicle,* 11.Februar 1913.

35 *Das letzte Abenteuer*

1 *The Daily Chronicle,* 12. Februar 1913.
2 Ibid.
3 Fridtjof Nansen, Brief an Sir Clements Markham, 4. April 1913.
4 Helmer Hanssen, *Gjennen Isbaksen,* p. 100.
5 *The Times,* 22. Mai 1913.
6 Admiral Sir Lewis Beaumont, Brief an Kathleen Scott, 10. September 1913 (SFP).
7 Sir J. M. Barrie, Brief an Kathleen Scott, 10. September 1913 (SFP).
8 Agnes Egerton Castle, „The Precursor“, in: *The Treasury,* Januar 1916.
9 Zinoviy Kanevskiy, „A School Essay“, in: *Znaniye Sila,* 1972.

10 R. Amundsen, Brief an R. Herman Gade, 18. Januar 1913 (HL).
11 Fridtjof Nansen, Brief an R. Amundsen, 2. April 1913 (UB).
12 Odd Arnesen, *Roald Amundsen som han var,* p. 113
13 Ibid., p. 126.
14 R. Amundsen, Brief an Don Pedro Christophersen, ohne Datum (1913) (UB).
15 R. Amundsen, *Gjennem Luften til 88° Nord,* p. 17.
16 Dr. F. A. Cook, unveröffentlichte Erinnerungen, (CFP).
17 Dr. Lincoln Ellsworth, *Beyond Horizons,* p. 121.
18 R. Amundsen, *Mitt Liv som Polarforsker,* p. 69.
19 Ibid., p. 67.
20 Davide Guidici, *The Tragedy of the Italia,* p. 37.
21 Hovdenak und Hoel, *Roald Amundsen siste Ferd,* p. 173.
22 R. Amundsen, op. cit., p. 248.
Das Schlußzitat stammt aus Richard E. Byrd, *Little America,* p. 409.

QUELLEN

Sie erheben keinen Anspruch auf Vollständigkeit. Es werden nur Quellen geboten, die besonders aufschlußreich erschienen. Zeitungen und Zeitschriften sind lediglich dann getrennt aufgeführt, wenn sie häufig benutzt wurden.

VERÖFFENTLICHTE QUELLEN

Bücher

Aagaard, Bjarne, *Fangst og Forskning i Sydishavet,* Oslo, Gyldendal Norsk Forlag, 1930.

Aas, Ingebret, *Roald Amundsens Stamfedre,* Sarpsborg, Frank Vardings Trykkeri, 1941.

Abruzzi, H. R. H. Luigi, Herzog von, Amadeo von Savoyen, *On the* Pole Star *in the Arctic Sea,* London, Hutchinson and Co., 1903.

Amundsen, Roald, *Mitt Liv som Polarforsker,* Oslo Gyldendal Norsk Forlag, 1927.

Nordostpassagen, Christiania, Gyldendalske Boghandel, 1921.

Nordvestpassagen, Christiania, H. Aschehoug & Co., 1907.

Sydpolen, Christiania, Jacob Dybwads Forlag, 1912.

Amundsen, Roald, og Ellsworth, Lincoln, *Den Første Flukt over Polhavet,* Oslo, Gyldendal Norsk Forlag, 1926.

Amundsen, Roald, et. al., *Gjennem Luften til 88° Nord,* Oslo, Gyldendal Norsk Forlag, 1925.

Andersen, Hans Christian, *Eventyr og Historier,* Kopenhagen, Gyldendalske Boghandel, Nordisk Forlag, 1931.

Mit livs eventyr, Kopenhagen, Gyldendalske Boghandel, Nordisk Forlag, 1951.

Anderson, Verily, *The Last of the Eccentrics,* London, Hodder and Stoughton Ltd., 1972.

Antarctic Pilot, The, The Hydrographer of the Navy, 1974.

Archer, James, *Colin Archer,* Gloucester, John Bellows Ltd., 1949.

Arctic Blue Books, 1875–76, London, Her Majesty's Stationery Office, 1877.

Arctic Pilot, Vol. III, London, The Hydrographic Department, Admiralty, 1959.

Armitage, Albert B., *Cadet to Commodore,* London, Cassell and Co. Ltd., 1925.

Two Years in the Antarctic, London, Edward Arnold, 1905.

Arnesen, Odd, *Roald Amundsen som han var,* Oslo, Gyldendal Norsk Forlag, 1929.

„Fram", Hele Norges Skute, Oslo, Jacob Dybwads Forlag, 1942.

Arnold, H. T. P., *Photographer of the World,* London, Hutchinson and Co., 1969.

Asbjørnsen, P. Chr., og Moe, Jørgen, *Eventyr,* Oslo, Gyldendal Norsk Forlag, 1959.

Auden, W. H., and Taylor, Paul B. (transl.), *The Elder Edda,* London, Faber, 1969.

Austbø, Johan, *Olav Bjåland,* Oslo, Fonna Forlag, 1945.

Astrup, Eivind, *With Peary Near the Pole,* London, C. Arthur Pearson Ltd., 1898.

Bain, J. Arthur, *Life and Explorations of Fridtjof Nansen,* London, Walter Scott Ltd., (n. d.).

Baker, J. N. L., *A History of Geographical Discovery and Exploration,* London, George G. Harrap and Co. Ltd., 1937.

Balchen, Bernt, *Come North With Me,* New York, E. P. Dutton and Co., Inc., 1958.

Baring, Maurice, *The Puppet Show of Memory,* London, William Heinemann Ltd., 1922.

Barnett, Correlli, *The Collapse of British Power,* London, Eyre Methuen, 1972.

The Swordbearers, London, Eyre and Spottiswoode, 1963.

Bartlett, Captain Robert A., *The Log of Bob Bartlett,* New York, Blue Ribbon Books, 1931.
Beaglehole, J. C. (ed.), *The Journals of Captain Cook,* Hakluyt Society, Extra Series No. XXXV.
The Voyage of Captain Bellingshausen to the Antarctic Seas, 1819–21, London, Hakluyt Society, 1945.
Bennet, Geoffrey, *Charlie B.,* London, Peter Dawnay Ltd., 1968.
Beresford, Admiral Lord Charles, *Memoirs,* London, Methuen and Co., Ltd., 1914.
Bernacchi, L. C., O. B. E., *A Very Gallant Gentleman,* London, Thornton Butterworth Ltd., 1933.
Saga of the „Discovery", London, Blackie and Son Ltd., 1938.
To the South Polar Regions, London, Hurst and Blackett Ltd., 1901.
Bertram, Colin, *Arctic and Antarctic,* Cambridge, W. Heffer and Sons Ltd., 1939.
Bicknell, Franklin and Prescott, Frederick, *The Vitamins in Medicine,* London, William Heinemann Medical Books Ltd., 1946.
Bjaaland Olav, Museum, Morgedal, Telemark, *Ski og Sudpol,* Skien, Erik Tanche Nilssen A. S., Trykkeri, 1970.
Bjørnson, Bjørnstjerne, *Arne,* Oslo, Gyldendal Norsk Forlag, 1960.
Artikler og Taler, Christiania, Gyldendalske Boghandel, Nordisk Forlag, 1913.
Over Aevne 1 & 2, Oslo, Gyldendal Norsk Forlag, 1960.
Samlede Verker, II Bind, *Digte og Sange,* Oslo, Gyldendal Norsk Forlag, 1960.
Borchgrevink, Carsten E., *Naermest Sydpolen, Aaret 1900,* Kopenhagen und Christiania, Gyldendalske Boghandel Nordisk Forlag, 1905.
Borgen, Johan, *Lillelord,* Oslo, Gyldendal Norsk Forlag, 1967.
British *(Terra Nova)* Antarctic Expedition, 1910–1913, *Miscellaneous Data,* London, Harrison and Sons Ltd., 1924.
Report on the Maps and Surveys, London, Harrison and Sons Ltd., 1923.
Brosses, Charles de, *Historie de Navigations aux Terres Australes,* Paris, Durand 1756.
Brown, R. N. Rudmose, Mossman, R. C. and Pirie, J. H. Harvey, *The Voyage of the „Scotia",* Edinburgh, William Blackwood and Sons, 1906.
Buchan, John, *Memory Hold-the-Door,* London, Hodder and Stoughton Ltd., 1950.
Bugge, Anders and Steen Sverre (eds.), *Norsk Kulturhistorie,* Oslo, J. W. Cappelens Forlag, 1942.
Bull, Edvard, Keilhan, Wilhelm and Shetelig, Haakon, *Sverre Sten. Det Norske Folks Liv og Historie,* Oslo, H. Aschehoug & Co., 1930–1938.
Bull, H. J., *The Cruise of the „Antarctic",* London, Edward Arnold, 1896.
Byrd, Richard E., *Alone,* New York, G. P. Putnam and Co., 1938.
Antarctic Discovery, London, Putnam and Co., 1926.
Little America, London, G. P. Putnam and Co., 1931.
Cappelen, Peder W., *Alene med Vidda,* Oslo Gyldendal Norsk Forlag, 1964.
Castberg, Frede, *The Norwegian Way of Life,* London, William Heinemann Ltd., 1954.
Cecil, David, *Max,* London, Constable, 1964.
Charcot, J-B., *Le „Francais" au Pôle Sud,* Paris, Ernest Flammarion, 1906.
The Voyage of the „Why Not" in the Antarctic, London, Hodder and Stoughton Ltd., 1911.
Chatfield, Admiral of the Fleet, Lord, *The Navy and Defence,* London, William Heinemann Ltd., 1942.

Cherry-Garrard, Apsley, *The Worst Journey in the World,* London, Chatto and Windus, 1965.
Churchill, Winston, *The World Crisis,* Vol. I, London, Thornton Butterworth, 1923.
Collinson, Richard, *Journal of H. M. S. Enterprise,* London, Sampson, Low, Marston, 1889.
Conway, Sir Martin, *The First Crossing of Spitsbergen,* London, J. M. Dent and Co., 1897.
With Ski and Sledge over Arctic Glaciers, London, J. M. Dent and Co., 1898.
Cook, Dr. Frederick A., *My Attainment of the Pole,* New York, The Polar Publishing Co., 1911.
Return from the Pole, New York, Pellegrini and Cudaby, 1951.
Through the First Antarctic Night, London, William Heinemann Ltd., 1900.
Cramb, J. A., *Reflections on the Origins and Destiny of Imperial Britain,* London, Macmillan and Co. Ltd., 1900.
Cross, Wilbur, *Ghost Ship of the Pole,* London, Heinemann, 1960.
Cyriax, Richard J., *Sir John Franklin's Last Arctic Expedition,* London, Methuen and Co. Ltd., 1939.
Dass, Petter, *Nordlands Trompet,* Oslo, H. Aschehoug & Co., 1958.
Delavaud, Louis, *L'Explorateur Roald Amundsen,* Paris, Louis de Soye, 1912.
Derry, T. K., *A History of Modern Norway, 1814–1972,* Oxford, Clarendon Press, 1973.
A Short History of Norway, London, George Allen and Unwin, 1957.
Dewar, Vice Admiral K. G. B., *The Navy from Within,* London, Victor Gollancz Ltd., 1939.
Ditlev-Simonsen, O., *En Sjøgutt ser Tilbake,* Oslo, J. W. Cappelens Forlag, 1943.
Doorly, Captain Gerald S., *In the Wake,* London, Sampson, Low, 1936.
The Voyage of the „Morning", London, Smith, Elder and Co., 1916.
Drygalski, Erich von, *Zum Kontinent des eisigen Südens,* Berlin, Georg Reimer, 1904.
Dunbar, Janet, *J. M. Barrie,* London, Collins, 1970.
Duncan, Isadora, *My Life,* London, Victor Gollancz Ltd., 1928.
Eames, Hugh, *Winner Lose All,* Boston, Little, Brown and Company, 1973.
Easton, Malcolm, *Aubrey and the Dying Lady,* London, Secker and Warburg, 1972.
Ellsworth, Lincoln, *Beyond Horizons,* New York, Doubleday, Doran and Company, Inc., 1938.
Emmanuel, Marthe, *Charcot, Navigateur Polaire,* Paris, Les Editions des Loisirs, 1943.
La France et L'Exploration Polaire, Paris, Nouvelles Editions Latines, 1959.
Tel fut Charcot, Paris, Beauchesne, 1967.
Ensor, R. C. K., *England 1870–1914,* Oxford, Clarendon Press, 1936.
Filchner, Wilhelm, *Ein Forscherleben,* Wiesbaden, Brockhaus, 1951.
Zum Sechsten Erdteil, Berlin, Ullstein, 1922.
Fisher, Admiral of the Fleet, Lord, *Memories,* London, Hodder and Stoughton Ltd., 1919.
Records, London, Hodder and Stoughton Ltd., 1919.
Fisher, Margery and James, *Shackleton,* London, Barrie, 1957.
Fox, M. W., *Behaviour of Wolves, Dogs and Related Canids,* London, Jonathan Cape, 1971.
Franklin, Captain John, R. N., F. R. S., *Narrative of a Journey to the shores of the Polar Sea,* London, John Murray, 1823.

Narrative of a Second Expedition to the shores of the Polar Sea, London, John Murray, 1828.

Freeman, Andrew A., *The Case for Doctor Cook,* New York, Coward-McCann, Inc., 1961.

Fremantle, Admiral Sir Sydney, *My Naval Career, 1880–1928,* London, Hutchinson and Co. (o. J.).

Freuchen, Peter, *I Al Frimodighed,* Kopenhagen, Westermann, 1953.

Frewen, Oswald, *Sailor's Soliloquy,* London, Hutchinson and Co., 1961.

Sixth International Geographical Congress, London, 1895, *Report,* London, John Murray, 1896.

Siebenter Internationaler Geographen-Kongreß, Berlin, 1899. *Verhandlungen,* Erster Teil. London, Sampson, Low and Co., 1901.

Gerlache, Adrien de, *Quinze Mois dans L'Antarctique.* Bruxelles, Imprimerie Scientifique Ch. Bulens, Editeur, 1902.

Gibbs, Philip, *Adventures in Journalism,* London, William Heinemann Ltd., 1923.

Giudici, Davide, *Col „Krassin" Alla Tenda Rossa,* Milano, Nicola Moneta, Editore, 1928.

Goodenough, Admiral Sir William, *A Rough Record,* London, Hutchinson and Co. (o. J.).

Gould, Laurence McKinley, *Cold.* New York, Brewer, Warren and Putnam, 1931.

Gran, Gerhard, *Norsk Aandsliv i Hundrede Aaar,* Kristiania, H. Aschehoug & Co., 1916.

Gran, Tryggve, *En Hjelt,* Kristiania, Gyldendalske Bokhandel, 1924.
Fra Tjuagutt til Sydpolfarer, Oslo, Ernst G. Mortensens Forlag, 1974.
Hvor Sydlyset Flammer, Kristiania und Kopenhagen, Gyldendalske Boghandel, Nordisk Forlag, 1915.
Kampen om Sydpolen, Oslo, Ernst G. Mortensens Forlag, 1961.
Slik var Det, Oslo, Gyldendal Norsk Forlag, 1945.

Greely, Adolphus Washington, *Handbook of Polar Discoveries,* Boston, Little, Brown and Co., 1907.

Greve, Tim *Fridtjof Nansen,* Oslo, Gyldendal Norsk Forlag, Vol I, 1973 and Vol. II, 1974.

Gwynn, Stephen, *Captain Scott,* London, John Lane, the Bodley Head Ltd., 1930.

Hall, Captain C. F., *Life with the Esquimaux,* London, Sampson, Low, 1864.

Hamsun, Knut, *Sult,* Oslo, Gyldendal Norsk Forlag, 1971.

Hansen, Godfred, *Den Norske Gjøa-Ekspedition,* Kopenhagen, G. E. C. Gad, 1912.

Hansen, Thorkild, *Jens Munk,* Kopenhagen, Gyldendal, 1966.

Hanssen Helmer, *Gjennem Isbaksen,* Oslo, H. Aschehoug & Co., 1941.

Harstad, Herlof, *Erobringen av Antarktis,* Oslo, H. Aschehoug & Co., 1968.

Hayes, J. Gordon, *Antarctica,* London, The Richards Press, 1928.
The Conquest of the South Pole, London, Thornton Butterworth, 1932.

Henley, W. E., *Works,* London, Macmillan and Co., 1921.

Henriksen, Bredo, *Polarfareren Hjalmar Johansen og Skien,* Skien, Eget Forlag, 1961.

Holberg, Ludvig, *Vaerker,* Band I., Kopenhagen, Rosenkilde og Bagger, 1969.

Hovdenak, Gunnar, *Roald Amundsens Siste Ferd,* Oslo, Gyldendal Norsk Forlag, 1934.

Høyer, Liv Nansen, *Eva og Fridtjof Nansen,* Oslo, J. W. Cappelens Forlag, 1954.
Nansen og Verdenen, Oslo, J. W. Cappelens Forlag, 1955.

Ibsen, Henrik, *Brand. Peer Gynt,* Oslo, Gyldendal Norsk Forlag, Ibsens Sämtliche Werke, 1962.
Ingstad, Helge, *Landet under Leidarstjernen,* Oslo, Gyldendal Norsk Forlag, 1960.
Øst for den store Bre, Oslo, Gyldendal Norsk Forlag, 1935.
Jackson, Frederick G., *A Thousand Days in the Arctic,* London, Harper and Brothers, 1899.
The Lure of Unknown Lands, London, G. Bell and Sons, Ltd., 1935.
James, Admiral Sir William, *Admiral Sir William Fisher, London, Macmillan and Co., Ltd., 1943.*
Jensen, Magnus, *Norges Historie, Unionstiden 1814–1905,* Oslo, Universitetsforlaget, 1971.
Johansen, Hjalmar, *Med Nansen på 86° 14',* Oslo, H. Aschehoug & Co., 1942.
Self-Anden paa 86° 14', Kristiania, H. Aschehoug & Co., 1898.
Johnsen and Tørnesen, *Den Moderne Hvalfangstens Historie,* Oslo, H. Aschehoug & Co., 1959.
Johnston, Alva, *The Incredible Mizners,* London, Rupert Hart-Davis, 1953.
Jones, Gwynn, *A History of the Vikings,* London, Oxford University Press, 1968.
Kennet, Lady, (Kathleen, Lady Scott), *Self-Portrait of an Artist,* London, John Murray, 1949.
Kerr, Admiral Mark, *Land, Sea and Air,* London, Longman, Green and Co., Ltd., 1927.
Prince Louis of Battenberg, Admiral of the Fleet. London, Longman, Green and Co., Ltd., 1934.
The Navy in my Time, London, Rich and Cowan, 1933.
Kielland, Alexander, *Garman & Worse,* Oslo, Gyldendal Norsk Forlag, 1967.
Kinck, Hans E., *Rormanden Overbord,* Kristiania, H. Aschehoug & Co., 1920.
King-Hall, Stephen, *My Naval Life,* London, Faber and Faber, 1952.
Kipling, Rudyard, *Verse,* definitive Edition, London, Hodder and Stoughton Ltd., 1940.
Kirwan, L. P., *A History of Polar Exploration,* London, Penguin Books, 1962.
Kongespeilet, Oslo, H. Aschehoug & Co., 1947.
Kristensen, Kaptain L., *Antarctic's Reise til Sydishavet,* Tønsberg, Forfattarens Forlag, 1895.
Lashly, William, *Under Scott's Command, Lashly's Antarctic Diaries.* London, Victor Gollancz, Ltd., 1969.
Lawrence, T. E., *Seven Pillars of Wisdom,* London, Penguin Books, 1962.
Lecointe, Georges, *Au Pays des Manchots,* Bruxelles, Société Belge de Librairie, 1904.
Lees-Milne, James, *Ancestral Voices,* London, Chatto and Windus, 1975.
Lie, Jonas, *Ostenfor Sol, Vestenfor Maane, og bagom Babylons Taarn,* Kristiania und Kopenhagen, Gyldendalske Boghandel, 1914.
Longstaff, Major F. V., *Esquimalt Naval Base,* Victoria, B. C., The Victoria Book and Stationery Co., Ltd. 1941.
Loti, Pierre, *Pêcheur d'Islande,* Paris, Calmann-Lévy, 1973.
Mackay and Batchelor, *Tank,* London, MacDonald, 1970.
McClintock, Admiral Sir F. Leopold, R. N., *The Voyage of the „Fox" in Arctic Seas,* London, John Murray, 1908.
Mackail, Denis, *The Story of J. M. B.,* London, Peter Davis, 1941.
Madariaga, Salvador de, *Don Quixote,* Newtown, Montgomeryshire, The Gregynog Press, 1934.

Marder, Arthur J., *British Naval Policy 1880–1905. The Anatomy of British Sea Power,* London, Putnam and Co., 1941.
Fear God and Dread Nought, London, Jonathan Cape, 1952 (Vol. I) and 1956 (Vol. II).
From the Dreadnought to Scapa Flow, London, Oxford University Press, 1961.
Portrait of an Admiral, London, Jonathan Cape, 1952.
Markham, Admiral Sir Albert H., K. C. B., *The Life of Sir Clements Markham,* London, John Murray, 1917.
Markham, Sir Clements, *The Lands of Silence,* Cambridge, The University Press, 1921.
The Life of Sir Leopold McClintock, London, John Murray, 1909.
Mawson, Sir Douglas, *The Home of the Blizzard,* London, William Heinemann, 1915.
Mawson, Paquita, *Mawson of the Antarctic,* London, Longmans, 1964.
May, Admiral of the Fleet, Sir W. H., *The Life of a Sailor,* London, William Clowes, 1934.
Meyer, Willy, *Der Kampf um Nobile,* Berlin Gebr. Radetzki, 1931.
Mill, Hugh Robert, *An Autobiography,* London, Longman, Green and Co., 1951.
The Record of the Royal Geographical Society, 1830–1930, London, the Royal Geographical Society, 1930.
The Life of Sir Ernest Shackleton, London, William Heinemann Ltd., 1923.
The Siege of the South Pole, London, Alston Rivers Ltd., 1905.
Mirsky, Jeanette, *Northern Conquest,* London, Hamish Hamilton, 1934.
Mizner, Addison, *The Many Mizners,* New York, Sears Publishing Company, 1932.
Moltke, Harald, *Livsrejsen,* Kopenhagen, Nyt Nordisk Forlag, 1936.
Morris, James, *Pax Britannica,* London, Faber and Faber, 1968.
Mountevans, Admiral Lord, *Adventurous Life,* London, Hutchinson and Co. 1948.
South with Scott, London, Collins (o. J.).
The Antarctic Challenge, London, Staples Press Limited, 1955.
Murdoch, W. Burn, *From Edinburgh to the Antarctic,* London, Longman, Green and Co., 1894.
Murray, George (ed.), *The Antarctic Manual,* London, Royal Geographical Society, 1901.
Mylius-Erichsen, L., og Moltke, Harald, *Grønland,* Kopenhagen, Gyldendalske Boghandel, 1906.
Nansen, Fridtjof, *Brev,* Oslo, Universitetsforlaget, 1961.
Eskimoliv, Kristiania, H. Aschehoug & Co. Forlag, 1891.
Frilufts-Liv, Kristiania, Jacob Dybwads Forlag, 1915.
Fram over Polhavet., Kristiania, H. Aschehoug & Co. Forlag 1897.
Nord i Tåkeheimen, Kristiania, Jacob Dybwads Forlag, 1911.
Paa Ski over Grønland, Kristiania, H. Aschehoug & Co. Forlag, 1890.
Nansen's Røst, Oslo, Jacob Dybwads Forlag, 1945.
Nares, Captain Sir G. S., R. N., K. C. B., F. R. S., *Narrative of A Voyage to the Polar Sea,* London, Sampson, Low, Marston, 1878.
National Antarctic *(Discovery)* Expedition 1901–1904. *Scientific reports, Meteorology,* London, The Royal Society, 1908.
Catalogue of library, (o. J.).
Nobile, Umberto, *In Volo alla Canquista Del Segreta Polare,* Mailand, A. Mondadori, 1928.
Med „Norge" over Nordpolen, Oslo, J. W. Cappelens Forlag, 1976.

My Polar Flights, London, Frederick Muller Limited, 1961.
With the „Italia" to the North Pole, London, George Allen & Unwin, 1930.
Nordenskiöld, A. E., *Den Andra Dicksonska Expedition till Grönland,* Stockholm, F. & G. Beyers Förlag, 1885.
Nordenskjöld, Otto, *Antarctic,* Stockholm, Albert Bonniers Förlag, 1904.
Nygård, Bjarne, *Sarpsborg-skuter på de 7 hav,* Sarpsborg, Borgarsyssel Museum, 1958.
Nyqvist Finn P., (ed.), *Den Gang Det Het Christiania,* Oslo, Grøndahl & Søns Forlag, 1967.
Osborn, Sherard, *Discovery of the North-West Passage,* London, Longman, Brown, 1857.
Østvedt, Einar, *Hjalmar Johansen. Skien, Selskapet for Skien Bys Vel,* 1967.
Oulié, Marthe, *Charcot of the Antarctic,* London, John Murray, 1938.
Øverland, Arnulf, *Samlede dikt, II,* Oslo, H. Aschehoug & Co. 1936.
Oxford, T. and Shrimpton G., *Oxford Prize Poems,* 1858.
Padfield, Peter, *Aim Straight,* London, Hodder and Stoughton, 1966.
Paget, Francis, *The Redemption of War,* London, Longman, Green and Co., 1900.
Parry, Captain William Edward, R. N., F. R. S., *Narrative of an attempt to reach the North Pole,* London, John Murray, 1828.
Parry, J. H., *The Age of Reconnaissance,* New York, Mentor Books, 1964.
Peary, Robert, E., *The North Pole,* London, Hodder and Stoughton, 1910.
Northward over the „Great Ice", London, Methuen and Co, 1898.
Secrets of Polar Travel, New York, Century Co., 1917.
Pergameni, Charles, *Adrien de Gerlache,* Brüssel, Editorial Office, H. Wauthoz-Legrand (o. J.).
Ponting, Herbert G., *The Great White South,* London, Duckworth, 1932.
Popperwell, Ronald G., *Norway,* London, Ernest Benn Limited, 1972.
Pound, Reginald, *Evans of the Broke,* London, Oxford University Press, 1963.
Scott of the Antarctic, London, Cassell, 1966.
The Lost Generation, London, Constable, 1964.
Priestley, Raymond, *Antarctic Adventure,* London, T. Fisher Unwin, 1914.
Quartermain, L. B., *South to the Pole,* London, Oxford University Press, 1967.
Rae's Arctic Correspondence, London, The Hudson's Bay Record Society, 1953.
Rainaud, Armand, *Le Continent Austral,* Paris, Armand Colin et Cie., 1893.
Rasmussen, Knud, *Fra Grønland til Stillehavet,* Kopenhagen, Gyldendalske Boghandel, 1925.
Min Rejsedagbog, Kopenhagen, Gyldendalske Boghandel, 1921.
The Netsilik Eskimos, Kopenhagen, Gyldendalske Boghandel, Nordisk Forlag, 1931.
Richter, Søren, and others, *Great Norwegian Expeditions,* Oslo, Dreyers Forlag, (o. J.).
Riiser-Larsen, Hjalmar, *Femti År for Kongen,* Oslo, Gyldendal Norsk Forlag, 1958.
Mot Ukjent Land, Oslo, Gyldendal Norsk Forlag, 1930.
Ritchie, G. S., *The Admiralty Chart,* London, Hollis and Carter, 1967.
Rodahl, Kåre, „Vitamin Sources in Arctic Regions", Norsk Polarinstitutt, *Skrifter* Nr. 91, Jacob Dybwad, Oslo, 1949.
Roskill, Captain S. W., R. N., *Hankey, Man of Secrets,* London, Collins, 1970.
The Art of Leadership, London, Collins, 1964.
Ross, Captain Sir James Clark, R. N., *A Voyage of Discovery and Research in the Southern and Antarctic Regions,* London, John Murray, 1847.

Ross, Captain Sir John, R. N., *Narrative of a Second Voyage in Search of a North-West Passage,* London, A. W. Webster, 1835.
Schwatka, Frederick, *The Long Arctic Search,* Mystic, Connecticut, Marine Historical Association, 1965.
Scott, Admiral Sir Percy, *Fifty years in the Royal Navy,* London, John Murray, 1919.
Scott, Captain Robert F., C. V. O., R. N., *The Diaries of Captain Robert Scott,* Faksimile Edition, Tylers Green, Buckinghamshire, University Microfilms Ltd., 1968.
The Voyage of the „Discovery", London, Macmillan and Co., Ltd., 1905.
Scott's Last Expedition, being the journals of Captain R. F. Scott, R. N., C. V. O., arranged by Leonard Huxley, London, Smith, Elder and Co., 1913.
Seaver, George, *„Birdie" Bowers of the Antarctic,* London, John Murray, 1938.
Scott of the Antarctic, London, John Murray, 1940.
Edward Wilson of the Antarctic, London, John Murray, 1934.
Edward Wilson: Nature-Lover, London, John Murray, 1937.
Shackleton, E. H., *The Heart of the Antarctic,* London, William Heinemann, 1909.
Simpson, G. C. *Scott's Polar Journey and the Weather,* Oxford, Oxford University Press, 1926.
Skodvin, Magne, (ed.), *Store Navn i norsk historie,* Oslo, J. W. Cappelens Forlag, 1973.
Smith, G. Barnett, *The Romance of the South Pole,* London, Thomas Nelson and Sons, 1900.
Smith, Vice Admiral Humphrey Hugh, D. S. O., *A Yellow Admiral Remembers,* London, Edward Arnold and Co., 1932.
Smith, S. Percy, *Hawaiki: The Original Home of the Maori,* Christchurch (N. Z.), Whitcombe and Tombs Limited, 1910.
Sørensen, Jon, *Fridtjof Nansens Saga,* Oslo, Jacob Dybwads Forlag, 1931.
The South Polar Times, Facsimile Edition, London, Smith Elder and Co., Vols I and II. (1902–1903) 1907; Vol. III (1911) 1914.
Sparrman, Anders, *A Voyage Round the World: With Captain James Cook in „H. M. S. Resolution"*, London, Robert Hale Limited, 1953.
Statham, E. P., *The Story of the Britannia,* London, Cassell, 1904.
Steed, H. Wickham, *Through Thirty Years,* London, William Heinemann, 1924.
Steen, Sverre, *Langsomt Ble Landet Vårt Eget,* Oslo, J. W. Cappelens Forlag, 1967.
Stefánsson, Vilhjalmut, *Discovery,* London, McGraw Hill Book Company, 1964.
Great Adventures and Explorations, New York, The Dial Press, 1952.
My Life with the Eskimo, London, Macmillan and Co, 1913.
The Friendly Arctic, London, Macmillan and Co., 1921.
Unsolved Mysteries of the Arctic, London, George Harrap and Co., Ltd., 1939.
Stein, Gertrude, *The Autobiography of Alice B. Toklas,* London, John Land, the Bodley Head Ltd., 1933.
Stokland, Olav, *Av Norges Indre Historie,* Oslo, Dreyers Forlag, 1969.
Stortings Forhandlinger, Kristiania, 1907, 1909, 1910.
Strachey, Lytton, *Eminent Victorians,* London, Chatto and Windus, 1928.
Sundt, Hans, *Innen alt går i glemmeboken,* Tønsberg, Tønsbergs Aktietrykkeri, 1968.
Sverdrup, Otto, *Nyt Land,* Kristiania, H. Aschehoug & Co., 1903.
Tandberg, Rolf S., *The „Italia" Disaster, Fact and Fantasy,* Oslo, vom Autor veröffentlicht, 1977.

Taylor, Griffith, *Journeyman Taylor,* London, Robert Hale Limited, 1958.
With Scott: The Silver Lining, London, Smith, Elder and Co., 1916.
Thomson, Sir C. Wyville, and Murray, John, *Report on the scientific results of „H. M. S. Challenger".* London, H. M. Stationery Office, 1885.
Trevelyan, G. M., *British History in the Nineteenth Century and After (1782–1919),* London, Longman, Green and Co., 1937.
Urdahl, Laurentius, *Vinterliv paa Fjeldet,* Kristiania, P. T. Mallings Boghandels Forlag (o. J.).
Vaage, Jakob, *Skismøringens historie,* Skårer, Swix Sport International, 1977.
Veel, Haakon Anker, *Roald Amundsen, Slekt og Miljø,* Halden, E. Sem, A/S, 1962.
Vinje, A. O. *Skrifter i Samling, Folkeutgåve,* 2 Bände, Oslo, J. W. Cappelens Forlag, 1944.
Vogt, Nils Collet, *Fra Gutt til Mann,* Oslo, H. Aschehoug & Co., 1968.
Walden Jane, and Paine, Stuart, *The Long Whip, The Story of a Great Husky,* London, Chapman and Hall Ltd., 1937.
Weddell, James, *A Voyage towards the South Pole,* London, Longman, Rees, 1827.
Weems, John Edward, *Peary.* London, Eyre and Spottiswoode, 1967.
Wergeland, Henrik, *Skrifter,* Band 7 & 8, Oslo, J. W. Cappelens Forlag, 1959.
Wilson, Edward, *Diary of the „Discovery" Expedition,* New York, Humanities Press, 1967.
Diary of the „Terra Nova" Expedition, London, Blandford Press, 1972.
Wisting, Oscar, *16 år med Roald Amundsen,*Oslo, Gyldendal Norsk Forlag, 1930.
Zapffe, Fritz G., *Roald Amundsen,* Oslo, Aschehoug & Co., 1935.
Zapffe, Peder Wessel, *Essays og epistler,* Oslo, Gyldendal Norsk Forlag, 1967.
Zweig, Stefan, *Sternstunden der Menschheit,* London, G. Bell and Sons, Limited, 1930.

Zeitungen

Aalesunds Handels og Søfartstidende, Aalesund.
Aftenposten, Oslo, (Christiania).
Annonce Tidende, Bergen.
Bergens Tidende, Bergen.
Dagbladet, Oslo (Christiania).
Daily Express, London.
Daily Mail, London.
Frederikstads Blad, Frederikstad.
Jornal do Brasil, Rio de Janeiro.
Le Figaro, Paris.
Le Temps, Paris.
Manchester Guardian, Manchester.
Morgenbladet, Christiania.
National-Zeitung, Berlin.
Nationen, Oslo.
Norges Handels og Sjøfartstidende, Oslo (Christiania).
Pall Mall Gazette, London.
Politiken, Kopenhagen.
San Francisco Chronicle, San Francisco.

Skandinavien, Chicago.
Social-Demokraten, Christiania.
The Age, Melbourne.
The Daily Chronicle, London.
The Daily News, London.
The Daily Telegraph, London.
The Evening News, London.
The Leader, Melbourne,
The Mercury, Hobart, Tasmanien.
The Morning Post, London.
The New York Times, New York.
The Observer, London.
The Press, Lyttelton, Neuseeland.
The Tasmanian Mail, Hobart, Tasmanien.
The Times, London.
Tidens Tegn, Christiania.
Varden, Skien.
Verdens Gang, Christiania.

Zeitungsausschnitte

Mr. Alf Arnesen, Petropolis, Brasilien; private Dokumente.
Mr. Harald Astrup, Oslo; Privatsammlung.
Mrs. Alda Amundsen, Oslo; private Dokumente.
Arktisk Institut, Kopenhagen.
National Archives and Records Service, Washington, D. C., Center for Polar Archives; Pearys Aufzeichnungen.
Nordmanns Forbundet, Oslo.
Norsk Polarinstitutt, Oslo.
San Francisco Public Library, San Francisco.
Scott Polar Research Institute, Cambridge:
H. T. Ferrar, Hugh Robert Mill, E. H. Shackleton, R. E. Priestley and R. F. Scott collections.
Universitetsbiblioteket (Universitätsbibliothek) Oslo.
Amundsen and Nansen Archive. Norsk Biografisk Katalog. (Norweg. Biographischer Katalog).
University of Alaska Library, Fairbanks, Alaska.
Mrs. Helene Cook Vetter, Tequesta, Florida; private Dokumente.

Zeitschriften
(mit Abkürzungen, wo erforderlich)

Antarctic, Christchurch, Neuseeland.
Den Norske Turistforenings Årbok (DNT), Oslo.
Foreningen til Ski-Idraettens Fremme, Aarbog (SF Aarbog), Christiania, später *Snø og Ski,* Oslo.

Geographical Journal (GJ), London.
Harper's Magazine, New York.
Nature, London.
Norsk Geografisk Selskab, Christiania, Aarbog, später *Norsk Geografisk Tidsskrift, (NGT)* Oslo.
Norsk Idraettsblad, Christiania.
Polar Årboken, später *Polarboken,* Oslo.
Polar Record, Cambridge.
Samtiden, Oslo.
Scribner's Magazine, New York.
The Athenaeum, London.
The British Ski Year Book, London.
The Cornhill Magazine, London.
The Saturday Review, London.
The Times Literary Supplement, London.

Artikel und Einzelpublikationen

Aagaard, Bjarne, „Roald Amundsen", *Sandefjords Blad,* Sandefjord, 14. Dez. 1920.
„Roald Amundsen", *Nationen,* 15. Aug. 1953.
„Amundsen", *The Times,* 4. Sept. 1928.
„Roald Amundsen, Interview", *Annonce Tidende,* Bergen, 21. Jun. 1909.
Amundsen, Roald, „Brødrene Amundsens eventyrlige Faerd over Hardangervidda", *Frederikstads Blad,* 8. Febr. – 5. März 1896.
„Kampen om Nordpolen og dens endelig errobring", *Gads Danske Magasin,* Oktober, 1909.
„Litt om vore ski Bindinger og Fotbeklaedning, samt deres betydning for Sydpolsfaerden", *SF Aarbog,* 1912, pp. 57–66.
„The North-West Passage", Vortrag in RGS, *GJ,* Vol. XXIX, No. 5, Mai 1907, pp. 485–518.
„The Norwegian South Polar Expedition", Vortrag in RGS, 1912, *GJ,* Vol. XLI, No. 1, Jan. 1913, pp. 1–16.
„Roald Amundsen og Framfaerden", *Norsk Idraettsblad,* Juliheft, 1909, pp. 1–6.
„Roald Amundsen udvikler sin Store Plan for en Polarfaerd, 1910–1917", *Aftenposten,* 11. Nov. 1908.
„Captain Amundsen's Charge", *The Times Weekly Edition,* London, 15. Dez. 1927.
„Amundsen's Own Story of the Northwest Passage", *San Francisco Chronicle,* 1. Okt. 1906.
„Roald Amundsen's tale", *Aftenposten,* 18. Mai 1907.
Angell, Kaptain H. A., „En Skitur fra Hardanger til Kongsberg", *Morgenbladet,* 10. März 1884.
„Over Hardangervidda", *SF Aarbog,* 1896.
Arnesen, Odd, „Roald Amundsen som Brevskriver", *Tønsbergs Blad,* Tønsberg, 17. Jan. 1931.
Bjaaland, Olav, *Avisen,* 3. Febr. 1913; *Aftenposten,* 21. Juni 1958, 9. Juni 1961; *Dagbladet,* 13. Jan. *Gula Tiden,* 3. März 1933, biographische Artikel.
Borchgrevink, „Lille Roald Amundsen", *Oslo Aftenavis,* Oslo, 11. Aug. 1925.

„The Voyage of the *Antarctic* to Victoria Land", *Report, Sixth Int. Geog. Congress,* 1895, pp. 169–176.
„Edward Bransfield's Antarctic Voyage and the Discovery of the Antarctic Continent", *Polar Record,* pp. 385–393.
Bruce, Wilfred, „Reminiscences of the *Terra Nova, The Blue Peter,* Juli, August 1932.
Campbell, Cdr. Victor, R. N., „Ski in the Antarctic", *British Ski Year Book,* 1913.
Castle, Agnes Egerton, „The Precursor", *The Treasury,* London, Jan. 1916, pp. 323–329.
Chree, Dr. C., „Presidential Address to the Physical Society of London", 14. Febr.1908, *Proc. Phys, Soc. of London,* Vol. XXI, pp. XI-XXXI.
Cirone, Massimo, „Amundsen e Scott. Di fronte alla Critica Storico-Medica", *Giornale di Medecina Militaire,* Mai-Juni, 1960.
Cook, Dr. Frederick A., „Roald Amundsen", *Leavenworth New Era,* Leavenworth, Kansas, Sept. 1927.
Cyriax, Richard J., „Arctic Sledge Travelling by Officers of the Royal Navy, 1819–49", *The Mariner's Mirror,* Vo. 49, No. 2, Mai 1963.
Dunbar, Moira, „Anton and Dmitriy: Two Russian members of Scott's last expedition", *Polar Record,* Vol. 15, No. 97, 1971, pp. 499–502.
Eidem, Odd, „Hvem var Roald Amundsen?" *Magasinet,* Oslo, 3.–10. Febr. 1945.
Ellsworth, Lincoln, „Roald Amundsen", *The American-Scandinavian Review,* Vol. 16, 1928, pp. 656–658.
„Et besøk hos Roald Amundsen", *Ukens Revy,* Oslo (undatiert).
„Et 60 år gammelt brev om å lage ski", *SF Årbog,* 1949, pp. 135–143.
Evans, Hugh B., and Jones, A. G. E., „A Forgotten Explorer: Carsten Egeberg Borchgrevink", *Polar Record,* Vol. 17, No. 108, 1974, pp. 221–235.
Freedman, Bernard J., „Dr. Edward Wilson of the Antarctic", *Proceedings of the Royal Society of Medicine,* Vol. 47, No. 3, 1954, p. 183.
Gjertsen, Hj, Fr., „Olav Bjaaland", *Tidens Tegn,* 4. März, 1933.
Graarud und Russeltvedt, „Die Erdmagnetischen Beobachtungen der Gjöa-Expedition 1903–1906", *Geofysiske publikasjoner,* Oslo, Vol. III, Nr. 8, 1925.
Gran, Tryggve, „Et 50 års polarminne", *Polarboken,* 1961–62, pp. 51–67.
„Kaptein Scotts Ekspedition og skiene", *SF Aarbog,* 1913, pp. 54–61.
Grauman, Melody Webb, „Eagle; Focus on the Yukon. National Park Service", (U. S. A.).
Greely, Gen. Adolphus W., „Amundsen's Expedition and the Northwest Passage", *The Century Magazine,* Febr. 1907, pp. 625–632.
Grundström, H., „Den stora skidtävlingen . . . 1884", *Föreningen för Skidlöpningens Främjande, Årsskrift,* Stockholm, 1934, pp. 32–52.
Gullowsen, Oberst, „Premieskirenn i Norge, 1767", *SF Årbog,* 1932, pp. 74–80.
Hamberg, Axel, ,Till Skidans Femtioårs-jubileum såsom redskap vid arktisk forskning", *Föreningen för Skidlöpningens Främjande,* Arsskrift Stockholm, Årsskrift 1933, pp. 5–19.
Hamre, Ivar, „The Japanese South Polar Expedition of 1911–1912", *GJ,* Vol. LXXXII, Juli–Dez. 1933, pp. 411–423.
Hansen, Godfred, „Roald Amundsen", *Berlingske Tidende,* Kopenhagen, 3. Sept. 1927.
„Roald Amundsen", *Geografisk Tidskrift,* Copenhagen, Bd. 31, pp. 194–198.
Hanssen, Helmer, „Eskimoen Dalanakto som ikke vilde bli Flådd og Utstoppet", *Polar-Årboken,* Oslo, 1935, pp. 98–101.

„Minner fra Sydpolsturen“, *Polar-Årboken,* Oslo, 1941, pp. 13–19.
Harris, Dr. Leslie J., „Scurvy in Retrospect“, *Nature,* 11. Jul. 1953, p. 50.
Harrison, Alfred H., „The Control of British Polar Research“, *The Nineteenth Century,* London, April 1912, pp. 756–766.
Helland-Hansen, Bjørn, „Roald Amundsen“, *Tidens Tegn,* 3. September 1928.
Herbert, W. W., „In Amundsen's Tracks on the Axel Heiberg Glacier“, *GJ,* Vol. 129, Part 4, Dez. 1963, pp. 397–411.
„The Axel Heiberg Glacier“, *New Zealand Journal of Geology and Physics,* Vol. 5, 1962, p. 681.
Hinks, A. R., „Notes on Determination of Position Near the Poles“, London, *GJ,* Vol. XXXV, No. 3, März 1910, pp. 299–312.
„The Observations of Amundsen and Scott at the South Pole“, *GJ,* Vol. CIII, No. 4, April, 1944, pp. 160–180.
Holst, Axel and Frölich, Theodor, „Experimental Studies relating to ship beri-beri and scurvy“, *Journal of Hygiene,* London, Vol. 7, No. 5, 1907, p. 634 und ff.
Ingstad, Helge, „Skispor fra Telemark“, *Polarboken,* 1957, pp. 7–12.
Isachsen, Gunnar, „*3 Fram*-Menn 70 år“ *Polar-Årboken,* 1936, pp. 84–88.
„Polarhunden“, *Polar-Årboken,* 1933, pp. 48–51.
Jackson, Frederick G. and Harley, Vaughan, „An Experimental Inquiry into Scurvy“, *Proc. Roy. Soc.,* Vol. 66, März 1900.
Jones, A. G. E., „Harry Mackay, Master of the *Terra Nova*“, *Antarctic,* Vol. 9, No. 9, März 1973.
„Scott Island and its Discovery“, Pamphlet.
„Second-in-command. Armitage of the *Discovery*“, *Antarctic,* Vol. 6, No. 7, Sept. 1972.
„The Voyage of the *Terra Nova,* 1903–1904“, *GJ,* Vol. 138, Part 3, Sept. 1972, pp. 309–315.
Kanevskiy, Z., „A School Essay“, Moskau, *Znaniye-Sila,* 1972 No. 2, übers. von T. Armstrong, *The Musk-ox,* Saskatoon, 1974, No. 14.
Kennet, Lord, „Robert Falcon Scott, 1912“, *The Daily Telegraph,* 18. Januar 1937.
Kendall, Dr. E. J. C., „Scurvy during some British Polar Expeditions, 1875–1917“, *Polar Record,* Vol. 7, Sept. 1955, p. 467–485.
Kutchin, A. S. „Diary kept on board *Fram* 1910–1911“, *Letopis' Severa,* Leningrad, Tom 3, 1962, pp. 130–147.
„Oceanografen Kutschin Fortaeller“, *Anonce Tidende,* 13./15. Nov. 1911.
Lewis, Dr. H. E., Pugh, Dr. L. and Holt, Dr. Lewis, „Medical Aspects of Polar Exploration“, *Proceedings of the Royal Society of Medicine,* Vol. 65, Jan. 1972.
Luncheon to British Antarctic Expedition, 31. Mai 1910, *GJ,* Vol. XXXVI, No. 1, Juli 1910, pp. 20–26.
Lunde, Reidar, „Olav Bjaaland“ *Aftenposten,* 16. Dez. 1961.
„Olav Bjaaland“, *Snø og Ski,* 1961, pp. 99–101.
„Han som aldri go opp“, *Aftenposten Magasinet,* 8. Juli 1972.
Machen, Arthur, „The Immortal Story of Capt. Scott's Expedition“.
Markham, Sir Clements, „Address to R.G.S.“, 5. Jun., 1899, *GJ,* Vol. XIV, No. 1, Juli 1899, pp. 1 und ff.
„Captain Scott's Antarctic Expedition“, *GJ,* Vol. XXXVII, No. 6, Juni 1911, pp. 607–609.

„Opening Address to the R. G. S., Session 1898–1899", *GJ,* Vol. XIII, No. 1, Jan. 1899, pp. 1–16.
„The Antarctic Expedition", lecture to the Royal United Service Institution, 10. April 1895.
„The Antarctic Expeditions", *GJ,* Vol. XIV, No. 5, Nov. 1899, pp. 473–484.
„The Field of Geography", *GJ,* Vol. XI, No. 1, Jan. 1898, p. 3 und ff.
Markham, Sir Clements and others. „Plan of Operations for the National Antarctic Expedition", London, William Clowes and Sons, Ltd., 1901.
Millot, R., „Notice sur le Traîneau Automobile" (o. J.).
Mohn, Prof., „Jeanette-Expeditionen", *Aftenposten,* 30. Nov. 1884.
„Meteorology. Roald Amundsen's Antarctic Expedition Scientific Results", *Videnskabsselskapets Skrifter,* I. Mat.-Naturv. Klasse 1915. No. 5. Kristiania, Jacob Dybwad, 1915.
Nansen, Fridtjof, „Roald Amundsen", *NGT,* 3–4 Hefte, 1928, pp. 141–146.
„Letter to *The Times*", 26. April 1911.
„Om tresorters glidning på sne", *SF Aarbog,* 1930, pp. 135–140.
Nansen, Fridtjof and others, „Discussion on dogs in polar exploration", *Verh. des 7. Geogr. Kongresses,* pp. 76–86.
„Dr. Nansen on the Tragedy", *The Daily Chronicle,* 13. Februar 1913.
National Trust for Historic Preservation in the U. S., Washington, D. C. *Fort Egbert and Eagle,* Alaska (o. J.).
Nicolaysen, Ragnar, „Arktisk Ernaering", Oslo, Universitetsforlaget, 1970.
Nissen, Kristian, „Samer i Polarforskningen", *Sameliv,* Oslo, 1961–1963, p. 48–80.
Øisang, Åsmund, „Men Veteranen var ikke med" (Zeitungsausschnitt).
Paus, Tor, „Sannheten om ‚Latham'", *Vi Menn,* Oslo, 28. Okt. 1975, p. 18ff.
Priestley, R. E. „Inexpressible Island", *Nutrition Today,* Herbst 1969.
Rasmussen, Knud, „Manden uden Retraetelinier", *Samtiden,* Vol. XLI, pp. 386–391.
Rawlins, D., „Evaluating Claims of North Polar Priority", *NGT,* Vol. 38, p. 135ff.
Richardson, E. T.; „Ski on Scott's Last Expedition", *British Ski Year Book 1910,* pp. 7–10.
Ristvedt, Per, „Jaktoplevelser i Nordvestpassasjen", *Polar-Årboken,* 1933, pp. 41–51.
„Med Roald Amundsen til den Magnetiske Nordpol", *Polar-Årboken,* 1942, pp. 99–102.
„Minner fra ‚Gjøa'-ferden", *Polarboken,* 1955, pp. 21–46 and 1956, pp. 137–146.
Roberts, Brian, „Chronological List of Antarctic Expeditions", *Polar Record,* Vol. 9, Mai und September 1958, pp. 97–134; 191–239.
Rodahl, Kåre, and others, „Effects of dietary protein on physical work capacity during severe cold stress", *Journal of Applied Physiology,* Vol. 17, No. 5, Sept. 1962.
Rodgers, A. F., M. D., „The Death of Chief Petty Officer Evans", London, *The Practitioner,* April 1974.
Rønne, Martin, *Aftenposten,* 8. und 9. Sept. 1964.
Saxe, Ludv., „Roald Amundsen", *Nordmandsforbundet,* 1928, Oslo, pp. 283–287.
Schmelck, Ludvig, „Norsk Nordpolsexpedition", *Morgenbladet,* 12. Dez. 1888.
„Reception of E. H. Shackleton", *GJ,* Vol. XXXIV, No. 2, Aug. 1909, pp.121, 128.
„Shackleton Foredraget i Geografisk Selskab", *Aftenposten,* 16. Okt. 1909.
Sharman, J. M., „Vitamin C: Historical Aspects", from *Vitamin C,* ed. Birch and Parker, London, Applied Science Publishers Ltd., 1974.

Skattum, O. J. „Roald Amundsen som Geografisk Opdager“, *NGT,* Heft 3–4, 1928, pp. 147–175.

Stubberud, Jørgen, „Den Siste av Sydpolens Erobrere“, Oslo, *Vi Menn,* 1972, Nr. 5, 6 and 7.

Sverdrup, Harald, „Roald Amundsen“. *Det Norske Videnskaps Adademi, Årbok,* 1928.

Swaffer, Hannen, „Heirloom that England may Lose“, Vorwort in *The People,* reprint (o. J.).

„25 årsiden Roald Amundsen omkom“, *Aftenposten,* 17. Juni 1953.

Undset, Sigrid, „Gaterne“, *Kristiania* (periodical), Kristiania 1918.

Urdahl, Laurentius, „Roald Amundsens første høfjeldstur paa ski“, *Norsk idraettsblad,* Juli – Nr. 1912, pp. 20–24.

„Roald Amundsens Vintertur over Vidda“, *DNT,* 1919.

Vaage, Jakob, „Roald Amundsens første skiturer til fjells“, *Snø og Ski,* 1954, pp. 33–40.

„Hvordan skiløperne i hovedstaden skaffet seg ski i det forrige århundre“, *SF Årbok,* 1949.

„Sportsforretninger i det forrige århundre“, *Byminner,* Oslo, Nr. 4, 1971.

Vesterlund, Otto, „En skidlöpareveteran“, *På Skidor,* Stockholm, 1904–1905, pp. 45–52.

Vollan, Nils, „Redningen av Roald Amundsen, 1925“, Norsk Riskringkasting (Fernseh-Transkript).

Werenskiold, Erik, „Fridtjof Nansen,“ *Samtiden,* Vol. XLI, 193, pp. 363–370.

Wisting, Oscar, „Sydpolen, Et 25 – års Minne“, *Ukens Nytt,* Oslo, 15. Dez. 1936.

Worm-Müller, Jakob S., „Fridtjof Nansen“, *SF-Aarbog,* 1930, pp. 65–67.

Zapffe, Fritz G., „Roald Amundsen“, *DNT,* 1929, pp. 1–2.

UNVERÖFFENTLICHTE QUELLEN

Archive und Privatsammlungen; mit Abkürzungen

Mrs. Alda Amundsen, Oslo; Amundsen family papers (AFP); Familiendokumente

M. R. Allart Charcot, Neuilly sur Seine.

Arktisk Institutt, (Arctic Institute) (AI) Kopenhagen.

Harald Astrup, Oslo; Eivind Astrup Dokumente.

Atlas Copco A. B., Stockholm; Firmenarchiv.

Olav Bjåland, Morgedal.

British Library (BM), London.

Cambridge University Library (CUL).

Churchill College Cambridge.

Mrs. Hamilton Delmege; Victor Campbell Dokumente.

Miss E. Ellison-Macartney; (EM) Aufzeichnungen der Familie Scott.

Mrs. Evelyn Forbes, H. T. Ferrar Dokumente.

Frammusèet (*Fram* Museum), Oslo.

Baron de Gerlache de Gomery und Baron Gaston de Gerlache de Gomery; de Gerlache Familiendokumente.

W. G. Good; Beardsley Dokumente.

Houghton Library, Harvard University, Cambridge, Mass. (HL).

Hudson's Bay Archives, Provincial Archives, Province of Manitoba, Winnipeg.

Lord Kennet (KFP); Familiendokumente
Det Kongelige Bibliotek (Royal Library), Kopenhagen.
Kungliga vetenskapsakademien (Royal Swedish Academy of Sciences) (KV), Stockholm.
Library of Congress, Washington, D. C.
Mawson Institute, University of Adelaide, Queensland.
Ministry of Defence (MOD), London; Army Records.
Dag Juul Møller (DJM), Oslo.
Nationaal Scheepvartmuseum (Nat. Sch. Ant.) (Nationales Schiffahrtsmuseum), Antwerpen.
National Archives, Washington, D. C.: Center for Polar Archives (CPA).
National Library of Australia (ANL), Canberra.
National Maritime Museum (NMG) Greenwich.
Mrs. Eline Noordhoek; Daugaard-Jensen Familiendokumente.
Norsk Polarinstitutt (NPI), (Norweg. Polarinstitut), Oslo.
Norsk Sjøfartsmuseum (NSM), (Norweg. Schiffahrtsmuseum), Oslo.
The Pacific Steam Navigation Co., Liverpool; Firmenarchiv.
Provincial Archives (PrA), Victoria, B. C.
Public Record Office (PRO), London; Admiralty, Army and Foreign Office records.
The Registrar General of Shipping and Seamen, Cardiff.
Rigsarkivet, (RA) (Dän. Staatsarchiv), Kopenhagen.
Riksarkiv (Norweg. Staatsarchiv), Oslo.
Royal Geographical Society (RGS), London.
The Royal Society (RS), London.
Sir Peter Scott; Scott family papers; (SFP) Familiendokumente.
Scott Polar Research Institute (SPRI), Cambridge.
State Library of New South Wales, Mitchell Library, Sydney, N. S. W.
Statsarkivet i Kristiansand (SAK). (Norweg. Staatsarchiv in Kristiansand.)
Alexander Turnbull Library, Wellington, N. Z.
Universitetsbibliotek (UB), Oslo.
University of Oslo, academic records.
Utriksdepartement (UD), (Norweg. Außenministerium), Oslo.
Mrs. Helene Cook Vetter; Dr. Frederick A. Cook Papers (CFP); Dokumente

Logbücher

H. M. S. *Albemarle*, PRO.
H. M. S. *Amphion*, PRO.
Belgica, De Gerlache.
H. M. S. *Bulwark*, PRO.
H. M. S. *Caroline*, PRO.
H. M. S. *Commonwealth*, PRO.
Discovery, RGS.
Fram, Frammusèet.
Gjøa, UB.
H. M. S. *King Edward VII*, PRO.
Terra Nova, SPRI.
H. M. S. *Victorious*, PRO.

Tagebücher und Schiffsjournale

Aldrich, Pelham, Arctic journals, 1875–1876, SPRI.
Amundsen, Roald,
  Antarktische Expedition, 1910–1912:
    Tagebücher an Bord der *Fram,* in Framheim and Hobart, Tasmanien, UB.
    Navigationsbücher und Notizbücher 1911–1912, UB.
    Schlitten-Tagebücher 1911–1912, UB.
  Belgica Expedition, 1897–1899:
    Tagebücher, UB.
    Schlitten-Tagebücher 1898, UB.
  Tagebücher an Bord der *Gjøa,* 1901–1902, UB.
  Tgb. einer Radtour Christiania – Carthegena, 1899–1900, UB.
  Tgb. bei der Deutschen Seewarte, Hamburg, 1900, UB.
  Notizbücher um 1900, UB.
  Nord-West-Passage, 1903–1906:
    Tagebücher an Bord der *Gjøa,* 1903–1906, UB.
    Schlitten-Tagebücher 1903–1905, Alda Amundsen; 1906, UB.
Armitage, Albert B., *Discovery* Schiffsjournal, 1902–1903, SPRI.
Barne, Michael, *Discovery* Schiffsjournale, 1901–1904, SPRI.
Bernacchi, L., *Discovery* Schiffsjournale, 1901–1904, SPRI.
  Südkreuz Tagebücher 1899–1900, SPRI.
Bjaaland, Olav, Antarkt. Tgb., 1910–1912, Olav Bjåland.
Bowers, H. R., Auszüge aus dem Schiffsjournal, 1910–1912, SPRI.
  Journal der Polfahrt, 1911–1912, maschinenschriftlich von Cherry-Garrard, SPRI.
  Meteorolog. Logbuch, Polfahrt 1911–1912 (Photokopie) SPRI.
  Navigationsbuch, Polfahrt 1911–1912, SPRI.
Browning, P. O. Frank, Tgb., 1910–1911, SPRI.
Bruce, Kathleen, (Kathleen Scott), Tagebücher 1901–1913, Kennet Dokumente, CUL.
Bruce, Lt. Wilfred, Schiffsjournale, 1910–1913, SPRI.
Cherry-Garrard, A., Tage- und Notizbücher, 1910–1913, SPRI.
Day, Bernard, Tgb., 1910–1911, SPRI.
Debenham, Frank, Schiffsjournale, 1910–1913, SPRI.
Domville, Admiral Sir Barry, priv. Tagebücher , NMG.
Ferrar, H. T., *Discovery* Tagebücher: 1901–1903, Mrs. Evelyn Forbes; 1901–1904, SPRI.
Gjertsen, Fr. Hj., Tgb. an Bord der *Fram,* 1910–1911, Miss Liv. Gjertsen, Oslo.
Hare, C., *Discovery* Tgb., 1901–1903, SPRI.
Hassel, Sverre, Antarkt. Tagebücher 1911, NSM; 1911–1912, UB. Polfahrt, 1911–1912; Proviant- und Navigationsbuch, UB.
Hanssen, Helmer, Polfahrt, 1911–1912, Proviantbuch UB.
Hodgson, T. V., *Discovery* Schiffsjournal, 1901–1904, SPRI.
Irving-Bell, Mrs. D., Auszüge aus priv. Tgb., 1912–1913.
Jackson, Frederick G., Schiffsjournale, Jackson-Harmsworth Expedition, 1894–1897, SPRI.
Johansen, Hjalmar, Antarkt. Tagebücher, 1910–1912, UB.
Keohane, Patrick, Schiffsjournale, 1910–1912, SPRI.
Lashly, William, *Discovery* Tagebücher, 1901–1904, SPRI.

Tagebücher, 1911–1912, SPRI.
Markham, Sir Clements, Notizbuch auf der *Terra Nova* Expedition, (Scotts letzte Expedition), 1910–1912, (SPRI).
Priv. Tagebücher, 1882–1908, RGS.
Marshall, Eric, Schlitten-Tgb., Southern journey, 1908–1909.
Mawson, Sir Douglas, gek. Logbuch, 1911, Mawson Institute.
Mulock, George, Schiffsjournale, 1901–1904, SPRI.
May, Lt. (späterer Flottenadmiral), Sir Henry, Schlitten-Tagebücher, Nares Arkt. Expedition, 1875–1876, NMG.
Murray, George, *Discovery* Schiffsjournal, 1901, RGS.
Nansen, Fridtjof, Tagebücher 1896–1910, UB.
Nilsen, Thorvald, Tgb. an Bord der *Fram,* 1910–1914, NSM.
Nordenskjöld, Otto, Antarkt. Tagebücher, 1901–1903, KV.
O'Reilly, Judge Peter, priv. Tagebücher, 1889–1890, Pr. A.
Oates, Capt, L. E. G., Fragmente des Antarkt. Tgbs. 1910–1912, erhalten von Sue Porter (Sue Limb), die diese von Violet Oates erhalten hat.
Plumley, Frank, *Discovery* Tgb., 1901–1903, SPRI.
Priestley, R. E., Tage- und Notizbücher, British National Expedition (Shackleton), 1907–1909, SPRI.
Tagebücher, Scotts letzte Expedition, 1910–1913, SPRI.
Richmond, Admiral Sir Henry, priv. Tagebücher, NMG.
Royds, Lt. C. W., Schiffsjournal, 1901–1904, SPRI.
Scott, Capt. R. F., R. N., *Discovery* Tagebücher, 1901–1902; 1904, SPRI.
Discovery Tgb., 1902–1903, EM.
Fragmente eines frühen Tgbs., EM.
Schiffsjournal 1900, von einem Besuch in Christiania und Berlin, SPRI.
Navigations-Notizbuch, Southern Journey, 1902–1903, SPRI.
Schlitten-Tgb., Southern Journey, 1902–1903, EM.
Shackleton, E. H., Tgb. der Southern Journey, 1902–1903, Auszüge von H. R. Mill, SPRI.
Simpson, Sir George, Antarkt. Schiffsjournal, 1910–1912, SPRI.
Skelton, R. W., *Discovery* Tagebücher, 1901–1904, SPRI.
Taylor, Griffith, Antarkt. Schiffsjournal, 1910–1911, SPRI.
Wild, Frank, Schlitten-Tgb., Southern Journey 1908–1909, SPRI.
Williamson, P. O. Thomas, Tagebücher, 1901–1904; 1912–1913, SPRI.

Briefe und handschriftliche Quellen

Administration for Kolonierne i Grønland. Briefe und Entwürfe, 1909–1910, über Hunde für Amundsens *Fram* Expedition, RA.
Admiralty Records: Kapitänsbriefe, 1889, PRO.
Amundsen Familiendokumente 1876–1927, Alda Amundsen. Insbes. Briefe von Roald an Gustav Amundsen, 1906.
Amundsen, Leon, Brief an W. S. Bruce, 18. Nov. 1911, SPRI.
Amundsen, Roald, Briefwechsel mit W. S. Bruce, 1912–1913, SPRI.
Briefwechsel mit F. Herman Gade, 1903–1928, HL.
Briefe an Godfred Hansen, 1924–1926, AI.
Briefwechsel mit Bjørn Helland-Hansen, 1908–1912, SAK.
Brief an Thorvald Nilsen, 2. Jan. 1911, NSM.

Brief an Mme. Osterrieth, 30. April 1903, Nat. Sch. Ant.
Brief an Axel Steen, 24. Aug. 1910, W. Steen, Oslo.
Leon Amundsen und Scott Keltie, 1909–1912.
Roald Amundsen und Scott Keltie, 1901–1912.
Briefe und Aufzeichnungen 1901–1927 über sich selbst und seine Expeditionen unter den Überschriften „Amundsen-Briefwechsel“ und „Nansen-Briefwechsel“. Insbes. Briefwechsel zwischen:
Alexander Nansen und Scott Keltie, 1912.
Fridtjof Nansen und Scott Keltie, 1901–1910.
Benjamin Vogt und Scott Keltie, 1912.
Briefe und Aufzeichnungen 1892–1929, über sich selbst und seine Expeditionen, UB. Insbes.:
Belgica – Aufzeichnungen
Briefwechsel zwischen:
Gustav und Leon Amundsen, 1899–1902.
Gustav und Roald Amundsen, 1894–1903.
Roald Amundsen und Don Pedro Christophersen, 1910–1927.
Roald Amundsen und Alexander Nansen, 1906–1924.
Roald Amundsen und Fridtjof Nansen, 1899–1926.
Olav Bjaaland, Brief an Roald Amundsen, 2. Febr. 1913.
William Heinemann, Briefe an Fridtjof Nansen, 1912.
Armitage, A. B., Briefe an W. S. Bruce, 1911–1912, SPRI.
Brief an H. R. Mill, 20. Mai 1912, SPRI.
Memorandum an H. R. Mill über E. H. Shackleton, 24. Mai 1922, SPRI.
Briefe an Fridtjof Nansen, 1912, UB.
Astrup, Eivind, Vortrag vor der Studentenvereinigung Christiania, 25. Febr., 1893.
Briefe und Aufzeichnungen 1893–1895, Harald Astrup.
Barne, Michael, Briefe von General Sir Dighton Probyn und Admiral Sir John Fisher über die geplante Antarkt. Expedition, 1906, SPRI.
Beaumont, Admiral Sir Louis, Briefwechsel mit:
Leonard Darwin, 1909, SPRI.
Scott Keltie, 1910, SPRI.
Kathleen Scott, 1911–1917, SPRI.
R. F. Scott, 1901, SPRI.
Bowers, H. R., Brief an seine Mutter (Kopie), SPRI.
Brief an Kathleen Scott, KFP.
Brief an seine Schwester (Kopie), SPRI.
Proviantlisten 1910–1911, SPRI.
Bruce, Wilfred, Brief an Kathleen Scott 27. Febr., KFP.
Bruce, W. S., Briefwechsel, 1881–1922, SPRI.
Campbell, Victor, Briefe an seine Schwester 1910–1913, Hamilton Delmege.
Cherry-Garrard, A., Briefe und Dokumente 1909–1916, SPRI, insbes. Briefwechsel mit:
Reginald John Smith, 1909–1912.
E. A. Wilson, 1909–1910.
Briefe an:
E. L. Atkinson, 1913.
Isabel Smith, 1912.
Notizen über Vorträge von Bowers, Oates, Scott, Kap Evans, 1911.

Christophersen, Don Pedro, Dokumente über Roald Amundsen, 1910–1926, UB.
Originalgetreue Aufzeichnungen 1910–1911 über sein Angebot an Amundsen, UD.
Cook, Dr. Frederick A., Briefe und Dokumente 1909–1926, insbes. Briefwechsel mit Amundsen, Sept. 1909, CFP.
„The Indomitable Pathfinder, Amundsen“. Auszug aus Dr. Cooks unveröffentlichten Memoiren, Vetter.
Darwin, Leonard, Brief an E. H. Shackleton, 29. Juni 1910, Mawson Institute.
Daugaard-Jensen, Jens, Briefwechsel mit Roald Amundsen, 1902–1910, vor allem über Hunde für die *Fram* Expedition, DJM.
Briefe an Behörden in Grönland über Amundsens Hunde, Skizze, o. J., DJM.
Priv. Dokumente. Det Kongelige Bibliotek; Eline Noordhoek.
Davies, Lt.-Cdr. F. E. C., R. N. R., „Rudolf. With Scott before the Mast“, unveröffentl. Memoiren.
Debenham, Frank, Briefe und Dokumente 1913–1920, SPRI.
Discovery Expedition, geb. Briefe und Dokumente, SPRI;
Sammlung von Dokumenten RGS and RS.
Egerton, Capt. George LeCL. R. N., Brief an Sir Clements Markham (Zeugnis für Scott), 1. April 1900, RGS AA.
Ellsworth, Lincoln, Brief an Roald Amundsen, 18. Dez. 1927, UB.
Evans, P. O. Edgar, Briefe von Stanley Richards, National Library of Wales, an Reginald Pound, SPRI.
Brief von Norman Meikle an den Hrsg., *Polar Record,* SPRI.
Evans, E. R. G. R., (Admiral Lord Mountevans), Briefe und Dokumente, 1907–1913, SPRI, SFP.
Field, Captain (später Admiral) Mostyn, R. N., Briefe an Sir A. Geikie, Dez. 1908, RS.
Brief an Sir Leopold McClintock, 12. Mai 1900, RS.
Foreign Office, Depesche von der Brit. Botschaft, Christiania, 1913, RGS. Notizen über die Annexion des Ross Quadranten“, UB.
Gran, Tryggve, Interviews, 1973, 1974 mit dem Autor.
Transkript eines TV-Interviews, CBC, SPRI.
Gregory, Prof. J. W., Briefwechsel 1900–1901 über seinen Rückzug von der *Discovery* Expedition, Marion Gregory und RGS, insbes. Brief an Prof. Edward Poulton, 19. Jan. 1900, mit dem mißlungenen Plan einer Antarkt. Expedition.
Hamilton, Admiral Sir Vesey, R. N., Memorandum gegen Hunde, NMG.
Hansen, Godfred, Antrag auf Urlaub von der Marine, 29. Okt. 1902, RA.
Harmsworth, Alfred (Lord Northcliffe), Briefe an Sir Clements Markham, 1899–1900, RGS.
Hassel, Sverre, Brief an Ellef Ringnes, 23. Dez. 1910, L. Mølholm, Horten.
Hodgson, T. V., Familienbriefwechsel 1901–1903, SPRI.
„Private Ansichten“ über Scotts Scheitern, masch. Notiz, ANL.
Johansen, Hjalmar, Briefe an Fridtjof Nansen, 1896–1910, UB.
Aufzeichnungen von Prof. Adolf Hoel, UB.
Jones, A. G. E., Analyse von E. A. Wilson's *Discovery* Tgb., insbes. über sein soziales Verhalten.
Von Sir Clements Markham für das Kommando der *Discovery* abgelehnte Bewerber.
Laufbahn-Vergleich von R. F. Scotts Zeigenossen.
R. F. Scott's Service Record.

Scott Keltie, John, Briefe und Dokumente RGS, SPRI, insbes. Brief an H. R. Mill, 9. April 1912, RGS.
Limb, Sue, „Soldier", unveröffentl. Biographie des Rittmeisters L. E. G. Oates.
McClintock, Admiral Sir Leopold, Aufzeichnungen, NMG.
Macklin, A. H., Brief an R. E. Priestley, Okt. 1926, über Skorbut auf Scotts letzter Expedition, SPRI.
Markham, Admiral A. H., *Discovery* Expedition, 1893–1904, Briefe und Aufzeichnungen, NMG.
Brief an R. F. Scott, 22. Mai 1912, NMG.
Markham, Sir Clements, Aufzeichnungen und Briefe 1883–1913, NMG, RGS, RS, SFP, SPRI, UB; insbes. Briefwechsel mit:
A. B. Armitage 1900–1901, SPRI.
W. S. Bruce, 1899–1901, SPRI.
Scott Keltie, 1894–1913, RGS.
Cyril Longhurst, 1900–1913, RGS.
Hugh Robert Mill, 1901–1914, RGS, SPRI.
Fridtjof Nansen, 1896–1913, UB;
Kathleen Scott, 1911–1915, SPRI.
R. F. Scott, 1899–1910, RGS; SPRI.
„Der Start der Antarktischen Expedition – Ein persönlicher Bericht", 1901, SFP.
Marshall, Dr. Eric, Briefwechsel, 1950–1953, über Skorbut auf Scotts letzter Expedition, SPRI.
Mawson, Sir Douglas, Dokumente, Mawson Institut.
Meares, Cecil H., Briefe und Aufzeichnungen, insbes. an seinen Vater 1910, Pr. A.
Mill, Hugh Robert, Briefe und Dokumente 1901–1932, RGS und SPRI, insbes. Brief an Scott Keltie 7. April 1912, RGS.
Nansen, Fridtjof, Briefe, Dokumente, Manuskripte, Nansen Archiv, UB. Insbes. Briefwechsel mit:
W. S. Bruce, 1907.
Axel Heiberg, 1906–1910.
Bjørn Helland-Hansen, 1912.
Prof. Hjort, 1900–1901.
Alexander Nansen, 1906.
Eva Nansen, 1897.
Polizeichef in Tromsø, 1907.
Nilsen, Thorvald, Briefe und Dokumente, 1911–1928, NSM.
North-West-Passage: Verlust von Amundsens Telex an Fridtjof Nansen, originalgetreue Briefe u. a., 1905–1906, UB und NA CPA.
Oates, Caroline, Briefe, SPRI.
Oates, L. E. G., Briefe an seine Mutter, 1899–1912, SPRI.
Peary, Admiral Robert E., Briefwechsel mit und über R. F. Scott, 1909–1912, CPA.
Briefe und Dokumente über Roald Amundsen, 1912, CPA.
Ponting, H. G., Briefe und Dokumente 1912–1934, SPRI.
Priestley, R. E., Sammlung von Dokumenten SPRI, insbes. „Zwischen zwei Expeditionen", Vortragsmanuskript.
Scott, Kathleen, Briefe an Scott Keltie, 1911–1912, RGS.
Priv. Aufzeichnungen und Briefe 1901–1930, Kennet papers, CUL, insbes. Briefe von:
Max Beerbohm, 1907–1908.

Fridtjof Nansen, 1911–1912.
George Bernard Shaw, 1923.
Scott, R. F., Aufzeichnungen und Briefe 1889–1912, Allart Charcot, EM, RGS, RS, SFP, SPRI, Alexander Turnbull Library, UB, insbes.: Befehlsbuch des Kapitäns, 1901–1904, SPRI.
Briefwechsel mit:
Michael Barne, 1906–1907, SFP.
Sir Louis Beaumont, 1910, SPRI.
Kathleen Bruce (Kathleen Scott), 1907–1909, SFP.
Leonard Darwin, 1909–1910. RGS.
Sir A. Geikie, 1908, RS.
Scott Keltie, 1901–1910, RGS.
Sir J. J. Kinsey, 1909–1912, Alexander Turnbull Library.
Hugh Robert Mill, 1901–1910, SPRI.
Admiral Sir Arthur Moore, 1904–1909, SPRI.
Fridtjof Nansen, 1901–1910, UB.
Kathleen O'Reilly and Mrs. O'Reilly, 1889–1907, Pr. A.
Mrs. Hannah Scott (Scott's Mutter), 1889–1912, EM.
Sir Edgar Speyer, 1911, Mitchell Library.
„Das Schlittenproblem in der Antarktis; Männer gegen Motoren". Manuskript, SPRI.
Dienstprotokolle, PRO ADM 196/42 p. 501.
Shackleton, E. H., Briefe und Aufzeichnungen, 1901–1912, RGS, RS, SPRI, UB. Insbes. Briefwechsel mit:
Leonard Darwin, 1910, SPRI.
Scott Keltie, 1907–1909, RGS.
Sir Clements Markham, 1907, SPRI.
Hugh Robert Mill, 1901–1921, SPRI.
R. F. Scott, 1905–1910, SPRI.
Skelton, R. W., Briefe und Aufzeichnungen, 1901–1913, SFP, SPRI. Insbes. Briefwechsel mit:
E. R. Evans, 1910, SPRI.
R. F. Scott, 1901–1911, SFP SPRI.
Shaw, G. B., Briefe an Lord Kennet, 1948, Kennet papers, CUL.
Stubberud, Jørgen, Interview mit dem Autor, März 1977.
Sverdrup, Harald, „Roald Amundsen", unveröffentl. biographische Skizze, UB.
„Roald Amundsen", Universität Oslo, Summer School, 1954 (Vortrag), SPRI.
„Sechs Jahre in der Arktis," University of California, 1936 (Vortrag), UB.
Taylor, Griffith, „Journeyman at Cambridge", unveröffentl. Memoiren, SPRI.
Briefe und Aufzeichnungen, 1910–1962, SPRI.
Terra Nova – Brit. National Antarkt. Expedition, 1910–1913, SPRI.
Dokumente, geb., 7 Bde., Bd. 1 enthält E. L. Atkinsons Bericht über die Expedition zs. mit dem Protokoll seines Gesprächs mit Wilson, der Lashly für die Polfahrt empfahl.
Tizard, Cap. T. H., R. N., Brief an Sir Clements Markham, 13. Jan. 1901, RGS.
Vogt, Benjamin, Briefe an Fridtjof Nansen, 1911–1927, UB.
Briefe an das Norweg. Außenministerium, 1911–1912, UB.
Wild, Frank, Briefe, Tagebücher und Dokumente, 1902–1932, SPRI. Insbes. unveröffentl. Memoiren.

Wilson, E. A., Briefe und Dokumente 1901–1912, RGS, SFP, SPRI. Insbes. Briefwechsel mit:
R. F. Scott, 1907–1909, SFP.
Reginald John Smith, 1910–1911, SPRI.

Namenregister